法国革命史

外一种：圣鞠斯特

[法] 马迪厄 著

杨人楩 译

中国文史出版社

图书在版编目（CIP）数据

法国革命史 /（法）马迪厄著；杨人楩译 . —— 北京：中国文史出版社，2025.1.
—— ISBN 978-7-5205-5164-9

Ⅰ . K565.41

中国国家版本馆 CIP 数据核字第 2024H6H017 号

出 品 人：彭远国
责任编辑：秦千里　方云虎

出版发行：中国文史出版社
社　　址：北京市海淀区西八里庄路 69 号院　邮编：100142
电　　话：010-81136606　81136602　81136603（发行部）
传　　真：010-81136655
印　　装：廊坊市海涛印刷有限公司
经　　销：全国新华书店
开　　本：16 开
印　　张：40.5
字　　数：542 千字
版　　次：2025 年 3 月北京第 1 版
印　　次：2025 年 3 月第 1 次印刷
定　　价：98.00 元

出版说明

杨人楩（1903—1973），湖南醴陵人，字萝曼（洛漫），号骆迈，著名历史学家。1926 年毕业于北京师范大学英语系。1934—1937 年，公费留学于英国牛津大学奥里尔学院，师从法国革命史专家汤普森，获得文学硕士学位。抗战后归国，相继任教于四川大学、西北联合大学、乐山武汉大学。1946 年后一直执教于北京大学历史系，1973 年 9 月 15 日病逝。

杨人楩是中国世界史研究的代表性学者，1951 年思想改造运动以前一直致力于法国大革命史的翻译、研究和教学。他钟情于法国革命史，"固然与他有此专长有关，但细究他何以有此专长，并一贯热衷于此，实际反映出他向往法国大革命追求自由、平等、博爱的思想。"（周清澍：《学史与史学杂谈和回忆》）1927 年，他用三年时间翻译了克鲁泡特金的《法国大革命史》，其目的"基本上是对国民党反革命阴谋的反击，译者企图借法国革命历史来揭露蒋介石的叛变革命，认识中国革命本质"〔张芝联：《近百年来中国的法国革命史学（1889—1989）》〕。1934—1937 年，他就读牛津大学，师从法国革命史专家、马迪厄学派代表人物汤普森（J.M.Thompson），接受系统的专业史学训练。除在牛津听课外，假期他经常去伦敦大英博物馆和巴黎各图书馆阅读和收集资料，在广泛阅读 17、18 世纪英法两国历史的基础上，1936 年杨人楩完成了毕业论文 The Political Ideas of Saint-Just With Special Reference to the work of the Committee of Public Safty。该论文以法国大革命雅各宾专政时期的领袖圣鞠斯特为题，后修改翻译成中文，题名《圣鞠斯特》，商务印书馆 1945 年出版。1957 年，三联书店再版（本次重版即依据此版本）。该书是中国学者"对法国革命领袖人物的研究第一部详尽的学术著作"，杨人楩写道："本书之目的在说明圣鞠斯特之生平及其政治理想之发展，而着重其理想与实际政治之关系——从公安委员会的工作与政策来看圣鞠斯特之影响。"该书所根据的资料系以圣鞠斯特的著作及演说词为主，以相关回忆录为佐。其中很多资料未被收录于文集，散落在大英博物馆和巴黎国家图书馆，多为原始史料，具备较高的史料价值。针对史料真伪难辨和模糊的问题，杨人楩进行了细致考证，考证多附于注释。

1938年，杨人楩又着手翻译马迪厄的《法国革命史》，1945年秋完稿，1947年由商务印书馆出版。他以法文原著为主，参考英译本，对原书查漏补缺，勘定谬误，并新增369个译注和专有名词等译名，注释包括名词诠释、制度说明、史事补充等。该书出版后备受关注欢迎。刘崇鋐称有两点值得称道：一是所译之书选得好；二是翻译的用心，"这部书杨先生的功夫是译注，可见杨先生致力之勤，不亚于创作。"

杨人楩对法国大革命史的研究，几乎贯穿了他整个学术生涯，尽管1957年反右运动使杨人楩被迫中断法国革命史的教学和科研，可是直到1967年，他仍订阅《法国革命史年鉴》杂志。"文革"期间，他写有书评《对于〈法兰西内战〉新译书的一些意见》。1973年去世之前，杨人楩还不忘委托张蓉初，将个人关于法国大革命的法文书籍和杂志藏书赠予杭州大学，推动了杭州大学法国史研究室的建立。

杨人楩不仅是一位学者，而且是具有社会责任感的知识分子。

民国时期，杨人楩信仰自由主义，是知识界著名的社会活动家。北伐战争时期，他参加过大革命；"九一八"事变后，他积极支持爱国学生的请愿运动；留学英国期间，他与钱锺书、杨宪益、吕叔湘、向达等组成"留英学圈"进行抗日救亡宣传；抗战全面爆发后，他毅然回国，撰文谴责日本帝国主义的侵略战争，呼吁世界和平；抗战胜利后，针对战后如何建设新中国的问题，他参与发起成立九三学社；解放战争时期，他明确反对内战，对北平和平解放作出过贡献。

杨人楩胸怀天下，敏于时局，一直活跃于公共舆论界。他在《民铎杂志》《北新》《教育》《青年界》《前线日报》《客观》《自由论坛》《观察》

等几十种报刊发表文章，笔锋犀利，文风晓畅。代表性的文章有：《上帝造剩下来的女人：从上海的野鸡谈到革命》《教育漫谈：从智识阶级的剩余来分析现代中国教育》《论士大夫阶级的低级趣味》《从这一代的学潮看这一代的教育》《科学的精神与民主的态度》《教育的滥用》，等等。

杨人楩说："我们读史的目的，只在它告诉我们如何做一个人。换句话说，就是拿历史观念来应付我们的现代社会。"

著名作家曹聚仁写道："对史学有真实工夫的，我独推杨人楩兄，可谓此中权威……"但杨人楩长期声名不显，与其学术建树和崇高的学术地位严重不符，希望本书的出版有助于读者对杨人楩多一分了解。[1]

---

[1] 本说明参考了尤元燕《杨人楩史学思想研究》。

目 录

法国革命史

译者说明 / 3

原　叙 / 7

第一卷　王政的倾毁

第一章　旧制度的危机 / 9

第二章　贵族的反叛 / 22

第三章　三级会议 / 34

第四章　巴黎的起义 / 43

第五章　各省的起义 / 52

第六章　"宫相"拉法夷脱 / 61

第七章　法国的再造 / 83

第八章　财政问题 / 95

第九章　宗教问题 / 108

第十章　国王的出走 / 118

第十一章　战争 / 132

第十二章　王政的倾覆 / 146

第二卷　吉伦特党与山岳党

第一编　立法议会的末期（1792 年 8 月 10 日—9 月 20 日）/ 160

第一章　市府与议会 / 161

第二章　9 月 / 174

第三章　国民大会的选举 / 187

第四章　发尔密之役 / 207

第二编　吉伦特党政府 / 218

第一章　停止党争的三日 / 219

第二章　对"三头"的攻击 / 230

第三章　第三党的形成 / 238

第四章　审判国王 / 245

第五章　财政与物价高涨 / 257

第六章　自然边界的征服 / 266

第七章　第一次联盟军 / 280

第八章　杜木里厄的叛变 / 287

第九章　汪德郡的叛乱 / 296

第十章　吉伦特党的倾覆 / 305

第三卷　恐怖时代

第一章　联邦党的叛乱 / 321

第二章　大公安委员会的初期（1793 年 7 月）/ 332

第三章　1793 年 8 月的危机 / 341

第四章　艾贝尔派的压迫和恐怖的开始 / 353

第五章　昂德斯科特及滑迪尼两役 / 363

第六章　革命政府的建立 / 373

第七章　革命的司法 / 383

第八章　外人的阴谋 / 394

第九章　宽大派 / 416

第十章　从极右到极左 / 428

第十一章　各派的倾覆 / 440

第十二章　革命政府的改组 / 453

第十三章　夫鲁律斯的胜利 / 465

第十四章　新十一月事变 / 476

附　录 / 501

一　法国革命大事记 / 501

二　共和国 2 年革命历对照表 / 515

圣鞠斯特

绪　论 / 519

第一章　传　略 / 525

一　早年 / 525

二　国民大会议员时期 / 530

三　私生活及性格 / 545

第二章　政治思想的转变 / 551

一　由激烈派到温和派 / 551

二　共和政体论 / 556

三　法律制作者 / 564

第三章　革命理论与实践 / 569

一　革命论 / 569

二　革命政府与中央集权 / 574

三　党争 / 579

四　恐怖政策 / 584

五　欧洲革命化及民族主义 / 592

第四章　社会政策及新制度 / 596

一　粮食问题及与之有关的诸问题 / 596

二　土地问题与新六月法令 / 604

三　新制度：小农社会及其制度 / 614

结　论 / 626

参考书目 / 630

后　记 / 638

法国革命史

译者说明

　　亚尔培·马迪厄（1874—1932）是法国著名的资产阶级史学家，毕生从事于法国革命史的研究，被称为"法国革命史研究的革新者"。他是严格遵循资产阶级"批评的科学方法"从事研究工作的，勤于搜集史料，善于表达。他扩大了研究法国革命史的范围，除政治、宗教、军事等方面外，他着重研究经济问题和人民群众的活动。他承认马克思的阶级斗争学说，在一定程度上运用了阶级分析的方法。他的著作受到学术界的重视。

　　马迪厄是法国革命史权威奥拉尔的学生。他的早期学术论文是在奥拉尔所主持的《法国革命杂志》上发表的。可是不久他就和奥拉尔发生分歧。1907 年，他创立"罗伯斯庇尔学会"，次年创刊《革命年鉴》来对抗他老师所主持的"法国革命研究会"和刊物。分歧不只是由于他推崇罗伯斯庇尔而奥拉尔推崇丹敦，更主要的是由于二人对法国革命的政治、军事、宗教等方面有不同的看法，马迪厄尤不满于奥拉尔之忽视对经济问题和对人民群众的研究。马迪厄终于团结了一些和他观点相同的史学家，其中有不少是他的学生，于是形成了一个"马迪厄学派"。他死后，这个学派的学者继续完成他所留下的工作。"罗伯斯庇尔学会"至今仍在活动；它的主要工作之一《罗伯斯庇尔全集》十大卷今已出全；《革命年鉴》早经改名为《法国革命年鉴》，至今仍在出版，成为全世界仅存的一种有关法国革命史的学术刊物。第一次世界大战后资本主义国家所出版的有关法国革命史的较好的著作，多数是出于这一学派的学者之手。"马迪厄学派"至今仍有一定影响。

马迪厄发表的有关法国革命史的著作很多。其中最重要的是：《法国革命史》三卷（1922年、1924年、1927年出版）和《恐怖时期的物价高涨与社会运动》（1927年出版）两大名著。《法国革命史》是一部为一般读者而写的综合性著作，正如《原叙》中所说，是"一幅具有各个方面的法国革命的图画"。著者是一位经常埋头于文献考证的人，但在写此书时却摆脱了文献的束缚，所以写得明确而生动。至今，该著作仍不失为一本好书。《恐怖时期的物价高涨与社会运动》却是一本引证大量文献进行分析的专著，全书对人民生活、党派斗争、社会运动和恐怖政策等及其彼此关系，都有所阐明，为研究法国革命史的重要著作。此书和《法国革命史》的第三卷，同年出版，故此书的成果也概括在《法国革命史》里。

在政治上，马迪厄是个资产阶级激进派。他曾为十月革命而欢呼，一度加入法国共产党。由于他的资产阶级立场未变，不久就退出了法共，晚年甚至反对无产阶级专政。作为一个史学家，他的立场、观点、方法，都只能是资产阶级的。

单就这本《法国革命史》而论，马迪厄的资产阶级观点是很明显的。法国革命既然是一次资产阶级革命，农民就是革命的动力，农民运动就是一个主要的方面。马迪厄对于革命前夕的农民运动根本没有提，就是对革命进程中的农民运动也写得很少。反之，他却把作为革命对象的贵族的"反叛"，看作是革命的一个阶段；他认为，由于贵族们的反抗，资产阶级才起来。其实，这只是统治阶级的内部矛盾，所谓"贵族的反叛"只是革命危机的一个方面，贵族之所以反抗宫廷，目的在于想牢牢地保全他们的封建权利和旧的生产关系。

唯心史观使马迪厄不能全面地理解个人在历史中的作用。他对罗伯斯庇尔极端崇拜。罗伯斯庇尔固然是一个激进的资产阶级革命家，是法国革命后半期的中心人物，而马迪厄却把他推崇到很不合理的高度。他认为：罗伯斯庇尔的人格是无可非议的；他的议论和政策是正确的；他有社会改革的蓝图，想把革命引导到社会革命；如果罗伯斯庇尔不被推倒，他就会施行土地改革、肃清贪污腐化、停止对外战争……等等。他在本书的最后一章最后一段中说：法国革命建立起来的共和国之所以能"生存到对外战争胜利之时，只是靠领袖们热烈的神秘力量及他们之超人的能力"。这表明，马迪厄已陷入了唯心主义的神秘论。他又说：罗伯斯庇尔之死，"使民主共和国延迟一百年"。其实，法国革命是胜利的，它的影响是深远的，它发动了资产阶级；整个十九世纪中资本主义的发展都是在它的影响下进行的。这表明，由于对罗伯斯庇尔派的过分推崇，竟使他不能确切指出法国资产阶级革命的历史意义。由于同样的原因，马迪厄也不能恰当地注意其他人物。最突出的例子就是对于马拉重视得很不够；马拉是接近人民群众的，忽略了马拉，也就忽略了人民群众。对于继马拉而代表人民群众的忿激派和艾贝尔派的领袖们，马迪厄虽然进行了深入的研究，但是关于他们同罗伯斯庇尔派的矛盾，他却不能进行阶级的分析来加以阐明。马迪厄对罗伯斯庇尔派既推崇到不合理的地步，就必然贬低人民群众及其领袖的作用。不能正确分析这一矛盾，就不能正确说明罗伯斯庇尔派政权失败的原因。这个政权的基础之所以日益狭小，就是因为它再不能得到人民群众的支持，而绝不是由于"它要与之共生死的人也不能了解它"。由此可见，就是杰出的资产阶级史学家，也绝不能理解人民群众是创造世界历史的动力。

这个中译本原是 1945 年秋脱稿的，1947 年春由商务印书馆出版。书中除《译叙》外，我曾加上了五个附录和三幅地图。1957 年，由生活·读书·新知书店重印。重印前，我曾将译文全部修改一次。《译叙》节略为《译者赘言》，最后两个附录——《马迪厄对于法国革命史的研究》和《资产阶级史学家研究法国革命史的概况》也经过很大的修改。地图删去了。1963 年，又由商务印书馆重印。这次重排出版，因为时间仓促，译文基本上没有修改。附录只保存两个：一、《法国革命大事记》是译者根据本书内容编制的；二、《共和国 2 年革命历对照表》是参照卡朗编著的《研究法国革命史实用手册》的附录改作的。最后两个附录因篇幅太长，对一般读者用处不大，而且有许多论点欠妥，故予删去。因为删去了有关马迪厄的一个附录，故在前面加上了有关马迪厄对法国革命史研究的简短评介。

本书的脚注，除注明"原注"和"英译本注"者外，都是译者加上去的。加注的目的只是为了帮助读者易于了解，这次重印时，译注略有修改。

译名是翻译工作的困难之一。我在译此书时，曾给自己规定了两条原则：一、所有名词，概按"约定俗成"之例，凡有适当通用译名可用者，不另创新名。二、人名、地名概用音译，标准是"名从主人"，概按辞书注明的念法音译。但有个别例外，如"路易·平等"则不能不用意译。这次重印，译名又作了少量的修改。关于革命历月份译名，有人采用意译，如"雾月"、"热月"等；但为了使读者易于分别先后，故仍译为"新 1 月"、"新 2 月"……等。Commune 一词原无恰当译名。如译"公社"，则易使人理解为 1871 年巴黎公社的"公社"，二者的含义是根本不同的。现仍保存旧译法：如在城市则译"市府"，如在乡镇，则译"乡镇政府"。

1972 年 9 月 5 日译者于北京

原　叙

在这样一部为一般有教养的读者而准备的书里，我们之所以自愿省略一切有关考证的脚注，并非因为我们不曾利用最近在科学上的发现。专家们会知道——至少我们希望如此——本书是根据大量文献而写的，其中有些是未经印行的文献，而且是用一种独立的批评精神来解释的。

可是，学识考证是一事，历史著作又是一事。学识考证在于搜求及搜集过去的文献，将其一一研究，将其排比，以期阐明真相。历史著作则在于重现与表达。前者是分析，后者是综合。

我们现在所从事的是历史家的工作，换言之，我们要描绘一幅具有各个方面的法国革命的画图，尽可能办到正确、明晰与生动。我们所特别着重的在于表现各史实彼此相联的关系，根据当时的思想形式及各种利益与力量所发生的作用，来解释此类史实，至于个人的因素，只要我们能把握住它们的影响时，也不忽略。

篇幅的限制使我们不能叙述一切。在所有的事件中，我们不能不有所选择。但我们希望不会忽略重要的事件。

此书第一卷叙述到 1792 年 8 月 10 日推翻王政时为止。另有两卷是叙述从 1792 年 8 月 10 日至共和国 2 年新 11 月 9 日的民主共和国史。从新 11 月 9 日到帝政建立时的资产阶级共和国史，也会跟着出版。

1921 年 10 月 5 日于第戎

第一卷　王政的倾毁

第一章　旧制度的危机

　　真正的革命并不限于改换政治形式及执政人物，而在于改变制度及转移财产；这样的革命要经过长时期的暗中酝酿，遇着若干偶然情况的凑合而爆发出来。法国革命之突发而不可遏，使那些制造革命和受革命之惠的人以及为革命所牺牲的人，同样感到惊讶；这个革命是百余年来逐渐准备而形成的。实际与法律、制度与风俗、表面与精神日益脱节，从而产生了这次革命。

　　社会生活所依靠的生产者一天天地在增加他们的权力；但在法律词汇中劳动仍是一种耻辱。贵族与其无用的程度成正比例。门第与闲暇使他们具有各种特权，在生产而又掌握着财富的人看来，这类特权是日益不可容忍的。

　　就理论而言，在尘世上代表上帝的国王是绝对的。他的意志是法律。"国王即法律"。在实际上他甚至不能使直属的官吏服从他。他的行动如此柔弱无力，他自己似乎也在怀疑自己的权利。他上面又形成了一个新而无名的权力——舆论，正在动摇人们对于当时统治的尊敬。

　　陈旧的封建制度主要是建立在土地所有制上面。封建领主一身既具有地主的权利，又具有行政官、法官与军事长官的职能。可是在很久以前，封建领主即已丧失处理境内公务的一切职能，这类职能已转入国王所派的官吏之手。农奴制几已到处消灭。除在犹拉、泥味内及勃艮第等处的教会领地而外，再无所谓死手农奴①。几已完全解放了的封建领地与领主的关系，只靠殊为松懈的封建地租关系来保持；封建地租之仍然存在并非因为领主尽了什么力量。

封建地租是一种永远的地租，或纳实物，或纳现金，封建领主们从封建地租所得到的每年总计不过一亿锂②，这只能算是一个很小的数目，因为货币的价值业已不断低落。在若干世纪以前，当农奴制废止时，封建地租即已折合成一个不再变更的数额，而物价却在不断上涨。封建领主既无职位，只有靠他所保留的私产领地来生存，此项领地由他本人或管家来经管。

长子继承权保证袭爵人继承财产；诸幼子如不能投身军队或教会，只能分得极小部分的财产，不久即不足以维持其生活。传第一代时，他们能均分父产的三分之一；第二代时，又均分原有三分之一的三分之一，这样一代少于一代。最后为窘困所迫，他们只好出卖他们的司法权、现金地租、实物地租以至于土地；但他们并没想到要去工作，因为他们不愿辱没身份。于是形成了一个真的小贵族阶层，在某几省为数很多，如在布勒塔尼、普瓦图及布伦内等省。他们在朴素的庄屋中过着黯淡的生活。他们憎恨供职宫廷的高级贵族。他们轻视却又嫉妒城市中因从事工商业而富有的资产阶级。他们拼命在反抗国王官吏之侵犯他们最后的免税权。他们之傲慢和他们之贫困与无力，同时在成正比例地增加。

君主专制制度因黎塞留及路易十四的统治而已根底巩固，乡居小贵族已无参与政治及行政之权，他们要图生存，只好在地租缴纳上苛榨农民，于是变成了农民怨恨的目标。他们仍保存着昔日权力最后残余的领

---

① 死手农奴系指永远附着于土地而不能自由处理其产业的农奴，意即绝对农奴。

② 英译注：此时期中之锂（livre）是种不足五克重的银币，其价值略轻于初行十进位时的法郎。镨（Sou）为一巴黎造锂的二十五分之一，而锝（denier）为一锂的二百四十分之一。当时之银锝（écu）等于三锂，金路易（路易十三时始铸）约合二十四法郎。中译者按：锂在当时已非通用的货币而只是一种计算的标准，有如我国以前的纹银两。通常一锂等于二十镨，一镨等于十二锝。

主法庭，此类法庭在收入甚微的法官手中变成了可恨的榨取工具。他们特别利用此类法庭来侵占公地，借口"选用权"来要求占领公地的三分之一。没有了公地，穷人的羊就得不到它所需要的少量饲料，于是穷人的怨望日见辛辣。虽然分占了公地，小贵族仍然自视为被牺牲者。一遇有机会，他们就会表示他们的不满。他们显然是引起骚乱的因素之一。

那些大贵族，尤其是出入宫廷的四千户大家，能在宫廷中走动，和国王一起打猎及坐他的华贵马车，在表面上看，他们的命运是没有什么可以抱怨的。他们所能分享的巨款，包括有每年用在国王及诸亲王宫中的三千三百万锂，有红皮书中密行开列的二千八百万锂年金①，有陆军中一万二千军官所需的四千六百万锂的薪给（占每年军事预算的一半有余），最后还有用在各省长官所属无数闲曹的几百万锂。故此，他们的收入几乎占去政府每年预算的四分之一。大寺院也落在宫廷贵族之手，因为国王把这些寺院分给他们的幼子，他们到了十二岁便可剃发担任教职。1789 年时，全国一百四十三个主教没有一个不是贵族。这班贵族出身的主教住在宫廷中，远离他们的主教区，对于他们所管的主教区，除收入以外一无所知。僧侣的产业每年大约可出产一亿二千万锂的进益，而在农民收获上所征得的什一税为数亦几相等，两项共达二亿四千万锂，而大贵族的捐赠尚不在内。履行教职的小牧师们却只能拾取残余。本堂牧师的"薄俸"刚加到七百锂，副牧师只有三百五十锂。这些小民所埋怨的又是什么呢？

故此，大贵族的花费已很不少。他们既拥有大量领地，其价值当恐怖时代出卖时即超出四十亿锂，那么，他们似乎应有供其享用的巨额财源来维持其阔绰生活。仅有十万锂地租的廷臣算是个穷人。波利涅克家每年从国库中得到的年金及赏赐最初是五十万锂，后来增至七十万锂。

---

① 红皮书是路易十六的秘密记录，专载他所付的年金及秘密赏赐，凡三大卷，以有红羊皮封面故名，1792 年 8 月 10 日事变后始在凡尔赛宫中发现。

但是廷臣们过活是要顾全"场面"的。凡尔赛的生活是个无底洞，最大的产业也可在那儿花光。他们学着王后马利·安朵瓦勒特的样拼命滥赌。华丽而绣着金银花色的衣服、马车、仆从、打猎、宴会、戏剧以及娱乐，需要大量的钱。大贵族满身是债，随便就是倾家荡产。管家替他们管理财产，任意中饱，主人有时候连收入有多少也弄不清楚。洛宗公爵比隆，即名誉很坏的若安大爷，在二十一岁时即已花去十万银镑，外加两百万的债务。王族克勒蒙伯爵，即圣·热曼·得·普累方丈，其收入为三十六万锂，竟会两次破产。全法国最大的地主奥尔良公爵负债达七千四百万。罗盎·格美内亲王亏欠三千万，大部分是路易十六替他偿还的。王弟普罗温斯伯爵及亚多瓦伯爵到二十五岁时，即已负债一千万。其余的廷臣们也跟着学样，拿地产来抵押。更荒唐的则从事投机，以图翻身。驻伦敦大使吉内伯爵即牵涉于诈财案件，卒致涉讼于法庭。斯特拉斯堡主教罗盎红衣大主教在出卖巴黎的丹普尔园地上投机，把这块教产当作建筑基地出卖。有些人，如西耶里侯爵，即禅利斯夫人的丈夫，用他们的客厅来开场放赌。所有这班人都与伶人来往而自降其门第。主教们如那尔邦之底养及奥尔良之雅朗特，公开与情人同居，情人出面接待宾客。

事情是奇怪的，这班宫廷贵族的一切虽靠国王，但是毫不恭顺。很多人在厌倦那种豪华的懒散。最好而最有野心的人想有更积极的生活。他们想学英国的贵族那样参与国家政事，不愿徒为装饰品。他们接受新思想，使之符合于他们自己的欲望。其中有若干知名之士，如拉法夷脱、屈斯丁、两个威奥默尼尔、四个拉默、三个底养，都曾参加过美国独立战争，回到法国后成为反对派人物。其余的人也成群结党，包围王室各亲王，阴谋对抗王后的宠臣。一旦遇有危机，这些大贵族们是绝对不会一致来保卫王位的。

贵族中实际上包含有若干明显而敌对的阶层，最有力量的阶层并不是能证实其世系最悠久的大家。除门第或佩剑贵族外，过去两世纪中还产生有穿袍或居官的贵族^①，他们垄断了行政及司法上的职位。这一新阶层和旧贵族一样傲岸，也许还更富足些，它的领袖人物就是司理上诉的法院之法官^②。他们的职位是曾付高价买来的，可以父子相传，事实上是不可撤换的。他们既能行使司法权，无数争讼者就得倚靠他们。他们因讼费收入而致富，购置了大地产。波尔多法院的法官领有波尔多省最好的葡萄园。巴黎法院法官的收入，有时足比于大贵族，但是仍不满足，因为他们的世系门第不能使他们出入宫廷。他们有暴发户的高贵傲态，要求管理国家事务。国王的任何法令、敕令或谕旨，甚至外交条约，非俟全文经他们注册以后，不能生效；他们就借口这个注册权来监察王室行政及提出抗诉。在没有舆论的国家中，唯他们才有批评之权；他们利用这种权力来反抗新税，攻击宫廷之奢侈、浪费及各种弊端，以取得民望。他们有时甚至对最高级官吏发出传票，予以出庭受审的耻辱，如他们之对于布勒塔尼司令官厄基养公爵及刚被撤职的国务大臣卡伦。在很久以前，称为法庭的法院就是国王臣属大会的一部分，国王在征收新税以前须征询这个大会的意见；再则遇有重大集议时，即御临法院时^③，各亲王、公爵及贵族与法院中人同时列席；在此二重借口之下，他们自谓当三级会议不开会时，他们即可代表臣属，根据封建法，即旧有王政组织法，他们要来限制政府及国王。他们甚至以怠职或集体辞职的方法来反抗。全国各地法院彼此联同一气。他们自称原属一体，不过等级不

---

① 门第悠久的贵族是根据旧封建制度之军事性而产生的，故称佩剑贵族；资产阶级之得以变为贵族，是由于其尽力王室之职掌而产生的，故称穿袍贵族。

② 英译注：法院一词不可译作国会，因它是法庭，而非立法团体。但是它们并未忘却其来源即 cour-le-roi，有管理立法、司法及财政事务之权，但其权力后来分散于国务会议、法院及国家管理财政之各部；唯因其对于法律有审核、注册及反对等权，遂自命为民意机关，虽不能超过国务会议的权力，但可与之对立。中译者按，当革命时全国有此种法院十三处，唯以巴黎法院最为重要。

③ 英译注："御临法院"即指国王之出席法院，在这严肃的时候，国王坐在华盖下一堆椅垫上。中译者按，当法院拒绝注册法令时，如经"御临法院"之举，即须予以登记。

同而已；其他高级法庭如财务法庭①及捐税法庭②，都拥护他们这种团结反抗的手段。路易十五虽然懒散，究竟是个国王，终于受不了这一贯的反抗。他在末年采纳大法官摩普的划策，解散了巴黎法院而代之以职责以司法为限的高级法庭。可是怯懦的路易十六即位时，屈服于他所认为是舆论的需求，恢复巴黎法院，卒至促其丧失王位。倘使哲学家之轻巧的小册子已摇动了旧统治的信用③，那么，司法界人士的大量抗诉书，当然更会在人民中散布对于当时统治的不敬与怨恨。

国王看见了那些用他的名义管理司法的官吏已在反对他，可是，那些组成各种会议及替他管理各省行政的官吏对他是否会服从而忠顺吗？在以前，国王的官吏天生是旧封建权力的对头，他们曾将此封建权力取而代之，可是这个时代已经过去了。官职使这班官吏变成了贵族。昔日的平民已变成特权阶级。从路易十四时代起，大臣即已被称为"贵人"。他们的儿子受封为侯爵或伯爵。在路易十五及路易十六两朝，大臣日益选自贵族，不仅是穿袍贵族，而且是老资格的佩剑贵族。1774年至1789年间的三十六名执掌中枢要政的大臣中，只有日内瓦的公民内克一人不是贵族，可是他很愿意他的女儿是位男爵夫人④。和通常所说的相反，负各省行政责任的巡按使已不是出身于平民的了⑤。路易十六朝的所有巡按使全是属于贵族或受封为贵族的家庭，有的受封为贵族已好几代了。例如做蒙托邦巡按使的特累蒙及做奥施巡按使的富尼尔·得·拉·沙伯

---

① 英译注：财务法庭之主要职责在管全国财务、审核公款账目及经理王室产业。它有权管辖一切涉及财务行政之民刑案件。

② 英译注：捐税法庭管辖一切有关捐税征收之案件，并接受地方法庭对此类案件之上诉。

③ 英译注：哲学家系指宣扬"启蒙"理论及反对启示宗教的著作家，尤指与狄德罗及达郎贝尔之《百科全书》有关的一派。

④ 即著名的斯塔厄尔夫人，其夫为瑞典驻法大使斯塔厄尔·好斯敦男爵。

⑤ 巡按使：在黎塞留以前，已有派遣枢密官到各省代国王处理各种政务之举，黎塞留当政时，常用这种方法去干涉地方政权，但仍是暂时性质。路易十四时才定为常设职，而称之为"警务、司法及财政之按察者"。中央利用他们来剥蚀割据的封建力量，因而其权力逐渐扩大，以至兼管军事及地方建设等事。

尔，其贵族家世都可追溯到十三世纪。如法官之有世家一般，巡按使亦有其世家。巡按使固然不能因职掌而保全他们的位置，他们是可以调动的，像王廷会议的枢密官一般①，他们就是从这些枢密官中选拔出来的；但是他们的财富和他们因行政方便而得兼管司法，保证了他们的实际独立性。他们有许多在所辖税区②中努力为自己造声誉。当路易十四时，他们的祖先是恭顺的工具，但他们已不再是如此的了。他们日益不服从国王。倘使中央大臣能得到其所属的这班官吏之绝对拥护，各法院也不敢对他们这样不断反抗。可是这些不同的贵族们愈来愈觉得他们是联系在一起的。到了相当时机，他们会放弃他们彼此间的冲突来共同对抗人民与国王，假使国王偶然想到要改革的话。

各直隶税区——即新近隶属于法兰西王国而仍隐约保存有封建议会的各省，在路易十六时代时，表现出地方特殊化的趋势。1782 年普罗温斯三级会议的反抗，迫使国王撤销油类入市税。1786 年柏阿及佛瓦的三级会议拒绝通过一种新税。自路易十五时代以来，布勒塔尼三级会议与累内法院联合起来，在关于力役事件上已压倒了巡按使。他们甚至要管理公共建设事务。故此，行政的中央集权制业已动摇了。

到处都是紊乱和纠缠不清。中央有两个各别的机关：一个是本身又分为若干组的国务会议，一为彼此独立的六部大臣。他们实际上等于办事员，彼此既不会商，也非全体参加国务会议。各项公事，每因个人之便利而致两部都来干预。由于会计年度之纷乱、出纳机关之繁杂以及账目记录之无一定系统，致财务总理③承认不能草出一个正常的预算书。

---

　　① 英译注：枢密官处理王廷会议所提出之案件。除其他职权外，他们须拟具报告，以为此会议讨论之根据。

　　② 英译注：税区系巡按使所管辖之财政区域，此类区域原先由称为"财政总监"（Generals of Finance）的官吏管理，故称其所辖为 Généralité。

　　③ "财务总理"原系财政及商务主管官，其职权逐渐扩张而及于农工业及交通方面，中央派出的巡按使直接受他管辖，当时中央各机构之重叠与抵触幸赖有他之调整而略增行政效率，因而其职权有类宰相，并不限于有关财政之事件而已。

于是各自为政。海军大臣萨廷用了若干百万，而财务总理毫无所知。处理事件的态度也不一致。甲大臣要保护哲学家时，乙大臣则加以迫害。大家彼此嫉妒、彼此暗算。他们所注意的不在公务，而只在保持主上或其四周人物对他们的宠信。谁也不去维护公共利益。神权专制之说只是用以掩盖一切浪费、武断及作弊而已。故此，大臣及巡按使常招人民怨恨，他们所体现的不完全的中央集权制，不但不足以巩固王政，反而引起舆论来反抗王政。

行政区分反映出这个王国形成的历史过程。此等区分已不足以应付近代生活的需要。就是邻接外国的边境，也是疆界不明。国王的权力究竟起于何处，止于何处，谁也说不清。有些城镇或村落是半属法国，半属日耳曼帝国。在香宾省中心而邻近威特里·勒·佛朗斯瓦的刺累库尔市①，每家家长要三次缴付两镁六镠给三个领主——法国国王、日耳曼皇帝、康兑亲王。普罗温斯、多斐内、柏阿、布勒塔尼、阿尔萨斯、佛蓝什·康特等省，都根据其昔日加入法国的各个"归附条款"，认为国王在其境内不过是个封建领主，伯爵或公爵而已。当1789年起草陈情书时，柏阿省摩拉斯市的市长一开始就提出这么一个问题："不再做柏阿人而多少是法国人，这于我们有多少方便呢？"那发尔仍以为自成一王国，不派代表出席三级会议。正如米拉波所云，法兰西不过老是一个"不相属的各民族之无组织的结合"而已。

旧司法区域的划分，在北部称为Bailliage，在南部称为Sénéchaussée，是复杂惊人地重叠在旧封建采邑之上。凡尔赛的各衙门不知道全国究竟有多少法庭，更不明了其管辖区域的大小。1789年发出召集三级会议的文件时，便犯了不少奇怪的错误。被称为gouvernement（军区）的军事区域之划分，起自十六世纪，可以说一直不曾有什么改变；由巡按使所

---

① Commune旧译作"公社"或"自治区"。它含有自治及市的意义，而无大小的限制，可指最大的城市与很小的村镇，与我们通常之所谓市不同，一般以译作"市"为妥，有时宜译为"市镇"或"乡镇"。当革命初起时，全国有六万六千多个这样的市乡。

治理的财政区域叫做 Généralité（税区），虽始于十七世纪，然亦不能合于新的需要。宗教区域或省的划分，自罗马帝国时代以来几乎不曾有什么改变。宗教区分跨过了政治区分的界线。有些法国牧师要属日耳曼帝国主教管辖，也有相反的情形。

当社会秩序在动摇的时候，这套业已繁杂、生锈而不灵活的旧行政机构，自不能表现其维系的力量。

与特权阶级及盘踞国家政务的"官僚"相对立的，逐渐有从工商业兴起的新势力。一方是封建不动地产，一方是活动的资产阶级财富。

虽然有行业组合制的束缚（其妨碍并不如一般人所想象之甚），虽然有内地关税及通过税的限制，虽然度量衡制各地彼此不同，可是一百年来工商业已大为发展。就贸易价值而论，法国仅次于英国。殖民地出产是宗主国的专卖品。法国占有圣多明各，因而使它握有全世界所消费的糖之一半。里昂有养活着六万五千工人的丝业，这是一时无匹的。各种酒类、布帛、妇女服饰及家具行销于全欧。金属工业虽发展很迟，也在进步。当时还被称为蒙塞尼的勒克鲁左已经是个模范工厂，有最新式的设备；当代铁业大王底特里希在其下阿尔萨斯具有英国式装置之熔炉与炼铁厂中，雇用了数以百计的工人。1791 年波尔多船主波拿斐有船三十艘，家财一千六百万锂。这并不是一个例外的百万富翁，类此情形实在很多。在里昂、马赛、南特、哈佛尔及卢昂等地，都有很大的富豪。

经济发展既如是之速，故当路易十六时，银行的数目大量增加。巴黎的贴现金库已在发行钞票[①]，有如今日的法兰西银行一般。资本开始结集而组成合股公司，如印度公司、火灾及人寿保险公司、巴黎水公司。蒙塞尼冶金工厂也增加了股份。在交易所中，股票价格与市政厅担保的债券并列[②]，激起了很活跃的投机买卖。已有人在做远期交易。

[①]　贴现金库是一个类似银行的贷款金融机关，1776 年杜各所创，次年发行钞票。最初杜各想使它尽量与政府无关，但因政府向其贷款之故，逐渐与政府发生了密切关系。

[②]　英译注：此债由政府发出，以巴黎市府收入作担保。

1789 年时，用在公债上的年达三亿锂，占全国收入总数的过半数。包税人集团替国王征收各种间接税、助税①、盐税、烟税、印花税等；它的领袖人物是当时第一流的金融巨子，生活务为铺张，和最阔绰的贵族争胜。在资产阶级之间，商业流通量很大。经纪人职位的价格一年中增加一倍。内克说：法国几拥有全欧洲近半数的现金。商人从负债的贵族手中买来土地。他们建筑宅邸，请最好的艺术家来装饰。包税人在巴黎郊外都有别墅，如同大贵族一般。城市改观了、富丽了。

人口的急速地增加，商品、土地及房屋价值的不断增高，显然表示国家已日见富裕。法国有二千五百万居民，已二倍于英国或普鲁士。生活之舒适渐次由大资产阶级及于中层与下层资产阶级。人民的衣服饮食都比昔日好。教育尤其在推广。平民的女儿一穿上裙子，购买钢琴，即被称为"小姐"。消费税的增加即为生活舒适之明证。

这次革命并非爆发在一个贫穷的国家里，反而是在一个正在极度繁荣的国家里。贫困有时可以引起骚乱，但不能造成伟大的社会激变。社会的激变往往是起于阶级间的不平衡。

资产阶级当然握有法国财富的最大部分。他们仍在不断发展，而特权阶级已日趋衰落。资产阶级的壮大使他们更深切地感觉到他们所处的法律地位的低下。当其母亲在格累诺布尔剧场观剧被贵族赶出她所定的包厢之日，巴那夫即变成了一个革命党。罗兰夫人老怨诉她和她母亲被留在封特内堡吃饭时，只能在厨房里吃。究竟有多少人因伤了自尊心而变成旧制度的敌人呢？

握有金钱的资产阶级也握有精神上的权力。出身于这一阶级的文人们逐渐摆脱贵族的牢笼。他们现在是为读他们的作品的大众而著作，他们要顾及大众的嗜好，要拥护大众的要求。他们的讽刺笔调不断地讥刺着旧社会所赖以存在的一切观念，尤其是宗教观念。神学争论既已动摇

---

① 英译注：助税系指消耗税，尤其是用于酒与鼻烟等类。

了人们对于传统人物的信仰，因而使他们的工作得到了特殊的方便。冉森派与教皇派之争①，使"哲学"有隙可乘。1763 年之禁止耶稣会，就是推倒了足以认真抵抗新思想的最后的壁垒。宗教生活再没有什么吸引力。修道院中的人数在逐渐减少，信士虔诚的捐款也为数甚微。改革派从此得到了胜利。高级僧侣也不大抗拒。宫廷中的司教倘有虔诚之名，反自以为玷辱。他们也要来传布新思想。他们在主教区里也想来过问行政。他们的热情再不是追求天国之福，却是尘世之福。从事宣讲及著述的人一致具有实利的理想。传统的信仰只是作为愚昧与出身卑贱的当然陪衬物而保存在普通人心中。就是牧师们也读《百科全书》，并深染有马布雷、雷那尔及卢梭的思想。

颂扬哲学家之胆大敢言的大贵族们，没有一人曾注意到宗教观念就是当日社会制度的关键。自由批评一旦发达，就会满足于嘲笑迷信而已吗？它攻击那些最受尊重的制度。它把怀疑与讽刺传布到各地。可是特权阶级似乎不了解这一点。波利涅克夫人的密友服德鲁伊伯爵曾使《斐加罗之婚姻》这出戏在他的冉内威伊埃堡中演出，虽然这是一出讽刺贵族最尖刻、最胆大的戏。马利·安朵瓦勒特硬使这出一直被禁的戏出演于法兰西剧院。革命在其见诸事实以前，早已深入人心；在造成革命的人物之中，无论如何该把这批最先为革命所牺牲的人也算在里面。

这次革命只能从上层发动。眼界不能超出自己行业范围的劳动人民还不能做革命的主动者，更不能领导革命。大工业刚开始。全国各地工人都不曾有严密的组织。见于行会名册而隶属于行会的工人又分为彼此对敌的同业工人组合，多注目于小事件的争吵，难得联合一致来对付雇主。况且，他们自己有变成雇主的希望与可能，因为小规模手艺仍是当时工业生产的正常形式。至于那些开始被雇用在"手工工场"中的人，

---

① 冉森派以其创始者冉森（Cornélius Jansen，1585—1638）而得名，虽仍属旧教中之一派，但其主张不见容于正统派旧教，传入法国后，与耶稣会教士争论最为激烈。

很多是农民，他们认为他们所得的工资不过是补助他们在农业上的收入而已。大部分工人对于给他们工作的雇主是恭顺而尊敬的，以致在1789年时，他们把雇主当作他们当然的代表。工人们确曾埋怨他们的工钱太少，据工厂检查员罗兰说，当时工资的增涨实不如物价那么涨得快。有时候工人也有骚动，但他们始终没觉得他们在第三等级中还能自成一个明显的阶级。

农民是负荷这个社会重负的牲畜。什一税、现金及实物地租、力役、王家税、军役，所有这一切都落在他们身上。领主的鸽子及猎获物可以任意蹂躏他们的收成。他们住在盖着茅草的土屋子里，有时连烟囱也没有。唯有过节时才能吃到肉，生病时才可以尝点糖。较之今日的农民，他们是极端贫苦的，可是他们的境况比起他们的祖先，比起他们同时代的兄弟们，如意大利、西班牙、德意志、爱尔兰及波兰的农民，却要好些。由于力作与省俭，其中有些也能购置一点田地与牧场。农产品价格的高涨促成他们之开始解放。不曾获得丝毫土地的农民才是最可怜的。他们痛恨贵族之瓜分公地，痛恨公共牧场及拾遗穗权之废止，因为这就剥夺了他们根据原始共产制所能得着的一点收入。靠做短工过活的人也是很多的，他们时常失业，不得不到一个一个田庄去找工做。他们和游民乞丐几乎是难于区分的。从而产生一群不断和税吏对敌的偷运者及卖私盐的人。

工人和农人受压迫过甚的时候，也有时能爆发突然的起义，但他们找不到改造社会的途径。他们才开始识字。可是，有牧师及当地律师来启发他们，牧师倾听他们的苦恼，律师则依法保护他们的利益。牧师们读过当时的出版物，知道大僧侣们在华丽宫殿中过着无耻的生活，而他们自己却在穷苦中度日，在过去，他们会劝他们所牧的羊群忍受，但在现在，他们却把自己所充满的愤怒与辛酸灌输到农民的脑子里去。律师因职业关系，不得不去研究封建制的旧文件，因而对于那些财富与压迫所根据的陈旧契卷，自能予以估价。巴贝夫之所以轻视财产，即因其曾为执行封建制律师的职业。他怜惜农民，只因贪婪的领主曾雇用他来整理旧文件，要在农民身上榨取久已忘却的租税。

批评工作这样地在暗中进行，早已为革命做了准备工作。穷人们既已受了这些不满足者的鼓励与引导，只候时机一到，一切积愤即可使他们揭竿而起。

第二章　贵族的反叛

　　要控制这种业已显露的危机，需有一个足以领导王政的国王。现在的国王却是路易十六。这位仪态平庸的胖子，唯有在宴会、狩猎或在锁匠加曼作场中，才得快活。用心思的工作使他疲倦。在国务会议席上他会打瞌睡。不久他便成了轻浮儿戏的廷臣的嘲笑目标。在他的召见室中，就有人指摘他。他竟容忍夸尼公爵因减少了津贴而在他面前吵闹。他的婚姻给酷辣的嘲笑提供了丰富的资料。他娶的是马里亚·得里萨的女儿，是个美丽、轻率而喜卖弄风姿的女人。她只知不顾一切地去享乐。在歌剧院的舞会中，可以看见她在那儿毫无顾忌的狎昵举动，而她的冷淡的丈夫却留在凡尔赛。就是名誉最坏的廷臣如洛宗或艾斯特哈稷等的殷勤，她也接受。有人以为美丰姿的王家瑞典卫队长腓森是她的情人，并非无因。据说路易十六在举行婚礼后有七年不能完成婚姻，最后还是亏得一位外科医生的手术。西江月一类的讽刺歌辞很是流行，尤其是在迟迟地生了太子以后。讽刺的辞曲由贵族社会而传到资产阶级以至民间，王后的名誉在革命以前早就完了。冒险家拉摩特伯爵夫人本系查理第九的私生子之后，竟使红衣主教罗盎相信她可以替他取得马利·安朵瓦勒特的垂青，只要他能够帮助她买一副她那吝啬的丈夫所不许她买的华贵的项链。这位红衣主教在凡尔赛树林后面月光下和一个女人私会了几次，以为便是王后。由于项链价未付引起了珠宝商波麦的控诉，这一奸谋便暴露了；路易十六没加考虑即诉之于巴黎法院，以求挽救他那受损害的名誉。拉摩特伯爵夫人虽定了罪，但这位红衣主教却在普遍喝彩声中被开释了。这个判决无异表示：认为法国王后容易受诱惑一事并非犯罪。由于警务厅的劝告，马利·安朵瓦勒特从此不到巴黎去，以避免示威。就在这时，即 1786 年，斯特拉斯堡造币厂铸了一批金路易，在国王像上面，加上了一个表示凌辱的角〔译者按：意即讥刺王后之不贞〕。

此种情况激起了亲王们继承王统的希望。王后对廷臣们显有偏袒，对某几个大家特别施惠，因而激起其他廷臣的不满；国王的两个弟弟亚多瓦伯爵及普罗温斯伯爵，和他的从弟奥尔良公爵，都在利用这种不满来在暗中图谋。狄奥多尔·得·拉默说，普罗温斯伯爵的情人巴尔比夫人有一天曾对他说过："你知道，他们在酒馆里换钱的时候，说了些什么涉及国王的话？他们把一枚铗掷在桌上说：'把这醉汉给我换了。'"这不过是试探拉默看有无更换国王的机会。拉默相信有些亲王在计划着要巴黎法院宣布路易十六无能统治。

然而国王却什么也没有听见，什么也没有看见。他甘愿屈服于裙带的控制，在改革派与腐化派之间举棋不定，总在为人家的意见所左右，尤其是在精神上日益宰制于他的王后的意见。他这左右不定的政策使一般不满情势更趋严重。服布兰的话说得真是不错，他说："在法兰西推翻政府的往往是国家的元首及其大臣。"

对于危害当时统治的弊端之最尖刻的批评，已见于杜各、马勒则柏、卡伦、布里益及内克这些大臣们所颁的命令的序文中。这些命令经牧师在讲坛上宣读。最下层的社会也知道这些命令。看来必须改革是已经国王肯定了的。可是当预定的改革未能立即实行或只能部分实行时，则在感受弊端的痛苦之外，又加上对改革的幻灭。由于杜各曾有令取消力役而未能实行，故农民更觉力役之繁重。在这时候，缅因的农民根据大臣的诺言拒绝缴纳威布累侯爵的地租，包围了他的住宅，迫他逃走了。内克使王室领地境内的死手农奴废除了，于是在仍有农奴的贵族僧侣地产中，农奴更觉痛苦。马勒则柏曾废除刑事案中用酷刑的预审，因而"初审"制更显得不公平。1778 年内克使柏里及上基盎两税区成立省议会，似乎意在限制巡按使的跋扈；结果却只掀起对代议制的奢望，因为这两个议会的议员是任命的而非选举的，实际上只是一个讽刺。这只是用削弱权力的方法打击了巡按使，于王权并没有什么好处。一切其他不彻底的改革也是如此。这些改革徒然增大了不满而使之显得理直气壮。

于是不免出现这样的现象：在自由主义的命令之后，马上继之以纯封建精神的反动措施，而且此类措施反能见诸实行。著名的 1781 年条例规定以后为军官者在其入军事学校之时，须有四种贵族世系的纹章之证明；这自然会影响此后陆军之不能称职。贵族的特权愈受威胁，他们便愈要想方法来保全它。他们不但在陆军职位上排斥平民，就在司法界及高级教职上也是如此。他们虽然赞赏《斐加罗》那出戏，同时却在增强他们的垄断。

假如国王不是路易十六，另换上一个人，能够挽救这个困难局面吗？也许可以，但也说不定。波旁家在剥夺封建贵族的政治势力以后，务以滥施恩泽来安慰他们。路易十四及路易十五都把贵族看成炫耀自己光荣的必需品。他们把贵族的特权和他们的王位联牢在一起。路易十六不过是依照已有的传统而已。倘使他要有真正的改革，便非和特权阶级发生生死的冲突不可。只要一和他们接触，他便退缩下来。

当时财政问题支配了一切。要改革，便非钱不可。当全国在繁荣的时候，国库则日见空虚。要充实国库，只有在特权阶级身上想法，且须得各法院的批准，这些法院却不愿为国家福利而牺牲其成员的私人利益。问题愈是迁延不决，则国库愈亏空，阻力也愈大。

在路易十五朝的末年，几已陷于破产之境。多亏方丈忒累的断然处置才免过这灾难，使旧统治再延长二十年。忒累去职以后，又是成千成万地浪费。财政大臣很快地一个换上一个，其中并无一人是财政家，就是内克也不过是个会计师而已。有的只在王家用蜡烛头上节省。有的徒然使廷臣们不满，而于国库无补。赏赐的数目则在增加：吉内公爵女儿结婚是十万锂，波利涅克伯爵夫人还账是四十万锂，她女儿的奁赠是八十万锂，亚多瓦伯爵的债务是二千三百万锂，国王购置蓝布伊野堡是一千万锂，王后购置圣克路堡是六百万锂等等。如果以之和参加美国独立战争的战费相比，这些又只能算是小数目了。据估计，法国这笔战费达二十亿锂！为着应付这个支出，内克曾到处拼命借款。利息甚至高到10%或12%。他那著名的《财政报告书》欺骗了全国[①]，在这里面他捏造说有剩余。他的目的只在得到有钱出借的人之信任，却不料这么一来反使各法院有辞可借，说税收制无须彻底改革了。

战争结束后，巧妙的卡伦在三年之内，竟有方法于旧债之外又增加新债六亿五千三百万锂。圣主不必量入为出，但须量出为入，这已成了格言。1789年时债务已达四十五亿锂。在路易十六统治的十五年之中，增加了三倍。路易十五死时，每年用于债务者达九千三百万锂；到1790年时则年需三亿锂，当时的收入预算不过是五亿锂有零。任何事件都得有个了结。卡伦到此不得不向国王承认他已陷于绝境。他的最后一批借款，是费了大力才得到的。他将新设官职出卖，实行改铸钱币，增加官吏的保证金，出卖王室土地，在巴黎四周多设税卡，令包税人根据未来所收税款预缴二亿五千五百万锂，借口增收保证金再向贴现金库借七千万锂；可是，用尽这种种方法，仍不免于亏空一亿零一百万锂。加之，因为荷兰问题有普鲁士的战争有一触即发之势[②]。陆军部长要求战费来保护这个小国的爱国之士，因为国王曾允许援助他们以抗普鲁士。

卡伦已被迫到无路可走。他知道再不能在已有的税收上增加，这些税收在不及十年之中已增加一亿四千万锂。好些法院已在公开和他斗

---

① 内克得到国王的同意，于1781年2月19日发表其有名的《财政报告书》，全书一一六页，报告政府收支情形，这是法国历史上所不曾有过的事。据他的估计，在正常状态之下，每年收支相抵，应可剩余一千万锂。

② 1787年6月荷兰民主派得法国之助逐其执政者，卒因普鲁士之干涉而失败。

争：巴黎法院反对改铸钱币，波尔多法院则因吉伦特河滩地财产权问题，累内法院则因烟草问题，柏宗松及格累诺布尔两法院则因暂时用现金以代力役的问题。当然这些法院对于任何新债或任何新税都不会予以注册的。

卡伦仍是鼓起勇气硬干。1786 年 8 月 20 日，他觐见了国王说："倘使要保持国家的安全，零碎办法是无济于事的，必须将整个根基改造才可使之免于倾毁。……加税已不可能，老借债只是毁灭，单注目于经济改革是不够的。唯一可取的途径，唯一真能使国家财政上轨道的方法，就是清除国家组织中的一切有害的东西，始可使国家有生气。"

当时的税收是病民而又收入少，因为分配不均之故。在原则上贵族应缴念一税[①]及人丁税的，僧侣则可免除。唯农民才缴军役税[②]，征收方式视其隶属于直隶税区或派管税区[③]而不同，有时按不动产征收，相当于今日法国的地产税，有时按人征收，相当于今日的动产税。有些是免税城市，有些是定额城市，有些地区则已一次把应缴之税赎清；总之，情形是很复杂的。盐价依人依地而不同。僧侣、特权阶级及官吏仅付本值，因其有免纳盐税权。离盐池盐矿愈远的，则盐税愈重，查核亦愈严。

卡伦主张减轻盐税及军役税，取消内地关卡税，另以新税收入来使预算平衡，即用土地税来代替念一税。不过念一税是征收现金的，而土地税是按全国土地出产征收实物，僧侣、贵族或平民的地产均不能免。这便是纳税平等。贴现金库则改为国家银行。不曾有省议会的地方一概设立省议会，"以便重新分担国用而免不平与独断之弊"。

像这样广泛的改革，要想在各法院注册自不可能，只得将其提出于

---

① 英译注：念一税在原则上是按全部收入征收，实则只征及其几种收入。

② 英译注：军役税为国家收入主要来源之一，目的原在军用，贵族之职业本为从军，故可免除。僧侣也得免除。

③ 原注："派管"意即征收，派出者（élu）在巡按使监视下征收税款。译者按：直隶税区即其地方议会有决定如何征税之特权，而派管税区则由中央政府派员决定之。

贵人会议来通过。由国王选拔出来的贵人而会反对他的意志的例子在过去还不曾有过。可是，一百年来，人们的心理已完全改变了。

1787年2月22日贵人会议开幕，其中包括有七位王族亲王，三十六位公爵及其他贵族或元帅，三十三位法院院长及检察长，十一位主教，十二位国务大臣，十二位直隶税区代表，二十五位大城市市长或邑长，再加上其他人员，共一百四十四名，都是因服务有成绩或职责重要而被选的。卡伦在会议席上绝妙地指摘了整个财政制度："在这广大的王国里，要想动一步，就要抵触到各种不同的法律、彼此矛盾的习惯、特权、免税权、免缴权以及各种不同的权利与要求；整个的不调和使行政复杂，行政工作困难，行政机构不灵活，到处多耗金钱而无秩序。"他彻底地攻击盐税，"这种税之负担是如此不公平，有时甲省人负担竟二十倍于乙省，征收又如此严厉，以致一提及盐税即令人变色，……这种税收事实上有五分之一为征税手续上所耗去，且易启人偷运之心，因而逐年有五百户人家的家长被判处徒刑或苦役，每年被捕案达四千多件"。他在批评这些弊端之后，接着说明他所提出的改革。

这些贵人是属于特权阶级的。因法院中人示意而散发的许多小册子嘲笑他们，讽刺他们，说他们会屈服。他们于是倔傲起来以表示其独立性。他们并不说不愿纳税，只对这骇人听闻的亏空数字表示愤怒。他们说，四年前内克在其著名的《财政报告书》里曾说收入是超过支出的。他们要求交出预算所根据的账目。他们要求，国库情形每月应有报告，收入及支出总账每年应印出来交财务法庭审核。他们攻击年金赏赐之滥。卡伦为自辩起见，指出内克《财政报告书》中的错误。内克出来答辩，被逐出巴黎。整个贵族阶级，无论是佩剑的或穿袍的，都冒火了。漫骂的小册子在毁坏卡伦。米拉波也来凑热闹，出版了《揭露投机》，说卡伦在交易所中用公款投机。卡伦本是可非议的。他负债，他有情人，他所接近的是些不大清白的人物。爱斯巴涅克方丈在印度公司股票上投机的案件恰被举发。卡伦也被牵涉在内。因而特权阶级不费大力便制伏了这位要改革的大臣。他虽取攻势，但已无用。他要热毕埃律师起草一个启事刊了出去，极端攻击贵族的自私，同时又诉之于舆论。启事在全国散布更增加仇人对他的怨怒。他所希望的舆论却无所动作。债券持有人仍在保持不信任态度。改革案虽是用以取悦于资产阶级的，但他们并未将其重视。难于理解这场争吵的普通人民更是冷淡。真相已在他们面前显示出来，且使他们惊愕，他们须有长时间来考虑。巴黎虽很激动，但自始只限于上层阶级。贵人会议中的主教们要求把卡伦撤职。路易十六虽不愿意，卒至屈服，而以王后所提出的土鲁斯大主教洛默尼·得·布里盎继任。特权阶级又安心了，但他们受了一场惊吓。他们要对付卡伦。巴黎法院根据亚德里安·杜波尔的提议，下令追究他的舞弊案。他的唯一办法是逃往英国。

布里盎利用一时的松懈情绪，得到贵人会议及法院的同意，用终身年金方式举债六千七百万锂，始得暂时避免破产的危险。这不过是暂时的休战！事实迫着布里盎仍然要采取他所继承的前任的计划。他比卡伦更有毅力些，他企图破坏特权阶级和资产阶级间的结合。他设立省议会，其中第三等级代表数目等于两特权等级代表数目的总和。他不顾僧侣的愤怒，恢复新教徒的公权。他把力役折合成现金。最后他要僧侣及贵族担负不动产税。贵人会议马上起来反对。其中七组，只有一组采纳这个新土地税计划。其他各组宣称无权赞同。这无异说是要诉诸三级会议。拉法夷脱更进一步。他主张仿照美国国会制召集国民议会，并须有保证定期召集此会的宪章。倘使布里盎的胆量亦如其智谋，他就该赞同贵人的愿望。在这1787年5月间，当王室威望尚未损坏的时候，果能自动地召集三级会议，无疑地可以巩固路易十六的权力。特权阶级也会作茧自缚。资产阶级会了解改革诺言是有诚意的。可是路易十六及宫廷都害怕三级会议。他们想起了马塞尔①及旧教同盟的事件②。布里盎宁肯解散贵人会议，遂使最后避免革命的机会错过了。

自此以后，司法界贵族所领导的贵族反叛就不可收拾了。波尔多、格累诺布尔、柏宗松等法院反对恢复异端公权及设立省议会的命令，它们怕有省议会与之竞争。它们巧妙地提出理由说，这种由上任命的议会不过是政府的委员会而已，本身无独立资格；它们要求恢复那久已不曾召集过的旧封建制的三级会议。

布里盎下令，凡请愿书、收据、通启、新闻纸、张贴等都要贴印花，首先是巴黎法院，继而是财务法庭与捐税法庭拒绝注册这一命令，因而很得民心。同时，7月16日，法院又要求召集三级会议，并谓唯三级会议始有通过新税之权。法院又推翻了关于土地税的法令，攻击宫廷的浪费，竭力主张节流。8月16日，国王在御临法院席上把这种反对克服了，但在第二天，法院认为前一日的注册为不合法而予以取消。巴黎法院因为此种反叛行为而受到逐放于特罗瓦的处分，但各省的法庭都已激动起来了。资产阶级亦随之而起。法院中人好像是在维护国民的权利。他们被视为祖国的英雄。人民把他们抬着游行。律师和工匠们混合一起在街上已开始了无秩序的行动。全国各地都有要求召回巴黎法院的请愿书送达到凡尔赛来。

法院中人虽然得着民望，心里究竟有些不安。他们之所以要求召开三级会议，不过是想以此为手段来使穿袍或佩剑贵族及僧侣不受财政改革的牺牲而已。其实，他们并非真要召集那个不会受他们控制的三级会议。假使依照拉法夷脱的主张，以后三级会议需按期召集，则法院的政治作用便会消失。于是在幕后进行交涉。布里盎取消印花税及土地税。

---

① 马塞尔系巴黎商会会长，为1355年及1357年三级会议中的主要人物，1357—1358年领导巴黎市民起义反抗政府。

② 英译注：指法国宗教战争时1576年旧教徒所组织的神圣同盟，居伊茨家欲用以推翻亨利第三而自取王位。

法院则允许延长两种念一税以为补偿，其征收系"无任何特免或例外"。这样妥协下来，法院将其注册以后，于 9 月 19 日在焰火欢声中回到了巴黎。

不幸这两种念一税的征收尚需时日，不足以应国库的紧急需要。虽然布里盎不顾王室诺言，弃荷兰爱国志士于不顾，却仍免不了破产的威胁。于是不得不再要求法院允其举债四亿二千万锂；答应在五年之后，即 1792 年时，召集三级会议。斗争又开始了，并且更来得凶。11 月 19 日国王命令把这笔借款注册，奥尔良公爵胆敢对他说这是非法的。次日，奥尔良公爵被放于威勒·科特累，他的两个朋友而为法院法官的萨巴迪埃及佛累朵则被禁于图兰堡。法院要求将他们开释，1788 年 1 月 4 日法院根据杜波尔的动议，通过了反对密札制①的公诉状，且不顾上谕之禁止而赓即再度提出。在 4 月间，法院更趋激烈，竟至使最后一次公债的债权人感觉不安，使纳税人敢于拒纳新的念一税。这一次路易十六可恼了。正当法院人满之时，他下令逮捕躲在那儿的瓜斯拉尔及杜发尔·得斯普累默尼尔两法官，并且批准掌玺大臣拉麻仰所拟消除法院阻力以改革司法制度的命令②。命令规定：设立由高级官吏组成的全能法庭，代各法院注册国王所下的一切命令。法院原先管辖的民刑案件，多数不再属其管理。这些案件此后由四十七个大司法区管理，使诉讼者易于接近法庭。许多特种法庭，如盐仓庭③、派管税区庭④、各财务裁判所等⑤，

---

① 英译注："密札"系由国王发出而由国务大臣副署之密封文件，其中的命令是关于个人的，——往往是下狱令。中译者按：萨巴迪埃及佛累朵之被捕，即是由于密札，故法院有此决议。

② 当时的掌玺大臣亦即大法官，为全国司法系统之主管，且兼可检查出版及干涉大学等文化机关。

③ 英译注：盐仓所在地即有盐务法庭，职司一切有关盐税案件。

④ 每一派管税区由派管人组成一种会议，分派各教区应担负之税额，并判决因征税而发生之案件。

⑤ 英译注：财务裁判所管辖有关王室土地，某些税收及公共建筑案件；但到 1789 年时，其职能多已废弛，因而其位置实等闲曹。

一律取消。刑法也改良得更合于人道，废除初审制及囚凳反诘制。这一改革，较 1770 年摩普为大法官时所试行的要彻底得多。倘使这些改革实行在九个月以前，即在流放巴黎法院于特罗瓦之前，也许可以成功。大司法区的建立并未遭到一致的反对。路易十六向全国揭露司法界贵族之侵蚀其权力似乎引起了回响。可是自从 11 月 19 日的御临法院及奥尔良公爵之遭受打击以后，斗争已不限于政府与法院之间了。一切其他不满分子，已围绕着这个才发生的斗争表现出来、团结起来。

一个崇美派、崇英派或称爱国派的党已经出场了，它的分子不仅有高级贵族及大资产阶级，而且有法院中人，如杜波尔及佛累朵。它的领袖会集在杜波尔或拉法夷脱家里。在这些集会中，有方丈西耶士、法院院长勒俾勒迪埃·得·圣法若、副检察长艾罗·得·塞舍尔、法官雨格·得·塞蒙威尔、方丈路易、厄基养公爵、拉默兄弟、康多塞侯爵、米拉波伯爵、银行家克拉威埃与潘硕等。在他们看来，三级会议还不过是个初步。他们要把法国改为一个立宪而行代议制的君主国。他们要消灭大臣的独断。美国思想已流行于俱乐部、为数已多的文学会及咖啡店中，据法官萨利埃云，这些场合已变成"民主思想及起义的传习所"。继贵族之后，资产阶级也动起来了。在累内，布勒塔尼爱国会推举贵妇为领袖，她们以被称"女公民"为荣。爱国会在一个饰以爱国标语的大厅中开讲演会，依照古典时期的办法称这会场为"祖国之庙"。

领导权仍是在司法界的贵族手中。他们向各省通信人发出同样的命令：阻止设立新的上诉庭及大司法区，实行法庭罢工，遇必要时可制造纷乱，要求召集三级会议及旧省三级会议。这个纲领已逐一实行了。因得有无数律师之助，各省法院组织了反抗。它们发布抗诉书及惊人的法令而激起了乱子。示威接连发生。佩剑贵族也多与各法院团结一致。宗教界贵族亦继之而起。僧侣会议将所应缴的捐助金减去四分之三有余①。这个会议也反对设立全能法庭，称之为"徇私足使全国恐怖的法庭"（6月15日）。第戎及土鲁斯发生了骚乱。在归入法国版图较迟的边境各省，其激动有类暴动。在柏阿省，波城法院院址被武力封闭，法院即攻击此举为违反昔日的归附条款。乡村居民因受三级会议中贵族的鼓动，围攻巡按使官邸，以暴力使法院中人复位（6月19日）。

在布勒塔尼省，由于驻军司令官迪阿、尤其由于巡按使柏特朗·得·摩勒威尔的懦弱及同谋，骚乱更得自由发展。布勒塔尼的贵族要与仍然忠于国王的军官决斗。在5、6月间，军队与示威者常常发生冲突。

在罗兰所称为工业最发达的多斐内省，第三等级起主导作用，但已与特权阶级一致。法院被逐出于其院址以后，宣言如果政府的命令定要执行，则"多斐内省即自认对国王完全无忠顺的义务"。6月7日，格累诺布尔城居民从屋顶上抛瓦把军队驱走，然后在当当钟声中把法院中人护送回院。在这"抛瓦日"以后，省三级会议于7月21日不待王命而自动集会于威济尔堡，这堡是属于大实业家佩里埃家的。这个驻军司令所不敢解散的议会，采纳了律师木尼埃及巴那夫之意见，议决此后第三等级代表数目加倍，表决权应以人为单位，而非以等级为单位。最后它邀请与他省联合，宣誓在未召集三级会议以前不纳税。这些威济尔决议案深得人民称赞，立刻变成了当时爱国派的共同希望。

布里盏如欲战胜这正在扩大的叛乱，除非他能够破坏第三等级和特权阶级的结合。他在这上面尽了最大努力，使林格、里发罗尔、方丈摩累勒等和布里索及米拉波等对打笔墨官司。7月5日，他宣布要召开三级会议，8月8日他把召集期定在1789年5月1日。可是已经迟了！由他建立的而且人选是经他同意的那些省议会，对他也不恭顺。有些竟否

---

① 僧侣虽有免税权，但有时决定以巨款献给国王，称之曰"自愿礼物"，往往以此为向政府有所要求的交换条件。自1715年至1788年，共有二十二次，平均每年在四百万锂左右。

决他之加税主张。奥维涅议会受拉法夷脱之推动，发出锋利的抗诉书，引起国王的严重斥责。拉法夷脱在军中的职务也被撤销。

要平服柏阿、布勒塔尼、多斐内诸省的叛乱，必须靠军队。可是由反对政府及其改革的贵族所统率的军队并不认真去打，甚至只向空中开枪，如在累内一般。有些军官则提出辞职。

布里盎的致命伤还是因为没有钱。各法院的抗诉及国内的骚乱破坏了税款的征收。各种救急方法都用尽了，如动用伤兵院的基金，医院及救济风雹灾难民的捐款，宣布贴现金库钞票强制行使等，最后布里盎仍不得不停止国库付款。他是失败了。因为自知为司法界所恨而一直在保持缄默的国债持券人也跟着贵族及爱国派嚷起来了。路易十六牺牲了布里盎如其牺牲卡伦一般，只好屈服而再起用曾被其撤职的内克（1788 年 8 月 25 日）。国王已不复能自由选用大臣了。

这位日内瓦银行家觉得自己是一位不可少的人物，便提出些条件：引起起义的拉麻仰司法改革案应该取消，各法院应恢复，三级会议应在布里盎所规定的那一天召集。国王只得接受这一切。贵族的叛乱使国王屈服了，却为革命铺好一条道路。

在巴黎的多斐内广场上，人民在狂欢中先后把布里盎及拉麻仰的像拿来烧毁。接连是几天的示威，而且变为骚乱。有许多死伤。恢复了的法院不特不扶助当局，反责其不应高压，并传讯警卫司令，使其离职。司法当局是在鼓励骚乱，因而削弱了国王官吏的权力。他们没想到他们自己不久就会变成这个被解放的民众力量的牺牲者。

第三章　三级会议

贵族和爱国派的结合是颇为不易的，当其与政府专制对抗时尚无显著的裂痕，一旦布里盎倒了，即起分裂。贵族不久被称为贵族派，他们所希望的国家改革是恢复昔日的封建实况。他们希望保证第一、二两等级在外表上及实际上的特权，恢复他们在前一世纪中被黎塞留，马萨林及路易十四所夺去的政治权力。他们所能同意的不过是将来负担纳税义务而已，即此还不是十分情愿的。他们以为仍然是在投石党及累茨红衣大主教的时代①。国民派或爱国派所主张的恰恰相反，他们想把可憎的过去之残余一扫而光。他们不希望在打倒专制以后而会代之以贵族寡头政治。他们注目于英、美。公权、司法及赋税上的平等，重要的自由权及代议政府，这些便是他们一贯的要求，这种声浪日渐扩大以致成为一大威胁。

内克原是银行家特吕松的书记，在 1763 年条约的前夕因在英国公债上投机而发了一笔财，不过是个要虚荣而平庸的暴发户，他要敷衍一切党派，尤其是主教们，因为他自己是个异端，故渴望和他们妥协。他从巴黎的公证人及贴现金库替国库借得几笔款子便以为满足，放过了应当

---

① 当路易十四冲龄时，马萨林执政，巴黎法院及累茨红衣大主教等相结反对政府。Fronde 是当时巴黎儿童之一种投石游戏，每遭警察之干涉，因之名反政府党曰投石党。

进行斡旋的机会。他是不敢斗争的。他虽允许召集三级会议，但不敢立即颁布召集的法规。特权阶级自然坚持保存旧规定。和1614年最后一次召集三级会议时一般，每一司法区——即每一选举区——的三个等级各举一名代表，不管各地在人口上及重要性上的差别若何。贵族与僧侣要分开讨论。倘非三级一致同意，任何议决均无效。爱国派愤然攻击这个旧制度，认为此制一行，则改革会永远无期，三级会议会失败，一切弊端会仍然存在。但是法院中人却赞成这个制度。在1614年的三级会议中，代表城市的是垄断市府人物的代表，代表直隶税区的则由地方三级会中选出，人民是不曾过问的。农民是没有人去理会的。如果保持旧形式，则第三等级的代表会以律师及新兴贵族占多数。感觉棘手的内克在犹豫不决。

巴黎法院利用其犹疑不决而先着一步。9月15日法院通过一案，谓三级会议之"召集与组织应合于1614年的方式"。爱国派谴责此案是背叛行为，开始攻击司法界贵族。服尔内在《人民前哨》中说："这是贵族的专制，他们凭借其高级法官的地位，用修改或解释法律的方式来任意规定公民的命运；他们任意自创权利，自以为是定法律的人，其实他们不过是行使法律的人而已。"从此第三等级的笔尖开始揭发法官的贿赂与世袭制以及讼费的弊端，并且否认这一官僚集团有审查或修改法律之权。他们敢于向法院宣言，三级会议召集以后法院只有屈服，因为国民的权威会比国王大，会更能使人服从。舍尼埃宣称，司法裁判所较宗教裁判所更可怕。巴黎法院害怕起来了，立即退缩，于12月5日颁布新案来推翻前案。这一新案接受了第三等级代表数目加倍之制，在内克及布里盎所产生的省议会中已经就是如此。法院屈服是无用的，而且是不完全的。新案并未涉及表决应以人为单位这一点。很得民心的法院至此被人痛恨了。

内克以为把如何召集三级会议的问题提交他所召集的贵人会议，即可免除他的困难。果如他所预料，贵人会议赞成旧方式，12月12日贵人会议解散的时候，有五位王族亲贵，亚多瓦伯爵、康兑及康提两亲王，波旁及安吉盎两公爵，用一个公开宣言向国王陈说，倘使国王不能维持传统规程，立即会有革命发生。他们说："国王的权利已生了问题，两特权等级的权利也在动摇，马上财产权也会受攻击，财富之不均也会变成改革的目标……。"亲贵们这一箭射得太远了，因为当时第三等级正加倍表示忠心以期得到国王的赞助；除封建权的财产外，其他财产并不受威胁。

内克的迁延策略徒然增加困难，使封建派包围各亲贵。可是，特权阶级的反抗反而推动了激烈的爱国运动，致使内克能够得到国王的同意，敢于不依从贵人及亲贵而作出最后决定。不过他又只做了一半而已。他允许第三等级代表的数目等于两特权等级代表之总数，他提出代表数目需依选区的重要与否为比例，他答应教区牧师亦得出席于僧侣选举人会，这一着要使宗教贵族受到最可怕的影响；虽然对舆论有了这些让步办法，但他不敢决定那三级会议表决法应以级或人为单位的重大问题。这问题没解决，于是引起了激烈的争执。

贵族在顽力抵抗，特别是在那些尚保存着或已恢复了旧三级会议的各省。在普罗温斯、柏阿、勃艮第、亚多瓦及佛蓝什·康特各省，特权等级得着当地法院的支持，利用地方三级会议集会的时机，用激烈的示威来反对内克的改革及第三等级之犯上作乱的要求。布勒塔尼贵族的态度是如此威胁，使内克不得不将该省三级会议解散。贵族唆使其仆人与走狗去攻击同情第三等级的大学学生。双方用武。有些死伤。从布勒塔尼的各个城市，从安热、圣马洛及南特等处，资产阶级青年都跑来保护累内的大学生，大学生的领导者即未来的将军摩罗。贵族在街上被攻打追逐，被包围在三级会议大厅中，只得满腔愤慨地离开这个城市而回到他们的乡居去（1789年1月）。他们在盛怒之下，誓不推举代表参加全国的三级会议。

柏宗松的特权等级对于内克的规定曾通过了一个严厉的抗议，当地法院是站在他们一边的；群众激怒之下，捣毁了几个法官的房屋，军队却不来保卫他们。驻军司令兰日朗侯爵是个自由主义的贵族，他说军队是用以抵抗国家的敌人的，而非抵抗公民的（1789年3月）。

敏锐的观察家马勒·杜班于1789年1月写得不错："一般争论已改变了方向。关于国王、专制及宪法等，都成了次要的问题；现在是第三等级和其他两个等级间的斗争。"

特权阶级是命定要被打倒的，不仅因为他们以往的叛乱使国家官吏难堪，因而再不能倚靠官吏的绝对帮助；也不仅因为在业已觉醒的全国国民面前他们不过是极少数的寄生虫；尤其因为他们内部之不一致。佛蓝什·康特即有二十二名贵族反对他们本级的决议，宣言接受第三等级代表数目加倍、纳税平等、法律平等诸条件。柏宗松城把他们的名字登记在资产阶级的名册里。在亚多瓦，唯具有七种世系纹章及领有有教堂的采邑之旧贵族，始有代表参加三级会议之权；"被摈"贵族得律师罗伯斯庇尔之助，抗议这种将他们摈斥的办法。兰格多克的小贵族亦同样地攻击该省的大贵族。本系平民因购得市府官职而挤入贵族之列的新兴贵族，都站在第三等级的一边，但是第三等级却不很欢迎他们。

激动更加深了。牧师在讲道时把召集三级会议的事宣布，并加以解释，引起人民的无限希望。一切有苦要诉的人，这种人是为数很多的，倾听这类争论，准备等这个伟大的日子的到来。资产阶级与农民们，于过去两年中，在布里盎所创设的省议会、郡议会及乡镇议会中，学习了参预公务。这些议会曾经分配过税额，办理济贫及公共建设事务，并监察地方款项的用途。乡镇议会系由负担税额最重的人所选出的，已尝到了参预公务的甜头。以前的乡镇长是由巡按使任命的。现在则由农民选出，已不单是一个被动的工具了。全乡意见集中于这个议会，乡镇长从而采纳之。大家在讨论着公共利益。大家准备提出要求。在阿尔萨斯，新乡镇议会一成立，第一件事便是控诉封建贵族，因而贵族们非常抱怨因新乡镇政府设立而造成的"无数弊端"。

三级会议之选举恰好是在大经济恐慌的时候。1786年与英国签订了商约，减低关税，便利了英国货物的输入。纺织业主不得不限制生产。亚贝威尔的失业工人达一万二千人，里昂达二万人，其他地方则多少不等。那年最冷的冬季一开始，大城市中即须设立慈善工作场，尤其在面包价格不断上涨的时候。1788年的收获远不及往年。畜粮如此缺乏，农人只好牺牲部分的牲畜，土地则荒废下来，或则未施肥料即下种。市场上缺少粮食。面包不仅很贵，而且有缺乏之虞。内克禁止谷物输出，又从国外购买进来，危机并未减轻，反而更趋严重。贫苦人民眼睁睁地望着那满满的仓廪，那里边藏的是灵俗两界贵族所榨取的什一税及实物地租。他们倾听了攻击特权贵族的无数声浪。3月间着手进行选举时，"群众情绪"爆发了。群众围着仓廪及什一税仓，要求将其打开。他们阻挠谷物之流通，抢夺谷物，而且任意规定价格。在普罗温斯，已被激起的工人与农人不仅要求规定谷物价格，平抑各类食品价格，而且要求废除面粉税，接着他们在各处强迫封建诸侯及僧侣废止什一税及封建租税。3月末，结队骚乱与抢劫的事件已发生于爱克斯、马赛、土伦、布里虐尔、马诺斯格、奥班等地。同样而较不严重的骚乱也发生于布勒塔尼、兰格多克、阿尔萨斯、佛蓝什·康特、基益、勃艮第及伊尔·得·佛兰斯。4月27日，巴黎之累维伊养大花纸厂，在流血骚乱中被抢劫了。这个运动不仅在攻击那些粮食投机者，不仅在攻击旧税收制度、国内关卡税以及封建制度，而且在攻击所有一切剥削人民以肥己的人。这运动与政治的激动有密切关系。南特的群众包围市政厅时，高呼"自由万岁！"亚格得的群众则要求有任命政务官之权。有好些地方，激动之起恰与开始选举同时，这意义是不难了解的。在过去若干世纪中，为官厅所忽略了的贫民，唯有在纳税及供应力役时才找他们；现在关于国家事务，官厅忽然要征询他们的意见，而且说他们可以自由地向国王诉苦。在教堂宣读的上谕上说："陛下希望在王国的最边陲之地或最不为人所知的居民，每个人都要相信他的希望与要求可以上达。"大家记住了这句话，而且把它当作真的。贫苦人决然相信各级官吏再不会像以前那样地压迫他们，他们现在已有当时社会之最高权力来支持他们，不平事件最后会消灭的。这便是使他们胆大的原因。他们既意志坚强，又久经困苦，自然会急切地奔向他们所希望的及所埋怨的目标。他们之消灭不平就是在实行国王的意志，至少他们以为是如此。后来，当他们发现自己弄错了的时候，便离弃了国王。但要有相当时期才可使他们觉悟。

就在这样广泛的激动中，全国开始议论起来了。过去六阅月中，虽有言论检查，虽有干涉出版的严厉条文，但事实上是有出版自由的。律师、牧师及各种政论家过去是默默无闻而胆小的，现在则敢于发行无数小册子批评整个社会制度，传播迅速地及于闾阎以至于乡村。服尔内在累内发行他的《人民前哨》，都累在卢昂发表《告诺曼底善良的人》，米拉波在爱克斯发表《告普罗温斯人》，罗伯斯庇尔在亚拉斯发表《告亚多瓦人》，方丈西耶士则先有《论特权等级》，继而发表其名作《第三等级是什么》，德木兰则有《向法兰西人讲哲学》，塔热则有其《给三级会议的信》。没有一桩弊端没有指出，没有一种改革没有研究过或要求过。斯塔厄尔夫人说："政治成了法国人思想上的新园地，各人都自命要来起作用，从各方面所提出的无数机会中，各人都给自己找着了一个目标。"

第三等级分子彼此会商，推动了各团体与会社的正式集会，在城与城、省与省之间互通信息。他们起草请愿书及宣言，征集签名，规定《陈情书》的形式分发出去，直分发到乡村地区。素被视为爱国派幕后保护人的奥尔良公爵，请拉克洛起草《指导书》，分发给他地产所及的选区的代表；请西耶士拟定《集议方式》供各选民会采用。内克令政府官吏保持完全中立，但是有些巡按使，如第戎巡按使亚麦洛即被特权等级控为左袒人民。各法院企图用烧毁一些小册子来恫吓政论家。巴黎法院传吉约丹医生到庭，因为他发表了《巴黎居民请愿文》。吉约丹在无数群众欢呼围绕中出席，法院竟不敢逮捕他。

上谕所规定的选举机构是相当复杂的，但具有很大的自由主义精神。

两特权等级直接到选区的首县去，分别组织僧侣及贵族选民会。凡有爵位而可世袭的贵族有权亲自出席。贵妇领有采邑的，根据代理权亦可推举代理人出席。

牧师们可以出席僧侣选民会，可是身为贵族而居教职者每十人仅得派代表一人，修道院中的出家僧侣每院一人。这样，牧师们便有占多数的把握。

在城市中，居民年在二十五岁以上名列纳税簿籍者，首先依其职业行会而集会。各手艺行会每会员百人得举代表一人，而自由行业、商人及造船业得举二人，这显然有利于有财有识的人。凡不属于行会的居民，或在无行会城市的一切居民，则分区集会，每百人中得举代表二人。这样推出来的代表（即选举人）再会集于市政厅，组成这一城市第三等级的选举人会，起草公共陈情书并推举代表出席选区第三等级的选举人会，再最后选出代表出席全国三级会议。教区农民每二百户推举二人出席初级选民会。如各行会及各城市分区一般，各教区各以陈情书授予代表，再由选区将这些陈情书整理并为一个，作为该选区的陈情书。如主要选区包括有若干次要选区时，次要选区选民会得选其代表的四分之一出席主要选区的选民会。这是一种很普通的情形，依此情形而论，选举进行通常要经过四个阶段：第一为教区、行会或城市分区；第二为城市选民会；第三为次要选区选民会；第四为主要选区选民会。

在特权等级的集会中，自由主义少数派和反动多数派之间，宫廷贵族和乡村贵族之间，高级僧侣和低级僧侣之间，发生了尖锐的斗争。在佛蓝什·康特，亚芒选区中的贵族即分为两派，有两批代表派到三级会议去。在亚多瓦及布勒塔尼，旧三级会议的贵族避不出席，以抵抗强迫他们与小贵族平分政权的上谕。一般而论，僧侣等级选举人会的纷扰颇为严重。教区牧师很占上风，使大多数主教不能当选，得当选者约有四十名最有自由主义倾向的主教。

第三等级的选举人会则较为宁静。唯若干城市发生过冲突，如亚拉斯行会代表与市府参议员发生了争执，因为后者已取得贵族地位而仍要出席选举人会；在若干选区，如康麦西，乡村居民攻击城市居民不曾把他们所提出的要求列入陈情书中。几乎各地第三等级代表都是从本级中选出来的，这很足以表明激发他们的阶级精神的强烈。但也有几个颇得人心的贵族破例当选，如米拉波被其本级排斥而在爱克斯及马赛两地第三等级中当选；高级僧侣如方丈西耶士被沙特尔僧侣遗弃，而经巴黎第三等级选出。第三等级代表几乎有一半是律师，他们在竞争选举及起草陈情书时发生过很大的影响。另一半则包括其他各种职业，农民大半不识字，没有人做代表。有些政论家因攻击贵族著称而得当选，如服尔内、罗伯斯庇尔、都累及塔热等。

把所有的陈情书研究一下，我们就知道专制政治是一致所谴责的。僧侣、贵族及平民一致要求要有一个宪法来限制国王及其大臣的权力，根据宪法产生一个定期集会的国会，唯此国会才有权决定税收及制定法律。几乎所有的代表都有严格的委托状，宪法非经接受而有保证后不通过税款。米拉波说："亏空反变成了国民的宝藏。"因渴爱自由及憎恨专制才提出这一切要求。

就在僧侣等级的陈情书中，也有反对教会专制的，如其反对政府专制一般。他们要求恢复主教区会议及省宗教会议，庶使教区牧师有权集会及干预教会事务。

贵族和平民同样热烈地谴责"密札制"及通信秘密之遭受破坏，要求审讯要用陪审制，要求言论、思想与著作之自由。

特权等级接受纳税平等的原则，但大多数人仍反对权利平等和人人有担任一切职务之权。他们最坚持的是三级分开投票，认为此着是他们的什一税及封建权利之保障。可是贵族与第三等级准备牺牲教会财产来偿付国债。不过他们却与僧侣一致谴责整个现行财政制度。一切直接及间接税均应取消而代以一种较平等的税，税额分配应决之于民选议会而不能再操于国家官吏之手。

第三等级一致反对贵族，但他们的各个要求则因资产阶级或农民、商人或工匠而不同。各不同阶级的利益与意见完全反映出来了。关于反封建制这一点，各教区陈情书中所表示的，较之城市居民起草的各区陈情书中所表示的，自然更激烈些。对于行会制的攻击，殊不一致。抗议取消公共牧场和拾穗权及平分公地的，只占少数。我们知道已经领有一部分土地的资产阶级在必要时会与封建地产结合起来对付贫苦农人的。真正的工人要求还不曾有。笔杆还是握在"老板"手中。都市无产阶级还不能参加政事。反之，工商界的愿望、他们对英法商约不良结果的抗议、各不同生产部门的需要，显然都经过详尽的研究。要领导革命的这一阶级已充分意识到它的力量及权利。他们绝不是受了空论的诱惑，他们很了解现实，并且有方法使现实来符合他们的利益。

第四章　巴黎的起义

　　三级会议的选举非常明显地确定了全国人民的坚决愿望。仍然中立的王权还可以自由行动。可是，要满足第三等级的欲望非牺牲些王权不可。路易十六固然可以继续做国王，但只能像英国国王一般，始终要受代表全国的议会的控制。路易十六从来没想到要这么牺牲。他仍傲然于他的神权，不愿有所损害。要保全这个神权，只有一个方法，也就是亲贵们劝他采取的方法：与特权等级紧密结合，共谋抵抗。

　　好像在三级会议开幕的两星期以前，内克曾劝他接受那必不可免的牺牲，庶可控制以后的事变。国王应当下令叫三级在一起议事，关于一切纳税问题之表决应以人为单位。同时，他应当把贵族与高级僧侣合成上院，如在英国一般，而将第三等级及低级僧侣组成下院。第三等级是否会满足于这个仅能控制税收的制度，未必如此。但是，国王倘能如此干脆地表现其善意，则毫无疑义地可以缓和冲突而保全王位。

　　内克主张三级会议在巴黎开，无疑地为着是要取信于金融界。国王决定要在凡尔赛，"因为便于打猎"。这是第一件蠢事，因为这会使第三等级人物老在注视那些浪费的宫殿，这个使全国民不聊生的颓废宫廷。而且巴黎离凡尔赛不远，巴黎的行动仍足以影响议会。

　　宫廷自始就竭力要把各级分开，甚至在细微末节上亦然。国王很隆重地在办公室接见贵族与僧侣，而第三等级则要一批一批地赶到他卧室去觐见。规定第三等级穿全黑色的制服，其严肃性恰与其他两等级衣服的金边装饰成对比。差一点儿第三等级要跪着听国王的开幕词，如在1614年时一般。第三等级代表要从后边小门走进会议厅；正门大开，却是其他两等级代表走的。教区牧师们已经很不高兴，因为在前一天游行仪式时，大僧侣们本该依照选举区次序和他们混在一起的，却另外形成了一个团体，和他们离得很远，中间隔着王家乐队。

5月5日的开幕式更增大了这些错误所产生的不良印象。路易十六用极哀伤的腔调，警告各代表提防革新思想，请他们首先竭力设法充实国库。第二个说话的是掌玺大臣巴朗坦，他说得不大可以听见，只称赞国王的德行及恩惠。最后是内克，在三小时的长篇报告中，满是些数字，讲的专门是财政情形。据他说，国库亏空并不如是严重，容易用少数枝节方法、节用及减省等策来补救。听来好像某一公司经理的报告。代表们开始在想，为什么人家要从老远的省份把他们弄到这里来。内克不曾提到最重要的表决法问题，也没有涉及各种政治改革。第三等级以静默来表示他们的受骗。要战胜特权等级，他们非靠自己不可了。

第三等级马上决定态度。当晚，各省第三等级代表分别集会：反对贵族最强烈的布勒塔尼省代表则以沙伯利厄及兰瑞内为中心；佛蓝什·康特的代表则以律师布兰为中心；亚多瓦的代表则以罗伯斯庇尔为中心；多斐内的代表则以木尼埃及巴那夫为中心。从这些个别的集会得出了一个一致的决定：第三等级或下院——用这新名词的意义在于表示其要行使英国下院权力的意图——邀请其他二等级来共同而且同样地审查全体代表的委托状；在共同审查未完毕以前，下院拒绝组成单独的一院。他们不要秘书处，也不要记录，只要一个议长来主持开会的议程。实际上正是如此进行的。就在下院集会的头一天即通过一案：为了服从全国公意之故，认定旧日等级之分已不存在。

三级在分别集会，彼此交涉了一个月之久，毫无结果。本已停止代表委托状审查的僧侣等级，因受牧师们的压迫，愿意出来调停。双方推出了人来，以期解决这个不可能的问题。国王亦出面干涉，令掌玺大臣亲身主持这个进行调解的集会。第三等级巧妙地利用了贵族所提出的保留条件，把调停失败的责任加在他们身上。已使国人明白特权等级之不能妥协以后，第三等级即舍弃其期待态度。他们最后一次邀请两特权等级合作，遂于 6 月 12 日单独开始三个等级的代表委托状的审查，按选区所派代表依次唱名进行。次日有三名普瓦图的牧师——勒色夫、巴拉尔及查勒——出席应唱，此后数日中接着又有十六名牧师继之而来。在唱名审查完毕以后，下院中人即以四百九十票对九十票通过改称国民议会。他们这么一来，就是认定唯他们才能代表全国；而且更进一步，同时议决会议不论因什么而被迫解散之日，税款即应停止征收。在这样以抗税恐吓手段来对抗宫廷之后，他们又以国家荣誉的保障来安定国家的债权者；最后还通过较一切更胆大的一着，即否认国王有否决他们所已通过的及要通过的一切决议之权。两天以后，即 6 月 19 日，僧侣等级在经过激烈辩论之后以少数的过半数（一百四十九票对一百三十七票）议决加入第三等级。除非国王能以最迅速的手段破坏这个结合，则特权等级这一局是输定了。

亲王、大贵族、大主教、法官等一致压迫路易十六动作。得斯普累默尼尔主张把第三等级的鼓动者，甚至内克本人，解送巴黎法院当叛国犯审讯。19 日晚上，国王决定要在一个好像是御临法院的严肃会议席上来推翻第三等级的各议决案；同时，为着使僧侣不能与第三等级结合起见，下令以修整内部为借口把会议厅立即封闭。在当时的情况之下，这都是些无用的方法。

6 月 20 日早晨，第三等级代表正要到会议厅去开会，看见各门紧闭而且有兵围着。他们当即会集在相隔不远的廷臣们所用的网球庭大厅。有些人主张迁到巴黎去，以便安全讨论。可是大家都赞成木尼埃的主张，要各人用誓言及签字的方式，宣布"非待宪法完成及其基础巩固以后，他们绝不解散；集会的地点则可依情况而定"。在伟大的热狂中，他们全体——只有一个例外，即卡尔卡松的代表马丁·多什——举行了这个不朽的誓约。

御前大会本决定在6月22日举行。可是延迟了一天，因为防止示威，须先把那个能容三千观众的廊厢拆去。延期是一个错误，因其使多数僧侣得以实行其19日的议决案。6月22日，他们与第三等级会集在圣路易教堂。五位高级僧侣，由多斐内的威盎大主教率领着，及一百四十四名教区牧师都来加入国民议会。两位多斐内的贵族，布拉康侯爵及亚谷伯爵，也来加入。因此，御前会议的结果便要大受损害。

宫廷是一错再错。当御前大会时，两特权等级代表可以直接入会议厅，而第三等级代表须在小门之外淋雨等着。军队的出动不但不能镇服他们，反使他们更恼。国王的演说词激怒了他们。他说的是些尖刻责骂语，接着是些粗暴话和命令。国王命令维持三个等级及分级议事之制。他推翻第三等级的决议案。他虽同意纳税平等，可是他特意表示一切财产都应绝对维持，"所谓财产，陛下之意是指什一税、实物地租、封建领主的地租与义务；总之，是指一切附着于土地及采邑的权利与特权，无论其为实际的或名义的，只要是属于个人的。"他隐约地允诺关于财政问题将来要就商于三级会议，可是，这诺言有什么用呢？政治及社会的改革要消失了。

在结束御前大会时，路易十六又说出这样的恐吓语："如果由于我所不曾料到的不幸，你们竟在这样美好的事业中把我抛弃，那么，我就只好独自去增进我的人民的幸福，我就只有把我自己看作是他们的真正代表。……先生们，请想一想，你们的任何草案、任何决议，倘不经我特予批准，即不能具有法律的效力。……诸位，我命令你们立刻分散，明天早晨各自前往供你们使用的会议厅去举行你们的会议。我会命令大司仪官把各级集会的会议厅预备好。"

布勒塔尼的代表前一晚在他们的俱乐部中预定了一个信号，当贵族及一部分僧侣遵命退席时，这班下议院议员因服从这个信号而仍然坐着不动。受命撤去御座的工人停而不动，因为怕扰乱继续进行的会议。大司仪官得·布累最走来向正在为主席的贝野重提国王的命令。贝野干脆答复他说，代表国民的议会不能接受命令；米拉波则用其宏大声音向他说出了他的名言："回去告诉那些差你来的人，说我们是全国民意叫我们在此地的，除非迫于武力，我们绝不离席。"由于卡睦的动议及巴那夫与西耶士的赞助，议决国民议会要坚持它的议决案。这又犯了抗命的罪。米拉波预料会有"密札"签出来对付第三等级之倡乱的领袖，因更提议国民议会议员是不可侵犯的，有人损害此不可侵犯权者即犯极刑之罪。可是，各人心中都有冷静的决断，他们不信任米拉波，他之不道德使他们怀疑他之一切，因而有些代表以不应胆怯为辞主张打消这个动议。然而这个议案仍然通过了。

这是些值得纪念的议决案，较 6 月 20 日议决案更为勇敢；因为在 6 月 20 日时，第三等级还可说是不明白国王的态度，因为国王在当时尚未明白表示出他的态度。到了 6 月 23 日，就在国王刚刚训话过的那个大厅里，第三等级竟敢重演而且扩大其叛乱行为。

当时在议会的安如代表拉·累未利尔说，路易十六得到布累最侯爵的报告时，曾令亲卫军进入会议厅，实行以武力驱散代表。当卫车前来时，贵族少数派中有几位如两位克里阳、丹德累、拉法夷脱、拉·罗什孚库与利安库两公爵，还有其他的人，拔剑阻止他们通过。路易十六听到这消息后，也不坚持。他想用武力来镇压第三等级的暴徒。倘然如此，必定会使一部分贵族也受这同样的待遇，所以他让步了。

内克不曾出席御前会议。传说他已辞职或被撤职。在他的住宅前面及宫廷大院中，有很多的群众在示威。国王及王后召他来，求他仍居原职。国王夫妇正在掩饰，以便更好地准备报复。

和凡尔赛一般，巴黎也在人心浮动；各省亦然，因为各省能经常接到其代表的来信，当众宣读。自 6 月初以来，证券在不断往下跌。当宣布御前会议时，巴黎的银行都关了门。巴黎贴现金库派遣董事到凡尔赛去解释其处境之危险。整个的金融界在反抗宫廷。

在此情况之下，国王的命令是不能执行的。就是卑贱的沿街宣令者也拒绝把这些命令沿街宣布。6月24日，僧侣的大多数也抗命而加入第三等级的议会；第二天又有四十七名贵族，由奥尔良公爵领导着，同样加入。

路易十六在忍气吞声，可是就在那一晚，他决定暗中调两万兵来，而且要外国人组成的队伍，因为他觉得他们是更可靠些。命令是26日发出的。第二天，为着使人家不怀疑起见，他要求贵族及僧侣两院主席也同样去加入国民议会；为着要使他们愿意去，他差亚多瓦伯爵去说，为保护其受威胁的性命起见不得不如此。

还没有人准备以暴动来对抗国王，不过自从御前会议以后，爱国派已在小心注视着。6月25日，推举代表出席三级会议的四百巴黎选举人，自动集会于巴黎博物院，后来又移到市政厅，其目的在防御贵族之阴谋及与国民议会取得密切联系。自6月29日以后，他们着手拟订组织资产阶级卫军的计划大纲，这个卫军包括全城各区的主要居民。属于奥尔良公爵的巴勒·罗垭园①，变成了露天俱乐部，日夜有人会集着。宫廷的计划一经拟订，那里便知道了，而且在议论着。

爱国派已经在运动军队。法国第一团法兰西卫军已迅速地争取过来了。他们不满于以严格纪律加于他们的团长，在其下级军官中则有羽兰、勒菲富尔及奥什诸人，他们将永远升不到高级军官，倘使1781年法令始终有效的话。6月30日，有四千常到巴勒·罗垭园走走的人，释放了十名因抗命而被监禁在亚培狱的法兰西卫军，并且肩着他们游行。被派往恢复秩序的骠骑兵及龙骑兵，高呼"国民万岁！"不愿攻打群众。甚至在凡尔赛的亲卫军也有不守纪律的动态。外人旅团是否会更服从一点呢？

---

① 巴勒·罗垭直译当作"王宫"，但它始终不是王宫。为免误会之故，用音译。这座有名的建筑最初是为黎塞留建的，曾称红衣大主教宫，后为奥尔良支的住宅。宫前有大园，地当巴黎中心，故革命时为群众会集之地。

倘使路易十六能够骑着马，能够亲身指挥军队如亨利第四一般[①]，也许能够使军队忠于职守而达到高压的目的。可惜路易十六不是这样一个人。

所调的军队到了，驻扎在圣德尼、圣克路及塞夫尔，甚至在马斯场，这一着引起了许多强烈的抗议。这些人要吃东西，会增加饥荒呀！无疑地有人在想用武力解散国民议会呀！7月2日，巴勒·罗垭园中有鼓动家提议推翻路易十六而代之以奥尔良公爵。巴黎选举人向议会要求撤去军队。7月8日米拉波发表了激烈的演说，攻击足以动摇王政的出坏主意的人，这就使议会通过了巴黎的要求。路易十六答复议会说，军队调来是保护议会自由的，若议会感觉不安，他准备把议会迁到尼昂或斯瓦桑去。这无异是在威吓之后，继以嘲弄。得到这个答复之后，当晚有一百名议员会集在圣克路大街之布勒塔尼俱乐部，共图对抗。

路易十六把情况弄得更严重。7月11日，他于极端秘密中把内克撤职，而代之以公开的反革命派布累杜伊男爵。第二天谣传国家就要宣告破产。经纪人马上集会，决定关闭交易所来抗议内克之撤职。有人用金钱收买军队。银行家如德勒塞尔、普累服朵、匡德尔及波司加累等，都随同其职员一起去参加正在组织中的资产阶级卫军。巴黎人肩着内克及奥尔良公爵二人的半身塑像游行。戏园都关闭了。德木兰在巴勒·罗垭园中宣布屠杀爱国者的事件要发生了，经他提议之后，人民戴上了绿色——内克制服的颜色——帽徽。最后，听见兰柏斯克亲王所统率的王家日耳曼军在杜伊勒里园中枪杀群众的消息[②]，于是警钟响了，人民群集各教堂编队，用军械工场取得的武器来武装他们。仔细地把二流子剔出去。次日，7月13日，人民利用在伤兵院所发现的二万八千条枪及几

---

① 法王亨利第四（1589—1610在位）结束法国宗教战争，而为波旁朝之第一君主，以勇智著称。

② 杜伊勒里宫建于十六世纪，自凡尔赛成为政治中心后，这所王宫久已不是王室居留之所。

尊大炮在继续武装起来。议会通过全国国民对内克惋惜与尊敬的议案。议会决定常川开会，并谓如有任何事件发生新大臣们应负责任。

奇怪的是宫廷竟愣住了，任事态去演变。培宗伐尔统军驻在马斯场，在等待命令，不敢深入巴黎。

7月14日，巴黎选举人与旧市府在市政厅组成了永久委员会，数次派代表要求巴士底堡指挥官将武器交给民军①，把堡上的大炮移开。最后一批代表虽然带着表示其为使者的白旗，可是堡上向他们开枪，于是围攻开始。为着援助圣丹托盎郊区的工匠，由羽兰及艾利统率的法兰西卫军带了大炮，对准吊桥以便攻进堡垒。经过了一度很激烈的战斗，其间围攻者死亡达百余人；之后，与少数瑞士兵一同守堡的残废兵因缺乏粮食，迫其指挥官德洛内投降。群众施以可怕的报复。大家认为德洛内曾下令向携白旗的代表开枪，而巴黎市商会会长夫勒塞尔则当巴黎选举人寻找军械储藏处时曾存心欺骗，于是将二人屠杀在格累夫广场，并将其首级刺在矛尖上。职司供给巴黎附近驻军粮食的国务会议大臣富伦及其女婿巡按使柏替尔，亦于数日后被人吊死在市政厅的灯柱子上。目睹这类杀戮而心中难过的巴贝夫曾于致其妻的信中说："政府的各种刑戮，如四分尸、酷刑、车碾、火刑及绞刑，刽子手数目的增加，影响我们人心是如此之坏！应该开化我们的主子们却曾使我们变为野蛮的，因为他们自己是野蛮的。他们正在或将要收获他们所已经播种的东西。"

要平服巴黎唯有用巷战，外国人组成的军队也不可靠了。听了从巴黎回来的利安库公爵的话以后，路易十六于7月15日亲临议会，宣布要把军队调开。议会坚持要内克复职。但是国王还没有决定完全屈服。这时，议会派了代表前往巴黎，胜利的巴黎人任命在网球庭露头角的贝野为市长，华盛顿的朋友拉法夷脱为国民卫军司令，巴黎大主教为颂赞

---

① 巴士底堡建于十四世纪（1382年完成），不久即成为政治犯监狱，政治犯多因国王之密札而被禁于此，因被视为君主专制之象征。唯1789年7月14日攻陷此狱时，其中并无重要政治犯。

攻克巴士底堡而在圣母院领唱崇主圣歌，人民的尖锄已在怨怒地锄平这座旧政治监牢；就在这时，亲王们则在竭力劝这位懦弱的国王逃到默茨去，以便再从那里统军回来。但是统军司令布罗意元帅及普罗温斯伯爵反对他离开。路易十六是怕一经离开，议会就会宣布奥尔良公爵为国王吗？这并不是不可能的。他只好不动，并且非喝完这杯苦酒不可。他把布累杜伊撤职，召回内克。次日 7 月 18 日，在提出这些保证之后，他到巴黎去用亲临市政厅来承认这次暴动之合法；他从市长贝野手上接受新的三色帽徽①，这不啻是承认其权力之消失。

因国王之懦弱而愤慨的亚多瓦伯爵和各亲王、布累杜伊及反动派各领袖，逃往外国，这样开始了亡命外国的运动。

屈服的路易十六仍保住了王冠，可是不得不承认在他上面还有一个新主权，即法国人民，而以议会为代表。欧洲人谁也不会不了然这事变的重要性。英国大使多尔塞特公爵向其政府报告云："从此我们可把法国当一个自由国看，国王权力受了限制，贵族降至与全国人民地位相等。"各地的资产阶级觉得他们的时代已到来了，都充满着欢欣与希望。

---

① 贝野说："巴黎复得了国王"，因法国国王久已不住在巴黎之故。这时人民仍是忠于王室的，三色中之白色即代表王室，而蓝红二色则代表巴黎市。

第五章　各省的起义

　　各省透过它的代表的通信而能经常知道时局的演变，有些，如在布勒塔尼，一收到此类信件就印出来。外省和首都一样热情地关切第三等级与特权等级间的斗争的进展。它们以同样的欢呼来迎接巴士底堡之攻陷。

　　有些城市甚至不及等到这惊人消息到来即已起而反抗其所恨的制度。7月初，里昂失业工人烧了通过税的栅栏和税局，以期减低生活费用。由安贝·科洛美所主持而被称为政务厅的贵族市府不得不有所让步。7月16日，它答应与三个等级代表所组成的永久委员会来共同管理城市。数日之后，这个永久委员会仿巴黎之例组织不让无产阶级加入的国民卫军。

　　无论大小城市，差不多都有这样类似的行动，唯彼此略有不同而已。波尔多则以曾推代表出席三级会议的选举人为永久委员会的核心，所谓永久委员会就是革命的市府。有时，如在第戎、蒙俾利埃及柏宗松等城，新委员会则由公民大会选出。有时，如在尼姆、发兰斯、图尔及艾夫鲁诸城，永久委员会是由旧市府与各行会选出的选举人合作产生的。有时在同一城市中，如在艾夫鲁，接连有几个永久委员会前后相续，各次产生的形式不同。如旧权力反抗，民众的暴动立即可使它们就范，在斯特拉斯堡、亚眠及维龙等城的情形便是如此。

各地永久委员会所注意的第一件事是组织国民卫军来维持秩序。卫军一经组织，立即从驻军司令手中把视同地方巴士底堡的要塞及防军堡夺过来，多半都能好好地交出来。波尔多人夺取了特朗佩特堡，卡恩人夺取防军堡及曾为私盐犯监狱的勒威堡。

他们就是这么取得武器，保证能抗拒专制势力的反攻，同时也可消除旧日的愤恨。

一般而论，驻军司令官及巡按使多取放任态度。蒙俾利埃的永久委员会议决向巡按使表示谢意。永久委员会及国民卫军参谋部的人员多属当地贵人及第三等级的优秀分子。国王的官吏出而领导的事也是很常见的。在艾夫鲁，驻军司令官、盐仓法官及钦派检察官，竟与律师、革匠、杂货商及医生混在一起。国王所派官吏怎么能抵抗呢？外省的军队与在巴黎的军队一样是不可靠。在斯特拉斯堡的军队无动于衷地看着人民攻打市政厅。旧秩序在无抵抗中消灭，正如久已腐朽的建筑物之忽然倒塌一般。

当资产阶级到处武装起来而且敢于把地方政权拿到手里的时候，农民怎能毫无动作呢？在三级会议选举的大热狂之后，他们曾安静了一会儿。代表他们到凡尔赛去的资产阶级叫他们忍耐一下，说是陈情书中所提出的要求会得到满意的解决。他们等了三个月了，而且在忍受着饥荒的威胁。巴黎及其他城市的起义使他们手中也有了武器。他们擎着猎枪、大镰、大叉及禾枷等，一闻警钟即出于本能地群集起来，围绕他们主人的第宅。他们要求主人们把借以索取无数封建权利的封建契约交给他们，就在天庭中把这些可咒诅的羊皮纸文件烧毁。领主如不得人望，或拒绝打开文件室，或随同其手下人抵抗时，农民则烧毁其第宅并加以报复。例如，有一位蒙特松被其旧日手下兵士开枪打死在勒曼附近以报复其昔日之严酷；在兰格多克有位巴剌斯丧命，安布烈骑士则被拖弃在肥料堆上；等等。特权等级数百年来榨取农民而任其停留于野蛮状态到今日才自食其果。

从7月20日起，农民起义开始发生于伊尔·得·佛兰斯，迅速地传到各地，及于王国的最边陲之处。暴动者的过分行动因传闻失实而过分夸大，这是很自然的。据说，土匪在割尚未成熟的麦子，他们要进攻城市，他们不复尊重任何财产。惶恐心理这么一经广播，于是有力地推动了永久委员会及国民卫军的组织。"大惶恐"与农民起义混做一起，而且是同时发生的。

出没无常而使人谈虎色变的土匪，与烧毁税卡而规定市场麦价的工人及强迫贵族交出契券的农民，其间通常是难于区别的。不过，在乡村及城郊的无数困苦人民，在这正在发展的紊乱状态中，找到了改变社会秩序的机会，这是再自然不过的事情，用不着去怀疑的。暴动不单是针对封建统治，同时也针对商品投机者、税收、坏裁判官以及一切榨取人民及赖人民劳动为活的人。在上阿尔萨斯，农民在攻毁贵族第宅及修道院时，也攻击犹太商人。7月底，阿尔萨斯的犹太人被迫而成百地逃到巴塞尔去。

拥有财产的资产阶级忽然看见了第四等级之可怖的样子。他们不能看着贵族被牺牲而毫不考虑自己，因为贵族的地产已有不少在他们手中，他们也要向农民征索封建地租。他们的永久委员会及国民卫军立即开始恢复秩序的工作。通令发到各教区牧师，要他们劝农民镇静。第戎委员会7月24日的通令上说："我们恐怕放任之例一开，我们将来都要成为它的牺牲者。"他们立即使用武力。在马康内及波若雷两处，有七十二所贵族第宅被烧，接着即是迅速而严酷的镇压。7月29日，有一队农民败于科马丹堡附近，死二十人，被捕六十人。另有一队农民败于克吕尼附近，死一百人，被捕一百七十人。马康城的永久委员会自身变成了法庭，把二十个暴动者处死。就在这多斐内省，三个等级之结合仍保持未动，故其骚乱明显地具有阶级斗争的形式。农民及工人共同反对与贵族结合的资产阶级。里昂的国民卫军帮助多斐内的国民卫军攻打起义农民，里昂的工人则同情他们。

国民议会面对这个非预料所及而可怕的爆发，为之骇然。一开始，他们只想如何去镇压，最主张严厉处置的并非特权等级，反而是第三等级的代表。方丈巴波丹本是倾向民主的教区牧师，深恨高级僧侣的，却于7月底写了些很感不安而带恐吓性的信件，从凡尔赛寄给在埃诺继他而为牧师的那位嘉布遣会修士说："务使人民牢记，倘无服从则任何社会均不能存在。"照他的意思，是贵族在煽动人民。"我们在宫廷中的敌人被驱散以后，才发生这种乱事。"显然是这批亡命者、亚多瓦伯爵及王后的朋友们，因为已经失败了，所以煽动这些穷人来攻击财产，以图报复！在第三等级的代表中，和这位不知名的牧师所见相同的究有多少呢？负责研究方案来解决此问题的委员会的报告人萨洛蒙，于8月3日出席报告，只晓得凶猛地攻击扰乱治安的煽动者，提议不分皂白地施以镇压；对于穷人的困苦并无半句怜悯之词，对于将来的改革亦无一言涉及。倘使议会采纳这位无心肝的地主的意见，就会造成一个危险的局面。势必授权国王来施行这残忍而普遍的镇压政策。这会使他有办法来遏止革命。在另一方面，资产阶级与农民阶级之间会产生一条不可越过的鸿沟。由于势将迁延的内战，旧统治又可以维持下去。

自由主义的贵族反较资产阶级更有政治头脑、更宽大，知道非在这困境中觅一出路不可。其中之诺亚伊子爵，即拉法夷脱的妻兄，在8月4日晚提议，要使农民放下武器，应当执行下列各款：

（一）应明令宣布此后"全王国的人均应按其收入比例缴纳税款"。这便是取消一切免税权。

（二）"一切封建权利均可由公共团体（意即市乡政府）赎偿，或则付以现金，或则依据公平估价交换。"这便是以补偿法来取消封建地租。

（三）"封建力役、农奴制及其他人身劳役应无须赎偿而废除。"

诺亚伊这样地把封建制度分为两个部分。一切加于人身的负担应完全而无条件地废除。一切根据地产的负担应当赎偿。人应当自由，土地仍有负担。

全国最著名人物及最大地主之一的厄基养公爵，热烈地赞成诺亚伊的提案，他说："人民毕竟要想摆脱若干世纪来所加于他们头上的束缚，虽说暴动是犯罪行为（一如其他暴力侵略行为一般），可是我们得承认人民在其久被牺牲的困苦中起而暴动却是可原谅的。"这种高贵的言论很使人感动，可是在这动人的当儿，有位曾为杜各同僚与朋友的第三等级代表经济学家杜旁·得·内木尔，仍坚持要采用严峻的措施。贵族倒有怜悯之心，而这位资产阶级则抨击当局之无所动作，并主张要向各法庭发出严厉的命令。

可是推动已经有了。有位不知名的布勒塔尼省代表勒居安·得·克朗加尔，本是一位住在小镇上而生活简朴的布商，以率真而动人的言辞申述乡民的苦楚，他说："诸位，我们要公平一点，让他们把那些不仅有伤羞恶之感，而且有悖于人性的封建契券拿到此地来。让他们把那些侮辱人类使之负犁有如耕畜一般的契券带给我们。让他们把那些迫着农人整夜打着泽沼使蛙不叫以免惊醒享乐贵族清梦的契券带给我们。诸位，在这光明的时代，我们之中会有谁不愿把这些不名誉的羊皮纸付于赎罪之火并以其火焰来供于祖国之坛呢？诸位，人民已起来了，要使他们再镇静下来，你们只有把所有一切封建权利折合成金钱，任人民自愿赎偿；你们所要宣布的法律必须将人民有理由埋怨的最后残余予以废绝。"在一个由地主所组成的议会中而能主张烧毁契券，自是勇敢之举，可是他的结论却是温和的，这位布勒塔尼的演说家在大体上仍赞同他所认为不公道的权利应当赎偿。

赎偿制使代表们安心了。叫他们牺牲的是名，而非实。他们仍可征收地租或其相等之物。这样实行几使他们毫无所失，反而会恢复其在农民间的声誉。于是，在了然于贵族少数派的聪明策略以后，他们便尽量地表示热烈。各省各城的代表、僧侣及贵族一个接着一个地到这"祖国之坛"上来牺牲其旧日特权。僧侣放弃什一税，贵族放弃关于渔猎、兔圈、鸽舍及法庭等权利，资产阶级放弃特殊的豁免权。这个盛大的放弃过去之举闹了一通晚。到天亮时，一个新法国竟在贫苦人民的热烈推动之下产生出来。

领土统一及政治统一最后完成了。此后法国再无所谓直隶税区及派管税区之分，再无所谓视同异域的省份，再无所谓内地税及通行税之分，也再无所谓习惯法区域及罗马法区域之分，再无所谓普罗温斯人及多斐内人、布勒塔尼人及柏阿人之分。在法国的都是法国人，服从同样的法律，人民可以担任任何职位，同样纳税。制宪议会^①马上也把贵族爵号及纹章废除了，甚至圣灵及圣路易等老王家勋章也废除了。若干世纪以来被囿于严密等级制的民族忽然都处于同等的地位。

各省及各城都热烈地批准放弃其常是业已徒有空名的旧特权。昔日地方特殊性之消灭，几乎没有人惋惜，反而赞同！在"大惶恐"的最高潮时，同一省内的各城市，为了同时可以防御"匪类"及抵抗贵族起见，彼此允许相互为助。自1789年11月起，这样的结盟事件不断发生，最初是在佛蓝什·康特与多斐内两省以及在卢埃格一带。接着是省与省之间的结盟，在这类半军事半民事性的节日中，国民卫军及正规军的代表都来参加，严肃地宣誓放弃旧日特权、拥护新统治、镇压骚乱、施行新法律，而最后形成一个民皆同胞的大家庭。布勒塔尼省和安如省的结盟节则于1月15日至19日举行于漤迪威，佛蓝什·康特、勃艮第、阿尔萨斯及香宾各省则于2月12日举行于多尔，举行时所表现的爱国狂欢颇具宗教形式。后来这一切地方的结盟联合成伟大的全国"结盟节"，在1790年7月14日，攻陷巴士底堡周年纪念日，举行于巴黎的马斯场。

巴黎人自修士及演员以至于屠夫及炭夫，都自动出力建筑了一个草地大圆形剧场；在那里到有观众五十万余人，他们热烈地向八十三郡国民卫军及正规军代表喝彩。奥汤主教塔累蓝，四周围着六十位穿三色僧衣的巴黎各区的牧师，在祖国之坛上做了弥撒。接着，拉法夷脱代表全

---

① 制宪议会即国民议会，因其责任为制宪故名。

体宣誓，不仅要拥护宪法，而且要"保护生命及财产的安全，谷物粮食的自由流通以及仍然存在的任何形式的税款之征收"。大家照样说："我宣誓如此！"国王也宣誓要尊重宪法及执行法律。群众在大雨中快活地唱着《前进曲》①分散，虽然一身湿透了。

老实的人以为革命已在这种博爱声中结束了。这是个错误的幻想。国民卫军节并不是全体人民的节。从他们的誓言来看，可见秩序尚无保障，上下两方都有不满足者：上则有被剥夺的贵族，下则为无数农民。

农民听见了要废除什一税及封建劳役，开首是异常高兴的。在8月4日的决议以后，他们即停止烧毁第宅。他们只从字面上看法令上的第一句："国民议会现将封建制度全部加以废除"，却不曾注意那些规定地租未经赎偿前仍须永远缴纳的条款。等到催征人上门时，他们才知道领主的封建权仍然存在，他们仍须和以前一般要用实物或现金缴纳地租、转让费②，甚至封建什一税，于是他们才大为惊讶。他们不了解教会的什一税既无须赎偿，为什么对于封建领主的反而要花钱赎偿。有些地方的农民结合起来，拒绝缴纳，攻击资产阶级——其中有不少是领有采邑的——之欺骗他们及背叛他们。此种攻击是相当有理由的。在8月4日夜那个值得纪念的会场上，大家在一种带传染性的热狂中同意牺牲，确使许多代表后悔。牧师巴波丹曾坦白地写道，"自8月4日以来，我就老在忧愁。"他后悔放弃了什一税，害怕将来要靠国家给养，而这个国家是垂于破产的。像巴波丹这样的人很多，甚至在第三等级中也有，他们开始自觉已做了"蠢事"。在那些规定如何赎买封建权的法律中，可以看出他们的反动精神。议会对于那迫于农民的凶猛的火焰而在匆促中通过的大法令，现在显然想在实行上来加以限制。议会假定，封建权利大体

---

① 《前进曲》最初是一首普通的革命歌曲，后经人加上 Ah! ça ira, ça ira, Les aristocrates a la lanterne（前进，前进，前进，把贵族吊死在灯杆上）两句，才变为雅各宾专政时期号召斗争的歌曲。

② 农民出卖土地时，须向领主纳转让费，其多少因地而不同。

上是昔日佃户与地主间因土地转让而同意的结果。议会毫无根据地认定领主最初就领有农人所耕种的土地。更巧妙的是，它认为地主及农人间确有契约关系，地主无须提出证明。只要享受了四十年，其领有权即属合法。纳租人则须有证件证明其土地是自由的。此类证明是不可能的。而且，赎买手续规定得颇为繁重，即令农民愿意，事实上也使他们不能实行。同一采邑的全体农民，对于所欠领主的债务有连带责任。"有连带义务的负债人，必待其共同负债人均能与他同时偿清债务，或他能代为清偿后，始能获得自由。"法律更规定：要赎买固定的租税和义务，必须同时赎买偶然附加的租税，这便是指经过买卖或他种方式转移地产而产生的租税。此等赎买手续不仅使困苦的农民永不能摆脱封建束缚，就是手中略有现金的人亦不易履行此类赎买条件。最后，法律并不强迫地主非接受赎偿不可，反之，地主亦不能强迫农民来赎买。我们不难理解，为什么史家多尼奥尔曾怀疑制宪议会是否有诚意废除封建制度。他说："封建的形式虽不存在，但封建之实质仍须经过长时间始可消灭，而且因其不易规避之故反能继续存在；如此，领主的权利既可保持，表面上与 8 月 4 日的诺言又不冲突。"

制宪议会本来是可以这样打算的，可是事变却破坏了他们的打算。农民再开始结合起来。他们向巴黎提出反抗这些法令的强硬请愿书，在等待答复时，有些区域已拒绝缴纳那仍属合法的负担。这类零散的反抗延长三年之久。因此而发生的骚乱使滕内把当时的法国描写成无政府状态。如果真是无政府状态，则议会应负大部分责任，因其无丝毫表现来满足农民之合法的要求。直到其闭会一天为止，议会仍在维持其阶级的立法。由于多半操在资产阶级手中的各城市之国民卫军，由于农民行动的不能一致，议会才使这类骚乱不曾扩大到 1789 年 7 月时那么大的局面，但它始终不曾维持绝对的安宁。乡区及乡镇的政府有时显然不愿协助政府的官吏。有些乡镇政府已在停止征收农民对于已被国家没收的教产所应缴的封建租税。饶勒斯说："如此一来便开了一个惊人的先例，这是一种完全废除的合法办法，农民会将其应用于应向俗界领主缴纳的租税。"真的，在大资产阶级占优势的区域，如舍尔及安德尔，封建地租仍在继续征收。而且，这似乎是较为普遍的情形。管理国有土地的机关仍在严厉地征收属于国家的封建租税。

封建地租之最后完全废除，是逐渐实行的；在立法议会时期，则在对奥宣战及王政倾毁以后，在国民大会时期，则在吉伦特党失败之后，才将此类提案逐渐通过。

第六章 "宫相"[①] 拉法夷脱

社会上的等级制比法律上的等级制有更结实的基础。造成革命以期与贵族分庭抗礼的那些资产阶级，在相当长的时期中，仍不能不推选贵族来做向导与领袖。几乎在整个制宪议会时期中，拉法夷脱侯爵是他们的偶像。

拉法夷脱拥有大财产而能慷慨地使用，极热衷于声誉，年轻而动人；他自信在法国革命中所起的作用，注定应如其友人华盛顿在美国革命时一般。在卡伦召集的贵人会议中，他是第一个要求召集三级会议的。当法院中人及爱国派一致反抗布里盎及拉麻仰的法令的时候，他家里是一个对抗宫廷的中心。因为他挑起奥维涅省议会的抗议，路易十六曾撤去其司令职以为惩罚。两特权等级加入第三等级以后，他立即把模仿美国宣言的《权利宣言》草案提出于制宪议会。7月8日他与米拉波同去要求调开军队。7月13日议会举他为副主席。两天后，巴黎永久委员会根据布里索在斐尔·圣托马区所提出的提议，任命他为新成立的国民卫军的司令。于是他手中有了武力，革命时期唯一可靠的武力，即革命的武力。为增强其力量起见，他努力使资产阶级的队伍，与包括旧法兰西卫

---

① 宫相本中古法国梅罗樊吉朝的最高官吏，最初只是管理宫中事务之官，其权力逐渐增加，卒至总揽一切权力，矮子庇平即由宫相而取得王位。米拉波嫉妒拉法夷脱之权大，而呼之曰"宫相"，故云。

军在内的领饷而住在营房的队伍配合起来。秩序完全要靠他,因而议会及王政的命运也要靠他。当时他的野心还只在使他自己成为"国王、议会与人民"三者间之不可少的调停人与居间人而已。

路易十六怕他,很敷衍他。8月4日,国王当然是为了取悦于他才把他的三位忠实朋友延揽入阁;即波尔多与威盎两地的大主教商披翁·得·西塞与勒佛郎·得·滂庇仰及圣普里斯特伯爵。这位伯爵与他尤有密切关系,由于这位伯爵他才不断地得到国务会议的消息。路易十六致议会的文件上说:"我之所以要从议会中把他们选拔出来,为的是要向你们表示我要与议会保持一种最可信而最亲近的协调。"依着拉法夷脱的希望,议会政治的实验看来像是开始了。现在的问题是要在议会中形成一个坚实而可靠的多数派。拉法夷脱在这上面尽量努力。可惜他不是演说家,而且因职务关系要常留在巴黎。他只能在背后提线而让他的朋友去活动,其最亲密的朋友是拉利·托伦达尔及拉都尔·莫堡,都属第二流人物。

爱国党分裂的痕迹,在讨论《权利宣言》时,已显露出来了。温和派如前海军兵站监马路埃、兰格尔主教拉吕曾,骇于当时之无秩序,认为这个宣言是无用的,甚或是危险的。反之,曾充教会律师的冉森派教士卡睦及曾任洛林省安柏默尼尔牧师的格累瓜尔方丈,主张最少还要补上一个《义务宣言》。由于巴那夫的力量,议会得以一百四十票之多数通过了《权利宣言》。

宣言隐然谴责了旧日的弊政,同时也说明了新统治的哲学基础。

它是斗争热狂中的产物,故保证有"反抗压迫之权"——换言之,即为刚胜利的起义辩护,却没考虑到也会为未来其他的起义辩护。这宣言宣布:自由、平等、财产、税收及法律之通过与控制、陪审制等,都是自然而不可剥夺的权利。其中未提及结社权,这是由于怀恨等级制及行会制之故。宣言又规定以人民至尊代国王至尊,以法律统治代专制。

宣言是资产阶级的作品,故打上了它的烙印。宣言宣布平等,但系有限度的平等,须服从"社会的实用"。它所明白承认的仅指纳税与法律前之平等，一切职务公开须以能力为标准。它忘却了能力本身是以财富为条件的，而财富本身又是根据继承权来的。

宣言视财产为法律所不可剥夺的权利，却没想到那些一无所有的人，也没顾及已有一部分被充公或被废除之封建的及教会的财产。

最后，这宣言是产生在一个社会上仍然少不了宗教的时代。宣言的本身即托庇于"主宰"之意旨。它虽容许其他的信仰，却只限于在法律所规定的公共秩序范围以内。米拉波的《普罗温斯邮报》即以愤激语调抗议道："国民议会本该扫灭不宽容的种子，却将其保留在《权利宣言》里面，这就使我们无法掩饰我们的悲痛。本该明白宣布宗教自由的，它却宣布：宗教意见的表现可受干涉，公共秩序即可对抗此一自由，法律也可限制它。这都是虚伪的、危险的、不宽容的原则，是多明我派或托库厄马答用以辩护其血腥理论的原则。"① 实际上，天主教仍保存了它是主要宗教的地位。唯有它的用费才见于国家预算。唯有它的仪式得当众举行。新教徒及犹太教徒只可在室内举行。东部犹太人被视为外人，直到 1791 年 9 月 27 日议会将近解散时，他们才和法国人取得同等的地位。

《权利宣言》不但不曾规定完全而无保留的宗教自由，就是出版自由也受限制。它使出版自由受制于立法者。虽然如此，这宣言毕竟是公权上光荣的一页，是此后百年中世界上所实现的一切政治进步的源泉。我们判断它，只能根据过去而不能根据未来。

宣言是宪法的序文，通过以后，接着就讨论宪法。裂痕现在已显得更厉害，而且更无法补救了。宪法委员会报告人木尼埃及拉利·托伦达尔，提出设立上下两院，国王对两院的决议有绝对否决权。他们是受了社会保守思想的影响。木尼埃曾担心封建财产之废除会严重地危害其他财产。为镇压农民暴动及保全秩序起见，他主张以必需的武力付与行政

---

① 托库厄马答（1420—1498）为多明我派教士，主持西班牙宗教裁判所凡十四年，以暴虐著称，据云经他定罪而由火刑处死者在八千人以上。

机关，即国王。这也就是内克及掌玺大臣商披翁·得·西塞的意见。他们劝国王不忙接受 8 月 4 日及以后各日的议决案，并且要国王签署一个把这些议决案批评得仔细详尽的文件。这便是使自"大惶恐"以来努力完成的绥靖工作再要发生问题。刚刚熄灭的火焰大有复燃的危险。而且会引起封建势力报复的希望。西耶士说，绝对否决权就是反对公意的"密札"，会使革命受制于宫廷。上议院就会成为贵族政治的避难所及壁垒，倘其议员由国王任意选派时更会如此。

布勒塔尼省代表的俱乐部，因有其他各省最有魄力的代表之加入，已逐渐扩大；他们决定不惜任何牺牲来反对温和派的计划。沙伯利厄组织了布勒塔尼省的反抗运动。累内城发出了反对否决权之恐吓性的请愿书。指挥大批政论家的米拉波则在鼓动巴黎的各区。巴勒·罗垭园中议论纷纷。8 月 30 日及 31 日两天，圣杜律治及德木兰二人打算统率着巴黎人到凡尔赛去，要求立即批准 8 月 4 日各法令，抗议否决权及两院制，并且把国王及议会移到巴黎来以免受贵族的诱惑。国民卫军费了大力才制止这个鼓动。

双方都要拉法夷脱出来仲裁，他努力寻找一个妥协的途径。他在双方都有朋友。他把双方主要人物会集在他自己家里或美国大使哲斐孙家里；一方是木尼埃、拉利及柏加士，一方是杜波尔、亚历山大·拉默、沙勒·拉默及巴那夫。他提出以国王暂时否决权代绝对否决权，其有效期间为两届议会；立法动议权属于人民选出的下院，上院对下院议决案之否决权有效期限为一年。双方仍是不能妥协。木尼埃主张上院议员是世袭的，最少也得是终身的。拉法夷脱则主张由各省议会选出，任期六年。当时形成"三头"的拉默、杜波尔及巴那夫则主张无论如何不能有第二个议院，反对分割立法权，恐其削弱立法权，恐其在另一名义下重建高级贵族。他们知道英国的上院是唯国王之命是听的。因此大家不欢而散。巴那夫一直是屈居于木尼埃之下的，至此则与之破裂。拉法夷脱写给莫堡的信上说："我对双方都不能讨好，徒然陷于无益的懊悔与恼人的忧烦。"他以为也是身为军人而兼贵族的拉默兄弟在嫉妒他，想代他而为国民卫军司令。他认为巴黎的乱子都是奥尔良公爵暗中鼓动的，他私下称为乱党的布勒塔尼省代表就是奥尔良公爵的工具。

9 月 10 日，议会以绝大多数，八百四十九票对八十九票，缺席一百二十二票，否决了两院制。外省小贵族因不信任高级贵族之故，与第三等级及低级僧侣的态度一致。但是在第二日，却以六百七十三票对三百二十五票之多数通过以暂时否决权付予国王，以两届议会为有效期，即最少等于四年。此案之得以如此通过，系得力于巴那夫及米拉波。巴那夫则因已与内克商定，以内克允许批准 8 月 4 日各案为条件；米拉波则因为不愿给自己断绝入阁之路。罗伯斯庇尔、佩迪昂、蒲佐、普里欧·得·拉·马恩则坚持反对到底。通过以后，内克却不能实践他对巴那夫的诺言。国王在各种借口之下，延不批准 8 月 4 日各案及《权利宣言》。布勒塔尼派自信受了欺骗，激动再起，较前更烈。

木尼埃一党在两院制一案虽经惨败，但其势力则在逐渐增强。8 月底，他们与大部分的右派结成一起。为谋对抗之故，他们组织了一个三十二人的指导委员会，其中除木尼埃、柏加士、马路埃、邦那尔、威留及克勒蒙·汤内尔之外，还有摩里、卡乍勒斯、得斯普累默尼尔及蒙洛稷埃等人。这个委员会决定要求国王把政府及议会迁到斯瓦桑或康边去，以免受巴勒·罗垭园中群众的侵扰。蒙摩蓝及内克也赞助这种要求。可是具有消极勇气的国王认为离开凡尔赛即为耻辱。他所能答应"王政党"的，只是于 9 月底调来一些骑兵与步兵及佛兰德斯旅团。

左派认为调来军队就是挑衅。拉法夷脱也表示反对。他之所以惊讶，因为这个步骤足以再引起巴黎的暴乱，而事先竟没有和他商量。

巴黎缺少面包。人民在面包店前为了面包打起来了。贵族们之逃往外国已在影响工人。假发匠、鞋工及缝工等的助手已受失业之苦，群集要求工作或增加工价。一批一批的代表派到巴黎市府去。正发行《人民之友》的马拉及主编《巴黎之革命》的路斯塔洛又在加以鼓动。巴黎各区及市府都和拉法夷脱一般，要求调开军队。"布勒塔尼派"议员如沙伯利厄、巴那夫、亚历山大·拉默、杜波尔也再向内政部长圣普里斯特提出这样的要求。旧法兰西卫军已在谈论要到凡尔赛去，以便再取得国王卫队的位置。拉法夷脱一再发出警告。

但是大臣及王政派自信可以左右大局，因为议会已推选木尼埃为主席，好像在革命时期中即使无民众力量议会也可有所作为似的。可是舆论已在沸腾，握有军权的拉法夷脱也不高兴。为着敷衍及拉拢拉法夷脱，外交部长蒙摩蓝要饵以将军之职，甚至授以统领之衔。他却轻蔑地谢绝了，而且说："如果国王怕有暴动，可到巴黎来，有国民卫军保卫他的安全。"

最后的鲁莽行动加速了暴动的爆发。10月1日，亲卫军在宫内歌剧场大厅举行盛大宴会，欢迎佛兰德斯旅团。国王及怀抱太子的王后，也来应酬宾客；当时乐队正奏着格累特里的曲子："呵，理查！呵，我的国王！举世都离弃你！"[①]宾客趁着音乐及酒兴，发出狂烈的彩声，把国民帽徽抛在地下践踏，而代之以白色的或黑色（代表王后之色）的徽章。他们故意不为全国国民祝福举杯。

10月3日，哥尔萨的《邮报》把这类事变传到巴黎以后，巴勒·罗垭园中人心大为愤慨。10月4日星期日，《巴黎新闻》及《人民之友》揭发了贵族的阴谋，谓其目的显然在推翻那尚未完成的宪法。国王再三拒绝批准8月4日各案及业已通过的宪法条文，比轻视全国的宴会更能证明此一阴谋之实在。马拉号召巴黎各区武装起来，要他们带着市政厅的大炮往凡尔赛去。各区都在集会，派代表到巴黎市府去。根据丹敦的提议，哥德利埃区督促市府命令拉法夷脱于次日星期一到国民议会及国王那儿去，要求把军队调开。

10月5日，由于同情暴动的国民卫军不曾严加防范，有一大群各色

---

① 格累特里（1741—1813）为当时之名曲家，《狮心王理查》即其所作的有名歌剧。

各样的妇人拥入了市政厅。攻打巴士底堡时曾显身手的书吏马伊雅，出面领导妇人队往凡尔赛进发，当天下午到达。数小时后，国民卫军也跟着出动。卫军压迫拉法夷脱到凡尔赛去，以吊在灯杆上来威胁他，他才使市府批准叫他服从民众的意旨。他说，他之所以要去，因为怕这暴动没有他在场时会有利于奥尔良公爵。当晚，他到了凡尔赛。

宫廷及大臣们都没料到这突如其来的事件。国王出猎去了，议会中的左派似乎了然会有什么事变发生。议会再度要求国王批准那些法令，又经国王拒绝了，10月5日早晨，议会对此又有激烈的辩论。罗伯斯庇尔及巴累说，国王无权反对宪法，因为立宪权是高出于国王的。国王之所以存在是根据宪法的，他的否决权仅能应用于普通法律，宪法条文不属此范围，无须他批准，只有直截了当地接受。议会采纳了这个根据《民约论》的主张，经米拉波及普里欧·得·拉·马恩的动议，议决推主席木尼埃立即觐见国王要求他立即接受。就在这种情况中，当天下午，巴黎妇人队的代表出席了议会。他们的发言人马伊雅控诉了物价的昂贵，居奇投机的活跃以及国民帽徽所受的侮辱事件。罗伯斯庇尔支持马伊雅，议会决定推代表向国王陈述巴黎人民的意旨。

在王宫前面，凡尔赛的国民卫军与亲卫军业已发生冲突。在操场上严阵以待的佛兰德斯团所表示的态度，不但不会向示威群众射击，反而开始和他们亲睦起来。

国王毕竟打猎归来了，当即召集会议。王政派发言人圣普里斯特主张国王宁可避到卢昂去，却不能在暴力压迫下批准法令。准备出发的命令已经发出。可是内克及蒙摩蓝认为要再考虑这个已经决定的步骤。他们说明国库空虚，粮食缺乏，对于任何数目的军队之集中都无法筹办给养。他们最后还说，国王一离开，奥尔良公爵即可自由活动。路易十六信了他们的话。他在神志颓丧中批准了各法令。拉法夷脱统率着巴黎国民卫军于半夜到达了。他觐见了国王，表示愿意出力，并多少是出于诚意地表示遗憾。王宫的外卫由巴黎国民卫军担任，内卫则仍属亲卫军。

6日早晨天刚亮,当拉法夷脱正在休息一下的时候,有队巴黎人从一张守卫不严的门深入王宫。有一个亲卫兵想赶退他们。他开了枪。在大理石庭中打倒了一个人。因而群众直奔亲卫队,逐其退到侍卫室。人民侵入了宫中各院和梯道。王后只得衣冠不整地急奔国王房中躲避。亲卫军有几个被杀,他们的头被插在枪矛尖上。

为着要终止屠杀,国王伴着王后及太子同意和拉法夷脱一道到俯瞰大理石庭的廊台上出见人民。人民报以"国王到巴黎去"的呼声。他允许到首都去,当晚住在杜伊勒里宫。议会宣布议会本身不能和国王分离之令。数日后,议会迁往巴黎。

迁移首都的意义之重大有过于巴士底堡之攻陷。从此国王及议会须受制于拉法夷脱及巴黎人民。革命已有保证了。宪法是经"接受"的而非被批准的,再不受制于王权独断。自8月4日夜以来进行抵抗的王政派,至此已无能为力了。他们的领袖木尼埃放弃了议会主席之职,到多斐内去希图激起叛乱。但他所遇到的只有冷淡或敌意。颓丧之余,只好马上跑到外国去。他的朋友如拉利·托伦达尔及柏加士等,鼓动外省反对巴黎新的暴力事件也失败了。第二批的亡命者,均属最初促成革命的人物,继第一批之后而逃往外国,可是彼此没有混在一起。

拉法夷脱之参加这一天的事变,至少在表面上是被强迫的,但他巧于运用,得以收其实利。由于他的推动,巴黎市府及各区一再发出宣言,表示忠于王政。10月6日早晨的可怕事态现在要追究了,对主动人物要公开彻查。担任查办这案件的沙特勒法庭,把这案子延长很久,企图归罪于奥尔良公爵及米拉波,也就是归罪于拉法夷脱的敌人。拉法夷脱的走狗爱国派刚尚,于10月7日纠合市场上的女人示威,到杜伊勒里宫去向国王及王后欢呼,要求他们永远留在巴黎。久已不曾听见"王后万岁"呼声的马利·安朵瓦勒特感动到下泪,当晚,她写信给她的心腹而兼指导者奥国大使麦西·阿根脱,直率地表示她之高兴。报馆受意在重复着说,国王自愿、自由地留在巴黎。对付"毁谤者"——指独立的政论家——的措施已在执行。10月8日发出了逮捕马拉的命令。面包商佛郎斯瓦因不肯把面包给一妇人被群众屠杀，于是议会通过戒严令以防止聚众（10月21日）。

拉法夷脱殷勤地伺候国王夫妇。他向他们说，他所未能防止而目的是对他的暴乱，是他所指的"乱党"造成的。他攻击他们的首领奥尔良公爵。他恫吓这位公爵，10月7日他们二人会面于夸尼侯爵夫人家，懦弱的公爵答应离开法国，借口有外交使命须到英国去。这位公爵经过数度犹豫之后，于10月中旬到伦敦去了。他之出走使他名声扫地。就是他的老朋友也不重视他了。曾劝他留在法国的米拉波说："人家以为我是属于他一党的，其实我还不要他做我的当差。"

把最危险的敌人弄走了以后，拉法夷脱上一个备忘录给国王，劝国王开诚与革命妥协，与亡命者及坚持旧统治的人脱离一切关系，如此则前途大有可为。他又说，君主立宪不但不会使国王权力受限制，反而会增加。从此国王再不会和各法院及各省特殊势力冲突。今后他的权力是建立在臣民的自愿同意上。等级制和行会制的废止对国王是有利的。此后在国王与法国人民之间再无第三者来隔绝。拉法夷脱并谓自愿保卫王权以抗乱党。他对秩序负责任，但要求绝对信任以为交换。

路易十六什么也不放弃。他以诡计来争取时日。他派了密使仿布吕方丈到马德里去，目的在使他的从弟天主教国王关切他的权益①，并且陈递一个宣言，宣称此后他在革命派压迫下所行及所签署的一切均属无效。但同时他又接受了拉法夷脱的条陈。他允许采纳并履行拉法夷脱的劝告，为着要取得他的信用起见，10月10日，授他以离巴黎十五旧法里以内正规军司令之职。10月7日，艾斯坦伯爵告诉王后说：拉法夷脱曾对他起誓说，前一天的残暴事件使他变成了一个王党，艾斯坦伯爵并且说拉法夷脱要求他劝国王对他绝对信任。

---

① 西班牙王族亦属波旁家，时西王为查理六世。

拉法夷脱对于某几个部长甚不满意，因为他们在这次暴动以前不曾
采纳他的劝告。他要使他们下台。10月中旬，他和米拉波相会于亚拉冈
伯爵夫人家。左派领袖如杜波尔、亚历山大·拉默、巴那夫及拉波德都
参加了。他们商议组织新内阁，其中包括拉法夷脱的朋友，如沙特勒庭
长塔伦及法院法官塞蒙威尔。主持这阴谋的是掌玺大臣商披翁·得·西
塞。拉法夷脱愿以五万锂给米拉波还债，并给以大使之职。米拉波受了
钱而不愿做大使。他要做部长。双方交涉的风声已传播出去。对米拉波
又轻视又害怕的议会，因于11月7日干脆通过了一案：禁止国王此后在
议会中选用部长。兰瑞内说："一个善辩的天才当其不过是个议员时，
已可左右议会；假使在其口才以外再加上部长的权力，那还了得吗？"

激怒了的米拉波就来与王弟普罗温斯伯爵进行一个新的阴谋。这一
阴谋之目的系使路易十六逃出巴黎，由王党志愿队保护他出走，募集此
队之责则属之法夫拉斯侯爵。可是法夫拉斯被他的两个下属告发了，他
们向拉法夷脱说，这个计划的目的就是要杀害他和贝野。在逮捕法夫拉
斯时发现一封信，其中牵涉普罗温斯伯爵。豪侠的拉法夷脱把这封信还
给原寄信人，而不发表有这么一回事。普罗温斯伯爵到巴黎市府宣读米
拉波替他拟好的演说词，谴责法夫拉斯。法夫拉斯自愿被处死刑，对于
这重大阴谋事件坚不吐实。马利·安朵瓦勒特以年金给予他的夫人。

这次流产的阴谋更增加拉法夷脱的重要性。这位被米拉波称为"宫
相"的拉法夷脱再劝国王必须以断然的步骤断绝贵族们的希望。1790年
2月4日，驯服的路易十六到议会去宣读经拉法夷脱授意而由内克起草
的演说词。他说，他和王后毫无保留地接受这新秩序，并号召全国人民
取同一态度。感动了的议员们当即宣誓忠于国家、法律及国王，全体官
吏及教会中人也当同样宣誓。

亡命者对于国王这样弃绝他们，甚为愤怒。逃往杜林住在岳父萨底
尼亚国王那里的亚多瓦伯爵，在国内各省仍有通信人员，他利用他们来
激起人民骚乱。因为他不大相信宗教，所以最初没想到利用倘能利用得

法即可大有助于他的计划的人民宗教情绪。他的朋友，逗留在罗马的服德鲁依伯爵使他看到了这一着。1790 年 3 月 20 日，服德鲁依伯爵写信给亚多瓦伯爵说："复活节后十五天中是主教及牧师们大可利用的好时机，他们可趁此使误入迷途的人民回复其信仰及忠于国王。我希望他们能深切了解他们的利益及大局的利益而不致忽略这个机会；如果他们能一致行动，成功是有把握的。"这个劝告被采纳了。法国南部在准备大举。在塞芬山麓及克尔西乡区既有小集团的新教徒，这就足以说明革命派就是异端的同盟者或俘虏。3 月 16 日，牧师拉跋·得·圣特稽盎之当选为议会主席[1]，尤其是 4 月 13 日议会之否决以天主教为国教，均使他们有所借口。有人在散发议会右派所发出的猛烈抗议书。亚多瓦伯爵所派的佛罗孟挑拨苦修派修士动作。在蒙托邦，代理主教们下令为危难中的宗教祈祷四十小时。王党支配下的市府选定了 5 月 10 日，即升天节前之祈祷日，去清查被封的宗教团体之财产。五伤方济各会修士教堂前围集了许多妇人。冲突发生了，结果新教徒不利。有些被杀或受伤，其余则被迫跪在血溅的教堂地上求饶。土鲁斯及波尔多的国民卫军赶来恢复秩序。

在尼姆，乱子更为严重。国民卫军之倾向王党的各队，被称为塞柏派或"吃大蒜者"，始则采用了白帽徽，继而以红髻为记[2]。冲突发生于 5 月 1 日。6 月 13 日经过一度战斗之后，佛罗孟占领了城墙上的一座碉楼及一所嘉布遣会修道院。新教徒及爱国派求助于塞芬的农民。王党因为人数较少，卒被克服与屠杀。在三天中大约死了三百人。

同时，业已摆脱教皇束缚的亚威农[3]组织了革命派的市府，要求与法

---

① 因为拉跋·得·圣特稽盎是新教徒。

② 尼姆共有国民卫军十八队，旧教徒所能指挥的只有三队，其组成分子多为"吃大蒜者"的穷人，绰号塞柏派。佛罗孟为其领袖之一，失败后出逃。

③ 亚威农虽在法国疆域以内，但不属法国，1348 年曾由普罗温斯伯爵夫人售与教廷，十四世纪时为教廷所在地，此后由教廷派人治理。法国革命起，当地居民要求与法国合并。

国合并，随即变成了一个流血的战场。曾因嘲笑新市府人物被控的贵族被法庭开释了，爱国派反对将他们释放。6月10日，倾向教皇的国民卫军各队举事，占领了一个修道院及市政厅。可是爱国派得到农民之助，攻入教皇宫殿，驱走占领市政厅的敌人，加以可怕的报复。

4月16日拉法夷脱以新备忘录进呈国王，说明应取之途径；国王本来已在谴责南部的反革命行动，眼下反革命又失败，自更有依从拉法夷脱之必要。国王亲笔在此备忘录上批道："关于宪法之建立、备忘录中所特别指出的余之合法权力以及恢复公共秩序各点，余答应对拉法夷脱君绝对信任。"拉法夷脱则竭其全力来巩固那尚可保存的王权。同时，由于拉马克伯爵之居间引线，米拉波也愿意在同一意义中为国王尽力。国王用钱收买他，5月10日，以二十万锂给他还债，每月给他六千锂，并且允许于国民议会闭幕时付他一百万锂。他想使拉法夷脱和米拉波结合在一起，且有相当成功。

米拉波无疑地嫉妒而且轻视拉法夷脱，用很多讥讽词句骂他，呼之为假恺撒或小克伦威尔，企图破坏他，使其不得宠于国王，以便排斥他；可是同时却在恭维他，不断地答应和他合作。1790年6月1日他写信给拉法夷脱说："为全国计，做一个左右宫廷的黎塞留吧，你可以用增大及确立全国自由的方法来再造王政。可是黎塞留有嘉布遣会修士约瑟为之臂助；所以你也应该有你的'灰衣主教座'①，否则你会失败，而至于不能自救。你之伟大品格须辅以我之刺激，而我之刺激亦需要你之伟大品格。"就在这一天，当其第一次向宫廷上书时，这位玩世的冒险家向宫廷所献的策略，就是要破坏他自称愿予以辅助的人的声誉。可是拉法夷脱对于米拉波的道德不存丝毫幻想。

1790年5月，当英国与西班牙国交破裂在即时，议会中因而发生了

---

① 英译注：约瑟神父自1612年至1638年死时，为黎塞留手下具有全权的心腹人物，"灰衣主教座"是当时人所加于他的绰号。

有关缔和及宣战的权力问题，米拉波及拉法夷脱二人一致起而卫护国王的特权。西班牙抗议英国占领太平洋滨位于今日英领哥伦比亚的努特卡湾。西班牙根据《家族盟约》要求法国帮助[①]。议会中左派认为这个战争是反革命的阴谋，目的在把法国投入对外战争而使国王恢复他的权力，于是巴那夫、拉默兄弟、罗伯斯庇尔、服尔内及佩迪昂攻击王朝间的战争及秘密外交，要求修改所有的旧盟约，并且主张唯代表全国的议会始有宣战、监视外交及缔结条约之权。米拉波和拉法夷脱及其一派的克勒蒙·汤内尔、沙伯利厄、屈斯丁、沙特勒公爵、杜旁·得·内木尔、塞浪伯爵、威留及卡乍勒斯诸人，则诉之爱国情绪，攻击英国的野心，主张外交权应操于国王手中。他们着重的理由是：议会人数太多而且太易冲动，不能行使像宣战这样危险的权力。他们举出易受外国金钱收买的瑞典元老院及波兰国会之例来支持他们的理论，他们力言秘密之必要，他们认为应防止使国王离开国民而成为无威望的傀儡的危险，他们更进而说明依照宪法任何立法机关的议案非经国王批准即无效力。左派发言人的答复是：倘使和战之权仍操于国王一人之手，则"（将如以往一般）情妇的偏私及大臣的野心就足以决定全国的命运"（厄基养公爵语）；王朝间的战争总是会发生；国王不过是执行全国公意的人而已；国家的议员"始终有直接的甚至个人的利益而要去防止战争"。他们嘲笑外交秘密，他们认为由最大多数人民选出的法国议会不能与波兰国会或瑞典元老院那些封建议会相提并论。有些人则激烈攻击家族盟约及对奥联盟，并且以七年战争之凄惨结果为证。他们一致认为英、西冲突是个危害革命的陷阱："有人要使指券不能通行，教会财产不能发卖[②]，这便是这个战争的真正原因。"（沙理·拉默语）

---

① 英国与西班牙之争端既起，西班牙根据1761年两波旁家族所缔之攻守同盟要求法国援助，宫廷意欲备战，想借英、法旧仇而激起爱国心以转移人民的目标，不料反引起和战权力的原则问题。

② 参看本卷第8章。

当议会进行这场大辩论时，巴黎已陷于尖锐的激动。由拉默兄弟授意而写成的小册子《米拉波伯爵的大背叛》在沿街嚷着出卖。拉法夷脱以重兵围绕会议厅。到了最后的一天，米拉波利用这一种激动为口实发表他对巴那夫的有名的答辩："就说我吧，前几天有人把我捧得要上天，现在却有人在街上嚷着《米拉波伯爵的大背叛》。用不着这种教训，我已知道从神堂到达平岩的距离是不远的①，不过一个为理性、为祖国而奋斗的人是不会这么容易就自承被征服的。有人在一星期以前，不曾明了我的意见就要预言我的意见，现在则不曾了解我的演词而在加以毁谤，这批人在攻击我，说我在膜拜正要被推翻而已无能为力的偶像，说我无耻而受我素所反对的人的收买；一个对革命并非无所贡献的人，虽不因革命而增加其荣誉，但他唯有靠革命才有他的安全，他们却把这个人看成革命的敌人；当这批卑劣的毁谤者还在屈服于所有盛行的成见之下的时候，这个人二十年来则老在与一切压迫作斗争，向法国人宣扬宪法、自由与抵抗，现在他们却在挑拨被欺骗的人民对他愤恨。好吧，这一切都让它去吧！这有什么关系呢？这些蛮横的打击并不足以阻止我在事业中前进；我要向他们说：来答复吧，只要你们能够，再尽量来毁谤吧。"这一倨傲的胆大行动成功了。米拉波就在那一天得到了宫廷的钱。为他的演说天才所屈服的议会，竟拒绝巴那夫发言答辩。议会表决首先讨论米拉波所提出的法令草案，对拉法夷脱的简短声明亦报以掌声。可是当逐条表决时，左派又得到了大多数。他们使议会通过的修正案改变了这一法令的本意。国王仅有提出缔和及宣战之权。此外须经议会决定。遇国交忽然破裂时，国王须立即使议会明了其原因及动机。遇立法议会休会时，应立即召集，且须常川集会。所有和约、盟约及商约，非经立法议会批准不能有效。以往所订的条约暂时仍然有效，但议会应设立一个外

---

① Capitole 为古罗马城山丘，上有 Jupiter 神庙，有功于国者均入庙之凯旋仪式。其附近为达平岩，叛国犯即处以由此岩掷下之死刑。

交委员会来进行修改而使其与宪法不相抵触，并留心外交事务。最后，议会又通过一个特殊条文宣告全世界："法国绝不参加任何带征服性的战争，并且不以其武力妨害任何民族的自由。"

　　爱国派认为这个法令的通过是一大胜利。托马·林德在退席后写道："我们再不会有战争了。"林德是不错的。由于这个刚通过的法令，决定外交政策之权已不完全在国王手中了。他须与议会平分此权。可是，他的特权如果没有受到更大的损害，这完全是得力于拉法夷脱及米拉波。

　　拉法夷脱所主持的全国大结盟节，充分表现出他当时之深得人望；参加结盟的代表们吻他的手、吻他的上衣、皮鞋、他的马鞍，甚至于吻那匹马。在所铸的纪念章上有他的像。

　　这于米拉波是一个挑拨国王嫉妒这位"唯一人物，各省人物"的好机会。可是路易十六及马利·安朵瓦勒特也得到各省代表的喝彩声。民主派刊物怀着忧虑地记述道："国王万岁"的呼声压住了"议会万岁"及"国民万岁"的呼声。路易十六写信告诉波利涅克夫人说："夫人，相信我，一切还有办法。"特为参加这一仪式而从伦敦赶回来的奥尔良公爵，简直无人注意了。

　　假使再用不着害怕奥尔良公爵，假使"一切还有办法"，那么，这大部分是得力于拉法夷脱。国王对于这位侯爵的过去之背叛及今日之仍坚持立宪政体自然是怀恨在心，他希望有一天会用不着这个人出力。在目前，他还不得不依赖他，因为国王秘密派往维也纳试探其妻兄帝国皇帝[①]的仿布吕，于7月中旬报告他说，现在还不能靠外国援助。

　　而且，拉法夷脱仍是不可少的，因为在这多事的王国里，唯有他才可以保全秩序。顽梗的亚多瓦伯爵在大结盟节后，又在南部挑拨乱子。他派出的人，僧侣如摩勒特院的司职牧师及教区牧师亚列尔，贵族如柏里亚市长马尔博斯克，召集属于他们一党的国民卫军，于1790年8月

---

　　① 时帝国皇帝为利欧波尔德二世，系马利·安朵瓦勒特之兄。

17日，会集于邻近加尔、亚德世及洛最尔三郡交界的查磊堡。两万王党国民卫军以十字架为帜会集于该地。在其散会以前，主持这个带恫吓性的示威的领袖们组织了一个中央委员会来指挥其行动。他们接着发布一个宣言，宣称："在未能恢复国王之光荣、僧侣之财产、贵族之尊贵及各法院之旧职权以前，他们绝不放下武器。"查磊堡屯营延长达数月之久。直到1791年2月，才以武力将其解散。议会派出三个特使去宣抚这一带。

较贵族阴谋也许更为严重的是兵变。官佐几乎都是贵族亲贵，看不惯士兵常出入俱乐部及其与他们所轻视的国民卫军联欢。他们处分并虐待这批爱国派士兵。他们用"黄色撤职状"将他们驱逐，这便是说，使之蒙辱而不得再入军籍。同时，他们向穿上国民卫军士兵制服的资产阶级横施挑激以取快。爱国派的兵士自觉有民众可恃，立即忍不住他们长官的凌辱。于是他们也采取攻势。他们要求分发军中的公积金，这素来是由官长任意支配的。公积金账目往往是一塌糊涂。军需人员常以之充作私用。要求审核的答复是处罚。于是到处兵变开始。

在土伦，海军司令亚尔俾禁止该港工人加入国民卫军及其在厂中佩戴卫军帽徽。1789年11月30日，他开除两个仅仅犯此禁令的工头。次日，水手及工人起了暴动，借国民卫军之助围住他的寓所，最后把他送入监狱，因为他曾命令正规军开枪。得到议会的正式命令后，才把他释放。调任到布勒斯特以后，他的部属也于数月后起义反对他。

凡有驻兵之地都有这同样事件发生，如在利尔、柏宗松、斯特拉斯堡、艾斯顿、培比仰、格磊及马赛等处。但以1790年8月间发生于南锡的事件流血最多。驻军兵士，尤其是沙多喻所统率的瑞士服邦旅团，要求官佐清算拖延已达数月的公积金。官佐不但不允许他们的合理要求，反而责罚他们破坏纪律。其中有两名受着夹鞭刑的羞辱。城中因而起了很大的激动，沙多喻在这里本是颇得人望的，因为当攻巴士底狱时他曾拒绝向人民开枪。爱国派及南锡国民卫军找着了这两位牺牲者，拥着在街上游行，并且强迫主犯的官佐赔偿每人一百金路易。士兵检查军中金柜，发现钱少了一半，大呼有人偷盗了他们。在南锡的其他部队，也同样要求查账，并派代表到国民议会去申诉。

以前各次兵变时，拉法夷脱已是站在官佐一边而反对士兵的。他曾以紧急信件告诉他一党的议员说，对土伦兵变负责的亚尔俾伯爵，不但不应受责难，而且应受奖励。

这一次，依他的话，说是要大干一下。他下令逮捕了八名王家旅团派到巴黎做代表的士兵，同时，8月16日，他又使议会通过一道严厉处置乱兵的法令。两天后，他写信给在默兹统兵的表弟布伊耶将军，叫他强硬对待兵变。最后，他使被称为"军中第一果断人物"柏宗松的军官马尔塞涅受命去清查南锡驻军的账目。命令到达以后，士兵即表示悔过，但马尔塞涅把他们当犯人处置，因此又激起了纠纷。他在瑞士兵所驻的地方，拔出剑来，伤了几个人，既而逃往律内威尔，宣称有人要害他的生命。于是布伊耶调集默兹驻军及一部分国民卫军向南锡进发。他拒绝与派来的代表在城门口交涉。8月30日，在斯坦威尔门发生了可怕的战斗。结果，瑞士兵被征服了。有二十名被处吊死，四十一名交军事法庭判处摇船苦役。布伊耶封闭了南锡的俱乐部，使全境陷于恐怖统治。

为拉法夷脱及议会所极力称赞的这一南锡屠杀事件发生了最严重的影响。它使反革命派又敢于在各处抬头。国王祝贺布伊耶，1790年9月4日劝告他说："培植你的声誉，这声誉对于我及这王国都是很有用的。我视之为安全之源，有一天它能使秩序恢复。"巴黎国民卫军在马斯场为布伊耶军中殉职官兵举行追悼大会。大多数其他城市亦先后举行同样的仪式。

可是，天然同情士兵的民主派，自始即抗议这种预谋的镇压暴行。9月2日及3日，巴黎发生了同情沙多喻的瑞士兵之乱哄哄的示威运动。素为他们辩护的青年时论家路斯塔洛忽然死了。据说他是死于这次屠杀所引起的悲伤，他在《巴黎之革命》的最后一篇论文中曾极力抨击这次

屠杀。在人民及资产阶级中，拉法夷脱的声望一直是很高的，从此只有
下降。

一年余以来，这位"新旧两世界的英雄"是法国最重要的人物，因
为他保证资产阶级应付夹攻的危险，右抗贵族的阴谋，左抗无产阶级的
模糊愿望。这便是他的力量的秘密。资产阶级自愿受这位武人的保护，
因他能为他们保全从革命所得的收获。他们并不反对强权，只要这一强
权于他们有利。

拉法夷脱所能行使的权力根本只是精神上的权力，基于自由同意的
权力。国王同意委他以重任，正如资产阶级之同意服从他。他全靠国王
做幌子。他能任置人物，无论是由于人民的任命或国王的任命，他都可
以左右，因为他的推荐在选举者看来是没有问题的。这么一来，他就领
导着一个集团，或宁说是有其一群。

他并不缺乏政治头脑。他在美国时，即已了然于俱乐部及报纸的势
力。他敷衍它们、利用它们。

在十月事变以后，布勒塔尼议员俱乐部也随议会而迁到巴黎。它是
设在圣端诺累街雅各宾派修道院的图书馆，与议会开会的骑术院相距咫
尺。它的正式名称为宪友会。不一定是议员才可为会员，富裕的资产阶
级经人推荐亦可加入。其中有文人及政论家、银行家及商人、贵族及僧
侣。奥尔良公爵的儿子沙特尔公爵于 1790 年夏加入。入会费为十二锂，
常年费为二十四锂，分四次缴纳。1790 年年末，会员人数已超过一千。
它和各大城市甚至各村镇的俱乐部通信。它承认这些俱乐部为其支部，
分发出版物，发布命令，并且以其精神传播给它们。如此，它就把革命
的资产阶级中之勇敢而开明的分子团结在它周围。会员德木兰对于它的
作用与行动说得很明白（1791 年 2 月 14 日）："它不仅是一个威胁贵族
的大裁判者，而且是一个消除一切弊端及救助所有公民的大控告者。在
事实上，俱乐部好像是国民议会的检察官。各地被压迫者的疾苦，在其
提出于庄严的议会之前，先都向这个俱乐部提出。在雅各宾的大厅中，

不断地有代表来，或来祝贺，或请求为支部，或为促其警戒，或请求申雪冤屈。"这俱乐部还没有一定的机关报，它的讨论情形散见于许多刊物中，如哥尔萨的《邮报》，卡拉的《爱国新闻》，布里索的《法兰西爱国者》，普律多姆所主持而由路斯塔洛、马累沙尔、法布尔·得格兰丁及硕默特诸人所编辑的《巴黎之革命》，德木兰的《法国及布拉班之革命》，奥堵盎的《通报》等。雅各宾俱乐部变成了一大势力。

拉法夷脱并不忽视它。他本人已加入为会员。但他不是演说家。他觉得他有不能左右这个俱乐部的危险。他的敌人拉默兄弟也是大贵族，而演说才能则远过于他，在俱乐部中已具势力。和他们一致的，还有雄辩家杜波尔，深通法学，同时精于议会政治；有青年巴那夫，口才有力量，知识渊博，敏于答对。刚直不屈的罗伯斯庇尔则愈讲愈有人听，因为他替人民说话，他那满含诚挚的口才，能够引起辩论，揭穿诡计。慈善家格累瓜尔方丈，热情的蒲佐，严肃而好虚荣的佩迪昂，勇敢的杜霸·克蓝塞及富有毅力的普里欧·得·拉·马恩，都较"三头"左倾[①]，但在一长时间中仍与他们合作。

拉法夷脱并不与雅各宾派破裂，反而公开称赞他们；可是，他得友人康多塞侯爵及西耶士方丈之助，立即组织了1789年会。这与其说是一个俱乐部，毋宁说是一个政治学院或"沙龙"。从1790年5月12日起，他们在巴勒·罗垭宫的华丽厅中开会，开会时不让群众进去。会费较雅各宾俱乐部的为高，使贫寒者不得加入。会员数目限为六百人。在那华贵的宴会席上，以拉法夷脱及贝野为中心，会集着一班温和的革命党，他们拥护王国，也同样拥护宪法。其中人物，有执拗而严厉的布勒塔尼律师沙伯利厄，他在前一年本是反对宫廷最坚决的人物，但后来变为异常温和，因为他爱赌博及美食；有米拉波；有政论家布里索，他受过拉法夷脱的特殊好处，经米拉波手下人日内瓦银行家克拉威埃之介而加入

---

① 三头指拉默、杜波尔及巴那夫。

此幸运的集团；有曾为爱克斯法院法官的丹德累，他是娴熟公务而对议会中央派具有实在势力的人；还有其他议员如拉罗什柯公爵及其表弟利安库公爵，都累及塔热两律师，他们在通过宪法时起了重大作用；还有屈斯丁及卡斯特兰两伯爵、德茂尼尔、累德累、杜旁·得·内木尔；有财政家如波司加累、丢夫楞·圣勒昂、羽柏尔及拉瓦节；文学家则有舍尼埃兄弟、绪阿、得潘日、拉克累特尔；主教则有塔累蓝。人数是很多的，并且不乏才智之士。俱乐部办有一个机关报名《1789年会报》，由康多塞主编，实际上是一个杂志。此外，它能指挥若干主要出版物，如潘库克的《导报》，这是当时最完全而消息最灵通的报；如《巴黎报》，这是路易十六朝初期所创刊而为优秀知识分子所喜读的老报；如密兰及佛郎斯瓦·诺尔的《巴黎新闻》；如《爱国者之友》，这是两位受王室经费津贴的议员杜格诺瓦及累虐·得·圣冉丹日利主办的。稍迟，为着对左派刊物进行小笔战之故，拉法夷脱及贝野又拥有几种短期而激烈的刊物，如《革命之友或除僭论坛》，其副名即表示出它是个特为反对奥尔良公爵之论战刊物①；如巴里左的《当代报》，尚有《闲话报》及《鸡鸣报》等。

　　较拉法夷脱党更右的，则有用另一名称出现的旧王党。自木尼埃出走后，领导着这一党的克勒蒙·汤内尔于1790年11月组织君宪之友俱乐部，发行一种机关报，第一编辑人为封坦内。会址也靠近巴勒·罗垭园，在沙特尔街一所名为众神庙的屋子里。几乎所有的右派议员都集在那里，唯善辩的摩里方丈及玩世的米拉波伯爵除外，他们的贵族性本是很鲜明的。克勒蒙·汤内尔的朋友如马路埃、卡乍勒斯、蒙特斯契奥方丈及威留等，原是些有才智与能力的人，在事实上不承认自己是反动派。他们自命是无党派的。他们把减价面包券散给平民，以期伸足于贫民区，但这一着马上被人攻击为施行贿赂而不得不放弃，这个成为敌对

---

　　① 当马其顿王腓立南下侵入希腊时，力主抵抗的希腊大雄辩家狄摩西尼演说，痛诋腓立之野蛮与僭窃，其演辞即为有名的 Les Philippiques。Les Philippiques 或译《讨腓立檄》，以其不类刊物名称，故译《除僭论坛》。

示威目标的王政俱乐部，到 1791 年春天，不得不停止集会。

至于纯粹的贵族，即拥护摩里方丈的不妥协派，始则集会于一嘉布遣会修道院，继而移至法兰西沙龙，梦想造成暴力的反革命。

王党发表意见的机关是一些受王室经费扶持的刊物，如罗若方丈的《国王之友》，其言论往往是严肃的，而戈迪埃的《宫城通报》或杜罗左瓦的《巴黎公报》，言论是激烈的；商塞内及里发罗尔合办的《使徒行状报》则趋于幽默的谩骂。

直到 1790 年 5 月间关于和战权的大辩论时为止，1789 年俱乐部及雅各宾俱乐部，即拉法夷脱派及拉默派在表面上是和睦的；即令在此以后，仍能保持良好的关系。有些人，如布里索及累德累是脚跨两边的。甚至在 7 月时，拉法夷脱仍在努力拉拢他所认为可动以金钱的煽动者，如丹敦。米拉波及塔伦替他从中奔走，于是丹敦不开口了。双方领袖虽能把持住，但是下层已在冲突起来了。政治预见往往不大会错误的马拉，首先攻击"神圣的摩迪埃"及不名誉的里格迪①，谓其从 1790 年 8 月 10 日以来即已卖身给宫廷。可是祸事来了，他的报纸被警局没收，本人受逮捕令威胁，幸得哥德利埃区的保护，才免于落网。继马拉之后，夫累隆在《民论报》上以及路斯塔洛攻击拉法夷脱派。德木兰稍迟才决定态度，他向读者揭穿有人用贝野及拉法夷脱的名义允许给他一个两千镑收入的位置，只要他保持缄默。这班人因而受市政厅及沙特勒法庭的压迫。起初，他们的言论只能在小资产阶级及工匠中得到反响，这一阶级已开始被人称为无套裤党②，因为他们只穿着长裤。在雅各宾俱乐部及议会中，几乎只有罗伯斯庇尔一人抗议他们之受压迫，并且把他们的

---

① 摩迪埃指拉法夷脱，里格迪指米拉波。按拉法夷脱全名为 Marie-Joseph-Paul-Roch-Yves-Gibbert Du Motier, Marquis de Lafayette, 米拉波全名为 Honoré-Gabriel Riquetti, Comte de Mirabeau. 当时既有废止爵号之议，拉法夷脱及米拉波均系袭爵而得之名，故一时有弃而不用及代以摩迪埃及里格迪之势。马拉这种称谓，则含有讥刺之意。

② Sans-Culottes 旧译作"无裤党"，不妥。按 Culottes 是一种上流社会所着的套裤，贫民只着普通长裤，贵族讥贫民无套裤可着，故称之曰"无套裤者"。

议论带到议会里来。

雅各宾党和 1789 年俱乐部的根本主张至少在起初时是没有什么不同的，其冲突不过是人事上的对敌而已。拉法夷脱之要强化行政权，只因行政权受他操纵。拉默—杜波尔—巴那夫三头之攻击他危害国民的权利，只因为他们还不能参与中央政务。等到一年以后，宫廷也请教他们时，他们立即采用拉法夷脱的主张，行使他的政策。但在当时，议会多数派是属于他们的政敌，一年以来议会主席一职总是在政敌手上[①]。在 1789 年俱乐部和雅各宾俱乐部之间，只是权力之争。前者是当权派，后者要变成当权派。1790 年秋，当国王改变态度而不信任拉法夷脱时，事态也改变了。于是拉默一派得势了。1790 年 10 月 25 日，他们使巴那夫当选为议会主席。极左派刊物庆祝这次当选，认为这是民主主义的胜利。只有马拉才没有这种幻想。他说得好："在我们看来，里格迪不过是专制政治之一个可怕的工具而已。至于巴那夫及拉默兄弟，我简直不相信他们有公民热情。"马拉是不错的。在制宪议会中，民主主义者始终不占多数。制宪议会自始至终是一个资产阶级的议会，它只是根据一个资产阶级计划来改造法国。

---

① 原注：1789 年十月事变以后之议会主席名单：卡睦，10 月 28 日；都累，11 月 12 日；霸日兰，11 月 23 日；蒙特斯契奥，1790 年 1 月 4 日；塔热，1 月 18 日；蒲罗·得·蒲济，2 月 3 日；塔累蓝，2 月 18 日；蒙特斯契奥，3 月 2 日；拉陂，3 月 16 日；得·邦内，4 月 13 日；威留，4 月 27 日；都累，5 月 10 日；波麦茨，5 月 27 日；西耶士，6 月 8 日；圣法若，6 月 27 日；得·邦内，7 月 5 日；特勒伊雅，7 月 20 日；丹德累，8 月 2 日；杜旁·得·内木尔，8 月 16 日；得·日塞，8 月 30 日；蒲罗·得·蒲济，9 月 13 日；安麦里，9 月 27 日；默兰·得·图埃，10 月 11 日；巴那夫，10 月 25 日。

第七章　法国的再造

　　也许再没有比所谓制宪议会更受人尊敬的议会，在事实上它有"建造"近代法国的光荣。暴动不曾影响它的讨论。从1789年11月迁到巴黎以后，即在骑术院开会①，旁听席上坐满了上流社会占优势的高雅人物。开明的贵妇盛装列席，不时发出经过考虑的掌声。在这班贵妇中间，有艾宁亲王夫人、沙德诺瓦侯爵夫人、崇拜罗伯斯庇尔的沙拉布累伯爵夫人、爱国心很切的夸尼及庇盎内二夫人、波服元帅夫人、普瓦亲王夫人、刚图伯爵夫人、西米安及卡斯特兰二夫人、美丽的古微内夫人、鲜艳的布罗意厄夫人、动人的亚斯托格夫人、温雅的波蒙夫人、后来被沙朵布里安爱上了的蒙摩蓝的女儿；总之，是圣热曼郊区的一大群贵妇。大家到议会去，像看戏一般。对于她们，政治有新事物或禁果那样的吸引力。直到议会将要结束时，始则因宗教斗争，继则因国王出走，才激动人民到了极度，因而旁听席上的分子才改变了，工人才挤进来。即令在这时候，拉法夷脱及贝野仍有所见而派了六十名暗探分布于适当位

---

　　① 骑术院在杜伊勒里宫附近，位于今日巴黎里服利街及卡斯迪格利昂街交角处，从1789年11月至1793年5月，其大厅相继为革命时代三大议会集会之所，后毁于1810年。其旁听席仅能容五六百人，窗外及户外常有人旁听。最初有主张禁止旁听者，因左派议员反对而罢。同时容许人民到议会请愿，请愿代表可在议会发言。议会每日集会两次，第一次从早晨9时至下午3时，第二次从下午7时到深夜，8月4日即开会一通晚。主席由议会推出，任期通常是两星期。会中有若干委员会，职司研究方案，往往是根据这类委员会提出的报告而进行辩论。

置，以热烈掌声来控制会场的秩序。制宪议会的表决是在绝对自由中进行的。

支配着议会之政治及行政改造工作的是一个当时所特有的思想，即当时情况所产生的思想：必须防止封建制度及专制主义之卷土重来，并且须确立胜利的资产阶级的和平统治。

宪法保存了一个世袭的国王[①]，居全国之首。但这个国王算是经宪法本身再度产生出来的。他要隶属于宪法。他对宪法宣誓。在以前，他是称为"路易，承上帝之命，法兰西及那发尔之国王"[②]，但现在从1789年10月10日起，是："路易，承上帝及国家宪法之命，法兰西人之王。"上帝的代表者，一变而为国民的代表者。神权政府世俗化了。法兰西再不是国王可以用世袭制遗传下去的财产。"法兰西人之王"这个新尊号表示他是一个领袖，而非主子。

议会采取了预防立宪君主变为专制君主的措施。国王等于一个被任命的官吏，再不能自由动用国库款项。有如英国国王一般，国王此后须满足于固定的王室经费，其数目于每个国王即位时由议会通过，制宪议会所通过的则为二千五百万。而且，国王要将此王室经费的管理权付予一特设官吏，遇必要时此官吏须以其私人财产来对职务负责；这么一来，才可防止国王任意举债，而免负担又落在国民身上。

倘国王有叛国行为或未经议会允许而离开王国时，议会可将其推翻。如国王在冲龄而又无曾誓忠于国的男性亲属时，王国的摄政应由国民选出。每县推一选举人，各选举人会集首都选出摄政，其人选并不限于王室。这于世袭制是一个重大的修正。这样产生出来的摄政，只好比是一个有一定任期的共和国总统而已。

---

① 宪法之若干基本原则虽已决于1789年，但整个宪法的最后完成则在1791年，故通称《1791年宪法》。

② 亨利第四原为那发尔王，他结束宗教战争而为法王后，仍保有那发尔王之号；虽然那发尔此后已并入法国，但此尊号仍经保存。

国王保存有选用部长之权，但为防止其贿赂议员起见，不得从议会中选用部长。由于这同一的原则，任满的议员亦不得接受行政权力任命的任何职务。必须使全国的代表不受尊荣及位置的诱惑，严格地使他们执行独立无私的监视职责。

各部部长须受制于一种很严密的有司法组织形式的责任，议会不仅可以在最高法院控告他们，而且要他们每月将其本部经费支配情形向议会报告，此报告经国库委员会审查及议会正式承认后始能有效。这么一来，则转移用途及超过经常费都不可能了。此外，遇议会要求时，各部长应向议会报告"其行为及关于用费与政务的概况"，且须呈缴账目单据、行政报告及外交文件等。部长们再不能独断独行了。部长去职时，须立即提出一个事务报告、一个道德报告及一个用费报告。各报告未经议会批准以前，受审核的部长不得离开首都。当国民大会时，司法部部长丹敦的财政报告深受严正的坎蓬的严厉指摘，费了大力才得通过。国王死后去职的内政部长罗兰始终不能使议会许其离开巴黎。

国王倘不得各部部长之签署，丝毫不能有所行动；此种副署的限制使他不得任意有所主张，使他始终要依赖内阁会议，而内阁会议又须依赖国会。为着易于分辨各部长的责任起见，内阁会议之讨论须记于一特设之记录，且设有专员司之；不过路易十六曾逃避了这一着，直到他被推倒以后，才实行这一规定。

整个中央行政委于六部部长。昔日之各种会议均予取消，管理王室家务的大臣亦代以王室经费保管官。财务总理所属事务划分两部管理：一属税务部，一属内政部。内政部部长才有与地方政府直接接触之权。其所管事务，有建设、航运、医药、救济、农业、商业、工业及教育。全国地方行政与中央联系起来，这算是第一次。

国王任命高级官吏、大使、海陆军大将、三分之二的海军将官，半数的陆军将官、旅长、舰长、宪兵队长、三分之一的陆军校官、六分之一的海军上尉，升迁都须合乎法律，且须部长副署。国王仍能指挥外交，但是我们已知道，他在未经议会同意以前不能宣战及签订任何条约；议会之外交委员会与外交部部长严密合作。

在理论上，国王是全国行政的最高领袖，但事实上他已不能控制行政，因为行政官吏及裁判官都是由新主权——人民——选举出来的。

在理论上，国王也保有一部分立法权，因为他有暂时否决权。但此否决权不能应用于宪法条文及关于税收的法律，亦不能应用于有关部长责任问题之议案，而且议会更可不受否决权所限制而以公布令直接诉之人民。1792年7月11日，议会就是这样宣布国难的；这一动员了全国国民卫军并且使全国行政机关经常工作的公布令，便是立法议会用以破坏路易十六再三对法令行使否决权之工具。

为使国王不能再有1789年7月间的意图起见，制宪议会规定在议会所在地三十哩以内，非经议会批准，不得屯驻军队。此外，议会在集会时有维持秩序之权，有权调动当地驻军以保护其安全。国王虽有卫队，但步兵不得过一千二百人，骑兵不得过六百人，且均须宣誓忠于国家。

被取消的各旧会议的立法权，均移于由全国选出的一院制的议会。这个立法机关的议会的任期只有两年。在每年5月的第一个星期一，立法议会本身即有权集会，不待上谕来召开。它自身能决定开会地点及会期久暂，国王不能将其缩短。国王更不能将其解散。议员是不可侵犯的。如遇议员被控，先须经议会调集有关此案的文件审查核准，然后由它指定法庭审讯。当追究1789年10月6日事变的主使人时，沙特勒法庭曾要求罢免此种议员特权以便究办米拉波及奥尔良公爵，曾遭到制宪议会的拒绝。

立法机关既有监督各部部长之权，处理财政特权，控制外交特权，议员又有不受普通司法干涉之权，故它成为全国的最高权力。表面上虽是个王国，事实上法兰西已变成一个共和国，不过是一个资产阶级的共和国而已。

宪法取消了根据门第的特权，但它尊重而且加强了根据财富的特权。

虽然《权利宣言》上有这么一条："法律是公共意志的表现。全国公民都有权亲身或由其代表去参与法律的制定。"可是论到选举权时，却将国民分为被动公民及能动公民两级。前一种公民的选举权被剥夺，因为他们没有财产。西耶士发明了一个名词，称他们曰"工作的机器"。大家怕他们受贵族利用而成为恭顺的工具；尤其是不相信他们能够参与任何微小的国家事务，因为他们最大多数是文盲。

反之，照西耶士的说法，能动公民是"巨大的社会公司中的股东"。他们所纳的直接税，至少要相当于当地三日工作的价值。只有他们才能自动地参与公共生活。

被雇用的佣工被视为无产者，列入被动公民阶级，因为认定他们是没有自由的。

1791 年时，全国人口达二千六百万，而能动公民只有四百二十九万八千三百六十人。有三百万贫民完全无公民资格。比起三级会议第三级代表的选举法来，这算是退化了，因为当时并无其他条件限制，只要纳税册上有名者均有选举权。罗伯斯庇尔、杜波尔及格累瓜尔曾反对这种办法而无效。只有在议会以外，在巴黎出版之热烈的民主主义刊物中，他们才得到回响。1789 年 8 月 29 日，巴黎有四百工人到市府要求"公民资格、参加各区议会权以及加入国民卫军的光荣"。这是个值得注意的事。当时仍很微弱的无产阶级之反对在不断地随着事变而增强。

在能动公民的集体中，宪法又定出了新的阶层。初级议会会集于各乡的主要市镇——旅途用费使资产不多者被淘汰——选出"选举人"参加复选，以百名选一为率，唯纳税等于十日工作价值的能动公民始得当选。这些"选举人"又会集于一郡的首府，如今日法国的参议员一般组成选举人会，选举议会议员、裁判官、郡及县议会议员、主教等。选举人之得当选为议员者，所纳之直接税最少须等于一"银钔"（相当于五十法郎），且须有不动产。于是在选举人贵族中又产生一个被选人贵族。选举人数目并不很大，各郡约从三百到八百。得被选当议员者为数更少。于是资产的贵族制代替了门第的贵族制①。

唯能动公民才得参加国民卫军，这便是说他们可持有武器；而被动公民却是不能武装的。

对于限制被选人纳税资格的银钖制，罗伯斯庇尔曾热烈反对，因而博得了声誉。马拉也攻击财富贵族阶级。德木兰说，像卢梭、科内伊及马布雷诸人，在今日都不会有被选资格。路斯塔洛则谓造成革命的"若干爱国志士，亦不复有置身于国家议会的光荣"。这个斗争竟推动了巴黎的二十七个区，从1790年2月起即提出抗议。

但是自信其力量的议会，对于这类反对置之不理。直到1791年8月27日，在国王逃向发楞以后，议会才让步而取消当选为议员的银钖限制，但附有补偿条件，即增加能动公民当选为选举人的纳税条件。此后的选举人须领有或能使用相当财产，其纳税额在六千居民以上之城市中者须等于二百天当地工作价值，在六千居民以下之城市及乡村者须等于一百五十天工作价值，或为有相等价值房屋出租之房主，如系佃农或自耕农，其土地价值须等于四百天工作的价值。这个法令是在议会将近闭幕时通过的，实际上未生效力。立法议会之选举当时业已结束，而且是在银钖制下进行的。

宪法把积年所形成之错杂而重叠的旧行政区分，如司法区、税区及军区等一扫而光。代之以唯一的区分法，即郡制，其下再分为县、乡及镇。

常有人说，制宪议会之所以创用郡制，目的在消灭旧省制的遗迹，根本扫除各地的特殊精神，而确立永久的全国团结精神。这大概是不错的，不过我们要知道新郡制的划界仍是尽可能地根据旧有的分界。所以

---

① 故此，依宪法规定，除不能享受公民权之贫民外，法国公民可分四等：（一）无选举权之被动公民；（二）纳税等于三日工作价值之能动公民，能参与初级议会；（三）纳税等于十日工作价值之能动公民，能参加选举人会；（四）纳税达一"银钖"者，始有当选为议员之资格。

佛蓝什·康特划分为三郡，诺曼底及布勒塔尼各分为五郡。真正的原因是在于考虑到良好行政系统的必需条件。主要的理想是要使每郡所辖区域内的居民能于一日之内到达其首府。务使被治理者与行政人员易于接近。全国分为八十三郡，其郡界是由各省代表之同意而决定的。各郡之命名多依河流及山岭之名。

昔日税区行政是由国王所任命而且有全权的巡按使来掌握；现在的新郡制，每郡之首有一个由三十六人组成的参议会，由郡选举人会按联名投票法产生，当选人必须为至少能缴纳等于十日工作价值之直接税的公民。这个议会是个集议机关，每年集会一次，为期一月。参议员的职务是没有报酬的，所以唯富有或生活裕余的公民始能充任。参议员任期两年，每年改选一半。参议会自选八人组成郡政务厅，他们是常设职，并支薪给。郡政务厅为郡参议会的执行者。政务厅划分各县的直接税额，监督其收入，支出用费，管理济贫、牢狱、学校、农业、工业、桥梁道路以及法律执行等事；总之，它继承了昔日巡按使的权力。郡政务厅设有一总检察官，由郡选举人会选出，任期四年，职司监察法律的执行。他虽列席于郡政务会议，但无表决权。他有权调阅关于任何事务的一切文件，任何决议未经他陈述意见以前不能执行。总之，他的职责是代表法律及公共利益，他能直接与各部部长通信。

这样遂使每郡自成一小共和国，自由处理其政务。中央政府并不派出直接代表其权力的官吏。法律之行使委于这些由选举而取得权力的官吏。固然，国王有权将郡行政人员停职，及取消其所颁的决议，但他们能诉之于议会以求得最后决定。法国是这样地由旧制度时代之严格的分部政治的中央集权制，突然一变而为最大范围的地方分权制，而且是美国式的分权制。

县行政组织与郡相类似，亦有其县参议会、县政务厅、县检察官，均由选举产生。它们所特别负责的任务是国有地产的出卖及划分各市乡间的税额。

乡是初级选举的单位，同时也是保安官的所在地。

特别在市政生活的紧张方面，革命的法国反映出自由美国的面目。

在城市中，旧日寡头政治的市府，是由职位由于购买而来的市长及市董事组成的；在法律规定其应由用选举制产生的人来代替以前，此种旧制度几已到处消灭。郡及县的行政人员是依财产限制而用复选法选出的，但新市府则用直接选举法选出。市长及"市府官员"——其数多寡依人口为比例——由该市全体能动公民选出，任期两年，但须纳税达十日工作价值者始得当选。每一区域组成一个选区。市府官员的数额即相当于区的数额，他们与市长共同执行行政事务，其职责与其谓有类于今日法国的市参议，则毋宁谓等于今日的市佐理①。执行今日市参议职务者，另有由选举法产生的闻人，其数二倍于市府官员。闻人会集讨论一切重大事件。他们与市府官员共同组成市参议会。与市长并立的，有市府检察官一人，在重要城市中另有检事，其职责在保护市府的利益。他代表纳税人，而且是他们的当然律师。在市府所设之简易警务法庭上，他又执行公诉人的职务。

市府的职权甚为广泛。由于市府之居间，郡与县才得执行法律，才得划分及征收税款。市府有权调动国民卫军及军队。行政机关批准其关于财政的决议并审核其账目，在此类机关的指导及监察之下，市府享有极大的自治权。市长及市检察官可以撤职，但市议会则不得解散。

市府人员每年改选一半，在圣马丁节后第一个星期日举行②，所以他们能始终与人民接触，而能忠实地表现人民的情绪。人口超过二万五千以上的城市，再分为区，一如乡之有区一般，各设有区署及永久委员会，并得召集会议以控制中央市府的行动。起初，市长及市府人员之当选者多属大资产阶级，但他们受民众之不断压迫，有甚于郡及县之政务厅人

---

① 法国之市佐理系由市参事会从其本身中选出，其数额依城市人口为比例，秉承市长而代行其一部分的职权。

② 英译注，即 11 月 11 日。

员；所以当 1792 年时，尤其是在宣战以后，在较趋民主的市府与较趋保守的行政机关之间，便发生了冲突。8 月 10 日以后，当各新市府有民众分子参加时，此种冲突更为扩大。这样才发生了吉伦特党或联邦党之乱。在乡区及小镇上，权力则落在小资产阶级手中，甚至工匠手中。教区牧师之得任市长者并非罕见的事。

司法改革也是依照行政改革的同样精神完成的。所有旧日的司法管辖制，无论是依据阶级的或特定的，一律废除，而代以新的司法等级制，对一切人平等，并且是从人民主权产生出来的。

最基层有保安官，从有十天工作价值的被选举人中选出，任期两年；助之以四名或六名仲裁员，共同组成保安公所。他们的职责重在调解争讼，而不常裁判。关于争讼不超出五十锂的小案件，他们可作最后判决；在一百锂以内的案件，可作初度判决。此种司法制，迅速而用费少，效用甚大，很快地为人民所欢迎。

县法庭有选出的法官五名，任期六年，当选者从事此业最少须在五年以上，关于一千锂以内的案件，他们可作最后判决，不得上诉。

关于刑事案件之处理，违警小罪属于市府，轻犯属于保安官，重刑事犯始属于一郡首府所在地的特设法庭，其组织有庭长一人，法官三人，由县法庭人员中选出。检察官一人，其产生一如法官之由于选举，职在要求履行法律。被控人有两重陪审制保障。一为起诉陪审团，陪审员八人，以县法官为主席，职在决定此案之应否追究。一为裁判陪审团，由十二公民组成，职在决定罪案之是否成立，然后由法官判定罪刑。十二陪审员中，三票之少数即足以开释被告。两陪审团陪审员的产生，系从郡总检察官所开两百人名单中拈出，列入名单者须为有当选资格的能动公民，即指所纳直接税等于十天工作价值者。陪审团既是由富有或生活安适的公民组成，故此刑事司法制仍是一个有阶级性的司法制。罗伯斯庇尔及杜波尔曾主张民事案件亦采用同样的陪审制。但是都累把他们的主张打消了。

此后之刑罚须依犯罪之轻重而定，再不单凭法官之一意独断。《权利宣言》上说："法律只应规定的确需要和显然需要的刑罚。"酷刑、示众、烙印、当众服罪等均经废止；可是仍保存耻辱之刑的颈锁及链条，或称镣铐。罗伯斯庇尔主张废止死刑，未能通过。

不设上诉法庭。议会打击了那些抗命的法院以后，不愿在另一名目之下使它们复活。各县法庭彼此交互审讯以司上诉法庭之职，诉讼者得于所指定的七个法庭中拒绝三个——这算是个智巧的制度。由于罗伯斯庇尔的提议，律师的辩护特权取消了。诉讼者本人即可为自己辩护，或由他选择官设辩护人。昔日之代诉人则用新名词"代辩人"将其保存。

商务法庭设法官五人，由领有执照的商人从其本集团中选出，对于一千锂以内的案件可作最后判决。

大理院由每郡选一法官组成，有权推翻其他法庭的判决，但限于进行手续欠周的案件。它不能解释法律。解释法律之权在议会。无特设法庭来处理行政纠纷案件。此类案件由各郡政务厅解决，唯有关税收案件则归县法庭处理。取消旧式的国务会议，代之以部长会议，有时就是议会本身。

最后尚有最高法院，由大理院法官及高级陪审员所组成，高级陪审员系从一百六十六员——即每郡二员——名单中拈出，其职责系审理各部部长及高级官吏的罪犯以及危害国家的罪犯。犯人由立法机关提出，立法机关于其本身选出大检察官二人来检举所追究的案件。

这样的司法组织之最引人注意之点，就是它离国王及各部部长而独立。最高法院操在议会手中，好像是一个用以对抗行政权的武器，因为唯议会才有控告之权。国王仅能任命一些特派员代表他出席各法庭，他们的职务是不能罢免的。关于受监护者及未成年者的案件，则须听取此类特派员的意见。他们应该保护国民的财产及权利，维持法庭上的纪律与合法手续。但他们本身没有实权，只能推动有权执行的人。司法之行使仍然是用国王的名义，但事实上已变为国民的事件。

当选的法官都一定要是法科毕业的。杜阿什及塞利格曼二人的研究使吾人相信当时选举人所选择的一般尚属满意。当国民大会时，雅各宾党一再埋怨他们之"贵族性"的判决，即可证实他们之独立性。到恐怖时代才不得不把他们排斥出去。

如果制宪议会的议员建立了一个事实上的共和国，虽说是资产阶级的共和国，这是由于他们很有理由不相信路易十六，他们认为路易之接受新统治是无诚意的。他们没有忘记，国王是在暴动的压迫之下才批准8月4日各案。他们当然害怕路易会利用机会来把他们的工作推翻。由于这些顾虑，才使他们夺去国王的一切实权。

他们之所以要把政治的、行政的及司法的权力全委之于资产阶级，并非单是由于阶级利益之故，同时因为他们想到不识字的人民尚无过问政事的能力。人民还需要教育。

这些新的制度都是自由主义性质的。权力完全属于选出的机构。倘使这些机构失败，倘使这些机构落入或明或暗的反对新统治的人之手，则一切都要完结。法律会不能执行，或者会执行得很坏。税款也会不能征收，募兵亦不可能，一切会陷于无政府状态。这便是说民主政治的规律：民主政治倘未经自由接受即不能正常行使。

在美国，同样的制度已产生良好的结果，因其人民久已习于自治，故能在自由精神中实行此类制度。法国是个古老的王政国，若干世纪以来习于服从强权，今忽然将它纳入于一个新模子里。在美国，民主政治已是不成问题的。其人民已有参政的能力，且能掌握自己的命运。在法国，大部分人民对于这些新制度一无所知，且亦不愿有所知。他们用他们所得到的自由来破坏自由。他们仍要求束缚。故此，制宪议会所造成的地方分权制不但不能巩固新统治，反而使之动摇，几致将其推翻。革命的资产阶级，自信已为本身利益而组成了人民主权做保障，足以防止封建制度之卷土重来，不料这个人民主权到处动摇了法律的权威，反而使封建制度有易于重来之威胁。

为着保护受国内战争与国外战争所夹攻的革命工作，两年以后的雅各宾党再要回到王政时期的中央集权制。但在当时，谁也没预见到有此必要。唯具有政治头脑的马拉自始即认定须在专政形式之下组织革命政权，才可以用自由之专制主义来对抗君主们的专制主义。

第八章　财政问题

革命之爆发，不但不能增强国家的信用，反而使之破坏无余。旧税已取消了。代之而起的新税，如按土地征收之地产税，根据租金而按收入征收的动产税，按工商业利润征收的营业税，因为种种原因，进行困难。先要完成税额登记，要有办理新税的人才。担负征收责任的新市府对于这个工作并无准备。而纳税人，尤其是贵族，并不忙于缴纳。议会丝毫不愿征收消费税。它以为这是不平等的，因其不论财产多少而都要同样负担。而且，国家在固有的支出以外，又增加了新的支出。因为粮荒，要到外国去买许多麦子。当时进行的许多改革使财政困难更深一层。旧国债已达三十一亿一千九百万，其中有一半是要随时偿付的；因清算旧制度之故，要再加增十亿以上的支出：赎买僧侣债务需一亿四千九百万，赎买应废除的司法界职务需四亿五千万，赎买财政职务需一亿五千万，付还缴存保证金需二亿零三百万，赎买封建什一税需一亿。新旧债务合并达四十二亿六千二百万之数，逐年须付利息约二亿六千二百万。而且，既已废除什一税，于是关于宗教信仰的用费便落到国家身上，数达七千万，另有教士年金五千万，而政府各部的用费估计亦须二亿四千万。

在对宫廷仍然感觉有威胁的时候，议会的策略是拒绝通过新税。财政上的困难及暴动迫使路易十六屈服。议会既一方面斩断了国王的信用，同时却严肃表示绝不宣布破产以使债权人安心。

为着应付目前的支出，内克曾采用许多救急的方法。他要求负担已重的贴现金库再予贷款。他延长贴现金库期票的法定行使期限。1789年8月，他又征募两笔新债，其利息为4.5%及5%。但是应募并未足数。他使议会通过了一种爱国捐①，但是成绩不好，收入甚微。国王把他的金属食具送入造币厂，私人亦被邀请取同样行动。爱国的妇人贡献她们的首饰，男人贡献他们的银扣子。这只是些微末的方法。贴现金库无款可贷的时候已经到了。1789年11月21日，拉瓦节以董事会名义将贴现金库结算情形向议会陈述。

贴现金库有一亿一千四百万锂钞票在流通。这些钞票之担保品，将有价证券及存金合在一起，仅值八千六百七十九万锂。无担保者达二千七百五十一万锂。但是贴现金库缴存国库的保证金有七千万，已贷与政府之款又达八千五百万。在一亿一千四百万的流通钞票中，有八千九百万是由国库支配的，用于商务需要的只有二千五百万。1789年7月时，现金准备额已降落到法定数的四分之一以下。

一读这个报告，即可知贴现金库的偿付资力系以国家的偿付资力为转移；因其没有保证的部分就是以国库债务为担保的。国家要利用贴现金库来发行钞票，因国家本身不能直接发行。到了1789年11月14日，内克已不得不承认"贴现金库的基础已在动摇，且近倾毁"。他又说明贴现金库倘不增加资本，即不能再有款项贷给国库。为着易于增加资本起见，他提议将其改为国家银行。发行钞票额增加到二亿四千万，在新钞票上载明"国家担保"字样。

由于财政的原因及政治的原因，制宪议会推翻了他的计划。它相信贴

---

① 1789年10月6日，内克使议会通过征收爱国捐，由人民自动申报其收入，而以其四分之一捐献国家；预计到次年4月底可得一亿五千万者，仅得一亿。同时有爱国献金之举，当议会尚在凡尔赛时（1789年9月7日），有十余巴黎妇女出席议会捐献其首饰等物，各地闻风继起，纷纷捐献各种物品，议会虽觉应接不暇，但据其财政委员会在1790年3月中之报告，以往六阅月中，这样得来之款，仅百万有零。

现金库绝不能得到五千万镑的新股。塔累蓝说，已经发出的钞票也不过
是以国债为担保，那么，没有其他担保的新钞票，其信用绝不会较国家
直接发行的更好。贴现金库贷款给国家须有高利息。假使非再发钞票不
可，则由国家直接发出，还可省却这一笔利息。同时，国家银行之说使人
害怕。米拉波特别提出说，国家银行会成为行政权利用之可怕的工具。
财政管理权便会不操于议会之手。1789 年 12 月 17 日勒古尔杜·得·刚
德路说："当我们已没有信用的时候，当我们不愿又不能将我们的收入
继续抵押的时候，当我们反而希望收入能不受束缚的时候，我们还有什
么办法呢？我们现在只有学陷于同样窘况的诚实业主之所为；必须出卖
遗产。"

所谓遗产就是指议会已于 11 月 2 日将其"划归国家处理"的教会财
产。这一决议是经过长时间酝酿的。卡伦曾经提出这一主张。有好多陈
情书亦曾提及这一着。在路易十五时代，僧团委员会即已封闭了九个僧
团，将其财产用于公益事业。1789 年 10 月 10 日，正式提议以教会财产
来偿付国债的却是主教塔累蓝。他说，这些财产并非是给僧侣的，而是
给教会的，即是给全体信徒的，换言之，是给国民的。信士捐赠的目的
在于用作慈善及一般有用事业。代表国民的议会即代表信徒，它可收回
这类财产，代各团体办理教育及济贫事业，担负信仰费用。特勒伊雅及
都累更补充说，僧侣之能领有此财产系由于国家之特许。国家已废止各
旧式的团体。僧侣等级已不存在。他们的财产应该归还给社会。

卡睦、摩里方丈及霸日兰大主教答辩说，这些财产当初并非是捐给
整个僧侣等级的，而是捐给某些固定宗教团体的，一旦夺去，殊欠公
允。摩里想转移目标，说有许多犹太人及投机家在觊觎教会财产；霸日
兰代其同辈主教表示愿以教产价值作抵，为国家举债四亿。但是这些理
由都失败了。制宪议会自有其态度。塔累蓝说，什一税的取消就已预示
这一问题的解决途径。议会虽未明白宣布有关僧侣财产权的意见，但已
以五百六十八票对三百四十六票通过以价值三十亿的巨大教会财产为国

债担保[1]。

根本问题一解决，一切都容易了。1789 年 12 月 19 日，议会决定设立一个只受议会控制的财政行政机构，定名为"特种金库"。这个新金库收受特殊税，如爱国捐等，但以出卖教产的收入为主要收入。开始时划定出卖的教产值四亿锂，发行相等数目的"指券"，国家以此指券预还贴现金库垫款一亿七千万。故第一批指券不过是国库的治标之策。指券还不过是国库债券。贴现金库所发出的纸票仍当钞票流通。"指券"一词即已说明其意义。它是指定的债券，是交付特种金库的汇票，是有确定收入为担保的债券。

"指券"还不是一种货币，不过是一种证券，是一种对国家土地有购买特权的票据。1789 年 12 月 19 日发行的指券带有年利 5%，因为它是代表国家的债权，国家欠贴现金库的钱是要付利息的。这是一种国库债券，不过是以土地而非现金来偿还。教产陆续出卖，指券即可陆续收回，收回以后即予注销并焚化，就这样来偿清国债。

倘使这个办法能够成功，倘使贴现金库能够增加资本，能够将它所收受的一亿七千万指券转让或投资，我们相信议会不致求助于纸币，因为约翰·洛[2]制度的回忆及美国革命之最近的先例[3]，足以说明议会中人

---

① 此案通过于 1789 年 11 月 2 日，规定"所有教产由国家处理"。原书将"五百六十八票"印错为"五百零八票"。英译本同误。

② 约翰·洛为苏格兰之财政家，深信法国应如英、荷之创设国家银行以兴实业。路易十五冲龄时，奥尔良公爵摄政，许他于 1716 年创设私立银行；发行钞票，信用很好，两年后改为国家银行。1717 年，他又创设西方公司，开发北美殖民地，时人称之为密西西比公司，其特许权逐渐增大，股票价格涨至三倍有余，投机之风，盛行一时。约翰·洛无法防止投机，复因发行钞票过多，不能兑现，卒至二者均归失败，于 1720 年底逃往比国。此次金融大变动影响法国社会甚人，甚至使人不敢相信国家银行之说；封建地产的所有权发生了很大的转移，许多寺院亦受其害，故下文有"损害西朵寺及克吕尼寺"之语。

③ 美国独立战争时，大陆会议尚无征税之权，只好发行钞票，允将来由政府收回，计共发行二亿四千一百万余美元，各州发行者尚不在内。此类钞票逐渐贬值，到战争结束时，已成废纸。

对纸币制的不信任。倘能维持指券的价值，应付了目前的急需而解决了国库的困难，议会当然会采取不同的财政政策。

可是贴现金库找不到接受这些指券的人。资本家在犹豫不敢接受，因为在当时、即在1790年的最初几个月中，理论上已剥夺财产权的僧侣，事实上仍在管理这些教产，教产本身又带有私人债务，加以关于僧侣之俸给及此类团体事业今后如何担负等问题，都没有具体解决。此类债券仅具有可以购买地产之不定的诺言，但此类地产并未摆脱其抵押上的束缚，将来不免发生不易解决的纠纷，因而一般人对于这种债券不信任。1790年3月10日，贝野说："指券竟不能如吾人所希望的那么受人欢迎，其流通情形没有符合我们的要求，就因为它不能在稳固而显著的基础上取得人家的信任。"贴现金库股票的价格在下跌，其钞票贬值已超过6%。兑换"金路易"须贴水三十镑。

议会明了要使指券取得信任，必须夺去僧侣仍然掌握着的教产管理权，解除此类教产所带有的一切抵押及其他纠葛义务，关于僧侣之债务及信仰之费用则由国家担负（1790年3月17日及4月17日之法令）。议会做到这一着以后，以为指券之信用业已巩固，从此易于流通，可不再需要纸币。在以前，指券不过是钞票之一种保证品。钞票贬值，因为担保品是不可靠的。但是现在指券再不会引起任何疑虑与纠葛，因为教产现在已经清理，再无纠葛。大家相信，旧领有人不能麻烦新业主。大家也相信，以土地偿还的国库债券到期不会有问题。业已巩固而能自由流通的指券，可以有利地代替纸币。于是特种金库把贴现金库所不能发出的指券直接发出。未能找得受主的第一批指券予以销毁，在不同情况下发行新指券。为特别审慎起见，1790年3月17日议会根据贝野的提议议决出卖教产事务由市府居间处理。都累说："教产一经市府之手，就会失去它原有的性质，由此购得教产而觉深有保障的人真会不知有多少！"

有人主张新发行的指券应该是自由的指券，人民有收受及拒绝的自由，总之，指券仍然保存国库债券的性质。但是议会采纳了主张强制通

行的一派人的意见，4月10日马提诺说："强迫国家债权人接受指券，
而他们却不能使他们的债权者接受，这是不公平的。"4月17日的法令
规定，指券"在全国各地任何人之间，须如货币一般通用，公私机关均
须将其当硬币接受。"可是对于未来的交易，仍许人民不用指券。故此，
仍不能称为真的强制行使，一如法令之所规定。议会没曾注意到，纸币
及硬币之间必然会有激烈的竞争，竞争的结果，硬币必使纸币失败。劣
币要驱逐良币！议会又不敢收回金银，禁止其使用。它根本没有想到这
一着。最初发行的指券只是一千锂的大额券。为了找零以及小额买卖，
仍需用金银。议会不但不禁止硬币与指券的交易，反而奖励之。它需要
现金及辅币来付给军队。国库本身也拿指券去换硬币，愿意受贴水的损
失。贴水的数字在不断增大。于是硬币与纸币的交易成为合法的事件。
1791年5月17日的法令承认并奖励此种交易。金路易与指券的价格同
在交易所中标明。现金被视为商品，时价有起跌。故此，纸币因硬币而
贬值，议会竟认为是合法的。在议会的财政制度中，有这么一个要日见
增大的裂痕。

1789年12月19日发出的第一批指券，利息为5%。1790年4月17
日发出用以代替第一批指券的指券，利息只有3%。利息是按日计算的。
一千锂的指券每天利息为一镣八铒，三百锂的为六铒。最后持券人于年
终向付款处支取全年利息总数。中途持券人应得利息部分则由债务人付
出，债务人负有零付的义务（在向国库付款时，法国仍然在采用这样一
种陈旧的办法）。

制宪议会之所以要降低利率，目的在防止资本家不用指券去交换土
地而将其收藏起来。议员普吕仰主张取消任何利息，因为指券已变成了
货币。"镞"便没有利息。他说："指券或者是好的，或者是坏的。如果
它是好的，正如我所相信的那样，那么，它便用不着附带利息。如果它
是坏的，带利息也不能使它变好，反而说明它是坏的，反而说明政府在
发行时即已不相信它。"最初，议会不敢断然采用这个合理的推论。

指券制之创设原则上本是国库救急之策，却诱使议会更扩大其应用范围。特种金库现在经营着贴现金库以前所经营的业务。指券代替了钞票。议会在制造货币。第一批发出后，议会即以之应付了急迫的债务，那么，又怎么能使它不用这同样方法来清理全部债务，一举而肃清旧制度所留下的一切积欠呢？

1790 年 8 月 27 日，蒙特斯契奥·腓宗扎克侯爵用财政委员会的名义向议会提出两个办法以供选择：一为发行"财政清厘券"，利息 5%，将来用国产偿还，眼下用之偿付各种被取消的职位及到期要还的债务；一为重新发行指券，用迅速出卖教产的办法来清理国债。

经过了长达月余而又热烈的辩论，制宪议会决定采用第二策。1790年 9 月 29 日议会决定以"无利息指券"偿付原非法定的国家债务〔译者按：此系指赎偿职位等项〕及僧侣的债务，同时将本已限定为四亿的指券发行额增至十二亿。

议会之决定是经过严密研究及深切考虑的。蒙特斯契奥对议会说："这便是政治家所要解决的最大政治问题。"

议会之所以不采用财政清厘券是很有理由的。这种清厘券只在缴付国产地价时方可收回，故非待国产出卖不足以收整理财政之效。带有利息，则不足以减轻费用。"债务仍然存在"（波麦茨语）。"此种清厘券使资本家可在出卖的国产上投机，且可横行乡里"（米拉波语）。在事实上，持券人将来可以左右出卖价格，因为要利用他们手中的清厘券才可购买国产。债权人住在都市，他们对于土地并不感兴趣。他们并不急于要把手中的清厘券出脱，因为上面带有利息。于是发生了这么一个问题：出卖手续应该是容易些还是麻烦些呢？这是个重大问题。委员会中人都相信"国家之安全有赖于国产之出卖，非使公民手中掌握着购产之实在价值，则出卖不能迅速"（蒙特斯契奥语）。

一般之所以赞成发行指券的办法，因其可以到处流通，既无利息，不致被人收藏；因其显然可节省一笔钱，据蒙特斯契奥估计每年达一亿二千万，此数是不能用人民税款来弥补的；尤其因为倘无指券则国产即无法出卖。"二十余年来，有万多处地产要出卖而找不到受主；所以收回指券而出卖的方法是唯一迅速出卖国产的方法"（蒙特斯契奥语）。

反对发行指券的人以为用纸币还债无异是局部的破产。杜旁·得·内木尔说，用指券还债只是一种幻想。指券是以国产为抵押的预付款项。须待指券所代表的国产出卖这一天，指券才有真价值；这期间，纸券须经过必不可免的贬值，因为纸币换硬币当然是要受损失的。塔累蓝以为在私人交易的时候就会感觉到国家之破产。"接受指券的债权者要受兑换差别上的损失，而曾借入现金的债务人反得其利；结果会造成财产上的纷乱局面，一般都用这个不诚实方法来偿付旧欠；不但不诚实，而且觉其可恨，因其被认为是合法的。"拉瓦节及康多塞说，大量发行新纸币，物价马上要高涨。佩累斯说："如果吾人将交换所代表的筹码增加一倍，而交换的物品之比例仍然照常，则显然是用两倍筹码来购买这同量的商品。"

物价高涨会减少消费量，因而会减少生产量。法国手工制造业不能与外国手工制造业竞争，尤其因为汇兑情形不利于法国。它从外国买来东西，必定要付出贵重金属。它的存金会减少。结果会发生可怕的社会经济危机。

主张发行指券者并未绝对否认这些可能的危险，不过他们认为除此以外再无其他可能的解决方法。现金已在减少，为便于出卖教产起见，非代之以纸币不可。米拉波说："有人说纸币会驱逐现金。的确是如此。那么，给我们现金吧，我们并不向你们要纸币。"约翰·洛之往事是不足为训的。蒙特斯契奥说："密西西比公司之设立，难道为的是要损害西朵寺及克吕尼寺吗？"再从坏的方面看，如果指券信用降落，则持券人会更急切地要出脱它以兑换土地。这便是本问题的根本。为出卖国产计，指券是必需的。波麦茨说："我们一定要夺去那班享用这些土地者的领有权，定要摧毁他们的幻想。"换言之，问题不单是有关财政而已。

反而是以政治为主的问题。沙伯利厄说："我们不是在讨论宪法吗？指券之发行应为无待讨论的问题，因为它是树立宪法之唯一而可靠的方法。我们不是在讨论财政问题吗？我们不是处于寻常情况来推论，我们已不能应付我们的债务，我们要忍受轻微的损失，但我们不能不使我们的宪法建立在稳定而坚固的基础上。"蒙特斯契奥更露骨地说："我们的目的就在巩固宪法，使宪法之敌人再没有任何希望，要他们因为本身利益关系而牢附于新统治。"

所以指券是一个政治武器，同时也是一个财政工具。就政治武器而论，它是成功的，因为它确使教产出卖加速而且是不能挽回的，因为它使革命能征服国内国外的敌人。就财政工具而论，它却不免陷于反动派所预料的危险。不过这类危险大部分仍是因政治产生的，而且是政治使之发展、扩大而达于不可收拾的程度。

票面为大数目的指券，自发行以来，兑换硬币即须受损失。以之换铗，最初需贴水 6% 或 7%，继而增至 10%、15% 以至于 20%。1791 年春，以大额指券换五十锂指券也要贴水；1791 年 7 月发行了五锂的指券，其价值又较五十锂指券为高。由于很严重的理由，议会曾考虑很久应否发行小额指券。发给工人的工资素来是用铗及铜币。用指券换硬币的损失，素来只落在雇主身上。如果发行五锂指券，则怕铗会消失，工人所得工资亦为纸币，于是向来雇主所受的损失要落在工人身上。各种货物与商品业已有了两样价格，一是硬币的，一是指券的。以纸币付工价便是减低工人的工资。实际上的结果正是如此。就是把已封闭的教堂的大钟改铸大量铜币，亦不足以救济这个危机。银币逐渐消失，因为有人将其熔铸以图利。起初，辅币之缺乏，使厂主、商人及工人均感极大困难。有好些城市已用实物代金钱来交易。谷物及布帛用来支付工价。1792 年 3—4 月间，柏宗松即因辅币缺乏及纸币贬值而发生纠纷。建筑要塞的工人罢工，要求支付现金。他们以抢劫面包店来威胁面包商。其他许多地方，也有同类事件发生。人民不承认硬币与指券的价值有差别。

他们反对商人、伤害商人。

巴黎的大商人如蒙内朗，自铸小镁。此例一开，旁人即起而效之。此种私人所铸的铜币称为"信任板"。各银行，大概始于波尔多，亦用自己的名义发行小钞票，为一种信用票，以之与指券兑换。从1791年初以来，发行此种信用票者日益加多。各郡行政机关、各市府以及巴黎各区，均有发出。在巴黎，同时有六十三种这样的纸票在流通。

发行纸票之银行因两种方式而获利。起初，在以指券换它们的纸票之时，它们要收兑换上的贴水费。继而，它们并不是把兑换收入的指券存放起来，但利用当时之未能统制，而将其用于商业上及金融上的投机。糖、咖啡、糖酒、棉、羊毛及麦子，都是他们的投机之物。投机失败的危险，就使信用票失其保障，无从兑现。投机已使保证消失。发行纸票的银行希望抛出指券，大量买进货物，遂使物价高涨及币价低落。有若干发行纸票的银行，如巴黎之资助金库即停止其纸票之兑换，这次倒票数达数百万，再加上其他类此事件，而使群众陷于恐慌。最后必然停止流通的信用票之失信，影响了指券。最后，我们不要忘却那班狡黠的伪钞犯之以大量假指券散布市上，在亡命者军队中，卡伦即在主持一个特设的制造伪钞机关。

还有其他原因在促使指券贬值，贬值之必然结果就是生活费用昂贵。指券是要回到国库的，或因用以缴付国产地价，或因纳税，国库收回后即应将其烧毁。最初应考虑到能使其迅速收回，以便迅速减少其流通量。可是制宪议会犯了一大错误，使购产者付款期延长太久。他们可分十二年付清。

还有一个错误便是偿付国产地价时，不仅可用指券，就是废职欠偿凭证，及封建性什一税契据，均可通用，总之，可用国家清偿国债的一切有价文件（1790年10月30日及11月7日之法令）。这便使指券遇到竞争之物，同时也有增加纸币流通量的危险。

最后，议会希望偿还国债及出卖国产能同时并举。故此，它就在不断增大指券的数量，同时也就是增加其贬值。除 1790 年 9 月 29 日〔译者按：原文误植 25 日〕所通过的第一批十二亿外，继续发出的有 1791 年 5 月 18 日之六亿，1791 年 12 月 17 日之三亿，1792 年 4 月 30 日之三亿，总计在一年半中，共达二十四亿[①]。不错，有一部分指券经国库收回后，即予焚化（1792 年 3 月 12 日焚化三亿七千万）。可是，流通的指券量之增加，却具有使人不安的有规则的速度（1791 年 5 月 17 日为九亿八千万，1792 年 4 月 30 日为十七亿）。这一切情形在开战以前便开始了。

倘使我们相信教皇代理公使的通信，则在 1792 年 1 月 30 日时，指券在巴黎已贬值 44%。一个金路易可换指券三十六锂。如果我们认为贵族萨拉蒙的话不可靠，则关于纸币贬值之官表应该是可靠的。根据这些官表，我们知道在这相同时期，即开战前两个多月的时候，一百锂的指券在巴黎仅值六十三锂零五镈。就在这 1792 年 1 月底，督郡的指券贬值 21%，在茂特郡贬值 28%，在吉伦特郡及步什·杜·伦郡贬值 33%，在诺尔郡贬值 29%，等等。如果到处的物价依纸币贬值而增加，则生活之昂贵一般要增高三分之一或四分之一。

当 1792 年春，指券在法国之贬值平均既为 25% 至 35%，而在日内瓦、汉堡、阿姆斯特丹及伦敦等处之贬值，则达 50% 与 60% 之间。依常理而论，在汇兑上吃亏的国家，是生产少、卖出少而买进多的国家。因为要向外购买，便不得不按需要以高价购买外汇。1792 年时的法国，是卖给外国者多，而买进仅以大麦为大宗。那么，外汇上的贬值即非买入卖出之差别所可解释。贬值是有其他原因的。旧制度将倾覆时，尤其当美国独立战争时，曾在荷兰、瑞士及德意志借了许多笔大债。革命初起时正要还债，遂大量输出了现金、指券及其他有价证券。这样骤然的偿还，顿使外国市场上充满着法国纸币，以致促成贬值。陆军部为筹发军饷而购入现金，亦在此同一方向中发生作用。

---

① 原文总数误排为二十五亿。又 1791 年 5 月 18 日恐系 6 月 19 日之误。

这些都是纯粹经济上的原因，可用以说明指券及外汇上之贬值，其结果即使法国国内物价高涨。可是还有其他由于政治的原因。

路易十六的发楞之逃及相因而生的战争威胁，无论在国内国外，都激起许多人怀疑革命之能否成功。如果为着没有小数目的指券而不得不发行信用票，这是因为旧日的硬币如金路易、铢、银币甚至铜币已不见流通于市面。亡命者确乎带了相当数量的现金出国，但是留在国内的现金仍然很多。如果硬币已不见流通，这是因为藏有硬币的人，对于革命货币不信任，而且恐怕或希望王政复辟。他们在患得患失地保全着，小心翼翼地收藏着王政时的硬币。稍后，王政时代所发行的指券价格即高出共和国时代的指券。法国已经深深地分裂了。此种分裂即财政恐慌及经济恐慌的主要原因之一。

有些历史家通常引证出卖国产之不可否认的成功，来证实法国人民之绝对信任新统治。国产出卖进行颇快，所觅得之受主通常能付出超出估计的价格。这一伟大革命事业之成功是有若干原因的，我认为其中主要的原因之一是多数买主有一种急想出脱指券的欲望，出脱得愈快愈好，以此纸币来换得实在的财产，换得土地。用指券付国产地价时系照票面价格十足收用，故买主可得到革命纸币之票面价与实在价相差的利润。在购买教产的人之中，有若干是人所共知的贵族，这是显然的事实；其中有反抗派僧侣，有贵族，如艾尔贝及邦陕二人便是参加汪德郡之乱的。单以威益一郡而论，国产买主中有一百三十四人为僧侣，五十五人为贵族。

一般而论，购得国产之最大部分的人是城市中的资产阶级。农民由于缺钱，对这丰富的战利品所得不过是一小部分，可是小买主为数很多，这便足以使他们拥护革命。

也有人说，初时指券曾刺激起法国的工业。事实卜制造业确曾一时表现人为的繁荣之象，为时达数月之久。收存指券的人，不仅急于出脱以购买国产，而且以之来购买制造品。预见战事要发生的狡黠者之流，拼命在囤积各种商品。他们之一再购进固然刺激了工业，同时也必然使物价高涨，使生活昂贵。

　　无论在何时何地，一遇有经济恐慌，革命派就认为是由于贵族的阴谋。他们说，贵族们彼此谅解、彼此勾结来破坏革命币制的信用，囤积商品，垄断金融，使其不能流通，因而造成人为的缺乏及物价之不断高涨。这类阴谋的确是有的。1792 年 2 月 2 日，杜尔的雅各宾俱乐部揭发本城名叫拔查底的区主席，因其劝纳税人不纳税，并预言不久亡命贵族会得胜而回。1792 年 3 月 18 日，樊尼斯特尔郡政务厅向国王陈述，倘不将反抗派僧侣拘禁在坎佩尔，则他们无法征收税款。同时，有位重要人物塞基尔，本系出身旧家的法院官吏，发布一本敌意的小册子名为《被推倒的宪法》，其目的在激起法国人对于他们财产之恐慌。他说："在这万恶的投机事业中，指券及各种纸票无限制地发出，殖民地已在不稳，法国亦受同样不幸的威胁，只要几条法令，动产就可遭没收，就要受制于威迫而冗长的手续，在这样尖锐的危机之下，财产还有什么保障呢？"塞基尔显然在恫吓购置国产的人说，国家及僧侣的旧债权人在这些购得的土地上有抵押关系，有一天会提出要求的。

　　两个法国的斗争到处都已发生。政治危机一发生，经济的及社会的危机即随之而起。我们倘要公允地评判这时代的人物与事变，绝不可忘却这一点。

　　因指券而造成的昂贵生活立即促成制宪议会时代掌权的富有资产阶级之倾覆，尤其因为在政治的与经济的纠纷之外，还夹杂着一个日趋激烈的宗教骚动。

第九章　宗教问题

若干世纪以来，国家与教会的关系彼此错综着，那么，要改组国家势必连带要改组教会。要使二者分开，并非笔杆一摇即可了事。除开偏执的克洛茨以外，再没有人希望政教分离，此种分离不为一般群众所了解，群众会认为这是向人民素所热心敬奉的宗教宣战。但是，倘将所有的宗教组织（当时的学校，大学及医院均由教会掌握）一律保全，则关系国家安危的财政改革将无从实现，因为这些组织会如以往一般消耗出卖国产之收入。所以，为实现必不可少的节省起见，必须取消此类组织的一大部分。制宪议会必须决定何者应保存、何者应取消，换言之，即改组法兰西教会。

为着财政上的节省，尤其是为着对寺院生活的轻视，已许乞食僧团及静修僧团中的修士们有离开修道院的自由，并且已有许多人急切地利用了这种自由。故此，许多修道院就可以这样地取消，但主持慈善及教育事业的僧团仍受尊重。修道院既已取消，再用不着征集修士。"终身誓言"①之举亦经禁止。

仍然是为着节省之故，同时也是为着有良好行政系统之故，主教区的数目减到八十三个，一郡一个主教区。教区数目亦经过类似的减削。素

----

① 初入修道院者，须宣暂终身谨守安贫、服从、守贞三事。

来由国王任命的主教，现在则如其他官吏一般，由人民所形成的新权力选举产生。他们不是"道德上的官吏"吗？国民与信徒不是二而一吗？天主教固然未经明令定为国教，但它是唯一受政府资助的信仰。唯有它的仪式才能在街上游行，而且届时所有的居民非张旗结彩不可。为数不多的非天主教派，仅能私下奉行信仰，不能公然举行，只是仅得容许而已。教区牧师由县选举人选出，主教由郡选举人选出。选举人中杂有少数新教徒又有什么关系呢？在以前，新教领主不是曾因其保护权而任命过牧师吗？况且选举不过是"推荐"而已。新选出的人，必须都是传教师，再经高级僧侣授职。主教亦须由大主教授职，如初期的教会一般。他们再用不着到罗马去买他们的法带。议会废止了"首岁教捐"——即新任教职者应以其第一年的收入缴送罗马。新主教只须有一封尊敬的信给教皇，表示他们是属于同一信仰。法兰西教会便这样地变成了国家教会。教会统治再不是独断的。特权团体的教务会议不存在了。代之者为主教区会议，它得参与主教区的教务行政。

从此鼓舞着教会与国家而使其彼此接近混合的只有同一个精神，即自由与进步的精神。教区牧师负有使命在讲坛上向信徒宣布及解释议会的法命。

议会很有自信。它为僧侣定出了一个《教士法》，没想到这超出了它的权力①。它没有干涉灵界事务。它之废弃教廷条约及取消首岁教捐当然大有损于教皇的利益，但它没料到教皇会敢于挑拨分裂。1790 年时，教皇尚无权规定及解释教条，更无权独断关于纪律及灵俗相混的事务，如当时讨论所涉及的事务。《教皇无误令》之宣布，仍有待于 1870 年梵

---

　　① 1516 年法王佛兰斯瓦一世与教廷所订条约，决定政教关系，规定国王有任命主教之权。1790 年 7 月 12 日，议会通过《教士法》以代此条约。议会认为如不涉及教义而仅改组教会，则可全权处理，不必征询教廷意见。

蒂冈会议[①]。

当时法国主教之最大多数是倾向高卢教会派的[②]，易言之，是反对罗马独裁的。当 1790 年 6 月 29 日讨论有关僧侣的法令时，代表这一派主教的爱克斯大主教霸日兰在其著名演说词中，仅承认教皇的最高地位，而不承认其教会管辖权，他所努力的只是要求议会特许召集全国宗教大会，以便采择必须合于教会法的步骤来实行议会所提出的改革。制宪议会恐其有碍本身的权力，未允召集此种会议，于是霸日兰及自由派的主教们转向教皇以便取得合于教会法的途径，因为倘不如此，则他们自信在良心上不能执行主教区划分及主教区会议等改革。他们推霸日兰起草协议条款，由国王居间送达罗马。制宪议会知道这个交涉，而且赞许它。议会、议会中的主教们以及毫不犹疑而接受这些法令的国王，都认为教皇一定愿予批准，愿为之 "施洗" ——如耶稣会士巴吕埃在其《圣道报》中所云。巴吕埃说："我们确能预料，和平的幸福及最慎重的考虑，定会使圣父俯允这个请求。"教廷大使不但不反对这些妥协派，反而使他们安心。1790 年 6 月 21 日他在寄回罗马的文件上说："他们恳求圣座，有如慈父一般来帮助法国教会，尽可能牺牲来保持最关重要的教会统一。关于这一点，我认为我应该使他们相信，圣座在明了法国宗教利益已陷于可怜情况之后，自会竭其所能来保全它。"教皇大使又说，法国主教们业已采取了必须步骤根据法令来划分新主教区，被取消的主教区之主教则自动辞职。"主教中多数派已授权爱克斯贵人进行主教区之划界。法国僧侣希望国王请求圣座根据高卢教派自由条款选派十六名圣使专员，从法国僧侣中选出，分配于四个委员会，专司新主教区划界

---

① 1870 年梵蒂冈会议宣布之 "教皇无误"，即凡有关于信仰及道德的问题，教皇之判断是绝对而不错误的。

② 高卢教会即指具有相当自由而非完全受制于罗马的法国教会，其具体主张见于 1682 年法国僧侣所发表的《四项宣言》，即：国王有独立处理俗务之权，宗教大会之权力高出教皇，教皇须遵守教会法，教皇之教理无误性须得教会之同意。

事务"（6月21日文件中语）。

　　最近有过一桩先例使主教们及议会中人自觉有妥协之望。当俄女皇卡特琳二世合并其瓜分波兰所得的土地时，单凭她的权力就划分了波兰天主教主教区的界线。她于1774年创立摩希略夫主教区，将其管辖权扩张到帝国境内的一切天主教徒。她又单凭她的权力任命无任所的马洛主教——罗马教廷所怀疑的人物，为此新教区的主教。她又禁止利窝尼亚的波兰主教此后干涉其已合并于俄国的旧主教区的教务。教皇庇护第六当时不敢与这位非天主教君主冲突，今日法国制宪议会所要进行的事件与俄女皇当日之侵犯精神领域正是同一意义。教皇当日仅于事后承认此一由俗界权力所已完成的改革是合法的；今日法国主教们正是要求他用那业经用过的方法来为法国的教士法"施洗"。

　　可是有许多原因促使教皇起而反对，最主要的原因也许是不属于宗教的。教皇自始即在秘密的大主教会议中谴责《权利宣言》之有背教旨，虽然身为掌玺大臣的商披翁·得·西塞大主教曾参与起草此一宣言的工作。教皇认为"主权在民说"对于任何宝座都是一大威胁。他在亚威农及康塔领地的人民①已在公开叛变。他们已驱逐他所派的使臣，采用了法国宪法，要求与法国合并。路易十六向他提出协议条款以便实施《教士法》，在答复时他却要求法国派兵助其平服叛乱。制宪议会只限于延缓实行居民所要求的合并而已②。于是教皇决定正式谴责《教士法》。拖延的交涉经过了好几个月。我们须知道，促成教皇抵抗的不仅有亡命者，更有信奉天主教的列强，尤其是西班牙，因其与英国冲突时恨法国之将其抛弃。最后，我们更不要忽略，法国驻罗马大使红衣大主教柏尼斯是个热烈的反动派，虽负有完成交涉的使命，却在竭力使交涉搁浅。

　　法国主教们向教皇宣称，因为没有全国宗教大会，故唯教皇才有合

---

　　① 康塔在法国境内，亚威农为其首府，1274年以后属教廷。

　　② 原注：合于民权要求之合并亚威农案，在1791年9月14日才通过。〔译者按：14日恐系12日之误。〕

于教会法的必须方法而使《教士法》得以执行，这无异说是须听命于罗马教廷。当制宪议会不耐久待而要他们宣誓时 ①，他们再不能退避了。他们拒绝宣誓，拒绝宣誓本是教皇的延搁策略所激起的，教皇更利用这一着而发出使他们既觉惊讶又觉彷徨的谴责令。

代表主教多数派发言的爱克斯大主教霸日兰，直到这最后关头，仍希望教皇能妥为处置，不致使法国陷于分裂及内乱。在宣誓令前夕，即1790年12月25日，他写信给路易十六道："罗马教廷的原则应该是做一切它所应做的事，对于较不迫切或困难较少的事则可稍事延缓；现在所缺少的只是合于教会法的形式，教皇能够完成这种形式，他能够，他也应该；这便是陛下对他所提出的条款。"即令在拒绝宣誓以后，主教们仍在希望调和，教皇的诏令却使他们进退两难。他们把1791年3月10日教皇之第一诏令秘而不宣，达月余之久，他们给教皇一个恭顺而尖锐的答复，为自由主义辩护，并且向教皇提出总辞职，以便保持和平。

总辞职被教皇拒绝，分裂成为不可补救的了。除七人以外，全部主教都拒绝宣誓。次级僧侣继起拒绝者几达半数。有好些地方，如上梭恩、督、华尔、安德尔、上庇里尼斯等地，宣誓教士虽为数很多；反之，在其他地方如佛兰德斯、亚多瓦、阿尔萨斯、摩毕益、汪德及马伊益等地，则为数甚少。所以在绝大地域，欲实行宗教改革，非凭强力不可。法国已分裂为二。

这个出乎意料的结果，议会中人固然没曾想到，就是贵族们也觉惊讶。直到此时为止，低级僧侣是与革命一致的，革命使教区牧师及副牧师的俸给几乎增加了一倍（牧师薪给由七百锂增至一千二百锂）。但是，教产之出卖，废止什一税后又继以修道院之封闭，这就使好些尊重传统的牧师为之不安。其次，教仪上的顾虑也在发生作用。就是未来宪政派

---

① 议会为辨别僧侣之是否服从《教士法》起见，于1790年11月27日通过宣誓法令，规定所有教士必须对《教士法》宣誓。宣誓是桩宗教性的举动，因而使教士们颇为犹豫，卒因此使法国教士分成宣誓及反抗两派。

主教的哥伯尔，对于俗界权力是否能独自划分主教区疆界及干涉主教管辖权这一问题亦表示怀疑。他说，唯教会始"可使新主教在其所管境内行使其得自上帝之必需的灵界管辖权"。就哥伯尔本人而论，他已不顾这一着而宣誓了，但其他许多审慎的牧师则仍屹然不动。

制宪议会原希望建立一个国家教会，利用这新教会的牧师来巩固新统治，结果它只建立了一个一派的教会，即当权派的教会，与暂时被征服的一派的旧教会之间发生了激烈的斗争。宗教斗争自始即因政治感情的愤怒而激昂起来。这是如何地使贵族们快意而有机可乘呀！直到此刻为止，他们已不能利用王政情绪来企图报复了，可是现在有天堂来帮助他们。宗教情绪变成他们用以挑起反革命的一大工具。1791 年 1 月 11日，米拉波在其第四十三次上书中，劝宫廷促使议会采用极端的处置，以便达到火上添油而扩大乱事的目的。

制宪议会看到了这个陷阱，努力在避免它。1790 年 11 月 27 日通过的关于宣誓的法令，禁止未宣誓牧师执行任何公共教务。当时所谓公共教务包括有施洗、结婚、丧葬、圣餐礼、忏悔及布道。倘将此令严格执行，则为数遍于某几郡的未宣誓牧师，都应忽然停止职务。议会害怕宗教信仰会中断。它于是要求未宣誓牧师继续执行职务，直到有人代替时为止。有些地方，在 1792 年 8 月 10 日以前还没有人去替代。议会对于免职的牧师，每人给以五百锂的年金。第一批的宪政派主教为了要使旧主教同意合于教会法的授职礼，非凭借律师及裁判官之力不可。旧主教中唯塔累蓝一人自愿为他们举行授职礼。因为缺乏牧师之故，不得不缩短资历年限，庶使候补者及早执行教职。在俗教士既不够用，不得已而借助于旧日的修士。

革命派最初不承认有这种分裂，但是无用。事实俱在，不由得他们不逐渐承认。宗教战争已爆发了。笃信旧教的人因为他们的牧师及主教已被更换而激怒起来。失势的旧牧师认为新选出的牧师是闯入者。新牧师非得国民卫军及俱乐部之助不能行使职务。胆小而虔诚的人竟不敢请教他们。他们宁愿秘密请"好牧师"为其子女施洗，虽然这足以使其子女丧失公民身份，因为唯官家牧师才掌有生死婚娶的簿籍。他们把革命派所视为嫌疑分子的"好牧师"看成殉道者。家庭中也现分裂之象。妇女通常都到反抗派牧师〔译者按：指拒绝宣誓者〕所主持的弥撒，男子则赴宪政派牧师〔译者按：指已宣誓者〕所主持的。此种分裂事实竟至达于教堂内部。宪政派牧师不许那些要在教堂念弥撒的反抗派牧师进圣器室，或使用圣服。巴黎新主教哥伯尔，便没有一个妇女宗教社团理会他。反抗派牧师多躲在修道院及救济院的小礼拜室中。爱国派要求将其封闭。到了将近复活节的时候，前往参加罗马式弥撒的信女们，被人掀起裙子鞭打，国民卫军站在一旁讪笑。这一类的恶作剧，在巴黎及其他城市演了好几个礼拜。

受迫害的反抗派牧师根据《权利宣言》来要求承认其信仰自由。1791年3月间，兰格尔主教拉吕曾劝他们正式要求享受1787年敕令的权利，该敕令曾允许新教徒得在当地法官前登记其户籍，然此敕令在当时遭到僧侣大会所反对。相形之下，这是怎样的教训呀！一百年前，他们曾废止南特敕令、曾踏平波罗垭修道院、曾焚烧哲学家的著作①，而今他们的子孙反而要托庇于他们昔日所欲尽情诅咒的宽容主张及良心自由。

拉吕曾主教对事态发展推论到这么一个程度，竟至主张户籍世俗化，如此可使他那一派的教民不受制于已宣誓牧师的专断。爱国派深知如果宪政派牧师不能掌握户籍登记册，即是给国家教会一大打击，间接会影响到革命本身。他们不愿一下走得这么远。他们不承认分离派有另成教会的事实。可是逐渐扩大的乱子迫着他们让步，这让步是由于拉法夷脱

---

① 亨利第四结束宗教战争后，于1598年颁布南特敕令，许新教徒信仰自由。路易十四于1685年废止南特敕令。波罗垭修道院本在巴黎郊外凡尔赛附近，1626年迁巴黎后，遂有两波罗垭修道院，二者均为冉森派中心，而为耶稣会派及教廷所仇视。路易十四晚年，先后将这两所修道院封闭，且将近凡尔赛者的建筑亦拆除；此二事及焚烧哲学家著作均属表现天主教压迫异己者之不宽容精神。

及他那一党所促成的。

拉法夷脱的夫人是笃信天主教、保护反抗派牧师而不理会哥伯尔的，因而拉法夷脱在家里不得不实行宽容。他的朋友如1789年俱乐部中人物主张反抗派牧师得自由选择其特殊信仰区域，以为如此即可结束宗教斗争。以拉·罗什孚库公爵为主席且有方丈西耶士及主教塔累蓝在内的巴黎郡政务厅，于1791年4月11日发出命令：在仅经认为可以容许的条件之下，反抗派教士得行使其职务。天主教徒能使用已被封闭的教堂，在教堂内有集会的绝对自由。反抗派立即利用这种特许权租用了特阿坦会士的教堂，可是仍遇着不少麻烦。数星期后，制宪议会经过了激烈的辩论，卒于1791年5月7日通过一个法令，将巴黎分离派所享的特许权推及全国。

在法律上用明文规定宗教宽容是比较容易的，真要实行则很困难。宪政派牧师愤而反对。他们受了罗马教廷的谴责，他们把自己的利害与革命的利害连成了一起，他们不顾一切偏见与危险，可是，他们所得的报偿却是这样一种威胁：一遇困难，人家即将他们抛弃，任其自存自灭。在他们已无势力的半个法国中，如果政府在连累了他们以后即宣布中立，他们又怎能和敌人对抗呢？倘使承认罗马派牧师有自由设立对敌教堂之权，那么，当国家教会无人过问之时，宪政派牧师又怎么办呢？倘使在全国半数郡中，不看重他们根据特权所执行的教务，那么，他们的特权性还能保持多久呢？无人过问的信仰便是无用的信仰。宣誓的牧师害怕自由政策便是宣布他们的死刑状。他们应用传统的天主教原则拼命反对这个政策。他们逐渐与拉法夷脱及其一党隔离，而围绕着成为他们的堡垒的雅各宾俱乐部。

在推行反抗派教士的信仰就会引起纠纷的口实——这口实往往是有根据的——之下，同情宪政派牧师的地方当局拒绝执行5月7日关于信仰自由之令。1791年4月22日，樊尼斯特尔郡接受宪政派主教埃克斯庇伊的要求，命令反抗派牧师离开其原在教区四法里以外。以塞居盎主教为主席的督郡政务厅下令，如因有反抗派牧师而发生纠纷或分裂时，各市府得将其驱逐出境。像这类的命令是很多的。这类命令所根据的理由都说明：如不排斥反抗派牧师于法律保护之外，则教士法，略言之即宪法，将不能维持。

的确，在许多事件中，反抗派牧师实有受其敌党控责之处。教皇尽力把他们推上反叛的途径。他禁止他们向宪政派牧师宣布他们所执行的洗礼和婚礼。他禁止他们与敌党在同一教堂中执行教务，实则共同使用教堂已成为很普遍的事实，且已得到大部分旧主教的赞同。摩里方丈不满于 5 月 7 日的法令，以其仅许反抗派有私自执行教仪之权，换言之，仍是不平等的。他要求应与宣誓牧师完全平等。吕松主教美尔西则谓任分离派得在国家教堂中念弥撒，无异是个陷阱。在反抗派牧师占势力的教区，其敌党即无安全，这已经是个显然的事实。宪政派牧师受困苦、受侮辱、受鞭挞，以至于丧命的，真不知有多少！所有的报告一致控告反抗派牧师，谓其利用忏悔室来宣传反革命。1791 年 6 月 9 日，摩毕益政务厅上内务部的呈文上说："忏悔室便是宣传及推动叛乱的策源地。"阿尔萨斯议员卢伯尔在 1791 年 7 月 16 日的议会席上说，在上下莱茵两郡中，没有一个反抗派牧师不参加暴动。

宗教斗争的结果，不仅使贵族派势力倍增，并且从而形成一个反教士的新党，这是以前所没有的。为着拥护宪政派牧师及使群众不受反抗派牧师的引诱之故，雅各宾党激烈地攻击天主教。他们本来用以攻击"迷信"及"狂信"的武器，现在转而落到宗教本身。从事这个争论的有哲学意味的《村民报》上说："有人责备我们对于教皇主义太不宽容。有人责备我们对于永存的信仰之树丝毫不肯放松。可是，我们只要把这棵不可侵犯的树仔细检查一下，便知道狂信即附着在这棵树的一切树枝上；我们要打倒狂信，便不免要伤及树的本身。"反教士的著作家日益胆大，以致毫不掩饰地攻击天主教，甚至基督教本身。他们进而攻击《教士法》，主张学美国人取消国家担负宗教费用的办法而使政教分离。这类思想正在逐渐发展中。

自 1791 年以来，有一部分雅各宾党及拉法夷脱派，即未来之吉伦特党，如康多塞、拉跋·得·圣特稽盖、马吕厄、兰特拿斯诸人，想着以有系统的国家节日及像结盟那样的爱国仪式来补充、代替《教士法》，由此培植人民的公民热情。革命大事变之可纪念的节日既已接连产生，如：6 月 20 日，8 月 4 日，7 月 14 日，自由殉难者节，南锡斗争中德稷尔被杀纪念日，伏尔泰尸灰迁到巴黎纪念日，沙多喻团瑞士兵在布勒斯特被释放的纪念日，粮食暴动时埃丹倍市长西摩诺被杀纪念日等。这样逐渐形成一种国民的宗教、一种仍须与国定宗教混合的祖国的宗教，这种新宗教仍借用旧宗教的仪式，但是自由精神足以使之脱离旧宗教，而有其独立的生命。他们还不相信人民可以不要信仰，但他们认为革命本身就是一种宗教，加上仪节，即可超出昔日的神秘信仰。他们想使新的国家与绝对而传统的教会分离，但他们不愿使此新国家在旧教会之前毫无保障。反之，他们要使新国家具有一切威严，具有一切美而善的仪式，而且要具有宗教仪式所及于人心的一切吸引力量。爱国宗教这么不知不觉地在发展着，到恐怖时代时才具体表现出来；有如政教分离一般，它是因制宪议会在宗教方面之日益无可补救的失败而产生的。

第十章　国王的出走

　　路易十六始终不曾有诚意放弃其先人的遗产。十月事变以后，他之所以同意采纳拉法夷脱所指示的途径，只是因为拉法夷脱曾允许保全及巩固他之尚存的权力。可是到了 1790 年 10 月时，宪法要开始施行，郡及县议会和各法庭要成立，修道院及主教区会议要封闭，国产要开始出卖。路易十六明白，新的局面要生根了。同时，他也明白拉法夷脱的权力日见薄弱。1790 年 6 月，首都分成四十八区以代以前之六十区，于是在大市府之下，包含着这么一些喜争吵的小市府。它们不久即与市政厅取对立态度。1790 年 9 月与 10 月间，它们议决谴责部长们，攻击他们之无能及和反动派勾结。它们的发言人律师丹敦，无疑是受了拉默兄弟的唆使，代表各区出席议会要求将各部部长撤职。10 月 20 日，议会虽否决了这个撤职之议，但是否决票数多得有限，因而身为目标的部长们自动辞职。唯有丹敦所不曾攻击的蒙摩蓝仍然在职。国王屈服于所加于他的压迫，深为愤怒。他万分不高兴地接受拉法夷脱所提出的人选：杜波达依为陆军部长，杜波·杜忒特尔为司法部长，德勒萨尔为内政部长等等。宪法本赋予国王自由选用部长之权，因而他觉得宪法已被破坏。拉法夷脱对这事件所持的模棱态度是他所不能原谅的。于是他决然走向反革命。

　　10 月 20 日，即议会议决部长问题的那一天，国王接见了一名第一批出国的亡命者巴密埃主教达古，他是特意从瑞士返国来促使国王动作的；国王给达古及布累杜伊男爵以全权，代表他去和各外国朝廷交涉，目的在于促使各国干涉以恢复他的正统权力。

国王的策略很简单。他一方面貌为让步来麻痹革命派，同时却无丝毫动作以使宪法易于施行。而且恰恰相反。当反动派主教拼命抗议有关教士的法令时，他一言不发，无丝毫表示去责备他们或令他们谨守职责。甚至，对于他所已接受的法令，他本人就创立破坏的例子，如他教堂中所用的牧师都是未宣誓的。关于宣誓令，他已有所安排，故意拖到1790年12月26日才接受，表示他是被迫而接受的。他一再延搁，以致制宪议会向他再三请求，圣普里斯特部长则提出辞职，他才一面签字，一面在其家人面前叹息道："我宁愿做一个默茨王，不愿做这样的法兰西王，好在这局面是不长久的。"

可是，国王却不曾挑拨局部的暴乱，他认为时机未成熟，暴乱注定是要失败的，他责备亚多瓦伯爵及其他亡命者不依他的忠告而在继续煽动乱子（如1790年12月之里昂阴谋）[1]。他只相信各国君主凭借武力的共同干涉，他所秘密派出的大臣布累杜伊之一切努力便是为的这一着。1790年7月底，奥、普两国以英国之介会商于莱亨巴哈，这使路易十六颇为高兴。会商的结果，许他的妻兄皇帝去平服比利时，因为比利时在1788年末起义反对他的改革。事实上奥军于11月22日入尼德兰境，12月2日已将全境平服。只要时机一到，路易十六就会秘密逃往蒙美底以与布伊耶的军队相会。相距甚近的奥军会援助他。

皇帝如要进兵，业已有所借口。在阿尔萨斯及洛林有封建采邑的德意志诸侯，自然要受8月4日诸法令的影响，因为这些法令取消了他们对农民的司法权及劳役。制宪议会愿意赔偿他们。为使争执仍然存在起

---

[1] 当时亡命贵族多半在莱茵边境，而以在科布林士者为多。他们派人在国内秘密活动，里昂即其中心。1790年年末，他们欲利用里昂市府态度之较趋温和及丝业工人之困苦，激起民变，以便造成与巴黎对抗的反动势力。

见，他们拒绝赔偿，这是颇关重要的。路易十六派了包税人奥日阿到德意志去，秘密劝他们把这些要求提出帝国议会。尼德兰平服以后，皇帝便来处理这事件。1790 年 12 月 14 日，他向蒙摩蓝提出正式抗议文件，援引威斯特法里亚条约[①]，谓 8 月 4 日诸令不得应用于在阿尔萨斯及洛林领有土地的德意志诸侯。

皇帝的援助关系重要，路易夫妇能否成功就靠这一着。可是除教皇外，布累杜伊还要使西班牙、俄国、瑞典、萨底尼亚、丹麦及瑞士诸邦都加入这王政的神圣同盟。他们还没有指望普、英之合作，但至少要使它们中立。布伊耶主张割一个岛给英国，事实上在 1791 年初商塞内已被派往伦敦，表示愿意在印度或安的列斯一带予英以土地报偿。西班牙结束了它和英国的殖民斗争，压迫教皇去挑起法国的宗教战争。瑞典国王考斯道夫三世本系君权神授说拥护者，此时与俄媾和[②]，驻跸斯拔，从那里不断鼓励路易十六。教皇用强硬的文件抗议其在亚威农及康塔的领土权之被破坏。但一切都须以皇帝为转移，这位谨慎的利欧波尔德对于法国事件，不如其对于土耳其、波兰及比利时等事件那么关切，对他妹夫的逃走计划表示怀疑，不断地加以反对和推诿，借口先要实现列强间的结合，只允许有条件及有时间限度的援助。与维也纳之无结果的交涉浪费了八个月。秘密已泄露了。自 1790 年 12 月以来，民主派刊物如马拉的《人民之友》及普律多姆的《巴黎之革命》即已说明国王不久要逃走，杜霸·克蓝塞则于 1791 年 1 月 30 日在雅各宾俱乐部揭发这个阴谋。

极左派刊物如罗伯尔的《国民新闻》，鲁特勒治之《考验报》，邦内微尔之《铁嘴报》及《巴黎之革命》等，已提出了共和国的主张。伏

---

① 《威斯特法里亚条约》为结束三十年战争之条约（1648 年），法国加入此战争在表面上是对抗奥国之哈普斯堡家，而非对抗日耳曼帝国，故战后虽取得阿尔萨斯一带之若干领土主权，但日耳曼诸侯所领采邑之若干权益仍然保存。

② 1788 年，瑞王考斯道夫三世，趁俄与土耳其战，举兵要求收复芬兰等地。1790 年 8 月 15 日始结卫累拉和约。

尔泰的《布鲁特斯》于 1790 年 11 月在法兰西剧院上演，受着"狂醉般的"欢迎。拉威康特里发表了他的主张共和国的小册子《人民与国王》。方丈福失于 1791 年 2 月间在真理之友社结束其演说时说："暴君们该倾毁了！"此语得到了很大的回响。

民主派正在显著进展。1790 年 10 月，主编《铁嘴报》而加入过共济会的邦内微尔在巴勒·罗垭的圆形剧场中，每周召集真理之友社集会一次，由方丈福失讲解《民约论》。真理之友社是主张大同的。他们渴望着要消灭民族及阶级间的怨恨。就是雅各宾党也认为他们的社会理想很大胆。

除大俱乐部之外，各区俱乐部也出现了。1790 年夏，工程师杜孚聂、医生圣特克斯、印刷师摩莫罗等在当时已改为法兰西剧院区的旧哥德利埃区，组织了人权及公民之友社，简称哥德利埃俱乐部，因其会址最先是在哥德利埃派〔译者按：即五伤方济会之音译〕的修道院，后被贝野所逐而迁于多斐内街博物院大厅。人权之友社并不是一个政治学院，而是一个斗争集团。在他们的会章上说："主要目的是在舆论之坛前举发各级机关的弊端及一切有损人权的企图。"他们自命为被压迫者的保护者，弊端的改革者。他们的使命在监视、控制及鼓动。在他们的文件上绘有"监察之目"，大大地睁开来窥察所有被选人及官吏的过失。他们到狱中去访问被控的爱国志士，担任调查、征集捐款、推动请愿、示威，遇必要时推动暴动。因为会费甚低，每月仅两镲，所以他们集合了小资产阶级，甚至被动公民。这便是他们势力之所在。遇有机会，他们可以推动及鼓动群众。

在 1790 年到 1791 年的冬季，在哥德利埃俱乐部之后，立即又有许多其他地方俱乐部继起，用友爱会或民众会名称出现。其中最早的一个，是穷塾师丹萨所组织的，也在宪友会所在地的雅各宾修道院的一个厅中集会。丹萨点着衣袋中所带的蜡烛，于夜间会集邻近的工人、小菜贩及苦工等，向他们宣读制宪议会的法令，并且加以解释。素有远见的马拉，深知此种贫苦人民所组成的俱乐部是如何地有助于民主派。他竭其全力来鼓吹他们组织。于是在巴黎各区，马上都有这样的俱乐部。透过这些俱乐部，才使民众受到政治教育，巨大的民众队伍才能召集及组织起来。它们的创立者，如塔利安、昧厄·拉都施、勒布瓦、塞尔冉、康塞帛、方丈丹柔，都是哥德利埃俱乐部的会员。在恐怖时代时，他们起了重大的作用。目前却只竭其全力来支援民主派以进行对抗拉法夷脱、反抗派教士及宫廷的斗争。他们的理想是得自卢梭，主张直接的政府。他们认为宪法及法律都应由人民批准，对于取贵族与僧侣寡头政治而代之的政客寡头政治早已表示不信任。他们责备制宪议会不曾把新宪法交人民批准，反而布置许多阻力使之难以修改。

　　1791 年 5 月，哥德利埃俱乐部和各友爱会彼此接近而结成同盟。有中央委员会从中联络，委员会以共和派记者罗伯尔为主席。指券贬值所造成的经济危机已在发生作用。罗伯尔和他的朋友们明了要如何利用这一点，他们竭力在争取要求增加工资的巴黎工人。罢工事件已在接连发生，木工、印刷工、帽工及蹄铁工等，均已先后罢工。贝野想禁止工人团体集会。1791 年 6 月 14 日，制宪议会通过了所谓《沙伯利厄法》[①]，严禁工人结合向雇主要求一致的工资，认为这是犯法行动。罗伯尔在《国民新闻》上抗议当局对于工人的恶意。他巧妙地把民主要求与工人结社要求相提并论，他得有罗伯斯庇尔的支援再度攻击财产选举资格制。骚动已推广到外省城市。这显然已有阶级斗争的性质。拉法夷脱派的报纸一致攻击民主派为破坏财产的无政府党。

　　如果路易十六及马利·安朵瓦勒特留心这些征象，他们就该明白民主运动之日增的势力已使反革命的机会日益减少，纵有外国武力为助亦属无用。可是他们闭着眼睛，自愿受米拉波的催眠，相信他所说的革命

---

　　① 1791 年 3 月 2 日议会曾本着职业自由之精神，通过废止行会制度的法案，至此又有《沙伯利厄法》，因其报告人为沙伯利厄，故名。此律禁止工人结社，更不得罢工，在表面上是平等的，实则有利于雇主，从而束缚了法国的工人运动近一百年。

党人的分裂是于他们有利的。的确，拉法夷脱派及拉默派间的裂痕一天深似一天。拉法夷脱派已不再出席雅各宾俱乐部。拉默派在俱乐部的势力也日见衰弱，眼见得在他们面前已有罗伯斯庇尔崛起，罗伯斯庇尔责难他们在讨论有色人种选举权问题时的背叛态度①。巴那夫也失去民望，因为他要取悦于圣多明各大地主的拉默兄弟，不惜做殖民地白人的工具来对抗自由的黑人。米拉波则在竭力挑唆这种内讧。他从王室经费中得到一笔巨款，协同塔伦及塞蒙威尔等人组织一个宣传及行贿的机关，发布王党的小册子与报纸，收买愿出卖的俱乐部会员。被宫廷雇用的人深入雅各宾俱乐部的委员会，如威拉尔、邦内加累尔、德斐欧诸人；也深入到哥德利埃俱乐部，如丹敦。这于宫廷只是一个假的保障。宫廷又做了些不谨慎的事，其中最严重的一件便是郡主们——路易十五的女儿们之出走，她们于1791年2月间离开法国前往罗马。她们的出走在全国激起了剧烈的骚动。哥尔萨在《邮报》上说："为保障全国安全计，应禁止郡主们出走，应禁止她们带着大量金钱到教廷或其他地方去。我们应当把她们当宝贝似的看守住，因为有了她们，才保证能对抗她们的侄儿亚多瓦及其从兄弟波旁康兑的敌意。"马拉也说："我们正在和革命的敌人搏斗，非把这些信女们扣留为质不可，对于这一家的其他人物也当加倍防范。"革命派坚决地认定须把王室扣留为质，才有保障对抗亡命者和君主们的报复。在摩累及亚内·勒丢克两地，郡主们两次被阻。必待议会特许令她们才得继续前进。巴黎已发生了骚乱。中央市场的女贩们群集王弟门前②，要求他明白宣布愿意留在巴黎。2月24日，杜伊勒里宫被人民包围，拉法夷脱费了大力才使他们散去。

———————

①　三级会议中本无殖民地代表，改称国民议会后，圣多明各有六名代表加入（1789年7月4日）。关于改组殖民地问题，议会态度殊不一致。布里索等所主持的黑人之友社一派较为急进，主张解放奴隶而予以公民权。议会中殖民地委员会报告人巴那夫提出的报告，有利于殖民地之白人，对黑人则主保持现状，深为黑人之友社一派所不满。1791年5月15日所通过之案仅许殖民地白人或混合种人之拥有财产者有选举权，卒引起殖民地之严重纠纷。

②　法国王弟之最年长者，称Monsieur，此处即指普罗温斯伯爵。

米拉波主张国王不向洛林而向诺曼底方面出走。2月28日，圣丹托益郊区的工人要去捣毁汪森堡的瞭望楼。当拉法夷脱及国民卫军到汪森去镇压时，有四百名带着短刀的贵族约好会集在杜伊勒里宫前，幸而拉法夷脱事先得到报告，还能赶到王宫去解除这些"短刀武士"的武装。有人怀疑汪森之乱系宫廷雇人造成的，目的在把国民卫军引出巴黎，使短刀武士们便于集合，而保护国王出走。

议会虽敌视所谓乱党，即左倾的反对派，但对于贵族们之阴谋，也不能不担心。关于防止外国干涉法国内政这一点，拉默派及拉法夷脱派与罗伯斯庇尔及极左派的态度是一致的。自莱亨巴哈会议以后，他们即注目于边境。1790年7月底，当奥政府要求假道法国以便输送一部分军队去镇压比利时的起义时，他们曾于7月28日使议会通过一个拒绝假道的正式法令。同日，又通过一令咨请国王制造大炮、枪及刺刀。国王就要出走的谣言开始传播时，议会于1791年1月28日议决增加边境驻军。在郡主们出走之次日，2月21日，议会开始讨论禁止出走法，米拉波对此甚为愤慨，引用《权利宣言》来反对这个议案。3月7日，议会之调查委员会发现一封王后写给奥国大使麦西·阿根脱的危及国家的信。议会马上开始讨论摄政法。这时，亚历山大·拉默嚷着国民有权"摈弃一个国王，倘使国王要抛弃宪法所赋予他的地位的话"。在右派的捣乱声中，他又说："委员会很有理由主张国王出走即等于退位。"当时所通过的法令禁止妇女摄政。这一着是直接打击马利·安朵瓦勒特的。3月底，奥军进占波蓝特律，阿尔萨斯议员卢伯尔得罗伯斯庇尔之助痛斥这种威胁，并且极端攻击集合在边境的亡命者。

米拉波因一夜之酒食过度，忽然死于1791年4月2日。消息灵通的民主派知道他久已受宫廷收买。哥德利埃俱乐部在他死后仍在咒骂他，可是这位马基雅维利信徒在群众中的声望仍然很大，议会只好通过将其国葬于日后改为国葬所的圣日内威埃教堂。

宫廷缺少顾问的时期并不久。拉默兄弟及塔累蓝都自荐要继承米拉波，他们的投效被接受了。亚历山大·拉默做了王室经费的支配者。其兄沙理及杜波尔用宫廷的钱马上办了个大报，名《纪事报》，意欲以之代拉法夷脱派的《导报》。塔累蓝允许恢复反抗派僧侣的信仰自由，我们已知道他在履行他的诺言。可是，路易十六虽起用他们，却在轻视他们。他并未以心腹事委托他们。

路易十六向利欧波尔德借款一千五百万未成，这样延宕使他很感不耐。他决定要打开一个新局面。4月17日，他从蒙摩隆西红衣大主教手中领受圣餐礼，在场的国民卫军甚为愤怒，他们在教堂中表示了抗议和不满。次日，即4月18日，路易要依前一年之例到圣克路去过复活节。于是谣言四布，说圣克路之行只是他的长途旅行的开端。群众群集杜伊勒里宫前，当国王要出发时，国民卫军不但不为其车驾开路，反而阻止他动身。拉法夷脱以为这一着是事先布置好的，目的在使国王可向皇帝及其他欧洲君主表示他不过是王宫中的一个囚犯而已。为此目的而主持此暴动的就是丹敦。回到王宫时，王后对环绕她的人说："最少，你们得承认我们已不自由了。"

此后路易十六毫不犹豫地欺哄革命派。次日，他亲临议会宣布他是自由的，圣克路之行之所以作罢全系出于自愿。他说："我已接受了宪法，《教士法》即宪法之一部分。我要以我之全力来维护这个宪法。"他往圣热曼·洛克则瓦教堂参加宪政派牧师所主持的弥撒。他以外交文件通告欧洲各君主，说他绝对赞成革命，绝无反悔或保留之意。可是他同时使布累杜伊通告各君主不要重视他的公开宣言。马利·安朵瓦勒特要求他哥哥皇帝开一万五千人到亚尔伦及微尔敦以为布伊耶之声援。5月18日，皇帝对派往曼图亚去见他的杜尔福伯爵说，军队他可以派遣，但非待国王及王后逃出巴黎并宣言摈弃宪法以后不能干涉。一千五百万的借款则被他拒绝了。

路易十六向银行家举债筹得了款项。他于6月20日半夜出走，扮作随身的侍仆，坐在一架特制的大柏林式马车里。普罗温斯伯爵也同时出走，但所取途径不同。他没遇着阻碍而到了比利时。但路易十六在圣墨内奥尔被邮政局长德鲁埃认出来了，到发楞时即被阻住。布伊耶的军队到得太迟，来不及救他。驻在发楞的轻骑兵反而响应人民。当王室回转巴黎时，沿途排列着从远处村镇来的国民卫军，以免这个宝贝质物落入敌手。路易十六临行曾发布了宣言，谴责制宪议会的工作，令忠于他的人民起而帮助他；这宣言徒然使整个革命的法国起而反对他。贵族及反抗派牧师被监视、解除武装及软禁。最热烈的王党又出走国外，这一批出走更削弱了王政在国内所依靠的力量。在某几个旅团中，全体军官弃职而去。

全法国都以为国王出走是对外战争的序幕。6月21日早晨，议会第一件事就是下令封锁边境，禁止现金、武器及军需品出口。它动员东北部的国民卫军，下令从国民卫军中征集义勇军十万人，每人每日付十五镣。它派出些议员，给以几乎是无限的权力，到各郡监督正规军宣誓，并检阅要塞、武库及兵站。东部各城甚至等不及他们到达，即已准备防御。

对外战争的恐惧并非全是幻想。与教皇的外交关系业已断绝。瑞典国王已令其在法国的瑞典臣民全部离开法国。俄女皇卡特琳二世则与法国代理公使冉内断绝来往。西班牙将成千的法国人驱逐出境。它下令向卡塔洛尼亚及那发尔动员。皇帝则于7月6日在帕都亚向各君主发出通告，请各国君主来和他"讨论，取共同行动与步骤，以期保障此最信上帝的国王及其家庭的自由与尊荣，以及防止法国革命之危害达于极境"。他回到维也纳后，通知法国大使诺亚伊侯爵，谓在路易十六未能行使职权期间不必出现于奥国宫廷。他的宰相老考尼茨于7月25日与普鲁士签订了一个攻守同盟初约，并准备在斯拔或爱克斯·拉·沙伯召集欧洲会议，专门讨论法国事件。

可是战争竟得避免，这大部分是因为路易十六本人要求其妻兄延缓战争，同时也因为制宪议会的领袖们害怕民主派，不敢推翻背誓逃走的国王，最后反而保持他的王冠。

从发楞回来时，沿途是武装而震怒的群众，王驾的柏林式马车走过时巴黎人民并未脱帽而只保持动人的沉默，民主派的报纸满是辱骂及恨恶的呼声，这一切要使国王夫妇严肃反省一下。他已了然他之不得民望到何等程度。他认为战争会增大乱子，会危及他本人的安全。他在害怕。

当国王被截回时，王弟早已想着自称摄政。不很信任自己的兄弟的路易十六，不愿退位而使王位落到他们手上。他阻止皇帝。7月8日，马利·安朵瓦勒特写信给腓森道①："国王认为即使在发表第一次宣言以后，公开的武力会造成一个不可想象的危险，不仅危及国王及其家庭，而且要危及所有在法国之未倾向革命的人。"

制宪议会中的主要人物亦因种种重要原因而愿保持和平。在巴黎及全法国，听到国王出走的消息以后即爆发了民主的及共和的情绪，这很使他们害怕。在巴黎，酒商珊特尔已武装了两千名无套裤党，都是圣丹托盎郊区的被动公民。国王的像几乎到处被捣毁。招牌上以致街头街名上的"王家"字样都被涂去。从蒙俾利埃、克勒蒙·费蓝、贝友、伦勒·苏尼尔等地递来了无数激昂的请愿书，要求惩罚背信的国王，立即废立，甚至改为共和国。议会中的保守派团结起来对抗民主运动。6月21日，贝野用"拐带"二字来说明国王出走的性质。议会希望采用这两个字来开脱路易十六的个人责任，以便最后保全他的王位。逃到了卢森堡的布伊耶侯爵，发布一个傲岸的宣言，宣称他一人独负国王出走的责任，以便间接有助于议会保守派的计划。制宪议会即把这个宣言作为根据。

在保守的爱国派中间，只有拉法夷脱的一小撮朋友，如拉·罗什孚库、杜旁·得·内木尔、康多塞、杜沙特勒、布里索、斯特拉斯堡市长底特里希，他们都是1789年俱乐部会员，曾一度倾向共和国的主张，无

---

① 腓森本瑞典军人，久在法国宫廷，为马利·安朵瓦勒特所宠信。他助路易十六出走，但未同行。1791年，国王派他往奥廷活动。

疑地是想推出这位"新旧世界之英雄"做元首。可是拉法夷脱本人不敢这么宣布。民主派透过丹敦来攻击他是与国王之出走有关，因而他非有拉默派之助即无法应付。于是他也倾向于多数派的意见。

制宪议会听到路易十六被阻消息以后，才又松了一口气。他们觉得他们可以避免战争了。留以为质的路易十六成了他们的保证物。从6月25日半官报《国民通信》的言论，即可看出他们的计算。"列强是我们宪法的敌人，我们应该不使他们有攻击我们的口实。如果我们把路易十六推翻，列强即可借口为受凌辱的国王复仇，武装全欧洲来对抗我们。让我们尊重路易十六吧，虽然他有背叛法国国民的罪行，让我们尊重路易十六，尊重他的全家，这并不是为他，而是为我们。"凡是希望和平的老实人，都能了解而且赞成这种言论。况且拉默兄弟之善待国王是另有原因的，他们业已为他们的《纪事报》向王室经费中领了津贴。

为着要维持路易十六的王位，他们更找出些理由：如果把他推翻，便非推出摄政不可。谁来做摄政呢？就说奥尔良公爵吧，全国会毫无问题地承认他吗？国王的弟弟们各有党羽，虽然他们都已出走。他们势必会凭借外力。而且奥尔良公爵的左右全是些冒险分子。人家已攻击他之收买民众首领，尤其是丹敦，事实上丹敦已与累亚尔主张推倒路易十六而代以王政保护者，其人选则为奥尔良公爵或其子沙特尔公爵，即未来的路易·腓力普，报纸上已明显地透出推他出来的消息。倘使不要摄政，是否就要建立共和呢？哥德利埃派所主张的共和，不但会引起对外战争，而且可引起内战，因为人民并未准备接受这么一个新式政府。

在考虑若干预防措施的同时，制宪议会中人宁愿保全路易十六。他们修改宪法，使他接受宪法及重新宣誓以后，才再使他执行国王职权。当然路易十六只好做一个信用扫地的国王，毫无威严。是这样，拉默兄弟及巴那夫便心安了。他们认为这个傀儡之得以保全王位是亏得他们，他以后的统治便离不了他们和他们所代表的社会阶级。自从发楞回巴黎时，他们向王后表示愿意效力，当被殷勤接受。对于这个结合，彼此都是无诚意的。拉默兄弟及巴那夫诸人只想利用国王之名来行使实权。国王夫妇则打算渡过这难关以后，便要把这些工具抛弃。

故此，虽经罗伯斯庇尔之竭力反对，国王竟得不受议会的追究。案件进行则落在"拐带"主持人身上，即指业已逃走的布伊耶及几名傀儡。7月15日巴那夫的重要演说使此案得以通过，他当时竭力把共和与无政府混为一谈："我现在提出一个真实问题：我们要结束这个革命呢，还是再开始一个革命？我们已使一切人在法律前平等，我们已确立了民事上及政治上的平等权，我们已为国家而恢复了被剥夺的人民主权，再进一步便是有害而有罪的行动，再在自由路线上进一步便是摧毁王政，再在平等路线上进一步便是破坏财产。"

这种保守主义的呼吁是资产阶级所愿接受的。但是，要说服受哥德利埃俱乐部及各友爱会社所推动的巴黎民众，则较困难。请愿书及恐吓的宣言接连而来。雅各宾俱乐部亦曾一度倾向于推翻国王的主张，要"以合于宪法的方法推出代理者"，意即指摄政。但是哥德利埃俱乐部则弃斥这个由布里索及丹敦起草而有利于奥尔良派的请愿书。罗伯尔拟好了一个明白主张共和的请愿书，于7月17日在马斯场祖国之坛上公开征求签名。议会害怕起来了。恰好当天早晨在各罗·克约发生了与此运动本无关系的乱子，议会即借口于此而命令巴黎市长驱散马斯场的群众。当晚7时许，拉法夷脱的国民卫军以跑步走进场地，不经警告而向平静的群众开枪。死亡人数很多①。

屠杀之后，继以高压。议会通过一个特殊法令，真是一个治安法令，要以恐怖施于成百被捕待审的民众会社领袖。他们的刊物被封闭或停刊。主要目的在铲除民主派及共和派的首脑，以便进行立法议会的选举。7

---

① 17日早晨有若干妇女登坛签名，发现坛下藏着两名可疑人物，当被各罗·克约居民将其处死，议会借此为口实，令市府宣布戒严令。国民卫军到达马斯场时，场上集合签名者近万人，屠杀结果死伤五十余人。此次事件说明议会、市府及国民卫军之欲保全王政，而民众则已有共和国要求。

月16日，保守派全部退出雅各宾俱乐部，另组新俱乐部于福杨派修道院。议员中仍然留在雅各宾俱乐部的，几乎只有罗伯斯庇尔、安朵盎、佩迪昂、科罗勒诸人而已，幸而各郡的俱乐部大部分还能跟着他们走。

右派分子退出以后的雅各宾党，与福杨党——即拉法夷脱派及拉默派二者的联合——形成了尖锐的对立。暂时是福杨党当权。杜波尔、亚历山大·拉默及巴那夫等派遣方丈路易到布鲁塞尔去，秘密与皇帝交涉维持和平。利欧波尔德根据他们所提的条件而得出结论：革命党已害怕他在帕都亚所表示的恐吓，革命党并不如他所想象得那么危险；他们既允许保全王政，则他亦放弃全欧会议及战争的主张，况且，他更乐得这么做，因为列强对他的邀请之答复甚为冷淡，于是他认为全欧一致对法之主张是不能实现的。为着掩饰他的退让起见，他同意与普王签发一个共同宣言，宣言对革命派的威胁是有条件的了。可是，这个1791年8月25日发出的《庇尔尼茨宣言》，却被法国亲王们利用，他们认为这便是答应援助。他们遂于9月10日发出一个激烈的宣言，要求路易十六对宪法拒绝签字[1]。

三头确实费了绝大的气力才使国王签字，因为国王把这件事从9月3日延宕到14日。三头对他申述，在他回巴黎以后，曾将这个宪法提出修改过，所以这个宪法是更有利的。他们特别向他解释，此后《教士法》并非宪法之一部分，不过是普通法律，立法机关可以将其修改。俱乐部的自由受到了很重要的限制。被选为议员之财产限制（银钼制）虽已取消，可是在另一方面，选举人资格限制则加重了。而且，他们还说，他们要努力使两院制在将来能够实现，这原是他们在1789年9月时反对

---

[1] 当日帝国皇帝与普王会于庇尔尼茨堡。法国亡命者之重要人物如亚多瓦伯爵等亦参加，力主对革命派提出激烈的恫吓，不为皇帝及普王所赞同。《庇尔尼茨宣言》之要点，仅谓欧洲各君主视法王所处之境遇有关公共利益，应与奥、普取共同行动以援助法王。皇帝及普王明知列强合作之不可能，不过借此宣言虚以掩饰而已。可是亡命者所发布的宣言，则陈述庇尔尼茨堡会商情况，并谓列强已准备援助他们，好像这是他们在外交上的一大胜利，因此更引起法国人民之疑惧。

得很厉害的；他们还愿出力来保全绝对否决权及国王任命裁判官之权。国王服从了，并且很巧妙地向议会要求大赦，议会热烈地将其通过。反动派及共和党都得恢复自由。到处都开庆祝会，庆祝宪法之完成。资产阶级相信革命已终了。他们在高兴，因为内战及对外战争的危险似乎不会有了。现在只看代表他们的福杨党是否能同时左右宫廷和将要成立的新议会。可是，罗伯斯庇尔利用议员应当大公无私的理由，使议会议决旧议员均不得当选为新立法议会的议员。一群新政治人物要上场了①。此后的问题是：民主派是否会宽恕近来严厉地压迫他们的保守派资产阶级，或者他们在推翻门阀的特权阶级以后是否同意长期忍受财富的特权阶级的统治。

---

　　① 制宪议会之最后一次集会是在 1791 年 9 月 30 日，国王以立宪君主姿态出席，重申其尊重宪法之誓言。诚如网球庭誓言所云，不完成宪法绝不解散，他们现在已完成了一个宪法，须让位于一个根据此宪法而产生的新议会。

第十一章 战争

单从表面上看，1791 年 10 月 1 日开幕的立法议会似乎是继续制宪议会的。议员中仅一百三十六名属雅各宾党，属福杨党者达二百六十四人。可是居中的独立派达三百四十五人，形成议会中的多数，他们是诚意拥护革命的[①]。假使他们不愿受党派的利用，他们也深知不能受他们所不信任的宫廷的欺骗。

福杨党分成两派，或者说是两个系统。一系如马丢·仲马、服布兰、杜摩拉、若古尔、狄奥多尔·拉默（即亚历山大及沙理之兄）等是跟着三头走的。另一系如刺蒙、布弱、拔斯托累、古威昂、达维奥尔特、吉拉丹（本旧侯爵，曾为卢梭之保护者）等则与拉法夷脱同调。

本为王后所不喜的拉法夷脱，因未能参加三头与宫廷间的秘密，虚荣心受到了损害。三头在反动的途径上走得太远，甚至于接受两院制、绝对否决权及国王任命裁判官之权，而拉法夷脱仍然要保全宪法，不愿牺牲他所认为是自己作品的《权利宣言》之原则。宫廷既然疏远他，故他不如拉默派那样感觉有切身利益而要去恢复王权。

福杨党的内部分裂，使他们在 1791 年 11 月竞选巴黎市长时失败。

---

① 立法议会系根据宪法而产生的立法机关，是在 8—9 间选出的，正值共和派或雅各宾党势力较弱的时候，故结果如此。因为制宪议会的议员不能当选，所以被选出的都是些新人物，一般而论，不如制宪议会人物之健全。其中有若干人是日后国民大会中的重要人物。

贝野退职以后，业已辞去国民卫军司令职务的拉法夷脱要来竞选市长。宫廷派报纸反对他竞选而使他失败。11 月 16 日，雅各宾党佩迪昂以六千七百二十八票当选，而这位骑白马的将军只有三千一百二十六票。放弃投票权的为数甚多（巴黎有能动公民八万）[①]。国王及王后私庆有这么一个结果。他们相信革命人物多行过分必会失败的说法。11 月 25 日马利·安朵瓦勒特写信给腓森说："恶作得愈多，则我们得利之速会有过于我们之所想象，可是必须特别谨慎。"这是一个混水摸鱼的政策。

以后不久，拉法夷脱被任命为边境军团司令。他在动身以前，为着要报复竞选失败之故，曾使布里索的朋友累德累取得巴黎郡总检察官的重要职位，以抗拉默派候选人而曾为制宪议会议员的丹德累。

当福杨党因内部不和而势力削弱的时候，雅各宾党则在勇敢地倡导一种全国行动政策来对抗国内外的一切革命敌人。他们代表购置了国产而以经商为生的中等资产阶级，故特别要恢复业已贬值甚多的指券的市价，恢复外汇，外汇之高正在起着有利于外国而为害于本国的作用。他们认为经济问题与政治问题是密切相连的。革命货币之跌价，是由于亡命者及各国宫廷的恐吓，是由于贵族及僧侣所造成的骚乱破坏了信用。必须以断然处置断绝反革命派的希望及阴谋，并且要使王政的欧洲承认宪法。唯有这一着才可以防止日趋严重的经济的及社会的危机。

在秋季，城市和乡村的骚乱又起来了。到冬季，骚乱更严重，而且延续了几个月。造成城市乱事的主要原因是由于殖民地食品如糖、咖啡及糖酒等之过于昂贵，此类物品之缺乏则由于圣多明各发生了种族之争[②]。1792 年 1 月末，巴黎已发生扰乱货栈及杂货商事件，群众以抢劫

---

① 当时投票之选举人仅一万零三百。拉法夷脱竞选失败以后，在 12 月底被任为中路军司令。

② 殖民地圣多明各起义始于 1790 年。次年，法国派军往镇压，反使起义扩大，议会通过废止黑奴之令（5 月），但起义并未平息。终法国革命时期，起义未平，卒至宣布独立（1804 年），而经法国承认（1825 年）。

威胁来强迫商人降低物价。近郊各区已开始攻击"囤积者",其中如丹德累及波司加累曾遇有若干危险。为着要降低物价及打击交易所中的投机家,雅各宾党曾宣誓不吃糖。

乡间的骚乱是起因于麦价之高涨,同时也是为了抗议封建制度之仍得保持,为了答复屯留在外国而声言要侵入的亡命者之恐吓。一般而论,这次骚动的程度与范围也许不及1789年的骚乱。但其原因与性质是类似的。首先,二者都是自发的。要找出一致行动的痕迹实不可能。雅各宾党不曾煽动这种直接行动,他们反觉得惊讶,始则想防止骚乱,继则想加以压制。起事的群众要当局减低生活价值。他们要求法规限制及规定物价。他们抢劫亡命者的财产,他们要使贵族及反抗派僧侣不能为害。他们这么模糊地形成了一个保卫革命的纲领,这一纲领后来才逐渐实行。

自11月以来,几乎到处发生了聚众围阻谷物运输车及抢劫市场事件。2月间,敦刻尔克有几家商店被抢。港道上发生了流血事件,死十四人,伤六十人。约在同时,诺伊昂有三万农民,拿着叉子、斧头、铳、矛,由他们的村长们统率着,在瓦茨河上阻劫粮船,瓜分所载谷物。到了月底,康舍及布累杜伊等森林的伐木工及钉工,击鼓扬旗,领着群众围着波塞的市场,强迫市政当局不但规定谷物价格,而且要限制鸡蛋、牛油、铁、柴、炭等的价格。埃丹倍市长西摩诺是个雇用六十名工人的富有的皮革商,反对规定物价。结果,受了两枪而死。福杨党、甚至雅各宾党都把他视为法律的殉道者,下令追悼以示崇敬。接着有摩尔汪的伐木工阻挠漂流而下的木柴,并且解除了克拉默西国民卫军的武装。法国中部及南部的乱事也许更严重些。3月间,刚达尔、洛、多尔当、科累茨、加尔等郡的乡国民卫军,围攻亡命者的宅邸,放火焚烧或抢劫。他们沿途强迫富有的贵族出钱济助从军的义勇兵。他们要求绝对废除封建制度，同时，他们已在摧毁风信标及鸽笼①。

　　的确，在王党得势的区域，如洛最尔，不安全的是爱国派。1792 年
2 月 26 日及以后数日中，曼德附近的农民，受教士的鼓动，聚众向城市
进发，强迫正规军退至马微若尔，向爱国派征发款项以赔偿他们未能工
作所受的损失。有十名爱国派被监禁，宪政派主教被扣留为质，俱乐部
被封闭，有些房屋被摧毁。最后必须指出，洛最尔王党乱事发生在刚达
尔及加尔革命派乱事之前，后者是对前者报复而发生的。

　　倘使我们知道在 1791 年至 1792 年冬天，教产出卖业已很多，到
1791 年 11 月 1 日为止卖出者共值十五亿二千六百万锂，我们便可看出
推动农民的力量就是他们的切身利益。战争在威胁着。其结果是至关重
要的。倘使革命失败，则业已废除的盐税、封建税、人丁税、什一税及
一切封建权利都会恢复，已买得的土地要还给教会，亡命者返国后会大
肆报复。农民们当心这些！他们一想到这里就不寒而栗。

　　1789 年时，城市资产阶级曾一致地武装起来拼命镇压农民及工人的
骚乱。可是现在资产阶级分化了。自国王出走以后，业已感觉恐慌的最
富有的一部分极愿与王政妥协。日益与旧王党及贵族混合的福杨党即以
他们为主体。他们害怕共和国及战争。但比较胆大而非富有的另一部分
资产阶级，自发楞事件以后，完全不信任国王。他们只想到自卫，深知
要办到这一着，非与工人群众接触不可。所以他们的领导者努力要防止
资产阶级与人民的分裂。佩迪昂在其 1792 年 2 月 6 日给蒲佐的信中，埋
怨资产阶级之与人民分离，他说："他们自处于人民头上，他们自信可
与轻视他们及待机来屈辱他们的贵族并列。……他们一再听说，这是个
有产者与无产者的斗争，这个观念时时在他们脑中。反之，人民则满不
高兴资产阶级，他们恨资产阶级的忘恩负义，他们想起他们曾为资产阶

---

　　① 英译注：因为唯封建领主始有在屋上树立风信标之权，故风信标成为封建制之象征。
鸽笼亦为贵族之特权，成群的鸽子大有害于农民之收获，故深为农民所恨。

级尽力，他们记得在自由光荣之日大家有如兄弟一般。特权阶级在暗中挑拨这种冲突，这种冲突会不知不觉地断送我们。资产阶级与人民结合才造成这次革命，唯有靠这一结合才能保全这次革命。"为着终止抢劫与焚毁，立法议会于1792年2月9日急促下令将亡命者财产收归国家管理。3月29日才正式通过将其充公的条例。此法令报告人古匹约解释说，亡命者给法国造成了不少的灾害，他们应当赔偿。他们以武力对抗国家，这就迫使国家也要武装起来。"他们的财产是他们所造成的各种损失与耗费的自然担保品。"哥依埃补充说，如果仍让他们有收入，他们就可利用来危害祖国。虽然还不曾宣战，可是战争看来快要发生了。

1792年2月29日，当法国中部发生骚乱时，罗伯斯庇尔的朋友刚达尔郡的议员风瘫的库通在议会中说，为了要征服正在组成中的反法同盟，"必须争取人民的精神力量，其重要有过于武力"，要办到这一步只有一个方法：用公平的法律来团结人民。他提议，凡不能对管业人提供实在领有权的封建权利，应无偿取消。唯领主能用原始契券证明其合于此条件的封建权利始可存在。我们记得，以前是要农民来证明其不应缴纳的负担，现在这个提议则恰恰相反，须领主来证明他应得到什么，而唯一被承认的证明物却是那本来就不存在或者年久已失去及不见的契券，由此我们可以知道库通的提议具有何等意义。福杨党坚决阻挠，要使此案不得通过。1792年6月18日，议会仅通过无补偿地废除一切临时权利，即指土地改换管业人时在转卖费名目之下付给领主的转让税。而且，就是此类临时税，如有原始契券证明时仍得保存。福杨党此种反对态度之遭受打击，有待于8月10日之革命，那时库通提议的其余部分才得变成法律。完成农民之解放的是战争。

议会中的左派、拉法夷脱派及宫廷都希望战争发生。仍想保持和平的，在一方面有拉默一派，另一方面有雅各宾俱乐部中以罗伯斯庇尔为中心的少数民主派。主战派及主和派各有其不同及甚至相反的看法。

领导左派的，有两名巴黎的议员布里索及康多塞，有吉伦特郡所选出而长于演说的议员如微尼奥、戎索内、加德等；还有和他们接近的重要人物，如夸大的演说家伊斯那尔、牧师拉索斯、已宣誓的卡尔发多斯主教福失，他是个浮夸的辩士，在发楞事件以后曾赞成共和国。最后，在极左派中有三名彼此友谊很密切的议员形成一体，即巴稽尔、默兰·得·迪昂威尔及沙跋，都是享乐而贪财的人，形成哥德利埃俱乐部的三头。他们在议会中没有大势力，但他们有推动各俱乐部及民众会社的力量。

布里索是左派外交政策的主持者。他在英国住过很久，在那里办了一个报及阅览室，都遭受失败，清算时吃了一场不名誉的官司。他曾与路易十六治下的警务厅一度有过纠葛，甚至被禁于巴士底狱，因为说他是毁谤马利·安朵瓦勒特的文字的作者及散布者。后来他与日内瓦银行家克拉威埃经营美国债券投机事业，曾于彼时赴美一行，从而写了一本急就的书。他的敌人谓其在1789年以前，因经济所迫而受警务厅收买。当然他是个活动的人物，富于想象，主意很多，而且不择手段。他始则依附奥尔良公爵，继而追随拉法夷脱。他深恨拉默兄弟，在他所组织的黑人之友会中攻击他们的反动的殖民地政策。拉默兄弟则责其倡导废止黑奴运动，激起了殖民地的叛乱及破坏种植场。在国王出走时，他始则有如拉法夷脱的朋友亚席尔·杜·沙特勒一般，主张共和，继而忽然改变态度，赞成奥尔良派的主张。他之当选入立法议会，颇经困难，有如康多塞之当选一般，都是亏得拉法夷脱派的援助。总之，他是个暧昧人物，诡计多端，就要成为新议会的著名领袖及政治家。

旧侯爵康多塞是学术界有盛名的人物，是达郎贝耳的老朋友，是最著名的仅存的百科全书派，也和布里索一般，具有易变的及多重的性格。1789年时，他在曼特贵族会中维护特权阶级，后来又反对《权利宣言》。1790年时，他写了好些东西攻击俱乐部，拥护王政，抗议取消贵族爵号，反对没收教产及指券。他和西耶士都是拉法夷脱的1789年俱乐部的创始人，可是这并不妨碍他在发楞事件以后嚷着赞成共和国。

显然，布里索及康多塞，和代表波尔多商人阶级的吉伦特郡议员彼此是易于携手的。经济恐慌影响了商业，须以断然处置来解决。身为造币厂监督的康多塞，写过不少关于指券的文字，被人看成一个财政专家。

布里索派和吉伦特党认为阻碍商务的骚乱的主因是由于列强拟采取的措施及亡命者恐吓所造成的不安。唯一的方法是：压迫各国国王承认革命，用劝告的方法，不得已时用武力，使他们驱散亡命者的会集，同时，要打击他们在国内的同谋者，先从反抗派教士下手。布里索说，各国国王没有团结，各国人民要仿效法人起而革命，倘不得已而有战争时，他预料容易得到胜利。

拉法夷脱派起而附和。他们大部分是旧贵族，本质上是尚武的。战争可使他们做司令长官，胜利可使他们有权有势。彼时他们有武力可靠即可压服雅各宾党，并可同时支配国王及议会。被他们不久就捧出来做陆军部长的那尔邦伯爵，努力要实现他们的政策。在斯塔厄尔夫人的客厅中，布里索、克拉威埃、伊斯那尔诸人与康多塞、塔累蓝及那尔邦等会面。

在此种情况之下，议会是易于左右的。比较经过长时间讨论的是如何对付反抗派教士的问题，因为在宗教上最主张宽容的拉法夷脱派，不愿放弃他们曾在 1791 年 5 月 7 日法令上所胜利争得的政策。最后，1791年 10 月 31 日的法令限普罗温斯伯爵于两个月内返国，否则取消其继承王位之权；11 月 9 日法令限亡命出国者于 1 月 1 日以前返国，否则视为阴谋嫌疑犯，将其地产没收充公而归国家收用；11 月 29 日的法令则夺去再不宣誓接受《教士法》的反抗派教士的年金，如果他们扰乱秩序，地方当局有权将其驱逐，并夺去其各种资格。同日，另有一案咨请国王"要求德里佛斯与马因斯选侯及其他收容亡命者的帝国诸侯停止任亡命者在边境屯聚及招募军队"。[1]8 月 4 日法令曾引起赔偿在法国有地产的

---

① 德里佛斯及马因斯均为帝国大主教邦而兼选侯。德里佛斯与法国国土相接，法国亡命贵族所集中之科布林士即在其境内。

帝国诸侯的问题，法国与皇帝及帝国对此问题的交涉为时已久，现在议会亦要求国王从速将其结束。

路易十六及马利·安朵瓦勒特暗中高兴地赞成布里索派的主战主张。自发楞被阻以后，他们虽要求利欧波尔德延迟其干涉，那纯是为了怕有迫切的危险要落到他们头上。可是路易十六一经恢复其王冠以后，立刻急切地催促利欧波尔德实行其在帕都亚及庇尔尼茨所发布的恫吓，尽早召集列强会议来镇压革命派。1791 年 9 月 18 日马利·安朵瓦勒特写信给他哥哥说："武力已破坏了一切，唯有武力才可补救一切。"她天真地认为王政的欧洲若出来说话而用武力，法国就会害怕。她不了解欧洲与法国；她看见造成革命的人，如巴那夫、杜波尔及拉默等辈，现在居然变成了宫廷派，摧毁他们素所推崇的东西，竟肯低首下心来为宫廷所用；这就使她忽然高兴，于是自然地产生她的错误判断。她认为福杨党即可代表全国，他们之改变态度全是由于害怕，她要利欧波尔德接受这种意见。利欧波尔德起初是很顽强的。可是她的妹妹尼德兰摄政马利·克力斯提那告诉他，如果对法宣战，比利时会再起叛乱。皇帝之因循不决几使马利·安朵瓦勒特濒于失望，现在议会忽然给她一个重新挑起外交冲突的工具。路易十六于 12 月 3 日立即写了封私信给普王腓特烈·威廉，要求他相助，他说："我刚已函告皇帝、俄国女皇、西班牙及瑞典国王，向他们说明，以武力为后盾的全欧列强会议为阻止法国乱党的最好方法，这才可以恢复我辈所希望的秩序而免为害于法国的罪恶殃及欧洲其他各国。"普王要求因干涉而有之耗费须有补偿。路易十六许以金钱补偿。

路易十六的这些秘密交涉，显然没有让拉默派知道；可是对于议会所通过各法令之批准，他却要征询他们的意见。不受他们指挥的议会已使他们老不高兴。布里索派之攻击他们一党的部长们更使他们愤怒。他们自觉日益接近宫廷和奥国，以便找到据点来对抗雅各宾党。他们劝国王把这些法令分为两类。关于可能剥夺王弟摄政权、向德里佛斯和马因斯选侯发出最后通牒及向皇帝交涉等法令，国王应当接受；关于对付亡命者及教士的各种措施，则否决之。拉默派之要保护亡命者及教士，目的显然在使保守分子附于他们一党。他们向帝国皇帝证明宪法已使国王具有实权，目的也是在获得皇帝对他们的信任。因为他们的整个政策是建立在与利欧波尔德之亲切而互信的了解之上。他们希望仍然主张和平的皇帝会以其斡旋之力劝告受恫吓的选侯，叫他们好好地屈服。如此则战争既可避免，而他们劝国王采用的主战态度又可使国王挽回人心。这不过是对内政策的手法。

如果拉默派能够看见马利·安朵瓦勒特的秘密信件，他们便会知道他们所犯的错误之严重。12月9日，她写给麦西的信上说："这班蠢才，他们没有想到，如果他们采取这一着（如果他们威胁各选侯）便是有利于我们；因为假使我国先动手，欧洲列强必然要卷入旋涡来保护其各自的权利。"换言之，王后希望能由这事件而造成武力干涉，这是她所曾希望于她哥哥而不曾得到的。

路易十六逐一依从了拉默派的意见。他以其否决权否决了关于教士及亡命者诸法令，12月14日他出席议会严肃地宣称：他"以代表国民之资格自觉受了侮辱"，故此，他已通告德里佛斯选侯说，"在1月15日以前，倘他不禁绝逃来的法国人在境内结集及一切敌意表示，则当视之为法国的敌人。"赞成这种虚张声势的言论的掌声刚一完结，他就回到王宫秘密命令布累杜依通知皇帝及其他统治者，极望德里佛斯选侯对他的最后通牒不要让步。"革命派会因此而倨傲非凡，这一成功会使这付机器活动一个时期。"他要列强正视这事件。"本来是内乱的，会变为一个政治的战争，一切事态将因此而好转。……就物质或精神情况而论，法国绝不能支持（这个战争的）半个战役，可是我必须装着显然热烈的样子，和我以前各次所取的姿态一般。……我的行为必须如此；这样才使全国人在不幸之中觉得非投入我怀中不可。"路易十六老是这样一种天真的暧昧态度，老是这样错看了革命的势力。他急于要使法国卷入战争，希望战争失败，败北即可恢复他的专制权力。他尽量在忽略国防以为败北之准备。他阻挠军用品的制造，他的海军部长柏特朗·得·摩勒威尔奖励军官出境，替他们请假及办护照。

战争仍然延迟了一个相当时期才爆发，一方面是因为罗伯斯庇尔借一部分雅各宾党之力在反对；另一方面则因为拉默派借多数部长及利欧波尔德之力在反对。

自从共和派在马斯场被屠杀以后，罗伯斯庇尔就不信任布里索和康多塞，他的远见已在疑心他们在政治上的摇摆及他们之依附拉法夷脱派。吉伦特党如微尼奥、加德、伊斯那尔一班人，单凭其浮夸而空泛的演说，在他看来都是些危险的辩士。他知道他们的贵族倾向及他们与商业界的密切关系，因而他特别警惕。他曾反对过能动公民与被动公民之分，反对过选举及被选之财产资格，反对过对于集会、结社及请愿权的限制，反对过唯资产阶级始有武装的特权；他也曾毅然公开地反对过恢复背誓的国王的王权，主张召开国民大会来替法国定出新宪法，而且，在制宪议会的议员之中，几乎只有他一个人仍然留在雅各宾俱乐部，敢于对抗福杨党的压迫而使雅各宾党不致解体；因此种种，他便毫无问题成了民主派的领袖。大家已晓得他之正直刚毅，他之憎恶一切有类阴谋的行为，他在人民及小资产阶级中的声望是很大的。

罗伯斯庇尔既怀疑惧，因而立即了解宫廷之主张战争并非出于诚意，因为宫廷曾以国王否决权否决惩处教士及亡命者的法令，这无异是间接延长内乱，使革命无法得到战争的胜利。12月10日，他代雅各宾俱乐部草了一个通告给各支部，向全国揭露拉默派及宫廷之要延长无政府状态以便恢复专制的诡计。他立即在考虑，布里索派之欲发动宫廷所希望的战争，是否只为着要巧妙地取得政权，要把革命导入危险的途径。12月12日他在雅各宾俱乐部说："你们把主持战争的责任交给谁呢？交给行政权的官吏吗？那么，这无异是将国家之安全付托给存心要使你们失败的人。由此，我们知道我们所最怕的事件是战争。"他既然看出了马利·安朵瓦勒特的动机，所以他又说："人家要使你们陷于某种境况，以便扩大宫廷的权力。人家所希望的是貌为战争，从而使我们只有投降。"

12月16日，布里索白费气力地想要扫除罗伯斯庇尔的成见，向他说明：要使自由摆脱专制罪恶而能巩固，则战争是必需的。布里索说："假使要把贵族、反抗派教士及不满足者一下就打倒，则须打倒科布林士。那时，国家元首之统治才会受宪法之限制，除依附宪法外无安全，他的行动亦须依照宪法。"布里索又白费气力地企图利用民族光荣感及诉之利益，他说："要攻打他们（帝国之诸侯）还须考虑吗？为了我们的光荣，为了我们的信用，为了巩固革命而使之深入人心，这一切都使我们非此不可。"

1792年1月2日，罗伯斯庇尔尖刻而巧妙地批评了布里索的理论。他说，战争只是亡命者所欢迎的，只是宫廷及拉法夷脱派所欢迎的。布里索曾说，必须摒除疑惧。罗伯斯庇尔就反驳这一点："你们要保卫自由却可无须疑惧，无须触犯自由的敌人，无须反对宫廷、部长们及温和派。你们看来，爱国的途径是何等容易、何等方便啊！"布里索又说过，危害的根源是在科布林士。罗伯斯庇尔反问他："那么，这根源就不在巴黎吗？在科布林士及离我们不远的地方之间，彼此就没有勾结吗？"罗伯斯庇尔认为，在打倒国外那一群贵族之前，先该镇服国内的贵族；在宣传革命于外国之前，先该巩固法国本身的革命。他嘲笑宣传的幻想，不相信外国人民已经成熟到会接受法国的号召，会起而反对他们的暴君。他说："武装的传教士是谁也不欢迎的。"他害怕战争的结局不好。他指明军队之缺乏军官或只有贵族军官，队伍之不完全，国民卫军之没有武器及配备，要塞之缺乏军实。他预料，假使战争胜利，自由会有受制于野心将军的危险。他预料到会出现恺撒。

在俱乐部的讲坛上或各报刊上，罗伯斯庇尔及布里索二人激烈争论达三月之久，从而永远分裂了革命派。站在罗伯斯庇尔这边的，是那些后来属于山岳党的人，如俾约·发楞、德木兰、马拉、巴尼、珊特尔、安朵盎等。丹敦老是那么处于两可之间。始则跟着罗伯斯庇尔走，继而看见俱乐部及各支部大部分决然主战，于是倒在布里索那一边。

罗伯斯庇尔和布里索的主张根本是不能妥协的。罗伯斯庇尔认为在背誓的国王与革命之间绝不能妥协。他认为国家的安全决之于推倒背叛的国王的国内危机，他要利用宪法来做推动这一危机的合法武器。他劝议会取消国王否决权，因为国王否决权仅能应用于普通法律而不能用于非常策略。否决权之取消就是他所希望的危机之信号；反之，布里索并不愿与宫廷作殊死战。他只希望以慑服的策略迫使宫廷服从他的主张。他不过是一个假革命者。他和吉伦特党一般，害怕街头人物得势，害怕财产受攻击。他不希望发生社会的危机。与之敌对的罗伯斯庇尔自承尊重宪法，却要在宪法条文中寻找修改宪法及征服国王的途径。

拉默派及外交部长德勒萨尔私庆由于利欧波尔德之力而避免了战争，他们和利欧波尔德暗中通讯。的确，皇帝曾压迫德里佛斯选侯解散亡命者的结集，选侯且已执行。12 月 21 日利欧波尔德正式把这事件通知法国，公文于 1 月初到达巴黎。战争的口实是没有了。可是就在这个公文上，皇帝辩护他在发楞事件时的态度。他拒绝放弃他的庇尔尼茨宣言，并谓如德里佛斯选侯被攻击时，他会起而援助。布里索抓住奥国公文这个结尾语要求新的解释。陆军部长那尔邦刚从东部检阅要塞回来，确言一切都准备好了。1792 年 1 月 25 日，议会咨请国王质问皇帝，"能否放弃一切意在危害法国之主权、独立及安全的条约与协定"，换言之，即强迫他正式放弃庇尔尼茨宣言。奥、普的联盟马上加紧起来，普鲁士于 2 月 20 日通知法国，倘法军侵入德意志即为宣战之理由。因而布里索更热烈地鼓吹进攻战及突然的袭击。他的同道那尔邦部长得有军中将领的拥护，要求路易十六将其同僚柏特朗·得·摩勒威尔免职，责其有亏职守，并要求逐出仍然留在宫中的贵族。路易十六愤其胆大妄为，反而将他撤职。

吉伦特党马上冒火了。宪法本不曾规定议会有强迫国王更换部长之权，但它使议会有权控告部长的叛国罪于最高法院。3 月 10 日，布里索提出一个猛烈的控诉状，攻击主和的外交部长德勒萨尔。他责其隐匿重要外交文件不使议会知道，责其未能执行议会决议，责其在对奥交涉中失之"懦弱，有伤自由民族之光荣"。微尼奥亦以激烈的演词拥护布里索，其中以隐语恫吓王后。控诉德勒萨尔于最高法院的法令得以大多数通过。那尔邦之恨已雪，战争变为不可避免的了。

拉默派劝国王抵抗。他们以查理第一的命运来恐吓他，查理便是在这类似情况之下抛弃了他的大臣斯德拉福的[①]。他们劝他解散议会，仍留德勒萨尔在职。可是布里索派可以左右当时的局势。他们放出流言，说他们要控责王后，要迫国王退位，要拥立太子。这不过是一个要夺取政权的灵巧策略，因为他们同时在与宫廷交涉，其居间人为王室经费总管拉波特。

路易十六退让而将福杨党阁员撤职，代以雅各宾党人物，几乎都是属于布里索及吉伦特党一派：克拉威埃长财政，罗兰长内政，杜兰敦长司法，拉科斯特长海军，得·格拉夫长陆军，杜木里厄长外交。杜木里厄是这次内阁的强有力的人物，他原是路易十五暗中雇用的人，是个贪财而丧失了信用的冒险之徒。他允许国王以贿买及腐化领袖的方法，保护国王以抗乱党。他的第一着是出席雅各宾俱乐部，戴起红帽子，以免人家疑惑他。他用饵以职位的办法，巧妙地在雅各宾党中物色了一群喽啰。他使曾为俱乐部通信委员会主席的邦内加累尔做他外交部的办公厅主任，布里索的朋友新闻记者勒布朗及丹敦的朋友新闻记者诺尔做司长。吉伦特党刊物上停止了攻击宫廷，路易十六及马利·安朵瓦勒特又恢复了信心。于是杜木里厄要主战。这么一来，他正合了他们的愿望。

3月1日，利欧波尔德忽然死了。年轻的佛兰斯瓦二世继位，他本来是黩武的，决定从速作出结论。他以干脆而断然的拒绝答复了法国最

---

① 斯德拉福助英王查理一世（1625—1649 年在位）与议会对抗，长期议会召集后，即将斯德拉福处死，而王不能抗，卒引起内战，查理被议会处死。

后几次的公文，但是他小心地不言宣战，因为他采纳考尼茨的意见，以便保留将来要求赔偿之权。

4月20日，路易十六亲临议会，用很冷淡的音调提出对波希米亚及匈牙利国王宣战①。当时只有拉默派的柏格一人勇敢地为和平奋斗。他提及法国内部之分裂多故，财政状况之恶势。坎蓬打断他说："我们有的钱多过我们所需要的。"柏格继续说明海陆军之混乱。他断言杜木里厄在报告中所不曾提及的普鲁士会助奥国，倘使法国侵入布拉班，则荷兰与英国会加入同盟军②。听他的人颇不耐烦，时时打断他。梅伊埃、达维奥尔特、加德主张立即全体投票。投反对票的只有十来人。

除山岳党及拉默派以外，各党都希望以战争为对内政治的策略，可是战争的演变欲破坏主战者的一切原有打算。

---

① 奥帝兼为波希米亚及匈牙利之国王。

② 布拉班为尼德兰之一省，大半在比利时，布鲁塞尔在其境内，而北部属荷兰。英、荷均不愿法国势力伸入比利时。

第十二章　王政的倾覆

　　布里索和他的朋友们因挑起战争而得掌握政权。他们要能保持它，只有一个条件：迅速而带决定性地战胜敌人。

　　杜木里厄命令已集中于边境的三军进攻。对抗法国十万大军的奥军只有三万五千人在比利时，六千人在布来斯高。普鲁士才开始准备。突然进攻可使法国占领那看见三色旗就会起而响应的整个比利时。

　　但是法国将领们如拉法夷脱、罗商波及吕克内等，本来都是赞成那尔邦之夸大言论的人，现在忽然变为很审慎的了。他们说他们军中的一切装备不足。罗商波尤其不信任那几营义勇军，说他们无纪律。他很不愿意执行他所接受的进攻命令。从敦刻尔克出发的左路军到达舒尔内，并未发现敌人。他们不敢进城，反而退回。从利尔出发的中路军，目的在夺取图尔内，看见敌人的少数持矛骑兵即不战而迅速地退却。走在前面的两旅骑兵，嚷着有奸细而溃退。他们直退回到利尔，杀死他们的将领特奥波·底养以及四名被疑为间谍的人。唯有巴黎义勇队第二营表现得好。他们保护退却，而且拖回一尊夺自敌人的大炮。比隆所统率的主力军于4月28日占领蒙斯附近的基埃甫冷，但次日即借口比利时人不曾起而响应他们而实行撤退，秩序大乱。本该从吉维声援向布鲁塞尔进发之比隆的拉法夷脱，听说退却即中止前进。唯有屈斯丁，以其在柏尔福所编的纵队，达到了预定的目的。他占领了波兰特律及犹拉山峡，扼住入佛蓝什·康特的要道。

就在宣战的那一天，罗伯斯庇尔曾要求吉伦特党任命爱国派将领而将拉法夷脱撤职，5月1日他在雅各宾俱乐部说明当前的失利即已证实了他的预见："不！我不相信这些将领们，而且，除了少数值得尊敬的例外以外，我认为几乎所有的将领都在惋惜旧统治，惋惜宫廷所施的恩泽，我只依靠人民，只有人民是可靠的。"马拉及哥德利埃俱乐部嚷着有叛逆。事实上，马利·安朵瓦勒特已把作战计划泄露给敌人。

将领们公然把一切责任归之于军队之无纪律。罗商波突然辞职。有许多军官脱离军队。有三团骑兵投向敌人：萨克斯及贝什内两团轻骑兵是在5月12日，王家日耳曼骑兵团是在5月6日。陆军部长得·格拉夫左祖各将领，再不愿听进攻的话。他不能劝服他的同僚，于5月8日辞职，继任者为塞尔汪，是个更服从杜木里厄指挥的人。

布里索派竭力去安定及敷衍将领们，可是无效。他们在刊物上及议会中竭力攻击罗伯斯庇尔及其同党，称他们为无政府主义者。5月3日，拉索斯及加德联合了布弱及威盎诺·服布兰使议会通过了控马拉于最高法院的法令。为陪衬起见，《国王之友》的编者罗若也遇着马拉相同的命运。另有法律加强军中纪律，杀特奥波·底养的凶手亦被捕而受到严峻处分。但是，自始即认为应与各部部长有同等地位的拉法夷脱，拒绝了布里索派的这一切迎合措施。以塞尔汪代得·格拉夫为陆军部长一事，事前未和他商量过，因而激怒他反对杜木里厄。他决然接近拉默派来对抗民主派的威胁。他收容沙理及亚历山大·拉默兄弟于军中，委以司令之职；5月12日他在吉维与亚德里安·杜波尔及波麦茨二人会商，因而他决定了一个步骤；就大敌当前而身为军事统帅一点看来，这一步骤是种叛逆行为。他派曾为耶稣会士的兰毕内到布鲁塞尔去见奥国大使麦西·阿根脱，说他取得其他将领的同意，准备统军回巴黎去解散雅各宾俱乐部，召回各亲贵及亡命者，取消国民卫军，召集第二议会。他先要求停战及皇帝方面宣布中立。麦西·阿根脱和王后一样具有反对这位将军的成见，认为他所提出的是一个诡计。他要他向维也纳宫廷去交涉。

5月18日，这三位将领会商于伐伦西恩，决定实行停止敌对行动。他们草一备忘录送达各部部长，说明进攻之不可能。拉法夷脱的两位军令官，拉·科仑贝及柏替尔，向罗兰说，兵士都是些懦夫。愤懑的罗兰向拉法夷脱叱责这两人的摇动人心的报告，拉法夷脱反替他们掩饰，以最轻蔑的口吻答复罗兰。这位将军于是写信给若古尔，说他希望独裁，自信足以当此。这便是拉法夷脱和布里索派之破裂。罗兰不敢也不能得到其同僚及国王同意来将拉法夷脱免职。可是从此吉伦特党认为宫廷在后面提调各将领，非恫吓宫廷不可。他们开始攻击对奥委员会，说它是受王后指挥，为敌人准备胜利。5月27日，他们使议会通过对付倡乱僧侣的新法令以代替12月时路易十六以其否决权所否决的那个法令。再过两天，议会宣布解散国王的卫队，因其是由贵族组成的，听见法军溃退反而高兴。卫队长科塞·布里萨克公爵被控于最高法院。6月4日，塞尔汪提议在巴黎附近屯二万结盟军，俾敌人前进时可以保卫首都，暗中则用以防御可能发生的武人政变。他的提案于6月8日通过。

吉伦特党希望用这类有力的攻击可迫使宫廷屈服，将领服从。塞尔汪正式命令吕克内及拉法夷脱大胆向尼德兰进发。

3月间路易十六之所以退让，是因为各将领当时倾向于那尔邦。可是这一次，诸将领在和各部长对抗而想获得他的恩宠。因前部长柏特朗·得·摩勒威尔之助，他改组了他的侦探及腐化机关。柏特朗·得·摩勒威尔与保安官彪奥布组织一个国民俱乐部，常出入者有七百工人，多半来自佩里埃大冶金工厂，每人每日由王室经费中付给二至五锂。他又控告曾经攻击他参加对奥委员会的新闻记者卡拉，他找着了一位富于王党热情的保安官来担任这案件，且使法院传讯巴稽尔、沙跛及默兰·得·迪昂威尔诸议员，因为卡拉的消息是得自他们的。固然，议会斥责了保安官拉里威厄，甚至把他解送最高法院，责其公然敢危害议员之不可侵犯权。可是，为对抗沙多喻瑞士兵纪念会起见，福杨党组织了纪念法律殉道者西摩诺的纪念会①，宫廷认为这是一大成功。正由于这个纪念会之成功，亚德里安·杜波尔劝国王用否决权去否决议会最近所通过的法令。

国王决定了这样办，可是，要使用否决权须有部长副署。对于他所预备否决的解散其卫队一令的文件，各部部长均拒绝副署。他只得满腔愤怒地批准这个法令。倘使各部部长能牢牢地团结起来，也许路易十六会同样批准其他的法令。可是，在塞尔汪后面做着实际陆军部长的杜木里厄责难塞尔汪事先不和他商量而竟在议会提出两万巴黎屯军案。在全体国务会议席上，这两位部长起了激烈的争执。他们彼此恫吓，几乎在国王面前拔剑相向。这类分裂使国王延宕其批准。6月10日，罗兰在一个长而不大客气的请求中，告诉国王说，否决权会引起可怕的事变，因为这会使人民相信国王在倾心于亡命者及敌人。路易十六却仍坚持。亚德里安·杜波尔向他说，巴黎屯军就是给雅各宾党一个工具，目的在一遇战事不利，他们即可挟国王南走以为质。拉法夷脱派的国民卫军也请愿反对屯军，认为这是伤害他们的爱国心。考虑了两天之后，国王召见杜木里厄，国王相信他可靠，因为他是根据拉波特的推荐而起用的。国王留他与拉科斯特及杜兰敦仍继续供职，而将罗兰、塞尔汪及克拉威埃诸人免职。杜木里厄答应了。他劝国王起用他在舍尔堡所结识的工程师木尔格以代罗兰，他自己则任陆军部长。罗兰、克拉威埃及塞尔汪三人之免职是对抗德勒萨尔被控事件而发的。决定性的斗争开始了。

6月13日，吉伦特党使议会通过一案表示三部长之去职足使全国惋惜；同日，杜木里厄出席议会宣读一个长而悲观的军事报告，受到了全场的斥责。议会当场任命一个十二人委员会来审查前后各陆军部长的政绩，尤其要审查杜木里厄的报告。杜木里厄害怕这个审查便是控之于最高法院的前奏曲。他立即去压迫国王，要他批准那两个悬而未决的法

① 南锡兵变后，沙多喻团瑞士兵曾被罚充苦役；宪法完成后虽经大赦，但他们并不在大赦之内，因引起急进派之不满。他们以科洛·得霸为首，4月12日，引导这些瑞士兵出席议会；15日为这些重得自由的兵士举行庆祝节。福杨党纪念西摩诺之法律节则举行于5月12日。

令。他写信给国王说，如果再拒绝即有被刺的危险。

可是，罗兰所不曾恫吓住的路易十六，在使用同样方法的杜木里厄面前，也不愿让步。6月15日早晨，国王对他说明拒绝批准。杜木里厄提出辞职。他接受了，并令他去任北路军师团司令官。

杜波尔及拉默兄弟向国王推荐新部长，都是属于他们或拉法夷脱一派的：拉查尔长陆军，商波纳长外交，特里厄·得·蒙西尔长内政，波留长财政。拉科斯特仍长海军，杜兰敦仍长司法。

杜木里厄之继罗兰而去职，批准之拒绝，再加上清一色的福杨党内阁之组成，这一切都表明宫廷已有各将领做后盾，要努力去实现杜波尔及拉法夷脱的纲领，即粉碎雅各宾党，遇必要时解散议会，修改宪法，召回亡命者，与敌人交涉而终止战争。自6月16日起，已有谣言说新内阁要停止战斗行动，几天以后又有人说国王要利用7月14日结盟节颁发普遍而完全的大赦令，以有利于亡命者。杜波尔在其受王室经费津贴的《南针报》里，劝国王解散议会而自为独裁。6月16日，拉法夷脱从摩贝治司令部寄给国王及议会一封激烈的信，攻击雅各宾俱乐部，攻击去职的各部长及杜木里厄。他敢于激起士兵的情绪来支持他的主张。这封信于6月18日在议会宣读。微尼奥说这是违法的，加德则把这位将军比作克伦威尔。德勒萨尔之罪远不及此，吉伦特党却控之于最高法院，而今竟不敢控告这位曾与他们同谋的倡乱将领。他们的对策是在6月20日，即网球庭宣誓及出奔发楞的纪念日举行民众示威运动。

珊特尔及亚历山大领导着巴黎市郊的人民，先到议会，继到王宫，抗议爱国的部长们之被撤职，抗议军队之按兵不动，抗议国王之不批准法令。巴黎市长佩迪昂及市府检察官马吕厄丝毫不曾制止这次示威运动。他们迟迟到达杜伊勒里宫，那时国王已以其镇静的勇气与示威者的威胁相持达两小时。他被挤在窗口，戴着红帽子，为国民饮酒祝福，但仍坚持不肯批准法令及召回他已不信任的部长①。山岳党因为罗伯斯庇尔的劝告，不曾参加这次事变。他们不信任吉伦特党，他们所要参与的是有决定性的行动，而非这么单纯的示威。

　　吉伦特党示威运动之失败却有利于王党。完全被福杨党所控制的巴黎郡政府，即将佩迪昂及马昌厄撤职。反对雅各宾党恐吓的请愿书及誓忠国王的文件，不断地从各省送到杜伊勒里宫及议会。巴黎公证人吉约姆家里藏有一个文件，上面签名达两万人②。许多郡议会都责难6月20日事变。王党领袖杜·瑟伊阳集合二千王党在亚德世围攻鞠勒堡，自称是亲贵军队的统帅。同时，在7月初间，樊尼斯特尔也发生王党的暴动。

　　6月28日，正在大敌当前的时候，拉法夷脱擅离前线而到议会来要求议会立即解散雅各宾俱乐部，严厉惩办6月20日杜伊勒里宫前暴行的主动者，以儆后效。王党反动势力如此之大，使拉法夷脱竟得到不少的掌声。加德提出弹劾他的议案，竟以三百三十九票对二百三十四票否决。他的请愿书则交十二人委员会处理，这个委员会已在执行日后公安委员会所行使的职权。拉法夷脱这一次的目的不单在恫吓而已。他想鼓动巴黎的国民卫军，其中由他的朋友亚克洛格所统率的一师已定于次日由国王检阅。可是，怕他比怕雅各宾党还厉害的王后，通知佩迪昂把这次检阅取消了。拉法夷脱想召集他的党羽，也没有成功。他和他们约好当晚会集于商色利则。可是只到一百多人。他毫无所成地回到军中去了。

　　他失败了，因为他的野心和全国情绪抵触。他使军队两个多月无所

①　6月20日早晨，有两队群众到达议会，在到达以前，为数已近二万。其分子很复杂，有国民卫军，民众亦持有各种各样的武器。他们与议会相持一个相当时候，其发言人雨格南表示推翻国王之意。示威之目的在威胁议会及慑服国王。议会与王宫邻近，有一部分群众竟未遇阻挠而得深入王宫，威胁国王，并加以侮辱的言辞；可是路易十六却敢于说："我要做宪法及法律所叫我做的事。"他与群众相持两小时以后，佩迪昂始到；佩迪昂用好言劝民众散去，8时，国王才得休息；10时左右，宫内外群众才完全散去。

②　这个两万人签名的请愿书，系谴责事变时巴黎市府及国民卫军司令之态度，于7月1日呈献国王。

动作，这是难于解释的。这便使普鲁士得有时间完成准备，安然集中其军队于莱茵河上。吕克内在比利时一度佯为进攻以后，即毫无必要地放弃库尔特累而退到利尔。战争打到法国境内来了。7月16日，路易十六把普军逼近的消息通知议会。

在迫胁的危险面前，雅各宾党即放弃他们内部的分裂而只考虑革命及祖国的安全。6月28日，布里索及罗伯斯庇尔二人都在雅各宾俱乐部鼓吹团结，二人都主张立即惩治拉法夷脱。在议会中，吉伦特党提出控诉案恫吓福杨派内阁，他们又提出新的国防措施，号召民众武装起来。7月1日，他们通过了各级行政机关的会议应该公开之案，这便是使这类会议处于民众的监视之下。国王虽否决了巴黎二万屯军的法令，议会却于7月2日另外通过新法令，令各郡国民卫军到巴黎来参加7月14日的结盟节，并且供应其旅行费用及住宿便利。

7月3日，微尼奥发动了一场辩论，对国王本人施以可怕的威吓，他说："法国亲贵们挑拨欧洲各宫廷来反对法国用的是国王之名义；庇尔尼茨条约之缔结及普、奥间可怕的同盟之形成为的是替国王尊严图报复；旧亲卫兵到德意志去依附叛徒为的是保卫国王；亡命者之哀求而得见用于奥军及其准备危害祖国，也为的是援救国王；……攻击自由用的也是国王的名义。……现在让我们来看宪法第二章第一节第六条：'如国王率领军队并指挥武力来反对国家，或对于用其名义实行这一企图而他不正式表示反对时，即视为已放弃王位。'"微尼奥说，国王否决权为造成外省乱事之源，将领按兵不动即予敌人侵入之机，于是他以疑问口气向议会提出：路易十六是否要受这个宪法条文的制裁。这样，他便把废黜国王的主张散布出去。议会把他这篇产生巨大印象的演说分发各郡。

7月11日，议会宣布国难 ①。一切行政机关及市府都应常川集会。所有国民卫军都要整装待命。新义勇队也在募集。数天之内，巴黎即有一万五千人应募。

大城市中如马赛、安热、第戎及蒙俾利埃等，都有恫吓的请愿书来要求国王退位。7月13日，议会取消佩迪昂停职之令，恢复了他的职务。在次日结盟节中，"国王万岁"的呼声已听不见了。观众的帽子上多用粉笔写着"佩迪昂万岁"字样。

大危机要发生了。要防止它，除非福杨党能精诚团结，且能得到宫廷之正式而全力的支援。但是福杨党内部不和。柏特朗不信任杜波尔。部长们想阻止宣布国难，曾劝国王领导他们出席议会，向议会揭发乱党散布流言阴谋公然推倒王政的危险。路易十六听了杜波尔的话而拒绝了这一着，杜波尔认为只有拉法夷脱的干涉才有效。于是7月10日，即议会宣布国难前一日，各部长全体辞职。

拉法夷脱得到吕克内的同意，要使国王逃出巴黎而到康边，在那里准备军队迎接他。最先决定7月12日动身，后又延到15日。最后路易十六拒绝拉法夷脱的献议。他害怕落入武人之手来做工具。他记得宗教战争时，各党争着要把国王拿在手中。他只相信外国的武力，马利·安朵瓦勒特向麦西坚持要各君主联合立即发布宣言，以使雅各宾党就范，甚至使他们害怕。这个经联军统帅布伦斯威克公爵在末尾签名的宣言，不但不能挽救宫廷，反而促其倾覆 ②。他恫吓说：企图抵抗的国民卫军都要枪毙；如果不马上使路易十六及其全家自由，就要摧毁而且火焚巴黎。

---

① 因有敌人侵入之危险，议会经过数日考虑以后，于7月11日议决宣布"国难"；正式宣布则在7月22日。巴黎市政厅竖起了黑旗，街头及全国各地都设有义勇队征募所，激起了国民之爱国热情。这便是说，政府及军队已不能独力应付当前的局面，要直接诉之全国国民来救国；如此演变下去的结果，即造成了有名的1793年精神。

② 这个宣言是8月1日发出的，虽称《布伦斯威克宣言》，实系出于法国亡命者李蒙的手笔，表达亡命者之意向，其中说明联盟国很关怀法国国王及王室之尊严、安全与自由，倘敢侵犯，则将予以膺惩，且将"予巴黎城以军事处分及彻底毁灭"。

可是福杨党内阁的去职又使爱国派内部分裂。吉伦特党以为这是一个迫胁孤立无援的国王而再取得政权的好机会。他们暗中与宫廷交涉。微尼奥、加德及戎索内等，由于画师波茨及近侍迪尔利之介，于7月16日至18日写信给国王。加德见了国王、王后及太子。

吉伦特党在议会中马上改变态度。他们开始攻击共和派的鼓动，恫吓倡乱者。

巴黎之摩康塞尔区业已决议宣布不再承认路易十六是法兰西人之王，8月4日，微尼奥使之撤销这个决议。7月25日，布里索痛斥共和党，他说："倘使目下有人企图在宪法的残骸上建立共和国，就应受法律之严重处分，一如主张两院制者及在科布林士反革命派之应受处分一般。"同日，拉索斯劝雅各宾党说，应该使结盟军队远离巴黎，把他们开到斯瓦桑营地或边境上去。吉伦特党显然不愿有暴动及推倒国王之举。

但是运动已开始，再没有什么可以阻止它。巴黎各区在常川集会。它们之间组织了一个中央委员会。有些区竟容纳被动公民参加会议，允许他们加入国民卫军，给以长矛。领导这民众运动的，在雅各宾俱乐部有罗伯斯庇尔及安朵盎，在议会则有哥德利埃派之三头。罗伯斯庇尔的作用尤为重要。7月11日他在雅各宾俱乐部鼓动结盟军，他激励他们说："公民们，你们之来是专为参加一个虚有其表的仪式，重演一次7月14日结盟节而已吗？"他向他们叙述将领们之叛逆，拉法夷脱之逍遥法外："国民的议会还存在吗？它受了凌辱，被轻蔑，而不曾报复！"既然议会已无能为力，结盟军就该起而拯救国家。他劝他们不要对国王宣誓，这种挑拨行为是很明显的，因而司法部长向检察官举发他的演词，要求依法追究。不受恫吓的罗伯斯庇尔起草日益激烈的请愿书，由结盟军逐一呈送议会。7月17日的请愿书竟要求推倒国王。由于他之推动，各结盟军推出了一个秘密指挥部，他的朋友安朵盎也参加在内，指挥部有时在他及安朵盎所寄居的木匠杜普雷家里集会。

罗伯斯庇尔看见吉伦特党又与宫廷妥协，因而又和他们斗争。7月

25 日，答复拉索斯时，他在雅各宾俱乐部宣布，必须以巨大的补救方法来应付巨大的灾难。他觉得国王停职的办法是不够的。"国王仍保留行政权领袖的尊号及权利，这样的停职，显然是宫廷及立法议会中阴谋家所定出的策略，其目的在使国王复位时权力更扩大些。退位及绝对停职才是比较靠得住的；可是，光是如此，还不能消除我们业已造成的弊害。"罗伯斯庇尔害怕"立法议会中的阴谋家"——换言之即布里索派——和路易十六所要扮演的，是重演福杨党在出奔发椤以后所扮演过的那幕喜剧。他不愿受骗，他主张立即解散立法议会而代以责司改造宪法的国民大会。他这一击同时打在议会及国王身上。他主张国民大会应由全体公民选出，无能动与被动之分。换言之，他在号召群众来对抗资产阶级。这么一来，他便打断了吉伦特党借国王名义重握政权的最后诡计。他所提出的计划正要实行。

7 月 26 日，布里索在议会发表其重要演说来答复罗伯斯庇尔，可是无用。他攻击主张推倒国王的乱党的煽动。他反对召集初级会议选举新议会的计划。他曲折地说，这一召集易为贵族所利用。罗伯斯庇尔与吉伦特党的斗争愈演愈烈。伊斯那尔骂罗伯斯庇尔及安朵盎为阴谋家，在左派议员集议的团结俱乐部中，他表示要把他们解送最高法院。佩迪昂努力在防止暴动。就是到了 8 月 7 日，他亲访罗伯斯庇尔，求他使民众镇静。这时，丹敦正在亚西·绪·奥布休息①，他回巴黎时正是在伟大事变之前夕。

消息很灵通的罗伯斯庇尔，于 8 月 4 日举发贵族要使国王出走的阴谋。事实上拉法夷脱确又有这样的打算。7 月底，他曾派遣马桑·得·圣达曼到布鲁塞尔去，要求奥国停止敌对行动，由西班牙出面斡旋和平。同时，他秘密派遣马队到康边去，以便保护国王出走。但是他这一切努力都归无用。路易十六仍是拒绝出走。暗中与吉伦特党进行的交涉使他

① 亚西·绪·奥布系丹敦之故乡。

乐观。而且，他已用了大量金钱去收买民众首要。杜波尔受命去收买佩迪昂、珊特尔及德拉夸。据柏特朗·得·摩勒威尔说，由他支配之款有一百万。拉法夷脱说丹敦得了五万镑。内政部长特里厄·得·蒙西尔一人所经手分配的，7月底有五十四万七千锂，8月初有四十四万九千锂。参加结盟军指挥部的阿尔萨斯老兵威斯特曼，后来在1793年4月时对国民大会的彻查委员会说，曾有人要给他三百万，他曾把这事件告诉丹敦。穷极无聊的诗人法布尔·得格兰丁想从海军部长杜布沙治那里骗一笔巨款。国王夫妇听信人家说，目的专为金钱的人用不着怕。他们就没有想到这些无耻之徒，得了金钱仍可以背叛。宫廷的保卫增强了。国民卫军司令曼达·得·格兰色是个热烈的王党。

议会决然不追究拉法夷脱，8月8日，主持暴动的秘密指挥部分配了各人的工作。8月9日到10日的晚上，卡拉及硕默特到驻在哥德利埃区的马赛结盟军营盘中去，珊特尔到圣丹托盘郊区去，亚历山泰尔到圣马索郊区去，从事鼓动工作。警钟响了。各区派遣代表到市政厅，成立了革命的市府，以代原有之合法的市府①。佩迪昂立即被禁于其寓所，受到监视。曼达被传到市政厅，承认曾命令其部队从后面攻打结盟军。革命市府下令将其逮捕，正在把他解送入狱时，有人用手枪将其立即打死在格累夫广场上。曼达既死，保卫宫廷的武力就涣散了。

路易十六缺少决断。一见示威群众到了，就听从了巴黎郡检察官累德累的话，带着全家离开王宫而托庇于议会；议会在骑术院大厅集会，相距不远。当他离开杜伊勒里宫时，原系倾向王党的各区——菲尔·圣托马区及佩迪俾累区——的国民卫军之大部分及炮兵全体，都投到暴动

---

① 主持暴动之人物，决定在8月9日夜举事，当日夜半有若干教堂鸣钟为号，各区相继派代表到市政厅。10日晨7时，到有二十八区代表，占四十八区之大多数；原有市府亦在集会，各区代表认为时机业已成熟，即将原有市府"暂时停职"，而由他们组成新的革命市府。8月10日事变以后，继续由各区选举代表补充，每区六名，共为二百八十八名，罗伯斯庇尔诸人亦在其内，是为8月10日市府，又称革命市府。

群众一边去。只有瑞士兵及侍臣们竭力抵抗。他们以大火力扫射宫前的大院。起义者只得搬来大炮，向之轰击。受困的瑞士兵死了不少。民众方面死伤亦达五百人①。

议会焦灼地注视着这个斗争的变化。当局势尚未十分决定时，它仍把路易十六当国王接待。当他来求议会保卫的时候，主席微尼奥对他说，议会了解它本身的责任，并且已宣誓要维持"合法的权力"。加德接着提议为"太子"任命监护人。可是，看见暴动已绝对胜利了，议会才宣布停止国王的权力，通过了召集国民大会案，这原是罗伯斯庇尔所要求而为布里索所万分不愿意的。被停职的国王须受严密监视。议会想把他留在卢森堡宫。主持暴动的市府要将其禁于丹普尔堡，这是一个较小而易于看守的牢狱。

王政被推倒了，与王政同时被推倒的有其最后的护卫者，即贵族少数派，他们曾促成革命，自以为能缓和革命及控制革命，甚至一度以为在统治着，起初是由拉法夷脱领导，后来由拉默兄弟领导。

拉法夷脱想激起其军队来反抗巴黎。最初他还能带动亚尔丁郡及少数市府；可是，他的部队大多数离弃他以后，他只得于 8 月 19 日随着亚历山大·拉默及拉都尔·莫堡立即逃往比利时。奥军对他很不客气，将他禁于奥尔木茨堡。他的朋友底特里希男爵，即有名的斯特拉斯堡市长——在他的客厅中，卢日·得·利勒曾唱过后来变为《马赛曲》的莱茵进军曲②——想煽动阿尔萨斯，也没有成功。被议会撤职后，他也逃

---

①　8 月 10 日 8 时由马赛结盟军所率领之群众已抵杜伊勒里宫。王室避往议会以后，保卫王宫之瑞士兵不肯投降，斗争开始。瑞士兵失败以后，一部分逃往议会，一部分被屠杀，共死约六百人，益以其他保卫王宫之兵士，共计约八百人。民众方面死伤之数字不一，一般估计为五百人，马迪厄估计达一千人，参看第 2 卷第 1 章。

②　《马赛曲》原名《莱茵军歌》，系 1792 年斯特拉斯堡驻军军官卢日·得·利勒所作；传入马赛后，甚为流行。马赛结盟军五百十六人（其中有十六人来自土伦）途行二十七日，于 7 月 30 日到达巴黎。他们沿途唱此曲，因被称为《马赛曲》，流行最为普遍。后略经改易而成为法国国歌。

到外国去了。

可是，与王政同时被 8 月 10 日的炮火所轰倒的，不仅是代表大资产阶级及自由贵族的福杨党而已，就是那与垂死的宫廷求妥协而竭力要阻止暴动的吉伦特党，亦因此次事变而日见衰弱，因为这次事变的胜利不是他们的作品，并且是强加在他们头上的。

罗伯斯庇尔及山岳党所激起的工人及被动公民，即无产者，已大大地报了前一年马斯场屠杀之仇。王政之倒具有新革命的意义。民主政治的曙光要出现了。

第二卷　吉伦特党与山岳党

第一编　立法议会的末期

（1792 年 8 月 10 日—9 月 20 日）

第一章　市府与议会

1792 年 8 月 10 日至 9 月 21 日的六个星期——即自攻下杜伊勒里宫及禁锢路易十六于丹普尔堡到国民大会开幕的时期——在法国革命史上有极重大的意义。

在以前，国民正式选出的代表不曾看到他们的权力遭到对抗。即令在攻陷巴士底堡以前的 1789 年 7 月危机中，巴黎暴动者仍很恭顺地服从制宪议会的指示。他们只在支援议会的行动，使其不受专制势力的打击。两年后，在发楞事件以后，共和派要求征求全国意见来决定应否维持路易十六的王位，制宪议会也能不费力地对付他们的抵抗。马斯场之流血的镇压确立了议会的胜利，即法统及议会政治的胜利。

但是 8 月 10 日的暴动和以前的暴动完全不同，其目的不专在反抗王政。这个运动是一个对议会本身表示不信任及恫吓的行动，因为它已赦免了倡乱的将领拉法夷脱，并且正式责难要求国王退位的请愿。新的情况已经产生了。与合法权力对峙的，出现了一个革命的权力。国民大会开幕前的六星期中，充满着这两个权力的斗争。

就是在 9 月 20 日以后，这个斗争仍然在两党争取新议会大多数的对立形势中继续着。山岳党主要是以前革命市府一派；组成吉伦特党的是立法议会时的左派议员，在国民大会中成了右派。

在我们详加叙述以前，先要说明这两党之分是由于他们对于一切重要问题的看法完全不同。尊重法统的吉伦特党厌恶"革命的"非常手段；这类手段已由市府开其端而由山岳党继承之。例如，在经济及社会方面则为立法干涉、检查、征发、指券之强制行使；简言之，即商业自由的限制；在政治方面则为监视一切反对新统治的人物、停止个人的自由，非常司法的创设、地方权力严密受制于中央集权，简言之，即公安的政策。这一纲领须待一年后在恐怖时期才完全实行，但已由8月10日的市府将其草创而确定了。

纲领的对立表现出经济利害的根本对立，这几乎是一个阶级斗争。市府及从而脱胎出来的山岳党代表民众阶级（工匠、劳工、消费者），这些人忍受着战争及其后果所产生的困苦：生活昂贵、失业及工资之失其均衡。议会及其继承者吉伦特党代表经商而有产的资产阶级，他们要保护自己的财产，反对那威胁着他们的限制、妨碍及没收等措施。这个戏剧般的斗争用各种形式表现出来，要了解其全部复杂性，非详加说明不可。

王政一经推倒，胜利者马上便遇着许多困难。他们必须使全国人民及军队接受这个已成事实，必须预防或粉碎可能的反抗，必须驱逐已侵入国境的敌军，最后还得在王政废墟上建立国民的政府。这些困难问题都是非经可怕的爆破不能解决的。

8月9日到10日夜间在市政厅组织革命市府的巴黎各区的委员，是由人民直接选出而取得权力的。依财产资格限制而间接选出的议会，因其曾攻击及威胁共和派，因其领袖曾与宫廷秘密交涉，已不为人民所信任了；在这个议会面前，市府是代表新的法统。市府对王宫卫队取得流血的胜利因而具有强大的威望；它粉碎了王党的叛逆，因而自觉对革命及法国尽了很大的力量，于是不愿使其行动被限制在狭隘的市政范围以内。它自信已保卫了国家的安全，它是用整个革命法兰西名义而动作的，巴黎革命派与各郡结盟军并肩攻打杜伊勒里宫，这便表示首都与全国已有亲如手足的团结。

就在 8 月 10 日的晚上，罗伯斯庇尔在雅各宾的讲坛上，劝市府要勇于负起它的责任。依他说，倘要从这次胜利得着一切可能的利益，只有一个方法，就是劝人民"使他们的议员，绝对无力量来危害自由"，换言之，即令不能解散议会，也要钳制它。他指明："在自由不曾获得保障以前而放下武器，对人民说来是如何的危险。市府应当采用一个重要措施，即派代表到八十三郡去解释我们的情况。"这不但表示对于议会之绝对不信任，简直是劝市府用直接与各郡联络的方法来取得专政的政权。

市府并不待罗伯斯庇尔的鼓励才去巩固其施行专政权利。可是，此权虽经确认，市府却不敢拿来充分行使。正在斗争激烈的时候，它明知市长佩迪昂有温和的嫌疑，却不曾将其撤职；同样，明知议会对它的计划取敌视态度，却不敢将其解散。市府中都是些小人物，以工匠占大多数，此外有政论家、律师及私塾教师，他们在暴动时不怕牺牲性命，可是仍然尊重善辩的吉伦特党议会的威信。他们除在本区以外，不为人所知。名字一不响，即不足以对全国说话。驱除议会，不会冒有害于他们所要维护的事业的危险吗？他们遂退而求妥协。他们仍让议会存在，但附有条件，须于最近期间召集公民选出国民大会，原有议会立即解散；所谓国民大会便是新的制宪议会，依照民主政治的意义去修改业已失效的王政宪法。

8 月 10 日上午 11 点钟，当炮轰被征服的王宫之声已停止时，市府派有一个代表团，由昔为人市税局书记的雨格南领导，出席立法议会。雨格南说："差我们到这儿来的人民委托我们向你们说，他们再度表示信任你们，可是，他们同时又委托我们向你们宣布，他们只承认会集在各初级议会的法国人民，即你们和我们的主人，才能判断这些因反抗压迫而必然发生的非常行动。"

对着这种傲岸的言辞，议会显得愁眉苦脸。人民所给它之有条件的而且是暂时的权力，即使它须依附于因暴动而产生的非常权力。

　　然而，议会不得不承认暴动之合法，并予以保证。它承认了革命的市府，但只视之为暂时过渡的权力，一俟它所借以产生的情况改变时，即应随而消灭。议会同意召集国民大会，用无分能动及被动公民的普选制选出，可是仍用两级复选制。议会暂时停止了国王的职权以待新制宪议会的开幕，但它没有接受暴动者之要求而干脆宣布推倒王政。显然吉伦特党想竭其全力来挽救这个王政宪法。停职即暗示要保全王政。两天以后，由于微尼奥的动议，议会甚至议决为"太子"任命了一位监护人。

　　国王虽被停职，宪法却仍然有效。正如在发楞事件以后一般，行政权又落在六位部长手中，为遵守分权原则之故，其人选限于议会以外，用公开唱名方法选出，以便取信于人。6 月 13 日被国王免职的罗兰、克拉威埃及塞尔汪，仍出而分长内政、财政及陆军。此外，用唱名法任命暧昧的丹敦长司法，布里索及康多塞想靠他来应付骚乱；数学家蒙日长海军，这是由康多塞提出的；布里索的朋友而曾经杜木里厄用为司长的新闻记者勒布朗长外交 ①。

　　政权就这样分散在三个独立的机关：市府、议会及组成行政会议的内阁，这三个机关不断地彼此侵越。在当时要与国内国外危机同时展开斗争的情况之下，需要一种专政统治，可是这一专政还不曾具有确定的形式，还不曾由一个机关、一个人、一党或一个阶级来体现。它是无组织的和纷杂的。也无明文规定它的权力。这是一个不以人为主的专政，依事态之演变而由各对立机关更番执行，是一种紊乱而活动的专政，正如使它具有力量的舆论本身一般。

　　就在 8 月 10 日，未来国民大会议员朱利安·得·拉·德朗的夫人写信给她丈夫说，"法国人民已经在巴黎征服了奥国及普鲁士。"三天以前，听见萨底尼亚王加入了联军时，她也曾写道："我觉得萨伏依人并

_____

　　① 依照 1791 年宪法，任命部长之权本在国王，国王既被停职，因而由议会选举产生（8月 10 日）。丹敦仅以二百二十二票当选，其他部长得票更少，盖当日议会中出席者仅占三分之一，他们所组成的临时行政会议，规定由各部长轮流任主席，而事实上则以丹敦为主。

不见得比奥国人及普鲁士人更可怕①。我只怕叛徒！"革命派的一般情绪便是如此。他们怕将领们会学拉法夷脱的样，拉法夷脱曾挑拨塞丹市府及亚尔丁郡反抗议会，并想鼓动他的军队反抗巴黎。他们也预见到反抗派教士得势的地方会起来反抗。他们也知道有好些郡政府曾抗议6月20日事件。他们不信任各级法庭及迟于判决危害国家治安罪犯的奥尔良最高法院。议会也有这类疑惧。就在8月10日，议会派遣了十二名议员到四个军去，每军三人，他们"有权将将领及其他文武官吏暂时停职，遇必要时且可将他们拘禁，并有权暂时任命代理人"。这便是将一部分重要行政权授予被派出的议员，这些立法议会特派员已开日后国民大会派遣议会特使之端。

接着议会命令公务员及领用国家年金者以至牧师们，都要宣誓拥护自由及平等或死守岗位。8月11日，根据杜里奥的提议，议会令各市府负责检举危害国家安全的罪案，并有权将嫌疑犯暂时拘押。8月15日得到迪昂威尔被围的消息以后，议会令各亡命者的父母妻子不得离开本地，用以为质。对于巴黎市府所要拘捕的各前任部长的文件，议会下令将其封存，并令将他们逐一审讯。行政会议也将伦·埃·洛瓦、摩则尔及索姆等郡行政人员停职②。反之，曾因过分爱国而被撤职或停职的人员，如默茨市长安朵盖及里昂市府官吏沙利尔，则令其复职。

王室经费总管拉波特家中所发现的文件不久公开了。这些文件证明：国王曾不断地与亡命者秘密通消息，国王仍在继续发给业已逃往科布林士的亲卫兵的薪饷，大部分贵族报纸及小册子都曾受了他的津贴。

这一切措施大部分是由于巴黎市府的压迫而采用的，在激昂的舆论看来仍认为是不够的。8月13日，托马·林德对于拉法夷脱之不曾立即免职表示惊讶。这位将领的叛国行为业已昭著，而吉伦特党仍迟疑不肯

---

① 萨伏依公国于1720年以其西西里与奥领萨底尼亚交换，此后通称萨底尼亚王国，故萨底尼亚人又称萨伏依人。

② 因为他们反对8月10日事变及当日议会所通过的各案。

动手，且秘密与他交涉，直到 8 月 19 日当他已逃出边境时，才决定要控告他。这种无以解释的纵容更增长人民的疑惑。市府及立法议会间之斗争时期已在不远了。

业已放弃统治法国的巴黎市府，认定至少要全权统治巴黎。它不愿在它和议会之间有任何居间物。它派遣罗伯斯庇尔到议会去，用市府名义要求停止业已开始的改组巴黎郡行政会议的选举。罗伯斯庇尔说："市议会有必要保全 8 月 9 日至 10 日夜间人民所授予的全部权力，以便保障国家的安全及自由。就目前情形而论，任命新郡政府无异是树立一个与人民权力对敌的权力。……"杜里奥支持罗伯斯庇尔，可是，德拉夸却使议会仅仅通过一令规定此后除关于纳税及国产事务外，新郡政府不得干预市府的行动。市府服从了，可是在 8 月 22 日，罗伯斯庇尔用市府名义介绍新郡政府人员于议会时，代他们说，他们希望从此改名为税收委员会。自 8 月 12 日以来即已完全改变态度的德拉夸，激烈抗议这一着，说市府不应剥夺郡的行政职权："这无异是一下要把全王国的郡政府打倒！"

比起其他更重大的事变来，这些只能算是小冲突。

8 月 10 日的胜利是流血的。巴黎各区人民及结盟军死伤在王宫前面的达一千人。他们要报仇。瑞士卫兵先开枪，而且是在国民卫军要和他们表示亲睦的时候。战斗完结以后，瑞士兵被屠杀者为数很多。逃出来的则躲到议会，议会允许将他们付审判才把他们救住。瑞士兵不仅被控为无信。有人说，暴动者为枪弹所中的伤势可怕，因为这是受碎玻璃、破纽扣及碎铅刺伤的。8 月 11 日，珊特尔向议会宣布，倘不立即组织军事法庭审判瑞士兵，则他不能负责维持秩序 [①]。议会通过了这个原则来敷衍他。可是怒吼的群众要求立即审判。丹敦想带着瑞士兵到亚培狱去。

[①] 珊特尔时为国民卫军司令，6 月 20 日事变时，他曾助佩迪昂劝民众散去。8 月 10 日事变时，他未参加杜伊勒里宫前之斗争，但他是将王室解往丹普尔堡之负责人。

他想马上在示威群众中打通一条路，没有办到。瑞士兵只得又回到议会以求保护。接着是佩迪昂出面干涉。为着要平息民愤，他主张设立特殊法庭，不但要迅速地处分瑞士兵，而且要处分一切革命敌人。当晚，市政厅的警务当局写给珊特尔这样一个字条："先生，据报告有人计划要到巴黎各监狱中去抢走所有囚犯，给他们一种迅速的裁判，我们请你立即留意沙特勒、刚西尔日里及阜尔斯诸监狱。"这正是三星期后所执行的屠杀计划。当时马拉尚无文字谈到这一点。他不过抓住业已流行的想法而已。

议会要避免这个灾难，唯有使民众相信它有诚意要设置特殊法庭来审判反革命罪犯。它必须立即组织这个法庭。可是它在耍手段，因而失了时机。巴黎市府不满于8月14日所通过的法令，次日派了罗伯斯庇尔到议会去指出其缺点。这个法令仅针对着8月10日在巴黎所犯的罪行。必须使它适用于全法国的同类罪行，必须依法惩办拉法夷脱！罗伯斯庇尔要求这个法庭应由各区派遣代表组成，其判决是绝对的，无可上诉。议会决议，关于8月10日罪犯的判决是不得推翻的，但它仍维持前一天的法令，即此类罪犯之审讯及判决权应属普通法庭。怀疑此类法庭而欲将其改组的市府，于是激怒起来了。8月17日，它再度要求设立特殊法庭，其裁判官及陪审官均应由各区人民开会选出。市府中的奥利服尔在议会发为恫吓的言论："我以公民及人民官吏的资格来向你们说，今晚，在半夜间，警钟要响了，召集的信号要发出了。人民之仇未报，已等得不耐烦了。恐怕他们自己要来执行司法权。我要求，你们应立即通过由每一区派一人组成刑事法庭。我要求，这法庭应该设在杜伊勒里宫。我要求，应使不惜人民流血的路易十六及马利·安朵瓦勒特睁眼看看他们的可耻的侍卫也在流血。"议会要抵抗。在8月10日时，微尼奥已在叫嚣："巴黎不过是全国的一部分！"这次出面的却是一个素来坐在山岳党一边而且曾积极参加暴动的绶帖，他对这敢于向全国代表的无礼举动提出抗议："凡是到这儿来叫嚣的人都不是人民的朋友。我希望大家要教导人民，而不要谄媚人民。有人主张设置宗教裁判所式的法庭。我要竭全力来反对。"另一山岳党杜里奥也跟着绥帛抗议，可是议会毕竟让步了，只是不大情愿而已。让步原可换得精神上的利益的，但议会因延宕及抵抗而失去了此种利益。它那令人不满的程度逐渐增大了。

由巴黎各区选出裁判官及陪审官组成了特殊法庭。罗伯斯庇尔用一封公开信表示他不就庭长，他说，因为大部分政治犯是他个人的敌人，所以他不能做这类案件的裁判官及当事人。他之不就此职也许有他所没有说出的原因。吉伦特党对于这位他们所不信任且视之为市府真正领袖的人，业已开始激烈的攻击。巴黎已有一种名为《胜利之危险》的张贴，大概是罗兰主使的，把罗伯斯庇尔看做一个"极端嫉妒的人"，说他要"毁坏佩迪昂的名誉，以便取而代之，只想从破坏中取得他旦夕所妄想的地位"。罗伯斯庇尔之拒绝做 8 月 17 日法庭的庭长，即系以大公无私的态度来对抗吉伦特党所加于他的独裁野心的责难。

资产阶级商人得势的各区立即起而反对市府。为卢未所左右的伦巴人区于 8 月 25 日抗议市府之擅权，抗议它之不信任佩迪昂，抗议它之限制郡政府权力。这一区召回它出席市政厅的代表，另有四区亦起而效之——8 月 27 日有市政厅区及滂索区，29 日有因诺曾市场区及麦市区。反市府运动扩张到外省，形成一个反巴黎的斗争。8 月 27 日，山岳党亚尔毕特在议会揭发科特·杜·诺郡发出了一个文告，要求其他各郡与之采取一致行动使将来的国民大会不设在巴黎。可是议会并不如亚尔毕特那么同样感觉愤怒。对此不加讨论就过去了。将国民大会移到外省的计划是有根据的，因为 8 月 20 日，山岳党沙跛曾要求结盟军留在巴黎，"以便监视国民大会"，防止它再建王政及离开巴黎。

斗争已到了尖锐化的程度。特殊金库监督亚麦洛是个有名的贵族，市府已将他的文件封存，将他本人下狱。这便恼了坎蓬，8 月 21 日，他质问："巴黎市府是否能借口舞弊即可逮捕直接受国家议会监视的行政人员及公务员。"议会令市府立即起封。

　　8 月 27 日，得到伦威失陷消息之次日，市府下令搜查有嫌疑的公民的家中是否藏有枪械。替布里索报纸当编辑的吉伦特党新闻记者吉累·杜普累说，市府准备不分皂白地检查全体公民住宅。市府把他传来，要他解释这恶意的宣传。吉伦特党就利用这事件来打倒它的政敌。

　　8 月 30 日，罗兰在议会中开始攻击。他说，市府取消了他所信任的巴黎粮食委员会，他对巴黎的粮食供应再不能负责。绥帚攻击市府之破坏一切，市府本身就是非法的。坎蓬也在火上添油。罗兰又起而报告公物储藏所监理累斯图说，市府中有人曾从贮藏所中取去一尊饰银小炮，这件东西已带存卢尔区委员会。绥帚再登台攻击市府前一天之擅自传讯吉累·杜普累。格兰治鲁夫要求恢复旧市府的职权，最后加德使议会不经讨论地通过了一令，立即改组整个市府。可是沙跛及福失亦使议会通过一令，表示市府虽属非法而是破坏的，但大有功于祖国。

　　吉伦特党的攻击正发生在敌人节节前进而爱国情绪高涨的时期。8 月 19 日，由腓特烈·威廉亲身统率而受布伦斯威克公爵指挥的普鲁士军已侵入边境，背后跟着亡命者所组成的小队伍，他们自始就在履行那个著名宣言中的恫吓。伦威经过十五小时的炮轰以后于 8 月 23 日失陷。守军司令拉维涅并未受敌人之监禁，那么，他之被人疑为全未尽职是有理由的。接着又有凡尔登要被围的消息，同时，汪德郡沙迪养·绪·塞夫尔县的王党，于 8 月 24 日正在征兵时倡乱，聚众达数千人。他们由波德里·达桑领导，占领了沙迪养，进迫布累绪尔。爱国派费了大力，用大炮和他们接触三次，才把他们打退，死十五人，伤二十人；乱党方面则死二百人，被俘八十人。正巧有人发现了有个准备在多斐内爆发的王党大阴谋，同时知道布勒塔尼的贵族也在蠢动。大家害怕敌军的侵入就是僧侣与贵族希图大举的信号。

　　这个悲剧的情况竟不能阻止吉伦特党之起而反对 8 月 10 日所成立的市府。正当市府竭其全力于国防的时候，正当它努力推动郊外工事以便屯军的时候，正当它发动全体公民参加掘壕如以往修筑结盟节会场一般的时候，正当它赶造三万支长矛及从 8 月 27 日起在极大热情中招募军队的时候，正当它在解除可疑人物的武装以便为出征者获得枪支的时候，议会却只想报复以往所受的屈辱，只想打倒政敌以便控制正要开始的国民大会之选举。愤激之情已在怒吼；假使市府知道吉伦特党声名最坏的领袖们，丧失了理智，认定军事已无望，打算同政府一同迁出巴黎，以期同时逃避普鲁士人及"无政府党"，那么，人民的怒吼会要更厉害些。罗兰及塞尔汪准备撤退到洛瓦河以南。他们心中早已有此计划。8 月 10 日罗兰曾向巴巴卢说，一定要撤退到中部高原，建立一个南部共和国。其他的人则主张与普鲁士讲和。7 月 25 日，新闻记者卡拉在他那销路颇广的《爱国新闻》上，发表一篇制造恐慌与阴谋的怪论。他在那里面称颂布伦斯威克公爵，认为他是"最伟大的战士，欧洲最伟大的政治家。……如果他到巴黎，我敢断言他的第一着就是出席雅各宾俱乐部，戴上红帽子"。卡拉与普鲁士王曾有关系，普王曾赠他一个嵌有本人肖像的金鼻烟匣。在 1792 年 1 月 4 日时，他曾在雅各宾俱乐部鼓吹拥护一位英国亲王登法国王座的想法。他之称颂布伦斯威克公爵，即表示他相信敌军是一定胜利的，所以他主张与普鲁士谅解。在他的同党中，不仅他一人有此主张，康多塞于 5 月间也在其《巴黎新闻》中称颂布伦斯威克公爵。的确，在轻于挑起战争的吉伦特党中，已有了今日吾人所称为"战败主义"的心理。在伦威失陷以后，各部部长及少数有势力的议员会集于外交部的花园中，听取刚从塞丹回来的克尔圣之报告，他预言布伦斯威克将于两周内到巴黎，"像受锤打的尖劈插入木头一样的可靠"。发白而战栗的罗兰主张带着国库及国王逃往图尔或布腊。克拉威埃及塞尔汪赞成他。但是丹敦愤慨地说："我已派人去接我那已有七十岁的母亲。我已派人接来我的两个孩子，他们昨天到了。在普鲁士人入巴黎以前，我愿我的家庭与我同归于尽，我愿有两万个火头顷刻把巴黎化为灰烬。罗兰，不要乱讲逃走的话，当心人民听见呀！"

丹敦之如此勇敢，当然不是没有计算与目的的。他在巴黎很有人望，他的行动足以左右各区及各俱乐部。若在布腊或图尔，他便不能随意操纵各种暴动力量。而且，他之反对吉伦特党出走还另有动机。他始终不曾和王党断绝关系，并且是受他们收买的人物。他刚刚替旧王室经费出纳官塔伦办了护照，使其躲过市府警务人员的检查而逃往英国。由于他的工具沙昧特尔医生之居间，他已与正在布勒塔尼主持叛乱的拉罗阿里侯爵发生关系。他之反对将政府迁往外省，可收一举两得之利。假使敌人胜利，王政复辟而结束了战争，丹敦可向王党提及因沙昧特尔居间而与拉罗阿里发生的关系，以及他之保护拉默、亚德里安·杜波尔、塔伦及其他许多王党之功，他可要求在这胜利局面中他所应得的一份。反之，如果普鲁士人被赶出去了，他可向革命派自诩其在最危急时亦未失望的光荣，因而变成祖国的救星。

可是，无论他的势力如何，假使没有其他有同样势力的人物如佩迪昂、微尼奥及康多塞等也竭力赞助他的主张，则他不能阻止迁都之举。吉伦特党决定留在巴黎，但是要利用克尔圣带回的坏消息所激起的爱国情绪来粉碎市府。只是他们没有考虑到丹敦。

8月28日的晚上，在屈服了罗兰的懦怯之见的会商以后，丹敦即奔赴议会讲台。他用宏大的声音，宣称他要用"人民的部长、革命的部长"资格说话。他说："议会应表示不负全国之望！我们是以激变推倒了专制的，我们须有更大的全国激变去击退暴君们。直到今日，我们只有拉法夷脱式的貌为战争，现在非有更可怕的战争不可。现在是叫人民应当立即向敌人进攻的时候了。当一艘船遇难的时候，船上人要把一切认为有害的东西抛下海去；同样，我们要摈弃一切有害于国家的东西，而把一切有用的东西由各市府去支配，但予物主以补偿而已。"原则一经说明，他立即提出办法：行政会议要派专员"到各郡去激起舆论"，帮助征募兵员，征发什物，监视及澄清地方机关，摈弃一切有害于革命之船的东西。继而他称颂巴黎市府，说它之关闭城门及逮捕叛徒是对的。

"倘有三万叛徒要逮捕的话，明天就要将其逮捕；明天巴黎就要与全法国联络。"最后，他要求通过特准搜查全体公民家宅的法令，并提出议会应推出议员陪同行政会议所派专员去从事募兵及征发什物的工作。

议会对于家宅搜查一案未经讨论即已通过；可是坎蓬得有吉伦特党的赞助，指出议会派出议员与市府及行政会议所派遣的专员混在一起的不便。他引用分权的理由。必待巴稽尔的干预，议会才赞同推出六名议员参加募兵工作。

次日，8月29日，为着要与市府联络得更密切些，丹敦亲往市政厅，讲述关于"目下情况应取之强硬步骤"[①]。8月30日上午10时，家宅搜查开始，接着两天无间断。每区派员三十名来担任此工作。所有房屋都按户搜查。居民受命在未经搜查以前不得外出。有三千嫌疑犯送入狱中。

30日晚上，正当搜查工作最活跃的时候，市府知道了议会已通过将其取消及改组的法令。有个其名不彰的市议会议员达诺德里用动人的言辞表达其同僚的共同情绪，他的结论是要反抗这个足以危害国家福利的法令，须集合人民于格累夫广场，由群众拥护出席议会。罗伯斯庇尔亦起而称颂8月10日市府的工作，攻击其敌人布里索及康多塞等。但与达诺德里不同，他主张市府应诉之于各区，把权力归还给它们，再向它们要求固守岗位或死于岗位的方法。

次日，塔利安出席立法议会为市府辩护："我们所行的一切都是经人民批准过的。"他傲岸地列举它的功劳，他又说："如果你们要打击我们，那么，也就是打击7月14日造成革命的人民，8月10日巩固革命而且还要维护革命的人民。"主席德拉夸答复说，议会要考虑这个请愿。9月1日过去了，并未执行取消市府的法令。当晚，罗伯斯庇尔使市府采用一个辩诉的宣言，无异是一个攻击吉伦特党之有力的罪状书；可是最

---

① 原注：D'après Barriére，p. 18，et Buchez et Roux，p. 17.（Tourneux 及 André Fribourg 诸人未看到此文件。）

后主张服从法律，重新向人民要求授权。这是第一次市府不曾依照它的素常的领导人。市府检察官马吕厄反对总辞职。他提醒市议会说，他们曾宣誓非俟国家无危险时宁死不能弃职。市府决定继续行使职权；其监视委员会①这时因马拉加入而加强了，正考虑予吉伦特党以可怕的答复。

---

① 市府之监视委员会以人事不健全，于8月30日改组，但其中仍无重要人物。9月2日再加六人，马拉即其一，且为此委员会之主动人物。

第二章 9月

9月2日早晨，凡尔登被围的消息传到了巴黎。有一名叫马恩·埃·洛瓦营的义勇兵，带来了布伦斯威克劝该要塞司令波累倍尔投降书的原文。这位义勇兵说，巴黎与前线间的最后要塞凡尔登不能再抵抗两天。另一报信人说，敌人已进入沙伦道上的克勒蒙·昂·亚尔艮城。巴黎市府马上向巴黎人民发出通告："武装起来，公民们，武装起来呀，敌人已到了我们的门口。马上各在各的旗帜下前进，让我们会集在马斯场！我们要立即组成六万人的大军！"市府下令发放警炮，发出集合信号，撞着警钟，关闭各处栅栏，征发所有马匹以备开赴前方之用，身体健康的人都要集合马斯场，以便立即编成队伍出发。市府人员都回到各人本区去，据纪录上说："他们要竭力去向本区同胞说明祖国所感受的迫切的危险、包围并威胁我们的叛变、法国土地之被侵入，他们要使人民了解，敌人一切动作的目标在恢复最可耻的奴役，我们与其忍受，则不如埋葬在祖国的焦土中，非待我们的城市化为焦土绝不放弃。"

备受责难的市府，在完成爱国任务上，又一次走在议会的前面。当天近午，它的代表到议会来报告它所采取的措施时，微尼奥不得不向它表示严肃的敬意。他在热烈地称赞了巴黎人民之后，继而轻侮那些搅乱人心的懦夫，劝所有好公民都应到巴黎郊外去，以自愿的劳动来完成业已开始的防御工事，"因为现在已不是空谈的时候。我们要为敌人掘好坟墓，否则敌人在前进的每一步都在为我们掘坟墓。"议会接受了这个鼓吹团结的号召。由于杜里奥的提议，议会通过了维持市府职权的法令，令各区任命新代表来增大它的力量。接着宣读罗兰报告在摩毕盎发现有王党阴谋的信。

继而丹敦陪同其他各部部长出席议会说："一切人都在动着，一切人都在进行，一切人都在激怒着要去厮杀。有一部分人民要开往前线，有一部分要去掘堑壕，另有一部分执戈以保卫城市内部。"巴黎当得起整个法国的称赞。丹敦要求议会推出十二名议员襄助行政会议推行一切关系国家安全的伟大措施。他要求议会应该通过一案：凡是逃避服役及不交出武器者，应处死刑。在结束这个简短而激昂的演说时，丹敦说了几句足以使其声名流传的名言："就要响的警钟并不是警报，乃是袭击国家敌人的号令。要征服他们，诸位，我们必须大胆，再大胆，老是大胆，法国就得救了！"他在两次热烈的掌声中坐下，所有他的提议都未经辩论而被采纳。

由于微尼奥、杜里奥及丹敦三人之力，当此危机在前之时，各革命权力似又团结起来。可是人心上仍浮着一种阴暗的疑惧。一听见警炮及警钟之声，就仿佛有叛逆事件发生。人人以为四周都是陷阱。谣传禁在狱中的嫌疑犯得有外界援助希图叛乱；这种谣言之传播有如火药线一般。前往马斯场报名的义勇兵读了马拉数日前贴出的张贴，劝他们在未到狱中把人民之敌依法处置以前，不要开拔。同时他们又读到了一些刚贴出不久的张贴，在一个名为《告至上的人民》的张贴中，法布尔·得格兰丁公布了宫廷及国王犯罪的主要文件。而且，开首由各区、继而是巴黎市府为 8 月 10 日牺牲于瑞士兵的死难者举行若干次的葬仪，大大地激动了人心。最后一次仪式是正在不过八天以前为斗争场的杜伊勒里宫前举行的，当时有许多激昂的演说，结语都说非有报复不可①。

———————————

① 最后一次葬仪举行于 8 月 26 日。除男女群众外，有各郡结盟军、国民卫军及议会议员参加。

答应了巴黎人民的报复并未见实现。经过如此迟疑而勉强产生的特殊法庭的工作进行得非常之慢。它只处死三名宫廷的特务，一个是招买军队的哥勒诺·丹格累蒙，在他家里发现了王党恶棍的名册；一个是王室经费总管拉波特，他是收买特务的总付款人；一个是新闻记者罗茨瓦，他曾在他的《巴黎公报》上为敌人的胜利表示高兴。而且，8 月 25 日以后，这个法庭的活动更为松懈。8 月 27 日，它把在丹格累蒙的名册上有名的警官多桑微尔开释。8 月 31 日，又将封腾布罗宫总管蒙摩蓝开释[①]，在杜伊勒里宫文件中发现有他一个可疑的文件。他之被开释引起了无数的抗议。群众咒骂裁判官，以死威胁被告，费了大力才把他救住。丹敦以司法部长的权力把这个判决推翻了，下令再审，并将国家特派员波托·杜麦尼尔撤职，继而将他逮捕。丹敦严厉地写信给检察官累亚尔说："已被激怒的人民深恨那班曾经危害自由的人，他们表现出值得永远自由的性格，我希望他们不至于要自动执行司法权，而能将此权留给他们的代表和官吏。"丹敦知道人民"自动执行司法权"是很自然的，假使官吏及裁判官不依法处决他们的敌人的话。

市府之新监视委员会中，有旧书记德福尔格参加，他们已在将囚犯分类。他们开释轻罪犯、贫穷负债人及斗殴犯等。各区经其出席市府的代表演说鼓动以后，于是一面进行征募军队的工作，一面计划对阴谋家施以国民的报复。霸桑尼尔郊区议决：所有因在监中的僧侣及嫌疑犯，在义勇队出发以前，概应处死。这个可怕的决议，又为卢森堡、路夫尔及封腾·蒙摩隆西各区所赞成。

接着便是行动。当天下午[②]，有一批反抗派僧侣在解往亚培狱时，途中即被押解他们的人——马赛及布勒塔尼结盟军——所屠杀。其中被救者只有一人，即聋哑学校教师西卡尔方丈，因为群众中有人认识他。

---

① 此系 Luce de Montmorin，与曾为路易十六外交部长之蒙摩蓝为兄弟，通常被误为一人。
② 9 月 2 日，星期日。

有一队店员及工匠与结盟军及国民卫军混做一起，到达囚禁有许多反抗派僧侣的加尔美狱。这些僧侣死于枪、矛、刀、棒之下。到了黄昏时，轮到亚培狱中的囚犯。在这里，监视委员会也来干预："同志们，你们受命来判决亚培狱中的所有囚犯，一律不加分别，唯一例外是兰方方丈，请把他放在安全地方。——〔签名者：〕巴尼、塞尔冉。"曾为国王忏悔牧师的兰方方丈，有个兄弟在监视委员会。简单的法庭当即成立，以马伊雅为庭长。他手中拿着犯人名册，逐一审问，关于处刑则与陪审人商量。遇着定罪时，马伊雅即宣布"加上吧！"被处死者成堆积聚着。9月3日到过阜尔斯狱的佩迪昂告诉我们说："那些裁判及执刑的人，都有同样的把握，好像法律叫他们来履行这类职务的一般。"他又说："他们对我夸耀他们之公平，分别有罪无罪之审慎以及他们对于国家的功劳。"

以后各天，屠杀在其他狱中继续：阜尔斯狱是在3日早晨1点钟，刚西尔日里狱是在3日上午，接着轮到圣柏拿狱、沙特勒狱、圣斐曼狱、萨柏特里埃狱，9月4日，最后轮到比塞特尔狱。屠杀狂达到此种程度，以致普通犯及政治犯不分，妇孺亦不免。有些尸体，例如兰巴尔亲王夫人的尸体遭到可怕的分解。死者数目，依估计约自一千一百至一千四百人[1]。

民众对此恐怖情景或则漠然视之，或则表示满意。朱利安·得·拉·德朗夫人于9月2日夜写信给她丈夫说："人民起来了，他们在怒吼之下显得可怕，对于三年来最卑劣的叛逆之徒要予以报复！笼罩着全巴黎人的战斗的愤怒确是不可思议的。各家家长，资产者，军队及无套裤党，都要开拔。人民说：我们不要把我们的妻儿子女留在敌人手中，先把这自由之土弄清楚吧。普、奥敌军要到巴黎的门口，我们不能退后一步。我们要更有把握地喊着：胜利是属于我们的！"我们可从这位卢梭的信徒优秀的资产阶级妇女的称赞来推想当时其他阶级的情绪。

---

[1] 据当时监视委员会报告，在二千六百三十七名囚犯中，被处死者为一千一百人。据近人卡朗之估计，被屠杀者数目则应在一千零九十至一千三百九十五人之间。

爱国之热情，敌人之迫近，警钟之声音，这些东西麻痹了人民的良心。当屠杀者正在忙于那可怖的工作时，妇女们则整夜地在教堂中为义勇军缝征衣，为负伤者制绷带。市府及各区不断地有公民前来表示要为祖国尽力或捐献礼物。有些人愿为出征者看护儿女。市长下令封闭了赌场。棺材的铅也取来制枪弹。所有的车匠都调来制造炮架及辎重车。这样兴奋真是惊人的。伟举与暴行同时并行。

各权力机关则任事态发展。当市府向其调用国民卫军时，国民卫军司令珊特尔答复说，卫军之服从性已不可恃。市府赔偿屠杀者几天没有工作的损失。议会派到各屠杀场所去的代表无能为力。内政部长罗兰于9月3日写信给议会说："昨日这一天的事变应该用块黑纱来罩着。我知道，人民之报复虽属可怕，但仍有相当的正义！"吉伦特党的刊物——几乎就是当时所有的舆论——在当时亦为屠杀辩护，或则认为情有可原而为之开脱。

至若司法部长丹敦，他始终没有丝毫保护监狱的表示。据罗兰夫人说，罗兰的书记格兰普累要求他有所动作时，他答道："管不了这许多囚犯，让他们靠命运吧！"几天以后，当富尼尔队要把奥尔良最高法庭的囚犯解往凡尔赛屠杀时，森内·埃·瓦茨刑庭庭长亚尔基埃来请他注意这批囚犯的命运，他耸耸肩答道："不要干涉这班人吧。结果于你会很不利。"当国民大会初开幕时，他曾对沙特尔公爵即日后的路易·腓力普说："当所有壮丁都去从军而使我们在巴黎无武力保卫之时，各监狱中却关着一大群阴谋家及无赖，期待着外军到来即把我们屠杀。我只有预防发生此类事件。我希望所有到达香宾郡的巴黎青年都带有血迹，这才表示他们之忠于国家。我曾希望在他们与亡命者之间，有一条血的鸿沟。"还用得着提及丹敦的秘书法布尔·得格兰丁对屠杀之大肆称赞并且推之为全国所当效法的话吗？

自8月28日以来，自罗兰及吉伦特党提议要离开巴黎那一天以来，丹敦就与巴黎市府紧密团结。市府的怨恨也就成为他的怨恨。他认为这类屠杀不仅可使勾结敌人者战栗，同时也可使吉伦特党反省。国民大会的选举已开始了。这正是要打击政治上敌人的时机。丹敦的打算即可代表他一派的打算。

　　就在9月2日晚上的巴黎市议会席上，俾约·发楞及罗伯斯庇尔揭发"某有力政党欲拥布伦斯威克公爵登上法国王座的阴谋"。他们不但是暗指卡拉的暧昧企图，而且也是针对着5月间丹柔方丈在雅各宾俱乐部公开发表拥戴约克公爵的主张。他们也无疑地联想到布里索在十二人委员会中所持的严重论调，据巴累说："7月17日布里索向他的一位同僚说过：今晚我要根据一个与圣詹姆士宫①内阁的通信，使你明白现在只有靠我们来将法国宪法与英国宪法参合，使约克公爵继路易十六而为合法的国王。"罗伯斯庇尔在市府攻击他的第二日，布里索即因监视委员会之命令而被检查；第三日，逮捕罗兰及八名其他吉伦特党议员的命令也签署了。这一次丹敦认为他们做得太过。他是得力于布里索及康多塞而做到部长的。他跑到市政厅，和马拉有过一度激烈争辩以后，竟取消了这些逮捕令。丹敦轻视人生，因而不主张流血。在施以打击及达到目的之后，他即转而诉之怜悯。亚德里安·杜波尔、塔累蓝、沙理·拉默及其他许多人之出走，都是得力于他的②。他讨厌无用的残暴。如果他让罗兰及布里索受打击，他的部长也做不成，而且他还不愿与议会破裂。他认为议会害怕就已够了，并且，他以能自为议会保护人为满足。

　　在当时，革命的法国并不曾谴责这类屠杀。同样的精神与同样的狂热弥漫了全国。9月3日，在一个经丹敦副署而送达各郡的著名通令中③，市府监视委员会辩护它的工作并劝各郡起而效之："巴黎市府急于要通

---

　　① 圣詹姆士宫即指英国宫廷。

　　② 原注：1792年10月间布里索发表一本攻击雅各宾党的小册子，其中隐谓塔累蓝曾花了五百路易才办到护照，这是真有其事。

　　③ 这个通令是巴黎市府监视委员会发出的，经巴尼及马拉诸人签名，本用不着丹敦签字，但他当时出席市府会议，而此通令又经其秘书法布尔·得格兰丁发出，故他对此通令有相当责任。

告各郡同胞，有一部分被禁于狱中之可怕的阴谋家已被人民处死；巴黎人民认为在其要出征之时，为了要用恐怖而使藏在城里的叛徒集团不能活动起见，此类正义的行动是不能少的；这类不断的叛逆行为既已使全国系于千钧一发，那么，全国人民当然急宜采用此种国家安全所赖的方法。……"

这个通令是多余的。外省人民用不着巴黎来做榜样。他们有时已先着一鞭。8月19日奥恩郡有两名教士被屠杀，8月21日奥布郡杀了一名教士，8月23日利酉杀了一名执法官，等等。凡是义勇军赴前线时所经过的地方，贵族们都得小心翼翼。9月3日在理姆斯，4日在摩城，3日及6日在奥恩郡，9日在里昂，7日在康城，12日在微朵，都有官吏、教士及各种嫌疑犯，以及狱中囚犯被杀事情。在巴巴卢为主席的步什·杜·伦选举人会中，巴黎屠杀的消息博得热烈的掌声。正如旧日的神祇一般，这尊"爱国主义"的新神祇也要用人来做牺牲。

在各处，被认为最危险而牺牲最多的嫌疑犯是反抗派教士。当时三大权力，市府、立法议会及行政会议，都认为必须使反抗派教士再无危害革命与国防之可能；三大权力所能完全一致的也许只有这一点。

制宪议会只取消一部分宗教团体。从事慈善及教育事业的宗教团体，特别不曾波及。7月13日有一位议员宣称此类宗教团体是"王政的巴士底堡，它的卫士就是反抗派教士"。8月4日，议会议决凡属于业已取消的宗教团体的房产，到10月1日都要让出，由国家出卖。仍然存在的，有制宪议会所不曾取消的所谓在俗修士会，即无须严肃宣誓的修士团体，如管有多数学校的祈祷室派、遣使会、苏尔比斯会、耶稣马利会；或世俗的教友会，如教学会修士或妇女的修士会，如上智会、神智会〔按：亦有译上智会者，此处特易一字以示区别〕、十字会、善牧会等。到了8月18日，这一切团体均予取消，其财产一律没收。唯在医院中服务的修女仍得以私人资格继续服务。

比这些男女修士显得更危险的，是那些仍留在旧日教区而为数很多的反抗派教士。在8月10日的炮轰声中，议会曾通过凡由国王否决权所否决的法令都要立即执行。故此，5月27日所通过的监禁及驱逐倡乱的反抗派教士法令，即予执行。8月10日晚，市府开始将可疑的主教及牧师名单送达各区。他们立即被禁于亚培狱、加尔美狱及圣马格洛瓦神学院，而做了9月屠杀者的牺牲品。但是5月27日法令所打击的只限于旧日执行公务的教士，即制宪议会限定要宣誓的教士。为数很多的其他教士，议会亦于8月14日迫其宣誓效忠于自由与平等。有一部分服从此令以期保全他们的年金及继续行使其信仰。在革命派看来，5月27日法令还有一个缺点。要有二十名能动公民签名告发的教士才受这法令的处分。在许多地方，其居民几乎全部与反抗派教士相勾结，要签名达二十名是不可能的。8月19日，坎蓬及兰瑞内要求一个新法律，以便无差别而集体地打击所有反抗派教士。8月23日，吉伦特党拉里威厄激励责司预备这个新律之特设委员会说："你们既已看不惯一切表现暴政的东西，我不了解你们为什么能这么长久容许这些挑拨内乱的狂信之徒，让他们每天在制造罪恶与灾难。我要求能马上提出如何驱逐此辈的报告，因为迟一分钟就会发生真正的谋杀。"（热烈的掌声）革命派之急于要将此辈了结是有重大理由的。国民大会的选举期已迫近了。初级选民会应在8月26日召集，选举人会则定在9月2日。必须速将反抗派教士逐出法国，使他们对于未来的选举不致发生任何作用。马朗、德拉夸及坎蓬等严重地说出了他们的忧虑。马朗在8月24日说道："这班贵族牧师们，最初被恐惧所驱散的，现在又敢于回到他们的教区，希图推举坏的选举人。在28日以前，必须决定将他们驱逐。"德拉夸说："他们一经混入选民会，国民大会议员之选举即可受其瘟疫般的势力之害。要免掉这一着，……我们须驱逐，驱逐这些教士。"在听众狂热的掌声中，坎蓬提议马上把他们放逐到基阿那去，他说，那里的农业正缺乏劳动力。德洛内赞成此议，但是，由于曾为新教牧师的拉索斯的解释及福失主教与微尼奥的赞助，认为把他们放逐到基阿那是注定去死，于是议会决定让反抗派教士自由选择到那一国去。8月26日法令限他们十五天内离开法国，逾期则将其解往基阿那。年在六十以上及身体不健全的教士可免放逐，对于本不受宣誓限制的教徒不适用此法令。唯经六名当地公民告发时，亦须被逐。成千上万（大概有二万五千）的教士跑到外国去，他们所到的地方并不一定亲切而殷勤地接待他们。特别是在西班牙，他们几乎被视为嫌疑分子。他们在英国受到最好的待遇。

强制出境虽然具有很大的重要性，但罗马教会并未完全消灭。不受宣誓限制的教士，年在六十以上及身体不健全的反抗派教士，为数仍然很多。萨拉主教仍然住在萨拉，甚至身任市长，直到恐怖时代他下狱时为止。里茨主教回到了他的故乡奥汤城；马赛主教得·柏洛瓦则住在巴黎附近的一个村中，仍从那里继续管理他的主教区；安热主教洛里则住在诺曼底的一个村中；圣巴普尔主教马依厄·得·拉·图·兰德里仍留在巴黎任命圣职；珊利斯主教则住在克累皮·益·华洛瓦。不错，这些仍在法国的高级僧侣及反抗派教士大部分都已誓忠于自由与平等，因而出国教士对他们殊表愤懑，有时把他们视为半分离派。可是，教皇不敢谴责他们。

反抗派教士被逐以后户籍势必要由世俗权力来掌管，1792年9月20日立法议会最后一次集会时通过这个法令。有好些郡，例如科特·杜·诺郡，反抗派教士继续在教区中执行职务直到8月10日，因为缺少宪政派教士之故。在此类教区中，他们仍掌管户籍登记。他们走了以后，没有人来代替他们所兼管的民事及宗教职务，二者素来是混在一起的。这类登记事务遂不得不移入市乡政府手中。福杨党或君主立宪党久就反对这一着，因为他们很看重忠于罗马教士的人民的态度，这些人民不愿由他们所视为分离派的官派教士来为他们主持施洗、婚娶及丧葬。有许多人家宁肯失去他们新生婴儿的户籍，而不愿乞助于这班"闯入者"。革命派久在抵抗反抗派教士及福杨党的压迫，恐怕宪政派教士倘无管理生死婚嫁事务之权，他们的地位就不巩固。

可是，自从反抗派教士大批被逐以后，革命派就敢于通过这个办法，不怕为反革命队伍增加忠实分子。他们竟将户籍管理权世俗化，因为他们现在自信行这一着不会有危险。有好些地方，宪政派牧师自身即变为掌管户籍登记的官吏。的确，民事与教务的分离是对将来事变有重要影响的巨大革新事件。国家日益失去了它的宗教性。这个户籍世俗化的法律同时也允许人民离婚，这是教会素所禁止的。

宪政派教士看见他们的敌手既倒，自然高兴；可是其中富于思虑的人反不免疑惧。8月11日，欧尔主教托马·林德写信给他的弟弟说："不久你们会既不要国王，也不要教士。"尘世间国王之倒怎能不影响到天堂的国王呢？8月30日，这位托马·林德又这样说明他的看法："巴黎人结果会和英国人一般，嚷着：不要主教！有神论及新教更能联系共和国思想。天主教老是依附王政，在目下它不幸又要花费很多的钱。"数星期后，亚德世主教拉封·得·萨文写信给罗兰说："我想我该向你指出，《教士法》的末日要到了。就其原则而言，显然不免会有这样的后果：国家与宗教完全会脱离关系；天主教教职的俸给将来只可视为退休养老金，或为他们昔日所享财产的补偿；普遍宽容的法律不容许仅使一派信仰者得领公家俸给，也不容许由法律来规定等级制。……"这两位主教看得很明白。事实上宪政派教士的日子已可数了。原则之演进及事变之压迫使革命走向大胆的行动，这在两年以前是畏缩而不敢如此的。

合法的教会日益在遭受轻贱。它不但须以其精神力量、说教及降福礼来供新国家利用，它还要为国家牺牲它的剩余之物。7月19日，议会根据财政委员会报告通过一个法令，将以往的主教宫殿及其附属花园由国家出卖。此后主教们之住宿须自己花钱各自随意去租赁备有家具的房子。他们的俸给，因此特别增加了一成。这法令所列举的理由中有云："主教宫殿之奢华壮丽与宗教之纯朴很不相称。"他们在受剥夺，也在受教训。

8月10日以后，这类趋势更为厉害。8月14日，根据德拉夸及杜里奥的提议，议会通过一个法令：仍留在教堂中而带封建性的铜质物品及纪念物都要用来铸炮。巴黎市府充分利用了这个法令，毁坏教堂里的大部分装饰品；这个例子为其他市府所仿效。8月17日巴黎市府的命令上说：市府"欲尽其权力所及的方法，来为国家服务"，并且"认为我们可从这一大堆偶像中找到用以保卫祖国的大量资源，这类偶像之得以存在系由于牧师们之欺骗及人民之蛮性"；市府要毁坏"这一切铜制十字架磔像、讲道桌、天使像、魔鬼像、大天使像及小天使像"，将其改铸大炮；铁栏杆则用来铸戈矛。8月18日，圣苏尔比斯教堂社团代表以一尊圣罗克银像献于议会，其发言人所说的话已类似恐怖时期的语调。他说："在这国度里，各教士社团便是组成奴役人民的祭司铁链的诸环。我们现在把这些环打碎了，从此我们加入自由人的大社团中。我们曾祈求圣罗克来救济这个糜烂法国的政治瘟疫[1]。他没有答复我们。我们想，他之缄默是由于他的形态。我们要把这尊像献来，以便将它铸为钱币。无疑地，他会在新的形态之下帮助我们来消灭我们那些遭瘟的敌人。"议会也随着这个运动走。9月10日，它征发所有教堂中的金银器皿，唯日形圣饼台、圣饼盒及圣杯除外，并令将此类器皿改铸钱币，以付军饷。合法的信仰就这么日益消失它所用以影响愚民的外在威严。它逐渐被剥夺到原始基督教的纯朴状态。

8月12日，巴黎市府禁止一切教士在行使教务之外穿着教服。这一次又是议会跟着市府走。六天以后，议会重申教服的禁令，这是4月6日已在原则上通过了的。

市府业已规定宗教应被视为私人事件。8月16日，它命令"所有各教派于举行教务时，不得妨碍通行道路"；换言之，即禁止游行及室外仪式。两天以前，议会已有法令取消路易十三所颁布的关于8月15日游

---

① 英译注：圣罗克的伟大事业是救济十四世纪初年瘟疫的灾黎。

行的敕谕①，市府就这么勇敢地普遍施行这个法令。在举行8月10日死难者葬仪时，市府竟把教士摒除在外。

不管合理与否，市府还要干预合法教会的内部行政。8月10日事变之次日，它"根据有几个公民埋怨合法教士的需索"，下令禁止征收临时教费，这个命令又规定葬仪平等，并废除教区财产管事及其坐席。此后一切公民的丧事，均由两名教士为之举行同样的仪式。教堂门上再不得张挂孝幔。恭顺的立法议会，亦于9月7日通过一个法令：受国家俸给的教士不得在任何名义下收受临时教费，否则法庭应予以撤职及夺去俸给之处分。

议会业已奖励教士结婚，并令各教士仿行。8月14日，议员勒若逊提议下森内郡主教格拉家安曾以教令劝教士守贞不婚，应付法庭追究；并且应通告各教士，倘他们发表违反人权的文字，即当受夺去俸给之处分。这两个提案交法制委员会审核。

由此，可见国民大会时代得势的理论此时已在萌芽。宪政派教士，正因为他们是合法的，自应与宪法相符合。人权不承认所谓永久的誓言。因此，应当禁止教士之劝人尊重此等誓言；主教不但不得调动、撤换或麻烦已经结婚的教士，且不得公然对他们施以文字或口头上的谴责。对宪政派教士而论，国家的法律是绝对的，即令这些法律与天主教纪律及教条冲突。换言之，宪政派教士再无其特有的法律。除国家的法律以外，无其他法律。

到了国民大会时代，更加以制裁。1793年2月23日，行政会议布告：主教不得令牧师去掌管生死婚嫁之登记，不得公布婚约，"在施行结婚祝福礼以前，不得有民法规定以外的条件"，换言之，教士不得在任何解释下拒绝为请求结婚者举行婚礼，即令请求人为已离婚者、教士或无神论者。法庭的判决可强迫牧师为其他教士举行婚礼。有若干阻挠

---

① 8月15日为圣母升天节。

此类婚姻之主教曾受下狱处分。1793 年 7 月 19 日的法令，规定犯此罪之主教应受放逐处分。当讨论时，德拉夸说："主教是选举人会任命的，受了国家的俸给，他们便应该服从共和国的一切法律。"丹敦加上说："我们已为主教保全俸给，他们应该模仿他们的创建者，他们应该把一切属于恺撒的东西还给恺撒。好吧，国民是超出一切恺撒的。"易言之，国家甚至统治着宗教的领域。它是一切权利、一切权力及一切真理的泉源。国王之倒即预示教士之倒，——8 月 10 日事变后托马·林德所说的这句话是不错的。

第三章　国民大会的选举

立法议会和革命的市府对于宗教问题，彼此虽易于一致；但对于其他一切问题，则彼此间有或隐或显的冲突。

巴黎市府认为王政之倒是暗示产生共和国的决然行动。议会则避免表示态度及延迟其决定。

为着防止王政的再生，市府竭力使其所疑为同情路易十六的人不能参加选举。8 月 11 日，市府决定将前一年立法议会选举时会集在盛沙柏尔俱乐部的巴黎选举人名单印出。次日，它封闭所有的王党机关报，将其印刷机分给各爱国派报馆，对于这一产生重要结果的横暴举动，议会竟不敢抗议。王党既无机关报，故在选举竞争开始时不能向国人宣传。8 月 13 日起，市府在其文件上用"平等元年"字样，意在表示一个新的时代已经开始。

议会只能慢慢地跟着走。8 月 11 日，议员塞尔斯抗议巴黎及各大城市之毁坏国王像。的确，他只能拿怕发生意外事件的理由来挽救这些在危难中的庄严纪念像。另一议员，马朗，为亨利第四像淌了眼泪。可是无用！因为杜里奥已使议会通过一切铜像均应改铸大炮或钱币的法令。两天以后，罗伯斯庇尔要求应在原置路易十五的像基上，为 8 月 10 日死者建立纪念物。

市府则走在前面。8 月 14 日，它的代表到议会来要求公务员表册上应当去掉国王的名字。次日，戎索内使议会通过法令：此后裁判及法律均用国民名义宣布。杜科则使议会通过用《权利宣言》来罩住仍然点缀着会议厅之"可耻的"路易十六像。

市府议决，进行选举时须用高声唱名投票法，议会只好任之。罗伯斯庇尔在其本区中①反对仍用二级复选制，市府立即修改法律，由罗伯斯庇尔主稿，发布一令：选举人会选出的议员应由初级议会批准。8 月17 日，市府决定将 6 月 20 日以后签名于两次王党请愿书上之八千人及两万人名单，印出公布。8 月 22 日，它要求各部长此后将"先生"改称"公民"。市府及雅各宾俱乐部的民主派主张人民有权批准宪法与法律及撤换议员；换言之，他们要把《民约论》中的理论，用复决权及委托权②方式，逐一实行。

共和国运动迅速地在外省展开。在佛热郡，义勇军听见路易十六停职的时候，高呼："没有国王的国民万岁！"拉·罗舍尔的法官们在其致议会的祝词的终了时，表示："国民至上，再无其他。"斯特拉斯堡的雅各宾党高呼："平等万岁！打倒国王！"巴黎雅各宾俱乐部在其有关选举的通令中，毅然主张共和国。

显然已有一个强烈的相反潮流在与仍欲保持王政形式的主张对抗。议员们在顺应这一潮流。坎蓬在 8 月 22 日说："人民不愿再有王政，让我们使王政恢复成为不可能吧！"卡拉为着表示不再想到布伦斯威克公爵起见，9 月 1 日劝他的读者要将来的议员"宣誓不再提国王及王政，否则回到原郡时受活埋处分"。接着康多塞在 9 月 3 日自称为共和党，他说，更换朝代只是愚妄。次日，9 月 4 日，议员们因有"可怕的诽语"指摘他们企图拥布伦斯威克公爵或约克公爵即位，遂宣誓要以他们的全力来和国王们及王政博斗，并向全国发出共和国的布告，不过是用私人

---

① 即万拓姆广场区。

② 英译注：即今之所谓"创议权"。

名义发出的。

　　这类迟迟的表示究有多少诚意，是颇难断定的。9月3日曾把拥外人为王的计划当作"可怕的诽语"的沙跛，曾于8月20日在雅各宾俱乐部讲台上劝结盟军留在巴黎，以便监督国民大会，防止它恢复王政或迁出巴黎。就是这一位沙跛，几天之后，却在巴黎选举人会中投奥尔良公爵的票；虽经罗伯斯庇尔的反对，奥尔良公爵终得名列国民大会当选议员名单之末。丹敦及其朋友亦与沙跛一致投奥尔良公爵的票。奥尔良公爵除欲为议员以外，是否另有野心呢？他的信件证明，他原想使他的长子沙特尔公爵，即后来的法王路易·腓力普当选入国民大会，虽然他还没有到法定年龄①。毕竟沙特尔公爵不敢出来，只好由父亲出面。当其希望在巴黎当选以前，他曾请求市府另给他一个新名字，市府以正式命令名之曰"平等"，他以"极度感谢"来接受了（9月14日）。当时的人相信，不大看重政治理论的丹敦已暗中为奥尔良家所收买。我们从最近发现的文献中，知道路易·腓力普王说，当发尔密之役以后，丹敦曾愿出而保护他，并劝他培植在军中的声誉："这于你自己，于你一家，甚至于我们，尤其是于你父亲，都是很重要的。"最后丹敦还向他说："你很有即位的机会。"在他看来，共和国只是暂时的解决而已。

　　在目前，王政是被排斥的。吉伦特党觉得他们不能控制巴黎及其他若干大城市，努力想要得到在乡村竞选胜利的把握。8月14日，他们中的佛郎斯瓦·得·弩沙朵使议会通过法令，将各公有土地分给公民，亡命者的地产则分为小块出卖，分十五年付款，使穷人亦易购置。8月16日，关于以往封建权利的讼案一律中止追究。最后在8月25日，议会又议决凡业主不能提出原始契券的封建权利都要无补偿地取消。封建制度随着王政的倾覆而倾覆了。农民们再不惋惜没有国王。

---

　　① 法定年龄须满二十五岁始得当选，而沙特尔公爵当时尚不满二十岁，正在杜木里厄军中，后随杜木里厄出走。

9月2日，各处开始召集选举会，会期延长数日，甚至有达数星期者。被动公民虽有选举权，但是他们并不热心投票。贫民们不愿废时失业来从事他们素所不习惯的厌倦事业。王党、福杨党、贵族和胆小的人，由于谨慎小心的缘故，都不来投票。只有已对自由和平等宣誓效忠的人，才有权参加投票。在瓦茨郡，1792年年初级议会中投票的人数少于1791年或1790年的人数。仿效巴黎用高声唱名投票法的，最少有步什·杜·伦、刚达尔、沙兰特、科累茨、德朗、艾罗、洛、热尔、瓦茨、上庇里尼斯、森内·埃·马恩等十余郡。勒曼的初级议会也是如此。为清洗起见，选举会通常都将有反动思想的可疑公民驱逐。到处都是资产阶级和业主得势，几乎没有什么势力可和他们对抗。除在巴黎及其他少数城市以外，工匠和工人只是被人领着恭顺地去投票，否则便是不参与。在督郡的刚热城，铁厂主卢佛使其工人由一名吹笛者率领，而垄断初级议会。他将投票厅中的反对者驱逐，而使自己当选为选举人。此种情形并非绝无仅有。国民大会议员是由决然的少数选出来的。大部分议员是属于资产阶级，他们的利益与革命的利益是相连的[①]。在选举人中间，购得国产的人究占什么比例是个大可研究的问题。这个研究还没有人做过。在选出的七百五十名议员之中，总共只有两名工人，一是兵械匠诺尔·普盍特，由伦·埃·洛瓦郡选出；一是梳羊毛工人亚蒙微尔，由马恩郡选出。

巴黎选出的议员完全是属于市府的一派，而以罗伯斯庇尔居首[②]；除巴黎外，其他各地方的选举大致还不曾受到党争的影响，因为一般人还不大明了立法议会与市府或吉伦特党与山岳党的对立。在外郡，革命

---

① 国民大会议员最初仅七百四十九人，后增至九百零三人。其中曾参加以往两次议会者占二百八十五人，出身于司法界者占二百四十五人，曾充各级官吏者占三百七十九人，出身于资产阶级者占三分之二，多半是富有政治经验的人物。

② 巴黎选出二十四名，其中多属重要之山岳党，以罗伯斯庇尔居首，此外有丹敦、马拉、巴尼、塞尔冉、俾约·发楞、德木兰诸人，腓力普·平等亦列于名单之末。山岳党系以巴黎代表为中心，最初在议会为少数派。

派自知为数很少，所以较致力于团结而不闹分裂。在欧尔郡，未来吉伦特党的蒲佐，与未来山岳党的罗伯尔及托马·林德同时当选，他们彼此能完全谅解。选举人首先只考虑选出足以保卫革命的人物，以便对抗国内外的敌人。王政已找不到拥护者[①]。吉伦特党是比较著名的，因为他们有机关报，又占有立法议会的讲坛，他们在雅各宾俱乐部中仍有势力，所以这一党当选的人很多。布里索在其9月10日的报上称颂其党在竞选中的胜利。可是，选举人之投票，并不曾为党见所左右。他们不曾叫他们所选出的议员对8月10日的市府——有伤吉伦特党傲岸的市府——来施以报复。

不幸这班吉伦特党不能牺牲他们的怨恨。巴黎选举人会不选佩迪昂而选了罗伯斯庇尔，这次失败大有伤佩迪昂的虚荣心。丹敦在行政会议中的重要地位，使足以左右其年老丈夫的罗兰夫人受不了。布里索、卡拉、卢未、加德、戎索内、康多塞等这些吉伦特党领袖，都恨罗伯斯庇尔这个人，恨他之反对他们的主战政策，恨他之揭发他们在暴动前后的犹疑及诡计，恨他之斥责他们与宫廷及敌人勾结，恨他之煽动傲慢的市府越权；他们要报复。

罗兰夫人的私人函件充分表现出她的怨恨与恐惧的深切程度。什物储藏库中被盗去的王冠上的金刚钻石[②]实际上是职业盗贼所为，她却以为这是丹敦及法布尔·得格兰丁主使的。丹敦虽把市府逮捕她丈夫的命令取消了，她却看不起而且恨丹敦。她认为只有组织外郡卫军驻扎巴黎来保护议会，才有安全。她写给班卡尔的信上说："……我们没有保障，如果各郡不组成一个卫队来保护议会及行政会议，则二者均不安全。所以，你得赶紧为我们派一个卫队来，可以外敌做借口，因为力能荷戈的巴黎人都已出面抵御外敌，须使全国一致来保卫这两大权力，这两大权

---

① 当时王党不敢出面活动，故无一人当选。国民大会议员中虽有日后变为王党者，如拉里威厄，但在当时尚非王党。

② 盗案发生于9月16日，损失值二千四百万锂。

力是属于全国的，而且是全国所珍惜的。"我们由此可以看出这个利用外郡武力以抗巴黎的危险政策的根源，几个月后，这一政策酿成了联邦党骚乱与内战。

不幸罗兰夫人的话竟有人听，尤其是伦威失陷后那些为恐惧所慑的人，他们计划要将政府迁到中部或南部各郡去。9月4日，当时仍与吉伦特党步调一致、后来虽倾向山岳党而仍不信任市府的坎蓬，拿南部人民的报复来恫吓巴黎："倘使由于我们的盲目与懦弱而使这班可耻的造谣生事者变成了残暴的统治者时，先生们，请你们相信，所有在南部业已宣誓保卫本土自由与平等的公民定会来拯救这个被压迫的首都（热烈的掌声）。……假使自由不幸竟被征服，他们竟不能以怨恨、仇视及死亡来对付这些新暴君而要被迫退却的时候，我绝对相信南部公民会把他们那不能侵入的乡土变为神圣的避难所来接待那些能够逃出法兰西暴徒之斧钺的不幸者。"那么，在坎蓬看来，到了他所鼓吹的外省助力未能战胜之时，他们便要采用建立南部共和国的计划，即早已在克尔圣及罗兰诸人秘密会议中讨论过的计划。坎蓬为了证实他的恐惧，引用了他所听见的有关独裁的谣言：这是如何可怕的正在猖獗的控诉呀！

坎蓬在议会用激烈言辞提出的联邦分离计划是这么言之凿凿，以致引起了克洛茨的疑惧。克洛茨当时对市府也怀着恐惧，但他毫不犹疑地攻击这个计划。他在9月10日的《爱国新闻》上说："法国人呀，我们切不要打算逃到南部山地去，这无异是加速我们的毁灭，这无异是任欧洲暴君来践踏，尤其是马德里的暴君。……巴黎是法兰西人的城，首都一被征服，国家就会完全解体。"这样一篇文章遂使克洛茨与罗兰，接着与其他的吉伦特党分道扬镳。

在立法议会的最后几天，罗兰一派用尽一切方法来恫吓议会，为的是要使他们所依靠的郡卫队得以组成。他们把市府中人说成像一群刺客或强盗，以便激起对市府的恐惧。9月17日，罗兰在议会中宣称什物储藏库之盗案与"一大阴谋"有关，接着他又攻击巴黎选举人会，据他说，该会于前一晚提出了土地法，换言之，就是主张均分土地。他说，屠杀党还不满足，他们还要来重演一次："有好些张贴在劝尚未失去武器的人民再起，我知道这些张贴是谁干的，是谁给的钱。"这最后一语显然是暗指在内阁中始终与罗兰共事的丹敦。这个伪造事实或歪曲事实的罪状书，目的只是要达到这样一个结论："所以，先生们，你们必须要有一个大数目的卫队来保卫你们，而且这卫队须受你们指挥。"罗兰又悲剧似地说，在期待时，他不惜冒一死。第二天，罗兰又来控诉。

吉伦特党的领袖们竟跟着这位傲岸、懦弱而浅见的老头子走，这是个大不幸的事件。9 月 17 日，拉索斯在代表十二人委员会的正式报告中，更加重罗兰的黯淡浮言的分量，他说："现在有一个阻止国民大会开幕的计划。……我要揭发这个可耻的计划。……他们到了无计可施之时便会以焚毁或劫掠巴黎城的方法，而使我们的阵地工事不能完成。"他把巴黎革命派说得像布伦斯威克的帮手或走狗。素称较有理性的微尼奥竟保证拉索斯所说的空话是正确的。他攻击市府的监视委员会，斥责暗杀党，并使议会通过一个法令，规定市府人员要以脑袋对囚犯的生命负责！继而是佩迪昂出马，他攻击浮夸而背信的爱国党，据他说，他们在图谋新的屠杀。次日，议会根据加德的动议通过取消革命市府的新法令，这一次是决然把它取消了，令其改组，并恢复佩迪昂在暴动时被夺去的市长职权。此后，唯有市长及警务当局才能发出逮捕状，非有立法机关的正式命令不得使用警钟及警炮。在长达六星期的市府与议会的斗争中，议会竟得到最后的胜利。

议会之所以能有这最后的胜利，不仅由于那使罗兰夫人高兴而"兴奋"的国民大会选举的结果，尤其是由于 9 月屠杀在巴黎、继而在全国所引起的情绪上的反应。吉伦特党当屠杀时曾保持缄默，数月前他们对于亚威农冰室中的暴行曾也予以特赦，现在他们急于要挑拨此种反应并且灵巧地利用它。9 月 10 日，布里索在他的报上说这屠杀是山岳党阴谋的结果，据他说，阴谋的最终目的是土地法，意即均分土地与财产。

由于他及罗兰的倡导，吉伦特党之政论家——其中有许多是受内政部宣传费津贴的，例如卢未——号召产业主群起反对山岳党。吉伦特党从此自命为秩序及社会保守党。他们已把旧福杨党放在他们的保护之下。在巴黎，受卢未鼓动的伦巴人区，接着又有梅尔区及马累区——以富商为主的三区——都起而声援在两次王党请愿书上签字的八千人及两万人，这些人是曾经市府视为可疑人物而被排于选举会之外的。9月8日，伦巴人区向议会宣称，它已发起团结巴黎各区的良好公民组成"神圣保守同盟"来保障生命与财产。议会接受请愿者的正式要求，通过将两次王党请愿书的原文毁灭。反动如此厉害，以致市府亦于9月19日宣誓保护财产。

财产果真受威胁吗？吉伦特党的恐惧有根据吗？那么，现在让我们来看看当时所存在的经济社会问题。

由于战争之故，工匠与工人及一般消费者的景况变得更坏了。奢侈品工业停工了。在8月间，指券在巴黎之价格已贬值41%，在马赛、利尔、那尔邦及波尔多等处，亦相仿佛。薪给的增加不足抵偿物价的上涨。

1792年的收成看来较前一年为好，但市面上的粮食供给仍感不足。谷物被藏起来了，面包稀少而且很贵。革命派说，这是贵族们的阴谋！农人宁肯收藏麦子，不愿拿它来换指券。他们知道有大队普军向巴黎进攻。他们对于将来无把握，他们不信任而取观望态度。他们现在要办到这一着较以前容易多了，因为革命免去了他们的盐税与什一税，他们可以节省储蓄。他们再不必在任何价格下来出卖谷物去缴纳税款与地租。况且他们的业主们也不急于接受用以付租金的指券，劝他们等着，不必急于缴付。海陆军之大量购买粮食更使粮食缺乏，价格上涨。以前军中所用的面包是小麦及裸麦掺和制成的。为着使士兵也得到推倒王政的利益起见，立法议会曾于9月8日议决军中粮食以后要用纯粹上等面粉。于是小麦的消耗量增加了。生活高涨正发生在革命的发展使人民更怀有希望远景的时候。

革命市府代表小民的利益。8 月 11 日，它曾要求议会以严厉的法律处罚银钱买卖者。它要求议会取消制宪议会所曾允许指券与硬币竞争的法令。市府纪录上说："对于在公共灾难上投机的人，处以死刑不算是过分的。"可是资产阶级得势的议会对之充耳不闻。8 月 13 日，又有公民代表团到议会来重提市府的要求，结果仍是一样。幸而市府想到了救济赤贫阶级的办法，即用他们的劳力来在巴黎郊外建筑阵地壕沟，每天付工价四十二镳。工匠则被雇来赶制军用品。青年人则编入义勇军。

其他城市并不见得都有这类救济办法。在图尔，丝织工厂关了门，许多工人陷于赤贫。9 月初，他们起而要求限定面包的价格。9 月 8 日及 9 日，他们包围郡政务厅，强迫它限定面包价为两镳，即较市价少一半。郡政务厅要求选举会将其改组，并且反对限价，认为这样自然会使市场空虚。

里昂的骚乱更为严重，有三万丝织工人失业。为着救济他们起见，沙利尔的朋友巨意味利区主席多帚在 8 月底提议仿效巴黎，进行"搜查囤积的谷物及面粉"，然后将其限价出卖，最后还主张组设特别法庭来处罚各种物品的囤积者。他的目的，在"粉碎因贵族法官之懦弱及精神上的默契而助长的囤积者之卑污利益与贪欲"。中央俱乐部听到巴黎市府已常川设立断头机时①，即向当局要求采用同样措施来对付投机家及制作劣质面包或意在歇业的面包商人。开首，市府拒绝中央俱乐部的这类要求。可是，在 8 月 25 日到 26 日的晚上，有一大队群众夺得断头机，把它树立在特罗广场，正对着市政厅。骚乱运动闹到监狱中去了。冲突的结果，有两名囚犯受重伤，一为伪造指券者，一为被控欺诈的面包商。

---

① 断头机（Guillotine）通常以为是制宪议会议员吉约丹所发明，实则十六世纪时已有。1789 年 10 月，当制宪议会讨论刑罚时，吉约丹本于人道立场，谓此机可以快而减少犯人痛苦，当时未经通过。立法议会根据医生路易（Louis）之报告，于 1792 年 3 月 25 日始正式通过采用，故当时又称 La Louisette 或 Louison，其第一次应用系在 4 月 25 日，但正式用为镇压反革命的工具则始于 8 月。

必须用恐怖来对付囤积者，用断头机来解决经济困难——这个观念已经形成了。在其实行以前，里昂的雅各宾党已采取了直接行动。9 月间，雅各宾党身为警务专员而后来担任沙利尔所主席的那一区的法庭裁判官的蒲萨，限定六十种货物及日用品的价格。妇人们群集恐吓，市府只得批准这个限价表而实行了三天。

乡间的乱子并不轻于城市，因为这时期已经有了一大群靠购买面包过活的零工。

1792 年 8 月 11 日，运往供应加尔郡及艾罗郡的大宗麦船，在南运河上靠近卡尔卡松处为群众所阻。峨德郡召来维持秩序的国民卫军却与暴动者取同一态度。数日中，群众越多，由警钟所召集来的达六千人之众。8 月 17 日，听到当局有调来正规军的风声，于是有一队暴动者到了卡尔卡松，夺取城中所藏的枪炮，杀了检察官维迪尔，最后运走了截藏在卡尔卡松的谷物。为了恢复秩序，非调四千兵来不可。

同时，沿森内河不得不驻扎重兵，以防两岸居民夺取由哈佛尔及卢昂运往巴黎的麦船。

为事势所迫的各个地方政府几乎都在颁布法规，类似旧制度时代的干涉法规。上加朗郡即于 8 月 14 日令所属各市乡政府监视谷物囤积者，尤其是"素来不从事此种商业而竟派人到各乡收买麦子的人"。这便是说，麦之买卖已不能自由，此后除在地方当局的允许及监视之下不得自由经营。上加朗郡的命令责令各地方当局扣留未经特许的收买人，将他们移交法庭，"以便依法律严处"，实则并无此类法律。各地方当局并得逮捕"混入市场秘密购买谷物的坏蛋，他们之购买并非为自给，但为转卖，因而使市价增涨"。9 月 14 日，上加朗郡又决定强制行使信任券。

这类事例足以说明在 8 月 10 日革命的后果面前，商人及业主们怎样地感到不安。他们已觉得为无产者的无声的仇恨所包围。而且，他们不断地要出钱。义勇军之投效是有条件的，在其出发时须给予一种津贴，此款即由富人负担。此外，他们又要求给他们的妻儿以现金补助。各市乡政府之筹集此类必须的款项一般是采取自愿捐献办法。富人们既不出征，对于自愿牺牲而为他们保护财产的人，自然应该予以补偿。但是有法律可恃的富人，却认为他们不应负担这么一再加于他们的款项。他们只等时机一到或有所借口时，就会起而反抗。

当凡尔登失陷的消息引起了激动之时，当各监狱屠杀业已开始之时，9月2日到3日的晚上，革命的巴黎市府为着供给它所征集的义勇军的粮食起见，议决要求议会通过一个法令，强迫农人收割谷物以资征发而应需要。看风使舵的丹敦采用了市府所提出的主张，于次日，即9月4日，使行政会议的同僚，除罗兰外，签署一道布告，规定以特殊措施来强迫业主出卖谷物与军需采购人，并以征发方式供给他们所需用的车辆。价格则由当地行政机关规定。这不仅是强制出卖，而且是限价征用。

不久，立法议会不得不于9月9日及16日明令宣布将业已应用于军中粮食供应的原则，推而应用于一般人民的粮食供应。各市乡政府有权征工去收割谷物及耕种土地，各行政机关有权向私人征发来供应市场。调查粮食令亦已颁布。私人拒绝征发者须受没收谷物之处分，并须罚充苦役一年。对于一般人民的粮食供应尚未敢用明文来规定限价征购。这些法律不过是使已成事实变为合法的，因为有许多市乡政府及行政机关业已凭其本身权力行使此类法律所规定的措施。9月3日，硕蒙县即已令其所属市府割收新麦，并将其输入市场。

行政会议派往各郡去推动征兵、检举嫌疑犯及激发卫国热情的特派员，带着9月4日征发粮食的布告，于9月5日出发。他们在各郡的行动不久要引起尖刻的批评。

这批特派员的大部分是从巴黎市府人物中选出而由丹敦任命的。行政会议赋予他们以最广泛的权力。他们有权使"各市乡政府、各县及各郡执行他们认为保护国家所必需的征发"。这个富有弹性的规定使他们得以便宜行事。派往养恩郡的沙退累及密舍尔二人，"根据珊斯、威弩夫·绪·养恩、若瓦尼等县及奥则尔城居民对养恩郡及其所属各县行政人员所表示的不满"，认为必须组织一个监视委员团，委员十五人，责司监察各县行政人员权力内的一切工作，接受人民的各种申诉及其不服当地法庭判决的上诉，并予以登记。这个法外的监视委员团的委员由当地俱乐部推出，以商人威尔塔为主席，于9月10日设在郡政府的一个大厅中。这些委员当着沙退累及密舍尔，宣誓"各在其职责下，举发一切妨碍公共事务的人物"。他们对于他们的使命甚为认真，到10月底，仍在行使他们的职责，地方当局对之似觉满意。我不知道派往其他各郡的特派员是否亦采取类似的行动。不过，有若干郡对于这类非常措施并非乐于忍受，他们视之为不可容忍而烦苛的越权。

上梭恩郡拒绝接受丹柔及马丁二特派员，并将他们逮捕，由国家宪兵一队交一队地解回巴黎。然而他们并无滥用权力之处，行政会议于10月5日将他们释放，并下令彻查郡政府的处置。

在欧尔郡，摩莫罗及杜富尔二特派员为辩护征发起见，发布一个由他们草成的权利宣言，其中有云："第一，国家承认工业财产，并予以保障及不可侵犯权；第二，对于一般错误地称为地产的东西，国家亦向公民同样予以保障及不可侵犯权，直到国家对此另定新律时为止。"这个触及不动地产的土地法的威胁，激起了反抗特派员的骚乱。柏尔内市府于9月8日将他们逮捕，解往欧尔郡的选举会，选举会中主席蒲佐请他们谨慎从事而仅致力于使命以内的工作，然后将他们释放。

数日后，在卡尔发多斯郡，特派员古波及塞利尔二人被利酉市府逮捕，责他们扰乱人心，擅行武断。

樊尼斯特尔郡也将格尔茂逮捕，他是行政会议派往布勒斯特及洛连去"寻觅武库中武器来装备义勇军的"。格尔茂有攻击罗兰、加德及微尼奥的言论，称赞罗伯斯庇尔，散布马拉所发行的小册子。他丧失自由达数月之久。直到1793年3月4日，须经国民大会的正式命令才使樊尼斯特尔当局将他释放。

吉伦特党自然要利用这类事件来攻击巴黎市府及山岳党。罗兰利用攻击这些不幸的特派员的机会来攻击丹敦。9月13日，他写信给议会，说他们滥用权力。他们搅乱社会安宁，他们在安西·内·佛朗强迫搜查，意欲发现银器。他们出席森内·埃·马恩选举会，迫其采用高声唱名投票制及由市府任命牧师，并使其表示要造一尊大炮，其口径可以容得下路易十六的脑袋，遇敌人侵入时，即可由此把这个叛徒的脑袋送给敌人。立法议会已被激动了，次日，微尼奥使议会通过一个法令，限制特派员的权力仅能管理征兵事件，不得任意征发及罢免官吏。他们所罢免的官吏须一律收回成命，如他们再不服从时地方当局得将其逮捕。9月22日，所有特派员均由行政会议命令召回，罗兰用通令集体予以申斥，责其制造乱子及危害生命与财产安全。

所有吉伦特党各报竟能很一致地攻击市府中人及山岳党为"无政府党"及土地法派；9月17日布里索在其报上，19日卡拉在他的《爱国新闻》上，都是如此。卡拉说："凡是主张土地法或均分土地的人，即为十足的贵族、公敌及恶棍，应将其消灭。"卡拉又说，像这样恫吓业主的宣传足以妨碍亡命者财产之出卖。克拉略在22日的《新闻报》上，极力攻击摩莫罗及仿效他的人说："他们要使人类降落到兽性的程度，而要公有土地。"四海为家的银行家克洛茨①也用动人的话责骂搅乱者："这班可笑而无信之徒喜欢在产业主心中散布恐怖。他们要挑拨法兰西人的不和，将其分为以土地生产为活及以工业生产为活的两类。这个使法国解体的计划是从科布林士制造出来的。"布里索更明显地说这班搅乱者是普鲁士人所雇用的人。

吉伦特党的惊恐无论其是否为夸大的、伪造的或真实的，却有相当事实根据。至于说，行政会议的特派员都仿效摩莫罗，要学他那样把工业财产及土地财产区别开来，以便对土地财产施以尚属隐蔽而遥远的威

---

① 克洛茨本普鲁士贵族，自幼即来法国，受十八世纪哲学家的影响，主张世界主义。1790年6月19日，他代表在巴黎的外人到议会发言，取得"人类发言人"之称。1792年4月21日以其所著《世界共和国》呈献议会，并献金助战，后当选为国民大会议员。

胁，这却是没有根据的。不过，到处都有主张辅以社会革命的革命派，他们提出了多少带点共产主义性质的办法，主张对财产权多少加以限制，以期遏制经济恐慌；这却是毫无疑义的事实。

1792 年春天，在波塞发生了严重的暴动之后，摩陕教区牧师多利微尔在要求议会赦免因杀害埃丹倍市长西摩诺而被逮捕的农民的请愿书中，敢于把自然权利与财产权利对立起来，把原始正义与法律正义对立起来。"用不着追溯财产所赖以存在的真正原则，即可显然明白所称为地主的之所以为地主只是由于法律的规定。唯有国家才是全国土地的真正主人。假使说，国家要承认目下私有财产及其转让的方式，难道可以说，国家对此土地上的产物的主权也被剥夺了吗？难道说国家可以给地主这样的权利，而对无土地者就丝毫权利也不给吗？甚至连不可剥夺的自然权利也没有了吗？"况且，还有其他的理由来更有力量地说明这个理论。不过要建立这个理论，须从本身上研究构成实在财产权的是什么，这在此处是用不着的。卢梭曾说过："谁要吃了一块不是他挣来的面包，便是偷盗。"看来这位雅各宾党牧师的言论是非常大胆的。我们可以说，他是一个社会主义者。不过这个社会主义不但是源于极端派哲学及自然权利说，从另一意义看来，它也是个很古老的东西。多利微尔要为全国国民所争回的权利，不过是以往国王对于全国土地所具有的突出的权利，此外还有什么呢？国民是继承路易十四的〔译者按：路易十四恐系路易十六之误植〕。多利微尔的社会主义的目的，不过是当粮食缺乏时，应当恢复业经制宪议会所废除的旧日的限价与法规而已。在语调上看起来像是个新东西，就其司法形式、救世精神及其目的与方法而论，却是个很古老的东西。

我们须注意，所有这些多少带点社会主义的表现都是由于要解决粮食恐慌而产生的。

在里昂，有个名叫兰治的市府官吏，密什勒认为他和巴贝夫同为近代社会主义的先驱，于 1792 年夏天在一个名为《足食简易策及面包平价》的小册子中，提出一个普遍的粮食国营制度。他说，在原则上，粮食价格之规定不应依据业主的奢望，而应根据消费者的财力。国家应依照一个固定的价格从农人购买全年的收获物，这个固定价格应保证他们不受行市起跌影响。在国家的控制之下，组织一个农产股份公司，资本定为十二亿，由占有相当股份的农人和消费者共同管理，将全国收成储于三万个仓库，限定全国一致的标准面包的平均价格。这并不是一个单纯的理论，却是一个经过仔细研究而考虑到最小细节的制度。这个公司同时是一个保险公司，以防冰雹、火灾及其他一切灾害。在前一年，兰治即已承认其已有社会主义的信念。

散布这些危险思想的尤其是牧师们。自 1792 年夏以来，圣·尼古拉·得·陕副牧师方丈查格·卢出现于巴黎，1792 年 5 月 17 日，他讲演拯救法国和自由的方法，言论很激烈。他说："要求死刑来对付粮食囤积者吧，来对付那些以银钱交易及制造低值货币来破坏指券信用致使物价奇昂，从而使我们急速地走向反革命的坏蛋吧。"他主张用严格的法规来统制粮食，设立平价物品公卖所。他无所谓共产主义，不过是用恐怖手段来对付滥用财产的人。

这类宣传已及于乡村。在舍尔郡，艾庇弩伊尔的牧师佩提冉于 8 月 10 日以后，向其教区人民说："财产会变成公有的，以后会只有一个地窖、一个仓库，各人都可以从而取得他所需要的东西。"他劝大家把物资储于公共地窖或仓库中，从而各取所需，这么便可不再需要金钱了。这是补救金融危机的彻底办法！他又劝教区中人民"自动放弃他们的一切财产，然后大家分享他们的财产"。最后，他劝他们勿再缴纳地租。他这"煽动的"宣传，使他于 1792 年 9 月 23 日被捕，12 月 18 日，郡刑事法庭将他缺席判罚苦役六年。经上诉后，减为徒刑一年。

糊涂而多写作的政论家邦内微尔，曾于 1790 年创办《铁嘴报》，此时则召集"真理之友"于社会俱乐部听方丈福失宣讲；无疑地他和德意志的光明共济会有关系①，于8月10日以后再版了一本名叫《宗教精神》的奇书。此书初版是在发楞事件以后出版的，当时未引起大家注意，这一次则与流行的气氛相投合了。他在本书所述的未来社会的计划中，说明土地法的必然性，用的虽是祈祷语调，但其意义是很鲜明的："耶和华啊！耶和华啊！正直的人们在永远崇奉你！你的法律就是永久的信仰。你的法律是傲慢者的恐怖。你的名字是命令，也就是法兰克人的法律……土地！"此书第三十九章《实行均分土地之方法》中有云："要实现此伟大的大同社会的唯一可能方法，是将土地遗产分为若干相等而有一定限度的小块分给死者的儿女，有剩余时，再由其他亲属分享。自今以后，死者儿孙所受之遗产限定为五或六法亩，有余则由其他亲属均分。即令是这样，距正义及我们要求人人享有平等而不可剥夺的权利的愿望，仍远得很。……"

故此，使吉伦特党深感不安的土地法并非神话，也不是幽灵。有些不著名的革命派，大部分为教士，梦想另有一个新革命，较已形成的革命更为深刻的革命，以资产阶级与地主为牺牲者。反革命派早已在恫吓资产阶级，向他们说，继门阀特权废除之后，决然命定是财产特权之废止。事实不是证明了他们的话是对的吗？不能根据原始契券的封建权利业已无补偿地废止了，当1792年6月14日在讨论时，有个名叫舍朗的议员曾采取一个灵巧的策略，以便打消他所害怕的这一措施。他说："无可讳言，有些地产是由于强夺而得的。我主张，扩大这个业已通过的原则，凡属不能提出原始契券来证明的地产，一律宣布为国产。"这个理论成功了，直到8月10日以后议会才作出决定。可是，富人们既已担负各种捐税，他们的财产权又受了征发及限价的限制，那么，在当时仍然是革命的吉伦特党也在肆力攻击共产主义者时，他们怎能不把土地法认

---

① 光明共济会系一种带政治性的秘密结社，主张改良社会，倾向共和，1776年卫斯霍普特所创，支部遍全欧，但会员人数不多。

为是一个严重的危险呢？事实上，土地法已激起了好几郡的疑惧。在洛郡，选举会即劝农民不要平分亡命者的财产。

立法议会曾要求所有行政与司法人员以及选举人全体，都要誓忠于自由与平等。马恩郡政府人员表示，倘使誓忠于平等即为承认均分财产；总之，他们只可向当时所谓"事实上的平等"宣誓。其他，如欧尔、刚达尔、安德尔等郡的选举会则抗议土地法的宣传，要求拥护财产。欧尔郡主教山岳党托马·林德，于1792年8月20日写信给其弟罗伯说："革命使我们走得很远。当心土地法呀！"

我们承认，吉伦特党之不安并非完全是无根据的。但我们要问一问，他们把山岳党与共产主义者混为一谈是否正确。

当时的共产主义者并不曾形成为一个党。这只是个人孤立的行动，彼此并无联系。里昂的兰治是不为人所知的，甚至在里昂亦如此。查格·卢的声名不曾越出格拉微利尔区的陋巷。8月10日以后，他想竞选为国民大会议员，所得一共只有两票，只好以市议员为满足。多利微尔及佩提再更是默默无闻。唯摩莫罗及邦内微尔二人略有名气。摩莫罗是哥德利埃俱乐部中最有势力的会员之一。不久，他加入了新改组的巴黎郡政府。以后，他是艾贝尔派领袖之一。邦内微尔办了一种报纸及一个印刷所。他手中的笔虽很强硬，但一遇实际行动则很畏缩。他的一切关系与友谊，均与吉伦特党有关。他接受罗兰所给他的使命，自居于这一党，在他的《真理之友报》上攻击山岳党。这位土地法理论家只想获得吉伦特党的信任与同情。称他为朋友的布里索，曾向选举人推荐他为国民大会的议员。

市府业已宣誓尊重生命与财产。它和摩莫罗并非是一致的。至于山岳党的领袖们，假使他们的同情心及本身利益使他们要去满足跟着他们走的无套裤党，假使他们准备采用最激烈的方法来遏制粮食恐慌及生活高涨，可是，并无丝毫事实证明他们具有共产主义的思想。他们同意征发，因为他们认为当时情况要求这一措施；可是他们长时期在反对民众鼓动家所要求的限价。他们只想预防财产权之滥用，要把财产权置于国家利益之下，他们并没想到要取消财产。

从1792年7月起，马拉即攻击财富及社会上的不平等，认为这是奴役无产者的泉源。他说："在渴望自由以前，必须先想到生存。"他满腔愤恨地咒骂傲慢的富人，说他们一餐之费可以养活一百家人。在他所有的著作中，对于他所熟知的贫民苦况始终表现出诚挚而恳切的语调。他攻击囤积者，用群众裁判来威吓他们，可是在他那热情的笔底下我们始终找不出一个社会制度的轮廓。

已在广为发行《父杜舍内报》①的艾贝尔一再向富人说，假使没有无套裤党，没有义勇军及结盟军，他们早已做了普鲁士铁蹄下的牺牲者。他虽谴责他们的贪欲，但在当时他和马拉一般也没有经济改革计划。

罗伯斯庇尔久已成为山岳党的当然领袖。当制宪议会时，他始终在保卫弱者及无产者。他是第一个以不倦的热情反抗有财产资格限制的选举制度，毕竟由于他的不断打击而取消了这种限制；他抗议戒严令而主张武装人民；在讨论取消长子继承权时，他曾说道："诸位立法者，倘使你们的法律不以温和而有效的方法去限制财产之极度不平等，那么，你们对于自由就不会有什么贡献。"他主张限制遗产，公认为共产主义者的巴贝夫即把希望寄托在他身上（见其1791年9月10日给库俾·得·洛瓦茨的信）。罗伯斯庇尔在他所办的《护宪者》上面，把摩陕牧师反对西摩诺的请愿书全文刊载，并加以同情的注释，这是个至关重要的事实。在这时候，他不满于那些发革命财者之轻视贫民。他冷静而猛烈地攻击资产阶级的寡头政治。但是，他正式排斥共产主义。他认为土地法是"恶人对愚人提出的可笑的稻草人"，"好像拥护自由者已近疯狂，以至于要定出一个同样危险、不公平而且不可实行的计划"。对于这一点，罗伯

---

① 父杜舍内本为喜剧中的平民典型人物，艾贝尔用之为笔名及报名；同时又有所谓母杜舍内，用以指女革命家。

斯庇尔始终没有改变过。他始终认为共产主义是一个不可能的荒唐的梦想。他主张财产权应受限制，应防止滥用。他始终没想到要消灭它。

至于丹敦，国民大会一开幕，他即急于登坛谴责行政会议的特派员，攻击摩莫罗及杜富尔等辈之应用煽乱的宣传来恫吓产业主。在国民大会中没有一个公认是共产主义者的人。

难道说，果真如一般人之轻率判断说，吉伦特党和山岳党之间并无任何原则上的冲突，不过是彼此个人间的对敌，是彼此对于巴黎在指挥全国政治的作用的看法不同而已吗？倘如此说，那是再错没有的了。吉伦特党与山岳党的冲突是深刻的。这几乎是一个阶级冲突。正如多弩所云，吉伦特党包括"一大群业主及有教养的公民"，他们具有社会尊卑感，他们要保全并加强这一尊卑感。他们对粗俗而未受教育的人民，天性表示厌恶。他们认为财产权是绝对不可侵犯的。他们认定人民是无能的，他们要给本阶级保留政治垄断权。凡性质上会妨碍业主资产阶级行动的东西，他们认定都是坏的。他们和罗兰一致主张极度的经济自由主义。他们认为干涉个人最少的政府是最完的政府。

反之，山岳党所代表的是小民，是那些因战争危机而受痛苦的人，那些曾经推倒王政的人，那些因暴动而得接触政权的人。他们不如吉伦特党那样看重理论，他们比较地是现实主义者，因为他们更接近现实，他们知道当时法国所处的可怕情况要求非常的补救政策。他们容易地提出生存权来对抗财产权，提出公共利益来对抗私人利益。他们不了解竟会有人在尊重原则的借口之下，拿一阶级来与祖国衡量。遇必要时，他们预备限制自由及私有财产，倘使为着群众最高利益而非此不可的话。

吉伦特党之恨巴黎，不仅因为这个城市之反抗他们及摒弃他们，而且因为这个城市是第一个行使这个公安政策的，它计划了并且施行了要牺牲他们这一阶级的专政策略。使他们反对山岳党的，由于恐怖者少，由于保守的天性者多。

两派间的根本对立在10月间同时双方都有文字公开表现出来，一方面是布里索，另一方面是罗伯斯庇尔。

布里索在他的《告全体法国共和党人》中，论到他被摒于雅各宾俱乐部时说："破坏者就是那些要踏平一切的人，无论是财产、安适、物价及对社会的各种服役等都要平等，他们认为筑营地的工人应与立法者得到相等的酬劳。他们甚至主张才能、知识及德性都要平等，正因为这些东西他们一点儿也没有！"布里索这样地把那班有些东西要保全的人放在他们的保护之下以后，即举出"破坏者"的名字：马拉、沙跛、罗伯斯庇尔、科洛·得霸。他没有提及丹敦。

罗伯斯庇尔在他的《致选举人信》之第一期中，提出恰恰相反的政纲。他说："王政已倒，贵族与僧侣亦已消灭，平等统治要开始了。"接着他尖刻地攻击伪爱国者，说"他们只是为了自己的打算而要建立共和国"，"他们只是为着富人及官吏的利益而统治"。他说与伪爱国者相对立的有真爱国者，"他们要在平等及大众利益的原则上建立共和国"。他又说："请注意，有人老是倾向于把骚乱及抢劫的观念与人民及贫乏的观念联系在一起。"

谁也不会看错的。吉伦特党与山岳党的对敌是从战争问题发生的，因推倒王政问题而加激，8 月 10 日以后，已不再是一个纯粹的政治斗争了。阶级斗争已在开始。山岳党波朵看得明白，许多山岳党之所以要与民众接近和合作，是由于战争需要所迫而采取的策略。事实上，大部分山岳党和吉伦特党一般，都是资产阶级出身的。他们所推动的阶级政策，并非完全是从人民内部产生出来的。这是一个因情况而造成的政策，马克思说，这是用平民的方法去打倒国王、教士、贵族及一切革命敌人的策略。即此，足以使其与吉伦特党的政策根本不同。

第四章　发尔密之役

　　王政之倒和一年前的发楞事件一般，必然使革命的法国和尚能与法国保持和平的王政列强间的关系变为紧张。

　　英国将其大使高厄勋爵从巴黎召回，他当动身以前，于8月23日，以一强硬公文送达行政会议，申述英王乔治虽仍能保守中立，但表示"其深切关怀于笃信基督教的国王夫妇及王室之安全"；这种方式对于法国的新主人多少是有点伤害与恫吓。数天之后，即9月2日，英国代办林塞亦请求护照，转回伦敦。英国外交部长格棱维尔通知法国驻英大使硕味兰，谓英廷再不接待他。

　　俄皇卡特琳则驱逐法国代办贞内。

　　据报告，两赫斯的军队已与奥、普军队联合，眼见不久帝国议会便会决定对法宣战①。

　　保护杜伊勒里宫的瑞士兵之被屠杀，引起了犹拉山外对于法国人的非常愤怒。伯尔尼的权贵召集军队，借口日内瓦自由城的中立受到蒙特斯契奥所统率而集中在伊最尔河上的军队之威胁，因而不顾此城与法国

---

　　① 两赫斯系指赫斯·加塞尔及赫斯·达姆斯达特，二者均帝国小邦。奥帝欲诉之帝国议会，使全帝国对抗法国，结果唯赫斯·加塞尔出兵。

的条约关系,派军保卫此城①。当时恐怕瑞士其他各邦也会跟着伯尔尼及苏黎世二邦走。

早在8月11日,西班牙驻法大使伊里阿特也要求护照;西班牙政府立即通知奥国,谓要沿庇里尼斯山动员。

其至极渺小的国家也敢于不尊重法国,甚或向它挑衅。属于神圣罗马帝国的列日亲王主教,拒绝接待法国所派往的全权公使波稷·多比仰。

外交部长勒布朗在其8月23日的报告中说,尚能与法国保持满意外交关系的只有丹麦和瑞典,他自以为慰的是荷兰大使仍留在巴黎,可是不久他也被召回了。

王政欧洲所施于革命法国的包围圈是愈来愈紧了。

巴黎市府及山岳党之应付这种情势,并无惧色。市府检察官马吕厄于8月21日通知议会,威尼斯大使一行十四人当晚要离开巴黎。他质问议会:"在不能保证法国派出的大使受到各国宫廷尊重以前,是否应让各国驻法大使离开?"这便是主张扣留各王国的公使为质以资预防的报复政策。议会不敢有所决定。事实上,它让行政会议去处理外交事件。

行政会议最初倾向强硬态度。8月24日,即高厄勋爵动身之次日,它决定召回法国驻英大使硕味兰。但到9月6日,它又变更态度,令硕味兰仍留原职。在这期间,伦威及凡尔登之失陷使它软化了。

丹敦本人虽曾反对罗兰及塞尔汪等退出巴黎的主张,但此刻则附和而且极力参加退让政策而与王政列强进行谈判。8月28日,他派遣他的朋友昔为方丈的诺尔到伦敦去,与庇特进行秘密交涉;诺尔在1789年时是个新闻记者,1792年春被杜木里厄任命为外交部司长。诺尔之到伦敦,还带着丹敦的两位亲属,他的异父弟累科尔丹和他的亲戚麦尔格②。他和丹敦通信很勤。丹敦叫他竭力不惜任何代价来使英国保持中立。为

---

① 日内瓦是未加入瑞士联邦的独立邦,但与伯尔尼及苏黎世二邦结有永久同盟。1782年日内瓦起革命,法国、萨底尼亚及瑞士联邦共同干涉,维持其贵族统治,并保护其中立。

② 丹敦三岁丧父(1762年),其母再嫁累科尔丹,麦尔格则为其侄。

达此目的之故，他有权割让由新近一次《凡尔赛条约》所划归法国的塔巴哥岛给英国。他并可向英国保证法国对荷兰方面的态度①。诺尔一到英国，即与另一与丹敦有同等密切关系的秘密代表柏诺瓦联同一起，要求大量金钱以作活动费用。勒布朗叫他向英国公众宣传：英国夺取路易稷安那及西班牙在美洲殖民地的机会已经到了。法国不会干涉，甚至会同意。但是庇特轻蔑地拒绝与诺尔有所接洽。

从下述事件可以更好地看出法国的部长们当时是如何手忙脚乱：勒布朗另派了一个秘密使者，也是丹敦的人，名叫德波特，是一个没有经验而有野心的青年，到双桥公国去。9 月 13 日，德波特受命与普鲁士进行秘密交涉，以期使它退出联盟军。勒布朗部长并非开玩笑地写信给他说："有人对我称赞你的天才及爱国心。你可使此二者发扬光大而为你造成不可磨灭的光荣，假使你能使法国所最怕的敌人驯服的话。"在这同一文件中，勒布朗又说，布伦斯威克公爵这位"英雄"——他跟着卡拉及康多塞这样称呼他——本心是不愿和我们交战的，利用他的力量，我们不仅可与普鲁士而且可与奥国恢复和平。德波特纵有天才，其结果显然不能好过诺尔。

除开这些不正当的阴谋之外，吉伦特党认为可以借革命原则在外国所能发生的伟大作用来避免外来的危险②。在宣战以前，罗伯斯庇尔即叫他们当心这种危险的幻想，可是无效。他们老在天真地幻想，以为外国人民只在等着信号就可效法法国人，就可起而推倒他们的贵族、僧侣及"暴君"。

既然法国革命是由受哲学家启迪的资产阶级所造成的，于是他们认

---

① 塔巴哥岛在英国统治下凡二十年（1763—1783 年），后由结束美国独立战争之《凡尔赛条约》划给法国（1783 年）。英国关切荷兰，时荷兰已有革命酝酿，法国允许不进行宣传，并不在爱尔兰活动。诺尔等之目的除使英国保持中立外，并欲与英结为同盟及进行借款。

② 希望将革命思潮广播于外国而造成全欧革命的，并不限于吉伦特党；不过他们主之最力，梦想以此为打倒外敌之工具而已。

为欧洲革命的主要人物也该是著作家与思想家。8月24日，舍尼埃同几个文人出席立法议会，要求将曾以著作摧毁"暴政之基础而准备自由之路的"外国政论家，视为"法国人民的同盟者"。他提议应称他们为法兰西公民，以便使这些"为人类造福者"得以当选为议员。"倘使人民的选择能使这班名人加入国民大会，则此责司决定伟大命运的议会将具有何等显赫而庄严的景象！把地球上各地的优秀人物会集在一起不就是个全世界的议会吗？"舍尼埃的提议，虽经拉索斯、杜里奥及巴稽尔诸人的温和反对，可是在两天之后，由于加德的报告而得通过成为法令，将法国公民权给予：英国人有名化学家普利斯特利、著名功利派哲学家边沁、保护黑人的雄辩家克拉克松及威伯福士以及著文驳斥柏克之反法国革命小册子[①]的马金托什及大卫·威廉；美国人有华盛顿、哈密尔敦、佩因；德意志人有席勒、克洛普斯托克、坎培及克洛茨；瑞士人有佩斯塔洛齐；意大利人有哥拉尼；波兰人有科修士古；荷兰人有科内伊·保。正如舍尼埃所希望的，普利斯特利、克洛茨及佩因三人当选为国民大会议员。普利斯特利拒绝了，其他二人却接受了。

为躲避其贵族之报复而逃到法国来的外国人，久已受到法国革命派的热烈接待。他们不仅能加入俱乐部，而且能参加国民卫军、各地行政机关、被选为官吏以至充任外交部的公务员。在宣战以后，这些政治亡命客形成了外人军团的核心。此类军团准备在胜利以后去解放他们的祖国。在中路军的有列日军团，在北路军的有比利时军团。8月10日以后，有巴达弗人军团之组织，继而萨伏依人、日内瓦人、弩沙特尔人及服邦人共组亚洛布罗热人军团[②]，最后则有德意志人军团，其团长大佐丹巴哈是曾经在腓特烈大王手下服役过的。

---

① 柏克为英国反法国革命派的代表人物，于1790年11月出版其《论法国革命》，不久即被译成各种语言，销行甚广，不但为英国保守主义之杰作，亦为拿破仑失败后欧洲反动政治之经典。

② 巴达弗人属日耳曼族，即荷兰人。亚洛布罗热人属高卢族，即萨伏依人等之祖先。

行政会议竭力在保持有若干秘密人员在各国宣传革命思想。它津贴伦敦的报纸；在瑞士、比利时、德意志、意大利、西班牙等处则发散大批小册子。各国在法国的亡命客各有其俱乐部及特别委员会，为其本国同胞发行报纸。例如布里索的朋友西班牙人马彻那，在贝阳用法文及西班牙文办了一个《自由平等报》。

吉伦特党甚至还想挑起普、奥军的士兵的成群逃亡。8月2日，加德使议会通过一个法令，凡逃亡来归的敌人即予以一百锂的终身年金，其妻得继承之，此外还有五十锂特赏。在东北边境各处，将这个法令广为散布。并把它译成了各种语言。有人幻想敌人一入法境便会瓦解。有人在前线收容了几十个贫苦的外国人，其中混杂有若干侦探，他们知道在三色帽章及红帽子掩护之下便于行使他们的工作。法国自宣战以来，还不曾颁布限制敌国人民的办法，因而于他们的工作更为便利。当普、奥诸国在将法国人民驱逐或拘禁的时候，而普、奥人民在法国可以自由行动，只要他能表现拥护革命的情绪即可受到特殊保护的待遇。

相信宣传的力量到如此程度，以致号称现实主义者的杜木里厄也相信可以利用在巴黎组织了瑞士俱乐部的亡命客去推动瑞士革命，8月24日他把这样一个计划送达勒布朗。亚洛布罗热军团建立者多培医生所领导的萨伏依亡命客向行政会议说，征服萨伏依是易如反掌的。9月8日，蒙特斯契奥所统率的小军，秘密受命进攻仍与法国保持和平的萨底尼亚王国。事后，9月15日，勒布朗部长出席解释这次突然而先发制人的进攻，说这是由于萨底尼亚国王容许法国亡命者屯集、调集重兵于蒙美利益、允许奥军假道（？）以及拒绝接待法国的外交人员。议会对这报告报以热烈的掌声。

普、奥军利用了法国政客将军们所慷慨赋予的三个月喘息时间。当这些将领们在不服从其所接受的命令、按兵不动、以其时日与宫廷及福杨党进行阴谋而坐失侵入疏于防御的比利时的时机的时候，普、奥军队则赶紧动员及集中以补救其过去的迟缓。

有规律的布伦斯威克公爵统率主力军，由四万二千普军及五千赫斯军组成，于7月30日从科布林土上溯摩则尔河而向法国边境进发。其右翼则有由五千人组成的法国亡命者军团及由克勒腓所统率的一万五千奥军。左翼则有由荷安洛厄·克希堡统率的一万四千奥军，向迪昂威尔及默茨进发。最后则有二万五千奥军及四千法国亡命者军集中在比利时，面向利尔，由萨克斯·特斯恒公爵统率。

在外国，一般人以为布伦斯威克公爵于10月初可以到巴黎。法国军队不是因为大部分军官出走而已解体吗？它不是有白裤制服的正规军及蓝制服的义勇军之对立而瘫痪了吗？义勇军每天领十五镳，自选军官。毫无训练的普通人被任为官佐，能够使人服从吗？选举能够代替能力与经验吗？义勇军，即使是资格最老的，入伍还不到一年①。他们一经接触即会嚷着有叛逆而四散，正如战争初起时在图尔内及蒙斯发生过的情形一般。法国亡命者公开宣称他们在任何要塞中都有内应。他们一再说，他们的旧日附庸及臣民是真实的王党，他们一见到白色帽章即会起而反抗少数派雅各宾党的暴政。战役不久即可了结，确实只是一场游戏而已。

联盟军的初步胜利证实了这类希望。普军于8月16日侵入法国边界。他们围攻伦威，当地司令官拉维涅经过一度貌为抵抗之后，于8月23日投降，敌人予他以自由。普军围攻凡尔登，这正是曾经谴责过8月10日事件的地方。当地司令波累倍尔为马恩·埃·洛瓦营营长，是个爱国者。他要抵抗。城中王党将他刺死，而散布谣言说他自杀。凡尔登于9月1日投降。城中妇女竟到敌人营中去慰问。

荷安洛厄·克希堡所统的奥军于9月4日进围迪昂威尔，当地防军司令泳普方本旧制宪议会议员，打算接受由犹太人高德硕所转达的各亲王所提出的条件。但居民及军队的决绝态度不许他投降。

① 发楞事件以后，一时颇有战争空气，议会下令征集义勇军一百六十九营。征集结果，东北部各省较佳，但截至普军侵入时为止，仅成立八十三营，是为1791年义勇军。宣战以后，议会再下令征集义勇军四十二营，是为1792年义勇军。

倘使布伦斯威克在夺得凡尔登之后能更自信一点，倘使他赓即向沙伦进发，沿途他不会遇到什么严重的阻力。可是布伦斯威克轻视敌人，不忙于进军。

行政会议已经在犹疑与摇摆中失去了半个月的时光。到了 8 月 19 日，当拉法夷脱因军队不服从而只得逃走以后，行政会议才任命吕克内去替代他。吕克内是一个德意志老滑头，他和拉法夷脱的勾结自然要引起爱国派的怀疑。他几乎是忽然升为统帅的，8 月 21 日被调往沙伦，其任务专在组织新从法国各地征募而来的义勇军。行政会议另派拉克洛及俾约·发楞二人去监视他，他们不久即举发他之无能与不可靠。他于 9 月 13 日被召回巴黎。

克勒曼受命为中路军司令，比隆为莱茵军司令，杜木里厄为北路军司令。三军沿前线布防连成一线，并未离开阵地。比伦统率二万五千人扼守洛特尔河，克勒曼统率二万八千人驻在洛林郡的默茨及迪昂威尔。北路军分为两部，较大的一部屯诺尔郡，布防在自敦刻尔克至摩贝治一带；其他一部则保卫塞丹，为数一万九千人。在后面，介于理姆斯及沙伦之间集中有国民卫军及义勇军，捍卫巴黎。

政治上的考虑影响了战略上的决定。因为怕巴黎发生暴动，塞尔汪及行政会议均愿竭全力阻止布伦斯威克的前进。他们命令杜木里厄赶速去指挥驻在塞丹的军队以与克勒曼军会合于亚尔艮一带①。可是杜木里厄梦想要征服比利时。他再三反对这个计划。8 月 28 日，他才到达塞丹，即令在这时，他仍向塞尔汪提出要向谬司河进兵侵入比利时。直到 9 月 1 日，即凡尔登失陷的那一天，他才决定离塞丹而进占亚尔艮森林要道。相距较近的布伦斯威克本可先期到达，最少他可以从侧面严重地阻碍其进军。然而布伦斯威克无所动作，杜木里厄得于 9 月 3 日到达格

---

① 亚尔艮是一长而狭之丘陵森林地带，长四十哩，宽七哩，位于巴黎之东，为敌人直接进攻巴黎必经之处，可通之道有五，但以从凡尔登经克勒蒙及圣墨内奥尔而抵沙伦者为主；普军事先没曾走这条路，才有发尔密之役。

兰普累。他从法兰兑斯调来援军，防堵森林地带的道路，等着克勒曼从默茨取道巴·勒·杜克来与他联络。

布伦斯威克直到9月12日才向法国防线进攻。他北向攻打克瓦左·霸。塞尔汪原要杜木里厄向沙伦撤退的，他却南向圣墨内奥尔退却。通往巴黎的路在闯开着。但到9月19日，从默茨来的克勒曼军得与杜木里厄军会师。于是有五万法军对抗三万四千普军。

当杜木里厄从格兰普累退到圣墨内奥尔的时候，布伦斯威克并未尾追。布伦斯威克老是迟缓而拘谨的，他想从威盎·勒·沙朵及沙拉德运用灵巧的包抄去驱逐法军。可是普王不耐烦这类迟缓的办法。他命令布伦斯威克立刻从正面攻打无套裤党。因而在9月20日的中午，普鲁士步兵有如操演似的展开在依伏龙山及克勒曼所据的发尔密山丘前。普王只等着这班卡马弱尔军之慌乱逃走的消息[1]。他们却能沉着应战。忽然有三车火药爆发，使第二防线秩序稍乱。但是，克勒曼用剑尖举起帽子嚷着："国民万岁！"这呼声从一营传到另一营。普鲁士步军停住了。布伦斯威克不敢下令冲锋。这一天即以炮战结束，这就使法军占优势。黄昏6时许又遇大雨倾盆。当晚两军各守原阵地。双方所受损伤都轻，普军为两百人，法军为三百人。

发尔密之役并非战略上的胜利，因为普军并未受损害，仍然屹立于巴黎及法军之间。但这是一个精神上的胜利。这么被人轻视的无套裤党居然也能抵挡一阵。普、奥军想要在战场上毫无困难地将他们征服的幻想已失去了。

这些拘于传统观念的人，天真地以为没有王政统治便是纷乱与无能为力。法国革命才第一次向他们表现其组织的及建设的面目。它使他们深受震动，当时在普军营中的歌德据云表现其震动时曾用了这样的名言：

---

[1] 英译注："卡马弱尔"是意大利卡马弱拉地方工人所着之一种短外衣，他们将其传入法国。马赛结盟军采用这种服装，使之流行于巴黎，因而用这个字来指急进的革命派及雅各宾党。有一个革命歌曲及一种跳舞，也用这个名字。

"从此地此时起世界史中开始了一个新纪元。"真理突然出现在这位伟大的哲学诗人面前。以教条及强权为基础的旧统治，现在要让位于以自由为基础的新统治。受被动训练的职业军队要让位于受人类尊严及民族独立情感所激发的新军队。一方面是君主的神权，另一方面是人及人民的权利。发尔密之役证明了，在如此急遽地从事的斗争中，人权并非一定是失败者。

布伦斯威克之进军香宾本非出于心愿，他只想有计划地将边境各要塞完全克服，以便安静地屯过冬天。他不急于要再进攻。他的士兵在泥泞湿地进军很吃了些苦。香宾的葡萄在士兵中散布了传染性的痢疾。他的运输车须从凡尔登绕道格兰普累，故不能按时到达。而且洛林及香宾等地的农民并不把联盟军当作义师，反而抗拒他们的征发，逃入森林，枪伤其散卒。显然地，群众讨厌法国的亡命者，他们害怕恢复封建制度。布伦斯威克对普王说明他的地位颇为冒险及不宜再作进攻巴黎之想。普王谋士之反对与奥国联盟的，如卢彻漆尼及曼斯坦等，认为对法战争除消耗与损失外，没有什么好处，不过是代帝国皇帝冒险而已。

在杜木里厄这一方面，他仍希望尽可能速度来实现其对比利时的计划。他老觉得法、普间有共同的利益，应联合对奥。故此，他无所作为去使发尔密之役的精神胜利变为战略胜利。而且，借口互相释放——法方释放 9 月 20 日所俘房的普王秘书伦巴德，普方释放扣以为质的发楞市长若尔治，他派遣行政会议专员威斯特曼于 9 月 22 日到普军去，与普秘密交涉达数日之久。杜木里厄自以为可以离间普、奥。布伦斯威克及普王也想勾结杜木里厄，他们知道他有野心而易受收买，希望利用他做个工具，即使不能恢复王政，至少可使路易十六及其家属被释放。9 月 23 日，普王腓特烈·威廉的传令官曼斯坦与杜木里厄及克勒曼宴于丹庇尔·绪·奥夫的司令部。他交给他们一个文件，称为《寻求和平调处法、普两王国间误会之途径的要点》，其中载有："第一，普王及其联盟国希望法国国王能代表法国国民，而与之交涉。目的不在恢复以前的事态，反之，但在使法国有一适于其王国之政府；第二，普王及其联盟国希望停止一切宣传；第三，希望法国国王获得完全自由。"

曼斯坦刚一离开，杜木里厄及克勒曼即得到法国已宣布为共和国的消息。业已开始的交涉基础，遂不能适用。可是双方已同意停战，威斯特曼被遣赴巴黎送达普鲁士所提的条款。丹敦仍未退出的行政会议于9月25日考虑这些条款。它认为交涉应该继续。它要求仍为市府检察官的马吕厄，搜集市府关于保证路易十六及其家属在丹普尔堡中之正当待遇的讨论摘要。市府对于马吕厄这个要求，甚觉惊讶，认为非经国民大会决定不得执行；国民大会对此问题略经一度辩论之后，决定交行政会议全权处理。当议会讨论时，马吕厄曾疏忽地称威斯特曼为普王派来的人。威斯特曼回到杜木里厄营中，带有足以向腓特烈·威廉保证路易十六命运的市府记录；并带有勒布朗的一封信，表示不仅要与普鲁士单独媾和，而且要与它联盟，只要它承认共和国。

在这等待时期中，杜木里厄延长了停战时期，与敌人将领交换礼节及拜访。9月27日，他将糖及咖啡送给腓特烈·威廉，这些正是他所缺少的，并附一封友好的信给"有德行的曼斯坦"。可是，同时杜木里厄向他说明必须以国民大会为交涉对象并须承认共和国。腓特烈·威廉还不准备跨这么一大步。他冷淡地答复杜木里厄，说他所送礼物是多余的："敢恳再不必如此费心。"9月28日，他命布伦斯威克签发一个激烈宣言，向全世界举发法王被禁前所发生的"恐怖情况"、乱党们的前所未闻的罪恶及胆大妄为，最后还有"国民议会之最近的罪行"，即指共和国之宣布。

得到这个宣言时，是该杜木里厄感受失望或怒恼的了。他报之以一个布告，他在这里面对全军说："休战终止了，朋友们，让我们进攻这些暴君，使他们后悔他们之敢于侮辱一个自由的民族。"这些话只是为博得喝彩而发的。杜木里厄并未进攻普军。他仍和他们常有来往。所剩强壮士兵不过一万七千人的腓特烈·威廉，利用他这种友好的表示于9月

30 日拔营，本可变为不可收拾的竟得安全退却。杜木里厄缓慢而客气地追随他们，在经过亚尔艮隘道时并未压迫他们；甚至故意将自己军队调动，以免迫敌过近。

在国民大会最初的几天中，一切是有利于吉伦特党的。侵入的敌人被赶走了，在其他战线上法军马上要采取攻势。在危急关头感觉失望的吉伦特党，从这些非始料所及的成功中大有所获。可是他们只想利用这些成功为对付政敌的武器。布里索说，这些成功"造成了煽动家的痛苦与失望"。故此，胜利非但不能够平息党争，反而使之扩大。

第二编　吉伦特党政府

第一章　停止党争的三日

成为新制宪议会的国民大会，就其含义言，应具有一切权力。唯它才有资格解释国民的意愿。故此，在它面前，巴黎市府只有低头。代表全国的议会与主持暴动的市府间的敌对时期至此告一段落。从此又有合法的最高权力。

此后是否能消灭无益的党争而使全体革命分子肆力于有利国家的事业，关键全在于吉伦特党。因 9 月屠杀而自觉失去信任的市府有自知之明，它取消它所改组的监视委员会，在解散以前先清理其账目；总之，市府竭力要使外省明了它之被称为无政府的与破坏的权力，全是诽谤。

9 月 22 日，马拉在其刊物上记述山岳党竞选之失败，宣称此后他要采取"一种新的步伐"。他主张信任国民大会，答应减少他对人的怀疑，要与人民保护者取一致步骤。

马拉自己说过，他的行动只是服从他那一党的策略。在国民大会开幕的前几天，丹敦走访布里索，向他提出妥协与合作。布里索说："对于我的共和理论，他提出了几个问题。他说他和罗伯斯庇尔都怕我要建立一个联邦共和国，认为这是吉伦特党的主张。我对他提出了保证。"[①] 可见山岳党是首先表示要和解，他们的行动表现他们要努力实践其诺言。

---

① 原注：见布里索《告全法国共和党书》，系 1792 年 10 月 24 日发行的小册子。

1792 年 9 月 21 日国民大会开幕的那一天，即发尔密战役之次日，蒙特斯契奥胜利侵入萨伏依后之第二日，巴黎是很镇静的，镇静得使这一班新议员大为惊异，因为他们受了罗兰及其一派的新闻记者的宣传，总以为巴黎是个谋杀与混乱的中心。9 月 23 日，冉邦·圣丹德累写信给蒙托邦的市府说："我们国内非有和平不可，尤其勿使好公民受伪爱国者的诱惑，有如在里昂一般，在那里，人民盲目地容许把物价规定到使商人破产，迫着商贾们离开这个因暴行而感受饥荒恐怖的不幸城市。"[1]圣丹德累是位最坚决的山岳党，这是无可疑的。他却在此攻击极端派、伪爱国者及在里昂限定物价的沙利尔一派。

在这样一种信任及合作的空气中，吉伦特党的当政是再容易不过的了。他们的旧敌人与他们携手，而且给他们保证。

可是吉伦特党，被为其外交政策辩护的军事胜利所眩惑，在议会又占大多数，据布里索说，占新议会议席的三分之二，左右行政会议，垄断议会的办公厅，而且以其党徒安插在所有大委员会，可是仍不满足，不久即受其感情愤怒所推动，决然要采取报复政策。丹敦与布里索所布置的停止党争只有三日，可是在这三天之内，却通过了好些值得记忆的议决案。

9 月 20 日，当立法议会仍在开会之时，国民大会即已成立。它于二百五十三票之中，以二百三十五票选出佩迪昂为主席，继又选出康多塞、布里索、拉跋·得·圣特稽益、微尼奥及卡睦诸人为秘书组成其办公厅。这个结果的意义是很明显的。佩迪昂曾受巴黎选举人宁选罗伯斯庇尔的轻视，至此可报复了[2]。所有秘书均属吉伦特党领袖人物，唯卡睦一人是福杨党。10 月 22 日，本达波尔在雅各宾俱乐部斥责他曾签字于二万人王党请愿书上。卡睦之当选，说明吉伦特党要与旧日王党携手。

---

① 原注：见 1895 年《法国革命》杂志上所载冉邦·圣丹德累之信件。
② 佩迪昂在巴黎竞选失败，由其本郡——欧尔·埃·洛瓦郡——选出为国民大会议员。

次日，9月21日，国民大会举行第一次会。佛郎斯瓦·得·弩沙朵代表要解散的立法议会来致欢迎辞，劝它要团结一致："分裂的动机应即消灭"，而且，在斥责那个已使丹敦及罗伯斯庇尔感觉不安的联邦共和国计划时，他又说："你们尤其要在全国各党派间保持政府的统一，而以你们为其中心和纽带。"

继而马吕厄提议，议会主席——他称之为法兰西总统——应住在宫中而具有各种尊荣。沙跛马上反对，他提及立法议会的议员曾个别宣誓打倒国王及王政。法国所要废止的不仅是国王这个名义，凡属足以唤起王权的东西都要废止。他的结论说，国民大会的第一件事就是要向人民宣布它的法令都得交人民批准。塔利安支持沙跛说："竟有人在这里要讨论仪节，这是不能不令人惊讶的。"

马吕厄的提议经全体一致否决。这一表决表示国民大会不要学美国，不愿以一个拥有行政权的大总统代替国王。

库通再提及沙跛的意见，主张议会受权制定用以代王政宪法的新宪法，应交人民批准。接着他说："我听见有人提及建立三头制、独裁制及保护者制，不能无所恐惧。这些谣言显然是革命敌人用以制造纷乱的工具。"他要求全体议员立誓共弃王政、独裁制及三头制。他博得热烈的掌声。

巴稽尔对这动议更进一步，主张通过一条法律，"凡敢于提议建立个人及世袭权力的人"，应处死刑。卢伊厄及马迪欧亦赞成，继而是丹敦发言，为着驱除"独裁制幻影，三头制奇想，所有一切用以恐吓人民的可笑主张"，他提议新宪法应经各初级会议接受始能生效。他摈斥一切过分主张，意即攻击摩莫罗，为使有产者安心起见，他提议应通过"永远"维持土地的、个人的及工业的财产的法令。对于丹敦之煽动业已怀疑的坎蓬，觉得"永远"一词用得太过。他认为不应通过一个不能改变的法令。略经讨论之后，国民大会采用了巴稽尔的草案："第一，未经人民接受的宪法不能有效；第二，生命及财产是在国家保护之下。"

议会一致地同时弃绝了独裁制与土地法。它也同样地废止了王政。

废止王政案是科洛·得霸提出的。格累瓜尔主教支持他说："这些朝代只是些吮民膏血之残民的家世而已。"全体议员都不知不觉地站了起来各本其怨恨心来反抗王政。唯有巴稽尔一人，说他曾是第一个起而攻击路易十六的，宣称他不会是主张废止王政之最后一人，但希望议会对于这么一个出于狂热的决议要审慎一点。他的话被人家的喃喃之声打断了。格累瓜尔激烈地答复他说："国王们之于精神，一如魔鬼们之于身体。宫廷是罪恶制造所，是腐化之源，是暴君之巢穴。国王们的历史便是国民受残害的记录。"废除王政案遂在议员及旁听者之狂欢中通过。

在傍晚时候，这个法令当即借着火炬的光辉隆重地在巴黎宣布。蒙日陪同其他各部部长到议会来祝贺其已用此一法令宣布共和国，并用他们的名义表示假使必要的话，誓愿为自由与平等而死，才不愧为共和国民。同日罗兰在给各郡行政机关的通令中，解释这个预期的伟大措施说："先生们，请宣布共和国，同时也请宣布博爱，因为二者原是一件东西。"到处都在严肃地宣布共和国，同时也宣布废止王政。当日法令中并无共和国字样，次日修改当日记录时才加进去，但已用不着载明这些字样，因为在人心理上及实际上这已是当然的了①。

敌人被赶走了，被镇压下的王党不敢作声了。共和国看来具有拯救革命及祖国的光辉。

就在9月21日这一天，罗兰在鼓吹博爱。党争休止似乎仍在继续。9月22日，国民大会仍在一种团结一致的空气中开会。奥尔良城各区所派的代表团出席议会，攻击当地市府之左袒富人及其谴责6月20日事变。代表团又说，各区曾停止市府的职权，但市府拒绝放弃职权。于是山岳党的丹敦及吉伦特党的马绪埃，一致提议由议会派三名议员到奥尔

①　21日议会通过废止王政时，并未明白宣布共和国；但人民及行政机关认为废止王政即是宣布共和，业已使用共和国名义。次日，俾约·发楞提议改称共和国元年，经议会通过，但始终无正式宣布共和的隆重之举。

良去调查事实及采取一切他们认为必要的措施。国民大会采纳了他们的提案。继而库通扩大这场辩论，谓所有各级行政机关及市乡政府均属可疑的，应该改组。吉伦特党卢未热烈地赞成库通，并提议裁判官亦当改选。另有数人发言，意义相同。可是俾约·发楞忽然提出取消裁判官，以仲裁者来代替他们。对于这一点，温和的沙塞起而反对："我要求停止此人发言。他不是要破坏一切而使我们陷于无政府状态吗？"于是这场辩论转趋激动。潜伏的分裂在暴露了。山岳党与吉伦特党要开始对立了。拉索斯说："如果你们要摧毁各行政机关及法庭，你们无异是要破坏一切，到处只会看见废墟。"勒昂纳·步尔敦答复他说，首先该将王党驱逐于行政机关以外。国民大会通过将所有行政机关、市乡政府及司法机关全体改组，但8月10日以后业经个别改组者除外。这个法令博得热烈的掌声。

辩论转到塔利安的动议上，他主张凡公民皆可任裁判官，并不限于名列律师表上的人物。兰瑞内及古匹约主张延期，丹敦坚持要讨论。丹敦说："所有法律界中人都是叛逆的贵族。如果人民被迫要从这种人中选择，便会不知将其信任寄托在哪里；反之，我以为，如果在选举上可有排斥原则的话，则该被排斥的就是这班法律界中人，他们自来视此为其独有的特权，而此特权即为人类大患之一。让人民自由选出能取信于他们的才智之士。……那班以裁判他人为职业的人，有如教士一般，二者都是永远欺骗人民的。司法的运用只能根据基于理性的法律。"

沙塞再度提及无政府与纷乱情况为理由说："主张以无专业知识之辈去主持法庭的人，便是要以裁判官的意志来代替法律的意志。这样不断地诩媚人民，结果就是要使人民听命于潜窃人民信任的人之武断。我要重复说，这是诩媚。"被他所刺痛的丹敦，对他亦施以私人的攻击："在修改宪法之时，你不曾诩媚人民呀！"沙塞也是制宪议会的议员，发楞事件以后，他曾受巴那夫及拉默派所指使，为努力使修改后之宪法合于王政意义者之一人。议场中起了反对丹敦的喃喃之声，为时颇久。马绪埃要求停止他发言。主席佩迪昂仅予以责难。辩论仍在激烈进行。最后吉伦特党失败，丹敦的提案竟得以通过。

使吉伦特党不安因而放弃休战的，是由于这次失败吗？这是很可能的，因为次日，即9月23日，布里索即在其报上攻击山岳党，责其要摧毁一切现存权力，要造成普遍的平等，要去阿谀人民。拥护秩序的一党认为从全体公民中不加分别地选用裁判官是一个很严重的威胁。掌握司法的人，即掌握财产之保证。山岳党不是要夺取这些法庭吗？布里索发出了这个警报，这并不能阻止他在前面已引用过的那个小册子中攻击罗伯斯庇尔之破坏他与丹敦所建立的和平与妥协。

布里索首倡此举并非单独的行动，因为在他开始攻击的这一天，罗兰又出场了。在一个向国民大会的冗长报告中，他谴责那些出卖给布伦斯威克的无政府党，他要使议会相信，倘无强大武力的保护，则议会不能自由讨论，而且不安全。他说："我认为构成这个武力的分子，除服军役外无其他目的，且须循常轨来行使其职责，唯有领饷的兵队始可达到这个目的。"次日，罗兰利用沙伦路上有一信差被捕之不重要的事件，再度挑起不安。吉伦特党克尔圣根据罗兰这封信，在其激烈的演说中，主张以非常措施来制止过分及凶暴的行动。他说："现在已到了以断头台来对付暗杀犯及挑拨暗杀的人的时候。……议会应任命四名委员研究关于这个问题的法律。他们应于明日将其提出讨论；因为你们对于眼下流行全国的危害人权之举，应急于惩处而不能再延宕了。"于是发生了非常激烈的辩论。山岳党如俾约·发楞、巴稽尔及塔利安攻击克尔圣及罗兰之夸大国内的情况。塔利安说："我们现有法律，刑法典上有关于处分暗杀犯的条文，只要法庭去执行好了。"但是微尼奥说，倘使不把克尔圣提出的计划付表决，则无异是"公开宣布容许谋杀，公开宣布普鲁士密使可以在国内自由行动，而使父子对敌"。加朗·得·谷伦更为激烈，谓在现行法律中并无任何条文足以制裁挑拨谋杀者，制裁煽乱人民者。他说："每天在墙壁上贴满了煽乱的揭帖，他们在鼓动放火，在宣布被害者名单，在攻击最好的公民，在指出要被牺牲的人的名字。"科洛·得霸深表惊讶，他说，国民大会开幕才三天，竟有人提出这样不幸的猜疑，提出这样血腥的法律！兰瑞内回答他说，巴黎公民已陷于"麻痹与惊恐"之境。可是这种说法显然与事实不符，因而引起议会的不满。继而蒲佐踏上讲坛。当制宪议会时，他是站在罗伯斯庇尔一边的。不知者还以为他是一个民主派，其实他常出入罗兰夫人的沙龙，夫人之美丽与阿谀已摄住了他的虚荣心和不安的心情。他在讲坛上尽情发泄了罗兰夫妇的满腔怨恨。

他一开始便追述 9 月屠杀。"倘使此类情况，如果将其可怕的真实向各郡描述，诸位立法者，我们的选举人也许会要叫我们搬到其他地方去。"在这样恫吓之后，他即竭力来拥护克尔圣的提案，称赞罗兰，将此类暴行归罪于山岳党，说"这一群家伙，他们的原则与目的，我毫不明白"。他不但主张要有法律制裁挑拨谋杀的人，而且要有卫队来保护国民大会，卫队的力量须足以使各郡放心其代表之安全。唯有这一着始可使议会独立行动而不受某些巴黎议员的奴使。

蒲佐博得很大的掌声。想要答复他的巴稽尔因须结束讨论而不果。国民大会议决任命一个委员会来检查共和国的，尤其是巴黎的情况，及提出制裁挑拨屠杀及谋杀者的法律草案，并提出由八十三郡组织议会卫队的必须方案。

斗争已发动了。吉伦特党已向巴黎宣战。

被挑衅的山岳党只得应战。前一晚，在雅各宾俱乐部开会时，山岳党沙跛已讨论到布里索当天早晨所发表的激烈文字。他主张召布里索出席俱乐部来解释他之所谓"破坏党"究何所指。不过，俱乐部显然还没有意思要短兵相接。当场它还选出了佩迪昂做主席。

可是，9 月 24 日，在国民大会散会以后，雅各宾俱乐部即改变其态度。沙跛痛斥"催眠派"，据他说，这一派在酝酿建立联邦政府的计划。继而法布尔·得格兰丁提及罗兰与蒲佐之攻击巴黎。身为主席的佩迪昂要为蒲佐辩护，因而引起了哄乱。法布尔抗议所加于巴黎议员的偏见与侮辱。议会郡卫队之组织只是一个具有猜防意味的措施，足以激起内战。然而法布尔忠于他的朋友丹敦的妥协主张，故其结论只要求好公民们放弃彼此间的怨恨。佩迪昂把这个结论作为他自己的结论。可是继法布尔而发言的俾约·发楞，并不以反驳吉伦特党的攻击为满足。他要转而攻击他们。他提及他们的错误，攻击他们有不可告人的思想。"现在敌人正在前进，我们的武力尚不足以抵御他们，竟有人要提出这血腥的法律，诬指最纯洁的人在与敌人勾结，诬蔑我们这些坚持抗拒侵略战争的人！攻击我们的人是谁呢？就是那班挑起这个侵略战争的人，他们显然在以他们的叛逆罪加于我们。"科洛·得霸赞助俾约·发楞。吉伦特党格兰治鲁夫起而答辩。他替布里索辩护来反对沙跛。马上哄乱又开始。结束这次集会的是巴巴卢提出的恫吓："有八百名马赛人向巴黎进发，他们随时就要到达。他们都是有财产的完全独立的人，每人都从他父母手中得到两支手枪，一把佩刀，一杆枪及一张一千锂的指券。"党派精神真有不可思议之力量！这位今日要马赛子弟来保卫国民大会的巴巴卢，曾为步什·杜·伦郡选举人会的主席，据他以后的《回忆录》说[1]，当此选举人会听见巴黎屠杀消息时，他曾大为称赞。

在雅各宾俱乐部如在国民大会中一般，对立的阵线业已形成。背叛祖国的魅影在他们之间浮动着。

当时俱乐部中的吉伦特党为数仍然很多。身为俱乐部主席的佩迪昂，虽老是表现公正不偏的态度，却是逐渐倾向他们的。吉伦特党本可在俱乐部中与其敌人争一日之短长。无奈他们听信布里索的话，反而采取不出席的轻视政策。被召出席俱乐部去解释其在报上所谓"破坏党"的布里索，拒不出席，10 月 10 日几乎是全体一致地通过将其除名。他用一

---

① 巴巴卢为马赛（步什·杜·伦郡）人，经其本郡选出为国民大会议员，其《回忆录》出版于 1822 年。

个激烈的小册子来答复，在那里面他要各省俱乐部与中央俱乐部断绝支属关系。有些地方的俱乐部，如马赛及波尔多的，采纳了他的劝告；另有几处，如沙伦、勒曼、发洛尼、南特、洛连、贝阳、培比仰、安热、利酉，恫吓着要断绝支属关系，结果不过如此而已。革命群众仍然忠于巴黎的雅各宾俱乐部。吉伦特党退出以后①，俱乐部即为山岳党所独有了。他们把俱乐部作为他们的党组织。他们在那里自由而公开地讨论。

日益自视为拥护秩序而高贵的吉伦特党，不喜欢公开集会，认为这是太嘈杂及太不谨慎，他们宁愿在妇人芬香空气中，绕着一桌盛馔或是坐在考究的客厅中，私自聚谈。他们本可结集其同党组成一个新俱乐部。共和派在马斯场被屠杀以后福杨党即是如此。可是福杨党的事业已遭惨败，布里索虽尽力要将福杨党的残余吸收过来，可是不愿自承其接近福杨党，认为这是一种侮辱。最露头角的吉伦特党议员，如加德、戎索内、微尼奥、杜科、康多塞、福失等，几乎每天在议会开会以前，会集于印度公司阔经理多同夫人的客厅中，她和微尼奥同屋，住在万拓姆广场五号。在这批议员之外，再加上蒲佐、巴巴卢、格兰治鲁夫、柏哥益、哈底、萨尔、德俾累、李敦、勒扎治、莫勒福尔等，常在奥尔良·圣端诺累街十九号杜佛里什·发拉则家中集议。在克拉威埃家里、佩迪昂家里、巴勒·罗垭某饭馆主人家里以及罗兰夫人家里，他们常常聚餐。罗兰夫人请吃饭，有规律地每周两次，请在内政部，参加的都是党中优秀分子，重要人物。重要的举动就是在这里准备的②。

在当时，凡属具有阴谋及结党意味的即可引起公愤，吉伦特党领袖们乐于这类秘密集议，自易使他们失去人望。在俱乐部中公开讨论的山岳

① 原注：到10月5日时，议员而仍为雅各宾会员的只有一百一十三名（见 Buchez et Roux，19卷234页）。

② 罗兰夫人为吉伦特党中心人物之一，据她的《回忆录》（系在狱中所书，1820年始出版）说，她曾臂助她的丈夫应付政务，公开接见宾客。她可以左右蒲佐，因蒲佐而左右佩迪昂、巴巴卢、加德、布里索，甚至康多塞诸人都受她的影响。

党，振振有词地攻击其敌人之运用阴谋与诡计。对于组党组派之责难，布里索早就不得不为他自己及其朋友辩护。他在他之攻击雅各宾党的小册子中说[1]："加德赋性过于傲岸，微尼奥深深地养成了一种带有才华而喜欢独行其是的轻率习气，杜科是太聪明太正直了，戎索内则过于深思，都不愿屈居于某一领袖的指挥下去奋斗。"布里索真是善于舞弄文辞。无疑地，吉伦特党当时不曾组成我们今日这样的政党[2]。他们没有主席，没有领袖。他们只服从一种道义的纪律。不过问题并不在此。人家之所以责难他们，就因为他们在议会开会以前业已商妥，秘密派定各人的工作，要将已确定的预订计划加于议会。此种责难在今日看来似属奇怪，但在当时是很严重的，因为人民代表在当时具有新的威望，好像是保持社会福利的祭司。一般认为议员应该依从自己良心的驱使，公共幸福的保障即寄托于他们的绝对独立性。

并非所有议员都能参加吉伦特党领袖们的秘密会议。那些见摒于外的人自觉有伤他们的虚荣心，不久他们便明白这班罗兰夫人及多同夫人之座上客，不仅要把持议会的讲坛，而且为他们自己及其朋友保留着议会办公厅及各委员会的重要位置。10 月 11 日，宪法委员会成立了。组成此委员会的九人之中，至少有佩因、布里索、佩迪昂、微尼奥、戎索内、巴累、康多塞七人是接近罗兰夫人的。其次，西耶士是个温和派，已彻头彻尾地属于这一党。剩下的一个是丹敦。

次日，自来在各派间保持中立而且对巴黎市府表示不信任的议员库通，在雅各宾俱乐部评论这次委员会产生的结果。他说："国民大会中已有两个党。……一党是趋于激烈理论的，他们的脆弱方法只足以造成混

---

① 即布里索《告全法国共和党书》。

② 吉伦特党的敌人，称他们为布里索派、罗兰派或蒲佐派，马拉则以讥讽口吻称他们为"政治家"，当时之所谓吉伦特党，仅限于吉伦特郡的议员。布里索、蒲佐、佩迪昂诸人均不在内。奥拉尔认为吉伦特党之广义用法——即包括非吉伦特郡议员在内——系始于梯也尔，自拉马丁之《吉伦特党史》出版（1847 年）后，这种广义用法遂经一般采用。

乱；另一党是些灵巧、机警、阴谋而尤其是最有野心的人，他们也主张共和国；他们之主张共和国是因为他们看见舆论主张共和国，他们却希望贵族政治，希望永远能保持他们的势力，垄断一切位置、用人权，尤其是共和国的国库。……瞧瞧现在在位诸公，他们都是属于这一党的；瞧瞧组成宪法委员会的分子，就因为这个委员会的人选而使我张开了眼睛。对于这个只为自己而要自由的一党，我们应以全力去打倒它。"

已经变成山岳党的库通，虽仍想避免急进派的弱点，但已正式宣布说，凡是自绝于雅各宾党的即为变节者，国人应共弃之。他又说，他现在已看得很清楚，组织议会郡卫队的目的只是有利于这一党。"人民主权要被推倒，接着会要产生一种官僚贵族政治。"像以库通同样的动机而变为山岳党的，不止一人而已。吉伦特党没曾仔细考虑到未能参加其秘密会议的同僚们之易怀疑惧。他们形成现代术语之所谓宗派，自易招致人家的攻击。然而这还不过是他们所犯的最小错误而已。

第二章　对"三头"的攻击

在国民大会之最初八个月中，充满着造成8月10日事变一派与未能阻止此一事变一派之间的斗争。这个斗争立即达到极端激烈的程度。吉伦特党取攻势，9月25日，他们想以一次大胆的行动将他们所最害怕的和所最痛恨的山岳党领袖们——罗伯斯庇尔及马拉——排出议会。他们希望用这样打击首脑的方法来打倒反对党，以便统制一个驯服的议会。

在8月10日的前夕就想控罗伯斯庇尔于最高法院的牧师拉索斯，现在来开始这个攻击。他说："我不愿这个受阴谋家指挥的巴黎之于法国，变成罗马城之于罗马帝国。巴黎的势力必须如其他各郡一般，应缩小到八十三分之一。"拉索斯怒不可遏地反对"这批人，他们老想谋杀那些最肯出力保卫自由的立法议会议员……他们要利用布伦斯威克所派的盗匪造成的混乱来造成无政府状态，以便从而掌握他们久所渴望的统治权"。拉索斯并未指出人名；巴黎议员奥塞兰为巴黎的议员辩护，主张为消灭疑惧起见，国民大会全体议员应宣誓弃绝寡头政治及独裁政治；这时，马赛青年议员累伯基打断他说："已有人向你们揭发建立独裁制的一党就是罗伯斯庇尔一党，其恶名在马赛已属人所共知。我可以举出我的同僚巴巴卢为证，我们之所以被选到这里来为的是要打倒它，我在向你们揭发它。"吉伦特党的计划这样忽然就暴露出来了。

在这时候，丹敦觉得这样攻击个人之算旧账办法徒使两党领袖成为不能妥协的敌人，足以造成政治的危机；而且，他恐怕他本人的行为及其左右会穷遭追究，因而他很巧妙地以否认独裁论同时又否认联邦主义的办法，来阻止这个相互的攻击。为着要取信于人起见，他首先为自己辩护，说他与马拉全无关系，马拉"这个人的主张之于共和党，一如罗若的主张之于贵族党"。"久已有不少的人攻击我是这个人的著作之作者，……可是不要因为少数过激的个人，而攻击议员全体吧。"把这位"人民之友"这样抛弃了以后，丹敦提出一个欲使议会的两个对敌党都满意的双重性提案。他提出，凡主张独裁制或三头制者应处死刑，主张分解法国者也一样①。他用精诚团结的呼吁来结束他的演讲词："奥国人知道我们这样精诚团结定会战栗。彼时，我敢断言，我们的敌人是完了。"他博得热烈的掌声。

蒲佐怕丹敦的提案马上会通过，起而大胆地说明他的郡卫队案是源于统一与团结思想。接着罗伯斯庇尔提出长而傲岸的自白状，详述他的以往劳绩："我不认为我是一个被告，我反而是一个爱国主义的拥护者。……我不但毫无野心，反而老是在打击野心家。"他痛恨吉伦特党之诽谤他在8月10日以前曾与王后及兰巴尔亲王夫人会谈。他承认，当他眼见他的政敌在攻击8月10日事变的人物并目之为土地法的鼓吹者时，他曾疑心他的政敌"想要使这个共和国变成若干联邦共和国的集合体"。他挑激他的政敌是否能有丝毫根据来揭举他的罪状，最后他主张表决丹敦所提出的两个提案。

巴巴卢接受罗伯斯庇尔的挑衅。为着要证实罗伯斯庇尔之确曾鼓吹独裁，他引证在暴动前几天他和巴尼的谈话："公民巴尼曾向我们明明指出罗伯斯庇尔是个有德行的人，应该做法国的独裁者。"这奇异的证据使得议会全场哄然。巴尼反问巴巴卢："根据什么他能推论出这么一个罪

---

① 所谓"分解法国"即暗指联邦主义，丹敦在这演讲词中说："据说有人主张要把国家割裂。我们必须以死刑对付此种人，以便消灭此类怪论。法兰西必须是一个不可分的整体。"

状？有谁做证？"累伯基打断他说："我，先生。""我不承认你可作证，你是他的朋友。"巴尼答复他，仍接着说："真怪！在爱国者感觉生死存亡威胁之时，我们所唯一注意的，所唯一考虑的是围攻杜伊勒里宫，当时我们深深地感觉自己力量不够，还能想到建立独裁制吗？……当我们相信时时刻刻巴黎会被屠杀之时，我还能考虑到建立一个独裁权力吗？"

有些吉伦特党如霸洛及坎蓬觉得控告罗伯斯庇尔一时不能奏效，于是转移目标，对比他更实在的独裁巴黎市府，旧事重提地施以激烈攻击。布里索提出市府在屠杀期中曾对他发出搜查状。这便给巴尼一个替监视委员会辩护的机会："请想想我们当时的情况，为宫廷叛逆行为所激怒的公民当时正包围着我们，……有好多公民来对我们说，布里索要带着他的阴谋文件逃往伦敦去：我当然不相信这种控告，但是我不能以个人生命保证绝无此事。就是布里索也承认他们是最好的公民，我要和缓他们的愤怒。我想最好的办法只有派人到他家中去，以友好的态度要求他把文件交出，我相信文件一交出即可表明其无罪而消释所有的疑团；事实上的经过正是如此。……"这个解释符合了这件事的真相。于是所有吉伦特党算旧账的攻击都失败了。

马拉要发言。吉伦特党吼他："滚下来！"镇静而傲岸的马拉对他们说："那么，在这议会里，我个人有一大群敌人！"——吉伦特党嚷着："都是，都是！"马拉不为所动地回答道："假如我在这议会里有一大群敌人，我请他们放尊重一点，不必以无谓的吆喝、叱咤之声及恐吓来对付一个献身于祖国及他们自身安全的人。"这种态度震慑住了。他卒能发言。他立即讲到关于斥责独裁制一点，他自己服罪，以与其果敢相等的灵巧急于先把罗伯斯庇尔及丹敦撇开。"我应当坦白宣布，我的同僚们，尤其是罗伯斯庇尔、丹敦及其他许多人，始终在反对设立特殊政权或独裁制的主张。倘使有人犯着宣传此类主张的罪，那便是我；我相信我是第一个政论家，也许是自革命以来在法国唯一的一个主张以武人政权、独裁者或三头政治为制伏叛徒及阴谋家之唯一方法的人。"他引用出版自由来为自己辩护，丝毫不否认他的主张，丝毫不减削他的意见，反而重新说明他的独裁理论，独裁者是"聪明而有力的人，其唯一权力在打击罪犯的脑袋，他本人却受有严格限制，非依附祖国不可"。他很巧妙地提醒议会提防那些希图造成分裂及使他们忽略其应有职责的人。

　　显然，马拉言论之诚挚打动了人，当微尼奥继起踏上讲坛而要对马拉加以轻侮的辱骂时即引起了喃喃之声。他说："在我看来，假使一位代表人民的议员有不幸事件，那就是被迫继此人而踏上讲坛，因为此人业已被控劾，此人不顾法律，是个不惜毁谤、怨恨与流血的人。"这种富于戏剧性的愤怒用得有些不得当。所以微尼奥的发言被人打断，须待佩迪昂出而帮忙才能继续。微尼奥宣读市府监视委员会劝各郡推行屠杀的有名通令。并且说，在草拟此通令时，罗伯斯庇尔曾向市府诬告吉伦特党领袖要将法国断送给布伦斯威克的阴谋。"这是假的，"罗伯斯庇尔插嘴说。拉索斯答复他道："我有证据。"微尼奥却不坚持把这个问题马上弄个水落石出，他却说："我说话的目的既然不在苛求，我很高兴有此否认，这便证明罗伯斯庇尔也不免受人毁谤。"微尼奥在结束其攻击市府之激动的控诉时，主张对签字于监视委员会通令上的人，如巴尼、塞尔冉及马拉，加以可为鉴戒的处罚。

　　为着要打倒马拉，吉伦特党霸洛宣读马拉的一篇鼓吹新暴动及劝人建立独裁制的文章。有好些议员嚷着要把马拉送往亚培狱。正当这控诉案要付表决时，仍很镇静的马拉起而承认他是霸洛所举发的这篇文章的作者，但他接着说，这是旧作，是在愤懑中写的。此后他的主张已改变了，他已拥护国民大会，为证实起见，他宣读一篇表现他的"新步伐"的近作。这样产生的影响是很大的。马拉在结束其发言时，从袋中取出一支手枪对着自己额上说："我应当宣布，假使这个攻击我的控诉状一发出时，我便在这讲坛下对准我脑袋开一枪。这便是我三年来为救护祖国而忍受地狱生活与痛苦的结果！这便是我通宵不寐、努力工作、忍饥挨饿、不顾痛苦、甘冒危险的结果！好吧！我仍然留在你们中间来甘冒你们的愤怒！"

吉伦特党之进攻是失败了。他们既不能打倒罗伯斯庇尔，反而增加了马拉的声望，给他一个向国民大会及全法国表白其态度的机会。最后，库通从这场争论得出结论而提出统一与共和国一案。议会只讨论了此案的字句而采用了这个著名的公式："法兰西共和国是统一而不可分割的。"这便是摒弃联邦主义，即吉伦特党所希望将美国宪法应用于法国的计划。继而库通主张以死刑加于任何提出独裁制者。马拉主张加一项，"及自命为不可侵犯的阴谋家。""假如你们自居在人民之上，人民便会撕毁你们的法令。"附加这一项之目的就是取消议员的免罚权。坎蓬与沙跛相继用言论自由及思想不可侵夺的理由反对库通这个提案。议会赞成他们的理由。它极愿谴责联邦主义，但拒绝谴责独裁制主张。

在9月25日这一次大集会中，丹敦表现出是个很有手段的人，具有左右议会的技术，使其时而诉之于感情，时而诉之于理性。使吉伦特党计划失败的便是他。吉伦特党不能不恨他。他们以前并没有攻击他。现在他们明白非把他攀扯在内不足以战胜山岳党。

丹敦认为国民大会的第一件事是改组内阁，由对以往党争无关的新人物来组成。制宪议会所通过的禁止议员兼任阁员案始终有效。在国民大会第一次集会之日，他即宣布他宁愿做议员。他这举动自然影响罗兰的职位。阁员的薪俸比议员的要好得多。罗兰是否较这位吉伦特党所最轻视的鼓动家更不看重实利呢？经过几度犹豫之后——因为他在索姆郡之当选是有争论的——罗兰始正式表示辞职，引用了一些陈腐堂皇的格言，例如："一个人忘却了自己时是易于伟大的，当他不怕死时便始终有力量。"在说明其继任者的职责以后，他向国民大会推荐他的旧秘书巴什，对他加以有力的颂扬："他是现代的亚布多洛尼姆斯①，他的才智

---

① 亚布多洛尼姆斯为西顿国王之后，因贫苦而为园丁，亚历山大大帝以其安贫而不自私，令其复为西顿王。

应能完成最伟大的事业，应居此位。"但是罗兰的辞职只有形式。他在议会中的朋友认为他之退职便是"国家的灾难"，他们努力使议会对他通过慰留案。9 月 27 日讨论这个问题时有很激烈的争论，丹敦甚至急不择言地说："如果你们要慰留他，那你们也得慰留罗兰夫人，因为谁也知道罗兰并非独自一人做部长的。我，我在部里老是自己负责；国家需要的部长应该是不受太太们支配的人。"议会中谁也知道丹敦的话是真的。人言啧啧地哄乱了好久一阵。在文雅的十八世纪，攻击一个女人是件不大漂亮的举动，因而所有出版界几无例外地给他以不客气的斥责。可是丹敦并不自命为绅士。责难之声反而使他更为凶猛。他对罗兰施以新而可怕的攻击，宣布一件素为外界所不知道的事实，即伦威失陷以后这位有德行的老头主张退出巴黎。议会记录上载明：丹敦的话引起激烈的激动。他的结论是要立即以巴什代罗兰。然而结果恰恰相反①。第二天，在一封充满说教语而毫不谦逊的长信中，罗兰夫人的丈夫宣布他打消辞意："我之打消辞意，正因为有许多危险；我甘冒这些危险，因为我不怕什么，只要于祖国有益。"他对当时的苏拉与里恩稷辈②提出含糊而不实在的攻击，而且敢于断定说业已有独裁制及三头政治的计划存在。他的信曾引起四次雷动掌声，且经印发各郡。

塞尔汪业已辞去陆军部长而去统率正在庇里尼斯编制中的军队，陆长由巴什继任，但巴什是个诚挚的革命者，不参加阴谋，尤不参加党争。他确使吉伦特党大为失望，而证实了丹敦之颂扬他的爱国热情是不错的。至于丹敦之司法部长，则于 10 月 9 日正式由加拉继任，加拉是个不坚定的文人，与吉伦特党领袖们甚为接近。

吉伦特党把认为是倾向于他们的人位置在行政会议中，可是他们还不满足。他们还要希图泄愤，要图报复。

---

①　议会通过了慰留案，罗兰仍为内政部长而辞去议员职。

②　苏拉为古罗马之独裁者，里恩稷为十四世纪时罗马城之保民官，当时正当教廷驻在亚威农时期。

在 9 月 30 日向国民大会表示打消辞意的信中，罗兰曾说了一句充分表现弦外之音的话："我深信倘使没有道德，便不能有真正的爱国热情。"道德，这正是丹敦的弱点，是他最易受人攻击的地方。

在当时，阁员离职后对于其任内事务，不仅应有一个道德报告，而且要有一个财务报告。这并非一个单纯的形式而已。阁员的报告须经过根据证件的严密审查。10 月 10 日，议会根据马拉美的报告讨论丹敦的报告，始终对巴黎市府怀敌意的坎蓬严辞相责："我认为司法部长这种行动破坏了整个的会计系统，因为各部部长所需的费用应该是随时根据命令支付的，故此，始终不应当有一大笔现款放在他们手上。"坎蓬还不以这个责难为满足，更进而主张部长们不仅对于其特别用费应有报告——丹敦业已办到这一着，就是秘密用费也不能例外——这是丹敦没有提出的。这样提出讨论之时，丹敦则推托到行政会议身上，说他的秘密用费已向行政会议报告过。坎蓬的话博得热烈的掌声。丹敦却在冷静中走下讲坛。国民大会议决令其再向行政会议说明其所经手的二十万锂的秘密用费。他仍无所动作，罗兰则于 10 月 18 日冠冕堂皇地向议会陈送他自己的报告，其案语是直接针对他这位同僚的："我不知何所谓秘密，我希望将我经手的一切公诸大众，我请求议会把我的报告宣读。"继而累伯基说："我要求各部部长均应如罗兰一样提出报告。"丹敦再度踏上讲坛去辩护。他弄得张皇失措，最后只好承认些事实："……当敌人攻下了凡尔登，就是最好最勇敢的公民亦不免惊骇的时候，立法议会向我们说：不要惜钱，为着恢复国人的自信及刺激全国起见，遇必要时不妨多用。我们已如此办理，我们为事务所迫不得不有特殊用费。我承认，关于这类用费之大部分，我们并没有合法的单据。一切很紧迫，一切都是在匆忙中办理的。你们曾希望各部部长能共同行动，我们办到了这一步，这便是我们的报告。"于是全场哄然。坎蓬质问罗兰是否曾审核过丹敦秘密用费的账目。罗兰的答复是："他曾在行政会议记录中去找过，没有找到什么。"全场又是激动。坎蓬提出《惩治浪费公帑的部长控诉状》。

最后，议会根据拉里威厄的提议，通过一案，限行政会议于二十四小时内解释其"对于经手秘密用费账目之应有的审核情形"。

　　行政会议根本不曾审核过，自然不能将其审核情形陈述。它只好装聋作哑。10月25日，丹敦又想发言，被吉伦特党吼住了，而且问他要账目。10月30日议会通过新令仍要各部长执行前案。11月7日，蒙日、克拉威埃、勒布朗只得服从。他们说，10月6日，丹敦及塞尔汪曾将其经手之秘密用费的用途向他们详细说明，但他们当时没有想到应该将其记录下来。坎蓬和布里索都不肯就此放手。他们继续攻击，国民大会拒绝开脱丹敦。可是也不曾将其议处。从此，吉伦特党一有机会就利用这账目事件来攻击丹敦。不幸他们已有把柄来攻击丹敦的弱点。丹敦确曾祖护那些承包人，其可疑人物如有名的方丈爱斯巴涅克。他把业已倾家荡产的诗人法布尔·得兰格丁用为司法部秘书，此人为恢复其产业起见，忽然改充军用品承包人，曾深受巴什的攻击，因为他把预支的款项纳入了私囊而未进行采办。丹敦也发了财，其方法难于解释。他生活阔绰，在奥布郡购置国产，在巴黎及近郊有三所住宅。他是易受指摘的。吉伦特党的机关报、布里索的小册子、罗兰夫人的《回忆录》，都很明白地载着他之贪污。罗兰在其警务司里雇用了昔为德木兰秘书名叫马坎迪尔的冒险家，叫他专在一种按期出版而名叫《趁火打劫者流》的小册子里凶猛地攻击丹敦及其朋友，其中所载并不全是虚构。或许是由于疲倦、轻视与策略之故，怕把事件扩大，丹敦对于这些以他为目标的凶猛攻击全不答复。因而议会中有许多人看不起他，他竟不能完成他的调和与团结政策——不仅于他有利，而且于共和国有利的政策——所预期的责任。吉伦特党把丹敦打落了，同时却把罗伯斯庇尔更抬高了。

第三章　第三党的形成

吉伦特党在对山岳党采取报复政策的同时，事势所趋，自然要促进保守势力之活动。在政治方面如在社会方面一般，他们的右倾趋向是很迅速的。开首，他们激烈反对 8 月 10 日革命所产生的监视及镇压机关，此类机关之目的在镇压作为敌人之同谋犯与间谍的王党。

9 月 25 日经微尼奥猛烈攻击的巴黎市府之监视委员会，五天以后，到议会来辩护。它这一次是取攻势，从它所得文件中提出些惊人的证据，其中有王室经费总管拉波特的一封信，系向国王会计塞普都依要求一百五十万锂去收买立法议会中之清厘委员会以及办到王室近卫兵的年金由国家支付；——另有两笔巨款收条，一为五十万锂，一为五十五万锂，系在 8 月 10 日前夕作收买之用的；——其他文件则证明杜波尔及拉默兄弟所办的《记事报》及其他报纸曾受王室经费之津贴等。罗伯·林德及塔利安二人支持监视委员会，但吉伦特党因得有企业界议员如卢伯尔及默兰·得·迪昂威尔之助，卒使议会议决将监视委员会文件移交从议会中选出的二十四人委员会。巴尼、马拉及俾约·发楞反对组织此新委员会及侵夺监视委员会之职责，但是无效。二十四名委员当场选出，几乎全属右派分子。他们还有签发逮捕令之权。委员会刚一成立，即推举巴巴卢为主席。他表现他们的政策，而谓巴黎市府之监视委员会曾接受无根据的控告，曾逮捕无罪者，曾惊扰了安静的人民。关于被侵夺的监视委员会所业经开始的案件，二十四人委员会只加以形式上的审讯与追问而已。它发出了若干逮捕状，但经佯为审讯之后，即将犯人释放。曾被蒙摩蓝及宫廷雇用去接近雅各宾党及丹敦的杜蓝抵赖了一切，委员会也就轻率地相信了他。委员会并不研究他的话是否真确，也不叫人对质，也不叫专家鉴定笔迹。10 月 4 日，有人控告英国银行家倍德，它也同样地予以搁置；这位银行家之在法国很有被庇特雇用的嫌疑，日后对他提出有很严重的控告。被拉波特文件所牵涉的立法议会之清厘委员会的议员，委员会亦不加深究。对于牵涉好些福杨党主要分子的《记事报》案件，它也无意将其弄个水落石出。

吉伦特党之要攻击及摧毁市府之监视委员会，不仅在报复个人的损害而已。他们之所以要破坏革命的镇压机关是希望取信于其昔日的敌人福杨党。他们保护福杨党而且对他们提出保证。8 月中旬离开巴黎的贵族与富人，到 10 月中旬即已成群地回来。

8 月 17 日为镇压王党阴谋及危害祖国罪犯而创设的特设法庭在小心谨慎地行使其职权。它因无充足的证据而开释了几个实在的王党，其中有若干是与宫廷有密切关系的，如王室经费管理处书记吉柏。反之，它对于移解过来的什物储藏库的盗犯则严加处分。但是，它仍不能见好于吉伦特党。10 月 26 日开会时，有位吉伦特党称之为血腥的法庭。法庭要有所辩护。10 月 28 日，兰瑞内使议会不将其辩护词付印。继而在 11 月 15 日，司法部长加拉在议会控它越权，蒲佐因得有所借口而主张将它取消："这是一个革命的工具，在革命之后，即应将其粉碎。"塔利安劳而无益地答道："你们不能取消一个控制 8 月 10 日阴谋的法庭，一个应去审讯路易十六妻子犯罪的法庭，一个这样值得祖国称颂的法庭。"巴累使议会通过此后此法庭之裁判可以上诉，但在十五天以后，竟根据加朗·得·谷伦的报告宣布将它取消。这是个很重大的事件，这不但是否认了 8 月 10 日得势的人物与政策，而且必然增加日益猖獗的现统治敌人的安全。最高法院是早已取消了，从此再无法庭审讯危害国家安全的罪犯。同时，对外战争仍在继续，内战也在酝酿之中。

吉伦特党想夺取业经立法议会临终时命令改组的巴黎市府。倘使他们能较为敏捷而有决断的话，他们也许可以成功。10月9日，佩迪昂以绝对多数——一万五千四百七十四票中占一万三千八百九十九票——再当选为市长。但是他辞而不就。选举就迁延下去了，因为选举法颇为复杂，因为市长及市府人员须在产生市议会之先分别选出，因为吉伦特党的候选人一个一个辞而不就。11月21日，他们所扶植的福杨党奥尔麦桑在三度投票之后当选，得有四千九百一十票，以对山岳党吕利尔之四千八百九十六票。他也辞而不就。11月30日，受布里索保护的医生商旁又以七千三百五十八票当选，而此次吕利尔只有三千九百零六票。他接受了。日后在1814年时他解释他当时之所以接受市长之职，为的是利用共和党假面具以便更好地有助于王党。吉伦特党因商旁而取得了市长，但是市府人员及市议会则逃出了他们的掌握。他们虽已使国民大会禁止高声唱名投票法，可是11月底成立的新市府和旧市府是同样革命的，且其人物有很多仍是旧市府人物。12月初所选出的市府人员更是倾向山岳党的。曾为8月10日市议会主席的硕默特被选为检查官，并有累亚尔及艾贝尔二人为检事。至于竞选市长不幸失败的吕利尔，则当选为巴黎郡总检察官。

吉伦特党的主要理想是组织保护议会的郡卫军。他们不能使其实现。10月8日蒲佐向议会提出的报告未能讨论。既然巴黎在以宁静对付罗兰集团的猛烈攻击，议会大多数就不愿通过特殊办法来对抗巴黎①。

敏锐及狡黠甚过强韧的蒲佐，并不坚持要通过他的计划。他想用巧妙手段来克服阻力。10月12日他在议会宣布，有好几郡已在征集结盟

---

① 9月24日议决推举委员会，研究国内情形及草拟组织郡卫军方案，蒲佐代表此委员会提出报告，主张每郡按每一议员须有四名步兵及两名骑兵之比例，组成四千五百人之议会郡卫军，议会未予讨论。巴黎对此事件表示抗议，10月19日巴黎各区向议会请愿，认为此举是侮辱巴黎。

军，预备遣送到巴黎来保护其代表；其中之一便是他的本郡，欧尔郡。法律虽未通过，而实际上已在执行。

正如蒲佐所宣布，已有倾向于吉伦特党的几郡派了结盟军到巴黎来。由巴巴卢召来的步什·杜·伦郡结盟军，于 10 月 19 日到达，两天以后，其发言人在议会威胁"希图武断与独裁的鼓动家"。11 月 3 日，他们在巴黎街上游行，其所唱的歌之末尾叠句是：

马拉、罗伯斯庇尔和丹敦的脑袋，

以及一切拥护他们的人的脑袋，咯！

以及一切拥护他们的人的脑袋！

因零星集聚而增大起来的人群，会合在巴勒·罗垭园中；要求将马拉与罗伯斯庇尔处死的呼声与"不审判路易十六"的呼声相应和。谣传这些结盟军将借助于业已归来的多数亡命者，要从丹普尔堡中把国王救出来。

11 月中旬，巴黎已到有接近一万六千的结盟军，是来自步什·杜·伦、梭恩·埃·洛瓦、卡尔发多斯、艾罗、曼什及养恩等郡。他们要求与巴黎人共同保卫议会之权。倘使巴黎人缺乏冷静头脑，倘使他们也用示威来对抗结盟军的示威，双方就会发生冲突，于是给吉伦特党一个久所希望的借口而把议会移到别一城市去。但是，10 月 29 日，罗伯斯庇尔在雅各宾俱乐部有重要演说，劝他们小心，勿落入"阴谋家的圈套"。他劝他们出之以忍耐及冷静。马拉也有同样的劝告。10 月 23 日，他竟敢于亲到马赛郡军的营中去。他关怀他们的安适，觉得他们住的地方很坏，允许尽力供给他们所缺乏的东西。同时，他每队请三人吃饭。巴黎群众对于结盟军的挑衅，不但不答复，反而劝诱他们，以期使他们破除成见。

巴黎市府及各区很得了陆军部长巴什的帮助，他在 11 月 1 日的一封公开信中宣称他并未调遣任何军队到巴黎来，而且说："我找不出他们必须留在这里的理由，他们从我得到的第一个命令便是叫他们开拔。"继而他毫不迟疑地攻击那些挑拨巴黎人与结盟义勇军之怨恨与分裂的人。他几次要把他们调到前线去。陆军委员会报告人勒图诺尔采纳了他的意见，于11月10日提出一案，谓义勇军在两周内倘不离开首都则停止饷给。但是，蒲佐得有巴累的支持，以维持秩序为理由，卒使议会允许结盟军留在巴黎。吉伦特党的计算仍是未能如意。外郡义勇兵一经与巴黎人接触，即抛弃了他们的成见，不觉逐渐倾向山岳党。12月底，他们组织了八十三郡结盟军人会，这是一种军人俱乐部，是雅各宾党所推动的。

在结盟军初到巴黎的几天，吉伦特党充满着自信与幻想，要以最后努力去攻击山岳党领袖们。10月29日，罗兰曾以马坎迪尔的警务报告送达议会，其中又间接攻击罗伯斯庇尔之阴谋独裁；罗伯斯庇尔起而傲岸地答辩，其间因主席加德之态度而一再为右派捣乱声所打断；于是小说家卢未起而宣读一篇辛劳地准备的控诉状，其中修辞虽佳，然不足以掩盖其理由之贫乏。他说："罗伯斯庇尔，我控告你久已在诬蔑最纯洁的爱国之士，……而且是在一个诬蔑即可构成真实罪状的时候；……我控告你在不断地要把自己造成一个偶像；我控告你曾用尽所有的阴谋与恐怖方法去左右巴黎郡的选举人会；最后我控告你显然想要夺取最高的权力。……"可是，卢未本人好像也觉得其理由脆弱似的，故其结论只要求应有审查委员会去审查罗伯斯庇尔的行为。可是，为补偿起见，他却要求议会通过控告马拉的法令，虽然他对马拉并没有攻击到什么。议会认为在罗伯斯庇尔对其控告者未答辩以前，不愿有所决议；一星期后，卢未这一篇贫乏的控责之词卒被撕得粉碎①。最初怀有成见与敌意的国民大会，逐渐为罗伯斯庇尔的理论与爽直所征服。议会当日对此问题未加讨论。

蒲佐已经有过了一次很大的失败。借口制止挑拨屠杀与暗杀，他提

---

① 当时罗伯斯庇尔没有答辩，议会允他一星期后答复，罗氏于11月5日出席答复，将卢未所控责的逐一驳斥，因而议会未予深究。

出一个法令草案来压制山岳党的报纸，10 月 30 日议会讨论此案。他的一位笨拙朋友贝幼尔要提出修正来扩大原案，他主张凡使人不服从法律或反抗官吏的骚乱者应立予逮捕。一般认为这个提案近于武断与暧昧，喃喃之声四起。吉伦特党杜科亦起而反对："我主张把这个条文送给专制魔王。"① 贝幼尔竟鲁莽地承认："这是个权宜之法。"于是曾为制宪议会议员的勒俾勒迪埃·得·圣法若理直气壮地反对这个法令，博得热烈掌声。他说："这个法令要危害出版自由。"丹敦则高呼："不自由，毋宁死！"巴巴卢想转移目标，要求议会通过一令：倘议会自觉安全无保障时即可离开巴黎；这一着也失败了，就是佩迪昂也认为这提案是太过火而无根据。吉伦特党竟未能使议会通过他们借以制伏山岳党的特殊法令。

他们在议会中的势力日见降落。他们之不断地提出控责，他们之竭力要算旧账，似乎表示他们别有用心而不顾公共福利。起先对巴黎市府满怀成见的独立派议员，在开始怀疑他们是否已受人欺骗。

10 月 24 日，法布尔·得格兰丁在雅各宾俱乐部说明议会的倾向业已改变。他说："在最初数日中，整个国民大会一致反对巴黎的代表，可是现在我们已达到均衡的局面，因而已有几次事件表示犹疑不定之局。"法布尔的话并非夸大。10 月 18 日，吉伦特党竞选主席几乎失败。在四百六十六票中加德第一次只得到二百一十八票。山岳党与之对抗的丹敦也得了二百零七票。第二次加德才以三百三十六票当选。

自来跟着吉伦特党走而为罗兰夫人座上客的克洛茨，此时也与其旧友决裂而发表一个名为《既非马拉，亦非罗兰》的小册子，却是专门攻击吉伦特党的。他揭发，在罗兰家的餐桌上他曾听见蒲佐说："一个共和国在地域上不应超出一个村落的范围。"他斥责罗兰之宣扬联邦主义。这类攻击是有重大影响的，因为克洛茨在 9 月间本是坚决反对土地法的人。

---

① 原文为 Grand Inquisiteur，系指异教裁判所中之大裁判官。

11 月 5 日，当罗伯斯庇尔答复卢未的控告之后，在吉伦特党与山岳党之间事实上已出现了一个第三党。要求在辩论时发言的名单中的人物可别为三派。一是拥护这个议事日程的，即主张打消卢未的控诉状的人。一是根据这议事日程而发言的，即对本问题不愿表示意见的人。最后是反对这议事日程的，即主张保持卢未之控诉状的人。

吉伦特党的刊物并非一致赞同卢未的攻击。康多塞即表示反对。他的《新闻报》就不相信罗兰每天所揭发的可怕阴谋是实有其事。

如法布尔·得格兰丁一般，德木兰于 11 月初在其第十五期《爱国者论坛》中，谓已有脱离吉伦特党的第三党存在。他说："我要在此告诉读者，近来国民大会中已形成一个第三党，这是很值得加以说明的。……我们可以称这一党为冷静派。……佩迪昂、巴累、拉波、康多塞，我甚至相信拉克罗瓦及微尼奥都是这一党的中心人物。……他们是介于布里索及罗伯斯庇尔二者间的实在投机者，正如爱斯巴涅克方丈之在物价起跌间投机一般。……"

这确乎是个重要的事件。吉伦特党再不能左右国民大会了。11 月 15 日，他们就不能当选为议会主席，这次当选的是格累瓜尔主教，他属于独立派，新近发表过一篇激昂演说反对王室的不可侵犯性。（在三百五十二票中，他以二百四十六票当选。）

如果吉伦特党放弃他们的仇恨政策，如果他们同意于被德木兰所轻蔑地称为冷静派的独立派议员的正当主张而尽力于公共利益，他们才可保持政权；但是，他们是否仍有力量挽救这已趋动摇的局面呢？他们在国王受审讯时的暧昧态度终于使人家怀疑他们的爱国主义及共和国主张。

第四章　审判国王

　　从杜伊勒里宫所得到的王室经费会计的文件中，证明路易十六对于业经遣散而集于科布林士的亲卫兵仍在继续给饷，证明他在巴黎设有施行腐化与侦探机关及津贴贵族的报纸。8 月 17 日成立的特殊刑事法庭业已惩处几个做这类秘密工作的人，如拉波特、哥勒诺·丹格累蒙、卡佐特及得·罗茨瓦。但是，8 月 10 日以后左右议会的吉伦特党对于审讯这位已被停职的国王之准备工作，一点儿也没有进行。他们不曾责成专人去搜集新证据、进行搜查及检查已被惩处的从犯的家宅。他们把宜于搜集重要证据的时机放过了。

　　国民大会开幕以后，吉伦特党也不见得更急切些。10 月 16 日，当步尔波特对于议会之迟迟不提及国王责任的重大问题而表示惊讶时，保管此类文件的二十四人委员会主席巴巴卢始答复他说：此举须经过严重而周密的考虑，主张先由法制委员会研究进行此大审讯案的方式。马吕厄害怕这一着还是太快了些。他主张先须将取消王政之举提交各初级议会以便就商于人民。勒阿底附议他，丹敦不得不出而说明：王政之废除是属于宪法的条文，本问题之所须取决于人民的途径就是把宪法本身提交人民。显然吉伦特党只想延宕时间。他们害怕国王受审讯。他们借口怕遭人民的反对。他们不采取坦白而明显的态度来公开说明他们认为不宜审讯的理由，却要在进行审讯手续上弄手段，因而予政敌们以攻击的机会。

可是，革命需要急速的行动，要在 8 月 10 日事变及发尔密胜利所产生的印象之下来审讯国王。有位史学家说过："事变之迅速足使世人震惊，迅雷似的爆发可使其麻痹。"可是，曾经企图防止 8 月 10 日暴动的吉伦特党似乎已在怀疑革命及其本身。他们陷于矛盾不决之境。他们既要把山岳党当作 9 月屠杀犯来打击，因而也就不能诉之怜悯心来左袒国王。

10 月 16 日法制委员会受命详细研究审判路易十六的手续问题。到了月底，它才决定推选梅伊埃为报告人，他是被目为左袒山岳党的。吉伦特党觉得把握不住法制委员会，马上想阻止梅伊埃的报告。11 月 6 日，伐拉则用二十四人委员会名义提出一个急就而考虑欠周的关于国王罪状的报告。他所提及的只是些业已共知而不关重要的罪状；他却在王室经费会计塞普都依与外国银行家及商人间涉及某几种商品如麦、咖啡、糖、糖酒买卖的商业函件上大加发挥。他说，从这些商业行动上看来，足证路易十六曾毫不犹疑地从事投机而使生活高涨，故在危害国家的罪状之外又加上一件向所未知的投机罪。就是佩迪昂也不能不觉得这个报告之不够，议会赞同他的意见。

梅伊埃所考虑的显然与伐拉则不同。11 月 7 日他所提出的报告，结实而明确，使此审判问题迈进一大步。他驳斥根据 1791 年宪法不能审判国王之说，他说，国王自己违反宪法即不能受该宪法所予之保障，况且国民大会开幕以后该宪法即为失效。我们不能拿宪法来抵制再度行使权力的国民。8 月 10 日以后，路易十六已变成一个单纯的公民，应如其他公民一般要受刑律处分。可是不能由普通法庭来审判他，因为旧宪法所赋予他之不可侵犯权只有在全国国民之前才是无效。只有国民大会是代表全国国民的。只有它才能审判国家元首。这不是把他送交某一特设法庭审判的问题。分权说的理论不适用此案。负责为法国制定新宪法的国民大会，其本身即具有国民的全部权力。倘将此案交一特设法庭则无异削减国民大会的整个权力，无异否认它是国民大会而使它陷于困难与障碍之中。若谓因为议员是原告而同时又是裁判官，故不能由他们审讯，这也是不通之论，因为就审判路易十六一案而论，全法国国民是原告，也同时是裁判官。有一议员说过："难道叫我们到旁的行星上去找裁判官吗？"梅伊埃的结论是：议会应任命三位专员搜集路易十六所犯罪案之证据及起草起诉书。这无异是说，在法制委员会看来伐拉则的报告已不存在了。

讨论于 11 月 13 日开始，延长好几天，经过若干次中断。吉伦特党的主要人物避免在不可侵犯权问题上展开讨论。他们让他们的第二流演说家代他们发言，如：摩里逊谓既无成文法律之规定，审判是不可能的；福失则谓路易十六之惩处足以激起怜悯心的反感来对抗革命；卢最竟敢提及路易十六曾废止王室土地中的农奴、起用哲学家大臣、召集三级会议。圣鞠斯特给他们一个霹雳般的答复。他承认就法律而论，国王是不能受审的。现在所要从事的，并非一个法律案件，而是一个政治事件。路易十六不是被告，是敌人。对他只能适用一个法律，即民族间的法律，换言之，即战争法。"路易曾与人民战争，他被征服了。他是野蛮人，他是战败的外国囚犯；你们已经知道他之无信义的计划；你们已经看见他的军队，他是巴士底堡、南锡、马斯场、图内及杜伊勒里等处的屠杀者。还有什么敌人、什么外国人给你们更多的害处呢？"

由于圣鞠斯特是个刚脱青年时期而素不为人所知的人，他这篇演说产生了巨大的印象[①]。议会正要将梅伊埃的结论付表决，宣布它本身就是法庭；忽然一直没有开口的蒲佐出而打断，提出一个别具一格的动议。11 月 13 日议会原已通过一个法令要首先确定路易十六应否受审判的问题，蒲佐忽然主张将此案推翻。他说："你们只注意路易十六而忽略了

---

　　① 圣鞠斯特为国民大会中最年轻之议员——二十六岁，此系其在议会中第一次发言，为山岳党对国王审讯问题的第一发言人。

他的家庭。我，我是一个共和党，我不愿再有波旁族存在。"换言之，蒲佐要将辩论扩大，要同时审讯马利·安朵瓦勒特和身为山岳党议员的腓力普·平等。这样奸巧的转移目标方法，目的只在增加讨论之困难，貌为激烈，实则要扩大控诉范围来救路易十六。

奇怪而令人思索的事件是丹敦竟会赞助蒲佐的动议，使得通过。从此辩论范围便不限于不可侵犯权问题，而要涉及审讯的内容与形式。

狄奥多尔·拉默的《回忆录》之出现说明了丹敦的态度。10月中旬，狄奥多尔·拉默离开伦敦，甘犯亡命者法之可怕的处分而回到巴黎，与不得不予他以帮助的丹敦接头，商讨如何才能以其助力而救出路易十六。丹敦允许尽其全力去阻止审判国王，因为他说过："假如国王受审判，假如审判开始，他便只有一死。"

但是突然的事件粉碎了蒲佐及丹敦的计算而要把整个问题重新提出，这便是11月20日之发现铁柜。路易十六曾命锁匠加曼在王宫墙壁间装了一个秘密铁柜。加曼疑心有王党毒害他，因而把这事件告诉罗兰，罗兰以自大之故而做了一桩最不小心的事。他没有证人作伴而独自开了这铁柜，亲自把里面所藏的文件带到议会；这么一来，便使人疑心他预先把这些文件挑选过，把有关他的朋友吉伦特党的文件销毁了。铁柜文件中，发现有国王与米拉波、与其秘密警察长塔伦、与国王私人牧师克勒蒙主教、与杜木里厄、与拉法夷脱、与塔累蓝及其他等人的通信。于是雅各宾俱乐部将陈列在大厅中的米拉波半身像捣毁，国民大会亦把他的像罩住。议会通过控告塔伦，但他正受丹敦的秘密使命而去与庇特接洽，因得逃出法网。他的代理人及亲属如丢夫楞·圣勒昂及圣佛瓦被捕了；但是谁也不急于将他们审讯，因其必然牵涉许多从犯，尤其是杜木里厄。布里索立即在其报上为杜木里厄辩护，不久，吕尔亦在议会中为他洗刷。

要想避免路易十六的审判从此是日见不可能了。11月21日，议会新成立了一个十二人委员会去整理铁柜中的文件。这个委员会是用抽签法产生的，故吉伦特党的势力远不及其在旧二十四人委员会的势力。同时，为这神秘事件所激动的舆论亦开始表现出来。12月2日，巴黎四十八区的代表到达议会，对于审讯之延宕提出抗议："勿要让虚无的恐怖来使你们退缩吧。现在我们的军队一个胜利接着一个胜利，你们还怕什么？背信的路易之罪恶难道还不够显著吗？为什么要一再延宕而使乱党有机可乘呢！"巴黎市府继各区而起，对罗兰提出激烈的攻击，责其将杜伊勒里宫文件毁了一部分，责其向各郡散布中伤巴黎的流言以危害共和国。自来只限于防卫的山岳党，现在开始进攻了。

吉伦特党再不能希望借口全面追究波旁王族来阻止国王之审判。12月3日，巴巴卢亦主张将路易十六付审判。于是罗伯斯庇尔采用圣鞠斯特的理论，将其扩大，并从政治观点来申述："国王并非一名被告，你们也不是裁判官。你们只是、也只能是政治家和人民代表。你们并不是去判决某人之有罪无罪，你们只是为公共安全而采取一种措施，为保卫国家而有所动作。在这共和国里，一个已废弃的国王只能有两样用途：或者是扰乱国家治安及危害自由，或者同时使二者巩固。……那么，为巩固这初生的共和国起见，健全的政策该指示什么途径呢？只有使一般人心中深深地轻视王政，对国王之党羽予以彻底的打击。……"罗伯斯庇尔继而叙述反动之进展，说这是由于对国王审判之有计划的延宕，而且他明显地攻击吉伦特党蓄意保全王政："如果有人希图恢复王政，还能使用其他什么方法吗？"

在这样直接攻击之下，吉伦特党只好再度退缩而诉之于诡计。次日，狡黠的蒲佐坚持其煽动战术，要求议会为扫除一切嫌疑起见，应通过"凡希图再在法国拥立国王或王政者，应处死刑。……我要补充说，我是指在任何名义掩饰下的王政，而且我主张要每人个别表示。"这无异暗示说，在国民大会里，有人希图在某种名义下建立王政；同时，这就足以辩护吉伦特党所以延宕之故。假使国王的受刑只有利于希图在独裁制形式下重建王政的人，那么，急于要使国王的脑袋落地又有什么用呢？默兰·得·迪昂威尔竟不小心，在尊重人民主权的借口之下，主张在蒲佐的提议上附加"初级议会可以除外"的保留条件，于是加德抓住这个机会来说明及扩大蒲佐之可怕的暗示。他认为从默兰的动议可以证明：显然已有阴谋要去"以暴易暴。说得明白点，即拥立一个暴君，在他的掩护下，那些助其窃取政权的人不特其罪恶可免责罚，同时还敢于造成新的罪恶。"整个山岳党是这样地被控为蓄意王政。那么，目前更紧迫的事件不是审判业被推倒的国王，而是先要把那些戴红帽子的王党送上断头台。罗伯斯庇尔既坚持立即审判路易十六，蒲佐便答复他说，急于要审判的人显然是因利害关系而要防止国王说话。这句话的用意即是把罗伯斯庇尔说成像路易十六之心虚的从犯。在这一天，蒲佐胜利了。他的提案通过了。

可是在12月6日，山岳党得到了报复。议会决定责司整理铁柜文件的十二人委员会再加入九名新委员，由二十四人委员会、法制委员会及治安委员会各派三人加入。这样形成的新二十一人委员会，须于最短期内，草拟对路易十六的起诉书。国民大会更议决有关审判案的所有表决须用按名当场表决法。提出这个主张的是马拉而经基内特支持。这于主张死刑派是莫大利益。国民大会要在众目睽睽及旁听者压迫之下投票。当时通过此案并无辩论。任何吉伦特党都不敢承认他怕群众监视他投票。

12月9日，加德又想来转移目标。他提议召集各初级议会，"以期决定撤回背叛祖国的议员"。幸而普里欧·得·拉·马恩，得到巴累的支持，使此最初得在热烈情绪中通过的法令卒被打消。假如这议案得以通过，则吉伦特党足以利用初级议会停止职权之威胁来控制投票时要与山岳党一致的议员。

12月10日，罗伯·林德代表二十一人委员会提出关于路易十六罪状的报告。这报告追述整个革命的历史，把各重要时期中国王口是心非的态度说得很明白。次日，国王即由巴累审问。他对于所提出的问题，不是把责任推到大臣们身上，便说是记忆不清楚，或竟干脆否认。继而伐拉则把他所签字的证件给他看。他一概不承认。他又否认他曾特置有一个铁柜。由其室内侍从提埃利交出的开铁柜的钥匙，他也不承认。他之纯朴而镇静的外表最初所产生的良好印象，反而因此显然不诚实的态度所破坏了。

但是，路易十六的危险愈大，吉伦特党愈希图将它转移或延迟。12月16日，蒲佐又用新的诡计说，为永远防止王政再建起见，须将整个波旁族放逐，尤其是其中的奥尔良支；"正因为这一支更受人爱戴，所以更足以威胁自由。"

这是一个何等胆大而深沉的诡计！倘使山岳党要打消蒲佐的提案，则他们之被控为拥护奥尔良支就有根据了。倘使他们竟牺牲腓力普·平等，则他们无异是宣布危害共和国者不仅路易十六一人而已，而且承认吉伦特党较他们更能保卫共和国的自由。而且，倘使在路易十六的死刑台下仍有王政危险寄托在腓力普·平等身上，则路易十六之死又有何用呢？

被激恼的山岳党起而答复。沙跋找到了一个直截了当的理论。他说腓力普·平等是人民的代表，将他放逐就是破坏人民的最高主权，也就是损害国民大会。圣鞠斯特更揭穿吉伦特党的暗中打算："在这时候，有人要把奥尔良的命运与国王的命运混为一谈；其目的也许是要把他们都救出来，至少是想把审判路易·卡佩之举打消。"虽然罗伯斯庇尔希望通过此案，以表明山岳党与奥尔良支并无勾结，而雅各宾党及巴黎各区却公开反对蒲佐的提案。国王之审判应该仍然进行。吉伦特党虽欲阻挠，但因其采用不坦白的政策，卒至毫无结果地损害了自己。

12月26日，路易十六第二次出现于国民大会。他的辩护士得·塞茨宣读一篇整理得很好、雅致而细心，但欠光彩的辩护状[①]。在第一部

---

① 议会允许路易十六延请辩护士。路易十六延请巴黎著名律师塔热及特朗舍，塔热辞不就。马勒则柏时年已七十，自愿为路易十六辩护，经议会准许。继又加入得·塞茨。

分中，他毫无困难地说明这次审判的一切都是例外而无法律根据的；第二部分则讨论控诉状中所列的罪状，企图开脱国王个人的责任。在其动人的结论中，他称赞国王的德行，并追述其即位初年的德政。勇敢的兰瑞内想利用这辩护状所产生的情绪来推翻控诉案。但他手段不高明。他讥讽地提及"自命为8月10日事变人物的那些阴谋家"。山岳党骂他是一个王党，他只好承认失言。

吉伦特党领袖们之不敢直接反对死刑，正如其在讨论不可侵犯权问题时因怕损害自己而不敢采取决然的态度。他们只让比他们更勇敢的二流人物为了危险的光荣而提出放逐或拘禁的主张；他们自己却躲避在取决于人民之说的后面，用尽理论上及事实上的理由来为此说辩护。微尼奥提及1791年宪法曾予国王以不可侵犯权。唯人民才可剥夺这个不可侵犯权。他忘却了那个宪法并不曾交人民通过。萨尔则谓如将国王处死会使外国人民离弃法国人，甚至可以激起因军事胜利而合并于共和国的人民的愤怒。布里索说："当我们辩论时，我们没充分估计欧洲。"布里索及萨尔忘却了在几个月以前，当他们在竭力主战时曾夸大革命思想之急速进展。假使他们认定路易十六之死会激起欧洲来反对共和国，又何必要绕弯子而主张取决于人民呢？为什么他们不直截了当地说，国王之生命于保卫法国是不可少的呢？要法国人民投票来决定欧洲战争，这是何等奇怪的思想！

但是吉伦特党并不单靠议会中的演说与投票来营救路易十六。属于他们一党的外交部长勒布朗曾向中立诸国保证国民大会之宽容大度。12月28日，他到议会来宣布他与西班牙之交涉已得有良好结果，西班牙承认保守中立，双方在边界上撤兵。他还说，他之所以有此结果，正因为西班牙国王极关切他的从弟前法王的命运。最后他提出西班牙代办奥加里茨的一封信，要求国民大会出之以仁慈以便保持和平。对一个多疑而自傲的议会这样施教训，这真是一封拙劣的信。议会未予讨论即将它交给外交委员会①。

已与吉伦特党有通信关系的英国自由党人如兰兹丹、福克斯、薛立敦等，于 12 月 21 日在下院要求庇特出面干涉来营救法王。两天之后，丹敦的朋友佛郎斯瓦·罗伯尔在雅各宾俱乐部提出，如将路易·卡佩的死刑延期，未始不是一个好政策。

从狄奥多尔·拉默的《回忆录》、庇特代理人迈尔斯的信件、塔伦的证据及哥多意的《回忆录》，我们今日知道当时为了营救路易十六，曾有人一方面竭力求助于欧洲各国政府，另一方面则收买议会中之投票。1803 年时，塔伦曾在领政时代法庭上提出"丹敦曾赞成用放逐令来救王室全家"。他又说："可是，列强除西班牙外，都拒绝丹敦所要求的金钱上的牺牲。"

外国的威胁及施行腐化的阴谋均不足以动摇议会的大多数。12 月 28 日，罗伯斯庇尔发表其令人赞赏的演说，详述取决于人民的主张对国家的危险。为什么？正在战争紧张的时期中，当王党业已在西部得势而在阴谋蠢动的时候，竟有人要求要取决于初级议会！那么，谁来出席这些议会呢？绝对不会是劳动人民，他们忙于日常工作，而且也不能够加入这类冗长而复杂的讨论。当法国全国各地在讨论、在争吵的时候，敌人就会前进！好像罗伯斯庇尔业已知道有人在暗中施行贿赂似的，他攻击那些务行欺骗的人而发表了他的名言："世界上能够清白自守的往往只有少数人。"对于根据外交情势而提出的理论，他答道，革命愈是怕人家，便愈会受恫吓与攻击："胜利会决定我们究竟是叛徒还是人类的造福者；决定胜利就靠我们性格的伟大。"

山岳党不仅以言论去驳斥取决于人民的主张。为着摧毁吉伦特党之足以左右独立派议员起见，他们把向不为人所知的事件举发，即在 8 月

---

① 时西班牙国王为查理第四，与路易十六为从兄弟。奥加里茨之信中表示列强对法国之态度，但看法国国民对王室之处置如何，其中暗示着威胁。经宣读后，杜里奥即起而加以斥责。

10日之前夕，加德、戎索内及微尼奥三吉伦特党领袖与宫廷之勾结。1月3日议员加斯巴朗在议会将这事件举发，他是画家波茨的朋友，波茨是吉伦特党与国王侍从提埃利之间的居间人。波茨被召到议会来对证，他证实了加斯巴朗的告发。

第二天，1月4日，也许为着要消除铁柜文件牵涉他的嫌疑，巴累对取决于人民的主张予以最后打击，正因为这批评是出于一位自辩非山岳党而且曾用温和声调表示不该一度与马拉一致的人之口，所以这批评更有力量。他说："我们只能要人民批准法律，但是国王的审讯并非法律。……在实际上，这审讯只是个关系公安的行动或关于治安的措施，关于公安的行动是不要人民批准的。"

1月14日开始投票，延长很久，因为要按名投票，而且每个议员都有充分自由说明其投票理由[1]。关于国王是否有罪一点，除少数弃权者外，一致认为有罪。关于取决于人民一点，吉伦特党以二百八十七票对四百二十四票而被击败。他们中竟有好些分离分子和山岳党投票一致，如卡拉、霸耶·封夫累德、康多塞、多弩、德布里、杜科、拉·累未利尔、默西埃、佩因等。主张诉之于人民的，多半是来自西部各郡的议员。关于处刑案之决定性的投票，主张无条件死刑者为三百六十一票，主张死刑但应考虑是否可以缓刑者二十六票，主张上刑具、囚禁或有条件死刑者共为三百三十四票。绝对多数为三百六十一票。对于希望考虑缓刑的二十六人，有人质问其缓刑考虑之说是否影响其死刑主张。梅伊埃是最先具有此保留观念的人，他把他投票时的话逐字重述一遍[2]。其余的人宣布他们之死刑主张并不受缓刑要求之影响。于是主张死刑者达

---

[1] 1月14日决定投票，实际上投票是在15日开始，当日仅表决"路易·卡佩是否有危害国家安全之罪"及"国民大会对路易·卡佩之判决是否须人民批准"两问题。第三问题"路易应受何刑"之表决，为时最久，自16日上午10时起到次日夜间10时始结束。当时虽经宣布结果，但到18日早晨才正式决定死刑票之数目。缓刑案之决是在19日。

[2] 梅伊埃主张死刑，但他又说："假使大多数主张死刑，我认为国民大会应考虑是否值得延迟其刑期。"

三百八十七票。

有人疑心梅伊埃得了西班牙公使奥加里茨三万法郎，才提出附加条件，而他暗中仍能看投票时的风色来解释其思想。在吉伦特党中，微尼奥、加德、蒲佐、佩迪昂等之投票系与梅伊埃相同，杜科、霸耶·封夫累德、卡拉、拉索斯、德布里、伊斯那尔、拉·累未利尔，则单单投死刑票。

蒲佐、康多塞、布里索、巴巴卢根据外交情势，提议将判决延缓执行。巴累答复他们说，延缓又会引起取决于人民的问题，会使革命示弱于外国，而且会延长国内之分裂，因而延缓案以三百八十票对三百一十票否决。

吉伦特党在愤怒之下，于1月20日使加德所提出的追究9月屠杀主犯一案，得以通过。可是，议员勒俾勒迪埃·得·圣法若被亲卫兵泊立斯刺死事件所造成的情绪[①]，使此案于次日被推翻。

勒俾勒迪埃被刺事件，发生于国王受刑的前一日[②]，这样遂使颇怀疑惧之胆怯的投死刑票者心理镇静下来。三个月来吉伦特党把山岳党说成暗杀党，对于此类诽谤，这次事件算是一个悲剧的答复。圣丹德累说："现在遭暗杀的正是这些暗杀党。"他们对于这位"自由殉道者"予以盛大的葬仪。马上，他的半身像即被陈列在各种集会及纪念会之大厅中。

勒俾勒迪埃之被刺是王党无可奈何的失望行动；此外，他们再没有什么严重之举来营救路易十六。一些小册子，一些零碎的传单，捣毁自由树，拟于国王受刑之日去救他的巴茨男爵的神秘阴谋，数月来冒险的

---

① 勒俾勒迪埃之投票，是主张国王死刑并反对缓刑的，1月20日他在一家饭馆中被刺死。24日，巴黎为之举行盛大的追悼会，外郡城市亦举行。

② 国王受刑之日系在1月21日，星期日，是日天雨，沿途戒备很严。囚车于晨8时离丹普尔堡，10时到达刑场革命广场——今改协和广场，国王登断头机台后，想向人民说话，为军队鼓声所压住。受刑后，人民高呼"国民万岁"。

拉罗阿里侯爵在布勒塔尼进行的较趋实在的计划，但他在实行其计划之前已死，最后，还有从 1 月 1 日到 24 日住在巴黎的杜木里厄的暧昧阴谋，——王党的行动不过如此而已 [①]。

勒俾勒迪埃之被刺及路易十六之死刑开始了国民大会史的一个新时代。就在 1 月 21 日这一天，勒巴写信给他的父亲道："政治骗子的统治已经完了。"2 月 19 日，他又补述其思想道："至于我，我相信这一行动（指国王之受刑）救了共和国并且向我们保证了国民大会的能力。……"凡投死刑票的议员，现在因切身利益关系，不得不尽其全力去阻止复辟，否则他们会因这次投票而遭重大牺牲。他们要以加倍的力量与全欧王政斗争。1 月 21 日，勒巴还写道："现在是议员们要表现其伟大性格的时候，非战胜即是死，所有的爱国者都觉得必须如此。"在前一天，他还说过："我们已这样发动了，我们的后路业已破坏，不论是否愿意我们只有向前；尤其在目前我们只能说：或则生而自由，或则死。"

路易十六之死使王政本身在传统而神秘的尊严上受到了打击。波旁王族尽管还能回来，但人民心中已不觉其有神圣的光轮围绕着。

---

① 王党当时发布有小册子，想鼓动人民攻入丹普尔堡来救出国王。巴茨男爵为反革命大阴谋家，先后从事于营救国王、王后及太子的工作，均未成功。他本人机警，故始终未落网。王党拉罗阿里侯爵自 1792 年 8 月中举事失败以后，匿居在科特·杜·诺郡之契羊马累堡，有所图谋，但已患病，死于 1 月 30 日，于是国内唯一有组织的王党势力亦告瓦解。

第五章　财政与物价高涨

　　吉伦特党的社会政策之招怨于人民，更有甚于其对国王审判事件的暧昧态度。这个政策纯粹是消极的。其主要目的在保护财产——所谓财产，是就其狭隘而绝对的意义而言。

　　吉伦特党希望用以解决经济危机的军事胜利，结果什么也没有解决。屈斯丁所施于莱茵诸城市的征发[①]，比之全国的用费只算是沧海一粟。11月13日坎蓬宣布，11月份的收入预计可得二千八百万锂，用费则达一亿三千八百万，不足一亿一千万。同日，雅各·杜旁说明1791年的动产税与不动产税两项应为三亿，本年实收仅一亿二千四百万。1792年12月，国库收入仅三千九百万，单是战费一项即需二亿二千八百万。这样不断扩大的深渊怎样才能填补呢？

　　假使吉伦特党不为阶级政策所左右，他们便该想到使有产者分担战争用费，他们便该进行募债，他们便该通过新税。滥发指券必然要使物价急速地增高，他们应该不顾一切来限制其滥发。马拉、圣鞠斯特、沙跛及雅各·杜旁都提出有改良财政的政策。他们的主张未见采纳。

　　当时及以后一长时期中议会的大财政家是商人坎蓬，他深恨巴黎市府及无政府党，他采取容易的解决方法即印发指券。11月13日，与雅

---

　　① 参看次章。

各·杜旁的主张相反，他建议降低现行税，取消动产税及营业税，地产税亦减少四千万。不错，他提出了补偿方法，即取消信仰费预算，于是负担都会落在一般人民身上，因为当时人民仍是少不了牧师的。

雅各·杜旁及山岳党主张：应缩短购买国产付款的年限而使指券回笼；偿付国债则用财政清厘券，此券只能用以购置亡命者之产业；用强制及累进法摊募公债，用实物缴付地产税。可是这个防止通货膨胀的政策，甚至未经严密考虑。

教会产业估计值二十五亿，大部分业已卖出。但仍有亡命者的产业，据估计最少当值二十亿，森林亦值十二亿，马耳他僧团产业约四亿。总计所存当在三十亿以上。到1792年10月5日时，以教产为担保而发出的指券已达二十五亿八千九百万。经收回而已焚化者为六亿一千七百万。故当时流通的指券数为十九亿七千二百万。10月17日坎蓬使议会通过再发新指券案，因而其流通数增至二十四亿的限度。此后还在继续发行。当宣战时，立法议会通过停付旧制度时代的债务，唯数目在一万以下者除外，每月为数达六百万。曾大有助于革命的债权人，至此竟因军事需要而遭受牺牲。他们几乎都是住在巴黎的。吉伦特党不大考虑他们。吉伦特党只注意商业及农业的利益。

纸币发生影响了。受痛苦的是工资生活者。他们平均每日所得，在乡间为二十镱，在巴黎为四十镱。可是有些地方，如蒙俾利埃，面包价已涨至每磅八镱，其他货品亦因而高涨。

不仅面包价高，城市居民且不易买到。麦子并不缺乏。收成颇好，任何记载都这样说。不过地主及农人不急于出卖其谷物来换得他们所不信任的纸币。8月10日的大事变、国王之审判、吉伦特党刊物对于均分土地法威胁之过甚其辞，最后还有对外战争，这一切接连迅速地发生的特殊事件很使地主们感觉不安。他们要小心谨慎地保存他们的麦子，因为比起任何纸币来这还是实在的财富。

麦子已不流通了。大城市缺乏面包。9月底，卢昂城所存面粉仅足三日之粮，其市府不得不征调军粮仓所存的谷物。卢昂市府更要求国民大会准其募债一百万以便向外国购买粮食。举债案于 10 月 8 日批准。债款是出在最少能付五百锂房租的居民身上。里昂因丝绸贱价织机停工之故有三万织工失业，11 月间亦经特许募债三百万。甚至在乡间，农业雇工亦感不易得到面包之苦，因为麦子虽已成熟而农人不急急将其收割。谷物既不流通，于是郡与郡之间，价格相差悬远。重量在二百二十磅一石者，10 月初，在奥布郡售二十五锂，在厄英郡售四十三锂，在下阿尔卑斯郡及亚未隆郡售五十三锂，在欧尔郡售二十六锂，在艾罗郡售五十八锂，在热尔郡售四十二锂，在上马恩郡售三十四锂，在洛瓦·埃·舍尔郡售四十七锂。各地各自为政，只顾保全自己的粮食。假使卢昂饥荒，这是因为运来的粮食在哈佛尔被阻之故。

因凡尔登失陷后的危机而产生的立法，命令调查存粮及特许强迫征发以粉碎地主们的恶意[1]。可是，责司执行这一立法的罗兰部长是个正统派的经济学家，他认为用政府权力干涉就是旁门左道，一切立法限制及征发都会危害财产，都是向无政府状态的犯罪让步。他不仅不执行这一立法，反而以激烈的攻击来破坏它，使其在未经废止前即起不了作用。

而且这一立法的本身也是不够的，因为它不曾建立一个中央机关来调剂产粮郡及缺粮郡间的粮食。于是各郡各自为政，俨如小共和国，往往封锁其边境而不使粮食流通。因此，粮价急速高涨。

对于平民阶级的苦痛，吉伦特党并未提出任何补救的方法。他们认为自由竞争是一剂至上的万应药。假使物价高涨，工人也可以增加他们的工资。可是工人尚无组织。他们对于雇主不能施以足够的压力。他们只好要求雇主施恩增加工资。他们只好求助于政府机关。他们不能设想到由他们选出的新政权，对于他们的痛苦之漠不关心更有甚于昔日的政权，因为昔日的政府机关遇此类似事件时还能出而干涉。

---

① 参看第 2 卷第 1 篇第 3 章。

城市中的恐慌比较更为尖锐。由"民众派"市府所管理的地方还能努力觅取治标之法。8 月 10 日后巴黎之营地工事虽是军事的，然亦带有救济性质。但是这种工作用费全由国库开支 [1]。吉伦特党借口要节省，从 9 月 25 日起，将本系按日付工资的，改为按工作付工资。于是减少了工人的收入。工人根据生活高涨的理由提出抗议。巴黎市府支持他们。马上吉伦特党，尤其是卢伊厄及克尔圣，即指工事工地为"阴谋捣乱分子的中心，狡黠的鼓动家的汇集处"。10 月 15 日国民大会议决停工，将工人解散。

里昂的恐慌较巴黎严重远甚，市府检察官尼微尔·硕尔虽属吉伦特党一派，却于 11 月时出而劝手工场主开工。他这一着失败以后，乃于 11 月 20 日请求国民大会预付款项三百万，用替国家经营的方式而使织工有工可做。国民大会派往该处的三位特派员威特、亚尔基埃及霸色·丹格拉斯愿代其转呈这个请求，但认为他们提出的数目过大了。结果国民大会分文未给。

当时执政的吉伦特党对于劳动者的怨诉无所感觉。他们用来辩护其无所动作或敌视态度的理由就是那个在议会中及其刊物上说过的无数次的理由：抱怨的人就是那些"无政府主义者"或被他们所欺骗的人。布里索谓谷物之涨价"完全是由于鼓动家"，这个说法无异是罗兰的回声，罗兰的整个社会政策是用刺刀对付挨饿的群众。

这时的劳动者已能拿他们的痛苦，与夸耀的新兴富人之凌人的奢侈来对比。正在这时，各方都在攻击军需承包人，诚实的巴什举发了前任陆长塞尔汪所与订立合同的承包人之弊端，其中有受丹敦及杜木里厄保护的著名的爱斯巴涅克方丈，有犹太人雅各·班哲萌，有拉查尔，有法布尔·得格兰丁及塞夫柏尔等。11 月 1 日坎蓬曾叫道："谁也受到了革

[1] 8 月 10 日后，因受外敌之威胁，决在巴黎北郊修筑营地，以便保卫首都，同时也可为训练义勇军之用。自发尔密之役以后，这个营地似已用不着了，但其工事仍在继续，按日给付工资，实已带有救济性质。

命的影响，唯财阀及私党例外。这班贪得无厌的家伙比在旧制度时还要坏。我们有军需专员及军用品采办专员，他们的掠夺是很可怕的。当我在南部军中看见咸肉每磅要花三十四镑，不禁为之骇然。"国民大会决定把这批承包人逮捕几个，可是大部分，其中以爱斯巴涅克居首，马上便经释放了。这样不受处分的事实使新承包人更觉有所保障，结果不能不激起群众的不满。

入秋以来，乡村及城市均有严重骚乱发生，在里昂，议会派来的三位特派员不得不征募一队给饷的宪兵而施行逮捕，9月底在奥尔良，当一车粮食正要运往南特时，有一名挑夫被杀，九家商店被抢。10月间骚乱延及凡尔赛、埃丹倍、蓝布伊野，最后弥漫于整个波塞；到11月间更逐渐波及其他各省。11月22日，萨特郡威布累森林的伐木工人联合蒙密剌伊的玻璃工人，一起拥到邻近各镇去规定食品价格。此后数日中，在萨特、欧尔、欧尔·埃·洛瓦、洛瓦·埃·舍尔、安德尔·埃·洛瓦及洛瓦累等郡，均由地方官吏率领群众去规定物价。11月28日，有三千要求规定物价的人由一队骑兵前导，会集在万拓姆市场。同日，勒曼郡政府及市政府签署了限价表。在洛商·勒·罗特鲁、拉·费特·伯那、布鲁、克洛瓦、梅尔、邦内达布尔、圣卡雷及布腊等地，均有同样事件发生。在布腊，规定重十二磅一斗的小麦价为二十镑，裸麦为十六镑，大麦为十二镑，奶油每磅十镑，鸡蛋每打五镑。强制定价者帽上插着橡树枝，围着自由树跳舞，喊着："国民万岁！降低麦价！"12月初，有一万到一万二千人向图尔进发，经市府及郡政府允许支持他们的要求以后才解散。

议会派往欧尔·埃·洛瓦郡的三位特派员毕罗朵、摩尔及勒匡特·庇拉佛，12月29日在库尔微尔大市场被六千武装民众包围着，民众以抛入河中及吊死来威吓他们，除非他们批准限价，不仅小麦和大麦要限价，就是洋烛、牛肉、布匹、鞋及铁也要限价。这三位特派员执行了，可是当他们回到议会时，吉伦特党报之以轻视。佩迪昂说这就是无政府状态及土地法。他谴责规定物价必然要造成饥荒，他主张应予以迅速而强硬的镇压。虽然蒲佐及罗伯斯庇尔二人主张镇压事件应由民事官吏执行，而且最初该用温和方法，可是议会决定由将领统率军队去施行。议会更责难向暴动者让步的三位议员的行为，毕竟以4月间那样严厉的镇压恢复了波塞的秩序。

吉伦特党既持此种阶级政策，城市及农村的工人对他们怎能不愤恨呢？可是，在为民众利益奋斗的不知名的领袖看来，就是山岳党也是很可疑的——这是件值得注意的事。11月19日，森内·埃·瓦茨郡总检察官古戎代表郡选举人会出席议会，他不仅要求规定物价，并要求设立一个统制粮食的中央机关；他的请愿并没有得着山岳党什么回响。费友很赞成设立统制粮食的中央机关。但是山岳党不愿其政敌内政部长罗兰手中有这么一个有力的武器；为着要打消这个提议，山岳党杜里奥拿忒累及内克的往事来提醒雅各宾党。

山岳党议员中始终没有一人主张限价。费友也不曾，虽然他于11月19日曾说："假如不很爱护革命的富人将其仓库关闭一个星期，则全法国人都不能自由。……贫人的生命操在富人手中，这个共和国还成什么！"柏佛瓦也不曾，虽然他在12月8日曾竭力驳斥杜各及亚当·斯密之自由经济学说。勒发叟·得·拉·萨特也不曾，虽然他在12月2日说过："当一个城市被围攻时，县长当然有权强迫有剩余枪支的居民将其枪支分配给其他公民，以期共同防御；那么，当公民为饥饿所迫而要饿死时，县长不应强迫农人出售其剩余的粮食吗？"甚至罗伯斯庇尔也不曾，虽然他在同一天提出了这样的原则："人类所必需的食品正如其生命一般是神圣的。必须用以保持生命的一切东西都是公共财产。只有剩下的东西才是个人的财产。"山岳党只想维持9月间的法规[①]，但是他们失败了。议会听信了吉伦特党，其发言人如斐罗、塞尔及克鲁最·拉图

---

① 参看第2卷第1篇第3章。

什等攻击无政府主义者的阴谋，谓饥荒之发生是由于恐吓了农民的粮食调查与征发。克鲁最·拉图什说，假如我们再不保护农人免受骚扰，我们就不能将作为新指券唯一担保品的亡命者财产出卖，这个理论决定了投票的结果。

在这整个恐慌时期，雅各宾党保持一种小心而缄默的中立态度。11月29日，当巴黎市府及各区要求限价时，他们拒绝表示意见。故此，群众的鼓动者对于他们表示愤恨是不足惊异的。在巴黎，格拉微利尔区穷苦工匠代言人查格·卢方丈，于12月1日发表一篇激烈的演说，论"最后一名路易之审判，对投机家、囤积者及叛徒之检举"，他毫不迟疑地攻击整个国民大会，呼之为"元老院的专制"。"寄托于少数人政府之下的专制，元老院的专制，其可怕并不亚于国王之威力，因为它要束缚人民，却竟居之不疑；因为它使人民处于法律的奴役及支配之下，还自以为这类法律是他们自己制定的。"查格·卢要国民大会制止囤积及降低物价。他的演词大为成功，以致观象台区议决每周宣读两次，如此达一月之久。

查格·卢此时已不是孤立的了。与他并起的有位青年邮务员华尔勒，他有相当资产，曾在阿库尔学校受过相当教育，他在鼓动人民的情绪。1792年8月6日，他曾提出制裁囤积者的法律，并主张强制行使革命的纸币。稍迟，他在离议会不远的福杨派修道院土堆上，设立流动讲台，从这上面向群众鼓动。他自称"自由之使徒"，他的宣传不久变为反议会的。他和查格·卢一般，攻击国民大会议员，无论吉伦特党或山岳党，说他们形成寡头政治，假借人民权力而专为他们自己谋利益。在12月底，雅各宾俱乐部拒绝他发言，他于是退出俱乐部；他攻击雅各宾党之未能教导人民及其不与工匠所组织的友爱会社来往。至此，他已自称为"平等之使徒"。波塞的暴动者业已一再说国民大会的议员都是富人，他们的财富系由掠夺国库得来。

所谓愤激派的华尔勒及查格·卢之宣传在巴黎各区中进展甚速，这表现在各区请愿书之日见增多而且愈带威胁性，也表现在攻击罗兰的小册子，认为他应负物价高涨的责任。有一本小册子把罗兰夫人比做马利·安朵瓦勒特："我要说，她所高兴想到的事就是用饥荒的利剑来屠杀法国良民；同样乐于吮血之尊贵的国民大会，竟肯以一千二百万巨款给这个怪物，给这个加里加意①，令其向外国购买粮食，而根据一切报告，法国粮食却是充足的。"

限价者，愤激派，已不如前一时期那样彼此孤立。在城与城之间，他们互通消息，显然要采取一致行动。里昂人与巴黎人常有接触。里昂人多帚，8月间曾提议设立特殊法庭来惩处囤积家，10月间到巴黎来提出一个建议书，国民大会对此未大理会。另有一位伊丹，是县法庭的国民代表，12月间向里昂市府提出一个含有二十五条的法令草案，主张废止谷物买卖、规定粮食国营、磨坊由国家管理并限制面包商营业。里昂雅各宾党采取了他的意见，于1月间派了几个代表到巴黎要求国民大会限定一切日常必需品价格。

在奥尔良有位达布罗，本奥匹达尔区秘书，其活动一如多帚与伊丹之在里昂、华尔勒及查格·卢之在巴黎。波塞暴动之后，他是在被捕之列的。可是，当保安官去逮捕他那一天，有两百人围着保护他，因而他得逃脱。

无疑地，愤激派还没有发表意见的报纸。马累沙尔在其《巴黎之革命》上不时给他们一点儿帮助。马拉对他们是敌视的，艾贝尔则颇为审慎而倾向山岳党。但愤激派有群众的秘密天性为后盾，经济恐慌之继续与增大更有利于他们。为着对抗吉伦特党起见，山岳党对他们不得不让步而予以满足。1793年1月6日，山岳党议员杜罗瓦在国民大会说明罗兰的经济政策之完全失败："物价并没有降低。不幸反而增高，你们所

---

① 英译注：加里加意系意大利冒险家空戚尼之妻，有宠于马利·得·麦第奇，以贪欲与阴谋著称，1617年以巫蛊罪被焚死。

颁的法令（12月8日）并没有产生你们所预期的效果。在我们那里（欧尔郡）麦价极贵，原值三十锂的，现达三十六锂。"就是吉伦特党也只能无力地替罗兰辩护。当他在1793年1月22日辞职时，他已可预见他之不干涉的经济政策再不能继续了。国民大会任命谨慎的加拉为其继任人，他很小心地不使自己受牵累，准备倾向于得势的一面。生活高涨大大地促成吉伦特党之倒台。

第六章　自然边界的征服

吉伦特党政权之维持须靠军事胜利。一旦没有军事胜利甚至失利，他们就完了。发尔密之役以后，接连总是胜利，法军以惊人之速度进抵阿尔卑斯山及莱茵河。

蒙特斯契奥统率一万八千人，大部分为义勇军，于 9 月 21 日至 22 日之夜，进入萨伏依，毫无阻力地夺取了沙巴累依阳诸碉堡、马彻斯堡及蒙美利益要塞。9 月 25 日他给国民大会的报告中说："我军之前进有如凯旋一般。城市及乡村的人民都来欢迎我们。三色旗帜到处树立起来了。……"这不是征服，这是解放。

日内瓦的贵族们吓坏了，乞助于苏黎世及伯尔尼，二邦派了一千六百人来援助。由于十年前为日内瓦贵族所放逐的克拉威埃的怂恿，行政会议命令蒙特斯契奥压迫自由城日内瓦将苏黎世及伯尔尼两邦的军队遣回。根据布里索及加德的动议，国民大会经过两度迟疑的考虑之后，毕竟批准了行政会议的命令，其间虽经过塔利安、巴累、丹敦、加朗、谷伦甚至佩迪昂等的反对亦属无用。但是，蒙特斯契奥并没有满足吉伦特党的希望。他不曾进攻日内瓦，反而进行交涉。日内瓦贵族允许将援军遣去。这本不是克拉威埃所希望的。国民大会不批准蒙特斯契奥所交涉的协定。11 月 9 日，蒙特斯契奥被控，只好出走①。日内瓦仍然是独立的，那里的革命只好延迟了。

安瑟姆统率着华尔郡方面军——由九营新军及六千马赛国民卫军组成的，比他的首长蒙特斯契奥迟一周进军。他得有海军大将特律格的舰队之助，于 9 月 29 日未经战斗而占领尼斯，次日夺得威尔佛郎什要塞，获得大批大炮，大量粮食及中小型战舰各一艘。

法军在莱茵河方面如在阿尔卑斯山方面一般，亦取攻势。统军驻在兰多的屈斯丁，趁普、奥军有事于亚尔艮及其保卫兵站兵力之薄弱，以一万四千三百人——三分之二为义勇军——进攻，经过相当激烈的战斗以后，于 9 月 25 日占领斯拜尔，俘敌三千人，并夺获大量军用品运回兰多。受了这次成功的鼓励，他于数日之后继续进军，10 月 5 日占领窝牧，10 月 19 日进抵马因斯。当时有军队一万三千人，野炮四十五尊，但无攻城炮。马因斯是个很坚固的要塞，防军三千人，并有足够的炮火与粮食。但是屈斯丁有人在城里为内应，早在 10 月 5 日，城中的资产者已不愿帮助防御而树起了三色旗，经过两度劝告之后，马因斯投降了〔译者按：马因斯投降系在 10 月 21 日〕。城中工兵队长艾克麦叶马上就为法军服务，两天之后，法国革命军占领法兰克福。

假使屈斯丁是个战略家，他就不应当离开莱茵河，应该顺流而下直取科布林士；如此，则可截断退出伦威而正受克勒曼军压迫的普军的退路。

屈斯丁任这时机错过了，徒然要克勒曼加劲追击普军以便与他会合。但是克勒曼谓军队过于疲乏，不愿向德里佛斯进发。行政会议将其调往阿尔卑斯山方面军，而代之以贝隆微尔；贝隆微尔进行迟缓，12 月

---

① 10 月 9 日，行政会议令蒙特斯契奥压迫日内瓦将苏黎世及伯尔尼二邦军队遣回，否则可用任何方法以维持法国的"国家之光荣"。10 月 22 日，蒙特斯契奥与日内瓦政府订第一次协定，经行政会议否决。11 月 2 日签订第二次协定，日内瓦政府允提前遣回外邦援军，但仍坚持 1782 年之条约。11 月 9 日，国民大会得此消息后，即通过控告蒙特斯契奥案。

6日至15日在德里佛斯前和荷安洛厄接仗，卒至被他打得溃败而退守萨尔河。12月2日，屈斯丁在法兰克福已吃了第一次败仗。赫斯军忽然攻城，居民起而反抗法军，给敌人打开城门。屈斯丁打算退出马因斯，行政会议令其固守，并从阿尔萨斯调比隆所统率的军队来应援。

比利时亦与萨伏依及莱茵河中部同时被法军征服。在发尔密之役以后，萨克斯·特斯恒所统率的奥军不得不解利尔之围，他们从9月29日至10月5日曾以激烈炮火轰击这城市而没有把它攻下。10月5日，杜木里厄在接受国民大会的道贺及丹敦代表雅各宾俱乐部的道贺以后，于10月27日从伐仑西恩入比利时而进攻蒙斯，他所统率的为法国之最好军队，全由正规军组成。11月6日他与克勒腓及萨克斯·特斯恒所统率的奥军接触，奥军当时凭森林山地临时工事扼守蒙斯，这次争夺战异常激烈，尤其是中路靠冉马普村一带。兵力较法军少一半的奥军，黄昏时退却，遗弃在战场上的有伤兵四千，炮三十尊。杜木里厄不敢穷追他们。他们之战败幸未变成溃败。此役在法国及欧洲所产生的印象相当深刻。绪格说："发尔密之役只算是一个前哨战，冉马普之役才算是正面接触，这是法军很久以来才有的第一个值得记忆的战役，可称共和国之罗库瓦战役。"[1]而且冉马普之役产生了发尔密之役所不曾产生的结果。在不及一月之中，奥军被逐出整个比利时，11月14日退出布鲁塞尔，28日退出列日，30日退出安特卫普，最后在12月2日退出那慕尔。杜木里厄本该追逐渡过罗埃河撤退的奥军而将其歼灭，以声援与普军相持的贝隆微尔及屈斯丁，行政会议给他的命令便是如此，可是他忽然屯军不进。

杜木里厄已与陆军部长巴什公开冲突，与国库公开冲突，因其对于他的财政事务监督得太严。他为一群投机家所包围，如著名的爱斯巴涅克方丈及布鲁塞尔银行家西门，和他们订有不合法的合同。谤议四起，因而坎蓬下令逮捕爱斯巴涅克及军需主任马律斯。但是杜木里厄竭力为

---

[1] 罗库瓦之役为三十年战争中之著名战役，1643年9月3日法军大败西班牙军于此。

他的人辩护，至于提出辞职。吉伦特党出面支持他。特地派遣了特派员——其中有德拉夸及丹敦——到比利时去安慰他。马律斯及爱斯巴涅克被开释了，谤议亦经制止。吉伦特党已经不能把握住这些将领。这是因为他们要利用将领们的声誉来对抗山岳党。既然有求于他们，吉伦特党自不敢强迫他们服从。

要进行和议呢？还是保持已征服的土地呢？吉伦特党暂时犹疑未决。其中有些人认为倘使要保有已征服之地，则须延长并且扩大战争。9月28日，议会宣读蒙特斯契奥来信，谓萨伏依人向他表示愿加入法国而组成为第八十四郡；当时吉伦特党中如班卡尔、卢未及拉索斯诸人反对一切征服，德木兰亦赞助之。班卡尔说："法兰西已经够大的了。"德木兰接着说："若使萨伏依役属于共和国，恐怕我们与国王们就没有什么区别。"德拉夸根据实际的理论来打断他："谁来付这笔战费呢？"卢未对他的答复博得议会之热烈掌声，他说："战费吗？你们能永远享受可靠的自由，你们所解放的人民能有幸福，这便是你们消耗战费所得到的补偿。"但是这样的慷慨并不合乎丹敦的脾胃，他说："同时你们应该使邻国的人民得到自由，我认为我们有权利对他们说：你们不能再有国王了，因为，假使你们仍为暴君们所包围，则你们的结合足使我们的自由濒于危殆……法国国民之推举我们做代表，无异是要组成一个各民族普遍暴动的大委员会，以反抗全世界的国王。"议会对于这场辩论还不愿有所决定，不过它已显然有制造独立的姊妹共和国的倾向。

外交委员会中大部分也认为将已征服的土地民主化是个必须放弃的冒险政策。10月24日，吉伦特党拉索斯代表这个委员会宣读一个长报告，极力反对丹敦及与他主张相同的人之意见，这些人认为只要萨伏依人能同意首先废止王政及封建制度，即当予以援助及保护。他说："剥夺人家选择政府形式的办法不就是危害人家的自由吗？"拉索斯又责难安瑟姆不该将尼斯革命化而在那里建立新行政机关及法庭。"为人家定法律便是征服！"

　　拉索斯的意见就是政府的意见。10月30日勒布朗写信给法国派往英国的诺尔说："法兰西放弃征服政策，这个宣言可使英国政府对于杜木里厄之入比利时不必担心。"11月11日在冉马普之役以后，他又向他说："我们不愿干涉任何人民之选择任何形式的政府。比利时居民总可选择他们认为最适宜的政府，我们绝不干预。"

　　关于这个问题，罗伯斯庇尔及雅各宾党大多数的意见是与外交委员会及行政会议一致的。为反对吕利尔及杜霸·克蓝塞之故，沙跛于11月9日在雅各宾俱乐部阐述征服政策之不便，博得大多数的掌声。12月12日，本达波尔主张和平，亦获得四座掌声，他说："当心，不要继续一个我们要受骗的战争。"罗伯斯庇尔在其《致选举人信》中，主张"我们之军事行动应有适当限度"；他马上指出"会与比利时人发生痛苦而流血的斗争的危险，正如我们之与我们本国僧侣的斗争一般"。

　　可是在行政会议及外交委员会中有两个有势力的人物，日内瓦人克拉威埃及普鲁士臣民克勒维斯人克洛茨，他们二人由于个人的关系力主征服政策。二人都是政治亡命者，他们要想回到他们的本土，唯有使其摆脱曾迫害他们的暴君之束缚才有可能，那么，除将其合并于法国以外，他们不知道有其他的方法。1785年克洛茨在其于次年出版的《一个亲法者的愿望》中写道："凡尔赛宫廷有个不应忽略的目标，即将法国边境扩展到莱茵河口。这条河是高卢人的自然边界，一如阿尔卑斯山、庇里尼斯山、地中海及大西洋一般。"早在9月29日，他即主张合并萨伏依。

　　在克洛茨及克拉威埃后面有一个有力量的党，由无数外国亡命者组成，他们是到法国来找幸运和自由的：萨伏依人的中心是亚洛布罗热人俱乐部及军团创始人医生多培及下莱茵郡出席国民大会的议员斐力伯特·西蒙方丈；日内瓦人及瑞士人则以克拉威埃、德撰纳、格累律等人为中心；弩沙特尔人则以卡斯特拉、马拉及瑞士俱乐部创建人卢利埃为中心；荷兰人则以银行家科克、凡·敦·伊维及亚伯马为中心；列日人则以法布里、巴散日、斐昂及兰桑内为中心；逃亡在杜厄之比利时邦政派则以青年的培杜·沙罗伯爵为中心；逃亡在巴黎之丰克派则以银行家普罗利及滑尔契厄为中心[①]；最后还有莱茵河区的德意志人，大部分亡命者集中在斯特拉斯堡，以嘉布遣会修士什奈德、书贾科塔、商人波麦及医生威德金等人为中心。这班亡命者又伶俐又活动，在各俱乐部为数甚多，尤其是哥德利埃俱乐部，他们在那里形成了艾贝尔派的核心。其中有许多人已参加行政机关及军队。1792 年秋间胜利之所以如此迅速，他们之功似乎不小。

在冉马普一役以后，外交委员会及行政会议中的吉伦特党开始动摇，转而采纳亡命者的合并政策。这是一个决定性的转变。在自卫战之后不但继之以宣传战，而且继之以征服战，这个转变是不知不觉地造成的，其中有种种原因：或为外交的，或为军事的，或为行政与财政的。

行政会议及外交委员会的主持人最初之所以审慎考虑而不采取扩土政策者，因为他们还希望可以破坏联盟国的团结而得到迅速的和平。发尔密之役以后，与普鲁士交涉的失败还不曾使他们失望。由于他们的命令，发兰斯及克勒曼二将领于 1792 年 10 月 26 日在奥班日与布伦斯威克、卢彻漆尼、荷安洛厄及鲁斯亲王等进行交涉。他们对普鲁士提出与法国结成联盟，以承认共和国为条件；向奥国提出任其取得巴威略而放弃比利时及撤废卢森堡的军事防御。可是腓特烈·威廉于 11 月 1 日通知法国所派的曼德里养，谓在交涉之前，先须法军退出所占领的帝国领土及保证路易十六及其家属之命运。奥国则采用考尼茨的主张，提出议和的先决条件：释放王室家属并将其送至边境、给法国各亲王指定采邑、恢复教廷在亚威农的权力及赔偿德意志诸侯所受 8 月 4 日法令之损失。要想马上议和的希望是完全没有了。

而且，西班牙看来像要加入战争。为了应付这一着，布里索及勒布朗早已打算利用生长在殖民地而现在在杜木里厄军中服役的米兰达来挑

---

① 邦政派主张恢复旧有的邦政特权，故名。丰克派则因其领袖为丰克，故名。详见下文。

拨南美殖民地之叛乱①。这么一来，在自卫战之后，接着便是宣传战或革命战。

就社会结构、语言及文化而言，被征服各地的彼此差别是很大的。法国能以同样的行政法制施行于这些地方吗？

萨伏依的语言及文化是与法国相同的，其经济发展深受重重关税的阻碍，此类关税使它同时和法国及平德蒙特隔绝。资产阶级痛恨萨底尼亚王之卑鄙警察及武力暴政统治。威克托·亚马都斯谕令封建权利必须赎偿，因而其农民深羡法国农民之不费一文而得摆脱封建赋税。故法军一到萨伏依，到处都有俱乐部兴起，立即表示其"愿投入法兰西共和国怀抱，从此与法人成为兄弟民族"的愿望。亚洛布罗热人的国民会议是由各市乡代表组成的，10月20日集会于商柏里，宣布废弃威克托·亚马都斯及其后人的统治，继而废止贵族制及封建统治，没收教产，最后于10月22日表示愿与法国合并。这是全体人民几乎一致自愿与法国合并的②。

旧主教区巴塞尔自宣战以来即经法军占领，其情况与萨伏依很相似。它是由贵族领地及僧团领地组成的，大部分的居民说法语，自1789年以来就鼓动着要废除封建制度。主教亲王业已逃走，首府波兰特律在10月间即已种了自由树，并创立了一个俱乐部。德勒蒙、圣杜尔桑及塞涅勒基尔等地亦有同样事情发生。有一派主张与法合并，另一派主张建立独立的共和国。

在居民说意大利语的尼斯，倾向法国者远不如在萨伏依之多。当安瑟姆军队到达时，所有的商店都关了门。兵士抢掠城市以为报复，安瑟

① 米兰达生长于西领南美之加拉卡斯。1792年10月，西班牙虽有加入战争之势，但以国库空虚，兵力不足及路易十六之命运尚未决定而罢。行政会议除正式与西交涉保持和平而外，同时亦在计议煽动西领殖民地之计划。

② 萨伏依属萨底尼亚王国，法军占领后，令各市乡分别表示其愿否与法国合并，并选举参加国民议会之代表，除仍为萨军占领之三个市乡外，在六百五十八个市乡中，表示愿与法国合并者有五百八十三个市乡，余则授权其出席国民议会之代表决定。

姆所纵容的这种抢劫更加增大仇法分子的数目。为着要组织俱乐部及临时行政权力，他不得不借助于侨居尼斯而为数很多的马赛人。10月21日所决定的与法国合并案当然只能表示最小部分居民的意思。

在说德语的莱茵区域，真正同情法国或宁说同情革命的只限于城市居民，尤其是马因斯的居民，如大学教授、法律界中人、自由派教士及商人，他们大多数会集在阅览室中，阅读巴黎的报纸。全境分裂为无数的俗界与灵界贵族领地，虽非全与法国对敌，然一般对法国是冷淡而怀敌意的。蒙特斯契奥、杜木里厄及安瑟姆均不曾向被征服地索取什么，屈斯丁则不然，自入斯拜尔以后，他即向特权阶级征税。依照"以和平对茅屋，以武力对堡垒"的原则，他固然可以说他只打击特权阶级，但是在法兰克福被榨取的却是银行家，同时遭受了打击的窝牧的官吏只是些资产不多的匠人。这么一来，屈斯丁便惊扰了一部分资产阶级①。对于这个军队就地取给的作战方法，勒布朗表示称赞。在10月30日的信中，他甚至要屈斯丁把已占领城市中图书馆的善本书送到巴黎，"尤其是谷腾堡的圣经"②。这便已宣示日后执政府及拿破仑时代的劫掠政策。

屈斯丁明白单凭好听的布告及自由树之种植，不足以使人心归向法国。他要给德意志人一些更实际的满足。他不敢擅自废止什一税、力役、封建租赋及各种特权，他也不敢希望莱茵居民自动起来废除，他只有要求国民大会下令来废止。11月4日他写回来的信上说："各种封建法庭③及由压迫此不幸区域的小暴君的下属所组成的各行政机关，无时无刻不

---

① 屈斯丁占领斯拜尔后，向当地贵族与僧侣征税一百四十五万锂。占领窝牧后，征一百二十万锂。占领法兰克福后，没收某银行所存属于奥人之款一千四百万锂，并向特权阶级征发巨款，城中当局表示当地并无特权阶级，一切税收都是按各人收入征收的，请允免征，未允。款经付出后，用强迫募债法按户摊派偿还，故受打击者不仅富人而已。

② 勒布朗10月30日之信，恐系10月20日之误植。勒布朗在这封信中说："我认为你在为自由而征服的地区之图书馆中，发现有珍贵善本时，不妨以之来充实国家图书馆。"谷腾堡为马因斯人（1397—1468），以创用活版印刷著名。

③ 按此处原文作"Les régences, les baillis, les prévôts"，均系封建制下法庭的名称。

在努力增大人民对他们的信任。"

杜木里厄在比利时的行为恰与在莱茵河一带的屈斯丁相反。杜木里厄很知道比利时，因为1790年当比利时反奥起义正很得势的时候，拉法夷脱曾派他去活动。他知道，当时为数达二百五十万的比利时人分为两派，一派称邦政派，即贵族派，他们很依恋旧日的封建自由，有很富足、很狂热而且对贫苦民众很具势力的僧侣为后盾；另一派称丰克派，即民主派，因为他们仇视僧侣而希望彻底改革旧制度，故深受前一派之迫害。他也知道，本为神圣罗马帝国之一员而有人口五十万的列日主教邦，有无数决心推翻封建统治的民主派。他倾听比利时人委员会及主要由丰克派组成的列日人联合会的意见。他尽力要使比利时与列日联合形成一个独立的共和国，但尽可能地尊重双方的民族自尊心。跟在他军中的亡命客，把已克服城市的人民召集到教堂里，要他们推出临时行政机关，以便宣布与奥国断绝关系。到处都建立了俱乐部。当拉·步敦赖将军要仿效屈斯丁而在图尔内施行征税时，杜木里厄予以他严厉的责难："要比利时人向法国纳贡便是破坏我们军事行动的信仰，使之蒙卑鄙与贪得之羞。这便是要在奥国专制压迫的废墟上重建武力暴政！"他卒使拉·步敦赖被召回，而代以米兰达。

杜木里厄善待比利时人。他的运输车照例纳通行税，他不愿与当地通行的法律抵触。他虽然批准征发令，但非出于本愿。他宁采用购买交易的方法，并且用现金而不付指券。他需要金钱时，则向宗教团体借款。他这样地从根脱的僧侣借到两百万之数，成立了一个比利时军以增加他本军的力量。

在任何被法军占领的区域，或多或少地总有一群居民与法国人接近，他们加入俱乐部，或在新成立的行政机关中供职。这些亲法分子就怕业已被逐的诸侯卷土重来。法国人劝他们组织共和国，可是将来在和平以后，法国革命军离开了，这些小共和国能够自己维持吗？11月4日尼斯的代表出席国民大会说："倘不变成法国人，我们还能够自由吗？不能。

其间有不能克服的障碍，我们所处的地位只有使我们变成法国人，或者做奴隶。"他们已贡献了他们教堂中的财富，修道院中的财产。"倘使，在以自由为诱惑而把我们的财富榨取了以后，便把我们弃而不顾，而任我们处于不可妥协的暴君的愤恨之下；"那么，欧洲对法国人会作何想象呢？莱茵区的革命分子也表示这同样的疑惧。

共和国的法兰西，既已鼓动外国人民起义，则在道义上对他们负有一种不能避免的义务。在逻辑上讲，人民起义必须继之以保护，所能给他们之最好的保护方法不就是合并吗？

中立的双桥公国之柏格札本区的居民，因受兰多俱乐部的推动，已种了自由树、废除了封建权利并要求与法国合并。起义扩大到公国的其他各地，公爵派遣军队逮捕了起义的领袖。11 月 19 日吕尔在国民大会说明这桩事件，并质问议会是否要任这些实行其主义的爱国分子受暴君的宰割。"我主张，国民大会应宣布：凡愿与我们亲睦的人民均应受法国国民的保护。"发言赞成吕尔的有许多人，如德腓门、勒冉德尔、卢伯尔、梅伊埃、毕罗朵、卡拉、端则尔、特勒伊雅、勒昂纳·步尔敦及圣丹德累。布里索及拉索斯想延宕时日，主张待外交委员会提出关于各将领在敌国的行为的报告后再来决定，但是无效。国民大会热烈地采纳了拉·累末利尔·勒波所草的法令："国民大会用法国国民名义宣布，凡欲恢复其自由的人民，均将予以友爱与救助，并饬行政机关命令各将领援助这些人民并保护为自由而被压迫或可能被压迫的公民。"

这个宣布全世界革命者大团结之可纪念的法令，必然会威胁一切王座和一切过去的政权，且有激起普遍战争的危险；这已不是国与国的战争，而是一个社会战争，支持这个战争的是这个已被解放而自命为其他一切仍然被压迫民族之保护者与监护人的民族。最初摒弃征服及武力主义的革命，为事实所迫，就要向全世界表现其全副武装的姿态。它将传播它的新福音，正如旧宗教之以刀剑传播其福音一般。

第一件合并案跟着就发生了。11 月 27 日，格累瓜尔主教宣读一个重要报告，主张批准萨伏依人的要求。他之主张这一着，不仅是根据人民有自由选择国籍之自然权利，而且根据实际的利益。法国的边境从此可以缩短而巩固。关税人员亦可节省。萨伏依人可以利用法国资本开发其自然富源。对于怕因合并萨伏依而使战争延长之怯懦心理，格累瓜尔傲岸地答道："这一着并不会增加反法国革命的压迫者的怨恨，反而可以增加我们用以击破他们的结合的力量。何况业已势成骑虎：我们业已动手，一切政府都是我们的敌人，一切人民都是我们的朋友。"合并案几乎是一致通过的，只有吉伦特党俾尼厄当场反对无效，马拉则于事后在其报上反对。伶俐的蒲佐固然想为其朋友留一个退步，主张把这个法令当作宪法条文看，其意若曰，须如宪法一般要经人民批准，可是他为反对之声所打断，马上撤回了他的修正案。丹敦却再将其提出："我说，一个这样的契约如未经法国人民接受，不能算是永久的。"经巴累的支持，这个修正案始得通过。故萨伏依之合并只是暂时的。这个聪明的方法，一方面满足了居民的要求，但也为未定的将来留下与旧统治者交涉的余地。

暂时而论，国民大会的大多数已为格累瓜尔的热狂所推动。扩土政策忽然爆发了。

11月26日，领导外交委员会的布里索写信给塞尔汪说："我认为，如果仍有一个波旁王族做国王，我们的自由就不得安宁。与波旁王族绝无和平之可言，故此，一定要计划向西班牙进军。我在不断地劝各部长采纳这种主张。"他不但要挑动西班牙及其殖民地，而且要挑动德意志及整个欧洲："唯有在欧洲而且是整个的欧洲爆发革命以后，我们才得安宁。……倘使把我们的边界扩张到莱茵河，倘使庇里尼斯山再不能隔离自由的民族，我们的自由才算巩固。"布里索要把革命的红帽子硬装在王政时代自然边境的旧政策上面。

吉伦特党的扩张政策与其保守的社会政策是密切相联的。据绪格说，克拉威埃就怕有和平。他于12月5日写信给屈斯丁道："我们应当保持战争状态，士兵回来会增大全国的乱事而使我们失败。"罗兰的见解也是如此。有一天，他曾承认："我们一定要使我国成千成万的军队前进，进到他们两足所能及之处，否则，他们一返国就会致我们于死命。"

但这个政策是要付出很大代价的。12 月 10 日坎蓬在大声说："我们愈在敌人国土中前进，战争即愈变为糜费的，尤其因为我们提出了哲学和慷慨的原则。我们所处的情况已使我们非有决定的主见不可。人家在不断地说，我们把自由带给我们的邻人。同时，我们也带去了现金及粮食，因为人家不欢迎我们的指券！"坎蓬被推起草将领在占领区应如何行动的法令草案。12 月 15 日，草案准备好了。在原则上，他认为革命战争的目的是消灭一切特权。"在我们所踏入的国土内，我们应把一切有特权的人或暴君视为敌人。"正因为忘却了这个原则，正因为迟迟没授权屈斯丁去摧毁封建统治，所以最初颇为热烈的莱茵居民后来却冷淡了，才会在法兰克福城撞着西西里之丧钟①。比利时人之所以是被动而怀敌意的，就因为杜木里厄不曾把他们身受其痛的压迫取消。当然，假使被占领区域的人民，能模仿法国，自动起而打倒封建统治，自然是再好没有。不幸这是不可能的，所以我们必须宣布我们就是革命政权，我们要去破坏那种压迫他们的旧制度。为了他们的利益，法国才行使革命的专政，而且要公开地行使专政。"我们的步调与原则已经用不着掩饰：暴君们业已看得很清楚。……当我们进到一个国家，撞警钟的应该是我们。"法国将领应当立即取消什一税与封建权利，以及一切奴役的制度。他们要摧毁所有的现存权力，使临时行政权选举出来，在选举时，共和国之敌人均应排斥，唯誓忠于自由与平等及放弃特权的公民才得参加选举。一切旧的税收均应废止。属于公家的、亲贵的、灵俗两界社团的及暴君党的财产，均应没收，以为强制通行的指券之保证。如果新行政机

---

①　1282 年 3 月 31 日在晚祷钟声中，西西里人起而屠杀全岛之法兰西人，因称此事件为"西西里之晚祷"。通用用此语表示一般屠杀，故译"西西里丧钟"。这时法军两千留守法兰克福，普军到达时，居民起而应援，造成法军之惨败，故云。

关认为须征收捐款，则负担不得加于劳动阶级身上。"唯有如此，我们才可使人民爱自由；他们不再付出什么，他们能管理一切。"早在10月20日，克洛茨曾提出与此类似的办法，未得通过。这类主张酝酿已达两月之久。这一次，坎蓬博得了狂热的掌声，他的草案马上被通过。

11月19日及12月15日的两个法令概括了吉伦特党的外交政策。这两个法令是相辅的。第一个法令答应保护他国的人民，第二个法令对保护加上一个先决条件：他国人民须接受法国的革命专政。

要使这样一个政策成功，必须采取此一政策的政府具有强大力量，足以压服并未要求此政策的他国人民，足以压服领土完整而受此政策威胁的强敌，足以压服实际利益受此政策损害的中立国。换言之，必须法国军队成为吉伦特党手中的恭顺工具，而且此一工具的力量足以破坏几乎是整个欧洲的抵抗。

我们可以问：起因于这两个法令的普遍战争是否为事态演变之必然结果。不错，吉伦特党有一时期想与普、奥交涉和平。倘使他们在路易十六审判案时能取干脆而决绝的态度，则他们与国王们的交涉可望成功。假使他们自始能根据国家利益而主张宽恕国王，假使他们敢于公开宣布国王之审判即可破坏和平，假使在宣布共和国的第一天敢于负责提出将王室眷属送往边界，那么，也许他们所进行的交涉能够得到好结果。以保持现状为基础的和平是可能的。普、奥当时只求能光荣地逃出这个法兰西蜂窝，因它们须注意在波兰受俄国威胁的利益[①]。可是吉伦特党却没有必需的勇气付出代价以换取和平。他们不但须主张开脱路易十六，而且要放弃他们所曾如此鼓励的革命宣传政策。他们不敢割断他们的过去。结果，他们为胜利的麻醉所支配。

至于一年前与罗伯斯庇尔一同勇敢地反对战争的山岳党，虽努力想

---

① 第一次瓜分波兰系在1772年，1791年波兰改革派乘俄国有事于土耳其及西欧之革命战争，于5月3日宣布新宪法，定世袭君主立宪制。1792年1月，俄、土媾和，俄即对波兰用兵，普亦出而干预。8月，商定瓜分计划。1793年1月23日签订第二次瓜分波兰条约。

和缓吉伦特党的合并政策，虽曾发表些远见，虽有马拉在其报上反对萨伏依的合并，可是他们没有作出明确而具体的提案来反对吉伦特党的政策。他们正拼命要进行国王审判，他们正要从吉伦特党争取人物到自己队伍里来，如政治亡命者代言人及合并政策宣传者克洛茨，那么，他们又怎能提出这样的反对案呢？

　　故此，我们可以说，党派斗争与外交情形之发展同样阻遏了和平而扩大了战争。

第七章　第一次联盟军

　　国民大会认为 11 月 19 日及 12 月 15 日两个法令可使它的事业和被压迫的群众联系起来，借以巩固法国在征服地区的地位。事变的演进恰与其希望相反。各地人民害怕人家所加给他们的"革命政权"。他们认为这不过是个榨取他们财富的方法，是个武断及统治的工具，是个破坏他们独立的不可容忍的罪行。

　　在比利时，征服时所成立的那些临时行政机关，大部分是由旧邦政派组成的。他们要在布鲁塞尔树立布拉班的旗帜。当其被禁止时，他们就一再用大示威运动来回答。12 月 7 日的示威运动卒至发生严重的冲突。12 月 15 日法令宣布以后，无数的丰克派也与邦政派同时抗议。组成埃诺行政机关的那些人于 12 月 21 日向国民大会提出请愿书，说明他们认为所谓革命政权，"只是僭取的政权，暴力的政权"。这种反抗几乎是普遍的，因其牵涉了实际利益。谁也不愿接受强制行使的指券，有很多人则因公款及教会财产遭没收而受到损害。

　　遇着这类未曾料到的反抗，有些部长如勒布朗及罗兰，议员如布里索、加德及戎索内等因受杜木里厄的鼓动，开始在怀疑应否退一步而撤销 12 月 15 日的法令。但是在比利时军中的特派员，尤其是卡睦、丹敦及德拉夸，经坎蓬及克拉威埃的支持，主张立即施行此令，遇必要时且用武力。领导人物意见不一致使宝贵的时间错过，使反对者有时间彼此接近。布里索所主持的外交委员会，对于任命专员以便由行政会议派往比利时进行选举及没收财产一事，尽其可能在延迟，延迟达月余之久。此类专员直到1月半间以后才从巴黎动身。但是，坎蓬直接诉之国民大会来克服这一切反抗，国民大会卒于1月31日采纳了他的意见[①]。

于是12月15日法令开始执行，但须用暴力。仅具外表的民众议会在武力监视之下讨论各城乡与法国合并的问题。当时竟不敢召集一个全比利时大会，如在萨伏依一般。这些合并案是一个一个城市相继在3月中宣布的，是在带威胁性的骚动中进行的，在布鲁日则表现为杀害法国的士兵，几乎到处都有倡乱的呼声。2月17日，在比利时的特派员向国民大会报告说，假使法军失利，"则整个比利时必然会为法国人撞着西西里之丧钟，比利时的爱国党自顾不暇，绝不能帮助法国人"。

莱茵区域本分裂为二十余邦或贵族领地，彼此犬牙相错，原没有比利时那样根深蒂固的地方性的爱国主义。但人民感受了战争的痛苦。农民埋怨限价、征发及力役。他们既已誓忠于旧王侯，牧师恐吓他们说，假使他们破坏此类誓言，死后即入地狱；牧师们并预言贵族们要重回故土。谁也不愿接受指券。他们又害怕一旦与法国合并，则素所畏惧的军役要落在他们身上。不久，除开城市中最公开的俱乐部分子以外，再没有忠于法国的人；就是俱乐部分子也彼此分裂，例如在马因斯[②]。

要执行12月15日法令只有用武力。国民大会特派员卢伯尔、默兰·得·迪昂威尔、奥斯曼等竟破坏双桥公国的中立，2月8日令兰德尔蒙将军将其占领。公爵逃走了，其大臣厄则柏克则被禁于默茨的军事监狱中，后被解往巴黎；来宁根的诸亲贵亦被捕解送巴黎。俱乐部分子，由兵士陪同保护到各乡去主持选举。放弃选举权的人为数非常之多。有

---

① 1月31日国民大会通过一个法令，规定在法军占领区域中，法军将领可召集各地初级议会，由议会特使主持选举，以决定当地政府之形式。倘在限定期内不召集议会，即属不愿为法国人民之友，应以敌人视之。

② 马因斯之"爱国党"原分急进与温和两派。1793年1月1日时，俱乐部会员四百五十九人中缴纳会费者，仅一百二十一人，不曾缴纳的人有自愿退出者。

些地方发生反抗，以至于不得不将人逮捕而成批地解过莱茵河。而且，还是有整个村庄拒绝宣誓的。听见法军在比利时不利的消息以后，竟有局部的叛乱。在这种情况下产生的莱茵国民大会，3 月 17 日开幕于马因斯，四天以后，经过福尔斯忒的演说之后，通过与法国合并①。

其他征服地带的合并，经过与此相类似。12 月中原已变成罗拉锡共和国的波兰特律②，又于 3 月 23 日竟不顾若干德语司法区及甚至有数法语村庄的反对，而改为蒙特里布尔郡。

1793 年 1 月 31 日通过了合并尼斯案。杜科主张要审慎些，现在已赞成坎蓬的政策的拉索斯答复他道，阿尔卑斯山应为共和国的边界，遇与英国国交破裂时威尔佛朗什海湾尤其要属法国。尼斯人日益敌视法国人。3 月间，索斯柏洛镇起而反抗。乡村亦不可靠。法国的信差时被暗杀。新招的士兵成群结集，这些被称为"庞犬"的人在城厢四郊造成恐怖。

10 月间态度曾是那么一致的萨伏依，也开始表露不耐与不满。

在占领地区行使帝国主义政策之辛辣的结果便是如此。此外，这个政策使法国在中立国失去不少的同情，专制政府更可以此为口实，日益严密地监视或压迫那些被疑为传播法国思想的书报。最初称赞法国革命的那些外国著作家中，最胆小的人忽然反对它了，例如德意志之克洛普斯托克、威兰德、克尔内、斯托尔堡及什洛瑟，英国之阿苏·阳及瓦特孙，意大利之亚尔非埃里及平德蒙特等。他们有不少的借口，最为他们所引用的则为 9 月屠杀及路易十六之死刑。不顾一切而仍忠于法国的人，如德之斐希特及赖哈尔特，英之威至威士、科勒里治、高德文及罗

---

① 福尔斯忒是马因斯的急进革命分子，代表马因斯参加莱茵国民大会。莱茵国民大会之产生甚为迟缓，因须以誓忠于自由与平等为先决条件，人民多拒绝宣誓。当莱茵国民大会开幕时，马因斯已受普军威胁。21 日通过合并案，推福尔斯忒等三人为代表，出席巴黎议会，表示愿与法国合并。

② 罗拉锡本日耳曼部族名，原住莱茵河上游巴塞尔附近。1792 年 4 月底，法军入巴塞尔。11 月 27 日，波兰特律议会宣布与帝国及巴塞尔主教脱离关系，而建罗拉锡共和国，要求法军保护。

伯·朋斯等，或则改用假名和缄默作掩饰，或则甘受迫害。

在英国，一直在使宫廷及内阁中的部分阁员坚持中立政策的庇特，认为法国征服比利时即可威胁荷兰之独立，于是开始转变。11 月 13 日，他曾通知荷兰的执政，谓荷兰领土如被法国侵入，英国政府即履行其联盟国义务 ①。他所怕的侵入并未实现，但是在 11 月 16 日，法国行政会议宣布开放斯刻尔特河，为了实行这个宣言，法国的小舰队开达河口而出现于安特卫普。这显然是破坏曾再三申明要尊重的《闵斯特条约》②。英国主战派从此有反对法国之适当理由。法国已破坏了曾经数次条约担保的荷兰之中立。允许援助各地人民起义的 11 月 19 日法令更给他们第二大理由。

英国的自由党却在庆祝法国人的胜利。他们的政治结社，如 1688 年革命会，人民之友会，宪政改革会都派有代表团到国民大会来，陈递具有成千人签名的庆祝书，签名者多半是住在工业区域的。11 月 28 日，国民大会主席格累瓜尔颇欠考虑地答谢两批这样的代表道："庇姆，汉姆敦及西德内诸人的影子在你们头上荡漾着，无疑地不久就会有一天法国人也会到大不列颠的国民大会来祝贺！"③所有倾心王政的英国人——他们是为数很多的——可从此看出法国要在他们国内进行鼓动及制造革命。

庇特召集上下两院于 12 月 13 日举行非常集会，国王演说要议会通

---

① 1788 年荷兰内乱平服后，结英荷条约，保证奥伦治家之世袭执政权，并有共同保卫之义务。

② 结束三十年战争的《威斯特法里亚条约》（1648 年），系由闵斯特及奥斯那布律克两条约组成。《闵斯特条约》是西班牙与荷兰两国所订之约，承认荷兰之独立及封闭斯刻尔特河。结束西班牙王位继承战争的《乌特勒支条约》（1714 年）及调和荷兰争端的《封腾布罗条约》（1785 年），均重申封闭斯刻尔特河之规定。按此河在比利时境内，荷兰仅厄其河口。今由法国宣布开放，则安特卫普即可与荷兰各港及伦敦竞争商务，于英为一威胁。

③ 英国革命分子当时颇为活动，法国政府亦暗中派人去鼓动，根据诺尔寄回的报告，英国似有酿成革命的可能，实则革命分子为数很少。法国政府同时相信在野的自由党可起而推翻庇特。根据这类错误的判断，才决定对英国的态度。庇姆，汉姆敦及西德内均英国革命时代的著名人物。

过防止内乱的法案及应付法国扩土威胁的武力准备。勒布朗秘密派遣的
马累，虽得于 12 月 2 日及 14 日两次由庇特接见，向其说明 11 月 19 日
法令并非如一般解释，唯仅适用于与法国交战的国家而已；庇特仍不信
任，因为勒布朗定要庇特与法国所派大使硕昧兰继续交涉，而英国宫廷
自 8 月 10 日以来已不承认他有此资格。勒布朗手段又不高明。12 月 19
日，当他报告对英关系时，他硬把英国内阁与英国人民分开，威胁着要
诉之人民来反抗内阁。庇特很不高兴这种挑衅与恫吓。12 月 26 日，他
容易地使国会通过了限制外人居留英国的例外法案，即《外人居留案》，
规定外人须受警察的监视，迁徙不自由，且可被逐出境。勒布朗马上抗
议，谓英国破坏 1786 年商约，该约曾保证法人之居留英国与英人之居留
法国有同等权利。庇特不理会这个抗议，并且禁止麦子运往法国。

　　得到路易十六受刑的消息以后，伦敦宫廷即为之举哀，并令硕昧兰
立即出境。1 月 13 日，国民大会根据克尔圣的报告，议决武装战舰三十
艘，巡洋舰二十艘。可是到了这最后关头，勒布朗及外交委员会仍想维
持和平。马累再被派往伦敦，希望见到庇特。倘若庇特的代理人迈尔斯
的话可信，则马累所具之权力可以答应法国放弃在莱茵河流域征服之地，
只要比利时建为独立的共和国。马累甚至可答应法国寻觅取消合并萨伏
依的途径。庇特虽拒绝接见马累，但他仍不想先开衅端。2 月 1 日，布
里索则使国民大会通过同时对英国与荷兰宣战 ①。

　　这一次再不能把战争的责任归之于王党的阴谋了。庇特及格棱维尔
态度之决定，并非由于倾向某种政治主张。这个就要开始的斗争是属于
另一类的。它是属于以往利益战一类的，即维持欧洲均势的战争。正如
在路易十四及路易十五时代一般，以庇特为代言人的伦敦城区商人不愿
安特卫普落入法人手中。同时，国民大会方面认为对荷兰战争是个实现

---

　　① 硕昧兰之被迫出境，是由于英王乔治第三之出面干涉，1 月 24 日限他于 2 月 1 日以前
离英。这时英国态度业已显明，再无交涉之必要。硕昧兰返国后，行政会议决定备战，1 月 29
日令杜木里厄进攻荷兰。

其财政计划的途径，因其可以攫取阿姆斯特丹银行。布里索警告国人说，这是个生死斗争，他的话是不错的。这战争再不如以前是个对抗国王、贵族及僧侣的斗争而已，却是一个民族对抗民族的战争。国王们还可及早与革命的法国媾和。英国人要到最后才放下武器。

与西班牙破裂和与英国破裂的性质不同。促成这个战争的主要是王政与家庭的荣誉问题。西王查理第四及其不名誉的王后是主张和平的，因为他们的国库空虚，战争会使他们不安。查理第四想与法国交涉同时撤兵以救他的从弟路易十六，没有成功。在1月21日以后，西班牙首相即王后的情人哥多意，通知法国外交代办布尔哥盎不必再往走访。布尔哥盎将勒布朗的照会送给他，要求西班牙对已开始的军事布置作肯定答复。布尔哥盎得到的回答是返国护照。3月7日，国民大会根据巴累的报告，在喝彩声中通过对西宣战。巴累说："法国多一个敌人，不过是使自由多一次胜利。"国民大会议员们对国王们所用的口吻，有如罗马时代的元老院。

那不勒斯的波旁王廷不承认法国所派的外交人员马科。法国驻君士坦丁堡大使什瓦则尔·古胏尔业已亡命，共和国提出塞蒙威尔继任，那不勒斯代表则在向土耳其苏丹破坏他。于是法国的土伦舰队马上出现于那不勒斯。统治两西西里王国的斐迪南四世与他那统治西班牙的堂兄是一样的懦弱。王后马利·加罗林纳是马利·安朵瓦勒特之姊，公开表现她和首相亚克吞有关系。1792年12月17日，法国舰队使这对王室夫妇战栗起来。他们屈服于一切要求。当卫兵柏尔维尔把马科报告胜利消息的文件送到之时，国民大会主席特勒伊雅嚷道："又一位波旁王族被征服了！国王们是不足轻重的了。"[①]

教皇逮捕了两个法国艺术家，法国罗马学校的学生希纳尔及刺忒尔，

---

① 法国舰队司令拉都施特意选出巴黎国民卫军柏尔维尔为代表，与马科同时向亚克吞要求否认那不勒斯在君士坦丁堡之公使，并须将其召回，同时要他派大使驻巴黎，限一小时内答复。那不勒斯屈服后，柏尔维尔于1793年1月6日在国民大会报告。

说他们是属于共济会的并且曾发表有害的言论。法国舰队受命从那不勒斯回来时巡弋教皇领地沿岸。教皇马上把这两位艺术家释放了。可是马科的秘书雨刚·得·巴斯微尔本系派往罗马去鼓舞法国侨民的，1 月 13 日被群众屠杀，群众并希图于次日纵火烧犹太人区，认为该区居民是亲法的。国民大会抚恤巴斯微尔的遗子，并令对此屠杀须予以公开之报复。不幸土伦舰队希图在马达勒那岛登陆时，惨败于萨底尼亚。为巴斯微尔报仇的事只好延迟一下。

在法兰克福的"西西里丧钟"的一月以后发生这一事变，显然说明革命的法国在此后的战役中，除自己以外无可依靠。各国人民的起义还没有成熟。在思潮方面法国既走在各国的前面，它就该付出代价。当军事行动再开始时，法国没有联盟国 ①。幸好还能保持瑞士、斯堪的纳维亚半岛诸国及意大利各邦的中立。以法国一国而对抗全欧的最大列强是从来没有过的，就是路易十四时期的战争也没有这样大的规模，因为在路易十四时，当最紧急的时期，至少还有西班牙在一起。可是，当路易十四时，法国是为保持一个王室的骄傲而战。这次战争，不但是为已在动摇的法国的独立，而且是为民族的光荣，为自治的权利，尤其是为保持因革命而得到的巨大利益。

---

① 从此法国须与欧洲第一次联盟军对抗。所谓第一次联盟军，是以英国为中心，由格棱维尔于 1793 年春夏间先后与各国订立条约而形成的。

第八章　杜木里厄的叛变

　　1792年秋季所征服的自然边界之地，于1793年春季在几个星期中相继失去。内尔樊敦一役失败之后，到3月底，法军退出了整个比利时；数日之后，在莱茵河左岸亦遇着同样的命运。到了4月初，在东北边境以外之地只剩下一个被围的马因斯。在以往不可思议的胜利之后，接着这样迅速地败下来，该如何解释呢？

　　由于杜木里厄不肯派兵直趋莱茵河的错误，遂使屈斯丁军与比利时的法军隔绝，其居间地带为普、奥军所占领。普、奥军在法军二大主力之间突出一角，沿着摩则尔河，自科布林士直达卢森堡。他们这么占有了很强固的中央地位，取得内线作战之利。

　　其次，联盟军利用了杜木里厄之迁延，得以补充实力而加紧他们的联合。腓特烈·威廉立意要报发尔密一役之仇，令其将领们与奥军更密切地合作。

　　以前法军之所以能够胜利是由于军队数目超过了敌人，及一部分比利时及莱茵居民之合作。这两种利益现在没有了。由于受杜木里厄保护的军需承包人的舞弊，士兵的衣服饮食都很坏，有许多义勇军利用法律所许可的权利都回家去了。本国国土既已解放，他们认为他们的使命即已完毕。法军的士气再不能优于敌人，军队数目也不再能超过敌人。

　　在12月1日时，法军约有四十万人。到1793年2月1日，它就不过只有二十二万八千人了。比利时一军也许较其他各军更削弱些。2月7日杜霸·克蓝塞说："那儿的义勇军，一营有少至一百人者。"有时一连只有五人。仍留在那儿的只是些穷光蛋或职业兵，他们务为抢劫抄掠，即使他们还勇敢，但已没有纪律了。

那么，至少，政府与统帅部是否能一致呢？不幸在当局者之间的分裂与敌对从没有比这时更厉害的。1793年1月1日产生的国防委员会人数太多（二十四名）[1]，又是公开讨论，只是一团杂乱而已。行政会议现在须隶属于这个委员会之下，什么也不能解决。事务就难于进行。将领们由于以往的胜利，日益不肯服从。向来受人尊敬的屈斯丁，现在也来模仿杜木里厄，在其致勒布朗的信中开始攻击巴什之无能。勒布朗任其乱说，而不令其服从及安分一些。当国王审判时，杜木里厄自1月1日至28日在巴黎作长时期的停留，从事可疑的阴谋。他想笼络的坎蓬虽然不为所动，可是丹敦、克洛茨及吉伦特党领袖们则予以最热烈的援助。1月21日，丹敦毫不犹疑地起而反对巴什，虽然他采用貌为谨慎的态度。借口陆军部长工作繁重非一人所能单独胜任，2月4日将巴什免职，代以杜木里厄的朋友而兼工具的贝隆微尔，外助以六名佐理，分任各种事务。陆军行政机关如此彻底改组之时，正值战役再起之前夕。于是乱作一团。已将巴什推翻了的将领们，对于他的继任者，并不表示得更恭顺些。屈斯丁根本就不喜欢贝隆微尔。

军队的大弱点之一即其组织之别为正规军团及义勇军营二种，二者地位彼此不同，互相妒忌。义勇军自选官佐，薪给亦较高，纪律又较为松懈。为着要消灭此类在征募及立法上之可怕的差异，杜霸·克蓝塞于2月7日提出一个"混合制"的根本改革案，以每两营义勇军与一营

---

[1] 1月1日克尔圣提议由各委员会推举代表合组国防委员会，以便集中力量应付当前局势，议会采纳了这个提案，因为它可借此直接行使政权。1月3日正式确定人选，4日组织成立。二十四名委员中之重要人物有布里索、克尔圣、杜霸·克蓝塞、坎蓬、戎索内、巴累、西耶士等，大半属吉伦特党。

正规军合组一个单位，称半旅团。正规军能得到与义勇军同样的利益与权利。遇有官佐缺额时，他们也能升补。三分之一的官佐位置为他们保留起来，其他的三分之二则用真正联合选举制来产生。一遇缺出，由次级官佐中推出三个候选人，然后由原级官佐就中择一任命。这样使军队"全国一致"，受同样精神的刺激，有同样的权利，服从同样的法律。正规军可受到义勇军爱国热情的感动，义勇军则因与老兵接触而更老练。除发兰斯以外，其他将领均反对这个改革案。大部分吉伦特党，甚至巴累，也在议会中反对。幸得山岳党，尤其是圣鞠斯特的支持，此案才得通过，但在战役开始前已来不及实行。此案之实施是在1793年到1794年的冬季，彼时产生了最好的结果。但在目前，正规军与义勇军仍是分开的。

法国军队虽已处于此类显然不利的情况，国防委员会及行政会议却仍采取了杜木里厄所订的进攻计划。这是一个失望的攻势。2月3日杜木里厄从安特卫普写信来说："倘使比利时一军不先敌人动手，它便完了。"他又说："如果有人帮助我们，尤其是能以聪明友好的态度对待比利时人，我敢说我们仍能去征服；否则我知道身为军人者应该如何死法。"他绝无要死的意思，不过希望能好好地对待比利时人，以免在他的军队后面发生叛乱。他一方面令米兰达一军在右翼围攻马斯特里希特及扼守罗埃河上之过道；一方面叫发兰斯的一军扼守谬司河中部，准备抵御从卢森堡或罗埃河方面而来的奥军。杜木里厄本人则统率第三军，称荷兰军或北路军，从安特卫普进攻荷兰，沿谬司河下游直取多德勒希特及阿姆斯特丹。其他方面军如莱茵军、摩则尔军、阿尔卑斯军、意大利军及庇里尼斯军一律取守势。杜木里厄在其《回忆录》中说，假使他当时能够胜利，他要使比利时与荷兰合为一国，宣布独立，然后领军向巴黎进发，解散国民大会及消灭雅各宾主义。他只把这个计划告诉过四个人，据米兰达说，其中有丹敦、德拉夸及威斯特曼。

杜木里厄计划之错误，在于将业已如此薄弱的共和国兵力分散而不集中于一点。假使米兰达因奥军的压迫而败退，杜木里厄的交通即受威胁，荷兰进军便干脆完了。

起初一切都很顺利。2月16日他以两万人侵入荷兰，迅速而几乎是未遇抵抗地占领了布勒达、格特里敦堡及克龙德尔特三要塞。但是在3月1日，由科堡所率领的敌军进攻分散在罗埃河上诸营及惊惶无主的比利时军队。这次惨败是可怕的。法军混乱而无抵抗地退出了爱克斯·拉·沙伯。米兰达急于撤除马斯特里希特之围。列日也接着在不可形容的无秩序中退出。疾驰来援的发兰斯经过极大困难才得收集各军残余。

目击这次惨败的丹敦及德拉夸，事后遣返巴黎，与其说是为了安定人心，毋宁说是激起惊扰。3月8日，德拉夸在其凶猛地攻击贝隆微尔之乐观时，把军事情况说得异常黑暗，丹敦更从而加以渲染。他们使议会议决立即就议员中选派特派员，到巴黎各区及全国各郡去敦促业已下令征集的三十万人之征募①。当晚巴黎各区都在集会，其爱国狂热有如8月底伦威失陷时所激起的情形一般。有些区，如路夫尔区，因丹敦友人德斐欧的推动，要求设立革命法庭，以惩罚敌人派在国内的奸细。次日，3月9日，卡里厄正式提出此案。丹敦竭力赞助他，虽经吉伦特党激烈反对，卒将此案通过②。当晚，巴黎的激动更加厉害。共和国卫士会、四国区及哥德利埃俱乐部发布恫吓的宣言，攻击杜木里厄及吉伦特党，说他们应负战败的责任。暴动委员会业已组成，而想把仍在抵抗的雅各宾俱乐部及巴黎市府卷入。人民结队抢掠了《巴黎新闻》及《法兰西爱国者》两报的印刷所。

次日，3月10日，丹敦又在议会攻击内阁，主张将它改组，要由国民大会议员中举出人员来组织它。吉伦特党控责他意在树立独裁，他的

---

① 三十万人征集令是1793年2月24日通过的。以前募集的义勇军，完全是志愿兵。此案则用强制性征募法，令各郡按指定数目征募。

② 1792年8月17日成立的特殊法庭，已于11月29日取消。3月9日通过的法庭，称特设刑事法庭，专审反革命犯，10月29日始由议会通过，改称革命法庭。

提案被打消了。但在当晚骚乱又开始。公认与丹敦有联系的鼓动家又在挑拨各区。由于天雨，由于珊特尔及巴什的不赞成暴动及由于樊尼斯特尔郡结盟军的稳重态度，才使暴动者解散。

当时的人认为3月9、10两日的骚乱是由丹敦得有杜木里厄之谅解而发动的。当丹敦在国民大会攻击内阁时，另有杜木里厄所派的爪牙摩尔德也在雅各宾俱乐部攻击他们。不过丹敦对杜木里厄予以热烈的称赞，而暴动者则要求将他撤职，及将"申诉派"逐出国民大会①。矛盾只是外表的，而且是特意造成的。领导暴动的人如德斐欧及普罗利，都是新近被杜木里厄罗致来喝彩的人物，并且在此后不久即发生的杜木里厄叛变之前夕，曾参加其暧昧的阴谋。他们在以前把这位将军捧上天，以后又与他勾结，这是大家知道的，那么，谁也不会认为他们当时的态度是有诚意的。大家知道他们过去是不很清白的。大家认为这些无赖之徒是经丹敦给钱而担任他所指定给他们的工作的。

正在这纷乱的时期，杜木里厄的倨傲态度更使人家的怀疑具体化。3月2日，急得没有办法的发兰斯求助于他道："请即来，作战策略必须改变，现在已是千钧一发的时候。"可是，起初他一点儿也不理会。他认为保卫比利时的最好方法仍是继续向鹿特丹进军。到了3月10日，他才因行政会议之紧急命令而来与米兰达会合，可是他只一个人来，把军队留在荷兰，为补救当时的惨败起见他的军队原是不可少的。当丹敦在向国民大会替他保证时，而他竟行同独裁者，不顾一切法律。3月11日，他接二连三地发出布告：命令归还从比利时教堂中所取的银器；封闭一切俱乐部，其中有些是曾欢迎他出席的；并逮捕几名行政会议的特派员，如奢庇。总之，他要把12月15日法令以后所完成的革命工作一笔勾销。当国民大会特派员卡睦及特勒伊雅在卢文会见他而责难他的行为时，他却于3月12日写一封极倨傲的信给国民大会。他把失败的责任归之于

---

① 英译注："申诉派"指在路易十六审判时主张向人民申诉的人。

陆军部的各司，他说比利时之合并是武力压迫完成的，甚至使人回想到昔日的亚尔伐公爵①。3月15日，他的信在国防委员会宣读，同时有卡睦及特勒伊雅寄来的文件叫委员会注意这位将领的行为与威胁——他们称之为"重大事件"。巴累马上在委员会提出控告杜木里厄的法令。丹敦却反对这个急需而或可挽救全军的办法。他说，杜木里厄得士兵信仰，将其撤职会造成不可收拾的局面。委员会被他说服了。丹敦及德拉夸再到比利时去，他们说："我们要改正他，否则就绞杀他！"这都是空话。

杜木里厄收集了发兰斯及米兰达两军，3月16日败帝国军队于迪尔勒蒙，但是两天之后，他却在热特河上之内尔樊敦经受一次惨败。他那士气已坏的军队正向布鲁塞尔退却，3月20日到21日的晚上，丹敦及德拉夸与他在卢文相遇。他们要求他撤销3月12日致国民大会之信。杜木里厄却竭力怂恿他们反对吉伦特党，而拒绝撤销此信。这两位特派员所能从他得到的只是一纸短简，要求国民大会在未得到特派员与他会晤的结果以前，暂勿对其3月12日之信作任何裁处；两位特派员以此为满足了。德拉夸仍留在总司令部，丹敦则返巴黎向委员会报告。他在这归途中却留下一个不可解之谜。他应该尽可能迅速回来报告内尔樊敦的惨败及杜木里厄的抗命事件。可是他直到3月26日晚上才出席委员会，从布鲁塞尔到巴黎的路程最多不过两日，他动身时是在21日清早。他有整整五天失踪，谁也不知道他在哪里②。杜木里厄利用了这一迁延而揭去其假面具，由抗命而变为叛逆。3月23日，他命其军令官蒙勺瓦与科堡

---

① 尼德兰（荷兰及比利时）十六世纪时属西班牙，1565年因反抗西班牙之专制统治及旧教压迫而起义。西王腓力普四世派亚尔伐公爵前往镇压，六年之间（1567—1573），厉行杀戮，为历史上有名的恐怖统治。

② 丹敦之失踪及其是否与杜木里厄同谋，至今是个没有解决的问题。杜木里厄之决定叛变，大概丹敦是已了然的。或者他故意躲避几天以观其变，杜木里厄3月12日之信，是3月24日在巴黎报上披露的，或者他想在暗中看看这封信会引起什么反应。

交涉①。他对科堡说明以武力解散国民大会及再建王政的计划。他答应退出整个比利时，以安特卫普、布勒达及格特里敦堡三要塞交给敌人。这个他马上执行了。3月26日，杜木里厄在图尔内接见三个非常可疑的雅各宾党，杜毕桑、佩累拉及普罗利，都是暗中受勒布朗雇用的人，而且是3月9日及10日巴黎骚乱时的活动人物；在他们会见杜木里厄以前，很可能已与丹敦会商过。据杜木里厄说，这三个人向他提出与雅各宾俱乐部同谋来解散国民大会。但据他们三个人说，提出此议的是杜木里厄而经他们三人反对。这次会谈中曾涉及救出王后的问题。

当杜木里厄在图尔内与这三位可疑的使者会谈之时，丹敦正在国防委员会竭力替他辩护，来对抗罗伯斯庇尔要将其即日——即3月26日——撤职的主张。直到3月29日的晚上，委员会才最后决定采取丹敦曾使之延迟达半月之久的措施。委员会决定重新派四位特派员，卡睦、基内特、拉马格及班卡尔会同陆军部长贝隆微尔到军中去撤换杜木里厄，并将他逮捕。结果，被逮捕的反而是这四位特派员及陆军部长②。4月1日晚上，杜木里厄把他们送交敌人。他们被俘达两年之久。

杜木里厄想引军回巴黎来再建王政。可是，并非所有的国民大会特派员均已被捕。留在利尔的特派员宣布他为法外之人，禁止其部属服从他③。在摩尔德营地的司令勒维鲁急遣其军令官奥什将杜木里厄所下的命令告知国民大会。4月4日养恩郡义勇军第三营营长达武令其部属向杜木里厄开枪。为着逃过枪弹的危险，杜木里厄只得疾驰逃向奥军，4月5日当他由帝国龙骑兵护送回到摩尔德营地时，他的现行叛逆行为已

---

①　3月23日，科堡在布鲁塞尔接见蒙勺瓦，并派马克上校为代表，于25日访杜木里厄于阿特。

②　次日——即3月30日——议会才决定派他们前往，并令已出使在北路军的卡诺与他们会同办理。他们于30日晚上离开巴黎，4月1日晨到达利尔，幸而卡诺不在利尔，故未一同被捕。30日，杜木里厄再度与马克晤谈。

③　在利尔的特派员，有德拉夸、默兰·哥绪益、卡诺及勒扎治诸人。他们会商之后，决定下令逮捕杜木里厄，令全军服从议会，并任命丹庇尔代杜木里厄为总司令。

使全军反抗他而自动向伐仑西恩开拔 ①。杜木里厄只得与腓力普·平等之子、发兰斯及其他千余人投奔奥军。

各委员会相信杜木里厄还有同谋犯在巴黎，甚至在国民大会。3 月 31 日到 4 月 1 日的晚上，国防委员会及治安委员会 ② 的联席会议，决定逮捕腓力普·平等及其友人而同为议员的西耶里侯爵。同时，他们邀请丹敦出席来说明比利时的情况。这几乎是个逮捕状，因为腓力普·平等及西耶里也收到这类似的邀请书。谣传丹敦也被捕了。当晚马拉在雅各宾俱乐部谴责他之见识短浅。4 月 1 日，拉索斯在国民大会干脆控告丹敦与杜木里厄勾结，希图以政变来建立王政。毕罗朵则谓法布尔·得格兰丁曾向治安委员会提议再建王政。拉索斯与毕罗朵二人还不晓得丹敦当时与亡命者狄奥多尔·拉默的秘密关系，这是拉默在其《回忆录》中说出来的。丹敦胆敢出面应付。本来是被告，他却自命为控告人。他说，杜木里厄的朋友就是布里索、加德、戎索内，他们和他常川通信。倾向王政的就是那些曾想援救暴君的人，就是那些诽谤革命堡垒巴黎的人。他这个凶猛的攻击，常常为山岳党热狂的掌声所打断。马拉暗示他以新的罪状。他说："还有他们的晚餐小集会呢？"丹敦说："当杜木里厄在巴黎时，他们曾与他有多次秘密晚餐。……"马拉说："拉索斯，拉索斯也参加呀！"丹敦说："是的，唯有他们才是谋反的同谋犯！"这个战术成功了。吉伦特党最初已使议会通过的检举委员会便始终不曾产生。

---

① 杜木里厄与敌人妥协，继续退却，3 月 31 日设总部于圣达曼，另有一部分军队驻在摩尔德。4 月 3 日杜木里厄至摩尔德，正规军虽仍服从，而义勇军已有"非共和国即死"之表示。4 月 4 日他带着八名骑兵，往晤马克，遇着义勇军，达武下令向其开枪。当他回到摩尔德时，不但发现当地士兵已不服从他，并且知道在圣达曼的部队亦向伐仑西恩开拔，因当地驻有议会之特派员及新任总司令。

② 国民大会所属的治安委员会是一个偏重政治而权力于全国的警务机关，有权逮捕危害国家安全之阴谋犯，故山岳党及吉伦特党都想掌握这个委员会。1792 年 10 月 17 日成立时，组成分子多属山岳党。委员三十名，吉伦特党仅占五分之一。1793 年 1 月 9 日改选，吉伦特党占大多数；但 1 月 11 日议会将其委员减为十二人，而有十一名为山岳党。此后委员人数，续有增减，但山岳党始终占优势。

丹敦及德拉夸反而能参加 4 月 5 日新成立的公安委员会，这个委员会是在新基础上产生用以代替国防委员会的。新委员会只有委员九人，讨论是秘密的，权力也增大了①。

山岳党帮助丹敦得到胜利，因为他替他们对吉伦特党施以报复；可是一年以后，山岳党却又用拉索斯及毕罗朵所持的罪状来攻击丹敦②。他们也相信丹敦是与杜木里厄同谋的，因而将他以希图王政的罪名解送革命法庭。

联盟军把前一年的失败报复了。他们的军队又在法国领土上作战。在这大危险之前，法国本身又分裂了。汪德郡之乱已正在激烈进行。

---

① 1 月 3 日所成立的国防委员会不能应付当时的局面，3 月 25 日议会通过改组案，增大其权力，仍称国防委员会，但已与公安委员会名称混用。杜木里厄叛变后，委员会于 4 月 4 日改组，改称"执行委员会"。议会因欲保全分权的原则，故 4 月 6 日议决仍称它为公安委员会，但已有行政实权。委员减为九人，开会不公开，当晚即经产生，是为第一公安委员会。

② 参看第 3 卷第 11 章。

第九章　汪德郡的叛乱

　　1793 年 3 月 10 日在汪德郡及其相邻各郡所发生之宗教的与王党的暴动，只算是在全国民众中已起作用的反抗与不满之最严重的表示和最可怕的插曲而已。事实上几乎全国都有此酝酿，其主要原因都是经济的及社会的。属于政治及宗教性质的原因是继起的，但为前者之辅。继 12 月 8 日法令废止粮食统制以及国王死刑之后，接着便是物价加速高涨及生活困苦之加剧。

　　2 月间，指券贬值平均达 50%。所有的资料都证明当时的工资与生活费的不平衡已增大到不可思议的地步。

　　2 月 25 日，议员商旁说明——当时无人反驳他——在科累茨、上威盎及克鲁茨诸郡，黑面包价格每磅已达七或八镙；他又说："在此不幸的诸郡中，贫民阶级每天所得不过九或十镙而已。"这便是说，他们的工资刚够他们买一磅面包！养恩郡的麦价已增加三倍，工资的数目也是只够买面包。波累说："假如由雇主或主人供给伙食，工人的工资即须减去三分之二，这就证明工人的粮食几乎占了他的收入之全部。不供伙食之锁匠工资为三锂十镙；倘供伙食，仅得一锂十镙。工人晚上能够带回家去的少量工资，全部都要化在为其妻子购买面包。"

　　城市更较乡村为苦。巴黎几乎是不断地在感受粮食缺乏。国王受审以后，骚乱又开始了。2 月 24、25、26 三日的乱子特别严重。开首是洗衣女工的骚乱，她们抱怨不能买到肥皂，其价已由每磅十四镢涨到二十二镢。有人抢劫杂货铺。他们更以革命行动限定主要必需品的价格。国民大会接二连三地收到恐吓性的请愿书，要求强迫维持指券价格，以死刑对付囤积者及颁布最高物价律。在这骚乱声中，查格·卢于2月25日为抢劫杂货商一事辩护，他在市府中说："我认为，这不过是杂货商将一向从人民榨取得来之过多的部分归还给人民而已。"

里昂的情况更属惊人。1月26日，有四千丝织工人要求市府给各工厂主规定各种工资表。为抵抗有市府为后盾的工人起见，工厂主与富人们组织起来。属于吉伦特党的市长尼微尔·硕尔辞职。2月18日，他再当选，于是在这时期，以县法庭庭长沙利埃为主席的中央俱乐部被捣毁了，卢梭像被打坏了，自由树也烧了。骚乱如此严重，以致国民大会派了巴稽尔、罗微尔及勒冉德尔三特派员到里昂去调和相互斗争的两派，或者说两个阶级，但是无效。须付六镢购买一磅面包的工人要求对资本征收累进税，同时要求规定工资与物价及组织革命军来执行此类规定。

等不及将他们的要求变成法律，同情人民的地方当局及国民大会特派员为事势所迫，已在着手执行。硕蒙县不顾12月8日的法律，仍在以征发的方法来充实市场。在亚未隆郡，议会特派员博及沙跛向富人征收战时税以济贫民。在洛郡，圣丹德累仍施行业已废止的法律，下令调查及征发谷物。

议会特派员一致指明此类纷乱及人民对现统治之日益不满的根本原因是物价高涨。3月26日圣丹德累写信给巴累说："必须急切地使贫民能够生存，假使我们希望以他们的帮助来完成革命的话。应付此类特殊事件时，我们只能顾到公安大法。"他这封信是很可注意的，因为它指出了普遍不满的经济原因，同时也指出了政治原因。这些政治原因是不难说明的。吉伦特党与山岳党的激烈斗争业已散布了不安定、不信任及失望。当吉伦特党数月来一再向地主们说山岳党危害财产，自易使地主们相信。

因为害怕无政府状态及土地法，他们于是右倾。他们现在开始觉得王政是秩序最可靠的担保，不免为之惋惜。至于城市工匠及乡村劳动者，为生活之艰难困苦所迫，不免使他们时而倾听反动的煽动，时而倾听新革命的号召。继比利时及莱茵区域失利后组成的第一次联盟，激起了王党的信心与活力。在这样经济的及心理的空气之下，酿成了汪德郡之乱，而以三十万大军征集事件为导火线。

征兵法之武断确有最应受批评之处，这是该立即说明的。由普里欧·得·拉·马恩起草的征兵法第十一条说："当志愿投效者不足各市乡政府应募集的数目时，当地公民应立即将其补足；他们得以大多数的同意采用其所认为最适当的方法来达到这个目的。"第十三条说："无论公民会集时所用以补足应征数目的方法如何，补足人选须限于十八岁至四十足岁之未婚者及无子女的鳏夫。"这便是使在决定应征者时得杂有政治与阴谋活动。议会讨论此案时，山岳党绥寻甚至提议应征者须由选举方法来产生。他说："我主张用选举方法，因为我觉得集会的公民们会选出富人来，他们家庭安适而不需他们劳作；我又认为富人对于革命以往尽力太少，现在也许就是他们亲身出力的时候。总之，为国家服役是一种光荣，既然还有允许代役的条文，那么，我想第一次不会当选的穷人可以有二重利益，他们一方面从富人手中得到代役金以养家，同时又可为国家出力。"竟有一名山岳党这么称赞代役制，国民大会竟不叫富人亲身服役，这是如何违反了《权利宣言》的原则！

但是，自8月10日以来，人民的平等情绪已大为进步，他们自不免觉得富人之有此特权是不可忍受的而且是过分的。同时，国民大会让大多数人具有决定谁该应募的武断之权，无异是使征募事件受制于业已激动的各种地方情绪。即令在最爱国的各郡，此类显著的弊端已激起极强烈的怨言与反抗。例如在萨特郡，本来只要募六连的，结果在1792年8月间募集十四个连，可是青年人对于被选官吏及已婚者之可以免役表示抗议。在好些市乡，他们要购得国产的人，换言之即得到革命利益的人，应该先他人而应役。几乎在所有各郡中，弊端都很严重。贵族占大多数的地方则令共和派应征。共和派占大多数的地方则使贵族应征。贫人与富人各自团结起来。拥护反抗派教士的人，如在下莱茵郡，则使宪政派教士应征，这并不是稀有之例。唯有在和谐的市乡才采用抽签的办法，这本是旧日征募民团的办法，但无旧日的流弊。在城镇中，则往往加税于富人身上，用这样得来之款去收买人来组成应募队伍。艾罗郡感觉这个征募法之不便，于 1793 年 4 月 19 日下令将其简单化，即由地方机关组织一个特别委员会，受权用直接而亲身的征调法去指定应征人选。再向富人征收捐款以补偿这样征募的公民。此种征募方式原是未经法律规定的，但它有一大利益，即将征募权置于革命权力之手。1793 年 5 月 13 日，经巴累之报告，国民大会亦赞同这个征募法，并定以为例。有好些郡，如督郡、舍尔郡、亚列尔郡、科累茨郡及上威盎郡等都采用这个方法。当巴黎征募一万二千人去平汪德郡之乱时，亦用这个方法。这样征来的志愿兵或应征者，每人可得五百锂的补偿金，因而有"五百锂英雄"之名。

在西部，因反抗征兵法而引起了可怕的暴动①。在决定抽签的一天，即 3 月 10 日，星期日，及以后各天，各地的农民同时并起，西自海岸，东及硕勒和布累绪尔等城。他们的武器是禾棒、铁铲及少数枪支，通常由市乡长率领着，进到城镇时则高呼"和平！和平！停止抽签！"的口号。国民卫军被解除武装，宪政派牧师及市府官吏成批地被处决，政府文件被焚毁，爱国派的房屋被破坏。

在累茨区域的旧首邑马什谷尔，主持此类屠杀的是个旧盐税征收人苏绪，屠杀经过一个多月，被杀者达五百四十五人。县主席柔柏尔两手

---

　　① 汪德郡及其相邻各郡偏在西部，是个文化经济都比较落后的地区。当地的农民因受旧制度之压迫，原无反抗革命之意；但他们笃信天主教，而且本来是厌恶旧制度之兵役的，离前线又很远，缺乏爱国热情，故三十万大军征集令实为汪德郡叛乱之导火线。叛乱虽因汪德郡得名，但不限于汪德郡。

被斫断后，才被叉及刺刀刺死。有些爱国派被活埋。在4月23日的一天之内，有五十名资产者一对一对地锁成一串，被枪毙于附近的牧场。

汪德郡农民欢欣鼓舞地去杀害的人，是那些他们在市集中所常遇见的革命的资产者、觉得平常瞧不起他们的绅士、参加魔鬼俱乐部的无信仰者及背叛正教的异端。反抗派教士舍发利埃说："人民的愤怒便是如此，起先他们只把参加革命派教士弥撒的人下狱就满足了，后来则借口监狱已满而将他们敲死或枪毙，如9月2日之屠杀一般。"

最初出而统率农民的是老兵、偷运者或贩卖私盐者、因职位被取消而反对革命的旧盐税征收人，还有贵族的扈从。这些领袖起先都是民间人物：在摩治则有车夫卡特利诺，他原系教区圣器监守人；田猎监守人斯托夫勒，他是个老兵；在布勒塔尼的马累则有理发匠加斯顿、检察官苏绪及外科医生若利。宗教热不及佃农的贵族们是后来才出场的，有时是由于推请才出面；在马累则有残忍的沙累特，他是旧海军中尉；在摩治则有豪侠的邦陕及1757年始入法国籍之萨克森人得尔贝；在博加治则有旧陆军中校罗瓦蓝，旧亲卫军萨庇诺，波德里·达桑，杜·累达伊；在旧所称为普瓦图地区，则有勒斯屈尔及拉·罗什查格兰，不过这两个人是最后才参加叛乱的，只是在4月初间杜木里厄的叛变才使他们决定的。

反抗派教士几乎是马上从他们所躲藏的地方跑出来激起这些斗士的热情。其中之柏尼尔方丈参加天主教保皇军会议。另有一位冒险家基约·得·福尔威尔，自称亚格拉无任所主教，他即以此资格主持祈祷。

叛徒们进展所以如此迅速，是不能单拿宗教狂或刺激他们的殉道精神来解释的。他们住在交通困难的区域，是一个为荆棘所分隔的小森林地带，宜于埋伏，几乎毫无通衢大路，当地的集居者很少，居民分散在一群彼此隔离的田庄里。在那为数稀少的城镇中，革命的资产者只占极少数。

教士对于叛乱的影响是不可否认的，但是只是间接的。《教士法》公布时曾执行教务的牧师，宣誓者不及四分之一。大多数教区没有宪政派牧师。有个传道僧团名为谬洛丹派的，其根据地就在博加治中心圣洛棱·绪·塞夫尔，在1791年及1792年曾组织过若干次朝圣礼。许多教堂中都现过圣迹。故汪德郡农民之举事不仅是为着避免讨厌的军役，同时还是为着他们的上帝与国王而战。乱民立即采用圣心为号，用布物剪成缝在他们的短衣上。于是农民暴动装上了十字军的幌子①。

农民之进攻自始即以他们的囚犯为活墙来做屏障，赶着他们在前面走。他们善于隐蔽，长于射击，因而他们喜采分散作战法，希图越过蓝制服的革命军，然后以射击线去包围他们。统率他们的贵族们是曾经打过仗的。他们知道要夺取战略据点，断绝桥梁。他们想使这班乌合之众能有秩序。他们创立以教区或县为单位的会议，会计制及后备兵。他们突然攻击城镇来夺取武器、大炮及军需品。他们想利用共和军逃兵及其俘虏来形成一个常备武力。可是他们始终不能很完全地调整他们的力量。沙累特根本就厌谈纪律。他不愿离开马累。其他领袖也彼此嫉妒。为谋统一起见，他们推安如的圣者卡特利诺为统帅，但他始终只是个名义上的领袖而已。农民不愿远离他们的教区，不愿任田土荒芜。军中给养制始终是幼稚的。农民吃完了他们的粮食时便不得不离开军队。所以领袖们难于实行一贯而有系统的大作战计划。他们只有靠偶然的突击。这就把共和国救住了。

国民大会最初听到这个倡乱消息时，即于3月19日通过一个可怕的法令：凡手中持有武器的叛徒应处死刑，财产充公。这法令是一致通过的。兰瑞内甚至主张要加强原有条文的字句，马拉则认为是太严了一点儿。可是，整个吉伦特党装着不把这个乱事看得很严重。他们业已企图掩饰比利时失败的严重性。布里索在他的报上加倍攻击所谓无政府主义者，在其3月19日的那一期，他说汪德郡之乱是山岳党秘密派人挑拨起

---

① 汪德郡农民是很迷信的，他们既忠于旧教，故当反抗派僧侣被迫害时，他们暗中予以保护。乱事既起，僧侣乘机出而活动，所谓少女受上帝之启示及圣母显圣一类的奇迹自易鼓动人民，于是叛军一时有天主教军之称。

来的，山岳党就是庇特所雇用的。吉伦特党要迷惑革命派的警惕性，他们似乎已不能为了国家利益而牺牲他们的愤恨。

当时，为了保卫甚为危险的边境几乎已调用了全部正规军。最初派往汪德郡的只有一团骑兵、少数炮兵及第三十五队宪兵，这是由旧法兰西卫队与攻打巴士底堡的胜利者组成的。政府方面的武力不过一万五六千人，其中大部分是从邻近各郡匆促征集来的国民卫军。

幸而沿海诸港的资产者还能保持有效而胜利的抵抗。萨布尔·多朗的资产者于3月23日及29日两度击败叛徒的猛烈进攻。波尼克及潘布夫两地，亦有同样战绩。因而汪德郡叛徒不能与起初忽视其重要性的英国及亲贵们联络①。

叛军一再胜利，如4月11日卡特利诺及得尔贝之在史米野，4月13日拉·罗什查格兰之在奥布累，4月19日安如军之在科浪，5月5日共和军将领格迪诺在都阿以枪四千炮十尊投降；于是行政会议才最后决定派正规军到西部去，始则为威斯特曼所统之北路军，继而为几个特组的营，系由全国各军每连抽调六人组成的。于是组成了两个军：在洛瓦河以北之布勒斯特沿海军，由坎克洛统率，河以南为拉·罗舍尔沿海军，由比隆统率。

最初害怕这个乱子要遍及全法国。当征兵时，王党曾大事活动。3月20日时，在伊·埃·微嫩郡几乎到处都有无数武装群众结集高呼："路易十七万岁！贵族及僧侣万岁！"摩毕盎郡的情况更为严重。拉·罗什伯纳及罗什福尔两县城落入乱民之手，曾造下许多恐怖。幸而国民大会3月9日所派出的特派员在乱事爆发时业已到达。塞微斯特尔及俾约·发楞二特派员表现得如此有力，故农民军在累敦及罗什福尔为城市国民卫军所击破，领袖被捕。布勒塔尼的"汪德党"之乱爆发时，便这样被镇

---

① 乱事初起时，因其是无组织的，且其领袖都是些不为外界所知的人，故为欧洲各宫廷及法国亡命亲贵所忽视，认为这不过是一个不久即会遭平服的暴乱而已。最初欧洲称叛军为"加斯顿军"，因为把其领袖加斯顿误认为昔充步兵军官的加斯顿。

压住了。往后再起时则为绥盎党之乱①。

在安德尔·埃·洛瓦郡，古匹约及塔利安把所有倡乱僧侣及可疑人物拘禁起来，并限令亡命者的亲属须服从首县机关的传唤。在威盎郡发生的聚众事件则需用武力来驱散。在宗教热狂很盛的下莱茵郡，摩尔舍姆发生了严重事变，延长两日——3月25日及26日——之久。但是，继汪德郡之后王党最活跃之处是在洛最尔郡及其相邻诸郡。1790年末及1791年曾从事于查磊结营的那班僧侣与贵族②，如修道院院长亚列尔及索利埃，旧制宪议会议员沙里埃等，5月底又聚集了两千人，对抗了好几天。马微若尔及曼德两城一度落入他们手中，两地的资产者革命派遭其抢劫及屠杀。但是援军从庇里尼斯方面军赶来。共和军几乎是立即将两城平复。他们擒住了沙里埃而将其送上断头台。

汪德郡之乱及相关的王党暴动，对于以后的革命进展有最重大的影响。受惊吓的共和派从此大批地离弃那不愿采取强硬措施的吉伦特党，而倾向日益成为革命拥护派的山岳党。山岳党本身亦逐渐左倾。在此以前，他们一向反对愤激派所主张的规定物价。2月25日巴黎发生粮食骚乱时，马拉即曾攻击查格·卢。山岳党现在知道了经济恐慌的严重性。为保持与民众的接触起见，他们虽非所愿但亦不得不采纳愤激派提出的措施之大部分而使议会通过：始则有4月11日之强迫按价行使指券法令，继而有5月4日之谷物最高限价法令③。

---

① 绥盎党一名之来源，至今尚未确定。通常认为由于其领袖科特罗绰号 Jean Chouan 而得名。Chouan 是一种枭，或谓科特罗之性格如枭，或谓因采用枭鸣以为信号之故。

② 参看第1卷第6章。

③ 强制行使指券及谷物最高限价都是愤激派提出的要求。4月11日，议会根据坎蓬的提议而通过强制行使指券法令，禁止指券与现金之买卖，一切交易均以指券为准，不得拒绝。对于谷物限价法令，议会之态度颇为审慎，在4月底经过多次辩论，仍无结果。由于人民之一再压迫，始于5月4日通过谷物最高价格法令。由各郡分别限定谷物之最高价格，囤有谷物者须于限定期内向地方机关陈报。遇必要时，得施行搜查。违者除没收谷物外，并处以罚金。倘将谷物毁坏者处死刑。此两案之通过不但表示议会之左倾，且说明其已开始放弃自由主义而采用干涉政策。

而且，非常的或者说是"革命的"措施之相继采用，并不限于经济方面，而且及于政治方面。为威胁及监视贵族与敌人之奸细起见，3月20日产生了监视委员会①，其责任在将人犯解送已于十日前成立的革命法庭。为使议会特使能克服一切反抗起见，议会增大了他们的权力，使他们成为独当一面的独裁者②。

汪德郡之乱促成了恐怖政策。但能行使恐怖政策的只有山岳党，因他们已创建了此类机构，而且合于他们之本身利益。汪德郡之乱于是增速了吉伦特党之倾覆。

---

① 3月12日，巴黎之法兰西剧院区即已成立监视委员会，其他各区继之。3月21日，议会始正式通过此法令：令各市乡或市之各区组设监视委员会，责司监视革命敌人之行动，前贵族及僧侣不得充任委员。此种委员会亦称革命委员会。

② 路易十六发楞之逃以后，制宪议会曾派遣其议员巡视边境（1792年6月22日法令）。立法议会遇有特殊事故时，亦曾一再派遣其议员出外，但尚未成为定制。国民大会初亦偶尔采用这个办法，称议会特派员，3月9日始大批派遣——派出八十二名赴各郡助理征集三十万大军。从此议会除派出其议员赴各郡处理政治事件外，并派员赴各军监军，概称"议会特使"。4月30日之法令，确定他们的职权，行使中央权力，于是革命初起时的地方分权观念逐渐消失，而要变成中央集权的革命政府。

第十章　吉伦特党的倾覆

在比利时及莱茵方面的军事失利、杜木里厄之叛变及汪德郡之乱，都在增激吉伦特党与山岳党间的斗争。两党彼此竞以叛逆相控。在 4 月 1 日悲剧的议场中，拉索斯即以此攻击丹敦[①]。丹敦及雅各宾党亦以此攻击他们的敌方。

4 月 5 日，雅各宾总部通令其所属各支部纷纷呈递请愿书，要求将曾希图拯救暴君而有亏职责的议员撤换或召回[②]。撤回"申诉派"并不是一个新的主张。3 月 10 日暴动的主要人物，如华尔勒、富尼尔、德斐欧等，即所谓愤激派，已一再提出这个主张。但在当时一直为山岳党所反对。到了现在，即拉索斯控责丹敦的五天之后，雅各宾党亦以全力来采用这个主张。在愤激派及雅各宾党之间，由丹敦出面促成其必需的团结，这是易于推想的。这个结合此后日趋巩固。雅各宾党及山岳党为了要获得愤激派的支持来对抗吉伦特党，乃倾向谷物最高定价的主张。

4 月 5 日雅各宾俱乐部的通令，就其影响而论，是个重大的事件。

---

① 参看第 2 卷第 2 编第 8 章。

② 3 月 1 日，雅各宾俱乐部已将"申诉派"除名。4 月 5 日俱乐部的通令不仅主张撤回申诉派而已，其中有云："在政府及国民大会中都有反革命势力。……我们都要起来，逮捕所有的革命敌人及所有嫌疑分子。假使我们不愿被消灭的话，我们便该毫无怜惜地来消灭这一切阴谋家。"

在以前，老是吉伦特党提出要将其政敌逐出议会，如他们之对于罗伯斯庇尔、马拉、奥尔良公爵及丹敦。现在则轮着山岳党取攻势了。在他们后面的，是一群曾参加各次暴动的首领与鼓动者，即饥饿群众的自然领导者。

假使吉伦特党在精神上的力量因对内对外政策之一再失败而大受损害，但他们在议会中的地位仍然是很强固的。当然，他们已不能独揽政权。最初表现吉伦特党势力的行政会议几已全部改组。国王受刑之次日，罗兰离去内政部长之职，继任者加拉是个怕损害自己的谨慎人物。3月20日接任司法部长的哥依埃，并不比加拉更胆大。继贝隆微尔而任陆军部长的布硕特上校等于巴什，部中各司用了不少的愤激派。最后，4月10日继蒙日而被任为海军部长的达尔巴拉德是丹敦提出的。

吉伦特党现在只有绝对靠勒布朗及克拉威埃二人，他们分掌外交及财政。但是行政会议已无决定政策之权。它是严密地隶属于公安委员会而应对委员会报告，4月5日所成立的公安委员会又逃出了吉伦特党的控制。最初组成此委员会之九人，有七人是属于中央派，其他二人则为山岳党之丹敦及克拉夸。克拉夸是新近加入雅各宾党的。

故此，现在控制政权的是自命独立的中央派，他们不愿为任何一党的情绪所左右。巴累及坎蓬是他们的领袖。凡遇为保全革命而须采用严厉措施的案件时，他们投票与山岳党一致。但他们始终不信任巴黎市府及常为其鼓动者的丹敦。故遇牵涉个人及巴黎政策的案件时，他们投票几乎老是和吉伦特党一致。因而吉伦特党虽没有掌握政权，但在议会中仍有大多数。在杜木里厄叛国以前，议会常选中央派人物为主席。自4月1日以后至5月31日，先后所选出的主席全属吉伦特党，4月18日为拉索斯，5月2日为霸耶·封夫累德，5月16日为伊斯那尔。这是由于4月5日雅各宾俱乐部的通令已使平原派不安[①]，而不信任山岳党。当

①　即中央派，又称沼泽派，以其坐席在议场中央平地处，故名。

吉伦特党要诉之外郡来营救国王时，平原派曾起而反对，与山岳党一致投票否决诉之于民。现在则山岳党要诉之于初级议会来驱逐吉伦特党于国民大会。忠于原有主张的平原派现在起而反对山岳党，一如其以前之反对吉伦特党一般。平原派的立场是代表及保护公共利益以抗党争的。

议会派出八十六名特派员去进行三十万人之征募，更使山岳党在议会势力微弱。几乎所有派出者都是属于山岳党的；据山岳党后来说这是故意的，其目的在使长于演说的山岳党离开议会。事实上布里索亦在其3月14日的报上说："国民大会因最富于兴奋头脑者之不在场，才得较为安静地讨论，结果也就更有力量。"可是，吉伦特党之高兴山岳党特派员的离开，却是一大错误。他们没见到这些特派员在各郡能与以往倾向吉伦特党的分子接近，消除他们反对巴黎的偏见而且使之逐渐倾向山岳党。

吉伦特党固可轻视4月5日雅各宾俱乐部的通令。可是吉伦特党不但急于要辩护他们并未与杜木里厄通谋，而且相信其打倒政敌的时机已成熟。他们只把山岳党看成奥尔良公爵的秘密工具。刚好当时腓力普·平等以与杜木里厄同谋罪被捕。这使他们更觉有把握。

4月12日，加德在国民大会宣读4月5日雅各宾俱乐部的通令，他要求控告以俱乐部主席资格在此通令上签字的马拉。经过激烈辩论之后，控告马拉案于次日以二百二十六票对九十三票用唱名投票法通过，弃权者四十七票。这个胜利只是暂时的。革命法庭的裁判官及陪审员都是属于山岳党的。巴黎市府及巴黎许多区，示威声援这位"人民之友"，外省俱乐部亦有起而声援者，如波恩及奥则尔两地的俱乐部。有一大群民众陪他出席法庭。经过形式上的询问以后，马拉于4月24日被开释，判词上是些极端称颂之语。群众把花冠给他戴上，把他抬在肩上通过国民大会而送到他的坐席上。从此马拉更得民心，更成为劲敌。吉伦特党之无力的压迫仅足刺激起报复的情绪。

4月15日，即通过控告马拉案的两天以后，巴黎四十八区中的三十五区，由巴黎市政府及市长巴什陪着，向国民大会提出恫吓的请愿书，控责二十二名最显著的吉伦特党领袖，其中有布里索、加德、微尼奥、戎索内、格兰治鲁夫、蒲佐、巴巴卢、萨尔、毕罗朵、佩迪昂、兰瑞内、伐拉则、勒阿底、卢未、哥尔萨、福失、拉索斯及潘特古兰诸人。宣读这请愿书的是年轻的卢塞兰，大家知道他是与丹敦有关系的。拉索斯控责丹敦是这二十二人名单的主使人并非没有根据。

吉伦特党由拉索斯及霸耶·封夫累德发言，对于巴黎各区请愿书的答复是：召集全国初级议会无例外地来审核全体议员。但是微尼奥也认为这动议是危险的，将其打消。这个办法足以扩大内战。

吉伦特党大肆努力甚至想来夺取巴黎的大多数，同时再度挑拨外郡反抗山岳党。

4月底，佩迪昂发表了一封《致巴黎人信》，号召拥护秩序的人起来斗争："你们的财产受威胁，而你们对这个危险闭着眼睛。有人在挑拨有产者与无产者间的斗争，而你们不去防止。少数阴谋家及一撮乱党在为你们定法律，要把你们引向横暴而轻率的途径，而你们没有胆量来反抗；你们竟不敢出席区会议来与他们对抗。你们眼见着富有而爱和平的人都离开巴黎，你们眼见着巴黎日趋没落，而你们仍镇静处之。……巴黎人，摆脱你们的昏睡病吧，起来把这些有毒的虫送回他们的老巢去。……"一年以前，这位佩迪昂在其《致蒲佐之信》中曾热烈鼓吹第三等级的贫富两派团结起来对抗公共敌人。不过，在佩迪昂看来，敌人已不再是贵族制，而是无政府状态。

他这种号召恰好适合于当时的空气。富人们已因征兵时所加于他们的经济牺牲而感到愤怒。新近产生的各革命委员会正开始活动，严密监视他们，一再予以麻烦。于是他们出席各区会议，企图夺取各区的办公厅，将其党羽安置在革命委员会，而摆脱无套裤党所加于他们的战税。在每个星期中，工人因须工作之故，不能参加政治集会。于是在某几区中——如蒲特·得·谟兰区、梅尔区、商色利则区——富人们已占大多数。卢森堡区及商色利则区则有"纨袴子"反对征兵的示威①。布里索的报称颂他们之抗议"市府之不平命令"。

但是无套裤党也在团结。在区与区之间，他们彼此互助。雅各宾俱乐部及市府有力而巧妙地予以援助。市府下令逮捕不少的人。同时，它在竭力唤起8月10日时期的光荣回忆。当日攻打杜伊勒里宫的胜利者拉左斯基，曾任工场检查员及圣马索郊区炮队长，恰在这时死了；市府于4月28日星期日为之举行盛大的葬仪，由画家大威来装饰，这便是山岳党检阅其力量的时候。

罗伯斯庇尔并非理想主义者，而是个密切注视舆论最小转变的现实主义者，他自始即明了须使无套裤者与胜利有直接利害关系才可征服吉伦特党。4月底，他始而在雅各宾俱乐部，继而在国民大会，宣读一个权利宣言②，将私有财产置于社会利益之下，因而在理论上说明愤激派所重视的征发政策是合法的。他不断地激起工人群众来反抗他所称为金套裤党的人物，即企图夺取各区权力的人物。5月8日他在雅各宾俱乐部说："在各区你们有不少的贵族，驱逐他们吧！你们要救护自由，那么，宣布自由之权利而表现你们的能力吧！你们有一大群无套裤者，他们是很纯洁而且很有力量的，他们却不能离开他们的工作，那么，使富人来偿付他们吧！"他劝各区仿艾罗郡之例，由富人负担经费来组织革命军以镇压恶意之徒③。在这同一演词中，他主张逮捕嫌疑犯，而且，为使无产阶级易于完成他们的爱国职责起见，穷人因出席区会议所受的时间损失应予补偿。同一日，即5月8日，罗伯斯庇尔又在国民大会提议扣留嫌疑犯为质，及补偿责司看守他们的穷人。

---

　　①　"纨袴子"是1793年时无套裤党所加于青年王党的绰号，初用于里昂，继通行于巴黎，因他们装束阔绰，故名。新十一月政变以后才是他们最活动的时期。

　　②　在这局势紧张期间，国民大会仍在讨论宪法。罗伯斯庇尔不满于宪法委员会所提出的草案，因草拟一个权利宣言草案，经雅各宾俱乐部于4月21日采纳后，于24日提出于国民大会。

　　③　所谓革命军并非用以作战的正式军队，是因受人民压力而组成的，其任务在推动革命的措施及镇压国内的反革命派。

罗伯斯庇尔这样十分明显地提出的社会政策实际上就是一个阶级政策。当制宪议会及立法议会时期，无套裤者曾自愿无报偿地为革命的资产阶级尽力来对抗旧制度。理想主义的热狂时代已过去了。无套裤者眼见有产者之日趋富有，或由于购置国产，或由于以高价出卖粮食与商品，他们已从这教训中有所觉悟。他们再不愿受欺骗了。他们认为革命应该养活那些造成革命及支持革命的人。

罗伯斯庇尔的话不过是民众声音的回响而已。5月8日他在雅各宾俱乐部所说明的社会政策，以补偿制组织无产阶级的计划，沙利尔一派的里昂民主派已于数日前正式提出。他们曾于5月3日使伦·埃·洛瓦郡政府下令组织五千名革命军，每人每日给二十镑，由所加于富人的五百万锂特别税支付。沙利尔想把失业工人收集在革命军中。

认识这位里昂革命党的罗伯斯庇尔，大概马上知道了这个办法。可是，无套裤党在巴黎得势，在里昂则否。在里昂，郡政府是左祖富人的，它在尽量延迟而不愿征集革命军，结果革命军始终未产生，徒具空文而已。里昂的吉伦特党并不反对与旧贵族联盟。由于旧贵族的帮助，他们才在各区会议及各革命委员会占多数而破坏山岳党市府的行动，并且不久把这个市府推翻了。

在巴黎则完全相反，无套裤党得有市府及郡政府之助而胜利地掌握各革命委员会，易言之，即掌握着监视及压迫的机关。

吉伦特党不单是在里昂得势，他们在好些商业城市中取得地方的权力，尤其是在马赛、南特及波尔多。

在马赛一如在里昂一般，吉伦特党和贵族们联盟。他们成了各区的主人，对于议会特使培勒及霸塞尔之轻率将市长木累意及市府检察官塞特累撤职，提出抗议。他们占有市政厅以后，即将受其欺骗而世故不深的议会特使赶出了马赛。他们组织了一个革命法庭来打击山岳党。

在南特及波尔多的情形则相反，因邻近汪德郡之故，这就阻止了吉伦特党和贵族的结合。商业资产阶级深知汪德郡农民一旦得势则有遭受抢劫及屠杀之虞，所以仍然忠于共和国。不过他们向国民大会呈递威胁性的请愿书，反对山岳党中的无政府主义者。

我们不能不怀疑吉伦特党在外郡的抵抗，或者说进攻，是该党议员在巴黎预定计划的结果。5月4日及5日两天，微尼奥有激烈的信写给波尔多人，责备他们之漠视，并叫他们来援助。他说："既然我被迫至此，我请你们到议会来保护我们；假使还来得及扑灭暴徒以为自由报仇的话。吉伦特郡人呀，起来，用恐怖来打击我们的暴君！"这个召唤被接受了。波尔多人立即派了一个代表团到巴黎出席国民大会宣读一个攻击无政府党的激烈文件，微尼奥且使议会通过将其张贴。巴巴卢也给他在马赛的朋友写了和微尼奥写给其乡人那样的信。

吉伦特党之抵抗日益妨碍议会特使在国内各地的行动。这种抵抗已具有联邦主义的形式，这便是说，用地方特殊权力来与中央权力对抗。5月16日，加洛从亚冉寄来的报告说："此间常听见有人说，甚至公开地说，既然巴黎要主宰一切，我们只有脱离而建立些个别的小邦。因此，为开赴前线的新兵征集武器就甚感困难，谁也不愿拿出来。"阶级间的斗争压倒了爱国的必要之举。5月23日，达迪古瓦特及伊尚从勒克图尔来信，抱怨热尔郡政府人员之恶意。5月26日，勒发叟及其同僚则举发摩则尔郡之恶意及其对于革命敌人的纵容。两派间的斗争削弱了革命的保卫力量。这种情况非终止不可。

在5月初，吉伦特党已决绝地定出它的斗争计划。它要推倒巴黎各权力，召外郡武力来摧毁可能发生的抵抗，倘使失败则退到布尔日去。好一个可笑的计划！推倒巴黎的权力，则改选时有使市政厅落入愤激派手中的危险，愤激派已在抱怨山岳党之懦弱与无能（5月16日，里昂之勒克雷克在雅各宾俱乐部有此表示）。和市府斗争是件蠢事，因为市府手中握有唯一有组织的武力，即国民卫军以及各区之革命委员会。靠外郡武力之助也是空想，因为三十万兵之征集业已激起如许反抗，资产阶级已充分表示不愿应募。然而吉伦特党仍在实行此一计划。

5月17日，市府批准珊特尔之辞职，因为他宣称要往汪德郡去，任命了布兰热暂代国民卫军司令；布兰热本为麦市区国民卫军副司令，麦市区为最革命的一区，4月15日控告二十二议员之著名请愿书就是由它发动的。同日，在雅各宾俱乐部，德木兰使其带血腥气的小册子《布里索派小史》获得热烈掌声；他在这小册子中，捕风捉影地把吉伦特党说成为英、普所雇用的代理人。次日，即5月18日，加德马上在国民大会攻击巴黎各机关为"无政府机关，同时追求金钱与权力的机关"。他提议立即在二十四小时内解散这些机关，以各区主席来代替市议会。最后，他提议召集候补议员于布尔日，遇巴黎的国民大会受暴力摧残时即由他们来代行职权。但是巴累代表公安委员会出面阻挠。他认为加德所提的办法是失策。既是市府希图危害国民大会，就应追究市府；巴累提议组设十二人委员会来担负这个工作。

十二人委员会的组成分子全属吉伦特党，其中有数人是经市府控为叛逆而列人二十二人名单中的，如：霸耶·封夫累德、拉跛·得·圣特稽益、克尔维勒刚、拉里威厄、布瓦约等。他们立即开始审查。当各革命委员会代表集议于市长办公处时，曾有市府职员马里诺主张屠杀这二十二名议员。巴什愤怒地排斥了这个提议。但这事件却被属于吉伦特党的博爱区向国民大会举发。这便是十二人委员会采取强硬措施的机会。5月24日，它令各区革命委员会缴陈记录。这便是用司法来惩处最热烈的革命者之前奏。同一日，这个委员会使议会根据威热之报告通过一个法令，暗中目的在于取消珊特尔继任人之非正规的任命。各队队长中年长者应为国民卫军司令。同一法令也增强了国民大会的守卫力，并规定各区会议须于入晚10时散会。

这个法令未经山岳党之强烈反对而得通过以后，十二人委员会即下令逮捕艾贝尔，因他在《父杜舍内》报上发表一篇文章责难"政治家们"在主使抢劫杂货商及面包商，其目的在于破坏秩序以便有机会来中伤巴黎人民。自称"平等使徒"的华尔勒数月来不断挑拨人民反对吉伦特党，也在马里诺被捕的那一晚上继艾贝尔而下狱。两天之后，老城区主席及革命法庭裁判官多布松及该区秘书亦被捕，因为他们拒绝将记录缴送十二人委员会。5 月 26 日又通过一个新法令：取消统一区的革命委员会，规定监视委员会从此不得冠以革命之名，其职权仅限于监视外人，最后责成内政部长审核此类委员会的工作。

这类高压手段只有加速杜木里厄叛变以来所隐藏的危机之爆发。市府及山岳党各区立即团结一致来声援艾贝尔、华尔勒、马里诺及多布松。5 月 25 日，市府要求释放它的检事官①。它说："以专断的逮捕施于正直之士，等于是给以爱国的荣誉。"当时为国民大会主席的伊斯那尔对请愿者之强硬的答复，既浮夸，又拙劣，他说："听着我要告诉你们的真实话。……倘使国民大会受了屈辱，倘使，自 3 月 10 日以来不断发生的、巴黎市当局始终未以之通知国民大会的暴动，倘使因此类一再出现的暴动而威胁到全国代表时，我要用全法国的名义告诉你们，彼时巴黎是要被毁灭的。马上就要在森内河两岸寻找是否再有巴黎存在。"这便是对一个革命的城市重提布伦斯威克所提过的恫吓。

伊斯那尔的答复一经传播，巴黎即陷于加倍激动的情况。5 月 26 日，由拉刚布任主席的革命共和党妇女俱乐部，在街上示威，声援艾贝尔。有十六区代表向国民大会要求将他释放。罗伯斯庇尔一直是不愿损害全国代表之尊严而反对以暴力去逼其一致的，但当天晚上他在雅各宾俱乐部号召人民暴动。他说："当人民被压迫时，当人民唯有自己可恃之时，还不愿鼓动人民起来的人便是懦夫。当一切法律已被破坏，专制达到极点，善意与廉耻被人践踏不堪之时，人民便该起来暴动。现在这时机已到了。"雅各宾俱乐部当即宣布以暴动来对付腐败的议员。

罗伯斯庇尔及雅各宾党之出而干预是件具有决定性的事件。次日，即 5 月 27 日，业已回复其能力的山岳党又在国民大会中大肆努力。马

---

① 指艾贝尔。

拉主张取消十二人委员会，称之为"自由之敌人，徒足以激起人民之暴动，由于你们疏忽而纵容物价过分高涨已使这个暴动迫在眉睫"。老城区亦来要求释放它的主席多布松并控告十二人委员会。伊斯那尔对他们予以高傲而嘲弄的答复。罗伯斯庇尔要起而辩驳。伊斯那尔阻止他发言，因而使议场哄乱达数小时之久。有好些代表团在刺激山岳党的热情，仍然与平原派一起留在议场的山岳党于半晚时根据德拉夸的提议，议决取消十二人委员会及释放被监禁的爱国者。艾贝尔、多布松及华尔勒各自胜利地回到市府及其各区。吉伦特党所犯的错误算是已经够了。

他们仍要顽抗。5月28日，兰瑞内反对这个取消十二人委员会的法令，责其非法。加德支持他。唱名表决的结果，卒以二百七十九票对二百三十八票而恢复了这个委员会。丹敦所加于这次表决的评语说："在谨慎方面我们已证明我们是胜过了敌人，此后，我们还须在胆量与革命毅力方面证明我们要能胜过他们。"

当天，多布松所属的老城区召请其他各区代表于次日集议于主教宫来计划暴动行动。主教宫的集会由丹敦的朋友工程师杜孚聂主席，他是哥德利埃俱乐部的创始人；会中决定组设秘密暴动委员会，委员六人，后加至九人，其议决案须绝对服从。九人之中有多布松及华尔勒。

5月30日，郡议会也加入这个运动，它决定次日上午9时在雅各宾俱乐部大厅中召开巴黎各机关代表大会。马拉参加了主教宫的集会，暴动委员会议决于次日清晨鸣警钟信号。

于是暴动在5月31日开始，在主教宫秘密委员会的指挥之下，依照8月10日所曾应用过的方法进行。清晨6时，属于山岳党的三十三区代表由多布松领导到达市政厅，出示他们所受委托的无限权力，先停止市府的职权，叫他们暂时退到相邻大厅中；继而各革命代表再使这个市府暂时恢复职权。现已移驻市政厅的暴动委员会，指挥由人民权力所恢复的市府执行其应采取的措施。它使市府任命植物园区国民卫军营长安里奥为巴黎国民卫军之唯一首领。它又决定正在服役的贫穷国民卫军每天应有四十镑的补偿金。近正午时发放警炮。由郡议会召集在雅各宾俱乐部开会的巴黎各机关代表大会，决定与市府及暴动委员会合作；推举代表参加暴动委员会，委员数目因而增加到二十一人。二十一人委员会立将财产置于公民保卫之下。

被威胁的吉伦特党害怕起来了。在 5 月 30 日到 31 日晚上，其中有些人竟不敢回家睡觉。国民大会之 30 日的集会，他们没有出席，因而使山岳党得占大多数。伊斯那尔主席任期已满，5 月 30 日改选的结果，山岳党马拉美以一百八十九票战胜了只得一百一十一票的兰瑞内。

5 月 31 日，国民大会在警钟及其他信号声中集会。这一次吉伦特党到的比前一天多些。他们抗议关闭棚栏，抗议警钟及警炮等。

下午 5 时左右，当各区及市府的请愿代表到达议会时，议会不知所措。请愿者要求：控告二十二名议员、组成十二人委员会的人物以及勒布朗与克拉威埃两部长，又要求组织中央革命军，用向富人征税的方法来规定全共和国面包价为每磅三镑；贵族之任陆军高级官佐者须撤职，组设兵工厂以武装无套裤党，清洗各行政机关，逮捕嫌疑犯，暂时唯无套裤党保有投票权，保卫祖国者的亲属应有优待金，资助老人与残废者。

这简直是一个保卫革命及社会改革的伟大纲领。另有一个由巴黎各机关代表组成而由吕利尔所领导的代表团也到达议会，抗议伊斯那尔对巴黎的恫吓。请愿者深入议场，坐在山岳党一边。吉伦特党抗议这样的闯入，微尼奥及其朋友竟至走出会场，但几乎是马上又走回来。罗伯斯庇尔踏上讲台，拥护取消十二人委员会一案，此案是原来提出创设此委员会的巴累所提出的；但是对于巴累所提出国民大会有权直接征调军队一案，罗伯斯庇尔则予以反对。微尼奥要他结束他的演讲词，罗伯斯庇尔转身向着他说："是的，我就要结束，而且是控诉你！我控诉你们在 8 月 10 日革命之后想要把造成这次革命的人送上断头台，我控诉你们在不断地挑拨毁灭巴黎，我控诉你们曾希图营救暴君，我控诉你们曾与杜木里厄勾结，我控诉你们希图陷害正是杜木里厄所要打击的那些爱国志士。……好吧，我的结论是通过一个控劾令，控告一切与杜木里厄勾结的人及各请愿团所提名的人。……"对于这个可怕的控责，微尼奥并未答辩。国民大会议决取消十二人委员会，并根据德拉夸的动议批准市府对入伍工人每日发给二锂之令。在杜伊勒里宫附近，属于山岳党各区已与倾向吉伦特党的蒲特·得·谟兰区进行亲睦的联系，这一区曾错误地被控为使用白色帽徽 ①。

5月31日这一天所完成的尚属未定之局。当晚，华尔勒在市府责备硕默特及多布松之软弱。艾贝尔也认为这一天是失败的，他说这是由于主教宫布置过于匆促之过。俾约·发楞亦在雅各宾俱乐部表示失望。他说："祖国还没有救住，还得为公安而采用伟大的步骤；今天必须给乱党们以最后打击。我不能想象，在没有正式通过将勒布朗及克拉威埃两部长控之于法以前，爱国者怎么可以离开阵地。"继而沙跛亦对丹敦之缺少气力表示惋惜 ②。

6月1日，国民卫军仍没有散队，经马拉走访的市府及暴动委员会重新起草了一个请愿书，当晚由哈孙佛拉茨送达国民大会。请愿书的结论是控告二十七名议员。勒冉德尔主张扩大而控告所有的"申诉派"。坎蓬及马拉使此请愿书转交公安委员会处理。巴累劝这个名单上有名的议员能"有勇气自动辞职"。大部分吉伦特党没有出席议会。吉伦特党领袖们会集在同党梅养家中，徒劳地在企图决定一致抵抗的计划。

当吉伦特党仍如其素习之犹豫不决时，暴动委员会先走了一步。6月1日到2日的晚上，它下令逮捕罗兰及克拉威埃。罗兰逃走了，他的夫人代而被捕。暴动委员会得到市府同意，令安里奥"以可敬畏的武力

---

① 国民大会已于5月10日迁至杜伊勒里宫，新会场能容纳更多的旁听者，公安委员会及治安委员会的办公厅亦在附近。当日请愿的代表虽到达议会，各区的群众仍在外面，他们彼此接近，原先谣传蒲特·得·谟兰区使用白帽徽，这时才知道并无其事。

② 当时责难丹敦的尚有共和党妇女俱乐部主席拉刚布，因为丹敦当天在议会仅主张取消十二人委员会。

包围国民大会，假使国民大会不允巴黎公民的要求时，则当场逮捕乱党领袖"。封闭吉伦特党报纸及逮捕其编辑的命令，亦经签发。

6月2日是星期日。成群的工人来服从安里奥的命令，八万武装人民，以炮队居首，立即包围了杜伊勒里宫。国民大会一开始即听到接二连三的坏消息。汪德郡首府封特内·勒·卜布尔已落人乱民之手。洛最尔郡的马微若尔亦然，曼德亦受威胁。在里昂，王党及吉伦特党得势各区占领了市政厅，曾经过一度流血的斗争，据云共和派死八百人。山岳党市府人员及沙利尔都变成了囚犯。圣丹德累以数语说明了这些大事变所给予的教训道："现在非用重大的革命措施不可。在平时，我们可用普通法律来平服一个乱事；但现在是一个大运动，贵族们胆大妄为又已达极点，便非用战时法律不可；当然这办法是可怕的，然而是必需的；如用其他办法结果会等于零。……"始终有勇气的兰瑞内，虽因右派出席者不多而拥护者少，却仍在责斥巴黎市府的叛乱行为，要求将它解散。勒冉德尔要把他推下讲台。暴动委员会代表团以威胁口气要求立即逮捕二十二名及十二名议员。这个要求经议决交公安委员会处理。

请愿者退出时对议会挥拳相向，高呼拿起武器！安里奥立即向国民卫军发出严厉的禁止通行令，禁止任何议员出入①。勒发叟·得·拉·萨特赞成逮捕吉伦特党的主张，而巴累代表公安委员会提出了折衷办法，这当然是经丹敦同意的。其办法是：二十二名及十二名议员不予逮捕，但请他们自动放弃职权。伊斯那尔及福失马上服从。但兰瑞内及巴巴卢决然反对这个不伦不类的解决法。兰瑞内说："不要希望我辞职或放弃职权。"巴巴卢继之说："否，不要希望我会辞职。我已誓死于我的职位，我要保持我的誓言。"马拉及俾约·发楞也反对调和办法。俾约·发楞说："国民大会无权停止其议员的职权。如果他们有罪，就该将他们解

① 请愿代表团因为议员未能立即采纳他们的要求，所以退出议会而诉之武力。这时议会已通过了组织巴黎郡革命军六千人的法令，这是5月31日请愿团提出的要求而当时未能通过的。

送法庭。"

因若干议员之责斥安里奥的禁止通行令而使讨论中断。巴累责难暴动委员会的暴行。德拉夸及丹敦赞助巴累。德拉夸使议会通过令武力撤退的法令。丹敦亦使议会通过一案，令公安委员会彻查主使向国民卫军下禁止通行令的人，议会尊严已受损害，应予严惩。

继而，在巴累倡导之下，整个国民大会跟在主席艾罗·得·塞舍尔后面[1]，开始一个富于戏剧性的行动，想突过围绕他们的铁环。艾罗·得·塞舍尔对着安里奥走，安里奥报之以嘲弄的回答，并下令："炮手们，预备！"议员们围着王宫绕了一个圈子，到处都是刺刀向着他们。他们丧气地回到议场，只有屈服。根据库通的提议，议会交出它的议员，但规定将他们各软禁于其住宅，各由一名宪兵监视。马拉使名单上去掉了几个人，即他所称为"老朽"的杜索、"可怜虫"的兰特拿斯及"误入迷途"的杜科[2]。

立法议会时所开始的斗争是这样地由山岳党之胜利而结束了。吉伦特党被征服了，因为他们掀起了对外战争，而他们不能得到胜利与和平；因为他们既是最先攻击国王而主张共和的人，而他们不能决然推倒王政及宣布共和；因为他们每遇重大事变时，如在 8 月 10 日及 1 月 21 日之前夕，总是犹豫不决；因为他们的暧昧政策使人家怀疑他们蓄意自私、盘踞要职、建立摄政制、更换王朝；因为他们对于当时之可怕的经济危机不能提出有效的补救方法，只知以狭隘而仇视的态度反对无套裤阶级的要求，对于这个阶级的力量与权利却毫无认识；因为他们以盲目的执拗态度反对当时情况所要求的革命措施；因为他们在投票反对失败

---

① 国民大会是在上午 10 时开会的，这时已是下午 5 时，由艾罗·得·塞舍尔代马拉美为主席。

② 当时议会通过捕禁的，除克拉威埃与勒布朗两部长外，有戎索内、加德、布里索、哥尔萨、佩迪昂、微尼奥、萨尔、巴巴卢、商旁、蒲佐、毕罗朵、李敦、剌波、拉索斯、兰瑞内、格兰治鲁夫、勒阿底、勒扎治、卢未、伐拉则、克尔维勒刚、加的盎、霸洛、柏特蓝、威热、莫勒福尔、拉里威厄、哥默尔、柏哥盎等二十九人。时已夜间 9 时。

以后，仍然企图妨碍此类措施之执行；总之，因为他们不顾公安而牢守仅有利于资产阶级的阶级政策。

故此，6月2日事变不仅是一个政治革命而已。无套裤派所推倒的不单是一个政党，就相当范围而论，是一个社会阶级。在随同王政而倒的贵族少数派之后，现在就轮着大资产阶级了。

8月10日的革命显然已具有不信任议会政治的印象。但8月10日的革命还不曾伤损议会。由于经验之教训，这一次无套裤派就更进一步了。他们毫不犹疑地损伤国民代表的机关，其实这只是仿效他们的敌人控告马拉之先例而已。在当时的法统范围以内，6月2日事变人物所倡导的阶级政策是不能痛快施行的。议会政治的幻想已动摇了。专政的时机要迫近了。

第三卷　恐怖时代

第一章 联邦党的叛乱

6月2日之革命，如8月10日之革命一般，首先是个爱国的革命。得有各大城市无套裤党支持的巴黎无套裤党之所以要打倒吉伦特党，正如他们之推倒王政一般，是因为他们谴责吉伦特党之破坏革命战线。不过8月10日之革命是流血的，6月2日之革命并未流一点儿血。8月10日的人物曾毫不犹疑地夺取全部市府权力。可是6月2日的人物在确定其有权改组市府以后，仍让其执行职权。他们的暴动委员会竟任郡政府及市府派人参加。由它重新赋予职权的合法市府，努力要使其行动趋于温和，且仍与政府保持联络，政府曾拿出必需的经费来维持召集达三天的国民卫军。因而有位史家不免过甚其词地说，6月2日事变是政变而非暴动①。

情况与一年以前的大不相同。在8月10日事变时，整个政府与市府同时改组。虽然此种改组未能使革命权力满足，虽然立法议会及新市府间之对敌马上开始，可是新市府因占有市政厅之故，至少有方法压迫合于法统的权力。但在6月2日以后，暴动委员会几乎是毫无反抗地解散了。其人员之大部分被安插在为他们特设的巴黎郡监视委员会，在公安

---

① 6月2日事变，当时人称之为"6月2日革命"，史家多沿用之。著者所谓某史家，大概是指巴里则。巴氏在其所著《法国革命史》第112—113页中详细说明此次事变只可算是政变，且为以后各次政变之先例。

委员会的指导及经费支给之下，专负城厢及四郊政治警务之责。昨日的暴动者变成了今日的警务人员。

在 8 月 10 日，暴动立即达到了它的主要目的：把国王监禁在丹普尔堡；反之，6 月 2 日的暴动者只得到局部而不确定的胜利。吉伦特党二十九名领袖在理论上系被软禁在寓所，都有一名宪兵监视，但他们仍得自由出入、接待宾客及举行宴会。就在第一天即有十二名逃走，以后各天续有八名[①]。仍然留在巴黎的，并不认为吉伦特党已失败。当时已有赦免的谣言，伐拉则却于 6 月 5 日以一封倨傲的信预先表示拒绝；次日，微尼奥亦用高傲的语调要求审判，并以断头台来恫吓原告。

当暴动在进行的三日之中，公安委员会只知提出软弱的调解办法，现在则因其渐增的责任之繁重压得喘不过气来。在付出了暴动费用及将暴动领袖安插了以后，它妄想不去实行他们所提出的纲领，梦想恢复业经通过逮捕的二十九名议员在国民大会的职权。6 月 5 日，它令巴什向其即日交出控告被禁者的文件[②]，"否则它只好向国民大会宣布并无此类文件"。显然巴什不理会它。公安委员会不知道防止吉伦特党叛乱之最有效的方法，便是叫他们坚决履行爱国责任，勿使已成事实再有问题。起初，它还要维持业经有令逮捕的克拉威埃及勒布朗两部长之职守。6 月 13 日，它才以德图勒尔代克拉威埃，6 月 21 日以德福尔格代勒布朗。同时，像是向温和派提出保证似的，它叫山岳党所信任的陆军部长布硕特"辞职"，不顾罗伯斯庇尔之反对而代以贵族波阿内，幸其本人高明拒而不就[③]。这一切的任命都可看出丹敦主使的痕迹。受丹敦保护的内政部长加拉告诉我们说，他曾向委员会提出与被征服者交涉以期避免内

---

① 6 月 2 日逃走者有布里索、蒲佐、商旁、哥尔萨、格兰治鲁夫、拉里威厄、拉索斯、李敦、卢末、勒扎治、刺波及萨尔十二名。此后陆续逃走之八名为巴巴卢、柏哥盎、毕罗朵、加德、克尔维勒刚、兰瑞内、莫勒福尔及佩迪昂。

② 巴什时为巴黎市长。

③ 布硕特仍为陆军部长。

战，在此类交涉中要考虑大赦；丹敦曾欢迎这种主张。

6月6日，巴累在国民大会宣读一个重要报告，提出：取消在杜木里厄叛变后为实行征兵法而设立的"郡公安委员会"，他称之为"无政府与报复之工具"；立即改组巴黎卫军参谋部；将其司令安里奥撤职；恢复出版自由；在国民大会中挑选议员派到被捕议员原郡去为质。他说："丹敦最先表示这个意见"，事实上丹敦曾于次日拥护这种主张，同时，他对于波尔多之公民无保留地加以颂扬。这个过于圆滑的政策只足以鼓励吉伦特党的反抗，在巴黎则发生不易平服的大激动。6月6日，有七十五名右派议员签名表示不应威胁国民大会之抗议①。签名者中马上有数人离开巴黎去帮助业已在逃的吉伦特党去煽动外郡。6月15日，议会不得不唱名检查，以召集候补议员的办法来恫吓缺席者。在巴黎，曾经参加暴动的人物在说他们受欺骗了。6月4日在哥德利埃俱乐部，7日在雅各宾俱乐部，丹敦很受攻击。罗伯斯庇尔认为与吉伦特党交涉徒然丧失时机。他认为，假使内战不可免，便该充分利用机会来对付，务使无套裤党感觉与此斗争有切身关系。

当暴动时，他曾在他的备忘手册中记下了这么可注意的一段②："只能有一个意志。无论它是共和国的或者是王政的。倘然要共和国，必须有共和派内阁、共和派报纸、共和派议员、共和派政府。国内的危险是来自资产阶级，要征服资产阶级非联合人民不可。以往一切是使人民受制于资产阶级，使共和国的保护人走上断头台。资产阶级已在马赛、波尔多、里昂得势。在巴黎，倘使没有这次暴动，他们也会胜利。所以这次暴动应该继续，继续到拯救共和国所必须的措施均经采用时为止。人民必须拥护国民大会，国民大会必须依靠人民。暴动必须依据同一计划逐

---

① 6月6日签名者仅五十五人，19日又有二十人，共为七十五人。10月3日因亚马尔之报告将他们下狱；由于罗伯斯庇尔之反对得以不死。

② 罗伯斯庇尔的备忘手册是他死后在其遗物中发现的，马迪厄将其印出并详加注释，见其所著《恐怖主义者罗伯斯庇尔》（*Robespierre terroriste*，1921年出版）中。

渐扩张，无套裤党应得到金钱报偿，留在各城市。必须使他们有武器，鼓动他们、教导他们，必须用一切可能方法挑起共和的热情。"

罗伯斯庇尔努力要使这一个行动纲领付诸实现，要一点儿一点儿地迫使公安委员会及国民大会实行。

6月8日，他对巴累在两日前所提出的而经丹敦赞助的那些措施予以有力的驳斥。他指出，反革命势力已得势于马赛、里昂及波尔多，在巴黎事变以前也是如此。将安里奥撤职及改组其参谋部无异是否认6月2日的暴动，有激起新暴动的危险。取消郡公安委员会即是解除共和党的武装，予贵族以报复之机。起初，会场中对他报以激烈的喃喃之声，可是在讲完时，他博得热烈的掌声。圣丹德累无保留地拥护他说："我们必须认清，是否有人会在借口自由之下来消灭自由。"勒仁则责难公安委员会的懦弱与盲目。巴累与丹敦退让了，主张延缓他们所曾提出的办法。密什勒说过："要国民大会取消6月2日事变，无异是要议会轻视自己，无异是叫它承认业经屈服于恐惧、屈服于暴力，无异是叫它推翻它在当日所为之一切。"

当事变证实了罗伯斯庇尔的远虑时，当6月13日得到诺曼底各郡的叛乱消息时，当必须考虑镇压叛乱时，丹敦对巴黎才大加称颂，并使议会通过一案，表示巴黎已救了共和国。从这一天起，右派寂然无声，可是，公安委员会之迟缓与犹疑却已助长了吉伦特党叛乱之发展。

这一叛乱是早经商定而有预定计划的，甚至在5月30日以前已然。5月24日，犹拉郡请各候补议员会集在布尔日来组成一个代行职权的议会。5月27日厄英郡采纳了这一提议。5月15日里昂议员沙塞写信给他的朋友杜博说："这是个关系生命以至于财产的事。前进吧，鼓励你的朋友起来。"5月25日，波尔多各区在一次全体大会上讨论了征集军队开往巴黎的计划等等。

巴黎暴动的消息只是加速及扩大业已开始的运动而已。吉伦特党的领袖们把职务都分配好了。他们的史家佩鲁说[1]："他们之逃走是由于曾经详加讨论而彼此同意的计划，他们自己也承认。"

逃回原郡欧尔郡的蒲佐向郡人声言马拉不久要独裁而会有新的屠杀。6月7日，他使该郡决定征集四千人的军队。6月9日卡尔发多斯郡继之而起。它把国民大会派往布置沿海防务以抗英国的议员罗姆及普里欧·得·拉·马恩二人逮捕。由于杜沙特尔、梅伊盎及克尔维勒刚诸人之煽动，布勒塔尼各郡——樊尼斯特尔、伊·埃·微嫩、科特·杜·诺、摩毕盎、马伊盎——起而与欧尔及卡尔发多斯二郡结合组成一大议会，共抗压迫。卡恩变成了吉伦特党西部的首都。舍尔堡沿岸方面军司令泳普方带着两团骑兵投向叛军。他又得到在布勒塔尼所征集的三营优秀军的增援，据当时曾与他们共同作战的服尔迪埃说，组成这三营的分子"并非衣衫褴褛而不整洁的布勒塔尼人，全是来自累内、洛连及布勒斯特等处最好家庭的青年，服装精致，配备齐全"。

波尔多于6月7日赶走议会特使伊尚及达迪古瓦特，6月9日下令征集郡军一千二百人，召集业已举事各郡的代表于7月16日会集于布尔日，夺取了解往发放海军及殖民地的三十五万铋[2]，6月27日再赶走奉公安委员会之命带有条款前来进行调解的议会特使马迪欧及特勒伊雅。最后，6月30日由格兰治鲁夫执笔致函政府主力军统帅屈斯丁，请其加入共图大举。可是屈斯丁以爱国的斥责来答复格兰治鲁夫。

暴动一时波及于整个南部。土鲁斯释放王党出狱，而代之以马拉派。它征集了一千人。拉跛·得·圣特稽盎业已到达的尼姆则封闭俱乐部，解除马拉派的武装，将他们下狱。5月31日以前即已公开叛乱的马赛，截留应开往意大利方面军的六千人，并与南部各城市联络。

土伦于7月12日起来反抗议会特使培勒及波维，二人被迫着手握圣

---

① 佩鲁编订有《罗兰夫人书信集》两卷（1900年），《罗兰夫妇婚前书信集》一卷（1909年），《布里索回忆录》两卷（1910年）。

② 铋（Piastre）是一种通行于殖民地的银币，约值五法郎。

烛当众谢罪〔译者按：公开犯罪者须当众携烛到教堂奉献〕，然后被囚于拉马格堡。海军大将托罗哥夫及硕塞各罗也加入这次运动。5月中旬经巴俄利煽动的科西嘉岛选出了非常会议，仍在法国人民手中的只有巴斯的亚及几个港口[①]。

南部的叛乱与里昂的叛乱有密切联络，而里昂的叛乱在法国东部及中部又有其分支。里昂的吉伦特党对于罗伯·林德从巴黎带来的妥协条件未予理会，他们将有同情山岳党嫌疑的人下狱。在里昂的某几区中雅各宾党工人是为数很多的，为着要以恐怖打击他们起见，吉伦特党把他们的领袖沙利尔判死刑，7月16日执行。里昂军队司令之职则授予曾经亡命的普累西伯爵。

到6月中旬，多少是公开表现叛变的达六十郡之多。幸而边境各郡仍忠于国民大会。叛乱的范围虽广，但并不深入。叛乱主要是由富人们所组成的郡或县政府所造成的。至于民众分子较多的市乡，一般对之甚为冷淡或敌视。叛乱的行政机关下令征集武力时遇到了最大的困难。富人既未能改善穷人的生活，故工人及工匠不愿为他们牺牲。虽经吉伦特党议员商旁及李敦之一再呼吁，波尔多人应征者不过四百人。7月7日，当泳普方在卡恩检阅国民卫军而向其征集志愿兵时，应声而出的只有十七人。

联邦主义的叛乱不仅遭遇到民众之冷视与敌对，就是他们的领袖们，虽然说得响亮，然而对于他们的事业亦缺少信心，他们自始就是分裂的。

仍然忠于共和主张的一派，对于外敌之侵入及汪德郡之乱不能不怀焦虑，焦虑即麻痹了他们的行动。那些有野心的人，因为见拒于人民，转而乞助于福杨党，甚至乞助于贵族。在卡恩的泳普方是个显著的王党，当1792年9月迪昂威尔被围时，他曾与敌人勾结，现在他向吉伦特党提议

---

① 科西嘉岛是1768年由热那亚割归法国的，人民希图独立，以巴俄利为领袖。这个运动与联邦党及王党之乱本属无关。但它是利用这个机会爆发的，得有英国之助，声势浩大，卒使该岛落入英人手中，直到1796年始得收复。

乞援于英国。吉伦特党议员虽反对他的建议，但仍任其居司令之职。他的参谋长是普伊最伯爵，在叛乱失败以后逃往参加汪德党，与之同行者有卡尔发多斯郡总检察官青年布刚·伦格累，他是沙洛特·科兑的朋友。

在里昂，普累西派遣骑士达德斯到瑞士去求助于伯尔尼人及萨底尼亚人。8月4日，在日内瓦为萨底尼亚王主持间谍工作的美斯武尔答应在阿尔卑斯山方面予法军以牵制，事实上这一着是执行了。然而里昂的王党仍然隐藏着他们的旗帜，不敢如土伦人那样宣布路易十七为王[①]。

在最初数日中国民大会虽然表现见识短浅，但它能用有力而灵巧的手段来组织镇压。它通过控刻令去打击倡乱的吉伦特党领袖，将倡乱各郡的行政人员撤职，将欧尔郡首府从艾夫鲁移至柏尔内，添建服克吕茨郡以使亚威农利益与马赛利益分开，又从伦·埃·洛瓦郡分出洛瓦郡，使圣特稽盎城来对抗里昂城[②]。

国民大会小心地将主犯与从犯分开。6月26日，罗伯·林德使议会议决，予参加叛乱的行政机关以三日宽限，俾其改悔。这是一个易于破坏乱党阵线的聪明措施。6月14日被撤职的索姆郡行政人员亲来解释。6月17日，公安委员会将他们遣回而未加惩责。圣鞠斯特在其有关业经"明令逮捕"的议员之报告中，表示显然的温和态度。他在7月8日报告时说："并非全体被禁者都有罪，大部分是诱从。"他将他们分为三类，列入叛逆者九人：巴巴卢、柏哥盎、毕罗朵、蒲佐、哥尔萨、兰瑞内、卢未、佩迪昂及塞尔；列入从犯者五人：加的盎、戎索内、加德、莫勒福尔及微尼奥；其余被利用者十四人，他主张他们仍可出席国民大会。这个温和态度足以安定意见不定的人。

[①]　土伦为法国三大海军根据地之一，王党分子颇多，海军上将托罗哥夫及硕塞各罗也是王党，以舰队及要塞降英（8月28日），并宣布被禁于丹普尔的八岁太子为法国国王路易十七。

[②]　马赛为步什·杜·伦郡首县，服克吕茨郡即从步什·杜·伦郡分出而以亚威农为首县。伦·埃·洛瓦郡以里昂为首县，分为两郡后，里昂为伦郡首县，圣特稽盎为洛瓦郡首县。

尤可注意者，依照罗伯斯庇尔的计划，山岳党明白必须以物质上的满足来团结群众。因此，他们使议会通过了三大法律：第一，6月3日法规定亡命者产业出卖的方式。此类产业应分为小块出卖，贫穷购买者得于十年内付清。第二，6月10日法规定公有土地之分配。分配原则系依照居民人数平分。这一措施所处理的土地达八百万亚盘①，值六万万锂。第三，7月17日法规定即令有原始契券可稽的封建权利及负担亦须无偿废除，于是封建统治一扫而光。现存的封建契券应予毁灭，以防土地被夺去的业主将来希图恢复。故此，在农民看来，吉伦特党之倒就是土地之确定的解放。

6月8日的法令增加了公务人员的俸给，强迫募债十亿锂颇使中等阶级不安，为使他们安心起见，议会于6月23日根据罗伯斯庇尔的动议通过一个法令，凡已婚者收入在一万锂以下，未婚者收入在六千锂以下的，皆不担负②。这是个及时分化并瓦解吉伦特党的方法，因其组成势力的大多数为小康阶级，宽待他们即可把他们争取过来。

胜利地完成这一精神攻势的是那个迅速通过的很自由的宪法；对于吉伦特党之攻击独裁一点，这个宪法是一个很好的答复③。吉伦特党康

---

① 亚盘（Arpent）是旧制度时代丈量土地的标准，其大小并非全国一致，每一亚盘有多至五十或少至三十安者，每安约合十平方米。

② 强迫募债十亿锂法令是5月20日通过的。这是一种累进的战时公债，收入在一千六百锂以下者免征，过此则按收入之多少为比例。6月23日的法令放宽这个标准，但结果不佳，到8月19日为止，仅达预定数目的五分之一。9月13日，议会再度通过新标准：独身者限一千锂，已婚者一千五百锂，子女每人一千锂，收入多过此数者，其负担按比例累进。

③ 国民大会之责任本在制宪。开幕不久即组织有制宪委员会（1792年10月11日），委员九人，吉伦特党占多数。委员会工作颇为迟缓，1793年2月15日始由其报告人康多塞提出其所拟草案，雅各宾党对之表示不满。次日，议会通过将此草案付印。4月17日始开始讨论，当时正是内外多故，故议会未能集中力量来对付。山岳党不愿有一个吉伦特党宪法，5月30日使议会推出艾罗·得·塞舍尔、拉美尔、圣鞠斯特、库通及马迪欧五人附属公安委员会，负责提出新草案。他们进行甚速，6月9日即将新草案提出公安委员会，次日，经委员会采纳，由艾罗·得·塞舍尔出席议会报告，是为山岳党宪法草案。议会讨论这个草案，仅费十三日——6月11日开始，24日完毕，计权利宣言三十五条，宪法本文仅一百二十四条，是为1793年宪法。

多塞原先所提出的宪法草案使行政会议具有大权，因其是由人民选出，离议会而独立；现在这个由艾罗·得·塞舍尔起草的山岳党宪法则确定各部部长应隶属于国民代议机关。关于议员产生法，新宪法排斥了康多塞的两级选举制，放弃很复杂的名单投票制，采用直接普选制，取决于绝对大多数。

只有各行政机关仍由选举人会选出，选举人会更向议会提出八十三个候选人名单，议会就中选出二十四人组成内阁。最后，这个山岳党宪法要推行普及教育，保证生存权利，宣战则取决于全国人民。这个宪法经过全国人民之批准，结果赞成者为一百八十万一千九百一十八票，反对者为一万七千六百一十票。[①] 尚有十万票虽表示接受，但须予以联邦主义的修改；要求：开释二十二人及十二人，即指被捕禁之议员，废止他们被禁以后所通过的法律，召集新议会，召回议会特使，取消谷物最高限价令等。这次全民投票到处都表现吉伦特党之瓦解。但是他们之被打倒仍有待于7月10日成立的第二公安委员会。普伊最统率的诺曼底叛军向巴黎进发，7月13日在维龙附近的布累古遇着一支巴黎义勇军，被其几炮轰散了。被派往卡恩去的罗伯·林德，用最温和的惩罚手段，迅速地使这一带平静下来。

波尔多的抵抗比较久一点。伊扎波及塔利安二人本已一度进了城的，8月19日不得不躲到雅各宾党得势的拉累奥尔城去。但是波尔多无套裤党各区因受议会特使的鼓励，9月18日推倒了吉伦特党市府，于是惩罚开始。

在东南部，一度有大危险，因马赛及尼姆的叛军有与里昂叛军联络

---

① 6月27日议会议决新宪法须经全国人民接受，由各初级议会及海陆军代表投票取决。巴黎投票在7月2日至4日举行，各郡则于7月14日至22日举行，预定须于8月10日节宣布结果。8月9日所得结果，虽不完全，但已表示其可经全国接受。若干地方初级议会未能如期举行，有迟至1794年4月者。著者所采之数字，系根据1794年1月20日的结果，反对者一万一千六百一十票，原文误植一万七千六百一十票，英译本同误。

之势。尼姆叛军进抵圣特斯普里桥，而由老军人威弩夫·图累统率的马赛叛军已渡过杜蓝斯河，进占亚威农，直达奥伦治。好在德朗郡仍忠于山岳党。6月24日到26日，在发兰斯举行亚德世、德朗、加尔及步什·杜·伦等郡四十二个民众社的代表大会，以柏依安为会中中心人物，筹商抵御之策。卡多带领阿尔卑斯方面军的一部分——波拿巴这时即在这军中服役——恰于时赶到。他收复了圣特斯普里桥，截断了尼姆人和马赛人的联络，驱马赛人南退。他于7月27日占领亚威农。8月25日入马赛城，刚好防止马赛落入威弩夫·图累所乞援的英国人之手。可是两天之后，英军进占了土伦，海军上将托罗哥夫及硕塞各罗求援于英军，并以法国最好的舰队交给了他们。要收复土伦须经过长时间的围攻，一直迁延到12月底。

里昂是孤立了。可能予以援助的犹拉郡及厄英郡，已迅速地经议会特使巴萨尔及加尼埃·得·圣特平服，他们在科多尔郡及督郡征集了一个二千五百人的小军。但里昂较波尔多更为顽抗。8月22日杜霸·克蓝塞开始炮轰，亦不能使它屈服。它和勒福累的交通仍未断绝。直到9月17日，经库通、梅涅及沙多诺夫·兰敦诸人从刚达尔、亚未隆、普伊得多姆及上洛瓦等郡调来国民卫军，才完成包围。里昂抵抗直到10月9日。普累西竟能带着一小群人逃往瑞士。事后之惩处是很可怕的。

叛乱较为危险的区域是仍然有很多王党的地方。在与共和国共存亡的山岳党和勾结敌人的王党之间不能有第三派存在。假使表现失意政客之愤怒及阶级自私观念的联邦派叛乱取得胜利，结果一定是王政复辟。

汪德郡的王党叛乱已逼着国民大会倾向恐怖政策，换言之，即倾向中央权力之专政及自由之废止。吉伦特党之叛乱再使它朝这一方面更进一步。在以前，只有王党是嫌疑犯。现在则曾为革命党的重要集团也属于通敌者之列。嫌疑犯的范围逐渐扩大。要辨别公民之好坏日见困难。假使最先推翻王政而主张共和的人，如微尼奥、布里索、蒲佐及佩迪昂等都是叛逆，又怎么去辨别真爱国者及真诚的自由之友呢？因而产生了这样的一个主张：凡在共和国时代起过作用的，随时都得受监视与检查。各俱乐部开始清洗。各行政机关亦要清洗，经过一再清洗以后，革命人物的数目就日益减少了。有产阶级既是拥护吉伦特党的，那么他们便是可疑分子。富人就有贵族嫌疑。革命派不久便限于一个狂热、警惕而有活力的少数派。总之，唯有这个少数派才需要专政和暴力。但是，这个雅各宾少数派却能以他们自愿要去保卫及救护的祖国大义来辩护他们的行动。

第二章　大公安委员会的初期

（1793 年 7 月）

　　以坎蓬、巴累及丹敦为中心的第一公安委员会是在杜木里厄叛变以后于 1793 年 4 月 6 日组织的，因其犯了不断的错误，于 7 月 10 日倒台了。它以普罗利、马修斯及德波特诸人为居间人与联盟国进行无益的秘密交涉，因而损害了共和国的声威。它既不能在边界逐走敌人，又不能防止汪德党和联邦派叛乱之可怕的扩大。它容许屈斯丁骄横，宽恕他在阿尔萨斯的战败，且不顾布硕特之反对而任命他为法国主要军团的北路军的总司令；而屈斯丁竟使这一军毫无动作。委员会对于军需承包人之无耻的侵蚀既不能亦不愿加以惩处，甚至委员会中有人庇护他们。对于财政问题及生活高涨问题，它从不曾予以严肃的处置。它所提出的收回流通指券之唯一比较有效的办法，只有 1793 年 6 月 7 日通过的法令，规定购买国产者倘能预付地价则可得每年应付数目千分之五的奖金。这个法令又授权各县收款人将购产者应付地价之国有债权出卖。此类用指券购得的债权变为利息 5% 的债券，持券人可望将来还本时向他们已代之付出每年地价的购产人收回现金。这个办法是巧妙的，可惜太迟了，因为对于纸币的信任及国家的信用这时业已动摇。这一措施虽得收回若干指券，但在比例上对于每天在高涨的昂贵生活远不能发生什么作用。不满足的群众之代言人愤激派，当 6 月底通过宪法时在进行激烈的煽动。查格·卢向议会陈递一个恫吓的请愿书，巴黎码头上发生了肥皂船被抢劫的事件。公安委员会似乎已不能维持首都的秩序。最后，在 7 月初，一个暧昧的王党阴谋事件牵涉了德木兰的朋友及受其保护的底养将军^①，于是使行为本不甚可靠的丹敦与德拉夸也变成了可疑人物。

7 月 10 日用唱名投票法选出的新公安委员会只有委员九人：圣丹德累、巴累、加斯巴朗、库通、艾罗·得·塞舍尔、杜里奥、普里欧·得·拉·马恩、圣鞠斯特及罗伯·林德^②。他们所得到的指令是采用其前任所未能采取的有效措施来挽救大局。一般而论，他们都是满怀善意的，但在共同纲领上彼此未能完全一致。圣丹德累、库通、艾罗、普里欧·得·拉·马恩与圣鞠斯特形成委员会的左派。他们深信必须：始终联系团结在各俱乐部的革命分子来进行统治，满足他们的要求，供养并扶助为饥寒所迫的城市无套裤党，镇压叛逆，更换高级军事人员及行政机关；总之，要依靠民众阶级来终止混乱局面，统一事权并使一切服从。他们准备实行一个阶级政策，因为跟着吉伦特党走的富人已逐渐与革命隔离，甚至投向王党。但是他们的同僚如杜里奥、罗伯·林德及加斯巴朗则骇于他们之过分急进，恐怕过于高压可使整个资产阶级投身反对派而扩大困难，系统地打击贵族将领就会瓦解军队，因为他们相信

---

① 底养是一个王党，本已被人怀疑，7 月初被人控告，13 日议会下令将其逮捕。

② 第一公安委员会委员最初亦为九人（参看第 417 页注①），后来略有增减。负责起草宪法的艾罗·得·塞舍尔等五人，本属暂附隶属于委员会的，6 月 15 日正式令他们加入委员会。第一公安委员会人物之得当选为第二公安委员会委员者，有圣鞠斯特、库通、巴累、艾罗·得·塞舍尔、加斯巴朗及圣丹德累等六人。7 月 22 日加斯巴朗辞职，27 日以罗伯斯庇尔加入。8 月 14 日加入卡诺及普里欧·得·拉·科多尔。9 月 6 日加入俾约·发楞及科洛·得霸。9 月 20 日杜里奥辞职。从此委员共为十二人。1794 年 4 月 5 日艾罗·得·塞舍尔受刑后，再未补充。依例，每月都有改选可能，但直到 1794 年 7 月 27 日罗伯斯庇尔派失败时为止，其人员并无更动，其权力反逐渐增加，史称"大委员会"。委员会每日集会两次：上午 8 时及夜间 7 时。下午 1 时则出席国民大会。除因疾病及出使外，委员都能经常出席。集会时并无主席，每次经一度会商后，即分别处理公文要件，各有专责；工作通常每日为十五六个小时，殊为紧张。

贵族将领仍是不可少的。至若富于机智的巴累则依情况而忽左忽右。

公安委员会内部自始即表现不能一致。7月11日，接连采用了一些强硬措施，都是左派委员提出的。圣丹德累提议将进讨汪德郡军司令比隆撤职。库通举发议会特使毕罗朵及沙塞之助长里昂叛乱。他提议下令逮捕所有伦郡的议员及宣布毕罗朵为法外人[①]。国民大会亦通过一个同样的法令。次日，委员会为对革命派提供新的保证起见，令屈斯丁立即回巴黎来答复关于军中情况之质问。可是就在这一天，委员会在布硕特身上遇着一次失败。布硕特提出任命迪特曼为比隆的继任人，为国民大会所拒绝。国民大会根据坎蓬提议而任命了培塞尔，他不久因与联邦党勾结而被撤职。这一次会场中还有一件更严重的事件，沙跛原已使议会通过一个令各郡行政机关将所收到右派议员的信件送交各委员会的法令；而杜里奥不顾委员会中同僚之意见，使议会将此一有力措施推翻。他说："这个法令只足以促成分裂，而我们现在应该团结一切的人。"杜里奥不同意库通的主张而忠于他的朋友丹敦之调和政策，不愿加重吉伦特党议员所应负的责任。

大委员会的开端就是如此，谁也难预见其以后进展如何。可是，不可免的必然性在逼迫它向前。拉乍尔·卡诺说："革命党并非生就的，而是变成的。"事实上，这批人是被迫而采纳专政的。他们本没有希望如此，也没曾预见到会如此。意波利特·卡诺也说过[②]，恐怖统治是"窘境中的专政"，他的话是绝对不错的。

7月13日，艾罗·得·塞舍尔代表大委员会出席报告一些不好的消息。康兑缺少粮食及军需品，大概要被迫投降。很受威胁的伐伦西恩也会遇着同样的命运。议会尚未散会，又得到沙洛特·科兑刺死马拉的消息。

这位伟大的科内伊的后人是个彻头彻尾的王党。她常读《国王之友》

---

① 沙塞亦属吉伦特党，与毕罗朵于6月中旬逃至里昂，助长联邦党之乱。里昂为伦郡首府，而伦郡议员多数同情吉伦特党。

② 拉乍尔·卡诺即8月14日加入公安委员会之卡诺，意波利特·卡诺为其次子。

及《小哥迪尔报》。是王党，但不是恪守教规的。她不参加礼拜仪式。在将就刑时，她拒绝牧师为她忏悔。她认为吉伦特党的叛乱就是恢复王政的途径。她具有古罗马人的精神，当泳普方在卡恩检阅国民卫军而征求志愿兵时，她亲眼看见卡恩人不愿投效，甚为愤慨。她决定要给这班懦夫们一个教训，才来行刺一位被认为最仇视财产的山岳党，一位数月来被吉伦特党控为无政府主义者及吃血者的人。她对裁判官说："我杀了一个人，为了要救十万人。"①

沙洛特深信她已刺死了无政府党，刺死了山岳党。可是，反而给了它以新的力量。

当晚在国民大会，沙跛说，这位人民之友被刺事件是王党与吉伦特党阴谋的结果，此阴谋原定于次日即 7 月 14 纪念日爆发。他使议会通过逮捕沙洛特事前曾走访过的德俾累。库通认为王党与吉伦特党希图解散国民大会，救出年轻的太子以便拥之为王。他主张逮捕卡尔发多斯郡的议员，及将业已逮捕的吉伦特党议员解送革命法庭。这班人应替马拉偿命。可是在这一次，公安委员会又表示分裂。前一天曾保护因通信关系而受牵累的议员之杜里奥，现在又反对逮捕卡尔发多斯郡议员，并得有德拉夸的支持。国民大会虽只通过逮捕福失一人，但它不久要被引导在膺惩途径上更进一步。

马拉在下层阶级中很得民心，对于他们的困苦，他常表示粗疏然而是诚恳的同情。他之暴死激起了深刻的感情。本达波尔代表雅各宾党发言，要求予这位自由殉道者以入国葬所的荣誉。罗伯斯庇尔借口该先替牺牲者报仇，费了很大气力始将这个主张打消。7 月 16 日，国民大会全体参加马拉的葬仪。这位人民之友葬在杜伊勒里宫花园中，埋在一个点缀着白杨树的人造洞中。他的心则悬挂在哥德利埃俱乐部大厅中。接

---

① 沙洛特·科兑住在吉伦特党很得势的卡恩，深具吉伦特党情绪。她于 7 月 9 日离开卡恩，11 日抵巴黎，13 日往见马拉，一再被拒绝，经第三次请求始得入见。时马拉因病而坐在一个特制的靴形澡盆中，被她用刀刺死。科兑被捕判处死刑，年仅二十五岁。

连有几个星期，巴黎各区及外省城市之大多数都在为他举行追悼会，每次散会时都有报仇的呼声。他的半身像连同勒伟勒迪埃及沙利尔的半身像，陈列在各俱乐部及共和党集会处的墙壁间。

血债要以血来偿付。沙利尔之死刑及马拉之被刺，相距不过三天，于是使主张以恐怖手段去镇压通敌的反革命派的人有更有力的理由。牺牲者必须报复，必须使爱国领袖的生命不受贵族刀尖的威胁，软弱而宽容的态度必须终止！

民众领袖如勒克雷克、查格·卢及华尔勒诸人竞争着要继承马拉，其实马拉在生时曾责斥他们之反革命的夸张。查格·卢忙着于7月16日发行一个继续马拉之刊物的报，大胆地称之为《人民之友马拉荫庇下的法兰西共和国政论家》。年轻的勒克雷克亦起而竞争。他于7月20日刊行《人民之友》，即借用马拉所办的第一个刊物之名。

愤激派以前是没有机关报的，现在有两个了。勒克雷克急起攻击商业贵族。他认为物价之贵是富人阴谋的结果。他斥责"这班公共强盗，竟在法律保护之下享用其劫掠的果实"；他惊骇于人民竟如此"忍耐而良善，对于这一小群暗杀犯不予打击"（见其7月23日一期）。他主张以死刑对付在日用品上投机的人。查格·卢马上仿效他，更严肃的是艾贝尔，为着维持其受此可怕的竞争之威胁的《父杜舍内报》的声誉，亦起而与他们来争夺这个人民之友的继承人称号。7月20日他在雅各宾俱乐部嚷道："倘使要有人继承马拉，倘使要再有一个牺牲者，这个牺牲者已准备一切及接受一切，这个人便是我！"他虽然未放弃他本人对愤激派领袖的敌意，但他已逐渐采纳了他们的纲领。在他的报纸之第二六七期上面，他要求各地应将嫌疑犯关在教堂里；为供应城市粮食起见，国家应夺取这次收获而另外偿付农人；麦、酒及各种物品应依照人口比例来分配给各郡。

这类足以激起巴黎各区暴动的煽动正发生在一个合宜的时机。正在这7月底，粮食缺乏更为尖锐。布勒塔尼及诺曼底各郡的叛乱断绝了对巴黎粮食的供应。面包店前一清早就有人排队等着。市场上已有纷扰。情况如此严重，故公安委员会及治安委员会只得于7月20日至21日夜举行联席会议，谋取紧急措施。

公安委员会已感难于应付。俾约·发楞及科洛·得霸尽速使议会通过严禁囤积的有名的7月27日法令。

所谓囤积居奇是指商人不使商品及必需货品自由流通之行动，"不逐日将其公开出售"，是指任何个人"故意毁灭日用必需的商品或货物或任其毁灭"之行动。凡藏有货物者，限一星期内将所藏数目向市乡政府申报。各市乡政府有权任命囤积检查员，其薪给即由充公出卖物品所得项下支付。他们要考核申报之是否确实，监视商人出卖其货品，须"分为小量而卖与任何买主"。倘经商人拒绝，检查员得代他发卖而以所得还给商人。商人不申报或申报不实者，及执行此律时渎职的官吏，均处死刑。告密者，给予被充公货品的三分之一以为奖赏。最后还规定刑事法庭对于违犯此律的罪犯之判决不得上诉。

从此，凡属最必需的货物均在政府机关统制之下。再没有什么商业秘密了。地窖、仓库及货栈均须经检查员视察，他们更有权向商人索取货单，这是依照愤激派的主张走了一大步。

一个如此重大的法律，事先竟未商之公安委员会，亦未请其表示意见，即已提出、讨论而且通过，可见委员会在议会中的势力仍未巩固。

委员会还遭遇到议会之隐蔽的对抗。7月19日，它召回了好些冷淡而可疑的议会特使，如在军需品上有投机嫌疑的库尔多瓦与利尔俱乐部发生冲突的勒萨治·塞诺及杜安、敌视汪德郡军无套裤党将领的古匹约·得·封特内。次日，温和派而为丹敦之友的吕尔，斥责行政会议所派的特派员①；据他说，这班人反而破坏议会特使的工作，用费既大而

---

① 行政会议亦派有特派员到各郡，始于5月6日，其职责本限于向行政会议报告外郡情形，事实上往往干涉地方行政。

成绩毫无。另一丹敦派波朵拥护吕尔的动议，这动议显然是回答前一天公安委员会之召回议会特使的。俾约·发楞为布硕特派出的人物辩护，这个动议遂送交公安委员会审核。可是吕尔不以此满足。他要求公安委员会须将派往外国的密使名单交国民大会，并须对各人加以说明。这提案经达依费及坎蓬二人之修正通过，限公安委员会在二十四小时内对行政会议派出人员加以说明。

屈斯丁虽经召回巴黎，仍能自由行动，并且变成了出入巴勒·罗垭赌场人物示威所同情的人；公安委员会知道了以后，于7月21日到22日夜间将他逮捕，并且把他的参谋长暂代北路军司令的拉摩利尔同日撤职。这两着又掀起了国民大会中的争论。这次丹敦挺身而出。对于屈斯丁之被捕，他佯为赞许，但是他说："我要求陆军部长及公安委员会应将控告这位将领的罪状报告，以便国民大会有所决议。"德发尔要求委员会当场报告，幸经德鲁埃之主张而未加时间限制。

拉摩利尔的撤职及屈斯丁的被捕，甚至在公安委员会内部亦引起加斯巴朗的激烈反对。他是九名委员中唯一的一位军人，因此负责管理军务。7月23日的委员会会议，加斯巴朗没有出席，次日借口身体不好提出辞职。数天之后，即7月27日，屈斯丁要求国民大会宣布其被捕之理由时，与加斯巴朗看法相同的杜里奥主张将他的信件送军事委员会审查，而不送公安委员会；必待罗伯斯庇尔起来说话才阻止公安委员会权力之被侵夺。

分裂的、因加斯巴朗辞职及杜里奥反对而削弱的公安委员会，倘使没有有力的帮助，不久便要崩溃。

7月24日，它又遇着一个新的打击。派往汪德郡平乱的共和军，7月18日在维伊尔打了败仗，而且被逐于洛瓦河以北。旧公安委员会委员布累阿利用这次失利，要求委员会于次日报告汪德郡的情况，报告布硕特及其徒足坏事的特派员的行为。塞尔冉更谓：委员会应说明比隆之撤职及其任命"据云既无能力又无德行的人"罗西弱尔之理由。国民大会把这两个威胁的动议通过了。继而宣读出使北路军的议会特使杜安及勒萨治·塞诺的来信，信中报告他们已将共和国将领拉发勒特及其军令官杜夫累塞——造成拉摩利尔撤职的两位主要分子——撤职，并予以逮捕。业经公安委员会明令召回的议会特使现在反以突然一击来替拉摩利尔报复。

但是这一次公安委员会得到一位辩护者。罗伯斯庇尔提及当杜木里厄叛变时拉发勒特曾阻止米阿克清斯基以利尔城投降奥军。他的仇敌拉摩利尔被北方的共和派视为叛逆。他不服从布硕特的命令而要撤去利尔城的大炮。罗伯斯庇尔主张释放拉发勒特及杜夫累塞，并令逮捕他们的议员立即回到国民大会来。议会无人反对他，而将这事件移送公安委员会。

这次斗争仍须继续两天。7 月 25 日，坎蓬要巴累说明汪德郡情形，陈述全部实况。达迪古瓦特攻击布硕特，巴累不敢为他辩护。议会决定明天选出布硕特的继任人。继而议会举出丹敦为主席，达迪古瓦特为秘书。

可是罗伯斯庇尔再一次来打败他的政敌。前一晚，他在雅各宾俱乐部举发那个攻击拉发勒特及布硕特的阴谋而称赞公安委员会，谓其不应受牵制，因为"我们要认定这个委员会是由有智慧与有才能的人组成的，它知道它该如何使用他们，我们该多请教它才好"。

次日各俱乐部到议会来请愿，这无疑是受了罗伯斯庇尔的鼓动。哥德利埃俱乐部要求布硕特留任，"因为他曾使军队无套裤党化。布硕特刚揭破叛逆屈斯丁之可怕的反革命计划。他的诚实与爱国热情是毫无可疑的"。8 月 10 日事变的革命人物也称赞布硕特，并责难山岳党"不该在共和国受最大暴风雨打击的时候，而这样甘守缄默"。于是罗伯斯庇尔起而进攻。他说，主张撤换布硕特的人，"是受了某些人之欺骗，这些人只希望以自己的党羽充塞陆军部，以便再有一个贝隆微尔，于是才可再产生一些杜木里厄"。提出贝隆微尔以代巴什的是丹敦。丹敦现在不发一言，其他的人也如此。议会未经辩论，即将前一天议决推选布硕特继任人的议案推翻。这一次是胜利了。巴累报告汪德郡情形时并未遇到质问。反对派是消失了。

当晚，公安委员会请罗伯斯庇尔参加它的工作。假如巴累的话可信，则动议请罗伯斯庇尔参加的是库通。数天后，罗伯斯庇尔说他之接受这邀请是"本非所愿"的[①]。

罗伯斯庇尔之当权开始了一个新时代。他之有助于公安委员会，不仅因其少有的特性：他的冷静与胆量、敏锐的先见、厉害的口才、惊人的组织力、大公无私的态度；此外还有更重要的关系。自从制宪议会以来，罗伯斯庇尔在工匠及小民阶级中是最有声望的，他取得他们的完全信任。在无套裤党中，他是个无可与抗的领袖，尤其是自马拉死了以后。他并不是单独一人参加委员会的。在他后面有一大部分斗士：一切组成各俱乐部坚强核心的人、一切要与革命共存亡的人以及一切非征服即死而无他途可走的人。

布硕特之留任，表示军官要继续民主化。他的保护人罗伯斯庇尔之参加政府则表示：此后在民事或军事行政的各部门中，无套裤党会得到支持而敌人要销声匿迹；共和国当局不再欺哄人民；他们要听取人民的怨诉，要顾念人民的疾苦，要与人民共同努力来救祖国。

罗伯斯庇尔要推动的政策，是民族的而同时是民主的。当其着手时，即令在巴黎也要对抗与极右派联合的极左派，他开始这个斗争时，正值物资日益缺乏，而边境失利消息接连传来之时。他并不失望，他是临危受命，他毫不示弱而来担负这样重压的担子，他卒能使共和国逃过这个难关，这一切足以证实他的声誉之不虚。

---

① 当晚（7月26日）罗伯斯庇尔即出席公安委员会，次日，圣丹德累正式提出议会以他代业于两日前辞职之加斯巴朗。

第三章　1793 年 8 月的危机

当 1793 年 7 月 27 日罗伯斯庇尔参加公安委员会时，正是大困难的时期。共和国的情况看来像是失望的。东北边境上到处军事失利。7 月 28 日，得到了马因斯投降的消息①。莱茵河及摩则尔河方面军立即向洛特尔河及塞尔河败退。次日，又得到伐仑西恩失陷的消息。倘使恺撒营不守，则沿瓦茨河通巴黎的大道洞开，最强大的敌军可以长驱直入。在阿尔卑斯山方面，因为抽调了些军队去平伦河区域及南部的联邦党之乱，使克勒曼军军力薄弱，难于扼守摩里恩及塔朗特茨要道。在庇里尼斯山方面，西班牙军已在前进。7 月 28 日，议会特使埃克斯勃及普罗冉从培比仰寄来报告说，威尔佛朗什·得·康佛兰之居民已把敌人引进来了。7 月 27 日，汪德郡乱党已夺取了潘得塞而威胁安热。

就是在忠于革命的城市中，乔装的王党也敢于活动。凡属厌战的人，心里都希望敌人胜利，恢复王政，以便结束战争。7 月 26 日，议会特使德尔布累尔、勒图诺尔及勒发叟从业已感受威胁的坎布累寄来报告说："这一带的乡民一般是如此贪财，因而我军行动大半每天都有人报告给敌人。有些村庄，整个愿为敌人效力。"7 月 31 日，议会特使巴萨尔从柏

---

① 3 月 27 日屈斯丁退出马因斯，留二万三千人固守，军实颇为充足。4 月 14 日普军开始围攻马因斯，抵抗颇烈，6 月 5 日普军开始炮轰，7 月中旬城中自觉不能再抗，18 日与敌交涉，23 日法军以该城降敌，但城中法军得安全撤退，唯以一年以内不参加对联盟军作战为条件。

宗松寄来的报告说，马因斯传来的消息激起了王党的勇气，他表示有不能控制狂信之徒的疑惧。事实上在督郡山区中不久即发生教士的叛乱。

军中士气亦遭受严重危机。北路军的正规军不满于屈斯丁之被撤职。尚未出走的贵族将领与官佐自觉常在被人怀疑，动辄得咎。要派人代替他们是件极困难的事。司令官一换再换。士兵不信任他们素不认识的临时调来的将领。将领们自己也在怀疑。因为受着严密监视，他们不敢争取任何主动。他们只想保全自己。最好的将领亦深深地觉得沮丧。8月12日，莱茵方面军将领波阿内及斯巴尔提出辞职。他们力言他们爱护共和国，可是他们说，他们认为"在这革命的时期，叛逆事件接连发生，危害自由的阴谋之主动者几乎往往是以往的贵族，那么，虽然他们心中念念不忘于自由与平等，但不幸生而具有此种污点，便应该自动退避"[①]。

往平汪德郡之乱的军队异常紊乱，尤其是由"五百锂英雄"组成的巴黎各营。临时任命去统率他们的将领，只顾宴会而不想着打仗。派往监视他们的议会特使彼此又不一致。有些，如古匹约·得·封特内及步尔敦·得·洛瓦茨支持旧官佐，其他如绥寻及里沙尔只信任新任命的无套裤党军官。遇失利时则相互推诿责任。紊乱情形便是如此。

一般情况较一年前凡尔登失陷以后时更为严重，因为素来最拥护革命的城市工匠现在已表示灰心与愤怒。7月底有人指出各城市中都因粮食恐慌而引起了严重的乱事；在卢昂的艾斯吕·拉·发勒及勒匡特尔怕会发生骚乱；在亚眠有强迫规定物价之事，必待派沙跛及安德累·杜蒙去恢复秩序；在恩英郡的亚的希及珊利斯附近，常有小群聚众之举，引起了科洛·得霸及伊佐累的极度不安。当河流枯竭时，为使巴黎不困于饥荒起见，有时须用人力来磨麦。

愤激派觉得他们的时期到了，在挑起普遍的不满。

---

① 二人均出身贵族，故云。

7 月 29 日，查格·卢要求征集大武力来解决粮食困难。8 月 6 日，他主张以断头机对付三届议会中曾经接受暴君金钱的议员。8 月 8 日，他要求逮捕所有的银行家，他说，就他们的职业而论，他们是国王们的走狗、现金囤积者及造成饥荒的人。他又主张："所有那些四年来获得巨大产业的坏公民，那些利用国家之不幸而发了财的自利者，那些在未入议会以前每天没有多少钱花而今拥有巨产的议员们，那些以前只在陋巷做屠户而今拥有漂亮住宅的议员们（指勒冉德尔），那些在不曾到萨伏依及比利时以前只能在小店里吃饭而今则能盛开宴会、出入剧场、蓄养情人而且雇人来捧场的议员们（指丹敦、德拉夸及西蒙），必须把他们所得的吐出来。"查格·卢希望 8 月 10 日的结盟节便是这班居奇者及聚敛者的末日。

7 月 27 日，勒克雷克也起而要求逮捕所有的嫌疑分子，"俾 8 月 10 日的庆祝节得以极其庄严地举行"。对于骂他主张流血的人，他于 7 月 31 日答复说："我说，有人说我是主张流血的，因为我曾公开承认革命者应当以冷酷态度为革命而牺牲万千恶棍，假使非此不可的话。好吧！法兰西人，请了解我的整个意思吧，我要对你们预言我们会走到那么一步，即倘非我们的敌人死便是我们死。……我有事实证明，我们的军队中仍让贵族盘踞了高级职位，于是牺牲了十五万战士。"在他的刊物之以后各期中，他一再诉之暴力，最后在 8 月 6 日，更攻击国民大会："公民们，你们没有理由埋怨你们的立法者吗？你们要求他们限定一切最必需商品的价格，而他们拒绝了；要他们逮捕一切嫌疑人犯，而他们不通过；要他们把贵族与僧侣摒斥于军民行政机关以外，他们也不答应。那么，为着谋祖国之安全，只有诉之于革命行动，唯如此才可闪电般地激励全国各地的无数居民。"

前一年在凡尔登失陷以后，巴黎革命分子为着震慑敌人的同盟者，曾屠杀各监狱中的嫌疑犯。现在又有言之确凿的谣传说，同样的屠杀又要开始。已有标语在鼓动屠杀，7 月 24 日的《山岳党报》曾愤然攻击这些煽动者。

同时，除愤激派以外，仍留在巴黎的旧吉伦特党及潜伏的王党也想利用物价高涨来造成初则反抗巴黎市府、继而反抗国民大会的大运动。

罗兰的朋友建筑师谷什瓦因得有他的本区——巴黎最温和区之一的波累倍尔区——之拥护，于7月31日，结集四十八区中的三十九区之代表于主教官，要求查核市府与包商的交易文件，要求开放市立谷物及面粉仓库。次日，已被他们推为秘书的谷什瓦陪同主教官中推派的二十四名代表到达郡政府及市府，用威胁语说他是代表群众意志，要求立即交出账目。碰了钉子以后，他在墙上贴出威吓的标语，并且继续结集其党徒于主教官达数星期之久。被禁于亚培狱中的吉伦特党议员卡拉，以关切而同情的态度注视谷什瓦及各区和市府的斗争，希望借此来报复山岳党。

要了解这种情况的严重性，须不要忘却这时候的公安委员会还不是一个博得国民大会中大多数拥护的权力，它的权力仍是有限的。它还不能够控制议会中的其他委员会，在原则上这些委员会是与它平等的。它所特有的职权仅在监督各部行政及有权采取临时处置而已。直到7月28日，它才有权签发逮捕状。在此以前，关于搜查事件，它须有赖于治安委员会，而组成治安委员会的大部分是丹敦的朋友，并不热烈地赞助它。

而且，公安委员会并无调遣武力应付街头事变以自卫的特有权力。正规军各团及义勇军各营均已开赴前线，留在巴黎的只有国民卫军，直接受市府指挥。市府是唯一有武力的机关，倘使它不拥护政府，则一遇轻微之暴动，政府即须屈服。市府本身又要依靠各区，有好些区正为戴有假面具的吉伦特党及忿激派的势力所左右。国民卫军也不大可靠。他们在镇压肥皂骚乱时显得非常软弱。他们也和不满足者一般，感受物价的痛苦。公安委员会所具有的只是精神上的力量，即舆论之力量，可是这个力量由若干人物来分享时也就很脆弱。市府及公安委员会要用大批"侦察员"来注视舆论之最轻微的表现，这样小心谨慎即足以说明它们对于突然袭击之恐惧。

幸而公安委员会在罗伯斯庇尔身上找到了具有威望而富于口才的代言人。在市府与国民大会之间，在国民大会与各俱乐部之间，在巴黎与全国之间，罗伯斯庇尔是个活的结子。必须利用他之完满的威望才能调和革命分子间的冲突，而提出协调的解决方法。在 1793 年 8 月这一个月中，他之努力是值得称羡的。

首先，他尽力于革命的卓著劳绩便是使革命不为愤激派的鼓动所左右。他之要攻击愤激派并非因为他怕他们的社会政策。在他的手册中，他曾用这几个字综述他的政策："粮食及公正的法律。"可是愤激派要摇动人心，要造成暴行与无秩序。他们所联合的分子和罗兰党谷什瓦所结集的分子是同样可疑的。

8 月 5 日，在答复攻击国民大会全体、而尤其是攻击丹敦与德拉夸的万撒时，罗伯斯庇尔在雅各宾俱乐部开始这个斗争。万撒主张雅各宾党应造具爱国者名册以便继任一切出缺的职位。有了任命权之后，他们就要成为政府的主人。罗伯斯庇尔冒火了。他埋怨"这些新人物、这些今天的爱国者只想在民众中牺牲人民的老朋友"。他替受人毁谤的丹敦辩护，他说："如果有人要贬责丹敦，除非他能证明他自己是更有能力、更有才智、更爱祖国。"既而，他撇开万撒而转向他所认为指使万撒的人，攻击勒克雷克及查格·卢是"两个受人民之敌收买的人，两个被马拉唾弃的人"，两个现在借马拉的名义以便更容易败坏真爱国者的人。

8 月 7 日，罗伯斯庇尔又来进攻，叫雅各宾党当心那些足以危害共和国的过分主张。他揭发愤激派企图重演 9 月恐怖的阴谋。他称赞被谷什瓦及各区首领所攻击的巴什、安里奥及市府。他的演讲如此动人，俱乐部当日即推他为主席。次日，他使马拉的夫人西蒙·艾夫拉到国民大会，控诉"所有玷辱她丈夫声名的虚伪毁谤者"，要利用她丈夫的名字来宣传过分主张。"有种狠毒的毁谤曾把他说成专门捣乱的狂徒，现在在他死后，他们仍要使这种毁谤继续存在。"罗伯斯庇尔使议会将艾夫拉这个请愿载入公报，并令治安委员会侦察查格·卢及勒克雷克的行为。

8月10日庆祝节之所以能无困难而未流血地举行，是要归功于罗伯斯庇尔的。

对于会集在主教宫的各区代表，公安委员会以巧妙的手段来应付。8月1日到2日的晚上，它接见了他们的代表，慰以好言，但对他们说，因为8月10日结盟节快要到了，顶好将他们要求清查市府仓库的日期改迟到本月12日或15日。各区代表接受了这个诺言，可是8月10日一过，市府因有委员会的可靠支持，拒绝公开仓库。它只答应改组它的管理粮食的机关。巴什控告谷什瓦，说他之要清查账目目的在使贪得的投机家和反革命派明白实况，俾投机家"利用之以抬高价格，反革命派利用之以拦截附近的粮食，阻其运来"。已被格拉微利尔区所摒斥的查格·卢，自8月22日至27日，被拘禁于市政厅的拘留所中。8月25日，根据塔利安的提议，国民大会令结集在主教宫达三周之久的各区代表会解散。他们毫无抵抗地解散了。

倘使公安委员会不曾采用有效方法来充实巴黎的粮食，也不能得到这样的结果。它以巨大的数目交市府支配：7月24日有五十四万法郎为购买牛肉及米粮之用；8月7日为两百万，用以购买谷物及面粉；8月14日又有三百万。单是金钱还不够。还得克服农人的恶意。委员会派遣国民大会之得力的议员到邻近各郡去登记粮食，一如凡尔登失陷后一般，征用劳力去从事收割，等等。7月26日，邦内发尔及卢二人从欧尔·埃·洛瓦郡写信给国民大会说，为了8月10日的大会，各镇都有一袋面粉送到巴黎，有无数结盟军仿效这个办法，他们要带着整车的粮食来。这样使首都有了粮食，于是愤激派失去了攻击市府及国民大会的主要理由。

8月9日巴累已使议会通过一个有名法令，每县设立仓库一所，由农民输入实物，并拨款一亿购买谷物，以资储备。面包商须受当地市乡政府之严密监视，市乡政府得征用他们的炉灶。歇业者即被剥夺公权，并罚做苦役一年。这类仓库自然只是纸上谈兵而已。在日食不给的时候，哪儿去找这些谷物来储存呢？可是和许多其他的法令一般，这个法令之目的只在安定人心，使饥民存有一线希望而已。

8 月 10 日就要在各初级议会代表之前严肃地宣布新宪法 ①。在内乱尚未平定外敌未征服以前，倘使立即施行这个宪法，进行新选举，会是何等盲动之举！委员会对于山岳党之实力看得很清楚。它知道，许多选举人之通过这个宪法，因为希望在施行此宪法之时即可将山岳党摒之于外。

7 月 26 日，杜霸·克蓝塞及戈迪埃二人从格累诺布尔寄信给公安委员会，劝它使议会宣布："凡为国民大会议员或服务于行政及司法机关及各区的人员"而曾参加联邦党之乱的，十年内无被选举资格。"你们在解散之前，倘使不采取这个步骤，则眼见在今后的第一届议会中，将充满着现在受束缚的无信之辈，他们会借口于秩序而提出一切最有害于自由的措施及制订目的在报复而流血的法律，以对付曾参加及拥护革命的人。"公安委员会和这些议会特使所见相同，但是较他们更进一步。它根本不要选举。也许，它怕如通过无被选资格者之法令，无异是违反宪法所宣布的原则而予吉伦特党一个绝好口实来责难他们不兑现。8 月 11 日，当沙跛正式提议宣布凡无正当理由缺席于初级议会及拒绝通过宪法的人，均无被选举资格；这个提案送交委员会审查，委员会将其搁置。

罗兰的老朋友而已投向山岳党的兰特拿斯提议要使 8 月 10 日结盟节成为"一个博爱庆祝节，一个全体共和派间的大和谐时代"，换言之，即向联邦主义者伸手而予以大赦。国民大会中的温和派都同情这个主张。加拉在他的《回忆录》中，竟自吹曾使丹敦及勒冉德尔亦同意这个办法。据议员布拉德 8 月 5 日信上说，巴累对此亦表赞同。可是艾贝尔及

---

① 经过全国初级议会对宪法投票以后，各郡派来报告结果及参加庆祝节的代表，先后到达巴黎。8 月 10 日在巴士底堡故址举行庆祝新宪法大会，巴黎各俱乐部，各郡结盟军及议会全体都参加，由艾罗·得·塞舍尔任主席，仪式完毕后，游行到马斯场始散。经此一度仪式后，表示新宪法已经全国接受，从此应按新宪法产生议会及新政府。

罗伯斯庇尔出而阻挠。艾贝尔说,催眠派^①所主张的大赦,结果只是恢复王政。

公安委员会采纳了罗伯斯庇尔及库通的意见,认为联邦主义不消灭绝不妥协。8月2日,库通因罗伯斯庇尔的支持,使议会议决控告吉伦特党卡拉,因为他曾经提出约克公爵重建王政。

公安委员会恐怕主张大赦及施行新宪法的人会把从全国各地来参加8月10日节的结盟军争取过去^②。它毫不犹疑地采取断然处置。它沿途派有秘密人员搜查结盟军,检查他们的信件,遇有可疑者则予以逮捕。当8月5日议员迪卜尔抗议此类恫吓办法时,库通控其与联邦党勾结,罗伯斯庇尔使他哑口无言。委员会以三十万锂交安里奥,令其主持严密监视结盟军的事务,又以五十万锂交巴什,令其贴补各区监视委员会中的贫寒人员(8月7日)。

这类预防措施是很有效果的。结盟军受了雅各宾党的劝化,雅各宾俱乐部以其大厅供他们使用,又受了各区山岳党及市府的优待与称颂,他们于是放弃了反对巴黎的成见。他们不但不与公安委员会为难,在重要关头时反而予以有力的扶助。他们回到各省以后,反而变成了山岳党福音的传道者。他们的态度既如此鲜明,遂有使他们参加政府工作的正式法令。

8月6日,他们的发言人沙伦·绪·梭恩的牧师克洛·罗瓦叶宣称坚决反对施行新宪法。他说:"这是福杨党、温和派、联邦党、贵族及一切反革命派所希望的!"温和派不敢主张大赦,可是敢于要求施行新宪法,无疑地因为他们认为可以得到艾贝尔派之助。凡属希望在下届议会能占一席,认为现政府人物业已过时而其统治难以忍受必欲取而代之

---

① 英译注:"催眠派"系指主张"宽恕及忘却"政策的人。

② 此类结盟军即全国各地派来参加8月10日之庆祝宪法者,又称特派代表,其数目不能确定,有估计达八千者。按每一初级议会一人之比例,应不超过六千人。虽经严密监视,但仍有若干反山岳党分子在内,8月6日治安委员会曾下令将此类分子逮捕。

的人，自然欢迎这个进行新选举的主张。他们只想宣布联邦党无被选资格而已。

故德拉夸于 8 月 11 日提出，为答复人家攻击国民大会要恋栈起见，应立即进行选民登记及划分选举区事务来准备召集新议会。当时出席会议的人数很少，公安委员会人物缺席，这个临时动议未经讨论就通过了。可是当晚罗伯斯庇尔在雅各宾俱乐部提及这个出人意外的议决案。他这次的激昂是少见的，他说："违反我的本意而参加了公安委员会以后，我看见了许多我从不敢想象的事情；一方面我看见爱国派委员竭其全力来营救国家，虽然他们的努力有时是白费的；另一方面则有叛徒阴谋，甚至深入了委员会内部，他们愈有不受处分的保证，就愈是胆大妄为①。……我知道了，并且看见了今早国民大会所通过的提案，我坦白告诉你们，即令在此刻我都难以相信有此一着，我不甘愿做一个委员会或就要解散的议会之无所作为的一员。为着国家的利益，我知道该如何牺牲。……我敢说，假使我们采纳今早所通过的提案，将国民大会解散而代以新立法议会，则共和国将无可挽救。"（俱乐部全场报以"不能解散！"）"我所要打倒的这个提案，其目的只在于以庇特及科堡的走狗来代替目下业已清洗的国民大会。"

罗伯斯庇尔之所以如此愤怒，正因为公安委员会中有许多同僚具有与德拉夸相同的见解，赞成解散国民大会。可是，要求议会仍然执行职权的结盟军及雅各宾党的态度破坏了温和派的策略。根据德拉夸提议而通过的法令，等于废纸。8 月 12 日，哥绪安及德拉夸又对布硕特进行老一套的攻击；他们主张公安委员会中的缺席委员，如已在军中充特使

---

① 原注：要明白罗伯斯庇尔提的是什么，只要记得两日前，蒙托曾控告卢伯尔及默兰·得·迪昂威尔二人以马因斯降给敌人〔译者按：二人时在马因斯充议会特使〕，国民大会曾以此案交公安委员会审查。罗伯斯庇尔及库通二人认为这两位议员是有罪的。他们主张委员会应对此二人提出控劾报告，但是失败。在议会中曾为卢伯尔及默兰辩护的杜里奥，也在委员会中保护他们。

的普里欧·得·拉·马恩及圣丹德累应另举人代替，这一切都失败了；这类反对派的提案均因结盟军的拥护而被粉碎。次日，委员会之职权被延长了。

最后，伟大的全国总动员令之得以通过也是由于结盟军的要求。这个主张是在统一区活动的鼓动家塞巴斯佃·拉克罗瓦提出的，7月28日，他说："要使警钟向暴君宫廷怒吼的时候、暴君宝座要粉碎的时候，便是在全共和国中撞着警钟、击着集合信鼓的时候，让爱国志士武装起来，让他们组成新的队伍，让没有武器的人去转运军需品，妇女转运粮食及制造面包，让祖国之歌发出战斗的信号，这样狂热的八天之有利于祖国可胜过战斗八年！"这个主张一时大为成功。市府继各区之后也采纳了它。8月5日，市府要求立即通过动员所有从十六岁到二十五岁的公民的法令。两天之后，结盟军继起活动；可是罗伯斯庇尔有鉴于在邻近汪德郡各郡因征调农民之骚扰而引起的坏结果，出而说明全国动员之无用："我们所缺少的并不是士兵，而是将领和他们的爱国心。"结盟军坚持这个主张。8月12日，他们的发言人罗瓦叶在国民大会说："现在必须树立一个伟大的例子给全世界看看，给联盟国暴君们一个可怕的教训。号召人民吧，让人民整个儿起来吧，只有他们才能消灭这样多的敌人！"这一次，丹敦及罗伯斯庇尔也支持这个措施。丹敦说，在征兵时要有相辅的经济动员。他要求结盟军回到各村去清查军械、粮食及军需品数目，与征兵同时进行。罗伯斯庇尔提议他们还可推荐积极、有力而可靠的爱国分子来代替各行政机关的嫌疑分子。因为公安委员会未急于使议会通过他们所要求的法令，于是8月16日结盟军再度到达议会，且有四十八区代表与之同来。委员会屈服了，8月23日国民大会通过了这个经卡诺合作而由巴累起草的著名法令。"从现在起到一切敌人被逐出共和国领土时为止，全法国人民始终处于征发状态，以便为军事服务。青年人则去打仗，已婚男子则制造武器及运送粮食，妇女则制造帐篷、衣服及在医院中服务，老年人则出现公共广场去鼓励战士们的勇气、宣传痛恨国王们和共和国之统一。国有房屋改为兵营，公共场所改为武器制造所，地下室的泥土则用洗擦来提制硝石，等等。"凡属十八岁到二十五岁的未婚青年或无儿女的鳏夫都是第一批应征调的。他们应立即集合于各县县城，在书明"法国人民起来对抗暴君"字样的旗帜下编成队伍[①]。

在战时，将全国力量，如人口、粮食、商品等均置于政府控制之下，在近代史中这是第一次。如巴累所云，共和国只是个被围攻的大城，是个庞大的营地。

此类事变特别扩大了公安委员会的作用。它已不能局限于原有的监视工作。它现在在统治着，甚至超出各部部长之上而处理行政，各部部长们变成了它的属员；事实既是如此，它自己也觉得须乞助于其所缺少的专家来增强其力量。自从加斯巴朗辞职以后，委员会中即无军事专门人才。当全国动员令在原则上通过以后，它急于把当时出使北路军的军事工程专家卡诺召回，请他加入专负军事方面的责任，同时也请卡诺的朋友而也是工程师的普里欧·得·拉·科多尔专管军用品制造事宜。卡诺及普里欧·得·拉·科多尔于 8 月 14 日被任为委员会委员。

丹敦希望在法律上使公安委员会变为临时政府，以符实际情况。他于 8 月 1 日提出这个提案，并主张以五千万秘密用费交委员会处置。但是，罗伯斯庇尔指出，摧毁各部部长的活动并不足以增加行政效能，反而有害！结果徒使政府涣散。次日，艾罗·得·塞舍尔说明丹敦的提案是无用而危险的。"倘使用增大我们权力的方法使我们处理行政细节，实际上是摧毁我们。"委员会仅接受五千万秘密用费，但仅限于有权支配，其款仍由国库掌管[②]。委员会对丹敦虽很客气，但显然已疑心他另

---

① 8 月 23 日通过的大征兵令是由于人民之压力而通过的，足以表现出所谓 1793 年精神是什么。此法令更规定可以征用民间马匹及枪支，公安委员会须负责进行军用品及武器之制造，派遣议会特使至全国各地执行此令，他们具有无限权力，但须与公安委员会协商办理。

② 议会欲直接管理国库，故国库始终离公安委员会而独立。五千万秘密用费通过后，委员会仅有自由支配之权，但仅能使其工作进行更为顺利。它可用此款津贴报纸及各俱乐部，组织情报工作，并能随时应用于一切临时发生的事务。

有作用。在这 1793 年 8 月之可怕的危机时，最使委员会感觉困难的不就是丹敦的朋友或有时是丹敦本人吗？

委员会只有靠市府及雅各宾党的支持才能破坏温和派的诡计。它在日益接近最热烈的革命分子。它是否能始终控制他们呢？在它获得巩固以前仍有好些障碍要去克服。

第四章　艾贝尔派的压迫和恐怖的开始

　　艾贝尔是最主张战争到底、直到完全胜利时为止的；拥护他的有陆军部之各司、有布硕特派往各军去监视将领的专员，还有议会特使，还有各国的政治亡命者，他们怕早熟的和平要使他们仍受旧统治者的宰制。艾贝尔认为和平政策无异同时是恢复王政的政策。主张将法国边界推进到莱茵河的克洛茨以其全力来赞助他，于是《巴达维报》就是《父杜舍内报》论调的应声虫。

　　与巴累在公安委员会同负外交责任的艾罗·得·塞舍尔①也与他的朋友克洛茨的主张相同。8月18日，他派遣密使卡杜斯到木尔豪赠去，企图使这个与瑞士联邦联盟的工业小共和国与法国合并②。他特别注意萨伏依，他曾在那里负责办理与法国合并后的事务③，并且从那里带回一位情人，棕色头发的阿德尔·得·柏尔加德。现在萨伏依又被平德蒙特军侵入。8月25日，艾罗提议派杜马与西蒙二人充议会特使，到那里去驱逐敌人，并向当地居民保证法国之可靠。可是国民大会中的温和

─────────────

　　① 9月23日令规定公安委员会每人专管一部分工作，不过这种分工制并不是很严密的。史家喜将委员会人员分成两类，一为埋头工作者，卡诺等属之；一为注目一般政治问题者，罗伯斯庇尔等属之。

　　② 木尔豪赠本为帝国之自由城市，邻近瑞士，为瑞士联邦的盟邦。

　　③ 1792年11月29日，艾罗·得·塞舍尔被派往萨伏依办理合并及划分行政区域工作，继又受命视察阿尔卑斯方面军，次年5月底始返巴黎。

派，所有赞成丹敦与暴君们妥协企图的人，都不赞成这个提案。出使北路军而刚被召回的杜安亦以萨伏依人之热情未必可靠而反对这个提案。哥绪安支持杜安。西蒙本是萨伏依人，他说他的国人已组成了六营义勇军，并且打得很好，可是仍不能使此案通过。塔利安说，萨伏依人自愿与法国合并，我们将其抛弃即为玷辱法国；这也无用。议会仍不为所动。必待普里欧·得·拉·马恩及巴累出来说话，国民大会才同意救援蒙布兰郡[①]。

经过这次辩论之后，艾贝尔派深信国民大会中有个强固的和平派，即戴假面具的王党。他们认为由于这一派的势力，才使屈斯丁的审讯延迟，才使以马因斯降敌的卢伯尔及默兰·得·迪昂威尔未受处分，才使罗西弱尔在汪德郡受到迫害并且一度被步尔敦·得·洛瓦茨及古匹约·得·封特内将其撤职，才使若干议会特使阻挠布硕特所派的专员之活动。

纵然罗伯斯庇尔曾为罗西弱尔辩护，曾称赞行政会议派往各军的专员的功绩（8月23日），但是艾贝尔派现在相信他们的力量足以对其政敌取攻势。这位父杜舍内现在不限于攻击丹敦及其朋友，他称他们为"列席山岳党的叛徒"。他主张恢复各部部长的权力，使各部部长及其派出人员不受制于议会、议会特使及各委员会。他在他的刊物之第二七五期上说："山岳党呀！当各委员会僭取了一切权力时，我们便永远没有政府，或者只有可恨的政府。国王们之所以能在世间造出这许多罪恶，就因为没有什么东西能反抗他们的意志，正如现在没有什么东西能反抗你们委员会的意志一般。……假使各部部长只是些听命于国民大会洒扫夫的小厮，我们便永远没有自由，我们的宪法也只是个幻影。"艾贝尔敢于要求立即实行宪法中关于选举部长的那一部分。他心上忘不了他在8月20日所遭受的失败，那天国民大会任命了丹敦的旧书记泊雷为内政部

---

① 萨伏依经合并后，改名蒙布兰郡。

长①。一旦人民能选举部长，他就可以报复了。罗伯斯庇尔费了最大努力才阻止雅各宾党附和艾贝尔，才使他们不与他一起要求用人民投票法来改组行政会议。

艾贝尔派继续斗争。他们指摘：贵族们仍然供职、有些地方迫害爱国者如南锡之摩热事件、治安委员会保护贵族、它之不急于将吉伦特党及马利·安朵瓦勒特付审讯；他们又指出巴黎剧院中充满王党气氛，在喝彩声中演出反动的戏剧，如《巴墨拉》——在这剧中，观众可听到贵族与英国政府的颂辞——和《阿德尔·得·萨西》——在这剧中，观众可看见一个王后和她的儿子被松懈地禁在狱中，后来竟被救出而恢复了他们的权利与尊荣。这两出可疑的戏被委员会禁止了。

由于天旱而使磨坊停工之故，8月底又有粮食恐慌。人民的愤怒正在增大。艾贝尔不仅攻击垄断粮食者，而且有专文攻击整个商人阶级，这种文章足使与之对立的愤激派自愧不如。他说："祖国，啐……，商人是没有祖国的。当他们觉得革命于他们有用时，他们便拥护革命，他们便帮助无套裤党推翻贵族及各法院；只是为了要取贵族之地位而代之。既然现在已无所谓能动公民了，既然不幸的无套裤党可与富有的榨取者享同样权利，于是这班家伙便翻过脸来，千方百计要来推翻共和国。他们囤积了一切的粮食，以期高价出售，或陷我们于饥饿。……"（见《父杜舍内报》第二七九期）。

加以不好的消息接连从外省传来。王党及温和派鼓动破坏全国总动员令：8月底森内·埃·马恩郡屡有聚众事件，累内发生了骚扰，圣波尔于8月27日发生了叛乱，亚贝威尔于8月27日有营救嫌疑犯之乱，卢昂有阴谋，8月28日第五团龙骑兵在拉昂兵变，8月30日在上加朗及亚里厄治两郡均有乱兵及逃兵结集，等等。

---

①　加拉辞内长后，艾贝尔欲竞选继任而失败；当选之泊雷既属丹敦一派，故艾贝尔攻击丹敦更烈。

艾贝尔派不仅责难国民大会及政府而已。他们在准备着一个新的暴动。他们以为他们夺取政权的时机到了。

8月28日，艾贝尔在雅各宾俱乐部提议向国民大会请愿，要求清洗高级将领，排除贵族及采用保全公安的措施。他要联络四十八区及巴黎各俱乐部来参加这次请愿。他的言论深受喝彩欢迎。结盟军布瓦亦以恐吓之辞攻击国民大会。他虽被停止发言，但博得旁听者之喝彩。结盟军旧发言人罗瓦叶亦赞成这个在原则上已决定的请愿。

次日，刚出使北路军归来的俾约·发楞举发法马尔阵地失陷后的混乱情形①。他向国民大会批评政府的懈怠。他提议再产生一个委员会，责司监督法律之执行及处决罪犯。俾约·发楞所给公安委员会的这一打击，罗伯斯庇尔虽起而招架，可是无用。罗伯斯庇尔说明这个提出的委员会会与公安委员会强烈对抗，它会使公安委员会不能动作，它会成为一个纷乱与斗争之源。"怕的是这个委员会并不能尽责监督，只徒然报复个人的嫌隙，因而变成一个真的检举委员会。我感觉到有一个恶意的组织，其目的在麻痹公安委员会而貌为助其工作，我之有此感觉并不自今日始！"议会不为所动，甚至有怨言。三日前罗伯斯庇尔在雅各宾俱乐部曾为丹敦辩护，现在丹敦起而援助他。"公安委员会业已压在行政会议上面。假如你们再产生一个委员会，它又会压在公安委员会上面，恐怕你们要产生的不是个新的动力，而只是一个新的异端裁判所。"话虽这样说，丹敦竟脱不了他的老法门，终于提出一个妥协办法。他主张顶好在公安委员会中加增三名委员。他的动议送交委员会。委员会并不急于提出他所要增加的三委员的名单，因其不免要有俾约·发楞在内。它尚无所表示。

可是艾贝尔派正得势于雅各宾俱乐部，丹敦为着要收服其已失的人

---

① 法军春季失利后，北路军退守法马尔。5月初虽有向联军进攻行动，但未得手。5月23日联军有包围法军之势，迫法军退出法马尔，康兑及伐仑西恩相继于7月间失陷。

望起而与他们相互应和。8 月 30 日他在俱乐部中说，假使必要的话，国民大会要和人民一起再来第三次的革命，"以便完成这个人民赖以获得幸福的变革，这个因魔鬼们叛变而至今未能完成的变革"。继而罗瓦叶追述马拉的例子。为什么我们不听他的劝告呢？"现在说话的人仍是没有人听他。难道说要死后才对吗？就让我们实行恐怖吧！它是使人民惊醒及迫着他们自救的唯一方法！"罗瓦叶当被推重新起草（这是第四次了）艾贝尔所提议的请愿书。

罗伯斯庇尔尽了最大努力来阻止这个暴动。可是当时的事变却有利于艾贝尔派。9 月 2 日，有位从南部回来的行政会议所派的专员苏勒，带来了英军于 8 月 26 日占领土伦的消息。俾约·发楞马上踏上讲台，责难公安委员会之保守这个消息的秘密。当晚，艾贝尔派使雅各宾俱乐部承认革命共和妇女俱乐部为支部，不管这个俱乐部主席拉刚布和特昂非尔·勒克雷克已有联系。艾贝尔派更使雅各宾俱乐部议决次日晨 9 时集合，以便会同各区及各民众会社前往国民大会。

罗伯斯庇尔还有两天的时间。9 月 3、4 两日，雅各宾党并未到国民大会来。可是在 4 日，英军入土伦的消息正式宣布了。当天早晨，艾贝尔派的队伍已在活动。锁匠及建筑工人群集于丹普尔街及圣达瓦街到市府去要求增加工资。他们的发言人责问巴什："巴黎究竟有粮食没有？假如有，就拿出来，假如没有，告诉我们什么原因。人民起来了，曾经手造革命的无套裤党，仍要以其力量、时间与生命来献给你们！"硕默特为着要缓和示威者或卸却自己的责任起见，立即跑到国民大会去。他带回了一道法令，上面说，国民大会将于一星期内规定必需商品与货物的价格，换言之，即全面限价。可是并不发生效力，越来越多的群众嚷着："我们所要的不是诺言，是面包，而且马上要。"于是硕默特跳上桌子说："我么，我也穷，所以我知道穷人的苦况！现在是富人进攻穷人的公开斗争，他们要消灭我们，好吧！我们必得先发制人，我们必得亲自去摧毁他们，我们有力量在手中！"硕默特要市府要求国民大会立即组织一支革命军，"以便到业经征发麦子的各乡去监督征发，保卫运输，防止自私的富人之阴谋，把他们交给法律去报复"。艾贝尔劝工人们明日停止工作，与人民会合到议会去："让我们去包围它，如8月10日、9月2日及5月31日时一般，非等到议会采取足以救济我们的方法时，绝不离开。革命军一经议会通过即须马上出发，而且，每一大队或小队所到之处，断头机即随之到达！"当晚各区的集会大多数散得很迟，其中有一区，无套裤党的一区，宣布了暴动以反抗富人。

要使在准备中的8月10日及5月31日事变能够成功，须能把握住雅各宾党，一如在那几天大事变之前夕的情形一般。罗伯斯庇尔虽得有累诺旦的支持，要雅各宾俱乐部当心这个徒然使贵族快意的暴动，可是无效。他攻击这是一个"使巴黎饥饿而流血的阴谋"，也是无效。他代公安委员会答应尽力供给人民需要品及压抑囤积者，也是无效。他劝人民镇静的话竟没有人听了。罗瓦叶说委员会中就藏有不良分子。巴累"在革命中即采取摇摆的路线"。罗伯斯庇尔替巴累辩护，说他虽然懦弱，但很积极而有用，也是无效。罗瓦叶继续攻击，并谓雅各宾党的畏蒽是可耻的："一星期以来你们做了些什么？什么也没有。以往在拯救自由的紧急时期你们曾有所表现，再这样表现出来吧！改变你们的策略吧，我求你们立即动作，不要再白费口舌了！"他得到狂热的掌声。罗伯斯庇尔沉默了。要阻止这个运动已不可能。次日，即9月5日，巴什及硕默特领导着很长的行列，从市政厅向国民大会出发。示威者旗帜上面写着："向暴君宣战！""向贵族们宣战！""向囤积者宣战！"

在等着他们到来的国民大会，已根据默兰·得·图埃的报告，未经讨论即通过一个法令，分革命法庭为四组，同时进行工作①。巴什代表市政府及各区说明人民已忍不住饥饿，饥荒的原因是由于有产者的自私

---

① 3月9日成立的革命法庭，至此有扩充之必要，9月5日通过之法令，规定裁判官增至十六人，陪审官增至六十人，总检察官下有检事官五人，分四组进行工作。

及囤积者的诡计。硕默特宣读请愿书。请愿书上要求组织 6 月 2 日已通过的但因恶棍的阴谋与畏葸而未执行的革命军。断头机应跟着这个军队走。议会主席罗伯斯庇尔答复硕默特说，人民可以信赖国民大会。仿佛议会在受威胁，他的结论说："让好公民团结在它的周围吧！"

俾约·发楞的要求较之请愿者更进一步。他主张逮捕嫌疑分子。他再度提出要组设监视法律执行的委员会。"革命之所以延长，就因为所采取的办法只做到一半。"圣丹德累为了争取时间，提议将这些要求交委员会考虑，可是无效。俾约·发楞粗暴地打断他说："还要拿考虑来自娱吗，真是奇怪。我们所要的是行动！"巴稽尔企图支援委员会，他说，须当心各区的鼓动者，他们可能是贵族派来捣乱的工具，如在里昂、马赛及土伦一般，但也无效。喃喃怨言将他的话打断了。急于要恢复人望的丹敦，冲上了讲台。他说，必须利用人民的至高冲动，人民的意志是受全国启示的；必须马上通过组织革命军的法令，不必再等报告①。为着要破坏巴稽尔所顾虑的贵族之诡计，他提议各区会议减至每周两次，凡出席会议的无套裤党，每人每次须有四十镑的补助金②。他又提议拨一亿巨款为制造武器之用，并须促使革命法庭加紧活动。所有这些提案都通过了。

始终不放手的俾约·发楞又回到逮捕嫌疑分子的问题，他使议会通过：责司监察的革命委员会人员此后须有薪给。他又使议会通过控前任部长克拉威埃及勒布朗于革命法庭。在结束这次长时间而多争吵的集会之时，议会推举了俾约·发楞为主席，继任任期已满的罗伯斯庇尔。

次日，退让的公安委员会要求国民大会给它增加三名新委员：俾

---

① 议会虽于 6 月 2 日通过组织革命军案（参看第 2 卷第 2 编第 10 章），并未执行，故请愿民众有立即组织革命军之要求。9 月 5 日经议会通过后，巴黎革命军由步兵六千、骑兵一千二百人组成。

② 各区集会规定在每星期日及星期四，出席会议者既有补助金，故贫民亦可出席而不受损失。

约·发楞、科洛·得霸及格拉内。加斯顿责难公安委员会未能尽力调度围攻里昂。丹敦责难委员会过于爱惜金钱："在这大轮子上装一个摇手吧，这才可使这套政治机器发生大运动。要办到这一步，须采用激于爱国心的大方法，否则你们会有亏你们所受委托的职守。"热情的加斯顿提议，具有革命头脑的丹敦也应加入委员会。国民大会通过了。但是接受这新任命的只有俾约·发楞及科洛·得霸二人。丹敦及格拉内都拒绝了。丹敦之拒绝意在向攻击他的人表示其大公无私，他的拒绝是一重大事件，因为丹敦在当时的地位，据饶勒斯所见，"有如今日之可能入阁而又拒绝当权的有力人物。纵然非他所愿，他也会变成反对派的中心。即令他表示支持公安委员会，他的帮助也要引起人家的不信任"。不过丹敦之拒绝可能另有动机。当9月5日通过那些重要法令时，他在议场中所起的作用，其重要并不亚于俾约·发楞。公安委员会既向国民大会提出俾约·发楞的名字，为什么不提出他的名字呢？丹敦一定认为委员会不希望他的帮助。

因科洛·得霸及俾约·发楞之加人，于是艾贝尔派的主张从此在政府中表达出来。这并不是没有利益的。委员会从此能接触哥德利埃俱乐部及受其影响的各小俱乐部。从此它比较地可以不怕群众狂潮之威胁与淹没，反可进而防御它及引导它。

艾贝尔派纲领的第一项即为战争到底，由此而产生他们的其他主张。丹敦派去与格棱维尔秘密交涉的英人马修斯，9月6日从伦敦回来时即被逮捕。官报记者而受巴累保护的杜舍尔在《导报》上发动了向和平派的进攻。9月24日，公安委员会决定仅保留在美国及瑞士两自由民族国家的正式大使，在其他各国中只派遣密使。为着表示决然与敌国断绝一切往来、甚至非正式的往来起见，委员会决定"对法兰西共和国无积极性质"的外国代办或公使，概不接待。

既经采纳艾贝尔派战争到底的纲领，委员会就不得不采取用以实现此主张的方法。在以往，恐怖政策并未认真实行。偶尔虽有嫌疑犯被捕，几乎马上就释放。此后恐怖政策才是确然不变的。默兰·得·图埃为之草拟了嫌疑犯律，9月17日经议会通过。

以前并未明文规定何谓嫌疑犯。这个法律补救了这个缺点。"有下列情形者均视为嫌疑犯：一、行为、关系、言论及著作表现拥护暴君政治、联邦主义及敌视自由者；二、未能遵照3月21日法令之规定来说明其生活状况及其已履行公民义务者；三、未能领得爱国证者；四、经国民大会或其特使……停职或撤职而尚未能复职的官史；五、前为贵族，无论其为夫妻、父母、子女、兄弟、姊妹或亡命者之代理人，而未能始终表现拥护革命者；六、自1789年7月1日至1792年3月30日法令①公布时，其间出走的亡命者，包括该法律规定限期以内或以前返国者在内。"这样有伸缩性的条文，不但对于真的嫌疑犯是个可怕的威胁，并且威胁到一切使政府感觉困难的人，甚至只是冷淡而畏葸的人，因其包括了并无其他过犯而只是未能履行选举职责的公民在内。它也包括公务人员在内，因为渎职及失职者被撤职后就要受监禁。

各革命委员会从此有工作可做了②。但是，从上面指挥它们行动的治安委员会已不见信于雅各宾党，雅各宾党责其纵容军需承办人、求人情的漂亮妇女、贵族及外国银行家。9月13日经过一场热烈辩论之后，国民大会通过将治安委员会改组，而且此后由公安委员会提出治安委员的名单③。其他委员会亦须在同样情形下由公安委员会主持改组。这是一个决定性的措施。从此公安委员会取得超越的地位，有权管理及监视

---

　　① 3月30日法令恐系规定处理亡命贵族的财产的4月8日法律之误。

　　② 9月17日法令更规定依照3月21日法令成立之监视委员会（即革命委员会），应各就其本区嫌疑人物拟具其名单，并得签发逮捕状及封存被捕人之文件。

　　③ 治安委员会人物屡有变动，委员数目亦时有增减。9月13日公安委员会取得提出其他委员会人选权后，次日即提出治安委员会名单而经议会采纳，计十二人，其人选为伐迪厄、巴匿、勒巴、步舍尔、大威、居富瓦、拉威康特里、亚马尔、吕尔、勒邦、服兰及培勒。10月13日再加四人：杜巴朗、拉洛瓦、查格及路易。此后勒邦、步舍尔、拉洛瓦、巴匿、居富瓦五人先后脱离，而加入厄利·拉科斯特，直到罗伯斯庇尔派失败时为止，人员无更动。

昔日与它平行的其他委员会。现在它有了实权,因其可以根据己意组成其他委员会,并得指导之、监视之。

故此艾贝尔派压迫的结果,不仅在于实施恐怖政策、以嫌疑犯法来常川厉行监视与压迫、通过无套裤党所要求的限价、组织革命军向农人征取粮食,而且予革命政府以一个有力的推动。

以往遭到国民大会一部分人的猜忌、嫉妒及或隐或显的反对之公安委员会,现在看见它的权力已大为巩固了。9月11日,巴累使各部部长再有权派遣专员到各郡各军去。此外,9月13日又通过一令,责令各俱乐部向公安委员会举发不忠于职守及态度可疑的人员,"尤其是承办军中物品及粮食人员,务使此辈不致再篡夺本应属于忠实共和党的报偿与职位"。因此,各俱乐部变成了政府的工具。我们可以说,委员会的专政开始了,但是,倘使认为这个专政的行使就无新阻力,则为绝大错误。温和的反对派虽被艾贝尔派所击退,但并没有被征服。

第五章　昂德斯科特及滑迪尼两役

倘使在军事上没有几次迅速的胜利，纵有罗伯斯庇尔的口才为之辩护，大公安委员会亦不足以抵御焦土主义的左派及战败主义的右派之可怕的攻击。

委员会人数本不多，初为九人，后加至十二人，可是遇着一切紧急关头，为明了情况起见，它仍能毅然将其同僚派往战地。伐仑西恩失陷之次日①，它派遣了圣丹德累及普里欧·得·拉·马恩会同治安委员会的勒巴，速赴东北前线视察，与各将领商讨紧急应付之方。8月8日及9日，他们与摩则尔河及莱茵河方面军将领会商于毕设，立即从而抽调一万一千人往援北路军。继而又增援两万人。另从内地驻军抽调军队来填补他们。这批议会特使接着又前往北路军，沿途改组沙勒维尔的兵工厂，视察佩朗要塞，发现这个要塞的情况很恶劣。他们于8月23日回到巴黎，向公安委员会说明必须改变战略、使军队富于机动性、须有迅速而密集的军事进攻、撤换高级军官及严密监视军需承包人。这些文人们最初计划出来的步骤由卡诺来将其实行。

假使没有这次大革命，则8月14日加入委员会的卡诺及普里欧·得·拉·科多尔二人，始终只是学者及著名工程师而已。因1783年

---

① 伐仑西恩之失陷是在7月26日。

发表其名著《机器论》而著名的卡诺，不喜欢多费话而只在静默中工作。立法议会时他曾被派往前线各处视察，因而他深知官佐与士兵。这位勤于治事、具有异常决心而善于集中思虑的人物，继管圣鞠斯特在其未到以前即已创设的军事局。他扩大军事局，委用专家，对于专家们的思想他不很苛求，但求他们能努力服务，如专管地图及地形的克拉克，专管炮兵的蒙塔兰贝及专门研究要塞攻守的勒·米硕·达桑。卡诺亲自与各将领通信。作战计划及任命事项则取决于委员会。文人如圣鞠斯特、圣丹德累、普里欧·得·拉·马恩及罗伯斯庇尔等，都听取及讨论专家卡诺所提出的办法，经透彻了解后则予以赞同。卡诺绝对信任布硕特，布硕特也值得他如此信任。据绪格说：布硕特"具有行政人员的伟大性格，不懈的活动力，且能一贯而合理地执行"。他也不缺少创造性。他是第一个用驿运运送军队的人，第一个将电报应用于军事通信的人。他又诚实，减少浪费，其所选用的人通常结果良好。在这个共同的工作中，孰应归功于布硕特，孰应归功于卡诺，颇难判断；但是卡诺的功绩在于能为布硕特辩护，以应付不断发生的激烈攻击。

至于普里欧·得·拉·科多尔所负的责任，自始即为管理整个有关物质的部分，管理战争用品之制造，如枪、炮、刀剑及其他军需品，更管理医院与运送等事。

这时候是什么也没有：主要原料品、工厂、工程师、管理员及工人都缺乏。由于路易十六末年的几位大臣之故意玩忽，各兵工厂都是空无所有。7月15日时，已有军队四十七万九千人。还要征募五十万人。他们所需要的枪械与装备却还没有。这些东西甚至不够供给前线队伍的需要。英国舰队封锁了法国海岸。以往可从外国购买的东西，现在都得仰给于本国。在以前，硝石来自印度，铜来自西班牙、英国及俄国，钢则来自瑞典、德意志及英国。幸而公安委员会的人物爱好科学，不但因其可以立即服务和有用，而且因其本身具有壮与美。卡诺及普里欧·得·拉·科多尔马上求教于学者。他们乞助于当时第一流的化学家及工程师，如蒙日、柏多雷、富枯瓦、沙普塔尔、佩里埃、哈孙佛拉茨及汪德尔蒙等。他们不但征询他们的意见，并且委以使命与责任，与他们的工作密切联系。汪德尔蒙受命主持刀剑之制造。新 2（雾）月 27 日 [①]，哈孙佛拉茨被任命为军械制造专员。受罗伯斯庇尔保护的沙普塔尔则参加关于火药与硝石之管理。拉瓦节的学生富枯瓦发现了从钟之青铜中提铜的方法。钟于是变成了法国的铜矿。蒙日写了一本简单明晰的《大炮制造法》，成为法国冶金家的参考资料。公安委员会将佩迪茂敦宫及其附近园林拨归学者使用，作为实验之地。他们在该地极秘密地实验爆炸火药、炮弹、燃烧弹，沙普所发明的电气信号机及最初的军用氢气球等。蒙日在巴黎建立了一个大规模的枪炮制造厂，其他各郡亦设有制造厂。

可是，要实行这临时决定的惊人之举，须有几个月的工夫。各制造厂之开始有出品是 1793 年年终的事。巴黎制造厂第一批造出的六杆枪陈献于国民大会是在 11 月 3 日。在这过渡时期中，必须加紧先把敌人征服，才可恢复军队及将领之业已动摇的士气。

委员会认为，假若军队不能完全受共和主义的激励，则无胜利之可能。它不但努力在把爱国的报纸散布给兵士，而且要把正规军中一切旧制度时的遗迹消灭。它下令限正规军至迟在 8 月 15 日以前放弃其旧有的

---

①　10 月 5 日国民大会议决采用革命历，以代当时通行欧洲的历法。10 月 24 日法布尔·得格兰丁提出关于革命历内容的报告，议会根据此报告订定新历。11 月 24 日又根据罗姆的报告正式采用新历。革命历是反宗教的，抹杀旧历法之宗教意义，是反王政的，故以推翻王政之日——1792 年 9 月 22 日——纪元，称共和国元年。是日恰逢秋分，从此分每年为 12 个月，月各 30 日，以示平等。月各有其按季节而特定的名称，其次序为葡月、雾月、霜月、雪月、雨月、风月、种月、花月、牧月、收月、热月、果月。为使读者易于记忆起见，本书按其次序译成"新 × 月"，如葡月为"新 1 月"，而不采意译。革命历更废除星期制，将每月分为三个十日来复依次称"第 × 来复日"，第十来复日即代旧星期制之日曜日。年终多五日均为节日，闰年多一个节日。当时公文既采用革命历，史家为存真起见，亦仍用之，通常不注明其相当于普通历之某日。为便于读者检阅起见，本书将共和国 2 年（1793 年 9 月 22 日至 1794 年 9 月 21 日）革命历与普通历对照列表附于卷末，以便查对。革命历通行到拿破仑称帝以后，1806 年 1 月 1 日始废止。

白色制服而采用义勇军的蓝色制服。大部分由青年士兵组成的新军缺乏团聚力。他们有时会惊惶失措。对于不能持久不能冷静的军队，须以密集大队的进攻策来补救。将领们接到了进攻的命令。

拉摩利尔被撤职后，继他而统率北路军的爱尔兰人契尔曼缺少信心。他于8月7日放弃恺撒营而退到亚拉斯，于是通巴黎之路大开。一时人心惶惶。巴什的女婿克扎维尔·奥堵盎在雅各宾俱乐部承认，敌人假如愿意，四天之内即可直抵巴黎。奥国的骑兵已有一部分出现于恩英郡及索姆郡，并且直抵诺伊昂。腓森及麦西·阿根脱催促科堡用他的全部骑兵直逼巴黎，以便救出于8月1日移禁刚西尔日里狱的王后①。可是科堡已不能调动全部联盟军。约克公爵服从庇特的命令，谋取敦克尔克以为在大陆上的桥头堡，于8月10日率领三万七千英军、汉诺威军及荷兰军向海边进发。这种由于自私而发生的约克与科堡两军之分隔才使共和国得到安全。

公安委员会将契尔曼撤职而代以乌沙尔，他是个满身带伤出身行伍的老兵，一般认为他是可靠的，因为他出身平民，而其升迁全得力于革命。卡诺举荐他，鼓励他，指示他。8月17日，当他知道英军向敦克尔克进发时，他命令柔尔丹去追击。次日，柔尔丹想在林塞尔截断英军，但未成功。约克过去了，于8月21日忽然渡过了伊则尔河，在奥斯特卡佩尔夺取法军大炮十一尊，并令敦克尔克于8月23日投降。驻柏尔格司令卡里昂业已下令开放水闸，使这个要塞前面的田野为水所淹。要塞不能完全被包围。它得有柔尔丹带来的援军，且有苏安及奥什诸将领英勇保卫。8月25日，乌沙尔奉有命令，须利用科堡正远在围攻克诺瓦及约克围攻敦克尔克的时机进攻扼守利斯河的荷兰军，以切断他们的交通。他却没有绝对服从这个命令。本该集中军力的，他却将其分散，8月28

---

① 路易十六判处死刑以后，王后仍被禁于丹普尔狱。8月1日议会决定审讯她，始移禁于刚西尔日里狱——解往革命法庭受审者，照例先移禁于此。王后之生命至此已危在旦夕，故腓森及麦西救她之心更切。

日当他夺取图尔匡以后，他本应向伊普累与聂坡尔进军以截断英军向比利时的退路，而他却取最近的一条路——取道于卡塞尔——去救敦克尔克。因而他与布置在大淤积地附近以保护约克不受南来攻击的佛累塔格所统率的警戒军接触。9 月 6 日，在奥斯特卡佩尔及累克斯波埃德两地小有接触后，佛累塔格于 9 月 6 日至 7 日晚上退到昂德斯科特。双方争夺这个村落，失而复得地混战了两天。9 月 8 日早晨 10 点钟时，乌沙尔认为战争已失败了。倘非议会特使德尔布累尔坚持，他会下令退兵。进攻又开始。议会特使德尔布累尔及勒发叟·得·拉·萨特亦在各将领旁边统率部队进攻。勒发叟骑的马中弹倒地。下午 1 时许，佛累塔格向舒尔内退却。乌沙尔本应加紧追击的。他手中有一师并未参加此役的生力军，即艾笃微尔师。他失却了消灭正在无秩序中退却的赫斯军及汉诺威军的机会。他未夺取舒尔内，也没有截断围攻敦克尔克的英军之退路。约克急速地沿海岸路线撤退，遗下了一部分重炮。

这次胜利是不完全的，但这是共和国军队很久以来所得到的第一次胜利。这次胜利足以洗刷亚尔敦合芬、内尔樊敦、累美及法马尔诸役战败的回忆。无套裤党恢复了他们的傲岸及其对于革命的信心。

不幸乌沙尔继续犯错误。他不能及时赶到援救克诺瓦，该地于 9 月 12 日失陷。德尔布累尔用他自己的权力运送了粮食与援军才救住了布陕及坎布累。气馁的乌沙尔，本该集中军力进攻仍与约克公爵隔绝的科堡，却反而退至亚拉斯，将其军队调至加夫累尔营地。这便是不服从他所接到的进攻命令。议会特使将他向巴黎告发，9 月 20 日公安委员会将他撤职。检查他的文件，发现有敌军将领信件，系关于交换俘虏及其他不重要事务的。这些信件的语气既很客气，足以据而控其勾通敌人及叛逆。可怜的乌沙尔被解送革命法庭①。

公安委员会并不限于撤换北路军的高级将领而已。在几天之内，它

---

　① 乌沙尔于 9 月 24 日被捕，26 日经革命法庭以通敌罪判处死刑。

撤换了莱茵军及摩则尔军的将领：莱茵军的兰德尔蒙被撤职，因其于9月21日来信谓保守威森堡各线殊不容易，倘各线有失则斯特拉斯堡难于支持三天；摩则尔军的沙恩堡被撤职，因其于9月14日在皮尔马孙斯吃了败仗，被敌人掳去大炮二十尊，士兵二千人[1]。这样一再撤职处分，将三支主力军的重要将领完全更换，引起了议会中对委员会的严厉攻击，继续两日——9月24日及25日——之久。杜里奥因不赞成乌沙尔之撤职，业于9月20日辞职。包围他的，有一群被召回的议会特使，如杜安、布里茨、步尔敦·得·洛瓦茨、古匹约·得·封特内、杜罗瓦及因9月14日改组而退出治安委员会的旧委员。反对派几乎要胜利了。国民大会通过其中的布里茨加入公安委员会。可是巴累、俾约·发楞、圣丹德累及普里欧·得·拉·马恩善于辩护，继而是罗伯斯庇尔踏上讲坛。他采取超出国民大会而向全国说话的态度。他说明委员会担负工作之繁重："要指挥十一个大军，要负担对付整个欧洲的重负，要到处去发现叛逆，要破获受外国金钱雇用的奸细，要监视及处分不尽职的行政机关，要到处去克服阻挠明智措施之执行的障碍与困难，要打击一切暴君，要震慑所有的阴谋家。"继而他采取攻势说："现在在攻击我们的人，也有人将他们向委员会告发。今日之原告，接着就要变成被告。"他毫不怜惜地揭穿他们说："第一个（即指杜安）便是属于屈斯丁及拉摩利尔一党的，他曾在一个重要的要塞（指利尔）迫害爱国者，最近还敢主张放弃已与共和国合并的土地（指萨伏依）。……第二个（指布里茨）曾身负保卫一地（指伐仑西恩）的重任，却以之落入奥人手中，从当地带回的羞辱还不曾洗净。无疑地，假使这班人能够证明组成公安委员会的人均非好公民，自由便会完了，因为无疑地，有教养的舆论此后所当信任而愿付以政权的，不会再是他们。"

罗伯斯庇尔这一篇辛辣的临时答辩词对攻击者这样予以轻视，竟把

---

[1] 兰德尔蒙及沙恩堡均系9月24日被撤职。

他们打败了。被压倒的布里茨因而拒绝参加公安委员会。国民大会一致通过信任委员会，并赞同它的一切行动。

这场议会大舌战的影响是很重要的。现在已决定：素来是与国民大会直接通信的议会特使此后须隶属公安委员会；9 月 14 日法令已使公安委员会有推选其他委员会人员之权，此后更能撤回议会特使而不怕人攻击。反对派至少暂时是销声匿迹了。在这场大辩论中保持缄默的是丹敦，他于 10 月 10 日借口身体不好请假赴亚西·绪·奥布养病去了。

温和派阻挠革命措施的最后障碍已没有了。9 月 5 日在原则上通过的革命军现在开始组织。追究吉伦特党领袖案业经再三延迟，现在要开始进行了。10 月 3 日，亚马尔宣读控诉报告。最重要的一着是 9 月 4 日在原则上通过的限定物价，卒因 9 月 29 日的大法律而将其施行[①]。经济的恐怖要与政治的恐怖同时并行。

9 月 25 日议会辩论胜利的影响亦及于军事方面。委员会现在可以全权使各高级将领无套裤党化。它能利用已获得的自由接连任命三位行伍出身的青年将领去统率三个主要的大军，这三位将领都是从下级擢升的，都能表现其不负委员会之所望：9 月 24 日柔尔丹受命统率北路军，9 月 28 日庇什格律受命统率莱茵方面军，10 月 22 日奥什受命统率摩则尔方面军。这类选拔较之起用乌沙尔更为胆大。乌沙尔原为职业的老军人，旧制度时曾参加七年战争以后的各役。这批新将领却都是年轻而未经军事学校出身的，全得力于自学，在 1789 年时都不过是下级军官而已，柔尔丹生于 1762 年，庇什格律生于 1761 年，奥什生于 1768 年。委员会的胆大可得到补偿。这些青年将领的一切都是由于革命，所以要与革命共存亡。他们要舍命去征服。他们的年龄正是热情强烈的时期，只知向前而无反顾。假如没有他们，卡诺的进攻策略是无法实行的。他们的前进并不拘于学校的理论，他们一切都是从实践与实验得来。由于他们的勇

---

① 参看次章。

敢及临机应变，他们才能战胜联盟军拘守成规的老将领。新的战争就需要这批新人物，民族战争就需要这么彻头彻尾献身于民族的将领。

在昂德斯科特不完全的胜利之后，不久接着又有滑迪尼的胜利，这是柔尔丹与卡诺之作。

科堡取得克诺瓦之后，又是照例犹疑，不知决定向那道进兵。为着重新调集在松布尔及斯刻尔特两河间的军队，他失掉了两个星期的时光，卡诺幸能利用这个时间才得布置其保护佩朗及居伊茨的兵力。最后到9月28日，科堡始决定以其所调集的汉诺威军及荷兰军向摩贝治进攻。他容易地打败了德乍旦师团，次日在鄂蒙渡过了松布尔河，断绝摩贝治与亚焚间之交通，包围摩贝治；正在摩贝治的议会特使安茨、德鲁埃及巴尔则以驻军二万二千固守。

业已到达柔尔丹军中的卡诺，以令人称慕的速度于10月6日至10日间集中了四万五千人于居伊茨。来自塞丹者四千人，于三日中行六十五英里；来自亚拉斯者八千人，亦于相等时间走了相等的距离。10月11日已集中完毕。炮兵司令官麦朗虞因未能如期运到军火而受撤职处分。柔尔丹及卡诺马上向摩贝治出发。他们于10月15日下令进攻，以两翼突出攻击而以中路炮轰敌人。第一天帝国军队还打得好。当晚，卡诺从左翼调七千人增加右翼，次日黎明，即以增援后的右翼进攻滑迪尼村。他本人与柔尔丹身先士卒，督率进攻。滑迪尼忽得忽失，最后到了法军手中。16日晚，科堡已损失二千二百人，下令退兵。摩贝治救住了。当地司令长官商塞尔因在此战争时并未突围被撤职。

这次胜利当然不是具有决定性的。科堡并未被追逐。他能从舒尔内调来英军应援，得以平安地屯驻在松布尔河左岸以屏蔽布鲁塞尔。可是滑迪尼之役，是自春季失利以来无套裤党正式接战中的第二次胜利。摩贝治则为第二个得以保全的要塞。无套裤党自信力增加了，已有事实表现的卡诺，其信任亦经牢固。事实已证明公安委员会大胆政策之不误。再没有人责难它撤换老将而选用无经验的新进之足以瓦解军队了。

除滑迪尼之胜利以外，委员会还从叛徒手中夺回了里昂。它急于要以全力攻下里昂，因它急需调用这支围攻军队到土伦去。杜霸·克蓝塞炮轰里昂之迟缓使委员会深感不耐。杜霸·克蓝塞是个贵族。委员会疑心他叛逆。10月6日，委员会把他及其同僚戈迪埃召回，因为他们在最后来信中宣称他们的兵力不能阻止普累西的突围；根据副司令杉朵茨以前的报告，则云乱党倘欲突围，除用氢气球一法外绝无可能。召回令发出的三天之后，10月9日，共和军进了已克复的里昂城。可是普累西竟带着千多人逃走了。委员会深信这个业经杜霸·克蓝塞预言的逃走，更足证明杜霸·克蓝塞之与叛党勾结。

好的消息接连传到巴黎来。10月17日，滑迪尼胜利之次日，汪德郡叛徒在硕勒吃了一大败仗，在圣佛洛蓝退过了洛瓦河[①]。平德蒙特军已于9月底被逐出摩里恩及阿夫河流域，西班牙军亦不得不退出卢西养及巴斯克区。

现在委员会得以反顾一下，来检查其两月来所完成的工作。10月23日，它向各军发出一道布告，其中已表现胜利的口气："暴君的怯懦佣兵在你们面前逃走了。……他们已放弃了敦克尔克及他们的大炮，他们只好急忙借松布尔河来挡住你们的胜利队伍，以免全军毁灭。联邦党也被击败于里昂。共和国军队已进了波尔多而予他们以最后的打击。平德蒙特军及西班牙军均被逐出我们的国土之外。共和国的保卫者刚又摧毁了汪德郡的叛徒。"

的确，并非所有的困难均已克服。还有许多可怕的黑暗之处。土伦

---

① 直到9月底止，汪德党之乱仍在扩大。10月1日，巴累在议会报告汪德党乱事之严重，必须于冬季以前将其平息。所以未能及早平息之故，因为将领太多及议会特使太多，事权不统一。他提出调整各军的法令，经议会采纳。此法令经执行后，始有10月17日带决定性的硕勒一役，将剩下的四万汪德党叛军逐过洛瓦河以北。

还在抵抗。服姆塞尔仍在威胁阿尔萨斯①。渡到洛瓦河以北而乞助于英国的汪德郡乱党尚未消灭。据在松布尔河及斯刻尔特河上的科堡仍屹然未动。

可是，不管怎么，在 1793 年 10 月底，委员会认为此后确有把握是有理由的。在 9 月 25 日那次议会大辩论中，它已要求到拯救祖国的专政权。祖国仍在危难中，可是已在得救的过程中。病夫的精神已恢复了。

① 马因斯降敌后，普军围攻兰多，奥军进占下阿尔萨斯；但普、奥因波兰问题之争执，坐失加紧进攻之时机。直到 10 月 13 日，服姆塞尔所部始决定进攻，压迫威森堡线，逼近斯特拉斯堡。

第六章　革命政府的建立

　　自9月20日杜里奥辞职以后，公安委员会因其最后一个丹敦派之退出，于是其组成分子更加单纯了。自10月3日亚马尔控劾吉伦特党的报告宣读以后，国民大会即减少了一百三十六名议员（解送革命法庭者四十一名，在逃而被宣布为法外人者十九名，签名抗议6月2日事变之七十六名则已明令逮捕，因罗伯斯庇尔之反对而未处死）[①]。委员会自产生以来即不断遭此辈反对派之攻击；经这么严厉的清洗之后，立即削弱了反对派势力。委员会权力巩固以后，才能派遣其半数委员去执行各种使命（普里欧·得·拉·马恩及圣丹德累被派往布勒斯特及洛连改组舰队，库通派往里昂，圣鞠斯特派往斯特拉斯堡，罗伯·林德出使诺曼底归来以后，科洛·得霸又被派往里昂）。委员会在巴黎的权力虽已增加，它仍须努力将其权力推广及于全国。

　　所谓革命政府之建立就是要使各非常策略的执行总隶于委员会的指挥之下，其产生是经过两个时期而且是由于两类原因：1793年9月与10

---

　　① 7月8日圣鞠斯特代表公安委员会报告处置吉伦特党的方案（参看本卷第1章），本来是很温和的。此后继续逮捕吉伦特党，因为他们煽动内乱及马拉被刺之故。7月28日，议会根据巴累之报告，宣布吉伦特党为法外人者十八名，解往革命法庭者十一名。10月3日亚马尔报告之结果，解往革命法庭者增至四十一名，并提议逮捕签名抗议6月2日事变之七十六名，当时更有人主张将此七十六名亦解往革命法庭；唯因罗伯斯庇尔之反对，仅将他们逮捕而未解往革命法庭，故他们卒能逃过恐怖时代，新十一月事变后，重返议会。

月为初期，由于着重政治方面的原因；1793 年 11 月与 12 月为第二期，由于偏重在经济方面的原因。初期的主要目的在于督促地方政府之行动及扑灭联邦派的最后势力，以便实行总动员法令。后期之主要目的在能实行 9 月 29 日通过的全面限价律，10 月中旬此律才开始施行。

山岳党宪法暂时停止施行，被装在一个柏木柜中，置于议会主席台前，直到战争结束时为止 [①]。1791 年旧宪法之未经新法律修改的部分，仍然有效。这本是一个反中央集权的宪法，甚不适用于战时情况。依此宪法，全国各地行政及司法机关全由选举制产生。甚至各革命权力机关，例如责司监视嫌疑犯的委员会，最初亦用此同样方法产生。当内乱外患紧迫之时，用选举制产生的机关是不可靠的。事实上，甚至在选举制被取消以后，在恐怖高潮时，各革命委员会中尚不免有戴假面具的贵族混入。

国民大会为应付危机起见，增加派遣权力几乎是无限的议会特使。这班特使们的权势有如黎塞留时代的巡按使，必然要摧毁各地的顽强权力。他们不能同时出现在各地，为进行第一批征兵之故，他们便借助于 8 月 10 日的结盟军，叫他们代表执行一部分权力。

例如，出使养恩郡的摩尔，9 月 17 日下令授权给他的代表人拟出应征兵役壮丁的名单、调查存谷并将其征发、调查所存军械并将其解存县城、调查嫌疑分子之行动。权力既已异常扩大，因而使民选的正常机关降为但备咨询而已。

再如派往舍尔郡执行征兵令的拉普兰什。他的行动较摩尔更进一步。由于 9 月 27 日的手令，他不但使其代表人有必需的权力去征集壮丁、军械及粮食，并使他们有权搜查住宅，解除恶棍及可疑人物之武装，并收用他们家中所藏的"剩余粮食"分给平民；又使他们有权逮捕嫌疑犯，以革命手段向他们征收捐款，以此所得来救济不幸者。除派遣代表人到

---

① 关于 1793 年宪法之暂缓施行，参看本卷第 3 章。所谓革命政府是一种临时政权，因应付当前危急局面而产生的；通常所谓"恐怖时期"即指这一时期。

各乡以外，他更派有代表人到各县，权力更大。他们有权将"懦弱、疏忽及溺职之文武官吏撤职"，不经选举而可临时任命代理人。拉普兰什所派的人，着实地运用了他所赋予他们的权力。他们甚至将已宣誓的教士罢免，更换官吏，向富人征税，——在威尔宗征得二十四万九千锂，在杉塞尔征得三十一万三千锂；他们将此类税款赈济贫民，尤其是军人家属，津贴医院及民众会社。这批代表人中有一位拉布夫里则没收教堂中的圣器。他还不敢禁止人民信仰宗教，但已宣传反对天主教，封闭教区教堂，在10月初即宣传只有自由与平等之信仰就够了。

其他议会特使的行动，急进者则有类拉普兰什，审慎者则有类摩尔。

富舍也是相信唯有靠为无套裤党服务的有效阶级政策才可挽救革命的人。在尼埃夫尔郡的每一县城，他设立一个监视及慈善委员会，有权按穷人数目的比例来向富人征税（9月19日命令）。9月26日，他在穆兰下令面包店只许制作一种面包，平等面包，规定一致的价格为每磅三镈，向富人征税来补偿面包商所受的损失。当时面包的市价是每磅十镈。废止了贫困以后，他就禁止行乞与懒惰："凡行乞及闲散者均须拘禁。"（新2月24日令）不服从征发令的农人在公共场所示众，标明："人民饥荒制造者，国家的叛逆！"倘遇再犯，则拘禁到和平时为止，除为其本人及家属所最必需的以外，其余财产一律没收（10月2日令）。富舍又令强制将现金与指券兑换。他恐吓那些关门停工的工场主，说是要由官家接管经营，用费仍由场主负担。他在10月13日的信上说："在这里，谁也觉得富有是可耻。"一如曾充主教助理之拉普兰什一般，这位曾为祈祷会修士的富舍亦以执行反教会制政策著称。他征发圣器解送巴黎。他颁布著名的命令将坟山世俗化，规定在坟山门口树立一块自然主义的标帜，上书："死是永久的睡眠。"10月5日法令通过革命历以后，他即规定第十来复日举行世俗仪式以代弥撒。他组有一小队革命军来执行他的命令。

杜布失之在森内·埃·马恩郡，勒·卡蓬迪埃之在曼什郡，波朵之在上加朗郡，达依费之在洛郡，卢·法稽雅克之在沙兰特郡，勒吉尼奥及勒涅洛之在下沙兰特郡，安德累·杜蒙之在索姆郡，多少是模仿拉普兰什及富舍的。但是其他的议会特使则有如摩尔，只注目于全国动员令的行政事务，甚至厌恶其同僚们的改革。至若议会特使足迹所不到的各郡，有关投机、征发及嫌疑犯等革命法令之执行，不得不委之于以前用选举制产生的机关之手。其结果，行政上发生了惊人的差异。有些地方则为由无套裤党所支持的恐怖与俱乐部统治。另有些地方则一切毫无改变：富人不受麻烦，拘禁下狱之事也没有，公务人员没有更动，教士不感受丝毫惊扰。

公安委员会试图指挥及调整议会特使的行动，但非始终有效。特使们远离巴黎工作。由于交通之迟缓，他们等不及中央的训令。他们很少以其所遭遇的困难向中央报告。他们好歹各依所见立即就地处理。

起初，委员会称赞拉普兰什及富舍的阶级政策。它称赞富舍之向富人征税："这是为公共安全的方法，亦即保证各人安全的方法，这才能消灭人民因困苦到不能忍受而应有的愤怒。"（8月29日）罗伯·林德也和他那些留在巴黎的同僚所见相同，8月29日，他从卡恩写信给他们说，倘不事先使富人受制于理性，则武装穷人是颇为危险的。

委员会也赞成特使们之拘禁及撤换官吏（见其9月7日致勒·卡蓬迪埃函，9月8日致卡里厄函）。但是对于某些特使之反教士的或反基督教的政策，委员会早已感觉不安。新2月6日，它写给安德累·杜蒙的信上说："我们觉得在你最近的措施中，对于天主教信仰之打击过于激烈。……我们必须小心，勿使虚伪的反革命派有所借口，他们只想寻找足以证实其毁谤的口实来挑拨内乱。我们不要使他们有机会说：有人在破坏信仰自由，有人在打倒宗教。"10月5日采用革命历的法令已使罗伯斯庇尔感觉不安，他曾在他的手册中写着："革命历法的法令须无限期地延缓执行"，这句话表示他想反对此法令之执行，免其为反基督教的口实。倘使伤害了无套裤党的信仰，又怎能推动有利于他们的阶级政策呢？

委员会虽称赞议会特使之有力行动，立即发现了其中的危险。摩尔对他所派遣的代表人——8 月 10 日的结盟军——及革命委员会所犯的武断行动，业经他制止，因此他得到委员会的称赞（新 2 月 14 日）。委员会要出使诺尔郡的洛朗解散其所组织的革命军，“反革命战略一旦夺得此恐怖武力，即能产生一种足以威胁自由的郡军制度。只要澄清国民卫军好了，它有同样的功用而不会有同样的威胁”（新 3 月 2 日）。两天后，它又令摩尔在离开养恩郡以前解散其革命军。

当全国动员事业已结束、委员会召回派出主持此事件的议会特使时，委员会考虑周详，曾于命令中规定议会特使的代表人之权力亦须立即停止（新 2 月 13 日）。新 2 月 19 日的法令责成委员会须听取此类代表人行使其权力之报告。

议会特使既经召回，其代表人亦经撤销，于是以前由选举制产生的地方机关又单独负起执行此类法律之责。委员会不得不考虑调整各不同机关间的关系，即由选举制产生的机关及由革命专政权力产生的机关间之协调。它要划分它们各别的权力，使之全隶属中央，易言之，即以有规律而固定的中央集权制来代替因临时需要而产生之纷乱而不定的集权制。当时经济情势更要求这样做。

9 月 29 日的全面限价法，对于 7 月 27 日禁止投机法中所列的物品①一律规定其最高价格。除谷物、面粉、草料、烟、盐及肥皂价格须全国一致外，其他最必需的商品及日用品则由各县规定价格，其标准系按当地 1790 年售价增加三分之一，即 1790 年售三锂之物品，1793 年之价格为四锂。如有违禁者，买卖双方连同受罚，罚款为违法出卖价格之二倍，用以奖赏告发人。被罚者姓名并须登记在嫌疑犯名册中。规定最高物价而不同时规定最高工资是不合逻辑的。这个法律规定的最高工资系

---

① 关于 7 月 27 日法令，参看本卷第 2 章。此法令所指定之主要必需品，包括面包、肉、酒、面粉、蔬菜、水果、牛肉、醋、煤、油、柴、肥皂、蜜、糖、盐、纸、羊毛织物、皮、铁、钢、铜、布等项。

较 1790 年工价加一半，即 1790 年每日能得二十镣者，现在能得三十镣。规定工价权操于市乡政府，规定物价权则操于县府。不依官价工作的工人得由市乡政府征用，并处以三日拘禁。

这样一种强迫业主赔本而无补偿地出卖其以前可以三倍或四倍价格出售的物品之法律，执行时自不免困难，委员会对于这一点是考虑到的。以前只限定谷物价格的 5 月 4 日法令曾经立即产生市场空虚之结果[①]。粮食供应倘仍然依靠用选举制产生的而暗中反对革命立法的地方机关，又怎么能够供给城市及军队的粮食呢？要推行全面限价法，非加强限制不可，换言之，非实行恐怖不可，同时要坚决趋向于更严密、更有组织、更专政的中央集权制。

最高物价表在巴黎公布的两日之前，即 10 月 10 日，圣鞠斯特在其辛辣而沉着的演词中，用锋利的语调向议会提出共和国的新组织计划，这是一种临时宪法，他认为必须如此始可克服他所预见之可怕的障碍。"法律是革命的，执行此类法律的人则否。……须以民意来压服王政少数派，用征服权来统治他们，然后才能建立共和国。你们对于新秩序的敌人用不着姑息，自由应该不惜任何牺牲去征服。你们不但要惩罚叛徒，而且要惩罚漠视者；在这共和国里凡是被动的人以及不曾为它尽力的人，你们都该去惩罚。……司法所不能驾驭之徒，只有用铁去对付，必定要压服暴君们！"圣鞠斯特极力描绘当时文武官吏之可怕情形及经济的和道德的情况，来证实其非此不可的恐怖政策纲领。他说，病院主管人即以面粉供给汪德郡叛徒，责司执行制止投机法的人自己即从事投机，国产购买者以贬值纸币用低价缴付地价，指券贬值及生活高涨使富人更富。"爱国主义变成了嘴上买卖，谁也只想牺牲别人而丝毫不肯牺牲自己的利益。"他预见到全面限价法会引起新的投机。他认为只有一个途径：

[①] 关于 5 月 4 日限定谷物价格法令，参看第 2 卷第 2 篇第 9 章。该法令并未彻底在全国各地施行，但在业经施行之处，每使市场空虚；因为出产谷物区域不愿贱价将其出卖。巴黎的粮食来源减少，故巴黎更感粮荒。

使政府具有其所缺少的动力。必须使责任与执行同时并重："凡有弊端即须临之以剑。"我们要依靠贫民阶级及小兵，要减轻他们的痛苦。"士兵之不幸较其他的人之不幸更为严重，因为，假使政府抛弃了他们，使他们失去了要保卫之目标，他们又何必去打仗呢？"派往军中的议会特使应该像是士兵的父亲与朋友一样，应和士兵一起住在帐篷里，和他们共同生活。为使委员会的命令能够执行起见，我们不但须如以往之将行政会议置于委员会的直接控制之下，各将领及一切机关亦须受委员会的控制。我们要宣布，政府是革命的，直到和平时为止；换言之，即决然将6月所通过的宪法搁置，使专政制取得法律上的根据，暂时将选举的原则屈从于权力的原则之下。委员会应能监督，换言之，即能取消选举制所产生的机关。为能迅速执行革命法律起见，委员会不但应如以往之与各郡政府直接通信，且须与各县通信，县要变成此新机构的基本单位。

为着保证能实现限价起见，重新调查全共和国所存谷物，从而可靠地行使征发权。全国划分为若干粮食供应区，巴黎应就其周围地区备一年之粮。遇有反抗则令中央革命军去镇服，派遣革命军屯驻于不服从的市乡政府，其用费即取给于当地的殷富。圣鞠斯特并预料要创设特殊法庭，类似火炬裁判所①，务使军需承包人及自1789年以来与公家物资有关人犯把他们所得的吐出来。

他所提出的这一切措施均未经辩论而通过了。他对于限价后果所表示的疑惧马上即经证实。在巴黎及全国各城市中，最高物价表一经宣布，贪得的群众蜂拥而来，立使各商店空虚。无物可售的商人开始关闭店门。在巴黎，硕默特以没为官有的办法来威胁他们，在其推动之下的巴黎市府，要求国民大会"注意于原料品及工场，对自动歇业之囤积者及工场主应予惩处，并征用其原料与工场；甚或收归国家经营，国家并

---

① 火炬裁判所为旧制度时代之一种特设法庭，用以审讯特殊案件。通常在夜间开庭，倘在白昼，亦燃火炬。1535年法王佛兰斯瓦第一始用此法庭审讯违反正教之异端，路易十四时用以审讯富格之贪污案，为此类法庭之最有名者。

不缺少经营的劳力"。没收以后即为集体生产制，国家可利用这一切农业工业的生产。但是，国民大会及委员会不愿如此急进，不想以社会革命来保证他们所勉强同意的限价令之执行。

巴黎市府最为急进。它应用征发权及发行面包、肉、糖及肥皂等购买券，换言之，即用计口配销制来统制现存货物的分配。饮料掺假之事已逐渐加多，亦经其设立验查酒类专员来禁止。它授权检查囤积的专员按户搜查，甚至搜查私人住宅。市府又应用警务措施来维持限价令，犯者须受嫌疑犯律的打击。大部分的城市模仿巴黎，甚或超过之。

现在，按户分配现存商品的办法纵属可行，可是欲再补充供应则日见困难，因为商人无利可图，不愿进货。为着恢复商品之流通，使生产不致停滞及不致造成缺乏起见，非在集权途径中更进一步不可。10月22日，公安委员会创立一个三人委员会，称粮食委员会，具有最广泛的权力。由于应用征发权，它可依照限价收买一切物品。它再将此类物品分配各县。关于农业工业之生产、运输、制造、矿山、炭、森林、输入及输出，它有全权处理。它可调用军队。确定物价权不再操于地方机关之手，改由此委员会依照新2月11日巴累所提出的原则来修正最高物价。规定物价须根据来源："（一）原料储藏栈，（二）工场，（三）批发商，（四）零售商"，并按运输距离远近予以津贴。为着顾全制造家及批发或零售商之利润而制定一个渐增的、全国一致的最高物价表，粮食委员会中特设一股，称最高物价股，专司调查工作。这个工作须经过数月之久，新物价表须待1794年春始能制定。目前仍须采用救急的方法，即征发及计口分配。

出使卡尔发多斯而被召回的罗伯·林德，于11月2日起开始主持此粮食委员会。他告诉我们，他反对派革命军去征发。只须将其屯驻伊尔·得·佛兰斯各城市已足。革命军既不活动，随之而动的特设革命法庭亦始终未成立。

委员会不愿使用武力去执行征发及限价法，而宁肯采取加强集中行政权的办法。新 2 月 28 日，俾约·发楞重提圣鞠斯特对于下级机关恶意的批评，他说，此类机关未能执行利民的法令，如救济义勇军家属令及有关粮食供给令。他提议：迫令一切机关每十日将其行动报告一次，发行特种公报来公布法律①，一切公务员须负财务上及刑律上的责任。最后，议会特使及公安委员会有权不用选举方法去撤换溺职及可疑的官吏。新 3（霜）月 9 日，他更提议禁止议会特使有派遣代表人之权，庶使委员会及各县之间无居间人员；各郡武力全须解散，各郡监视委员会亦须取消，因其含有联邦主义的意味。他的提案经过更加强的修正于新 3 月 14 日正式通过。新 3 月 3 日，丹敦曾指出法律之执行不应委之于民选官吏："我要求每郡须设一中央检察官，为打倒门阀及豪富势力起见，此类代表全国人民之监察人员须由公安委员会任命，不能如目前之从当地人物中选出，必须是可以代表共和国的人物。"经过相当犹豫以后，委员会决定设置此种国家专员，由政府任命而不由选举产生，这已预示拿破仑时代的郡长制②。费友及默兰·得·迪昂威尔仍要为选举原则辩护，库通答复他说："在此时，我们不但要避免选用危险的公务员，即可疑分子亦须避免。"

这个新 3 月 14 日法令，经过几度修改以后，变成了共和国在战时的临时宪法，使全国行政权集中巴黎，恰如 1789 年以前的情形一般。原来由选举制产生的地方机关虽仍能存在，但须受制于公安委员会所任命的国家专员，他们有权征发及举发官吏。各级官吏深知如果小有溺职，即有被撤换及列入嫌疑犯名册、甚至被拘禁的危险。继任人的产生，不再采用总动员时之应用选举法，经议会特使及国家专员与当地俱乐部会商

---

① 此公报称《法律公报》，详载政府新颁之法令，各地方机关须于收到此公报二十四小时内执行其中所载之法令。新 3 月 14 日法令规定发行此公报，但迟至七个月后（新 9 月 22 日）始创刊。

② 新 3 月 14 日法案规定国家专员由议会派遣，驻在各县市，代表中央权力，以代原有由选举制产生之检察官。议会特使经召回后，亦由此类国家专员代行其职权。故国家专员为中央集权制之重要工具，其重要有类于旧制度时代之巡按使及拿破仑时代之郡长。

后即可提出人选。新 2 月 5 日法令取消市乡政府由选举制产生之规定。实际上，所谓主权在民的选举权仅集中在俱乐部，换言之，即限于握有政权的一党。各俱乐部之本身亦经清洗[①]。革命政府变成了一党专政，仅有利于一个阶级，即消费者、工匠、小业主及穷人阶级，领导此政权者则为命运已与革命相联的资产阶级，尤其是此阶级中因军用品制造而发财的人。

一党或一阶级之专政通常多是由强力产生的，这在战时是必须的。革命政府注定非同时采用恐怖政策不可。

[①] 雅各宾俱乐部之组织不如今日政党之严密，所谓"清洗"并不限于俱乐部而已，而尤着重在地方行政机关。关于地方行政机关人员之审核仍决之于当地之雅各宾俱乐部，经俱乐部否决之人员，即予以免职甚至监禁之处分。俱乐部内部对于言论及行为可疑之会员，则予以除名。

第七章　革命的司法

　　在一个对外战争再加上内乱的国家中，政府竟不采用简便而神速的司法制度以消灭通敌、阴谋及叛乱者，几乎是没有的事。

　　制宪议会曾创设最高法院，由各郡选举人会选出，责司审判危害国家安全的罪犯。这个新法庭对立法议会所解交的罪犯，或则开释，或则避免审讯，因而不能满足革命派的期望。8月10日暴动以后，胜利的巴黎市府要求组设特殊刑事法庭，类似军事法庭，其裁判官及陪审员由首都各区选出。这个8月17日成立的法庭，判决过几个死刑，但卒因减刑而被开释。它不能阻止9月的屠杀。这个法庭是因山岳党推动而产生的，因而吉伦特党对它不满，1792年11月29日竟将它取消，而最高法院早已于9月25日取消。于是革命便没有政治的法庭。被控阴谋危害国家的罪犯，如王室经费所收买的圣佛瓦及丢夫楞·圣勒昂，与亡命者柏特朗·得·摩勒威尔通消息的罗盎·罗什福尔夫人，参与拉法夷脱叛变之旧斯特拉斯堡市长底特里希以及其他许多犯人，均须解往普通刑事法庭，而此类法庭通常都是予以开释。吉伦特党掌握政权时，胜利的法军正占领比利时。他们相信宽大一点亦不致危害革命。

　　可是到了3月初，亚尔敦合芬之战败、列日之失守及汪德郡之叛乱等消息，接连而来。伦威失陷之前一日，正是急于征集壮丁的时候。3月8日，巴黎各区要求"立即设置不得上诉的法庭，以制止叛徒及现统治敌人的胆大活动"。业经国民大会派定前往各郡征集三十万大军的特使们，声言未经明文规定设立革命法庭以前即不出发。议会夜以继日地在纷纷讨论①。最后决定设立特殊刑事法庭，其裁判官及陪审员由国民大会任命而不由人民产生。"此法庭审理一切反革命企图，一切危害自由、平等、共和国之统一与不可分性及有关国家内外安全的罪行，一切旨在重建王政或建立他种危害自由、平等及人民主权的阴谋，不论被控之为文武官吏或为普通公民。"它的判决不得上诉或推翻。死刑犯之财产，除为其在生亲属留下生活必需部分外概由国家没收。当时既急于要成立这个新法庭进行工作，故决定先从巴黎及附近各郡产生临时裁判官与陪审员，3 月 13 日经议会任命。

被迫同意设立这个法庭的吉伦特党不久在竞选责司将被告解送这个政治法庭的六人委员会时得到了报复。六人之中，吉伦特党占五人，山岳党唯普里欧·得·拉·马恩一人，他们不将犯人解送。于是此法庭形同虚设。

4 月 2 日，杜木里厄叛变的消息传来了。这个法庭的裁判官及陪审员立即向议会陈诉他们之陷于无所动作。"深知这些阴谋家的人民要惩罚他们！"经亚尔毕特动议，议会将六人委员会取消。三天之后，沙利埃提议：检察官有权将一切阴谋犯直接解送革命法庭，无须议会预为决定。丹敦亦说明此类罪犯为数太多，国民大会绝无充分时间来查阅其案卷，用不着浪费宝贵时间来讨论控诉此辈的控诉案。他还说："倘使暴君政治胜利，你们即可看见马上会有特种裁判所设立于各郡②，来处决一切爱国志士，甚且并无热烈爱国表现的人亦所不免。"事实上，1815 年时即有这种法庭在活动③。可是，丹敦仍使议会决定：未经国民大会事

---

① 参看第二卷第二编第八章。

② 英译注：旧制度时代时，"钦命法官"的职责之一即为充任特种裁判所之主席；其名称即表示其代表国王权力，故亦被视为暴政之象征。

③ 1815 年恢复王政时，设有特种裁判所施行反革命的白色恐怖，1817 年始取消。

先议决，将领、部长及议员不得解送此法庭。虽有巴巴卢抗议，谓不应将司法独裁权交检察官一人之手，可是，这一切提案都通过了。

次日，4月6日，这个法庭第一次开庭。它在审判一名返国的亡命者，是在堡·拉·莱茵发现的，搜出两张护照及一个白帽徽。这个亡命者被处死刑。裁判官及陪审员当时都曾落泪。这些执法人不是残酷的。他们在忍心完成其职责时，确乎相信是在挽救革命及法国。

吉伦特党很欠考虑地控马拉于这个法庭，控其煽动抢劫、屠杀及解散国民大会。审讯马拉的结果，使他于4月24日得到胜利开释。这个法庭曾接连开释若干将领：4月23日开释了阿兰彪尔，他被控将王党文告传递给奴布里萨克市府；继业已处死刑的布朗希兰[①]而为圣多明各总督的厄斯巴贝，因其曾拘禁过爱国党及挑拨贵族叛乱；5月间所开释的有与比利时失利有关的米兰达、斯坦格尔及拉努。被判处死刑的将领只有二人：米阿克清斯基及勒斯居耶，均为杜木里厄的从犯，案情重大。法庭审讯时能保持沉静及遵守应有之程序。辩护人及被告均能自由发言。

虽有联邦党的暴动，仍不足以使这个法庭加紧工作。它在审讯布勒塔尼阴谋案时[②]，从6月4日一直拖延到18日，虽将拉罗阿里的从犯判决十二名死刑，但也开释了十三名。十二名死刑者高呼"国王万岁！"在断头台上互相拥抱。富有哲学头脑的警官杜达尔在报告这次行刑事件时写道："我要告诉你们，在政治上这次行刑产生了最大的影响，其最可注意者即遭遇着不幸的人民之愤怒因此而平息了。这一着算是替他们报了仇。丧失了丈夫的寡妇，丧失了儿子的父亲，无商可经营的商人，工资贬得无可再贬而仍须以重价维持生活的工人，看到他们所认为敌人的命运较之他们能更为不幸，也许可以少自宽解。"

法庭主席蒙达内想要营救沙洛特·科兑。向陪审员提出的第三个问

---

① 布朗希兰是王党，4月18日以反革命罪处死。

② 参看第二卷第二编第四章。

题的措辞本来是这样的："她之所以出此是由于预谋及犯罪的与反革命的意向吗？"蒙达内在记录上将"预谋"及"反革命"字样删去，希望把这罪犯看成疯狂行动或普通杀人罪。在此以前，在审判谋杀议员勒昂纳·步尔敦——他出使奥尔良时曾受人危害及殴辱——的罪犯时，蒙达内在送往付印的判决记录上涂去下列一语："被判决犯之财产应由共和国没收"，因而他们的财产均未没收，据普里欧·得·拉·马恩云，其中很有几个百万富翁[①]。蒙达内两次擅改记录马上即经发觉。倘非孚基尔·坦维尔特意将其忘却在牢狱中[②]，则早已上了断头台。

屈斯丁案之审讯几乎占了8月的整个下半月。这位胡子将军——辩护，答复各个人证，并要求传讯当时在服务的几个将领作证，唯法庭拒绝传来对质。法庭中空气显然是有利于他的。陪审员有点拿不定主意。雅各宾党激动起来了。8月25日罗伯斯庇尔在俱乐部说："为推动革命而特设的法庭不能因其罪恶性的迟缓而使革命退缩；它应当与罪犯一样地活动，它该要赶得上犯罪的速度。"两天以后，屈斯丁被判决死刑；8月28日受刑，态度颇为镇定。他之罪在于不服从布硕特之命令，出语不慎及军事调度错误。他是马因斯及伐仑西恩失陷之赎罪的牺牲品。

9月5日事件曾使艾贝尔派的主张胜利。革命法庭史上开了一个新时代，根据默兰·得·图埃的报告而将其人员增加，分为四组，有两组同时进行工作。从此由公安委员会会同治安委员会提出新裁判官及陪审员名单。

这批新人物大部分是属于资产阶级及自由职业的。其中有曾为牧师的勒非茨或罗瓦叶，有画师及雕刻师如沙特勒、托比诺·勒布朗、杉巴、普里欧、吉拉尔，有银行家如厄关，有医生及外科医生如苏伯毕厄、柏

---

① 刺勒昂纳·步尔敦犯之判决在7月12日，科兑之判决在7月17日。

② 自革命法庭组成之日——1793年3月13日——起，孚基尔·坦维尔即为其重要人员，始充检事官，共和国2年新9月23日改充检察官，新十一月事变以前的重要案件如吉伦特党、艾贝尔派、丹敦派及罗伯斯庇尔派之审判，均经他之手。

居、马丁，有工商业人士如杜普雷、比养，有金银珠宝商如克利普西斯、吉拉尔、刚巴恩，有缝工如奥布里、格里蒙、普累斯兰，有锁匠如底稷厄，有鞋匠如塞微尔，有印刷商如尼科拉，有帽商如巴伦，有杂货商如洛依厄，有酿醋商如格拉微厄等。严格说来，其中没有无套裤党，除非我们把雇来印指券的职员如克勒曼斯算为无套裤党。其中还有两位正式的侯爵安托内尔及勒罗瓦·得·蒙佛拉贝——他已改名为底佐（意即8月10日）。他们几乎都受过相当的教育。

这个镇压工具既已完成而调整了，其成绩当即增大。反革命派不但用叛乱、阴谋、叛变及间谍等方法攻击现统治，而且用更可怕的方法，如造成饥荒和在粮食及供用品上舞弊等。9月29日，即通过全面限价令之日，国民大会议决凡舞弊之军需承包人应视同阴谋犯，受革命法庭审判。这个可怕的法令之通过，是由于应征青年士兵之怨言，他们向议会办公厅呈验一双用木料及硬纸做底的鞋。合同管理委员会大事清查。承包人之因舞弊、非法高价、违犯限价法及投机而解送法庭者，为数甚多。

10月间开始审判重要的政治案。始则有10月14日至16日之王后审讯，继而为吉伦特党之审讯，自10月20日至30日达一星期之久。

被称为奥国女人的王后之判决是早已注定了的。她死时颇为勇敢，广大的群众当时高呼："共和国万岁！"①

二十一名吉伦特党人要辩护。其中不坚定者仅霸洛一人，他说他已觉悟、后悔，要做个真正的山岳党人，可是仍救不了他的性命。其余的人则坚持不屈。微尼奥、布里索、戎索内长篇大论来回答同时是他们的敌人的证人。雅各宾党不耐烦了。他们要求国民大会制定一个法律，使法庭不受制于"足以淹没良心而难于断定的手续"，此法律须使"陪审员易于宣布其对案情业经明了"。对于奥塞兰所提出这个条文，罗伯斯

---

① 依革命之进展而论，王后之死罪是早经注定了的。10月14日，她在革命法庭受审，态度颇为镇静。次日，孚基尔提出其罪状，艾贝尔作证，由法庭判决死刑，于16日执行。

庇尔党得过于暧昧，他说："我提议，规定经三日辩论之后，法庭主席得询问陪审员对案情是否已完全明了。倘他们的答案是反面，仍须继续审讯，直到他们宣称可以宣判时为止。"这样通过的法律立即送往正在进行审讯的革命法庭。陪审员经会商后，始则宣称对全部案情尚未充分明了。当时辩论已到了第六天。当晚，陪审员宣言他们已全部明了，一致决定将二十一名吉伦特党处死，吉伦特党对此判决报以呼号及詈骂。伐拉则当退庭时以刀自杀。法庭下令须将他的尸首车载送往刑场。往观吉伦特党受刑的大批群众高呼："打倒叛逆！"①

加速裁判的法律必然会增加判决的数目。从8月6日至10月1日，判决死刑二十九名，流刑九名，开释二十四名，此外尚有一百三十案未予受理。此后三个月中，即至1794年1月1日止，三百九十五名被告中开释者一百九十四名，流刑、监禁或罚充苦役者共二十四名，死刑有一百七十七名：其中在10月判决者五十一名，11月判决者五十八名，12月判决者六十八名。

政治犯案一个接一个。曾经那样赞助革命的腓力普·平等被认为吉伦特党及杜木里厄的从犯而判处死刑，因其长子，即日后之路易·腓力普，已随这位叛变的将军走出。山岳党之要将他处死，目的在洗脱其奥尔良派的罪名，即其政敌常用以攻击他们的罪名。其次为罗兰夫人案，她之死刑是由于她的丈夫在逃以及她与巴巴卢及杜普利有通信关系②。她丈夫得到她的死讯后自杀，其原因也许不全由于悲伤，而是由于想防止其财产之充公，因为他有一个女儿。还有曾充巴黎市长的贝野，因马

---

① 吉伦特党哥尔萨业于10月7日处死。10月24日受革命法庭审讯之二十一名吉伦特党为：布里索、微尼奥、戎索内、德俾累、卡拉、加的盎、伐拉则、杜普利、西耶里、福失、杜科、霸耶·封夫累德、拉索斯、波维、杜沙特尔、敏维厄、拉卡最、勒阿底、霸洛、安迪布尔及威热。27日，雅各宾俱乐部对法庭表示不满。29日，议会通过加速宣判法令。30日夜，法庭宣布全部判处死刑，次日正午执行。

② 罗兰夫人之死刑是在11月8日。死之前一日始结束其在狱中所写之《回忆录》。其夫罗兰逃往卢昂，得她的死讯后，于11月10日自杀。

斯场屠杀共和派之罪处死。贝野是在马斯场——即其"犯罪"之所——受刑的①，临刑时深受观众的侮辱。此外尚有吉伦特党马吕厄，福杨党巴那夫及杜波·杜忒特尔，继而有将领布律内、乌沙尔、拉摩利尔及比隆。比隆在断头台上仍表现其王党情绪，此即足以证明其应受死刑判决。除开这些著名的案件之外，我们不要忘却还有依照限制出走、投机、通敌及反动言论等法律而判决的不很著名的人。这个数目就多得多。

　　革命法庭成立之时，汪德郡叛乱的消息尚未到达巴黎，故最初规定全国仅设一个。继而其他地方亦起叛乱。在巴黎的法庭不够去镇压。在已陷于内战的区域则采用军法处置。为镇压汪德郡叛乱而通过的1793年3月19日法律②，规定设立五人军事法团；叛徒有军械在手而经验明确系本人者，法团即可将其判处死刑。无军械在手者在原则上须解交普通刑事法庭，其审讯方法是革命的，即判决后不能上诉，亦不得推翻。

　　在外省所施之压迫是与各地所发生的叛乱之危险性成比例的。诺曼底之乱经在维龙一度接触后即告平息，因而只有少数人撤职与逮捕。在整个恐怖时代中，卡尔发多斯郡不曾判处一名死刑。国民大会仅愿予以精神上的惩罚。经德拉夸及杜里奥之提议，国民大会于7月17日通过"将蒲佐在艾夫鲁所有的房屋摧毁，在其废墟上立碑刻着：此系罪人蒲佐住宅，他身为人民代表，却阴谋推翻共和国"。

　　较后，里昂之叛乱甚为严重。叛徒曾拘禁及处死不少山岳党。因而对此地的报复亦甚严厉。报复的性质不但是政治的，而且是社会的。10月12日，国民大会根据巴累的报告通过："里昂城应被摧毁。凡富人所居房屋均应毁坏。所应留下保存的，仅限于穷人住的房屋，被杀害及压迫的爱国者之住宅区，特为工业用的建筑及用于慈善与教育的纪念建筑物。"

---

　　① 当时断头机本设在革命广场，即今日之协和广场，故此处特提出马斯场。所谓"犯罪"，即指1791年7月17日马斯场之屠杀。

　　② 参看第二卷第二编第九章。

　　库通及梅涅在里昂——当时已改名阿佛兰希城①——始终不曾施行过分的镇压。库通叫人把他抬到柏尔古广场，用木槌打击了几所要慢慢拆毁的房屋。但在 11 月初，科洛·得霸及富舍到了，带来了一队由隆撒统率的革命军。科洛在特罗广场为沙利尔之灵举行报复性的纪念会。大批刑戮开始了。原由库通所创设的民众法团因过于宽大而被取消，代之以由巴冷为主席的革命法团。断头机嫌太慢了，辅之以炮轰及集体枪毙。新 3（霜）月 14 日（12 月 4 日），有六十名被判处死刑的青年在布罗多平原被炮轰。把他们两个两个绑在一起，置于两条平行而预先挖好以接受尸首的壕沟之间。被炮弹打死的只有三分之一。其余的仍须补行枪毙。次日，有二百零八名在这同一地点枪毙，新 3 月 18 日又有六十七名，23 日有三十二名。直到新 5（雨）月 22 日（2 月 10 日）才停止集体枪毙。巴冷执法团判处死刑者共计一千六百六十七名。屠杀之可怕达如此程度，实不能以里昂顽抗太久的心情来辩解。屠杀开始时，里昂攻陷业已两月。屠杀并不足以收杀一儆百之效，因为科洛在新 2 月 17 日写给公安委员会的信上说："刑戮亦不能完全达到我们所期待的效果。长时间的围攻及每人每日所感受的威胁已使他们有些漠视生命，纵使还不曾完全轻视死的话。昨天有个看完行刑回来的人说：那倒不很难受，我要怎样才可被送上断头台呢？侮辱议会特使就可以了吗？"头脑冷静的人应该得出须少用死刑的结论。可是演员出身的科洛，得到的结论恰相反，他认为须加紧使用断头机。他甚至向罗伯斯庇尔提议将六万里昂工人驱散于全国各地，因为他认为他们始终不能变成共和党，幸而这个提议未被采纳。

　　西部的内战是个凶残的战争。施于这一带的镇压也特别严酷。在各主要城市中，如安热、累内、拉发尔、图尔及南特等处，都有军事法团在审判被捕时仍有军械在手的汪德党。安热军事法团于新 4（雪）月 3

---

① 意为"被解放之城"，系根据 10 月 12 日通过的法令所改。

日在督厄枪毙叛党六十九名，次日又有六十四名，新4月6日有二百零三名，新4月23日在安热枪毙一百名。在安热，犯人解赴刑场——当时称之为善人篱，今已改名为殉难者广场——时，有乐队前导，地方官吏身着礼服，沿途布有兵士。

在南特，由卡里厄主持的镇压，其可怕有甚于里昂之集体枪毙。卡里厄是个横暴的奥维涅人，沉溺于酒，他到达南特之前一日，正值马因斯军在托富打了败仗^①，而由当地居民降给沙累特的诺瓦木迪厄亦于是日收复。他觉得四围都是叛逆。也许他怕自己有生命危险。为着易于执行其命令而又可保护自己的生命起见，他组织了一个红衣卫队，称马拉队；队兵四十人，每人每日支十五锂。同时，他组设秘密警察，由富格及兰柏迪两个真无赖统率，此二人日后亦因渎职而被处死。被捕的汪德党成千成百地解到南特来。在他们被禁的监狱中发生了伤寒症及霍乱症。传染病看着要威胁到责司看守他们的南特人。为肃清监狱起见，卡里厄组织了沉溺制。木船上预先凿些窟窿，由马拉队把犯人——先为教士，继为汪德党——装上船去，把这一船一船的"人货"开到洛瓦河中间，打开窟窿任其沉溺而死。新3月27日及29日，卡里厄亲笔签署了一个公文，不须审判也不须经过任何形式就处死了两批人，第一批处死的"匪徒"二十四名，其中有两名年仅十三岁，两名仅十四岁；第二批为二十七名，男女两性都有。要开脱个人的责任，除非带有很深的成见或愚昧无知。可是，此类恐怖当时在为饥荒所迫的南特人心中并未引起何种激动，则属事实。卡里厄并未殃及资产阶级居民。他只限于把一百三十二名囤积犯及联邦派解送巴黎革命法庭，这批人在新十一（热）月事变后，均经开释。只有在他出使期将终了时，在此类集体刑戮开始威胁城市的卫生时，责难之声才开始。沉溺制下的牺牲者最少有两千人。毕仰主持的

---

① 从马因斯退出的一万七千法军，因受不能参加对外战争之限制（参看本卷第3章），遂调往平汪德党之乱。他们虽遭遇托富之败（9月19日），但政府军队在汪德郡之胜利多半得力于他们。

那一个军事法团枪毙了四千不曾死于勒曼及萨维内两役的汪德党①。他们被埋在米则里的石坑中，上边仅盖一层薄土，坟中臭味传入了城市，使人害怕。这时，起于恻隐心的反响才开始表现出来。

在我们所述的这一时期中，即1793年终，流血的恐怖仅限于为内战所苦及紧接前线的区域。法国中部各郡之大部分，除撤职与逮捕，或有时是限价及反基督教运动外，不知有恐怖。在这些和平地区中，难得偶然行使断头机。虽有时判决了几个死刑，都是返国的出亡贵族与教士、投机者或造伪币者，他们都是由普通法庭判决的。

在当时，恐怖政策几乎是注定不能免的，假使王党势力强大，他们也会用恐怖政策来对付共和党，事实上在共和国3年及1815年便是如此。证诸亡命者的通信，这是毫无疑义的。1792年7月13日，王后所信任的前大臣蒙摩蓝写信给拉马什伯爵说："我认为必须以恐怖来打击巴黎人。"卡斯特里公爵在其1793年4月的备忘录中写着："再不要宽纵，再不要只做一半为止。必须使蹂躏法国的匪徒、扰乱欧洲的乱党、杀害国王的怪物在地面上绝迹。"佛拉石兰敦伯爵也说："我认为在未屠杀国民大会以前，抵抗不能终止。"这便是亡命者一般的意见。普鲁士王的秘书伦巴德当亚尔艮之役时，曾和亡命者在一起，他说："他们的议论是很凶残的。如果让他们任意向法国人民报复的话，法国马上会变成一个广大的坟山。"（1792年7月23日语）故一般而论，革命派之要打倒敌人是为着免于被打倒。即令在法国，凡属革命派不很得势的地方，如汪.德、马赛、里昂及土伦等地，他们即被毫无怜悯地杀害。他们当时是处于合法的自卫。他们不仅要保卫他们的理想、生命与财产。他们同时要保卫祖国。约瑟·得·美斯忒尔曾下有确切不移的断语云："王党要立即以武力树立反革命，要求的是什么呢？他们要征服法国，因而要分

---

① 汪德党虽败于硕勒，但其实力并未消灭。他们渡过洛瓦河以北之后，与政府军队仍互有胜负。12月13日，他们又惨败于勒曼，伤亡过半，十日后再败于萨维内，溃不成军。政府军此两役之胜利，均得力于马因斯军。

裂它，要消灭它的势力，要消灭它的国王。"在 1793 年，约瑟·得·美斯忒尔是为其主子萨底尼亚王主持侦探工作的。

第八章　外人的阴谋

公安委员会之害怕潜伏的革命敌人，并不亚于公开的革命敌人。它觉得到处都有间谍。旧制宪议会议员丹特累格在僭位者路易十八手下做类似警务部长的工作，他从维罗那派人在巴黎活动，他们用药水寄信方法常川向他报告消息 [1]。这批特务戴上煽动家的假面具，深入行政机关各部门。为了要迷惑间谍，罗伯斯庇尔在其手册中写道："须有两套计划，以一套授予职员们。"

早已有人疑心外国金钱在活动，其目的不仅刺探军事秘密，而且挑拨乱事及制造各种使政府感受困难的事态。1793 年 7 月 11 日，坎蓬用刚被推倒的第一公安委员会的名义提出一个重要报告，他断定国内之经济及财政危机即使不是敌人阴谋造成的，至少是因此而更趋严重。他说："自从我知道庇特有五百万镑为秘密用费以后，我即认定敌人会利用此款来制造共和国境内的乱事。他们已用一亿二千万指券的基金来降低我们的汇兑率。庇特用这五百万镑换得五亿锂的指券，他即用此款来进行进攻我们之可怕的战争。有若干郡的行政人员在赞助他。他们曾问：如何摧毁这个共和国呢？破坏指券的信用。"

---

[1]　丹特累格为善于阴谋之王党，出亡后，奔走于各国宫廷，并秘密运动国内的反革命分子，企图政变。1796 年波拿巴征意时，一度将其逮捕，于其文件中发现共和国将领庇什格律与王党勾结。

坎蓬所述还不过是个纯粹的假想而已。可是到7月底，有个英国间谍在利尔城墙上遗失一个公文包，有人将其送到公安委员会。根据其中所藏的文件，可以确实断定自1月以来这位间谍已有巨款交付其派在法国各地的代理人。有个名叫杜普嫩的法国人，按月向他支领二千五百锂。他又将巨款应用于利尔、南特、敦克尔克、卢昂、亚拉斯、圣多默、布伦、都阿、图尔、卡恩等城市，正是一些发生纷乱的城市。他训令他所派出的人说，准备磷质引火物，以便放火烧军械局及草料储藏栈。在杜厄、伐仑西恩、洛连的制帆厂，贝阳的弹药厂及史米野之炮兵兵工厂，都曾因火灾而受到重大损失。

在写给这同一特务的信中，他又说："努力抬高汇兑率，务使二百锂的指券仅值一英镑。罕特所需之款须尽量支付，替我们的主人向他保证说，他所受之一切损失均将予以加倍赔偿。……必须尽量破坏指券的信用，务使除印有国王像者外不得流通。要使一切物价高涨。叫你的商人囤积所有必需品。是否能说服科特……去尽量收买脂油及蜡烛，使其市价涨到五锂一磅。"

8月1日，巴累在议会的盛大集会中宣读这些文件，他的结论是：必须将1789年7月14日以后侨居法国的英国人驱逐出境。坎蓬认为这一措施过于宽大，因为它仅适用于英国人。他提议，暂时为维持公安起见，须不加分别地逮捕一切可疑的外国人："你们相信在法国的奥国人不会像英国人一般也可以做庇特的代理人吗？我们只要尊重美国人及瑞士人就够了。"库通指出，英国人之有财产在法国者英国政府即视之为叛逆。"我主张为报复计，我们应通过这样的法令：（一）此后法国人有款存在伦敦银行者，处以与所存数目相等之罚款，罚款之半数用以奖偿告发人。（二）在此法令公布前有款存在伦敦者，须于一月内声明，否则除处同上之罚款外，应被视同嫌疑犯而予以逮捕。"

所有这些提案均经通过。

直到此时为止，敌国人民之侨居法国者，素受革命之优渥待遇。有许多人甚至可在各行政机关找到差事。有些竟参加了各革命委员会。有些得充国民大会议员，如克洛茨、端则尔及佩因。外国间谍要冒充在思想上受本国迫害的爱国者是再容易不过的事。这批自由之殉道者在法国深受欢迎。不但在各俱乐部，就是在国民大会的各委员会及政府中，他们都能找到有势力的保护人。

英国银行家倍德是庇特及英国外交部的银行家，与其伙友克尔在巴黎开设其伦敦银行之支行。当他在危险时，他竟能勾结国民大会议员德洛内·丹热及沙跋来保护他。因为他拿出了二十万锂，于是身为治安委员会委员的沙跋竟设法为其曾于 9 月 7 日至 8 日晚上被封闭的银行启封。一月以后，倍德又有被捕的危险，沙跋为他弄得护照，使他逃走而回到英国。

当丹敦被捕时，在其文件中发现有一封信，系英国外交部给住在巴黎的普鲁士人弩沙特尔银行家佩累各的，叫他以巨款付给用省写字母所指明的人，如 C.D.，W.T.，De M. 等，其数目为三千、一万二千及一千锂，此款用以酬报他们"之重要工作，因他们曾为我们挑拨鼓动，而使雅各宾党奋激达于极点"。此信既在丹敦的文件中发现，自然是佩累各认为此事直接与他有关所以才把信交给他。佩累各与英国政府经常有联系，这是无可怀疑的。

奥籍比利时银行家普罗利据云系奥相考尼茨之私生子，曾经维也纳政府派往收买属于丰克党的比利时人。定居在巴黎后，他创设《世界人报》为奥国政策辩护。宣战以后，其报已无用处，因而停刊。普罗利与新闻界中人如德木兰等有来往。他在其巴勒·罗垭的公寓中，生活殊为阔绰。他取得艾罗·得·塞舍尔的信任，二人均爱享乐。艾罗·得·塞舍尔甚至在加入公安委员会以后仍用他为秘书。勒布朗部长及丹敦则委他以秘密的外交使命。他变为雅各宾俱乐部通信委员会重要人物德斐欧之密友，且充任此委员会之会计。透过德斐欧这样一个很可疑的人物，他知道了俱乐部中的一切秘密。德斐欧几乎是不识字的。普罗利替他草拟演说词。普罗利和许多山岳党议员亦有关系，如本达波尔、冉邦·圣丹德累、热·得·圣佛瓦等。德斐欧虽遭王宫铁柜文件之牵涉，而且被视为圣达马朗特夫人赌窟的雇用人物，但有科洛·得霸保护他。

另有一个奥籍比利时银行家滑尔契厄，也和普罗利一般，在比利时的革命中曾有过暧昧的活动，杜木里厄叛变以后才定居巴黎。他既很富有，于是人家疑心他在收买俱乐部及新闻界中人物以维护奥国利益。

谷茨曼是个已被其本阶级革斥的西班牙贵族，亦经营银行及阴谋事业，因其宽宏好施故在比格区中颇有群众。他竟能混进准备 5 月 31 日革命的暴动委员会，但他已是个很使人怀疑的人物，因被驱逐出来。后来圣鞠斯特控劾丹敦曾与他会餐，每客需用百金。

摩拉维亚的犹太人多布鲁斯加两兄弟——齐格蒙德·葛特洛布及埃曼纽尔——当奥、土战争时曾为皇帝约瑟二世供应军需因被封为贵族，改称申胏尔德；正在宣战前夕来到法国。他们跑到斯特拉斯堡俱乐部自称是受本国迫害的革命者，改名佛累（意即"自由"），因其好施得当，获得俱乐部中拉佛之保护；拉佛主办《斯特拉斯堡邮报》，当时正在与福杨党市长底特里希斗争。他们二人随同拉佛及下莱茵郡结盟军于 8 月 10 日之前夕到达巴黎，在巴黎不久他们即与有势力的议员发生良好关系，如下莱茵郡之路易、本达波尔、西门、里沙尔、加斯顿、庞奥里及沙跋等。他们一再向外交部长勒布朗建议。他们常常收到外国寄来的汇款。他们在共和国的武装民船上投资取利。他们放债，购置国产，并住在一所出亡贵族所遗下的美丽住宅，在里边大宴宾客。为着逃避镇压敌国人民的法律起见，他们认一个法国老人做义父，因此取得法国国籍。因有沙跋替他们保证，他们得加入雅各宾俱乐部。早就有人攻击他们是间谍，可是他们竟能常常躲过一切追究。即令在沙跋被擒于治安委员会以后，他们仍能安然无恙。9 月 29 日，搜查他们的住宅时，沙跋也在那里。数日之后，10 月 6 日，沙跋和他们的妹妹结婚，得有嫁奁二十万锂，并迁居于他们的住宅中。沙跋自不小心地把这婚事在雅各宾俱乐部宣布，为的是表明他从此可安定下来而放弃其以前的放荡生活。可是雅各宾党责骂他，并传言勒奥波丁·佛累所带给沙跋的二十万奁赠实系沙跋本人之物，为的是借以掩饰其敲诈的结果。

所有这些暧昧的外邦人，其中有许多是敌人派遣的间谍，在法国政治运动中起了大作用，不久便引起了公安委员会的不安。其中甚至有曾依附拉法夷脱或杜木里厄的人，如普罗利及其密友德斐欧，现在则表示极端急进的爱国态度，力主推行最极端的措施。他们形成了艾贝尔派的有力部分。艾贝尔有个密友，荷兰银行家科克，在其巴锡私宅中，常以盛宴款待他。号称为"人类代言人"的克洛茨，既为国民大会议员，又主办一个大报《巴达维报》，是外邦亡命客的机关报，其主张与艾贝尔之《父杜舍内报》互相应和。忠于吉伦特党宣传政策的克洛茨，不断地宣传必须推广革命到邻邦。10月5日，他在雅各宾俱乐部宣读一个宣言，主张法国应有自然边境，意即将其推广到莱茵河。他的朋友艾罗·得·塞舍尔和他一般，以前也是属于吉伦特党的，在公安委员会中与巴累同负外交上的责任，秘密派人到瑞士去宣传，使友邦为之不安。但是，罗伯斯庇尔及委员会的其他委员方努力于获得粮食及军事工业所需的原料品，认为艾罗的鲁莽政策会使法国有失去瑞士市场的危险。他们反对合并木尔豪赠的计划。他们召回派往犹拉山以外的秘密人员。同时，他们召回驻美公使冉内，因其政治阴谋已引起华盛顿的不安；10月11日甚至下令将其逮捕。新2月27日，罗伯斯庇尔在国民大会有一次重要演说，力主向中立国如美、丹、土、瑞士表明革命法国之意向。法国绝无征服世界之梦想。它只想保护它的自由及小民族之独立。为征服精神所支配的只有联盟国！这样的演说词能受到国民大会的热烈掌声，自然要使外邦亡命者及其保护人艾贝尔派吃惊，因为他们认定必须战争到底而建立全世界共和国。

外邦亡命者更有其他事件使公安委员会感觉不安。9月5日，国民大会停止各区常川集会，规定其每星期，继而每十天，集会两次，艾贝尔派为逃避这条法律的限制起见，另在每区创设民众会社，每晚集会。多智的普罗利得其朋友德斐欧、波尔多犹太人佩累拉及剧作家杜毕桑等之助，使各民众会社结合成一个中央委员会，而由他来控制。这个直接与各区无套裤党接触的有力组织，不仅是个足与雅各宾俱乐部对抗的势力，且可与巴黎市府甚至国民大会对抗。这样结合起来的民众会社，自命可以代表全体人民，足以产生类似在里昂、马赛、土伦等地所发生的以各区为主的暴动，足以造成一个目的恰相反的 5 月 31 日事变，再度澄清国民大会而陷法国于纷乱状态，结果会引导到战败而恢复王政。普罗利、佩累拉及其朋友们并不掩饰其对国民大会的轻视，他们根本不信任议员们。到了新 2 月中旬，民众会社中央委员会在各区流传一个请愿书，要求国民大会取消教士的薪给及推倒合法的信仰[1]。

自革命历颁布以来，各城市中已有无数民间节在第十来复日——第十来复日即共和国的星期日——举行[2]，如 10 月 21 日（即新 1 月 30 日）之在哈佛尔，新 2 月 10 日之在瓦茨郡克勒蒙。第十来复日举行的民间节虽与宗教节并行，却还不曾把宗教节废止。尼埃夫尔的主教托勒甚至亦参加富舍所主持的最初几次民间节。有些教士业已结婚而放弃其职务，有些教堂业已关门，但一般而论，宪政派教士仍旧存在。坎蓬已使议会承认教士并非公务员，他们的薪水并无俸给性质，不过是种年金而已。同日（1793 年 9 月 18 日），通过将主教薪水减为六千锂，主教助理

---

[1] 这个请愿书是经巴黎市府及各区赞同的，新 2 月 21 日正式向国民大会提出，其中有云："让那些仍然相信这类东西的人去担负吧，为什么要迫着除德性与祖国外别无神祇的共和国人民来担负这可耻的捐款呢？"议会虽收受了这个请愿书，但对于这种政教分离的要求无所决定。

[2] 革命以前的节日固然采取宗教仪式，就是因革命而产生的节日——如 1790 年 7 月 14 日之全国大结盟节——亦曾采用宗教仪式。1793 年 8 月 10 日庆祝新宪法，可算是第一次不含天主教意味的节日。以其不含宗教意义，故又称世俗节。此类民间节，渐渐代替了以往具有宗教意味的节日，国民大会对此有详尽之规定，参看本卷第 12 章。所谓"民间节"亦可译为"革命节"，因为此类节日都是革命时代产生的；但以此类节日并非全属纪念革命事变，为免除误解起见，故译为"民间节"。

薪水减为一千二百锂。自9月5日以来，未结婚教士即已被摒于监视委员会之外，自新2月7日以来，不得再任命教士为小学教师。最后，在新2月13日，又决定没收教堂财产及基金收入，从此维持信仰之费用须靠信仰者的施赠。有些议会特使已使坟山变为世俗化，奖励教士结婚，主持民间仪式，但他们还不曾封闭教堂。在尼埃夫尔郡，由富舍主持结婚的教士仍在做弥撒。勒涅洛及勒吉尼奥虽已把罗什福尔的教堂改为真理庙，但仍让教士行使职务。安德累·杜蒙在索姆郡虽侮辱教士，迫其在第十来复日举行礼拜，但未禁止他们做礼拜。

不管怎样，宗教信仰仍是在继续着。民众会社中央委员会的请愿，欲将信仰的最后资源剥夺而使其不能存在。主持其事的人毫不隐瞒地要以取消教士薪水的办法，来消灭所谓"祭司专制"。新2月16日的晚上，他们陪同议员克洛茨、勒昂纳·步尔敦及犹太人佩累拉，到巴黎主教哥伯尔家里，将哥伯尔唤醒，劝他为公益牺牲，要他放弃其教职并令其牧师封闭教堂。哥伯尔将其提出于主教区会议，结果以十四票对三票主张服从；次日，新2月17日，哥伯尔始则赴巴黎郡政府，继而往国民大会宣言他本人及其牧师放弃执行天主教教职的职务。他将十字架及主教指环置于案上，继而在掌声中戴上了红帽子。当时有许多身为主教及牧师的议员立即相率模仿他；流风所播，及于全国。三天之后，新2月20日，巴黎市府在改名为理性庙的圣母院中，举行一次伟大的民间节，以一个身着三色衣的女演员象征自由。经市府之邀请，国民大会亦全体参加①。反基督教运动已开始了。被剥夺的教堂成千地关门，而被改为

---

① 新2月20日——第十来复日——在巴黎圣母院举行的理性节，是由巴黎市府及巴黎郡政府主持的。教堂中央设一假山，山上立一古式小庙，上书"推崇哲学"。半山设一坛，上燃"真理之火炬"。两队少女从庙后下山至坛前，"自由神"从庙中出来，坐受公民敬礼，其间佐以音乐及歌唱。仪式完毕后，结队抬着"自由神"前往议会，由硕默特发言，要求议会改圣母院为理性庙，当经议会通过。同时请议会全体赴理性庙，把当天的仪式重演一遍。

共和国的庙堂①。

公安委员会此时正在忙于解决粮食问题，正在努力执行殊感困难的限价令及征发令，正在竭力保证秩序，对于这样严重而猝发的运动深感不安，怕因此造成内战，事实上已发生了很多次暴动；而况此运动之不负责任的领导者，如亡命的外邦人普罗利及克洛茨辈，早已被委员会视为可疑人物。

就在新2月17日的晚上，当哥伯尔放弃其教职以后，克洛茨前往公安委员会；罗伯斯庇尔严厉地责难他说："可是，你最近告诉我们，必须进入比利时，使其独立，待其居民有如兄弟。……你深知比利时人之宗教信仰是很深的，那么，你为什么定要伤害他们的偏见而使他们离开我们呢？"克洛茨答道："呵，呵，错误已无可挽回。大家早已把我们看成是亵渎神圣的。"罗伯斯庇尔说："是的，还不曾有事实呀！"克洛茨脸色变灰了，无言可答而出。两天以后，他得当选为雅各宾俱乐部主席。

罗伯斯庇尔认为宗教的革命只有利于联盟国，这原是敌国奸细阴谋的结果，一如鼓动家压迫国民大会采纳那些过分而失策的措施如创设革命军及限价令等一般。在其新2月27日的重要演说中，他详细说明庇特与1789年以来法国内乱之关系，并且明显地暗示要打倒宗教的人很可能就是伪装煽动家的反革命派。

一般而论，国民大会是纯洁的，但其中不免有贪财者及骗子。9月14日，议会已将议员如沙跛、朱利安·得·土鲁斯、巴稽尔及奥塞兰诸人逐出治安委员会，当时已有流言攻击他们保护承包人、贵族及可疑的银行家。9月18日搜查朱利安·得·土鲁斯之住宅后证实了这种怀疑。沙跛如此害怕以致要将大批文件在壁炉中焚毁。

各委员会在密切注视承包人及其保护者。7月20日，军运委

---

① 巴黎市府于新3月3日议决封闭一切教堂。此种反基督教运动推及全国。据云在一个月内，全国被封闭之教堂在两千所以上，重开者即改为理性庙。

员会及公安委员会报告人多尼尔举发前部长塞尔汪与军运承包人爱斯巴涅克所订契约之弊端，爱斯巴涅克为了某一任务每月领到现金五百四十四万三千五百零四锂，而其所费仅为一百五十万二千零五十锂贬值已达 50% 的指券。虽有德拉夸、沙跛及朱利安·得·土鲁斯之保护，爱斯巴涅克卒被逮捕。7 月 29 日，威尔塔提出一个攻击塞尔汪的激烈报告，塞尔汪跟着被撤职逮捕。旧订契约一律取消，军运改由官办。不久，在 9 月间，发生了议员罗伯尔的事件。他是丹敦的朋友，原为新闻界人物，做糖酒生意，在地窖中藏有大量糖酒。他借口糖酒非烧酒，因而他没有依禁止囤积法规定而将其所藏货物申报。马拉区与他发生了争执，控之于国民大会。经过了热烈的辩论，使他在精神上受了谴责，卒将他所藏的糖酒赠与本区始免处罚。继而有议员佩兰·得·奥布事件，他承包军用布匹，数达五百万锂以上，同时他又是购置委员会的委员，这无异是说自己监视自己的承包事件。9 月 23 日经沙利埃及坎蓬举发后，佩兰承认了这些事实，被解送革命法庭，判处十二年带链徒刑。

印度公司事件[1]实为此类秽行中之最严重的一件，正发生在外人发动反基督教运动之时。由于此事件所牵涉的人物的品质及其所激起的情绪，可知此事件之重要超过了一般单纯的骗局。这事件造成重大的政治影响。它是山岳党分裂的根源。公安委员会素所怀疑的外人阴谋因此而证实确有其事。它使人感觉到有叛变祖国及出卖祖国的阴影，因而使党争更趋激烈。

当 1793 年 7、8 月间最感危急之时，当荒象日趋严重汇兑价格加速降落之时，我们业已提及过的那些兼营商业的议员们，打算攻击各金融公

---

[1] 法国原有的印度公司业于 1769 年清算结束，这是 1785 年新组织的，握有专利东方商务之权，业务发达，颇招人嫉妒。制宪议会曾本自由之理由，在原则上废止其专利权，但未实行。继因指券贬值及股票涨价，立法议会乃决定各公司股票之转让须予以登记，并须纳税，尤注目于印度公司。印度公司为避免纳税计，收回股票，但立册登记。1793 年 5 月巴黎已有攻击印度公司之酝酿，7 月 16 日德洛内正式在国民大会中举发印度公司之逃税及囤积。议会议决封闭公司货栈，并须强制清算。

司，责其股票在交易所中之价格压倒了公债票；如此则可以无所损失地取得民心，同时又可发财。德洛内·丹热得有德拉夸的赞助，举发此类公司意欲逃避国税的弊端。法布尔·得格兰丁责斥此类公司以法国现金运往外国，以指券收买可靠证券运出国境而更使指券贬值。朱利安·得·土鲁斯则更进一步。他告发印度公司曾以巨款贷给已死的暴君。于是印度公司之金柜及文件被封。法布尔又恫吓人寿及火险保险公司，水公司及贴现金库，议会于8月24日在原则上通过取消股份公司一案。贴现金库亦遭封闭。

德洛内及其同谋者，如沙跋、巴稽尔、朱利安·得·土鲁斯、法布尔·得格兰丁等，在恫吓了各金融公司的同时，利用爱斯巴涅克所予之巨款在这些公司的跌价股票上投机。

在金融事务上，这班人的能力还写不出他们在议会中所宣读的那类演说词。德洛内、沙跋、巴稽尔及朱利安·得·土鲁斯诸人不过是另一冒险家——精于商业之著名的巴茨男爵——的傀儡①。

这位加斯康尼人的少爷在1789年以前似乎是因伪造爵位文件而入陆军的，现已因幸运的投机事业而富有了。巴黎水公司及佩里埃兄弟于革命前数年所创立的人寿保险公司的股票，他拥有大部分。他生活奢豪，其情人多为最时髦的女演员。当其为制宪议会议员时，因其金融知识而得为厘清委员会的委员兼主席。他尽可能地延迟旧制度下年金的清算，因为他是一个王党。有人怀疑他赞助宫廷，秘密预支了几次款项。宣战以后，他即出走，一度服役于出亡亲贵所组织的军队，充任那索齐根亲王的军令官。6月20日以后，他回到法国，欲为国王尽力。他回国之次日，路易十六曾在他的账册中记道："由于巴茨之返国及其行为之圆满，我又欠他五十一万二千锂。"他既是一个十足的王党，吉伦特党部长克拉

---

① 王党巴茨男爵的阴谋，至今尚未彻底明了；所可断言者，巴茨确为营救王室阴谋主动人物之一。他的生地兰德郡为旧加斯康尼省之一部分。他的贵族身份是可疑的，但他曾以此资格当选入三级议会。

威埃却绝对信任他，并且数次予以保护，这真是件奇怪而颇费思索的事件。8月10日事变时，他跑到英国，1793年1月初又回到法国，希图与拉基什侯爵在1月21日那天营救国王。他有令人难于相信的胆量，当路易十六刑车将其解往断头台时，他敢穿过大道高呼"国王万岁！"他躲过了一切的追究。巴黎郡总检察官吕利尔是他的心腹。此外，在警务机关及巴黎市府中，他也有保护人。1793年5月间，仍充税务部长的克拉威埃竟为他弄到了爱国证件。柏诺瓦本是丹敦手下的人，是德洛内·丹热的同乡与密友，这时做了巴茨的心腹与秘书。宣战以前，杜木里厄曾派柏诺瓦到德意志去，负有与布伦斯威克交涉的秘密使命；8月10日事变后，丹敦又派他往伦敦；发尔密战役之后，又派他往见布伦斯威克。他是巴茨与兼营商业的议员们之居间人，施于各金融公司的吓诈及行使吓诈地交易所中的工作，都是以他为主动。8月中旬，巴茨在其沙朗住宅中大宴其朋友及同谋者；除到有沙跛、巴稽尔、德洛内、朱利安·得·土鲁斯及柏诺瓦之外，尚有文学家拉阿普、银行家杜罗瓦及几个女客：如想去营救王后之旧冉松侯爵夫人，朱利安的情人波福尔夫人，巴茨自己的情人女演员格兰梅撰及拉阿普之情人一位波格尔的女公民。他们所谈论的大概不限于商业事务。男爵本是各亲贵的全权代理人。他企图勾结其同谋的议员们去营救王后及吉伦特党。后来沙跛说，他愿出一百万给能帮助他营救王后的人，他有冉松侯爵夫人的赞助。在当时，阴谋只差一点儿被发觉。9月9日，锁匠井格累勒向卢森堡区警察局报告，说他在前一晚往拉基什侯爵家去看一位朋友，是侯爵家的佣人，他听见拉基什向巴茨说："朋友，假使各郡的联邦党得不到援助，法国便完了，山岳党及无套裤党会要杀害我们。"于是巴茨说："我不惜为此牺牲到最后所剩下的一文钱。我们必须以任何代价去营救加德、布里索、微尼奥及一切我们的朋友。已有许多郡决定拥护我们，我的计划是要消灭山岳党及无套裤党恶棍。"有个名叫封坦日的女人说："只要巴茨实行我们的计划，我们便可挽救法国。"根据这个控告，曾在形式上搜查过巴茨在沙朗的住宅。当然不会搜出什么。巴茨仅因此搬了一次家。被捕的只是几个傀儡。巴茨仍照常去看望与他同谋的议员们。沙跛告诉我们，巴茨曾于新 2 月 19 日去看过他。

我们当记住，这类投机事件中夹杂有王党的阴谋。在对印度公司进行了两个月工作之后，德洛内始于 10 月 8 日提出关于清算这个公司的法令。这个法令的措辞使公司得避免应缴红利四分之一的税款及因以往弊端而应缴的罚款。法令允许公司自己清算，仅由税务部长任命专员予以监视[①]。一直在竭力攻击印度公司的法布尔·得格兰丁，骇于报告人德洛内之过于宽大，乃使议会通过一个修正案，规定由政府派人去清算，而不由公司自己清算。此案经议决后，文字交主管委员会整理。二十一天之后，法布尔·得格兰丁及德洛内以法令定稿交议会秘书下莱茵郡的路易，全文在公报上发表，当时却无人发现其中有过两个重大的修改，都是有利于公司的修改。恰与法布尔·得格兰丁所提的修正案相反，此令规定仍由公司自己清算。此外，公司所应缴纳的关于其弊端的罚款，仅限于证明其为有意舞弊的部分。

法布尔为什么会忽然改变态度呢？法布尔的名声本来很坏。1789 年时，他取得国王之保障才免受其债权人之追索。1792 年外敌侵入时，他正是司法部长丹敦的秘书，曾与陆军部长塞尔汪订了承包军鞋的契约，其结果引起继任部长巴什的严重责难。他有情人及马车。他常出入各国银行家之门[②]。日后当其受审讯时，他解释他之所以在假法令下签字系由于他当时之未经复看，这显然是个不可信的解释。

后来据沙跛的口供及关于此案的文件，知道德洛内及其同党沙跛、

---

① 自清算印度公司法令通过以后，公司股票价顿由一千五百锂跌至六百五十锂，德洛内等乘机尽量购进。为欲使股价回涨起见，故又提出 10 月 8 日之法令。

② 法布尔本是演员而兼剧作家，为着演剧，他曾浪迹国内各大城市及日内瓦。他所承包之军鞋，每双仅以五锂制成，而以八锂或九锂卖给国家的军队，据说，穿着在泥泞中走过十二小时以后即破败不堪。丹敦任部长时经手的秘密用费，亦经他染指；当时追究此款时，即有人指摘他之贪污。

巴稽尔及朱利安·得·土鲁斯等向印度公司诈得了五十万锂之数，才提出这个任公司自己清算及免其缴纳应缴巨数罚款与税款而有损国库的法令。最初法布尔·得格兰丁未加入这个集团。8月间巴茨男爵在沙朗所设之宴，法布尔亦未参加。据沙跛说，他在单独进行；普罗利也说，原籍里昂的银行家勒夫拉曾代他出主意。最初他之所以要反对德洛内所提出的法令，无疑地是要强迫他们分肥。既然最后他签了字，这便是德洛内答应了在五十万锂中分给他一部分。

法布尔是个聪明人，袖中的法宝不止一件。他看见艾贝尔及雅各宾党竭力在攻击国民大会中的骗子。他的朋友丹敦亦受攻击。他想，艾贝尔派这班厌物也是有弱点的，因为他们中间包含有可疑的外国人。法布尔得到了他在巴黎郡政府的朋友杜孚聂及吕利尔的帮助，敢于向由外国人所组成的艾贝尔派前锋进攻。9月底，杜孚聂下令将普罗利及其密友德斐欧逮捕，由于科洛·得霸及艾罗·得·塞舍尔之干预才于10月12日将他们释放。当公安委员会在与这批敌国人斗争时，法布尔竭其全力赞助委员会，使大家不怀疑他。沙跛及德洛内竭力想保全这些外国人的财产不致充公，罗伯斯庇尔则认为非充公不可，卒于10月10日使议会通过了这一着，这时法布尔竭力赞助罗伯斯庇尔。法布尔既努力赞助封存各银行家的银行与文件，又有谁会疑心他和银行家有勾结呢？甚至当他在与德洛内交涉放弃其对清算印度公司原案的反对主张时，他已在计划着一个大胆的手段，以期取得政府对他的信任，这手段最初是成功的。10月12日时，他要求政府两委员会推出十人来听取他的陈述，这十人是经他特别选定的，其中有罗伯斯庇尔、圣鞠斯特、勒巴、巴尼、伐迪厄、亚马尔、大威、培勒、居富瓦等，他向他们告发一个危害共和国的大阴谋，主持者全属极端革命派，都是敌人派遣的人物。他指出了普罗利及其朋友德斐欧、佩累拉及杜毕桑，据他说，这班人探悉政府的秘密，他们与最危险的银行家有不可分离的关系，这班银行家如滑尔契厄、西门、得蒙等均为帝国皇帝所派的布鲁塞尔人，还有日内瓦的格累律及格累舒尔黑。他说，普罗利及德斐欧操纵了一些报纸，"其表面是爱国的，明眼人看来便知绝不如此，例如《巴达维报》"。继而他又攻击那些庇护他所控告的外国人的人，如朱利安·得·土鲁斯、沙跛、最后还有艾罗·得·塞舍尔。前二人不过是德斐欧及普罗利二人的工具，德斐欧及普罗利又引诱沙跛出入银行家西门家中及与他有关的妇女家中。他们使沙跛娶了"某一佛累的妹妹，其实佛累非其真名，本为申腓尔德男爵，是奥国人，现有亲属在普鲁士军中带兵"。沙跛所承认的二十万锂垄赠倘非其腐化所得，又是什么？

据法布尔说，艾罗·得·塞舍尔也不过是普罗利手中的一个工具，普罗利透过他而知道了公安委员会的一切。艾罗·得·塞舍尔派了一大群可疑人物到外国去进行秘密使命，如佩累拉、杜毕桑、匡德尔、拉腓。法布尔暗示说，可能艾罗·得·塞舍尔本人就参加了外人阴谋。奇怪而可注意的是两委员会诸委员当时竟没有注意到这么一点：法布尔当时既如此猛烈地告发沙跛和朱利安·得·土鲁斯，但丝毫不曾提及他们的朋友和同谋犯德洛内·丹热。德洛内·丹热刚把印度公司五十万锂中的一份分给法布尔。

两委员会的委员自然很听得进法布尔·得格兰丁的话。

10 月 10 日，圣鞠斯特已在其重要演说中主张没收英国人之财产。他说："共和国里有好些乱党。外敌结成的乱党，强盗结成的乱党，他们之为共和国尽力，只是为着榨取其乳汁；要以榨取的方法来推翻它。有些人急于要求得职位，有些人只想旁人时常提及他，有些人则想利用战争取利。"同时，罗伯斯庇尔在答复沙跛之反对没收财产时说："自从革命发生以来，我们就看出法国有两个显然不同的乱党，一为亲英、普之党，一为亲奥之党，二者结合一致来反对共和国，但在彼此利益冲突时则互相分化。对于亲英、普之党，你们已予以极大的打击；但亲奥之党仍然存在，非摧毁它不可。"所谓亲英、普之党即指布里索一派，他们曾希图拥护约克公爵或布伦斯威克公爵做法王。现在轮着要打倒的亲奥党，即指受沙跛保护的普罗利、谷茨曼、西门、佛累诸人结合的一党。罗伯斯庇尔更明显地说："对于这些外邦人我一概不信任，他们戴着爱国主义的假面具，在外表上较我们更像共和党，活动更热烈。他们是敌国派来的，我相信我们的敌人不免在说：'必须使我们所派的人佯为爱国心最切而主张最激烈的样子'，以便易于混入我们的各委员会及各级议会。造成法国内部不和、纠缠最可敬的公民甚至包围最不腐化的议员的人就是他们；他们用温和主义的毒素及激烈主义的技术来提出多少于他们暗中有利的主张。……"

法布尔·得格兰丁之所以要向圣鞠斯特、罗伯斯庇尔及其他治安委员会八委员告发外人之阴谋，因为他深知他们会听他的话。他们竟相信他所说的一切，因而在当天及以后数日中，急速逮捕了几名艾贝尔派首领或艾罗·得·塞舍尔的人，正因为这批人过分表现爱国主义而引起他们的怀疑。在这批被捕人物中，有曾充公安委员会职员的路易·孔特，他曾告发丹敦与卡尔发多斯郡联邦党及王党有勾结嫌疑；有著名的"打手"马依雅，他在8月10日以后主持特别秘密警察工作，法布尔·得格兰丁当然有些怕他的探伺；有原籍英国的鼓动家鲁特勒治，他在哥德利埃俱乐部起重大作用，深知法布尔·得格兰丁的以往，且曾控其为内克及德勒萨尔的朋友；有荷兰银行家凡·敦·伊维，他是杜巴里夫人的银行及克洛茨的朋友①。所有这些人都是根据法布尔·得格兰丁之告发于10月11日及12日逮捕的。

罗伯斯庇尔在他的手册中曾写道："赫斯，以至奥尔良，须撤职。"昔为德意志亲王的查理·得·赫斯曾很尽力于革命致被称为马拉将军，于10月13日被解除其司令职。

所谓外人之阴谋从此成了政府所急切注意的事件。

---

① 杜巴里夫人本路易十五之情人，路易十六一度将其下狱，革命爆发后出亡英国，继而返国，以勾结亡命贵族危害共和罪被捕，共和2年新6月9日处死。

　　艾罗·得·塞舍尔曾不断转变，由福杨党而吉伦特党，而艾贝尔派，罗伯斯庇尔对他早已不很信任。他原是一位富有而放荡的贵族，而今不惜降格与民众煽动家互为应和，他之漂亮的怀疑主义是罗伯斯庇尔所深知的。艾罗之荒唐不仅在于认普罗利为密友，接到家中住，用之为秘书。而且当其出使萨伏依时带回了棕发的阿德尔·得·柏尔加德，她原是萨底尼亚王军一个军官之妻。他赞成克洛茨所主张的战争到底的政策。罗伯斯庇尔及其在公安委员会的同僚，认为他那么热烈是可疑的。罗伯斯庇尔在其手册中说："敢于如此泄漏委员会秘密的，倘非由于职员，必属另有人在。……尤其要驱逐这个坐在我们委员会内部的叛徒。"卡诺签署了一道命令派他往上莱茵郡充议会特使，使他不得再参与政府中的讨论。新2月14日，他到达柏尔福，要和因特殊使命派到斯特拉斯堡的同僚圣鞠斯特及勒巴取联络。新2月15日，勒巴写信给罗伯斯庇尔说："艾罗已通知我们，说他已奉派出使上莱茵郡。他要和我们通信。我们觉得极端惊讶。……"圣鞠斯特也在这同一信上加写道："假使我们要与腐化人物合作，信任便不复有丝毫价值。"艾罗从此没有出席公安委员会。法布尔·得格兰丁之告发深入于他的同僚心中，于他是一个致命伤。

　　同谋伪造清算印度公司法令的其他人物如巴稽尔、沙跛及朱利安·得·土鲁斯，则不如法布尔·得格兰丁之幸运；他们几乎每天在受雅各宾俱乐部及出版界的攻击，尤其是沙跛，因他娶了一个奥国女人。这位嘉布遣派修士始终是在恐惧中过日子。10月14日（新1月23日），治安委员会根据罗撒之控告，对他施以长时间之讯问；罗撒系爱斯巴涅克业务上所雇用的人，控告沙跛左祖这位业已被捕的军需承包人之欺骗，而至损害了他本人。同时也追问到他之焚毁文件，他之充任治安委员会委员时下令释放王党底养及卡斯特兰，他与经纪人的关系以及他的财产之增加。沙跛自知立足不住了。他既了然政府对他已取无可补救的敌意，因而努力要在国民大会中另组一党来攻击两委员会所取的独裁及穷究政策。最初，他是相当成功的。

新2月17日，即哥伯尔放弃其教职之日，亚马尔代表治安委员会向议会要求逮捕议员勒匡特·庇拉佛，因为有一封致他之匿名信为麦市区所截留，信中有与汪德郡乱党通消息的嫌疑。沙跛的朋友巴稽尔起而为这位被控者辩护，他巧妙地指出倘使以如此脆弱之证据即可将议员解送革命法庭，则国民大会中从此谁也不能自觉安全。亚马尔所提出之要求，议会未予通过。

两天之后，杜巴朗代表治安委员会要求控告议员奥塞兰，因他有许多重要罪状。奥塞兰虽是起草镇压亡命者法律的人，但他未能将此律应用于一位女亡命者沙里侯爵夫人，反以之为情人 ①。当他为治安委员会委员时曾亲身庇护她；继而将她托庇于丹敦家中，最后把她藏在他的弟弟——已结婚的教士——家中，住在凡尔赛附近。事实是如此显明，奥塞兰的声名又是如此坏——他是个著名的骗子，因而他之被控即被通过。

次日，沙跛、巴稽尔、杜里奥等，他们都是奥塞兰的朋友并且都自觉和他一般有罪，于是再挺身而出。腓力波经罗姆的支持，提议议会须强迫其议员宣布自革命以来各人的财产情形。

巴稽尔反对这个提案，认为此案"甚有利于贵族之计划而可分化爱国者"。他说："我们不当以司法上的追究来苦恼及困扰爱国之士。……把最初倡导革命的人及最先奠定自由基础的人送上断头台去，只足以使反革命派高兴。"他反对以此来威吓爱国者的"恐怖制度"。经杜里奥之干预，腓力波的提议卒被否决。

这次最初的胜利使从事商业的议员们之财产免受追究，于是使沙跛胆壮而更进一步。他再提及前一日所通过的奥塞兰被控事件，主张任何议员非经议会之初步询问不得解送革命法庭。他继巴稽尔而攻击两委员

---

① 沙里侯爵夫人原系出亡贵族，为奥塞兰之情人，返国后于1793年5月4日被捕，经奥塞兰救出，并将其藏匿。9月17日法令通过后，奥塞兰将她告发（10月16日）。新2月19日议会通过控劾奥塞兰案，12月5日判处流刑，沙里夫人则于新7月11日处死。

会对于议员们所施的暴虐，其措辞更激烈、更干脆。他说："死并不足使我害怕，假使为着共和国而非要我的脑袋不可的话，就让它丢下来吧！我所看重的是，自由要胜利，不当以恐怖来压服全国；我所看重的是，国民大会应该讨论，不当徒然根据一个报告而将法令通过；我所看重的是，议会对于一切法令不应当老是只有一个意见。假使议会中没有右派，我一个人即可组成右派，牺牲脑袋都行，只要议会中有一个反对派，免得人家说我们对于一切法令只有信任而无讨论。"杜里奥继起发言，不仅拥护沙跛而已。他虽未提出名字，显然他在攻击艾贝尔及其同党，说他们所宣传的"格言，目的在消灭国家之安全及有关于工商业之一切"。这批人"只想浸浴于其同胞的血液中"。经过很激烈的辩论以后，沙跛的提议被通过了。

这么一来，国民大会的骗子可望逃过两委员会的监视；因为每遇它们要逮捕议员时，须在对它们已不很信任的议会中经过公开而与之对立的辩论，于是它们会不敢再提逮捕议员之事。

可是这班人并未计算到雅各宾俱乐部，次日，雅各宾党透过杜孚聂、蒙托、累诺旦及艾贝尔本人对此案提出的激烈抗议，谓因此可使骗子免受责罚而促成反革命派之胆大妄为。沙跛、巴稽尔及杜里奥便是这些激烈攻击之目标。艾贝尔使雅各宾俱乐部议决组设一个审查委员会来追究他们。

新2月21日及22日，当杜巴朗及巴累在国民大会要求奥塞兰无须议会预先讯问及20日所通过的法令应予推翻时，竟无人反对。杜里奥、沙跛及巴稽尔自甘退却。次日，新2月23日，杜里奥被雅各宾俱乐部开除。

陷于恐怖的沙跛，亲自承认怕搜查他的寓所。印度公司的五十万锂曾由柏诺瓦分给他十万，这一大包指券使他很感困难。他非说明其来源不可！于是他采取一个绝望的办法。为求脱祸起见，他模仿法布尔·得格兰丁，但是做得很笨拙。他始则向罗伯斯庇尔、继而向治安委员会举发其同谋犯。他说，巴茨男爵及其代理人柏诺瓦收买了德洛内及朱利安·得·土鲁斯去索诈印度公司，他们曾交他十万锂叫他去收买法布尔·得格兰丁，但他不曾履行；巴茨男爵也收买了艾贝尔派，叫他们告发被其腐化的议员。他说控告他的人如艾贝尔、杜孚聂及吕利尔都是巴茨所收买的人。据他说，巴茨之目的不仅为自己发财，他想先以腐化手段破坏议员之名誉，而去推倒共和国。他的阴谋有两支：一为腐化派，以德洛内、柏诺瓦及朱利安·得·土鲁斯为代表；一为诽谤派，以艾贝尔派为代表。巴茨曾想营救王后及吉伦特党。沙跛之所以接受其一切，为的是要明了他的那些计划，然后再来告发。他为救共和国而牺牲了他的名誉！关于沙跛所述德洛内及朱利安·得·土鲁斯受巴茨男爵指使而讹诈印度公司一点，巴稽尔也来证实。他几次提及了丹敦，谓德洛内靠丹敦帮忙。但巴稽尔未涉及艾贝尔派。沙跛攻击艾贝尔，谓其受旧贵族罗什硕阿公爵夫人之请求而使马利·安朵瓦勒特移禁于丹普尔。他说，艾贝尔派所要求的及已得通过的一切革命措施，如限价律等，目的只在使人民厌弃革命，迫着人民反叛。巴稽尔却只在讹诈事件上着眼。

两委员会委员深信巴稽尔及沙跛所陈述的有很多真实之处。可是认定这两位久经他们注意的告发人也是有罪的，正如其同谋者德洛内及朱利安·得·土鲁斯一样有罪。他们下令将此四人一起逮捕。在这个逮捕令上，他们又加上巴茨的银行家如柏诺瓦、西门、杜罗瓦及倍德，还有著名的普罗利，连他的朋友杜毕桑亦在内。德洛内之被禁于卢森堡狱系与沙跛及巴稽尔同时[①]。朱利安逃过了搜索，反而藏在治安委员会所在地，即在委员会某书记之住所——这很足以表明革命政府之最直属的人员是如何的不可靠。倍德业已在逃。巴茨应用其惯技而逃过了警察的追查。他逃往法国南部。西门在敦刻尔克，他从那里逃往汉堡。代他而被捕者是那位著名的圣西门，未来的社会主义理论家，他曾与其朋友普鲁士人累登伯爵在国产上投机。柏诺瓦则不知所在。普罗利躲在巴黎附近，

---

① 沙跛等被捕系在新 2 月 28 日。

以后才被发现。

可注意的是竟不如沙跂及巴稽尔之所望，两委员会并未惊动艾贝尔、杜孚聂、吕利尔以及后两人的推动者而兼朋友的法布尔·得格兰丁。反之，他们认为法布尔·得格兰丁虽曾与德洛内一同在假造法令上签字，却是完全无罪。他们之所以信任并非根据文件，他们对文件并未精细研究，却是根据法布尔·得格兰丁能于一个月以前就告发沙跂、艾罗·得·塞舍尔、银行家及外国所收买的人。他们天真地觉得这位裁判者是预言家。沙跂及巴稽尔举发的只是证实他的疑虑而已。于是他们老老实实地叫法布尔·得格兰丁会同亚马尔来查办此事件，虽然他直接与此事件有关。至于巴稽尔所特别牵涉到的丹敦，两委员会也不想去惊动他。反之，他们竟要巴稽尔在告发全文中把关于他的部分取消。

两委员会所着重的不在此事件之金融方面，而在其政治的及爱国的方面。他们认定确有外人之阴谋。新2月28日，俾约·发楞在国民大会的演说中，谓有人在散布诽谤与疑惧，有人受庇特收买而来分化及诽谤爱国者，对于他们之"可疑的激昂"及"诡谲夸大的热狂"须小心防卫。

艾贝尔及其朋友始终不曾想到要替被无耻的沙跂所指为受庇特雇用的普罗利、德斐欧及杜毕桑等辩护。艾贝尔本人已不自安。这时科洛·得霸出使在里昂，不能为他的朋友辩护，不能袒护他们以抗沙跂之攻击。克洛茨在其朋友银行家凡·敦·伊维被捕时并未作声，对此案始终守缄默。谁也不敢怀疑此阴谋之真实性。新3月1日，艾贝尔在雅各宾俱乐部卑屈地感谢罗伯斯庇尔之保护他，以抗人家的控告。他更进一步：否认他以前之攻击丹敦，为掩饰其退缩起见，他说布里索的同党仍然存在，和他们一起的有厄利乍柏郡主①，他理直气壮地主张将这些人解交孚基尔·坦维尔所主持的革命法庭。继他之后，摩莫罗否认哥德利埃俱乐部

---

① 厄利乍柏郡主为路易十六之妹，8月10日事变后与其兄同被禁于丹普尔堡，1794年5月10日被处死。

之打算以暴动来声援杜毕桑与普罗利。在结束其演说时，摩莫罗也用艾贝尔那样的勇敢态度来攻击教士："此类在昔惯为虚伪而至今仍未决然放弃其欺骗的人，倘有一个存在，我辈就不能不感觉危惧；因为教士们现在已改变策略，倘仍有一个存在，他们为自卫起见，会叫人民来为其迷信而受牺牲。必须惩罚他们才可根绝一切的不幸。"艾贝尔及摩莫罗给了罗伯斯庇尔一个好机会。他轻蔑地驳斥他们的横暴政策："我们最危险的敌人果真是暴君们所遗下之不纯洁的遗物吗？……倘使说，惩罚卡佩之可鄙的妹妹，较之惩罚卡佩本人及其可鄙的配偶更能使敌人敬畏，这能使谁相信呢？"所以罗伯斯庇尔答复艾贝尔说，无须再用无用的刑戮！继而答复摩莫罗说，无须再有反宗教的过分行动。"你们说：你们怕教士！教士却更怕人类知识之进步。你们怕教士呀！他们可立即放弃其宗教职位，而换上市政府、行政机关甚至民众会社主席等种种职位。单凭他们之忽然放弃教职，你们就相信他们之爱国心，他们自会非常高兴的。……我只知道唯有一个方法可使狂信复活，这便是相信狂信的力量。狂信是个凶恶的动物；遇着理性却会逃遁；大声嚷嚷去追逐它，它仍会回来的。"罗伯斯庇尔勇敢地向反基督教者说明他已洞察到他们的煽动打算。他不愿在借口打倒狂信之下，另有新的狂信起而代之。他反对这类反教士的怪异行动。他分析宗教革命的严重危险。他断言国民大会应尊重信仰自由。他指出反基督教运动是"外国暴君所派遣的怯懦之徒"巧妙地布置的打击，这些家伙要煽动法国，要使各民族都觉得法国是可憎恶的。他以激烈的责詈之辞指出他所认为有罪的人：普罗利、杜毕桑、佩累拉、德斐欧。他使雅各宾俱乐部开除他们，当时为主席的克洛茨竟未开口为他们辩护。

罗伯斯庇尔这次演说的影响是很大的。十天以来，反基督教运动之发展未遇丝毫阻力。从此出版界才改变态度。国民大会恢复了抗拒煽动家的力量。新3月18日，它明白宣布保证信仰自由。

艾贝尔派是退缩下来了。前一天，他们还在控告巴稽尔及沙跛。轮到巴稽尔及沙跛起而控告他们时，他们兢兢自危而托庇于罗伯斯庇尔；罗伯斯庇尔保护他们，但已驯服了他们，并且驳斥了他们的政策。

继法布尔·得格兰丁告发之后而有的沙跛之告发，因此具有极大的重要性。它为此后党争之关键。它会激起本于爱国焦虑而生的怨恨。外人之阴谋已具体化了。它将为毁灭山岳党的症结所在。

第九章　宽大派

直到沙跋及巴稽尔的大告发时为止，革命政府虽遭遇着反对，但只是散乱的，是不时而发的。反对派还不曾形成一个系统。它虽批评革命措施之使用，但未涉及原则的本身。这只是一个戴着假面具而间接的反对派，是一个具有诡计与埋伏的反对派。

唯有查格·卢在9月中旬，敢于在其刊物上提出显明而直接的抗议。在其刊物的第二六五期上，他说："单凭恐怖来镇压人家，不足以使人爱护及拥护政府。……光是靠混乱、破坏、放火及流血；光是使法国变成一个巨大的巴士底狱，仍不足以使我们的革命征服世界。……生来就有罪的办法只足以使狂信主义复活。被拘禁的无罪者比有罪的人还多。……"查格·卢当时被禁在圣伯拉吉狱中，这是他在狱中写的。他原是促成此类激烈政策的人，及至自己做了牺牲者时始觉其恐怖；这种事后的聪明能有什么作用呢？勒克雷克也提出类似的抗议，也得不到反响。他们的刊物都被禁止了。

宽大派的反对则危险得多。其领袖都是具有才智的演说家，大部分都参加过实际政务，或则参加各委员会，或则充任特使。他们必然会团结所有恐怖政策所能打击的人，他们是一大势力。

他们需要一个领袖。沙跋自始就想到丹敦。新2月26日，他走出治安委员会以后即往访库尔多瓦，告以事情之经过。库尔多瓦立即告知丹敦。这位疲乏了的议员，明知印度公司事件追究起来可以牵涉到他，因于新 2 月 30 日晚上急速回到巴黎①。他回来时，深恨艾贝尔派，因为他们曾猛烈地攻击他；对公安委员会则满怀疑惧，因为路易·孔德已向委员会控告他。他早已在责难委员会的政策。他已指摘对屈斯丁之审判，指摘贵族将领之被撤换，指摘王后之受审讯，据他向杜普嫩说，王后之被杀"破坏了与列强交涉的希望"，因为他认为欲求国家安全唯有迅速言和，即付巨大代价也是应该的。他曾因无力营救吉伦特党而下泪。

加拉告诉我们，丹敦从亚西回来时，曾以行动计划告诉他，他称此计划曰阴谋是很恰当的，因为这个计划之目的在推翻革命政府，要完全改变现统治。事实上，这计划是要去分化各委员会，拉拢罗伯斯庇尔及巴累，使委员会分裂而被包围，以后将其改组，遇必要时诉之暴动，一旦成功则决然右倾，恢复和平，开放监狱，修改宪法，恢复富人势力，使亡命者回国，与一切敌人妥协而清算革命。

事实上的演变恰如加拉所云。丹敦继续采用巴稽尔、沙跛、法布尔·得格兰丁等之已定政策，唯较谨慎聪明而已。为了讨好罗伯斯庇尔而诱之上圈套起见，丹敦急急地在新 3 月 2 日攻击以暴力对付天主教之举，并灵巧地提出目前已可终止恐怖之意："我要求要爱惜人类的血！"新 3 月 6 日，他主张对于沙跛及巴稽尔所告发的阴谋应立即提出报告；依他的措辞而论，凡曾主张恐怖法律的人都与此阴谋有关。在为沙跛及巴稽尔辩护时，他不但在为其本人辩护，且同时为其他经营商业的议员辩护，如居富瓦、库尔多瓦、卢伯尔、默兰·得·迪昂威尔、杜里奥、布尔索、夫累隆、巴刺斯、塔利安、本达波尔、罗微尔及其他许多人。这班人经其鼓励以后，立即起而攻击艾贝尔派的布硕特。新 3 月 11 日，丹敦竟敢攻击强制用现金兑换指券之颇得民心的办法，此办法本系哥德

---

① 丹敦于 10 月 10 日向议会请假回故乡"养病"（参看本卷第 5 章），至时始回巴黎，在此六星期中，不曾参与巴黎的实际政治。

利埃俱乐部及坎蓬所主张的，且经若干议会特使执行。他说："现在联邦主义既已被粉碎，革命步调自应依据成文的法律。……从此以后，仍然自命为极端革命派的人所造成的结果，其危险程度将不亚于决绝的反革命派之所要制造的。……我们所派出的人，倘采取虽经向我们报告的措施，纵令出于善意，亦须将他们召回；此后议会特使只能发布符合于革命法令的命令。……我们应明白，破坏工作虽由于武力，但欲奠定社会之基础则有待于理性与天才。"富人不再被迫将现金去兑换共和国纸币了。议会特使所颁发的相反的命令均经取消。有产者又可透一口气了。

反动浪潮如此强烈，因而不坚定的硕默特离开艾贝尔派的旗帜而随着反动走。正当丹敦攻击以现金兑指券而得胜之时，硕默特向市府控告各区革命委员会，据他说，这些委员会行使一切武断手段，它们之有时逮捕贵族不过是"借以攻击最可靠的爱国者"。他主张召集各革命委员会人员到市政厅来报告其行动及接受训令。但是俾约·发楞不满意于他这种温和论调，而称赞嫌疑犯律，因为此律破获了叛逆才得到前方的胜利；他谴责硕默特"要让国民大会负采用有力措施之恶名"来取得民望。硕默特提出的命令被撤销（新3月14日），哥德利埃俱乐部也将他除名（新3月27日）。

宽大派竭力想来左右雅各宾俱乐部。不常出席俱乐部集会的丹敦，现在常川出席。新3月13日，对于将哈佛尔的教堂改为当地俱乐部集会之用一案，丹敦竭力反对。"对于那些要使人民的行动超出革命范围及提出极端革命措施的人，我要求大家不要信任。"曾为牧师的库俾·得·洛瓦茨干脆答复他说，教堂是属于人民的，人民"为着选择当地最适于集会的地点，得任意使用其产业"。丹敦还想答辩。激烈的怨声阻止了他。他不但要辩明他无意"割断革命神经"，并且要为他的私生活及政治生活来洗刷："我不还是曾经与你们一起同患难的那个人吗？我不还是曾经你们常常当作朋友拥抱而且愿意与你们共存亡的那个人吗？"他虽在假马拉之名以自重，可是无用，旁听席上报之以吆喝；据德木兰云，俱乐部会员对他"频摇其首，报之以怜悯的笑声，好像在听一个受大家一致谴责的人的演说"。他不能挣扎了，自甘屈服，要求组设审查委员会来考核人家所攻击他的罪状。倘无罗伯斯庇尔，他可完了。罗伯斯庇尔打消了组设审核委员会之议，但他小心地说明他的意见并非常与丹敦一致，并且曾数度责难他，例如关于杜木里厄及布里索等事件。罗伯斯庇尔只想避免革命分子之分裂："爱国者的事业只有一个，正如暴政的事业只有一个，爱国者必须为同样的利益团结起来！"关于引起这场辩论的教堂使用问题，罗伯斯庇尔之参与是值得称赞的，正因他和库伟·得·洛瓦茨意见相同，次日，他与俾约合签一令，允许哈佛尔雅各宾党使用嘉布遣派教堂。

直到此时为止，宽大派只有一个报，议员居富瓦所主办的《法兰克前哨报》，此报竭力模仿艾贝尔迎合贫民心理的笔调。新3月15日，德木兰再拿起他的笔杆而发行其《老哥德利埃党报》。德木兰也有不得不起而自卫的弱点。雅各宾党久已认为他是一位可疑的人物，因为他与各方面有很不名誉的关系，例如，他与爱斯巴涅克的关系，当制宪议会时，爱斯巴涅克的弟弟曾因杉塞尔伯爵土地交易事件而遭人攻击，德木兰为他出过力；如与睹窟主人底图毕德的关系，他曾赞助此人对抗布里索；他与王党新闻记者里舍·得·塞里稽的关系，二人同为征逐声色的人物；他与因阴谋而被捕的阿图·底养将军之关系，及与许多其他的人之来往。这位"老哥德利埃党"不过是个衰老了的哥德利埃党。他的战略很简单。就是直抄沙跛及巴稽尔的那一套。认定他的政敌都是庇特雇用的人。"呵！庇特！我真崇拜你的天才！"这便是他那报上的第一句。凡经艾贝尔派攻击的人都是庇特的牺牲者。沙跛曾说过：山岳党中有施行腐化者及被腐化者。德木兰改正他说：没有腐化者也没有被腐化者，谁都不可疑。这都是艾贝尔派之无辜的牺牲者，艾贝尔派就是被庇特收买来败坏议员名誉的人。德木兰主张完全的出版自由。纵然他说他要适当地使用这个自由，在国家危急存亡之际他的论坛却给王党利用了。他的报很为巴黎多少是隐蔽了的贵族所爱读。

宽大派竭力进行攻势。新3月15日，默兰·得·迪昂威尔要求巴稽尔及沙跋应不受密禁。他失败了，但在次日，杜里奥又主张应规定释放因嫌疑犯律而被拘的爱国者的方法。继而在新3月19日，沙跋及佛累兄弟之密友西蒙在雅各宾俱乐部提议，谓各俱乐部有权要求释放被捕的爱国者。倘使他的提议被采纳，则再用不着革命委员会了。俱乐部会员会变成了不可侵犯的。雅各宾会员证可使他们免于一切追究。罗伯斯庇尔揭穿这个诡计说："有人要你们在此急速进程中停住，好像你们已到了工作的终点似的。……你们应知道，在我们的军队中正有叛逆发生；你们应知道，除开少数忠实将领外，可靠的唯有士兵。在国内，贵族比以往更可怕，因他们较以前更无信义。在以前，他们只列成阵势来攻击我们，现在他们夹杂在我们中间，深入我们的组织，戴着爱国主义的假面具，暗中乘我们不提防时用刀来刺杀我们。"于是宽大派才明白了罗伯斯庇尔不如他们所想象的那么易于受包围。

他们加倍攻击艾贝尔派。德木兰在他的刊物的第二期中，对克洛茨予以激烈的攻击，谓庇特所主使的反基督教运动应由他负责。"克洛茨是普鲁士人，与一再被控的普罗利为表兄弟。他曾工作于《四海公报》（王党机关报），在那上面攻击爱国者。……加德及微尼奥是他的保证人，代他活动而使立法议会通过允其归化为法国公民的法令。……五年以来，他发出的信上老是称'寄自世界首都巴黎'，假使丹麦和瑞典的国王仍能保守中立，不以巴黎之傲然自称为驾凌于斯德哥尔摩和哥本哈根的首都而表示愤怒，那就不是他的过错了。"

次日，轮着艾贝尔在雅各宾俱乐部受他们攻击。沙跋及佛累兄弟的吃喝朋友本达波尔责斥艾贝尔之攻击人太为过火："我要问他，他是否得有此类阴谋之秘密；我要问他，当他提及一个议员时，他为什么坚持不放过和尚沙跋有甚于不放过带绿头巾的罗兰？为什么在尚未审讯前，他要认定沙跋有罪而应受惩处？为什么他要攻击拉佛，就因为他表示相信有主宰吗？至于我，我是仇视一切迷信形式的人，而我要说我老相信有主宰。"敢于在雅各宾俱乐部为沙跛辩护的，这是第一次。艾贝尔怪可怜地否认他曾宣传无神论："我要声明，我曾劝乡间居民阅读福音书。"这次事件表示宽大派之敢于行动已达何等程度。

他们自信他们的力量足以立即使公安委员会改组，因委员会的权力将于次日——新3月22日终了。他们小心准备着这次突击，首先是不断地攻击布硕特及其派出人。骄傲而无经验的腓力波因委员会未理会他之控告罗西弱尔及隆撒二人①，怀恨在心，于新3月16日发表其异常激烈的致委员会的公开信。他向他们说："倘使你们所保护的人并非有罪，（则我所要求的审核委员会）会明白宣布其无罪。如果他们是有罪，而你们使其免受惩罚，则你们就是他们的从犯，由此错误措施而牺牲的两万爱国者之血，要向你们报复。"

新3月22日，步尔敦·得·洛瓦茨主张改组委员会。"虽然大部分委员能得国民大会及人民之完全信任，但其中有若干人是不宜再居其位的。"默兰·得·迪昂威尔提议每月应将委员会人数改选三分之一。虽经坎巴塞累斯反对，议会仍以大多数通过次日将其改选。

当晚，法布尔·得格兰丁使雅各宾俱乐部开除了库俾·得·洛瓦茨，所持之唯一理由是因他曾责难教士结婚，实则因为他数日来之敢于反对丹敦。另一宽大派责斥克洛茨之勾结与杜巴里夫人有关系的荷兰银行家凡·敦·伊维。罗伯斯庇尔也用可怕的罪名控责克洛茨，其内容，甚至其措辞都是采自两日前出版的《老哥德利埃党报》。吓坏了的克洛茨答不出话来，被开除了。

假使委员会果然被改组，宽大派无疑地仍要保留罗伯斯庇尔，他们所要排除的委员只限于与艾贝尔派有关系的人，如艾罗、科洛、俾约及

---

① 隆撒为陆军部长布硕特派往汪德郡之重要人物，与统兵平汪德党之乱的罗西弱尔同属艾贝尔派；腓力波系派往汪德郡的议会特使，不满于艾贝尔派在当地的行动，曾向公安委员会控告他们，将军事失利的责任加在他们身上。

圣丹德累，这些人和克洛茨一般，都与普罗利、德斐欧及艾贝尔有相当关系。可是，新3月23日，改组案竟因圣丹德累的朋友热·得·圣佛瓦之干预而遭搁浅，他说，值此贵族正在尽其最后努力而列强正在使国民大会陷于"过激的爱国主义与温和主义二大同样危险的困难之间"之际，而要改组委员会，是很失策的。

这一搁浅才让罗伯斯庇尔觉悟过来。假使他还不曾看出宽大派阴谋的目的，则《老哥德利埃党报》之第三期可使他睁开眼睛。德木兰这一次不限于攻击艾贝尔派，他在透过他们而针对整个现统治，予以有力之突击。开始，他巧妙地将王政与共和国对比，表面上在叙述罗马皇帝们的罪恶，实际上是揭举共和国的罪恶。这并不是一个新发明的办法。这原是百科全书派所惯用的影射与暗嘲方法。作者的真意正在其所说的反面。他说，他不愿使王党高兴，可是，在塔西都斯的掩饰下，他将共和国的可怕景象呈现在王党的眼前①。继而他把塔西都斯放过一边而列举当时的极端革命派，说他们的罪恶正有类于被罗马皇帝所释放的人。例如蒙托，他曾向国民大会要求五百个脑袋，他欲使莱茵军屠杀马因斯军，他提议将法国人民半数监禁起来，以大桶火药埋在监狱下面。最后，德木兰直接攻击整个革命制度："在今日之法国，幸而有一百二十万的兵士不来订法律；除此而外，国民大会的特使在订法律，各郡政府、各县政府、各市乡政府、各区以及各革命委员会都在订法律，请上帝宽恕我，我相信民众会社也在订法律！"他更谓国民大会各委员会，因为无知与骄傲而有罪。他们之爱国的无知所造成的祸害，有甚于杜木里厄及拉法夷脱之反革命派的才智。

这个胆大的第三期产生了极大的反响。这位谴责现统治的人就是曾

---

① 《老哥德利埃党报》之第1、2两期，仅攻击极左的艾贝尔派，罗伯斯庇尔曾为之校阅原稿，也许他想利用德木兰来对抗艾贝尔派。《老哥德利埃党报》之第3期（新3月25日出版）则借塔西都斯叙述罗马帝政之专制来影射当时之恐怖统治，意在推动宽大政策而推翻革命政府。

经创建它的人之一，这位反对恐怖政策的人就是曾经鼓动人民摘下街灯的人①。这会如何地使贵族高兴而使忠实的革命者悲哀呀！这个攻势之发动，正在沙跛、巴稽尔及德洛内等罪案受审讯之时。人家免不了会这么想：宽大派所要废止的恐怖政策不就是他们自己所害怕的恐怖政策吗？他们所要打倒的断头台不就是等着他们踏上去的断头台吗？

攻势如此猛烈，政府中人有点把握不住了。新3月27日，法布尔更敢在国民大会控告布硕特的秘书长万撒，他是哥德利埃俱乐部的重要人物之一；控告革命军统领隆撒，他是业经腓力波控告过的；控劾打手马伊雅，他是法布尔曾于新2月间使其下狱，卒因证据不足而被开释的。法布尔之控告万撒，颇为暧昧而无根据，仅谓其雇人阻挠议会特使的行动，把缓役证发给朋友。关于隆撒，则举出其镇压里昂乱党时的一个"读来不禁令人战栗的张贴"。这三名被告都是政府要员，国民大会竟立即将他们逮捕。假使伐迪厄不曾为治安委员会职员厄隆辩护，厄隆也会遇着同样的命运。另有三名行政会议的人员亦未经任何形式而被下令逮捕。这都是不合手续的。未经考察，甚至未征求负责选用他们的委员会之意见，国民大会竟这么打击了革命政府之高级官吏。

当晚在雅各宾俱乐部，艾贝尔派只敢软弱地提出抗议。为隆撒声辩的累桑，其发言竟被拉佛、杜孚聂及法布尔诸人压倒，他们要使被征服者不得抬头。新3月29日，步尔敦·得·洛瓦茨曾高兴地写道："陆军部各司的反革命党马上要被粉碎了。"可是他没计算到还有科洛及罗伯斯庇尔。

科洛曾为普罗利及德斐欧辩护，二人受攻击就是伤了他自己，他所

---

① 1789年7月12日，德木兰在巴勒·罗垭园的一所咖啡馆面前，报告内克被撤职及宫廷调兵的消息，鼓动人民武装自卫，因而更推动了觅取枪械及攻陷巴士底堡之举。他亲身参加这几天的事变，颇以曾鼓动巴黎民众自豪，为当时激烈革命分子之一。此后他出版多种推动革命的刊物或小册子，其中之《灯语告巴黎人》殊为激烈，以黑暗中之灯光口吻来刺激人民，因而被称为"灯光检察官"。

派的隆撒被捕以后，于是他自觉直接感受威胁了。里昂代表团已动身到巴黎，其目的在控告他主持的集体枪毙之恐怖。他本人急急回到巴黎来预防这一控告 [①]。为着要刺激人的感情起见，他带来了沙利尔的头。他把这个遗物郑重其事地献给巴黎市府。新4（雪）月1日，巴黎之热烈的爱国者成群地护送他从巴士底广场直达国民大会。其中有一人要求将殉道者沙利尔的遗物，在陈献于国民大会以后，应予以葬在国葬所的光荣。库通赞成这个要求，而且是进一步。他提议应将丹庇尔将军遗体迁出，丹庇尔系丹敦之友，曾为敌人所杀 [②]，在库通看来，他只算是一个叛徒。这一着显然是对付丹敦的，丹敦出而抗议，为丹庇尔辩护，使议会决定将库通的提议送交委员会。

于是科洛起而为自己辩护。他引证议会的法令，委员会的命令。他承认有集体轰毙事件，但减轻其程度。他称赞处决叛逆的两个军事法团。丹敦派不敢反驳他。他的行动当经议会认可。但法布尔·得格兰丁仍要控告隆撒手下的队长马祖厄，竟使议会下令将其逮捕。

当晚，科洛在俱乐部里责难雅各宾党之懦弱可羞："两个月以前当我离开你们的时候，你们曾渴望要予里昂阴谋坏蛋以报复。……倘使我再迟三天到巴黎，说不定会有控告案来对付我！"他和隆撒是相连的，故他极力称赞隆撒，描述贵族们听到他被捕消息时的愉快："你们的同僚，你们的朋友，你们的兄弟，都在匕首威胁之下！"最后，他攻击宽大派。这种勇气立即传布开来。一月以来但有屈服与退让的艾贝尔派，跟着科洛起而反抗。摩莫罗攻击古匹约，尼科拉攻击久已逃过断头机的德木兰，艾贝尔攻击马拉的敌人步尔敦·得·洛瓦茨，攻击腓力波及其凶毒的小册子，攻击与所有贵族有勾结的法布尔·得格兰丁。雅各宾党支持万撒及隆撒，要求将他们释放。

---

① 关于科洛在里昂行使恐怖政策之情形，参看本卷第七章。
② 丹庇尔在法马尔一役受伤，5月10日死。

　　科洛之所以能办到这一步，因为有公安委员会赞助他。罗伯斯庇尔的态度改变了。这并不是说他赞同科洛在里昂的行动。恰恰相反。科洛出使时写给他若干表示紧迫的信，他一封也没有答复。罗伯斯庇尔最初之所以以同情的态度来注视宽大派之攻势，因为他愿借此消灭制造混乱与横暴的人；继而他看见他们只顾私愤而为个人报复，用《老哥德利埃党报》第三期来准备反动，又攻击好公务人员如他所信任的厄隆与布硕特，及在性格与才能上均为他所推重的同僚圣丹德累，于是他不信任宽大派了。

　　新3月29日，亚马尔根据沙跛之控告而去彻查的案件已进了一步。亚马尔与查格核对了关于清理印度公司的伪造法令之原件。他们证实此法令上有法布尔·得格兰丁之签字，他确已接受了与他所提修正案相反的措辞。他们如此惊讶，因于新4月6日决定不令法布尔·得格兰丁参与审核此案件。罗伯斯庇尔现在怀疑他是否上了法布尔的当，法布尔这个巧妙的骗子，他之有罪或更有甚于他所告发的人，其告发之目的只是在搅乱视听。

　　罗伯斯庇尔只注目于革命的利益。当汪德叛军渡过了洛瓦河以北屡败前往进剿的共和国军队之时，当服姆塞尔已突破威森堡线而兵临斯特拉斯堡城下之时，当法国在地中海的第一要港始终在英国人及西班牙人手中之时，可以打开监狱放出嫌疑犯而把最好的爱国派再关进去吗？可以将革命的法律放松或取消吗？当粮食委员会刚开始工作，新3月14日的大法刚开始施行时，可以破坏革命政府吗？

　　新4月3日，罗伯斯庇尔在雅各宾俱乐部采取一种超出各派的态度。这次会场中之人多是从来少有的。有人愿出二十五锂以购旁听席上的座位。宽大派欲推翻俱乐部为万撒及隆撒辩护的决议。他们最初这一着就失败了。科洛用悲剧的语调，宣布里昂爱国者格伊雅——沙利尔之友——由于失望而自杀。这便是温和主义的结果。勒发曳·得·拉·萨特宣述其同乡腓力波的罪状，称之为饶舌者、欺骗者。腓力波亦报以同样语调。他坚持要控告统兵在汪德郡的无套裤党将领，说他们浪费公帑，只打算如何享受，都是些蠢才、懦夫与叛徒。会场为之哄然。装作大公无私的丹敦起而维持肃静以有利于腓力波："也许我们只有事件而无所谓罪犯；但无论如何，我主张对此事件发表意见的，都得听。"罗伯斯庇尔先责难腓力波不应任意攻击公安委员会，继谓他在这次争论中只觉得是个人泄愤而已。他劝腓力波牺牲一点自尊心。丹敦主张穷究，目的在将事态延长，罗伯斯庇尔恰相反，他努力呼吁团结以期马上结束此事件。他在劝了腓力波之后，又劝艾贝尔派，要他们镇静地等着两委员会对于隆撒、万撒及马伊雅之裁判："马拉不是曾经从容出席革命法庭吗？他不是胜利地回来吗？对于国家有过极大贡献的沙跛不也在被拘禁吗？"

可是腓力波拒绝罗伯斯庇尔向他所提出的调和，更直接攻击委员会，丹敦亦重提其组设审查委员会之议。库通说："我要问腓力波，他是否在精神上及良心上认定汪德战事中确有叛逆事情？"腓力波答曰："是的。"库通再说："那么，我也主张任命一个委员会。"宽大派与委员会间的妥协已无望了。

艾贝尔派的摩莫罗，利用这个机会表示他和他的朋友愿意扶助委员会，但是有条件的："爱国主义必须扶持，爱国者不能受压迫，一切共和派团结起来拥护公安委员会及治安委员会、国民大会及山岳党，保卫共和国直到最后一滴血时为止。"具有一切勇气的罗伯斯庇尔，激烈地说明其感觉到这些话里面所隐藏的威胁："难道有人认为国民大会在压迫爱国者吗？难道他忘却了布里索派已不存在，而今日是山岳党当政，它对共和派始终是保持正义的吗？"他又说，国民大会要贯彻其职守，不怕任何暴动。这无异是警告艾贝尔派说，倘使他们想利用恫吓，他们便错了。

罗伯斯庇尔这样地与腓力波及摩莫罗都保持同等的距离，这个异常重要的地位使他深得人望，因为人民明白革命之安全系于革命者之团结。正在新4月3日，雅各宾俱乐部重要会议的次日，杜敢密厄统率的共和军夺回土伦之消息到达巴黎①。公安委员会因而站住了，罗伯斯庇尔利用此时机于新4月5日在国民大会热烈地称赞革命政府，这无异是答复《老哥德利埃党报》。他说明立宪政府与革命政府间、平时政治与战时政治间的根本差别，以极合逻辑的理论来为恐怖政策辩护。站稳在公共利益的立场，他批评左右两极端派说："倾向于温和的温和主义，有如无能为力者之主张贞洁；激烈派所表现的能力有如水肿病之于健康。……民治主义的贵族就是科布林士的贵族的同类，有时，激烈派之接近贵族有过于我们之所能想象。"次日，巴累控责《老哥德利埃党报》，俾约·发楞亦使数日前根据罗伯斯庇尔提议而通过的法令被推翻，该法令系组设一个司法委员会，责司类别囚犯及开释误捕的人犯②。

自汪德叛军败于勒曼及萨维内，奥什击败普、奥军于格斯堡并夺回兰多以后③，委员会才基础巩固而敢于有所行动。宽大派从此逐渐退缩。

新4月15日，从被封的德洛内文件中发现了清理印度公司法令的最初草案，绝对证实了法布尔·得格兰丁是有罪的。新4月19日，罗伯斯庇尔在雅各宾俱乐部控责这个曾经欺骗他的骗子，四日之后，法布尔被捕。次日，丹敦殊不自量地竟来干预此事以左袒其朋友，结果，俾约·发楞报之以可怕的答语："凡与他并列而仍受他欺骗的人都会要倒霉！"

宽大派要阻止恐怖政策的企图不但失败了，反而自己感受威胁。受他们保护的欺骗者所犯的案件，则有连带牵涉他们的可能。他们为着败类而主张宽大，因而使宽大失却了信任。

---

① 土伦是在12月19日（新3月29日）收复的。21日议会议决予以清洗，并将其更名为波·拉蒙旦——意即山岳港；派巴剌斯及夫累隆等人为特使前往主持，详见次章。

② 据译者所知，与原文所云略有出入。新3月30日有大群妇女到达国民大会，要求释放其被囚禁之亲属，罗伯斯庇尔当使议会议决由两委员会任命一个委员会专门审查此类案件。六天之后，议会根据巴累的报告推翻前令，但于公安委员中特设一股以司其事，原案之原则并未推翻。详见《通报》（Moniteur）第19卷7—8页及62—63页，参看译者著《圣鞠斯特》第4章。

③ 勒曼及萨维内两役，见本卷第7章。格斯堡之役，系在12月26日，奥什因此胜利而夺回威森堡线，并解兰多之围。

第十章　从极右到极左

　　议会的大多数是暗中同情宽大派的，6 月 2 日的革命仅使他们在表面上赞同山岳党的主张，即为国家安全的主张。倘无具体成绩表现，则委员会之被推翻已不止一次了。它之所以能维持就是因为它能证明它是必需的。可是，它之能够有所动作，它之能够推动革命政府这一台大机器，是有赖于无套裤党领袖们的信任与拥护，这班人不但在俱乐部中议论纵横，而且多供职于新政府。这班新人物是战争的产物，多半是年轻人，刚从受了希腊、罗马英雄事迹感动的学校出来[①]；他们之要保卫革命不但是为着一件事业，同时也是为着一个理想。他们满布于陆军部的各司，以行政会议及公安委员会专员的身份去监视各将领甚至议会特使；他们也满布于各革命委员会及各施行镇压的法庭。靠着有他们，巴黎的命令才得以执行，巴黎才得以明了外间情形。这一统治之维持就靠他们的忠心与善意。

　　宽大派之进攻是直接打击他们的。他们所感受威胁的，不但在于他们的职位，而且涉及他们本身的安全。其中有许多人被控为外国奸细或极左派。受他们监视及督责的议会特使往往将他们逮捕。因此，革命分

---

　　① 法国革命的主要人物，多出身于资产阶级，受有良好的教育，其演说与文字每喜引用古典事迹与言论，因而间接及于民间，使无套裤党亦得略有古典知识。

子内在的斗争并不限于巴黎雅各宾俱乐部及国民大会以内，而且扩展到整个的法国。此类斗争之发生，正值新3月14日大法施行之时①，各地正在清洗俱乐部及地方机关，粮食委员会刚刚成立，所以危险是很大的，因为新统治在其未能具有正规形式以前即有瘫痪之虞。我们倘不离开巴黎而看看全国的情形，则不能正确了解当时情况是如何严重。

这类斗争到处都有。在阿尔萨斯，负有特殊使命的圣鞠斯特及勒巴在夺回威森堡线以后，就没有和在莱茵摩则尔军中之议会特使拉科斯特及波朵联系，因而使他们很不高兴。圣鞠斯特逮捕了外国亡命者领袖什奈德，他原是宪政派主教布兰德尔的助理，现充检察官②。当时什奈德刚结婚。他进斯特拉斯堡城时排场很盛，和他年轻的新妇坐在四轮车上，有刀光闪闪的马队护送。圣鞠斯特把他放在断头台上示众数小时，然后将其解往革命法庭。新3月24日，勒巴写信给罗伯斯庇尔说："此种处罚是他之傲慢行为所招引的，为镇压外人起见，也不得不如此。切不要相信满口世界主义的骗子，我们只有相信我们自己。"圣鞠斯特同时取消了宣传会，这是莱茵军议会特使组织的活动俱乐部，目的在向乡村宣传共和主义。

拉科斯特及波朵对此事件提出强烈的抗议。新3月28日及29日两日，他们写信给国民大会，说什奈德所受的不名誉处分使爱国者感觉不安，使贵族变得比以前更危险、更傲慢。他们称赞宣传会的演说家，说他们"都具有父杜舍内之热烈情绪"。同时，他们要求被召回。

在洛林亦有摩擦。福尔始则以侵吞公款罪逮捕当地艾贝尔派领袖摩热，将其解往革命法庭；继而逮捕主要的革命派来清洗南锡的俱乐部。可是，拉科斯特及波朵控告福尔要变成了贵族的偶像，立即驰赴南锡，在相反的意义下清洗俱乐部，将福尔一派人撤职或拘禁于狱中，而把原

---

① 关于新3月14日法令，参看本卷第六章。
② 拉科斯科及波朵组织了革命法团，以什奈德为检察官。

已下狱的爱国者释放。福尔要求议会予以彻查（新5月3日）。

在塞丹亦有摩擦，佩兰·得·佛热在新4月间将当地俱乐部领袖而兼市长的华桑当作极左派逮捕。但其同僚马修及厄利·拉科斯特则提出抗议而左袒华桑。

在利尔亦有冲突。继伊佐累及沙勒之后而来的安茨及吉奥，将伊佐累及沙勒任命统率郡革命军的拉发勒特及杜夫累塞二人逮捕。他们又释放大批嫌疑犯。曾为敌人所伤的沙勒这时仍留在利尔养伤[①]，对此提出抗议，并责难他们保护贵族。

在上梭恩郡也有冲突，小罗伯斯庇尔[②]成百地开释了因联邦主义及狂信主义而被捕的嫌疑犯。他的同僚柏拿尔·得·圣特原是反对宗教信仰而将监狱填满了的，因而参加了对他的激烈斗争。

在洛瓦郡亦有冲突。激烈的查服格已正式控告库通及公安委员会。他攻击关于信仰自由的法令及国家专员之设置，指出受迫害的爱国者，其结论云："公安委员会即有反革命，因而派遣了不名誉的谷利在厄英郡施行反革命。"（见其新5月16日致科洛之信）新5月20日，库通在议会提出抗议，查服格被召回，并且受了谴责。富舍将他所派的拉巴吕逮捕，解送革命法庭。

业经查服格控告的谷利，又被继而出使厄英郡的亚尔毕特控告，责其保护贵族。说他曾拘禁优秀的爱国分子，开释教士、贵族及修女，而且疏于执行革命的法律（见新5月11日之信）。

可是，这位控告谷利在厄英郡过于温和的亚尔毕特，数星期前已被巴剌斯及夫累隆控告，责其在马赛处置叛徒之软弱（10月20日之信）。他不曾征收富人捐款，并且为上流社会所包围。

巴剌斯及夫累隆变成了宽大派，因为他们是丹敦的朋友。这两位宽

---

① 沙勒伤于昂德斯科特一役。

② 小罗伯斯庇尔为罗伯斯庇尔之弟，亦国民大会议员，于时出使阿尔卑斯方面军。

大派在收复土伦之后，却曾主持流血的报复。他们在新4月16日的信中说："在我们进城的最初几天中，曾被拘禁于忒密斯托克勒号船上的爱国者（即围攻土伦时被拘禁的人），将叛徒中最有罪的指明给我们，我们立即下令将他们枪毙。……我们已用行政机关派遣的专员勇敢的巴黎无套裤党①组成了一个军法团。……这个军法团活动已两日，进行得很好。……八百名土伦叛党已被处死刑。"他们将在土伦的方法照样应用于马赛。他们下令无例外地解除居民的武装。他们设立一个革命法团，组成分子全为巴黎人，如土伦的法团一般；此法团在十天之内处决了一百二十名死刑。他们主张摧毁最美丽的建筑物，并将这个城市之光荣的名字取消，而称之曰"无名城"。马赛的爱国者起而抗议，要求发还他们的武器，指出卡多之胜利他们曾出力不少②，他们要召集南部俱乐部代表大会于马赛。巴剌斯及夫累隆解散了这个大会，封闭各区的办公处，并将两名爱国者——刑事法庭主席马伊叶及检察官吉罗——逮捕解送革命法庭。马赛爱国者则控告巴剌斯及夫累隆之拘禁商人，勒索现款而后将其释放，以图自己发财，这大概是可信的。和他们一同出使的小罗伯斯庇尔及里科尔，业已向公安委员会控告他们。委员会决定保存马赛的旧名，召回巴剌斯及夫累隆（新5月4日之信）。他们自命为极左派的牺牲者，回巴黎以后加入了宽大派。就这事件而论，显然已不是政治的冲突，而是个人的冲突，是地方机关与代表中央权力人员之冲突。所谓极左派与极右派，可用以指种种极不同的人物。

　　在里昂也和马赛一般，表面上是极左派与极右派之争，骨子里是当地爱国者沙利尔一派与来自巴黎的人员间的斗争。新5月14日，马里诺在雅各宾俱乐部攻击当地的爱国者，责他们在科洛·得霸所带来的革命军与驻在当地的正规军二者间挑拨不和。正规军责难隆撒所统的革命军

---

　　①　巴黎革命军及俱乐部分子，常被派往外郡助理镇压反革命阴谋之工作，尤其是在曾经反抗革命政府的城市。

　　②　关于卡多之胜利，参看本卷第一章。

饷给太优。马里诺说："炮已准备好了，家家燃着火光，同胞们准备互相
厮杀，如是者达三日三夜。"最初曾用炮火屠杀的富舍，在隆撒被捕之
后改变了态度。新 5 月 18 日，他下令停止刑戮；新 5 月 24 日，他禁止
再行逮捕。这便是对以往宽赦。同时，他以祈祷室修士摩勒为居间人向
贵族们保证安全。喜流血的富舍现在把沙利尔一派的人当极左派打击；
而这些所谓极左派又在对抗马里诺及托勒德一班人，即属于隆撒及艾贝
尔一派而经富舍继续利用与保护的人。

在波尔多，塔利安及伊扎波早已开始攻击极左派，其主要目的在于封
住这班责司监视的人之口，因为这班人妨碍议会特使的私人来往。他们
组设的军法团，以无赖拉刚布为主席，最初甚为严酷。富有千万的旧市
长瑟治及国民大会议员毕罗朵都被送上了断头台。可是这两位议会特使
及其军法团马上又温和下来。富商拉巴四兄弟罚款五十万锂即被开释，银
行家俾克索托被罚一百二十万锂，商人拉丰及经纪人拉查尔各缴三十万
锂不等。此类开释逃不过行政会议所派人员的耳目，他们向巴黎控告这
些议会特使之奢侈，并指出塔利安俨然夫妇般地与美貌的特累札·卡巴
吕斯同居，她是西班牙圣查理银行经理之女，是个"现代杜巴里夫人"，
塔利安将她从狱中救出，她也戴着红帽子招摇于民间节的集会①。伊扎
波及塔利安则控告他们的控告者为庇特所收买的，都是陆军部各司派来
而穿着漂亮制服的阴谋家。关于卡巴吕斯，他们轻巧地说："有人以为塔
利安要娶一个外国女人。关于这件捏造婚姻的事件请问布律恩将军，他
与这位被涉及的女公民之关系较塔利安更深。他既每天出入于她家里，
应该认识这家人家的操节"（新 4 月 2 日之信）。为着要使控告他们的人
不得开口起见，他们在新 5（雨）月 12 日将监视委员会人员逮捕，据他
们说，因其有武断行动之罪。"我们在以惩罚一切自由敌人的同样勇气来

---

① 特累札·卡巴吕斯初嫁封特诺瓦侯爵，此时已离婚而为塔利安之情人。塔利安被召回
后，她亦在波尔多被捕，继解至巴黎。新十一月政变后出狱，正式嫁给塔利安。

惩罚阴谋家、假爱国者及极左的革命分子"（见其新5月17日之信）。从此温和主义盛行于波尔多，如在里昂一般。

在加尔郡，议会特使霸塞将热烈的爱国者撤职，将他们的领袖号称南部马拉的尼姆市长库尔毕免职，并成百地释放嫌疑犯；可是，他同时也封闭教堂，指摘关于信仰自由的新3月18日法令之不当，可见摧毁天主教并非所谓艾贝尔派主义所独有的东西。

在亚威农，法庭裁判官革命派木罗被罗微尔及普尔迪厄解送革命法庭，因为他揭露了他们在国产上的投机行为。被视为极左派而下狱的，在奥尔良有爱国者达布罗，在斯瓦桑有爱国者勒尔邦，在安把茨有热邦兄弟，在布腊有行政会议派出的摩格及许多其他的人。

即令在恐怖极盛时期，贵族甚至王党，也能伪装起来，占据革命政府的各级机关；这并不是件值得惊讶的事。因为在当时，群众不识字，教育为奢侈品，社会阶层制仍有很大力量，于是受有教育的少数人无论如何会发生极大的作用。富人们仍能保持他们的威望和一伙群众。只要略施爱国捐献，他们即可表示与时代吻合。新5月间，做柏宗松俱乐部主席的便是出亡的旧贵族威盎诺·服布兰伯爵之弟，他表示出马拉一派的意见。这不是一个仅有的例外。

在克鲁茨郡，议会特使微内累从革命法庭及断头台上救出了拉苏忒蓝县属村长格拉夫洛瓦，他原是位好共和党，被格累法庭之贵族裁判官当作危险的无政府主义者判决的。

我们必须知道这些事实，才能明了所谓极左派与极右派之争使整个法国陷于何等扰攘的局面。到处都发生了足以威胁现统治的冲突。本该去仲裁此类争端的议会特使，亦往往亲身参加在内，彼此以恶毒的罪名相控。告发、撤职、逮捕及清洗等事件，迅速地，一反一复地，接连发生。可是同时还要处理行政，管理政务，压抑阴谋，供给城市及军队之粮食，征服欧洲。两委员会在阴谋密布途中摸索进行。它们竟能鲜有错误，竟能逃过人家所不断布置的陷阱，这不能不说是一个奇迹。假使它们分裂，它们便会失败，共和国也会跟着失败。

两委员会不愿借口打击真的极左派来迫害热诚的爱国者，因为这些人除了大公无私的过分急进之外并无其他罪过。两委员会怕失却了与共和党群众之接触。它们觉得在威胁行政会议所派人员的打击中，即包含有要打击它们本身的阴谋。它们觉得极右派较极左派更属危险。

两委员会以新4月27日命令召回了沙勒，但在一个月后，它们又将控告他的吉奥调开，派往樊尼斯特尔郡（新5月30日）。两委员会赞助马赛爱国者，于新5月4日将巴剌斯及夫累隆召回。它们所派的专员青年朱利安控告卡里厄之奢侈有如王侯，对地方机关滥施专制，还有其他罪名，因而卡里厄于新5月18日被召回，虽经卡诺反对亦属无效。福尔亦于新6（风）月3日被召回，东北一带的爱国者均经释放而复职。霸塞亦于新6月3日被召回，遭其牺牲的库尔毕仍恢复其尼姆市长之职。

两委员会虽保护爱国者，但它们对于业已转向山岳党的旧联邦党不愿加以无限制而愚妄的报复。宽大派德拉夸及勒冉德尔当出使诺曼底时，曾将康舍市府人员当作联邦党解送革命法庭。罗伯·林德写信给孚基尔·坦维尔说，审讯此案时他愿出席作证。他要求法庭将此案延搁，新4月15日法庭宣布延审此案。当晚，在两委员会联席会议席上，林德谓如再进行此案，他即辞职。会议席上大多数赞助他。新5月24日，又因服兰之主张而颁发一令，使里昂附近各郡属于联邦党的行政人员不受富舍及科洛·得霸所创设的军法团管辖。卡里厄解到巴黎革命法庭的一百三十二名南特人之审讯，亦经延搁。

两委员会虽主张中止报复，却无放松恐怖政策之意。反之，它们认定这是更需要的，因为它们觉得老是在受阴谋与叛逆的包围。新5月4日库通信上说："对于暴君，无所谓和平，无所谓停战，对于阴谋家与叛徒，无所谓宽恕，无所谓赦免，这便是全国的呼声！"

这时艾贝尔及其朋友们在拥护委员会，这位父杜舍内竭力在压抑其愤怒，而宽大派反而加强其进攻。新4月12日，步尔敦·得·洛瓦茨攻击布硕特的助理多毕涅。新4月18日，借口各部部长浪费公帑来津贴艾贝尔派的报纸，他又使国民大会通过一个法令，规定此后未经一委员会之预先特许，部长无权单独领用公款。这一着关系重大，在战时足以妨碍重要公务之进行。公安委员会毫不犹疑地破坏这个法令，仍令国库人员如以前一般单独付款给各部部长。

威斯特曼是已经委员会撤职的，因其曾以三万枪支分散给汪德郡居民，以致内战再起。这位将领刚巧在议会，勒匡特尔极称赞他；按律凡被撤职的官吏应受拘禁，但勒匡特尔使议会为他通过了一个正式例外之令，威斯特曼因得有完全自由。当晚，罗伯斯庇尔在雅各宾俱乐部大声攻击"新布里索派，他们较旧的更危险、更有害、更卑鄙"。

新5月3日，步尔敦·得·洛瓦茨又愤怒地说，在前一天国民大会全体赴革命广场庆祝暴君受刑周年纪念时，有四名犯人当场处决："这是恶徒们预订的计划，目的在使人民认定组成议会的分子全是些吃人的怪物。"他使议会议决令治安委员会解释此事件，好像这是预先故意布置的一般。

在议会中，两委员会几乎是无日不受人质问：新5月5日，因德木兰的岳父之被捕，丹敦使议会议决两委员会对于开释人犯事件应有详尽报告；新5月9日，因有一法国人在马因斯被拘为质，吕尔遂使议会通过一案令公安委员会审查布硕特的行为；新5月10日，因有一商舰舰长曾为国尽力，国民大会允予升迁而他未能得着，于是海军部长达尔巴拉德须出席议会答复质问，经巴累、圣丹德累及库通三人先后为其辩护，才使他免于被解往革命法庭。

此类常常是胜利的攻击，最足以说明当时政府的处境是何等危险！

两委员会为事势所迫，已倾向极左派，倾向各俱乐部。新4月23日，治安委员会业已开释法布尔·得格兰丁的牺牲者马祖厄。次日，法布尔继之入狱。新5月14日，根据服兰之报告而将万撒及隆撒开释；虽有步尔敦·得·洛瓦茨、腓力波、勒冉德尔、多尼尔、洛瓦佐、硕最尔、沙利埃及勒匡特尔诸人之激烈反对，亦属无用。丹敦亦赞成开释；但他高声说，关于法布尔·得格兰丁事件有报告提出时，他也会赞成将其释放。这像是一种交易，无异是间接向两委员会提出相互赦免的条件。两委员会没有理会他。假使丹敦愿意妥协，忘却以往而求彼此谅解，他为什么不向其同党要求呢？为什么他的同党要不断地攻击政府及其所任命的人员呢？

新 5 月 17 日，罗伯斯庇尔向他们明白表示政府的意向："我们要防止过分的软弱，有甚于防止过分的努力。我们所要逃避的最大困难并不是狂热病，而是怯于造福及不敢前进的态度。"革命政府要维持到和平时为止。对于希图"离间派往各郡的议会特使与公安委员会之关系"以及"煽动已回来的特使"之"阴谋家"，罗伯斯庇尔予以警告。

罗伯斯庇尔说，战事不终止，恐怖政策即须继续。可是宽大派认为已到了可以议和的时候了。新 3 月 29 日，步尔敦·得·洛瓦茨宣称英国不久要向法国讲和。丹敦收到了庇特代理人迈尔斯所写的许多信件，系经法国驻威尼斯公使诺尔之手递到的，向他提出在瑞士开会讨论停止敌对行动问题。其他间接的提议亦经荷兰及西班牙向法国代理人克依雅及格鲁维尔提出。奥国亦向法国驻巴塞尔代理人巴舍尔探询意向。假如丹敦当权，无疑他会立即接受此类初步的提议。德木兰在其死后才出版的《老哥德利埃党报》第七期上，热烈地鼓吹议和政策[1]。

可是在新 5 月 3 日及 13 日，巴累代表公安委员会宣读两篇惊人的演说，嘲弄暴君暗中提出的和议，认为这是一个陷阱，目的只在鼓动公开或暗中与革命政府为敌的法国人及阻止法军进展。"谁敢提及和议？唯有想使反革命延缓数月或数年之久、使敌人及暴君得有时间休息、有时间来榨取人民、补充粮食及撤退军队的人，才主张和平。……君主国才需要和平，共和国只需要战斗的能力，奴隶才要和平，共和国人民只要

---

① 关于《老哥德利埃党报》之第 7 期，参看次章。

巩固自由。"战争是必须继续的，不但为着收复被侵入的土地，而且是为着巩固共和国的内部。在未得到光荣胜利以前，尤其在未能战胜英国以前，不能有和平。罗伯斯庇尔叫雅各宾俱乐部讨论英国政府的罪恶，目的不在转移党争之目标，却在使群众了解与庇特议和是不可能的。

可是，继续战争势必延长无套裤党所受的困苦，因此，委员会不得不施行一种日益急进的社会政策，这个政策使它和通常保护有产阶级的宽大派距离益远。宽大派在原则上已破坏了惩治投机律，因为他们对施行此律非有不可的修正案未予通过。新 4 月 2 日，他们更命中了这个法律的要害；因为趁审讯酒商各敦案时，他们使议会通过处罚违犯此律的唯一的死刑，不再由裁判官宣布，因而也救了他的性命。当然，他们认为仓促草成而须时加修正的限价律，不久也要取消的，正如惩治投机律一般。可是委员会不愿退缩。它催促粮食委员会工作，新 6 月 3 日，巴累才能向国民大会提出全面最高物价表，规定通行全国的物价以补救此律最初所具之缺点。于是无套裤党觉得有了保障。

斗争要开始了。两委员会决定施以重大的打击，一则用以镇压其敌人，一则用以鼓舞群众。新 6 月 8 日，圣鞠斯特代表两委员会宣读一篇惊人的演说词，这也是一个新革命的纲领。

主张恐怖政策最力的人自来也只认为恐怖政策是暂时的应急之策，一俟和平即应终止。圣鞠斯特则谓其另具有特殊意义，是建立民主共和国所不可少的条件。

他在原则上提出，倘无社会制度来改良公民风气及使之合于自然德性，共和国马上就不能维持。"缺乏此类制度的国家只是个幻想的共和国。各人只从其一己之情绪与贪欲去看自由，则公民之间只有征服精神及利己主义；根据个人利益而看自由的孤立的想法要使大家都会变成奴隶。"关于此类社会制度他不久有计划提出；直待此类制度产生了并且使公民私心中的利己主义消灭了以后，才可以取消恐怖政策。"要建立共和国须摧毁违反共和国的一切。"他说，革命法庭的刑戮工作不过是对王政统治之野蛮所施的轻微答复而已；他在热烈地称赞此类工作之后，这位被密什勒称为"死之天使"的人更以死刑威胁一切主张宽大的人，并隐约地指出了其主要人物。"有某一个人心中计划着要使我们退缩，要压迫我们。"大家的视线必然都集中在丹敦，尤其当圣鞠斯特在继续往下说时："他榨取人民而把自己养得肥肥的，他在吸取人民膏血，侮辱人民，罪恶驱使他高视阔步，正因为有罪才故意要激起我们的恻隐之心；最后，对于此类大罪犯之未受惩处我们实在不能缄默，他们因为自己怕上断头台，所以想粉碎断头台。"整个议会喘息不定地在等着这个控劾状的结论。他是否会要求议会把业经他指出的那些人之脑袋交给孚基尔呢？圣鞠斯特忽然一转。他没有要求脑袋，他只要求一个财产上的革命："事势逼着我们要走向大概是我们所没曾想到的结果。财富操在一大群革命敌人手中，人民为需要所迫只得依靠敌人而劳动。假使社会关系以反政府的人为主，你们想，这个国家还能存在吗？革命仅做到一半的人只是自掘坟墓。革命使我们认识了一个原则：显然是国家敌人的人不应再有产业。我们还有待于采取若干天才的措施来挽救我们。……爱国者的财产是神圣的，阴谋者的财产应分给不幸者。不幸者是世界上的权力。他们有权利以主人身份向忽视他们的政府讲话。"

圣鞠斯特使议会通过了一个法令，规定：显然是共和国的敌人的财产应予没收[①]。在他看来，这并不是一个理论上的法令，却是个要见诸实行的具体措施；因而他在新6月13日又使议会通过一个法令：令全国各市乡政府拟具贫穷爱国者的名单，全国各监视委员会将1789年5月1日以来所拘禁的政治犯造出名册，每名附加考语，缴送治安委员会。两委员会根据此大批材料来最后决定没收革命敌人的财产；同时，公安委

---

① 新6月8日圣鞠斯特报告毕，附提法令二条，一令治安委员会释放被误禁之爱国者，一则宣布凡为国家敌人之财产概应没收。

员会造出贫苦爱国者名册以便分给此类被没收的财产①。

在没收教会财产及亡命者财产之后，革命进而夺取仍然属于其敌人的一切。它曾将前两类产业出卖，但出卖仅有利于手中有钱购买的人。现在要将此第三类财产不取值而分给革命的无产者。

就是艾贝尔派，甚至愤激派，也没有如此激烈措施的理想，如此使财产从一政治阶级到另一政治阶级的大转移。革命监狱中所关的嫌疑犯或许有三十万，这便是说，有三十万家庭要受财产被剥夺的威胁。恐怖政策具备了一种未曾预料到的而且是伟大的性质。这不仅是暂时用强力压服一个敌党而已。这是要永远剥夺敌人的财产，剥夺其生存方法，用此剥夺所得来的来提高一个始终难有所得的阶级之社会生活。正如圣鞠斯特继罗伯斯庇尔之后而再三说过的，这是要使革命专政继续下去，直到在事实上用新夺取的大量财产、在精神上用社会制度来建立共和国时为止。恐怖政策本身已不是一种羞耻。它变成了一种统治，变成了一个血红的熔炉，从而在属于旧统治之一切的废墟上来形成未来的民主政治。

两个月以来彷徨于左右两派之间的公安委员会，似乎这一次才确定其途径。它决然倾向于极左派，甚至超过他们。圣鞠斯特之一切努力都是对抗宽大派的。他的结论是个雄伟的企图，要从艾贝尔派的混乱思想中抽出一个社会纲领。

可是，就是他所要去满足的人，既不能了解他，也不能跟着他走，这却是件奇怪而使他大惑不解的事。

---

① 新6月8日法令仅决定社会政策之原则，新6月13日法令则决定推行此政策之办法，史家将此二令并称为新6月法令。

第十一章　各派的倾覆

公安委员会料定它的社会纲领会引起右派的而非左派的反对。丹敦似乎要放弃其一度麻木过的态度。新6月4日，厄利·拉科斯特代表治安委员会要求将亚尔丁郡军事法庭的裁判官解送巴黎革命法庭，因为他们有贵族嫌疑；丹敦起来反对而使此案延搁。他说："我们现在只靠信任，单凭一些简单的报告并未弄清事实就通过了法令。我宣布，我没有明了所说的事件，我不能行使政治陪审官的职权。现在是国民大会恢复其应有职责的时候，对某一事件未充分了解时不能有所表示。不要因为我们是懦怯、柔弱与缄默而断送了国家。这不过是我的政治主张之序言。以后我要续加说明。"这是个富有威胁性的序言。

圣鞠斯特既已使议会通过剥夺嫌疑犯财产的法令，丹敦想要闪避这一着，于是主张须先由治安委员会改组各革命委员会，把"戴红帽子的假爱国者"驱逐出去。他的提议送交两委员会审查，两委员会将其搁置了。

倘使艾贝尔派多少有点政治头脑，便该加劲儿赞助两委员会，因为两委员会再三要和他们接近，以至新6月3日科洛·得霸还在雅各宾俱乐部称赞卡里厄。可是艾贝尔派大部分并不想去实现社会纲领，只急于要满足他们的野心与私怨。严格说来，他们无所谓社会政策。艾贝尔对这问题的看法是怪可怜的。他认为一切罪恶都是囤积居奇者造成的，唯一补救之法是断头机。在他的《父杜舍内报》之最后几期中，充满着对商人之愤怒的攻击。"正如不能宽恕较大的商人一般，我也不能宽恕卖胡萝卜的商人。瞧，好家伙……我看见有东西出卖的人已经组成一个同盟来对抗一切要买东西的人，我发现了小商店也和大商店一样的坏"（见《父杜舍内报》第三四五期）。如此对待小卖商人，使他们念念不忘于有威胁，这实在是鲁莽至极。查格·卢有时还能看出社会问题。艾贝尔却只知注目于粮食问题，他只希望以幼稚而激烈的方法去解决这个问题。

富有傲岸精神与倔强性格的隆撒及万撒，只想报复他们的控告人法布尔·得格兰丁及腓力波。他们不信任国民大会及各委员会。在他们看来，曾反对雅各宾俱乐部开除德木兰的罗伯斯庇尔①是个虚伪而危险的温和派。新5月19日，罗伯斯庇尔又使雅各宾俱乐部开除了他们的朋友布里舍，因为他曾主张将沼泽派的一群虾蟆逐出国民大会，并要求将被拘禁之七十六名吉伦特党解送到革命法庭②；这事件是使他们念念不忘的。他们，连摩莫罗在内，很气愤于雅各宾俱乐部之拒绝万撒加入（新5月23日及26日）。摩莫罗认为万撒之被拒即证实了他在哥德利埃俱乐部所举发的阴谋。新5月24日，他攻击"这批精力衰颓，四肢损坏的人"，他们称哥德利埃派为过激者，只因为哥德利埃派是爱国者，而他们是再不愿做爱国者了。

从此哥德利埃派变成了反对派。新6月4日，艾贝尔向他们揭发新的催眠派，即罗伯斯庇尔派。"他们把德木兰看做一个小孩，把腓力波看做一个疯汉，把法布尔·得兰格丁看做一个诚实的人。公民们，我们还信任这些催眠家吗？……他们告诉我们说，布里索党已完结了，可是仍有六十一名罪犯未受处罚。……"哥德利埃派决定恢复马拉的刊物。

---

① 罗伯斯庇尔曾为德木兰辩护，说他是个"惯坏了的孩子，被恶伴引坏了的"；但是德木兰态度倔强，不接受罗伯斯庇尔的劝导，终于被俱乐部开除。

② 英译注：国民大会中处于左右两派之间者称平原派或沼泽派，其投票时之态度只在见风使舵。

马拉的心仍当作遗物保存在这个俱乐部，用他的名字，他们不但可以此最得民心的大人物来掩饰，而且宣示要推动一个决绝的政策。他们所推重的马拉是9月屠杀的马拉，是劝人民选用独裁者的马拉。

冬季已使首都之困苦更为增加，艾贝尔派认为可借此机会来实现他们的计划。

在市场上及面包店门口，人民又开始打起来了。新6月4日，侦察员山岳党拉都尔报告说："巴黎又开始陷于可怕的情形。在市场上及街衢上，我们只看见大群公民在奔跑，彼此冲撞，嚷着挤着，杂有哭声，到处都是一幅失望景象；看见这种动态，不禁要说巴黎已陷于饥荒的恐怖。"次日，另一侦察员西累报告云："情形恶劣已达极点，圣丹托盎郊区人民分布在到汪森的道上，抢劫一切运来巴黎的东西。有的给点钱，有的拿着就跑。受损害的农民发誓不再运东西到巴黎来。此种抢劫行动非急加禁止不可，否则首都不久即可陷于绝粮之境。"检查囤积居奇的人员加紧按户搜查，在市上发现有稀少粮食时立予没收而分给人民。有一天，马拉区检查员杜克罗格在一位有七口人要养活的公民家里发现三十六枚鸡蛋，立予攫取而分给三十六个人。

新6月4日，哥德利埃派要求扩大革命军以惩囤积居奇者。新6月5日，巴黎市府及各区请愿要求严格而彻底地执行惩治居奇的法律。既无商品，军需工厂的工人陷于失业。铁厂及军械厂工人罢工，要求增加工资。激动情形甚为严重。新6月10日，革命委员会委员鞋匠波特，在市场区区会议中说，如果再没有粮食，只好到监狱中去杀戮囚犯，把他们烤来吃。有人倡议再来一次9月2日事变。匿名揭贴在鼓动人民解散无能的国民大会而代之以能够供应粮食的独裁者。

哥德利埃派自信容易造成一个使他们夺取权力的新暴动。新6月14日，卡里厄首先发出信号："暴动，一次神圣的暴动，你们应以此方法去对抗恶徒！"艾贝尔又在喋喋不休地攻击两委员会的催眠派，攻击保护沙跋、法布尔和七十五名吉伦特党的野心家。巴黎国民卫军副司令布兰热鼓励他说："父杜舍内，不用害怕，我们，我们便是打出手的父杜舍内。"摩莫罗及万撒也在刺激他，说他软弱为可耻。于是艾贝尔敢于指出些名字：亚马尔，本是贵族，是为法王管财库的，曾以二十万锂买得贵族爵号；部长泊雷及德福尔格；卡诺，他想撤换布硕特而代之以他那"蠢而恶"的哥哥。然而他不敢指出罗伯斯庇尔的名字，只能明显地暗示出来。他的结论一如卡里厄的一样："是的，要暴动，哥德利埃派绝不是最后发出打死压迫者的信号的人！"哥德利埃俱乐部用黑纱罩住《权利宣言》来表明使他们成为牺牲者的压迫。

他们的号召没得到回响。群众不相信单凭断头机即可使粮食充足，而检查囤积人员之使人厌恶的行动显然已为人民所不满。摩莫罗确曾推动了马拉区，于新 6 月 17 日去推动巴黎市府。但是市议会以冷静而敌视的态度对之。市议会主席吕邦谴责前来请愿的人，并称赞两委员会。硕默特也劝他们镇静。安里奥则责难鼓动家。巴黎郡监视委员会，虽是由 6 月 2 日事变之热烈革命派所组成的，但在一再布告劝人民小心。

艾贝尔派之忽然的进攻使公安委员会为之一惊，但并不是不曾预料到的。委员会决定立即行使司法制裁，但是，为着预防不要在追究极左派时而为极右派利用起见，委员会自始即明白表示将毫无怜惜地同时要打倒两派。

新 6 月 16 日，巴累在他所提出的报告中说，饥荒就是那些埋怨饥荒的人造成的。他要求开始司法制裁。检察官应立即检举煽动张贴的作者及分布者，并检举扰乱人心而使供给巴黎粮食的商人与农人不安的人。"使各类阴谋家都战栗吧！……对于宽大派及和平派，也该如对倡乱派一般予以监视！"他又说，亚马尔接着就会提出关于沙跛及其从犯的报告。

委员会之所以未立即逮捕鼓吹暴动的人，因科洛·得霸愿尽最大努力来进行调和。这位在里昂施行炮轰的刽子手，知道倘然追究在南特溺人的刽子手则他自己将亦所不免。当晚，他在雅各宾俱乐部主张和以前在查格·卢时期一般，应派代表到哥德利埃俱乐部去"劝他们对于把他们引入歧途的阴谋家予以制裁"。科洛不屑提出其名字的阴谋家，当时也在场。他们在前一天也鼓吹暴动。他们只好干脆否认而屈服。卡里厄说："谁也不曾提及暴动，除非情况迫其如此。假如有人主张反抗委员会，我愿许我的脑袋！"

新6月17日，科洛率领着雅各宾俱乐部代表团前往哥德利埃俱乐部。摩莫罗、艾贝尔及隆撒本人相继公开谢罪。罩在《权利宣言》上的黑纱亦经取去而交给雅各宾俱乐部的代表以表亲睦。两俱乐部立誓要"精诚团结"。似乎科洛是成功了。

但是，并非整个哥德利埃俱乐部都赞同其领袖们之退让。新6月19日，万撒攻击克伦威尔派，攻击狡黠的演说家及其铺张的演说词，这便是攻击科洛。俱乐部中议论沸腾。万撒一派所能左右的几区仍在鼓动，例如布鲁特斯区于新6月21日向国民大会宣称：他们非等到所有潜伏的王党、联邦党、温和派及宽大派消灭时绝不放手；同日，以小工为主的樊尼斯特尔区以部兰为发言人，要求议会通过使革命军"恢复行动"及成批判决囤积居奇者的法令。

新6月21日，两委员会从各方面得到消息，尤其是日耳曼军团的军官韩德尔的报告，知道艾贝尔派确在准备他们所曾否认的暴动。他们要打入监狱，屠杀贵族，继而夺取新桥及军械局，杀害安里奥及其参谋人员，放火烧国民大会之两委员会以后，再任命一位大裁判官，即独裁者，由他主持刑戮，并将在造币厂与国库中发现的金钱分给人民。韩德尔举出邀他参加阴谋的人之姓名，有外科医学学生亚尔曼及医生培塞尔等。一位在候职的将军洛谬尔曾邀威斯特曼参加，并告诉他正在召集革命军分子秘密到巴黎来，所要任命的大裁判官就是巴什。

根据这类报告，两委员会决定立即有所动作以消灭这个尚未发动的阴谋。俾约·发楞正从出使波马洛回来，库通及罗伯斯庇尔亦值病后，都出席新6月22日的联席会议，议决控诉报告的结论，这个报告将于次日由圣鞠斯特提出以对付做敌人傀儡的两派。当晚，孚基尔·坦维尔被召至公安委员会，次日，新6月23日至24日的晚上，在民众漠不关心的空气中逮捕了所有艾贝尔派的主要人物。此后数日，巴黎各区大多数都到国民大会来道贺，巴黎市府也来附和此举，不过稍微迟一点。

自新7（种）月1日至4日所进行的艾贝尔派之审讯，主要是政治性质的。他们的罪状首先是制造饥荒，自有了阴谋暴动的新罪名以后，因其更严重得多，遂将第一项罪状掩盖了。为了证实第一项罪名，除艾贝尔外，再加上他的朋友检查居奇的专员杜克罗格及管理粮食人员德康柏。倘无庇特及科堡则难于构成通敌的阴谋，为表示其通敌罪之故，在被告中再加上克洛茨、普罗利、科克及外交部秘密人员德斐欧、佩累拉、杜毕桑。其他被告如摩莫罗及陆军部各司人员如隆撒、马祖厄、万撒、勒克雷克、步尔日瓦等，均属准备暴动的主犯。

其中除侦察员拉布罗被开释外，其余被告一律处死刑。行刑时观众甚多，对于这些失败者颇示凌辱。他们都死得勇敢，唯艾贝尔有点懦弱表示。

两委员会之要打倒极左派，目的在于自卫。它们禁止孚基尔去追究安里奥、布兰热及巴什诸人，虽然这些人也牵涉在内。卡里厄亦未遭波及。两委员会怕反动会有利于宽大派，它们认为宽大派是更危险的敌党。新6月25日，罗伯斯庇尔在雅各宾俱乐部说："使爱国者与阴谋家的主张混在一起才是最大的危险。"将艾贝尔派解送革命法庭的新6月23日法令，由于圣鞠斯特之巧于措辞，于是其中有几条是两面可用的，例如说凡曾庇护出走者即为祖国叛徒，希图开放监狱者亦属同罪。第一点大可适用于丹敦，因他曾将亡命者沙里侯爵夫人藏在家里。第二点则可适用于一切主张宽大的人。

最后到了新6月26日，亚马尔提出了控劾沙跛、巴稽尔、德洛内及法布尔等骗子的报告。他这个检举的报告只限于金融事务，俾约·发楞及罗伯斯庇尔二人均感不满，二人都惋惜他不曾在腐化阴谋的政治方面着眼①。正当艾贝尔派向孚基尔答辩关于希图破坏及解散国民大会的罪状时，俾约·发楞及罗伯斯庇尔要以同样的罪状加在骗子们及宽大派的身上。

除非假定丹敦是忽然变为聋聩了，否则他该明白当时的情势是如何。新6月4日及8日，他曾用威吓的语气表示他要追问公安委员会。忽然他不作声了。我们可以假定他在高兴看着哥德利埃派暴动之产生，而要与隆撒联合以推倒政府吗？有若干蛛丝马迹使我们相信委员会所指两派阴谋家之间有秘密谅解并非由于想象②。洛谬尔将军与威斯特曼为密友，所以才以心腹话告诉他。威斯特曼说要以丹敦做大裁判官是经人证实了的。一个月以前，丹敦曾赞助释放隆撒及万撒，从此艾贝尔派再未攻击丹敦。艾贝尔派中，显然有忠于丹敦的人。卡里厄曾称赞威斯特曼。

不管是怎样，宽大派是在惩处艾贝尔派以后才奋发起来的。阴谋已流产了。危险日见迫近了。德木兰又拿起他的笔杆。《老哥德利埃党报》之五、六两期态度是退缩的，第七期的精神则完全不同。他说，国民大会屈服于两委员会是种羞耻，当罗伯斯庇尔在贬斥英国的制度时，他则予以热烈的称赞，说英国有位公民本内特曾祝贺法军之胜利，英国陪审官竟能将他开释；而在法国，只要有战败主义的言论就要上断头台。最后，他又激烈地攻击巴累之不理会列强求和的建议。在他的文件中发现有几段原稿，措辞更激烈些。他控责公安委员会仅能选用无能的将领，有能力的将领全被其有系统地撤职而送上断头台，如底养、屈斯丁、杜贝叶、阿微尔及拉摩利尔。他再度唤起厌恶恐怖政策及战争的人来加入

---

① 新4月24日，亚马尔提出关于此案之第一次报告，法布尔被捕。新6月26日，亚马尔提出其第二次报告，以沙跛、德洛内及朱利安为主犯，巴稽尔为从犯，均须解赴革命法庭审讯。罗伯斯庇尔及俾约·发楞对此报告表示不满，责其仅注目于金融事务而忽略其政治阴谋。罗伯斯庇尔认为此事件即属"外人阴谋"。

② 罗伯斯庇尔一再表示极左派与极右派暗中有勾结，圣鞠斯特在其新6月23日之报告中，更明显地指出宽大派与外人派在表面上彼此主张虽极端不同；但在暗中彼此结合，希图毁灭自由。

斗争。这个第七期好比是对他在前一天尚能予以优容的两委员会的控劾状。可是，两委员会在注视着。德木兰之印刷人德赞经过了搜查，并且于新 6 月 24 日被捕。两委员会已得有报告而且预为戒备。

新 6 月 28 日及 30 日，宽大派又在继续攻击布硕特及委员会的属员。他们甚至一度得势，使议会通过逮捕治安委员会的一名重要属员厄隆。可是，库通、培勒及罗伯斯庇尔相继起来对抗这个攻击。库通说："温和派良心上已在不安，因而害怕严厉与革命的措施，……只想推倒政府"，而以打击其最得力的属员为手段。罗伯斯庇尔用威吓的语调说，两委员会绝不能任暴政之剑来伤害一个爱国者。他把那些要牺牲热烈革命分子的人列入于艾贝尔派一类："就在昨天，有人突然跑到公安委员会来，以难于形容的愤怒要求三个脑袋。"罗伯斯庇尔用不着指明这位要杀人的宽大派的名字，厄隆救住了。

不就是由于这场惊扰，俾约·发楞才要求两委员会的同僚们逮捕丹敦，而说他是一切反革命派的核心吗？由于还不愿抛弃他旧日战友的罗伯斯庇尔之反对，才使这不可免的一着延缓了几天[1]。为着要向爱国群众表示惩办艾贝尔派并不至有利于反动起见，委员会必须执行久已悬在宽大派头上的威胁。

自控劾巴稽尔、沙跛及法布尔之法令通过以后，似乎宽大派已不知所措，只好将最后希望寄托于罗伯斯庇尔。在勒涅洛及罕柏特家里，丹敦会见罗伯斯庇尔有两三次。据库尔多瓦说，丹敦曾哭泣，关于其出使比利时及增加财产的毁谤，他曾加以解释："相信我，罗伯斯庇尔，摆脱诡计吧，与爱国者团结一致吧。"（据多毕涅语）罗伯斯庇尔却未为所动。

威斯特曼曾劝丹敦先下手。他说："他们要杀你"，丹敦答道，"他们不敢动我。"威斯特曼仍坚持，提出用暴动来对付两委员会。丹敦拒绝他说："我宁被杀一百次而不杀人！"这是由于过于自信，或者由于疲

---

[1] 罗伯斯庇尔之反对打击丹敦，是事后经俾约·发楞提及的。

劳懒动，或者由于自艾贝尔派暴动失败以后，即认为一切暴动企图都注定要失败吗？大胆的丹敦虽已经人警告，竟是无所动作。

最后，俾约·发楞毕竟克服了罗伯斯庇尔的最后犹豫。新 7 月 10 日的晚上，两委员会举行联席会议，听取由圣鞠斯特起草而经罗伯斯庇尔修改的控劾报告以后[1]，下令逮捕丹敦、德拉夸、腓力波及德木兰，认为他们是他们所保护的沙跛、法布尔·得格兰丁及其他骗子的从犯。当时出席会议的委员，除吕尔及林德外均经签署[2]。

这于两委员会是个具有决定性的斗争，它们不一定有胜利的把握。自从艾贝尔派受刑以来，极右派势力已有很大的进展。勒冉德尔做了雅各宾俱乐部的主席，塔利安做国民大会的主席[3]。

新 7 月 11 日议会一开会，德尔马即要求两委员会出席。议会的命令发出以后，勒冉德尔因受当天早晨所收到德拉夸的信的刺激，起而热烈地称赞丹敦："我相信丹敦是和我一样的纯洁。"当时有人口出唭言，克洛最尔嚷道："主席，请维持言论自由。"塔利安演戏般地答道："不错，我要维持言论自由，不错，谁都可自由发表他的意见，我们都要在这里保卫自由！"这类威胁的言论得到热烈的掌声，于是勒冉德尔提出他的结论：在原告发表意见之前，应令被捕的议员出席议会陈述其意见。费友反对这个另创特权的提议。以前的吉伦特党、沙跛及法布尔等，在被解送革命法庭以前均不曾有此权利。为什么要有两种标准，两个办法呢？激动的议会犹疑起来。日后据库尔多瓦说，德布里、德尔马及他本

---

① 报告虽由圣鞠斯特提出，而报告之内容是由罗伯斯庇尔供给的。所谓"修改"，实系罗伯斯庇尔将丹敦派罪状逐一书明而经圣鞠斯特采用，故报告中包括着若干原为圣鞠斯特所不知的事件。罗伯斯庇尔所记的原稿，经马迪厄加以注释，附印于《恐怖主义者罗伯斯庇尔》（*Robespierre Terroriste*）中。

② 罗伯斯庇尔是最后签字者之一。据说他当时主张先向议会报告，然后实行逮捕，但以伐迪厄等之反对，故当晚即经执行。

③ 二人之当选为主席，同在新 7 月 1 日，这也许是使罗伯斯庇尔改变态度而要打倒丹敦派的原因之一。

人，当时曾指着两委员会的委员说：打倒独裁者，打倒暴君！这时，罗伯斯庇尔踏上了讲台，发表其动人的演说，出语恳切，因而打动了并且压住了议会：

"……有人使你们担心有人会妄用权力——这个你们所行使的而并非寄托于少数人的国家权力。……有人怕被捕者会受冤屈，那么这些人不是不信任国家的司法，便是不信任国民大会所信赖的人；他们既不信任国民大会所信赖的人，就是不信任国民大会，也就是不信任业经授权给国民大会的民意。我认为此时惴惴自危的人就是罪人，因为无罪者绝不怕人家来监视。……就说我吧，有人在引起我之恐惧，有人在向我说，丹敦所受的危险也可及于我；有人对我说，丹敦就是我应团结的人，是能保护我的盾，是这样一个壁垒，一经摧毁，我之敌人就可直接攻击我。有人写信给我，丹敦的朋友把这些信递给我，对我做种种游说。他们以为，旧日关系的回忆，假道德的陈旧信念，足以使我减少对于自由的热情。……危险对于我有什么关系！我的生命是为祖国的，我心中无所谓惧怕，假如我要死，便要死得光明磊落。"在这些话博得彩声的时候，勒冉德尔退缩而懒洋洋地说："假使罗伯斯庇尔不认为我可为自由而牺牲某一个人，他就是没有很了解我。"

于是圣鞠斯特在全场肃静中宣读其控劾报告，这个报告追述被告之不清白的过去：他们与米拉波的阴谋，他们与宫廷的秘密勾结，他们与杜木里厄的关系，他们与吉伦特党的妥协，他们在8月10日及5月31日等大事变时的暧昧态度，他们之图谋营救王室，他们主张宽大与和平之恶意的行动，他们之坚决抗拒一切革命措施，他们与骗子们同谋，他们与可疑的外人来往及他们对于政府之恶意的攻击。几乎关于所有这一切，历史研究的结果都证实了圣鞠斯特的判断之不误。国民大会一致通过了这个报告。

可是，此案之最重要的一幕是在革命法庭演出。和审讯艾贝尔派一般，此案审讯也经过四天，从新7月13日至16日，但是更为激动。这一批被告共十四名，并非随便摆在一起的。把德拉夸、丹敦及德木兰加入在沙跛、巴稽尔、德洛内及法布尔一伙，当然是有理由的。艾罗·得·塞舍尔本该列入艾贝尔派那一批，因为他是普罗利及克洛茨的朋友而兼保护人；但他是巴稽尔及沙跛告发中所指明的人，两委员会把他和最初控告他的法布尔摆在一起，目的在用此实例表示要打击极左与极右两派暗中密切的联合，打击他们要推倒革命政府的共同阴谋。腓力波的罪名是因其一再攻击委员会之叛逆及其极端称赞德木兰。除开这些重要人物以外，又加上一批傀儡，即外国雇用的人。将佛累兄弟与其妹夫沙跛摆在一起是很自然的。受沙跛及朱利安·得·土鲁斯甚至丹敦之保护的军需承包人爱斯巴涅克，自可置于骗子之列。冒险分子谷斯曼与丹敦很接近，特拿来陪衬。最后，威斯特曼是素与杜木里厄及丹敦之一切阴谋有关的，且以劫掠榨取著名，曾经马拉举发过，因亦列入这一批。

第一天审讯关于金融的事务。坎蓬出席作证，法庭主席厄尔曼宣读几封爱斯巴涅克之罪证确凿的信件。被告竭力抵赖，将一切责任推在业已在逃而不能追问的朱利安·得·土鲁斯身上。

第二天几乎是完全审讯丹敦。这位议员恢复了他的一切傲岸气概。他在竭力说谎为自己辩护以后，更攻击他的原告，讥笑他们、威吓他们，殊为胆大。"恶毒的骗子们呀，你们出来吧，我要撕毁你们那一副使你们免于国家追究的假面具。"他的声音宏亮，街上都可听见。外面围聚一大群听得入神的人。陪审官及裁判官都感觉不知所措[1]。不安的公安委员会命令安里奥逮捕法庭主席及检察官，认为他们过于软弱。与德木兰有疏远戚谊的孚基尔不是得力于德木兰才得着这个职位的吗[2]？但是

---

① 革命法庭之审讯并不限于单纯的问答，被告可自由辩诉，尤其是在取消辩护人制度以后，故称此类审讯为"辩诉"。这时正是丹敦的生死关头，故他要充分发挥其鼓动的演说才能，以期博得旁听席群众之同情与拥护。法庭主席再三以铃声阻止他发言，他仍坚持下去。马拉被法庭开释的事件，仍留在民众脑中，这便是委员会及法庭感觉不安的原因。

② 孚基尔·坦维尔之充任检察官，原系得力于德木兰之推荐。

委员会既而改变态度，收回其已递达安里奥的命令。反之，由治安委员会的几名委员出席法庭，为软弱的陪审官及裁判官壮声势。

第三天专审其他被告，他们学着丹敦的战术，要求他们所指的国民大会议员出席作证[①]，并激起了激烈的场面。感觉困难而厄尔曼又不能予以有力支持的孚基尔，写了封表现彷徨无主的信给国民大会，请示关于被告要求证人出庭事件[②]。两委员会在接到这封信以前，先已有人向它们告发——被禁在卢森堡狱中的前任法国驻佛罗伦斯公使拉佛洛特向委员会报告：前一天有两个与他同囚室的人，即底养将军及国民大会议员西蒙，邀他参加营救丹敦派的阴谋。底养以信札与德木兰之妻通消息，这个女人已出一千镲雇人包围法庭。底养、西蒙及其党徒计划夺取卢森堡狱之钥匙，出狱后即赴治安委员会屠杀其委员。我们今日所知道的是，与爱斯巴涅克为表兄弟的此时休假在利木杉的萨雨格将军，曾收到底养及爱斯巴涅克给他的信，叫他赶速回巴黎来参加营救他们的事件。巴剌斯也告诉我们，丹敦有些朋友，其中有布律恩将军，答应以武力到法庭来营救他。但是他们并没有来。

两委员会根据孚基尔的信及拉佛洛特的控告，派了圣鞠斯特赴议会说明被告之骚扰鼓动，要求议会通过一个法令：犯人如抗拒或侮辱国家之司法，法庭得终止其辩诉。这个法令经议会未加讨论一致通过，当晚由伐迪厄亲自将其送到革命法庭。

次日，新7月16日，孚基尔叫人对被告宣读这个法令及拉佛洛特的控告。法庭开始审讯最后一批被告，即次要的傀儡；孚基尔征询陪审官自信对案情是否已充分明了。丹敦及德拉夸激烈地抗议："我们是不经问明而要被判决！用不着讨论吧！我们活得够了，大可在光荣中睡着，

---

① 丹敦及德拉夸等曾指明要多数议员出席作证，均被拒绝。事实上曾出席者仅有与他们为敌的坎蓬一人。

② 孚基尔信中说明自此案开庭以来，辩诉即很激烈，被告一再坚持要证人出席，否则不能缄默。"法庭规例既无拒绝其要求之理由，故须请示究应如何处理。"

就把我们送上断头台吧！"继而他们对裁判官施以侮辱。法庭应用这个新法令宣布终止辩诉。被告一律处死，唯吕利尔除外，他于数日后在狱中自杀。日后在审讯孚基尔时，假使陪审官累诺旦及托比诺·勒布朗与书记泊立斯所说的话为可信，则当陪审官仍在讨论未决时，厄尔曼及孚基尔走进来递给他们一张秘密纸条，才使仍在犹豫的人决定态度①。

对于宽大派及骗子们之判决，人民并无任何显著的激动。他们临刑时，群众全然漠视。具有一定定见的法国人，对于这类反复无常只顾个人私利的冒险家，怎么会表示关切呢？就是新十一（热）月党得势的国民大会亦拒绝恢复丹敦、德拉夸、法布尔·得格兰丁、沙跛、巴稽尔及德洛内诸人的名誉②。

---

① 新十一月事变以后，恐怖时代之重要人物先后受白色恐怖之打击。孚基尔、厄尔曼及革命法庭之其他人物亦受审讯，自 1795 年 3 月 27 日起，共达六星期之久。5 月 6 日孚基尔被判处死刑——为革命法庭判处死刑之最后一次，5 月底，革命法庭被取消。所谓最后使陪审官决定对丹敦派罪案态度之秘密文件，事后即经消灭，内容如何，至今无法明了。

② 新十一月派得势的国民大会，举行一次追悼大会，恢复被恐怖时代所牺牲的议员之身份，共计四十八人，其中有德木兰及腓力波，但无丹敦等六人。

第十二章　革命政府的改组

极左极右两派先后被打倒了，此后数月中再没有足以限制两委员会的反对派。以前这样喜欢争论的国民大会，现在对于它们所提出的一切只有默认。最重要的法令也几乎是不经讨论而予以通过。议员们噤若寒蝉。他们再没有什么动议。开会时这么无所事事，只好由秘书将收到的信件拿来详为分析。政府之专政这才真的开始。

巴黎的机关亦经清洗而换上了可靠的人物：柏依安、莫安及吕邦代替了硕默特、艾贝尔及累亚尔，较后，又以勒斯科·佛路里奥代替巴什。此类新权力是很恭顺的，但全由公务员组成，再不能代表居民了①。1793 年夏为数日多的各区民众会社，以其有包藏多数戴红帽子贵族的嫌疑，到新 8（花）月时，因雅各宾俱乐部撤销其支部资格之压迫而相率消灭。除限定每十天集会两次的区会议以外，只有雅各宾俱乐部一个组织可以自由集会。就是雅各宾俱乐部的讲坛亦经严密监视，多半为属于革命法庭及各行政机关的公务员所占据②。恐怖主义的新官僚政治侵越

---

① 柏依安为国家专员，莫安及吕邦为副专员，勒斯科·佛路里奥为市长，均由公安委员会任命，不如以往之由人民选出，故云"不能代表居民"。

② 雅各宾俱乐部经过"清洗"以后，事实上变成了官属机关而为政府之工具。俱乐部会员从此以公务员为多，全国各支部均属如此。反之，凡为公务员者，有非取得俱乐部会员资格不可之势。

了一切。弊端如此惊人，故杜霸·克蓝塞主张官吏不得加入俱乐部。新7月13日，他的信在雅各宾俱乐部宣读以后，引起了很大的激动。他立即被控于公安委员会，责其为宽大派及破坏者。两委员会，尤其是圣鞠斯特，也看出这个弊病，但它们已为这个弊病所束缚。倘将官吏退出，俱乐部中还剩有谁呢？统治愈集中，则其基础愈狭隘。

新7月以前很活跃很热闹的出版界，现在已失去其独立性。所存的只有官报及半官报，半官报多少是受津贴的。既有许多新闻界中人曾因言论而被牺牲，仍然生存的人应当知道该如何审慎。各剧场只能演出经过正式审查的爱国剧本。

两委员会在毫无明显阻力的情况下统治着。但它们并未为错觉所蒙蔽。它们知道，在这渐增的沉默中暗藏着什么。圣鞠斯特在其《共和国制度论》中说[1]：“革命已冰冷了，一切原则都衰弱了，只看见戴红帽子的阴谋家。恐怖政策的执行麻痹了罪恶，正如烈性酒之麻痹口腔。”

以如此代价争得全权的统治者要干些什么呢？他们始则从事于较为紧迫的事件。克伦威尔·隆撒的革命军使他们害怕。新7月17日，他们将其取消。有三位部长与极左极右两派有牵连：布硕特与极左派，德福尔格及泊雷与极右派。卡诺使议会议决取消各部，代以十二个执行委员会，各由二人或三人组成，其组织即沿业已成立的粮食委员会及军械火药委员会之例。丹敦派曾提出此种办法，委员会却一再予以反对[2]。现在丹敦已被解往法庭，委员会却采用其办法，谁也不来指出其矛盾。

---

① 《共和国制度论》为圣鞠斯特死后始发现之作，据译者推断，此作系成于新5月至新8月之间，参看译者著《圣鞠斯特》。

② 新7月12日，卡诺代表公安委员会在议会报告应集中权力，改组行政机构，使议会通过取消组成行政会议之各部，而代以十二个委员会，计分：一、民政、警务及法庭，二、教育，三、农工，四、商业及粮食，五、工事，六、济贫，七、交通、邮政及驿运，八、税收，九、陆军组织及调动，十、海军与殖民，十一、军械火药，十二、外交。各委员会均隶属于公安委员会而听命于议会。革命自始即固守分权之说，改为共和国后，仍保留由六部组成之行政会议及议员不得兼任部长之限制。1793年3月11日丹敦曾提议将此限制取消，未能通过。

议会特使在各郡所采取的政策往往彼此不同，甚或互相冲突。新 7 月 30 日，委员会一次召回了二十一员。它只想用它所能控制的国家专员来管理行政。最主张统一事权的圣鞠斯特在其《共和国制度论》中说："我们应当把集体负责的地方制度，如市乡政府，各行政机关及监视委员会等拿来推敲一下，看是否将每一机关之职权交给一个人反而是可以巩固革命基础的秘密。"可是，波拿巴行使其郡长制与市长制的时机还没有成熟[①]。圣鞠斯特不过是私人有此想法而已。

委员会至少想夺去议会特使所有革命权力中的主要职权，即允其设立特殊法庭之权。根据圣鞠斯特的报告而通过的新 7 月 27 日法令，规定此后一切阴谋犯必须解送巴黎革命法庭审判[②]。根据库通提议而通过的新 8 月 19 日法令，取消议会特使所创设的革命法庭或军法团。可是，委员会例外地保存了几个这样的法庭，如勒邦在北战场后方坎布累所创设的法庭，及在诺瓦木迪厄工作的军法团等。

公安委员会无意放松恐怖政策，不过要将其集中于它的密切监视之下。艾贝尔被捕以后，巴黎谣传马拉及沙利尔的半身像就要取消，委员会对此颇感愤怒而有所表示。为使恐怖派安心起见，它在加倍打击那些迫害恐怖派的人。新 7 月 7 日，它将富舍召回，为的是要惩罚他在镇压艾贝尔派时曾牵涉沙利尔的朋友。富舍在里昂所封闭的俱乐部，均令其恢复。有一道出于罗伯斯庇尔亲笔的命令，规定有关围攻里昂时曾受迫害的爱国者的案件不得再予追究。当富舍回到巴黎出席雅各宾俱乐部辩护时，罗伯斯庇尔劝俱乐部当心其言论（新 7 月 19 日）。

委员会对其他各地如塞丹、龙·勒·苏尼尔及利尔等处，亦如对里昂一般。爱国者受保护，对现统治的敌人则加强压迫。新 7 月 27 日法令

---

① 波拿巴保存郡制而废除民选的郡政府，但于每郡设一郡长，由内政部长任命之，市府官吏则由郡长任命，而完成中央集权组织。圣鞠斯特在其《共和国制度论》中亦有见及此。

② 新 7 月 27 日法令是根据圣鞠斯特在前一日之报告而通过的，但较原案多八条。此法令除集中全国政治犯于巴黎以外，并使公安委员会有直接监察全国官吏之权。

规定凡前贵族及敌国人民，非经特别允许，不得居留巴黎、战区及沿海城市。新 8 月 21 日，为了惩治服克吕茨郡的反革命派，委员会组设了可怕的奥伦治军法团，法团无陪审官，开庭四十二次，于五百九十一名被告中处死三百三十二名。委员会称赞梅涅烧毁反革命的柏多安村，因该村曾砍断自由树，连一个有共和表现的人也找不到①。

委员会推行恐怖政策，但同时也推重德性以为之辅。它严厉地对待渎职腐化的革命派。梅涅在服克吕茨郡发现一大群坏蛋，混入各行政机关来盗窃国产。他知道他的前任罗微尔及普尔迪厄曾保护此类躲在红帽子下面的强盗。他毫不犹疑地打击其首领刽子手柔尔丹②，塔利安于新 8 月 16 日想鼓动雅各宾俱乐部来左袒柔尔丹，但是失败了。柔尔丹上了断头台。继塔利安在波尔多肆行聚敛的伊扎波于新 8 月 25 日被召回。在蒙柏利阿及第戎行为不检的柏拿尔·得·圣特亦于新 7 月 15 日遭遇同样的命运。这便是警告不纯洁的丹敦派余党。委员会之推重德性并不限于口头而已。

委员会希望这样地与舆论协调。它不愿它所派出的人员使群众战栗。新 7 月 26 日，圣鞠斯特说："我们必须恢复人民的信任，我们必须使人民了解，所谓革命政府并非指战争与征服状态，而是指从恶到善、从腐化到诚实的过程。"不为害的公民应受保护，务使其不受滥权或甚至过激之害。出使西部的议会特使，曾以其所统率的恶魔般的队伍，不分皂白地焚毁叛徒及良民的财产，因而延长了绥盖党之乱，故委员会将他们召回。曾为宽大派攻击不倒的罗西弱尔，于新 8 月 8 日被撤职。执行歼

---

① 梅涅为出使服克吕茨等郡之议会特使。奥伦治法团是经公安委员会下令而由梅涅创设的，法官五人，判决案件时可不依通常手续。柏多安为有居民约两千的小镇，被焚房屋约四百余家，被处死者达六十余人。

② 此柔尔丹原系亚威农冰室事件之主要人物，此时充服克吕茨警卫军的队长，且为奥伦治市府之重要分子，新 9 月 8 日被处死。

灭措施的杜罗及其所属各队长，均于新 8 月 24 日从西部军中调回[①]；新 9（牧）月 4 日发布新命令，禁止歼灭办法，而代之以居民及收获的陈报及调查方法。

富塞多瓦在上莱茵郡要强迫阿尔萨斯人用现金兑换指券。他要求委员会允许他设立革命法庭及征收富人捐款。他所得到的答复是新 9 月 12 日的召回令。富塞多瓦还不明白现在恐怖是专用以对付阴谋家的，而不适用于不参加阴谋的人。

艾贝尔派的办法增大了粮食的恐慌。委员会反对这些办法，制止这些办法。它要商人们能够安心经商。新 7 月 12 日的法令取消了如以往收税人同样可恨的囤积检查员，并在处罚及规定上减轻了惩治投机律。仍须申报所藏货物及标明价格的仅限于大商人。除谷物及草料外，供应区制亦于新 9 月 6 日取消。粮食委员会奖励奢侈商品之输出，委员会的行动与商人取得联系，保护他们不受检举，委以在外国的买卖任务，并努力建立外汇信任以利商人付款。公安委员会当然仍维持法规与限价。它利用其特派人员及其所征用的商业舰队来控制整个对外商务。但它减轻了法规之限制，并建立了生产政策。它用津贴及补偿金来奖励工业家，用预付款项来资助商人。物资的缺乏减轻了。

现在最需迫切注意的为劳力问题。第一次征兵减少了可用的劳力，而当时正增设了一些赶造军械火药的工厂而十倍需要劳力。工人利用此机会要求增加工资，其比例一般高出生活价值。最高工资律当然使整个工人阶级不满。而最感不满者是制造军械的大批工人，因为他们须遵守严格的纪律，不能如自由工人那么易于逃避法律的规定。他们强烈地希望官给薪资能比得上自由工人的工资。在巴黎，普通小工、搬运夫、车夫及挑水夫，每天能得二十至二十四锂，而制造军械的第一流技术工人

---

① 杜罗所统的共十二队，到处焚毁杀戮，因激起业已残破的汪德党再度结合，而使内战延长，故有若干史家认为第二度汪德党叛乱是恐怖政策所促成的。

每日所得不过十六锂，第二流的只有八锂五镩，最普通的只能得三锂。因此，巴黎的大量军事工厂工人始终在激动之中是不足惊奇的。急需他们服役的委员会改善他们的薪给，允许他们推出代表与委员会所派的人会商，但是始终不能使工人满足，因为他们所要求的和法律所规定的相距太远。委员会认为如果不坚持最高工资律则对最高物价律亦须让步，那么，它所艰苦树立的经济及财政组织即有崩溃之虞。因而它对工人阶级取抵抗态度。它虽有时让步，然非出于本愿；新巴黎市府亦仿效它。柏依安即代表市府告诫结集起来的自由工人（见新8月2日、13日及16日的市议会记录）。巴黎郡政府不得不中止它所从事的工程，因为普通工人要求工资须提高到三锂十五镩，而政府但允给四十八镩；木匠则要求增到八至十锂①。

工人的发动似乎已遍于全国各地。拒绝工作已成如此习见之事，以致巴累只得于新8月15日使议会通过一个法令规定：凡从事必需商品之手作、运输及零售的人概由政府征用，凡因怠忽而从事犯罪结合以危害民食者，则解送革命法庭。

勒菲富尔说得不错："限价制度正促使无产阶级发展其阶级团结的精神。它使有产者与工资生活者对立。"其作用不仅如此而已。它破坏了小商人及小工匠，因其使他们也变成了工资生活者。例如从官厅领用面粉的面包商，无异变成了市府的雇员。希望将嫌疑犯产业分给贫民的圣鞠斯特，已说明决定社会问题的正是金融问题。他主张收回指券，指券是共和国的致命伤，从而造成高价生活、投机囤积、使城市供应缺乏的限价制、使有产者不安的征发制。可是，当国库可以说是以指券为唯一来源时，又怎能少得了它呢？国家用费正在增加，新8月时已达二亿八千三百四十一万九千零七十三锂，而收入仅四千四百二十五万五千零四十八锂；新10(收)月之用费为二亿六千五百万锂，收入仅三千九百万

① 原注：见国家档案保存所文件 F.[10]451 号。

锂。指券之发行在有增无已。新 8 月 26 日的流通数目为五十五亿三千四百一十六万零三百八十五锂，虽经规定了强制行使价格，虽已封闭了交易所，虽有新 5 月 21 日法令规定了一致的兑换价格，可是共和国货币仍在逐渐贬值。坎蓬努力在债务上节省。在前一年，他曾创立巨大的公债清册，将旧制度时代的永久公债换用新债券而变为共和国债务[①]：现在又以新 8 月 23 日法令来清理定期公债，使其一致，并以折扣方法来减少其数目，这一着很有引起执券人激烈反对的危险，因为他们在接受政府所付欠款时，以指券贬值之故业已大受影响。罗伯斯庇尔觉得坎蓬此举是在增加共和国的敌人。

农人受了征发及运输任务的压迫，工人苦于日食不给而渴望获得法律所不许的工资，商人一半已毁于限价律，国债持券人则深受指券的损失，于是在沉寂的表面之下，酝酿着一种深沉的不满。唯有新官僚政治下的大批人员及从事军用品制造的人，才是新制度下得利的人。

当政者并不存任何幻想。他们在尽最大努力来应付。他们仍要去建立他们信心所在的共和国，愈是觉得共和国的未来不可靠时他们愈爱它。他们没忘却，推倒王政的是为饥饿所迫的贫苦人民的起义。

要实行将嫌疑犯财产分给无套裤党贫民的新 6 月法令，须事先有大规模的调查，这是要费几个月工夫的。新 8 月 22 日，巴累宣称囚犯已经各革命委员会决定者，已有四万件。但全国待决之案达三十万件。巴累以为在六个星期内，全国贫民表册即可造成。这一表册始终不曾造成，虽然委员会为此事特设了一个贫民调查局。巴累虽然乐观，但他又说有些市乡政府并无执行此法令之诚意。当时谣传委员会要将所登记之穷人流放到汪德郡去。当调查工作正在进行期中，委员会于新 8 月 22 日，设立了国家救助名册，登记不健全及负伤的穷人而分别予以救济，如遇

---

① 1793 年 8 月 24 日议会根据坎蓬之提议，议决设立《公债清册》，革命以前的各种永久公债票概行作废，另换新债票，且于《公债清册》中登记各债权人每年应得数目。这一着不仅是统一了公债，同时使持券人与革命利害相联。

疾病更特予津贴。委员会新 9（牧）月 5 日令规定对巴黎市残废负伤的乞丐，每日给以十五至二十五镶。但在其他各地，此类救助名册进行甚缓，在此令执行以前即已发生新 11 月 9 日事变。当政者认为此类局部的措施不过是一个开端而已。圣鞠斯特说："不应有贫富之分。……富有是件不名誉的事。"他计划：凡死后无直接亲属者产业应由国家继承；禁止人民有自立遗嘱之权，公民每年必须报告其财产的使用情形。而且他更主张为收回指券之故，须对"凡曾管理公务及受国库支付而工作者"课以特别税。这些只是理想上的计划①，不但与当时的个人主义精神冲突，而且为战争所产生的必然情况所不许。自新 7 月以来，委员会即已实行保证一切利益，它又怎能决绝地行使阶级政策呢？它所特为关切的不识字而困苦的民众，不是它的支持者反而是它的累赘。他们只知呆呆地看着他们所不了解的事变。政府之整个政策是以恐怖为基础，只因有战争才使大家忍受恐怖。于是恐怖破坏了人民心中对于新统治的尊敬心。

委员会很注目于青年一代。新 9 月 13 日，巴累宣称要使青年革命化，有如军队之经过革命化一般。新 6 月间曾创设短期军械学校，规定在三十日中给以关于火药、硝石及大炮的制造知识，受教之青年系从全国各地征募来的，学毕分发各地工场充当工头。这次实验的结果很良好，于是委员会进而设立军事学校，选收三千青年，半为小农及小工匠子弟，半为作战负伤的义勇军子弟，以每县选送六名为比例，施以军事的及政治的基本教育。这个军事学校即在萨布伦平原上帐篷中开设②。

同时又筹备创立一所同类型的师范学校，目的在训练具有新信念的中小学教师，但是这个师范学校直到新十一（热）月事变以后才实现。在当时，则在真正推行新 4 月 5 日法令，这个法令规定小学强迫教育，教师薪给由国家支付。但是因为缺乏师资，故此类学校开办颇为迟缓。

---

① 这些都是圣鞠斯特在其《共和国制度论》中所表现的理想。
② 军事学校是新 9 月 13 日根据公安委员会的报告创设的。校中施行斯巴达式的训练，目的在使学生习于"博爱、纪律、质朴、礼貌及痛恨王政"。

到 1794 年年终，能多少设有几所的仅一百八十县。圣鞠斯特希望以国产分给此类小学。在原则上他认为儿女在属于其父母以前先须属于国家，他在计划斯巴达式的共同教育制①。

反抗革命最烈的区域是那些居民不大懂法文的区域，如阿尔萨斯、巴斯克地区、科西嘉岛、尼斯、布勒塔尼及佛兰德斯等地。由于巴累的动议，在这些语言不同的地方设有法文教师，人选由各俱乐部指定，他们不但教授自由的语言，同时亦在宣传共和国思想。也是因为缺少教师之故，这个法令亦未能彻底执行。格累爪尔希望铲除方言如铲除外国语一般，因为"语言之一致是革命主要条件之一"。新 9 月 16 日，他代国民大会起草了一个很好的告法国人书，上面说："你们厌弃政治的联邦主义，那么，请放弃语言上的联邦主义吧！"

这类工作都是为未来的，目前尚有更须注意的事件②。宗教问题未曾解决。理论上，信仰自由仍属有效。事实上，在许多地方此类自由已被消灭。有好些议会特使认为教士都是嫌疑犯，倘他们不放弃其职守则予以监禁，有时甚至下令将教堂钟塔毁去③。比较宽容的议会特使则仍许信仰继续。全国各地都在试行以第十来复日代替礼拜日，但并不很成功。宗教信仰很强烈的居民在为教士惋惜，对于爱国节日殊为冷淡。甚至在国立工厂中，亦难于使工人在礼拜日工作。假使各地同时封闭教堂的话，一定要引起很大的农民暴动，因为在迟迟颁布的新 3 月 18 日法令之前的数星期中④，狂信的运动已接连在各处发生，如在库伦密厄及亚眠两处，在洛最尔、上洛瓦、洛瓦、科累茨、艾罗、舍尔、尼埃夫尔、

---

①　系《共和国制度论》中的理论。

②　因为革命事态演变得太激烈，遂使人易于忽视国民大会在建设方面的成绩。它除奠定近代教育制度的原则以外，更创设了若干文化机构，如，国家图书馆、档案保存所、观象台、植物园及博物院等。有名的《拿破仑法典》亦系肇端于国民大会。当时所通过的米突制，至今已经大多数国家采用。

③　毁去教堂钟塔的理由之一是，因其不应高出其他建筑物，而有违平等原则。

④　新 3 月 18 日法令维持信仰自由，禁止违害信仰自由之横暴行动。

谬司及亚尔丁诸郡。这种骚动经过了整个冬季，直到春天仍未平息。它之所以不曾扩大，只是因为议会特使行动之不一致。迫害始终不曾普遍施行，因而信徒们并无彼此结合的打算。他们虽没有牧师，但在许多教区中他们仍在举行"盲目的"弥撒，由保管圣器者或学校教师来主持。就是在巴黎，宗教信仰始终不曾有完全中断的时候。

最初认为反基督教运动只是由于外国阴谋的公安委员会，现在看见这个运动几已完成，不想再往后退了。可是，委员会要使这个运动具有积极的内容，以便使之成为纯洁的、完全的，且能为群众所接受。第十来复日节的名称是随时加多的。纪念的对象是自由，祖国与理性。重要的是要为其定出一种一致的组织与共同的教义。当时的人物，即令是最能摆脱基督教教条束缚的人物，甚至如无神论者马累沙尔，都认为国家不能没有教条与信仰。如旧日的教会一般，国家须管理灵魂。倘使国家不过问良心问题即丧失其主要职责。必须把民间节所宣扬的政治道德与私德之源的哲学道德融合起来。当时一般人都认定信仰上帝是社会的基础。

新7月25日，硕默特受刑之次日[1]，国民大会议决将《萨伏依牧师的信仰表白》之作者的遗体送入国葬所[2]。罗伯斯庇尔被推起草关于各第十来复日节名的法令。新8月18日他在将此法令提出之前，有一篇动人的演说，使议会及全国都感觉兴奋。他肯定说，革命现在具有哲学及道德上的理论，再不怕旧日各宗教的反攻。他预言，所有牧师的末日已在不远，全法国人都会尊重主宰及自然之简单而纯洁的信仰，因为，在他看来，自然与上帝是二而一的。此后，每个第十来复日都要用来纪念某一政治的或社会的德性，此外，共和国每年还要庆祝四个伟大的纪念

---

[1] 因为硕默特是反宗教运动的主要人物之一，故特别将其提出，与他同时遭受此命运的尚有哥伯尔。这表示革命政府对于宗教问题的态度已有具体决定。新7月17日，库通已向议会宣布委员会对此问题将有报告提出。

[2] 指卢梭。

日：7月14日、8月10日、1月21日及5月31日①。

新9月16日，罗伯斯庇尔经议会一致推选为国民大会主席，票数之多（四百八十五票）为前所未有②。新9月20日，即降灵节，罗伯斯庇尔手执花束与麦穗，主持崇敬主宰与自然之盛大的纪念会，参加此会者不计其数③。同日，全国各地均举行同样的会，且均同样成功。全国的共和国庙门额上刻着：法国人民承认主宰及灵魂不死。似乎委员会已达到它的目的，它已使全国人民在和平与友爱的共同情绪中团结起来。各派的人都热烈地向罗伯斯庇尔祝贺。霸色·丹格拉斯公开地把他比作"将文化与道德原则指示给人民的奥尔舒斯"④。时髦的文学家拉阿普亦有专信恭维他。无神论者勒吉尼奥及马累沙尔也不落人后地来捧他。在另一方面，若干天主教徒亦认为满足，因为他们虽失去了牧师，却有了上帝。他们认为当时的早熟丰收即上天要保护共和国的征兆。牧师们所主持的礼拜仪式竟没有困难地消灭了，代之者则为民间节仪式。年在六十以上而身体残废的牧师本来是自由的，现在则依新8月22日法令而被拘

---

① 当时罗伯斯庇尔的声誉甚隆。他所提出的报告及法令，未经讨论，即行通过，除议决付印外，并议决译成各国文字分发及向民众讲述。他的报告不时为掌声所打断。报告中的论理全系脱胎于卢梭的宗教观，宣布共和国应有一种崇奉"主宰"的信仰，并须具有一定的仪式。所附提案共十五条，其第二条列举每年三十六个民间节的名称，第一个即为主宰节，第十五条规定主宰节须于新9月20日举行。

② 当日议会出席人数为四百八十五人，故罗伯斯庇尔之当选是经全体推举，为国民大会当选为主席中得票之最多者。此时期议会出席人数较少，因为缺额未能即时补充，而议员之出使在外者又多。1793年7月时，有一度出席人数少至一百八十六人。

③ 这次主宰节之举行，事先曾经周密计划而由画家大威设计。上午8时炮声宣布开会，巴黎各区全集杜伊勒里园；继而炮声宣布议会到达，由主席罗伯斯庇尔领导。罗伯斯庇尔演说后，全体唱赞美诗。他下坛焚毁一座无神论像，从其灰烬中浮出一座智慧神像。在他再度演说后，即排队游行，前往累俞仰场——意译"团结场"，即马斯场之改名。游行由罗伯斯庇尔及议会领导，队中有一辆牛车，上载法国工艺器物及农产品。场中立一山，山上植有自由树。议员坐在山上，群众在场中唱爱国歌词、挥剑。并高呼"共和国万岁"而结束此新宗教仪式。是日参加人数甚多，有估计达五十万者。

④ 此系霸色·丹格拉斯新10月12日所发表《论国家节日》中语。奥尔舒斯为希腊神话中人物，被称为音乐之祖，据云其音乐足以感动禽兽。

禁。在外国所产生的印象更为显著。马勒·杜·班说:"人家真的以为罗伯斯庇尔要去合拢革命之裂缝。"法国军事到处胜利更使人作如是观。他们没有听见,就在举行主宰节仪式时,有些议员对于这位主席所发出的讥刺与恐吓[①]。他们没有看见,在这些花圈、花束、圣歌、赞词及演说等富丽的外饰之下,暗藏着怨恨与嫉妒;始终受恐怖政策威胁而与德性不相容的私利只等待机会来进行报复。

---

① 当主宰节游行时,国民大会议员特意与领头的罗伯斯庇尔离得远一点,此之为教主,喃喃地讥刺他,呼之为"独裁者"及"暴君"。

第十三章　夫鲁律斯的胜利

假使革命的法国不是相信非停止自由则胜利为不可能的话，就不会接受恐怖政策。它之所以始则听命于国民大会、继则听命于两委员会的专政，在于希望其牺牲是有用的，它之所见并没有错。

到 1794 年春，法国已能满意于它所准备的陆军。这是一个一致的陆军。一切差别，甚至连正规军及义勇军制服上的差别，都已消灭。混合编制业已开始，而且进行得迅速。由两营义勇军及一营正规军合组为一个"半旅团"，是一个共有三千人的战斗单位，附有轻炮，较旧制的团更为灵活。高级将佐亦经清洗，在将领与士兵之间彼此都能信任。将领中有很多是由下层迁升起来的，均能忍受艰苦以为模范。他们住在帐篷里，过着无套裤党的生活。以往将领与议会特使间的摩擦亦已消灭。议会特使都是经过缜密选择的，能不烦暴力而使人家服从。他们注目于兵士的疾苦。他们用自己的爱国热情激发兵士。在进攻时，他们能身先士卒。严刑惩罚树立了全军的纪律。混在营中而消耗军粮的妇女均被驱逐。军需供应人须受严密监视。以往委之私人经营的改由官家经营，运输检查员每两人一组，使人再不能舞弊。既经清洗而又具有爱国热情的军队，变成了卡诺手中之灵活而服从的工具。第一次征集的兵员经过了冬季的训练，到春天已编入旧有各营，于是兵员数额增加了一倍①。现在有八十万人受了训练，编入队伍，热心作战，他们轻视联盟军的佣兵，正在准备出动。当奥什夺取恺撒斯劳顿之后，曾因军械军需品不足而致功亏一篑，这类危险现在也没有了②。热情地然而很科学地组织的军械制造厂现在已能尽量出产。单是巴黎军械制造厂一处，在新6月21日至30日之间造出新枪二千六百九十九支，修理一千四百九十七支。在外省的七所制造厂几乎亦有同样产量③。由于有革命的硝石制造法，格累诺布尔大火药厂，当时欧洲最重要的火药厂，在新9月间每日能出产六千至八千磅，到新10月间则达二万磅④。

委员会觉得胜利已在不远。它的外交亦同时动作，不过仅注目于具体而可接近的目标。外交首先是为经济需要服务。法国受了严密封锁的威胁。倘使它与外间不通来往，则其军队无以为活，工业亦将停顿。因而它努力在争取与瑞士人、斯堪的纳维亚人、汉西诸城市、美国人、巴巴里人、热那亚人及土耳其人等的友谊。委员会的派出人员如佩累各、什外则尔及罕柏特等经常到瑞士去获得马匹、牲畜、草料、布匹、铁、铜等物。经过瑞士，斯瓦比亚的甚至奥国的物产亦可运至柏尔福。英国

---

① 1793年春，法国兵员不过四十万人。此后一年之内，增加一倍有余。炮兵编制未改变，仅新增轻炮兵九团。连工兵人员在内，战斗人员共约八十五万。

② 在格斯堡之胜利以前，奥什曾于11月17日取道恺撒斯劳顿去救兰多，11月28日在该地开始继续三日之激战。法军人数虽多于普军，但以运输不灵卒至败退。

③ 外省七所军械制造厂中，圣特稽恩、摩贝治、沙勒维尔及杜尔四厂是原有的，其他三厂则为革命时代所创设：在穆兰者创于1792年7月，在奥汤者创于1793年1月，在克勒蒙·费蓝者创于同年7月。摩贝治一厂地近边界，已遭敌人侵入，故不重要；其他各厂在公安委员会督责之下，成绩甚好。新2月24日议会议决在柏热刺克创设一厂，亦颇重要。此外尚有小规模者多处。

④ 法国制造火药之硝石以往是仰给于国外，战时来源被截断，不得不求自给。所谓革命的硝石制造法即取地窖等处之湿土用人工提炼，全国各地均尽力于此类湿土之收集，称之为"复仇之盐"。

海军控制了地中海，并且刚刚占领科西嘉岛 [①]，竭力阻止热那亚以粮食供应法国南部诸港及在阿尔卑斯山方面之法军。委员会以沿亚平宁山进军之压迫来使热那亚保持中立。为了吸引汉西人、美国人及斯堪的纳维亚人到法国沿大洋各港来，委员会把业经封港或经合法夺获的船只归还他们，对于他们输入的货物则付以超出限价表所规定之价格，并使他们易于输出法国商品，如酒类、白兰地、丝织及咖啡等物。委员会派遣重要使节赴美购买麦子，货价则由美国独立战争时所欠法国的债款中扣除。召回冉内表示对美国的保证以后，委员会要求华盛顿撤换其驻法大使莫里斯，因为委员会认为他是敌视法国的。华盛顿接受此要求而另派门罗继任，于新 11 月 9 日事变后之次日到达法国。

中立国船只之航向法国海岸者，每受英国巡洋舰之骚扰。委员会鼓动丹麦首相本斯托夫与瑞典及美国结武装中立，以争海上自由。本斯托夫与瑞典订有协约。不幸法国派驻哥本哈根的格鲁维尔鲁莽地将其寄巴黎的文件未用暗码，且交普通邮递。英国舰队将其截获了。庇特因而明了这个进行已达相当程度的交涉，于是施行恫吓而得消除其危险。此外，他又得到美人哈密尔敦的帮助，此人系华盛顿的朋友，害怕与雅各宾党的来往会连累他本国 [②]。

英国及其联盟国西班牙与荷兰拥有极大的海上优势。可是，即令在土伦失陷以后，委员会仍不失望。圣丹德累及普里欧·得·拉·马恩驻在布勒斯特，在他们竭力推动之下，新舰制造在加速进行；贵族出走后遗下的海军军官缺额，则由商舰官佐补充；加增水手及工厂工人之工资，使他们日夜工作；对于为害甚大的不良纪律，则用严厉处分来消除；从全国各地征用绳索、油、木材及铜等物。到了春季，集中在布勒斯特的舰队不但能保护沿海，使敌人不得登陆以再挑起汪德党之乱，且能保护航运，

---

① 英军于 1793 年 10 月底在科西嘉岛登陆，与巴俄利一派协同作战。法军在巴斯的亚坚守四月，于次年 4 月 25 日为英军所陷，卡尔维亦于 8 月 10 日降英，于是全岛暂入英军之手。

② 哈密尔敦为华盛顿总统任内之财政总长，对欧洲之战争虽主中立，但同情英国。

甚至可以进攻。同时，法国的义勇舰亦能使敌人之商务受相当损失。

法国陆海军所能实地做到的进步使中立国及敌国的观察家羡慕而惊讶。美国派来的杰克逊于 1794 年 4 月间，有一个很长的报告详述这类情形，寄给他的朋友平克内。在叙述革命的法国之"伟绩"以后，他预料法国要胜利，但恐因此胜利之诱惑而趋向于征服政策。同时，明眼的麦西·阿根脱亦有预言的文件寄给他的主子皇帝（1794 年 3 月 9 日）。他说，联盟军倘要安全只有采用法国行之已成功的方法，他主张诉之于德意志民族。

1794 年 1 月 20 日，皇帝向帝国议会提出武装全德意志各邦人民。但他的提议没有得到任何结果[①]。中欧各邦人民虽然素来是被动的，但总觉得君主们的利益并非他们本身的利益。虽然文网严密，雅各宾党的口号仍可得到回响。在匈牙利，加入了卫斯霍普特之光明共济会的民主派牧师马迪诺微支与痛恨德意志统治的旧军官拉茨科微支组织了一个秘密会社，其会员有资产阶级甚至有贵族，每每为法国胜利喝彩。军队之征募一天困难一天。募债的结果也不见得更好。资产者不愿打开他们的钱包。在普鲁士，工业本是腓特烈大王新近创设的，因受战事影响，失业情形很严重。西里西亚的织工在骚动，1794 年 4 月布累斯劳发生暴动。有些地方的农人拒纳封建地租。这种骚乱就是腓特烈·威廉不愿采纳奥国所提出的大征兵主张的理由。比利时人亦殊冷淡。富有寺院的输捐是很勉强的。对法战争能具有民族战争意义的只有英国，然而在英国，尤其在苏格兰，亦遭遇强烈的反对；为着克服此类反对，庇特不得不使用特殊的法律及严厉的镇压[②]。

---

① 不仅因为德意志的民族意识未发达，同时普鲁士亦不愿动员整个德意志来受奥之控制。

② 英格兰及苏格兰已有要求改革或同情法国革命之组织与运动，爱尔兰则酝酿独立。1793 年 11 月，爱丁堡曾举行人民之友大会，出席者有英格兰及苏格兰五十余团体之代表，要求改革。开会到第十五次时，遭政府禁止，并经法庭追究，其领袖被判处徒刑。同时英格兰亦以叛逆罪控告此类运动之领袖，但多被法庭开释；因而政府决定不用普通司法形式，于 1794 年要求国会予以随时逮捕嫌疑犯之权，而于 5 月 23 日宣布。

武力完全靠佣兵的联盟国始终不曾团结一致。现在则已到了解体的前夕。

腓特烈·威廉虽然恨法国的无套裤党，但他听信他臣下的劝告，他们说，真正的敌人是奥国而非法国。他要求联盟国把军费付还给他，倘不立即履行他即以撤退军队相恫吓。杜古特拒绝这一要求，1794 年 4 月 1 日他写给麦西的信上说："事实上，我们连一个铜板也没有。"庇特为防止普鲁士拆台，自愿付出其所要求的巨大数目。荷兰仿效普鲁士，并借英国之助要求奥国划定其与奥领尼德兰的疆界。西班牙也不痛快。在土伦，它的海陆军将领与英国将领有过激烈的争吵。哥多意拒绝庇特向他提出的商约①。亚朗达主张议和。借口预防阴谋才把他逐出西班牙王廷。唯一使此互不和谐的联盟团结起来的东西是英国的金钱。

有一件意外的事变使此类裂痕更为增大。科修士古在萨克森组织了一个小小的武力，于 3 月 24 日进入波兰，号召其同胞举事。4 月 4 日，他出其不意地在拉斯洛微斯打败了俄军，19 日占领华沙，23 日占领威尔诺。但是波兰人民并没有起来。科修士古不敢废止农奴制而且须善待贵族，因为只有贵族起来响应他，于是他所能结集的不过一万七千人，而且装备不全。他这冒险的突击并不曾压迫奥、普两国从法国前线撤调一兵一卒。数星期后，这支波兰队伍即被驱散。但是，普、奥两国之间忽然有这么一个波兰问题，因而更增大其暗斗②。

联盟国的不和自然影响到它们的作战计划及军事行动。将领间意见始终不能一致，各人只服从其本国的命令，只看 1794 年 5 月 19 日特劳特曼斯道夫写给考尼茨的文件便可了然。以金钱争得普军的英国，希望

---

① 英国资助西班牙，但以签订有利于英国之商约为条件。英、西合力攻陷土伦后，英国为维持其地中海上之优势起见，欲据有土伦。

② 普、奥两国均密切注视波兰问题。普无占领比利时之必要，听到波兰有变，急欲出兵占领土地为以后交涉之张本。奥则宁肯放弃比利时而不愿忽略波兰，杜古特之政策便是结俄以抗普。故波兰事变使普、奥摩擦更为厉害，因而使它们未能以全力来应付对法战争。

用它来保护尼德兰及荷兰。皇帝则反对这一着，因为他不相信普鲁士，怕普鲁士会阻止过分分割法国的领土，从而使奥国不能获得胜利之果。5月1日杜古特写信给斯塔伦堡说："假使将普军调在谬司河方面，假使我们在行动上须与它互取密切联络，那么，显然普王随时有权中止军事进展，只要他认为进展得太快的话，他随时可阻止我们，甚或在我们可望达到削弱法国的大目的的时候。"因此，普军仍留在帕拉替内特，面对萨尔河。科堡只好满足于使用那支正在保卫德里佛斯及保持与尼德兰之联络的布兰坎斯坦小军团。

然而科堡奉到以全部军力直趋巴黎的命令。当时他已占领康兑、伐仑西恩、克诺瓦及摩马尔森林，这便是说，已占领了通瓦茨河隙口的附近之地。他的战线有如楔子之突入法境，介于松布尔及斯刻尔特两河之间，即处于在诺尔郡及亚尔丁郡的共和国军队之间。他可以内线作战。但他不能指挥全军。他要依靠与之相呼应的约克公爵及奥伦治亲王。此外，共和军在数目上已超过他，而且在不断增加。5月底，他已要求增援。庇特拒绝派遣援军而劝奥军调用他们所不愿调用的普军。援军始终没有来，青年的皇帝到了科堡军中希望他的亲临可以鼓励士气。5月中旬，科堡的参谋长马克劝皇帝佛兰斯瓦二世讲和。据6月10日滑尔德克致杜古特的信上说，经过初度的失败以后，英、荷及汉诺威诸军想离开联盟军主力而去援救受威胁的沿海城市。情况决然是有利于共和国军队的。

卡诺的命令是要予科堡以具有决定性的打击。柔尔丹在滑迪尼胜利之后屯军不进，如奥什在夺得窝牧后一般。卡诺令他进攻佛兰德斯，而他按兵不动，卡诺不耐，于新4月20日将他撤职；正如两个月后之将奥什撤职以惩罚其未能进攻德里佛斯一样。不过，当时奥什因被视为艾贝尔派而下狱[①]，而柔尔丹则于新6月20日再被起用，受命统率摩则尔方

---

① 奥什逐出敌人于阿尔萨斯后，进占窝牧，但未追击敌人。被撤职后，于新7月22日下狱，新十一月事变后始被释放。

面军。新 5 月 17 日，较服从但更深沉的庇什格律被任命统率北路军，亚尔丁方面军亦受其节制。他所指挥的武力，可从两方面去压迫处于利斯河及斯刻尔特河间的科堡。卡诺增加他的兵额。新 7 月间，他所能指挥的已超过二十五万人，由马尔索、克勒柏、汪达姆、苏安及马克唐纳尔诸将领统率。为着激励他们起见，圣鞠斯特及勒巴被派往军中，他们以他们所具有的热情激励全军。新 5 月 11 日，卡诺令全体将领注意他的命令："以北路军发动主力战。莱茵方面军及摩则尔方面军的活动应与之呼应。一般原则是：密集进攻。务使任何时机都能短兵相接。务为大规模的战争，追逐敌人，至将其全部歼灭时为止。"他之主张取攻势，除战略上的原因外，还有其他原因。国内已为粮食缺乏所困。新 7 月 11 日，他写信给北路军的议会特使说："我应该明白告诉你们，倘你们不能从速攻入敌境去获得粮食及一切供应物品的话，我们便完了，因为法国目下所处的困难境遇绝不能长期维持下去。……我们必须牺牲敌人来养活自己，否则只有灭亡。防御政策徒给我们耻辱与失败。"卡诺迫着庇什格律进攻帝国军队，可是庇什格律在检阅上耽误了一个月之久。新 7 月 9 日他才向勒·卡朵方面进攻，但被击退了，而且受了损失。科堡围攻兰德累西。所有用以解该地之围的牵制之策均归失败，经过四天炮轰之后兰德累西卒于新 8 月 11 日失陷。帝国军队在松布尔河上又有一个新的桥头堡。

圣鞠斯特及勒巴立即在居伊茨组织了一道防线以扼敌人通巴黎之道。受敌人压迫的坎布累城中有多数王党。卡诺疑心其有叛逆阴谋。一个月以前，汪达姆曾交给他两封信，其中许以二十四万锂的代价来收买他。圣鞠斯特及勒巴派遣其同僚勒邦前往坎布累主持断头机的工作来惩罚内部敌人。继而卡诺令柔尔丹尽可能地调用摩则尔方面军——此军当时正扼守萨尔河以待西部援军——去应援亚尔丁方面军。同时卡诺令庇什格律从两翼发动有力攻势，一攻库尔特累及伊普累，一攻沙勒瓦。共和国军于新 8 月 7 日占领库尔特累，10 日占领舒尔内，29 日击败帝国军队于图尔匡，夺获大炮六十尊，俘敌二千人。亚尔丁方面军在圣鞠斯特激励之下，渡过松布尔河而复退者凡五次，战斗殊为激烈。沙勒瓦亦一再被围而又解围。这时柔尔丹到了。新9月10日他把帝国军队逐出底南，三天后，与亚尔丁方面军取得联络。共和国军第六次渡过了松布尔河①。新10月7日夺得沙勒瓦。以大军来应援这个要塞的科堡，希望于次日将法军逐出于其已布防的阵线，此线长达三十公里，为一弧形，两端均起于松布尔河。科堡分五队进攻，左翼为克勒柏尔所击退，右翼为马尔索及勒菲富尔所击退，中路为商匹昂内所击退，其后，在各碉垒间又遭奥普尔的马队砍杀。法军就在夫鲁律斯战场上休息而守住了沙勒瓦②。

新9月29日，北路军已占领伊普累，夺获大炮八十尊，俘敌五千八百人。新10月15日又进占奥斯坦。庇什格律及柔尔丹两支胜利的军队分头开始向布鲁塞尔进发。他们于新10月20日进入布鲁塞尔。新11月6日，更进占安特卫普及列日。

巴累将各战场的胜利消息向国民大会报告，几乎是没有一个星期没有：新8月5日巴德兰从平德蒙特军手中夺回圣柏拿，新8月9日阿尔卑斯方面军占领萨奥觉，新9月15日西庇里尼斯方面军将西班牙军逐出亚尔都底斯营，新9月1日夺取了塞尼山，新9月9日东庇里尼斯方面军夺回了科利奥尔、圣特尔内及波汪德累。

新9月25日，圣丹德累及普里欧宣布久盼从美国运来的大批麦子已经到达布勒斯特。微雅累·勺又茨率领的法国护航舰队，在新9月9

---

① 法军强渡松布尔河之成功，系得力于议会特使圣鞠斯特及勒巴之坚持。当柔尔丹未到以前，已强渡过四次（新8月21日、新9月4日、7日及10日），每次均被敌人逐回。柔尔丹是新9月15日到达的，24日第五次强渡失利，法军损失七千余人，而敌人损失不及其半。新9月30日第六次强渡成功，才能围攻沙勒瓦城。

② 夫鲁律斯位于沙勒瓦东北。当科堡以十万大军到达时，沙勒瓦已失，因会战于夫鲁律斯。是日激战自晨5时直到下午7时，法军损失约五千人，敌人伤亡则倍之。从此开始法军之征服比利时。

日与豪所率之英国舰队有激烈战斗，法舰人民报复者号沉没时，群呼
"共和国万岁！"英舰所受损伤如此严重以致不能追逐法国舰队而退回其
海港①。

在新9月初，莱茵及摩则尔两军无疑地遭受了严重的打击。摩伦道
夫所率领的普军将法军逐出恺撒斯劳顿。急速前往应援的安茨及古戎宣
布了非胜利即死的决心。新10月14日、15日两日，法国两军在摩鲁指
挥之下同时再取攻势。为堑壕所掩护的普军，经法军猛攻，在新10月
25日被逐出特里普斯塔特。法军夺回了皮尔马森斯及恺撒斯劳顿。

到新10月底，法军已越过阿尔卑斯山及庇里尼斯山，战事打到敌国
境内去了。奥日罗侵入安普尔丹，谬勒尔则进攻舒安塔拉比亚，于新11
月14日将其占领。业经增援的意大利方面军准备侵入平德蒙特。

战争已改变了性质。再不是像1792年时那样要推动其他民族革命，
使它们变成共和国的联盟国。新9月8日，卡诺写给议会特使的信上说：
"我们的生活应取之于敌人，我们之进入敌境，不是为着把钱带给他们
的。"宣传主义已完结了。拉科斯特及波朵对帕拉替内特施行有系统的夺
取。"调运处"运往法国的②有谷物二千袋、牛四千头、酒一百万品脱，
刍秣十二万份，草料六十万份等。有八万军队取给于当地居民达两个月
之久，此外尚有加于他们的战争捐款：双桥公国三百万，布列斯加斯特
尔两百万，奴斯塔特大法区四百万，当然都是现金。同样办法亦施之于

---

① 英国舰队之目的在截获法国之粮运及歼灭其舰队。新8月中旬，英舰队即已出动，新
9月9日始发现法舰队，因气候关系，迟至13日始发生激战。英舰队以调动不灵，未能充分发
挥其威力，卒至采用一舰斗一舰之战术；其中以法舰人民报复者号与英舰布伦斯威克号之战斗
最为有名。人民报复者号被击沉时，经敌人救出四百余人，其不及营救者高呼"共和国万岁"
而沉，大概是事实。委员会巴累在议会报告，谓该舰拒绝投降，自己凿沉——此说业经史家证
实其为杜撰。法舰队虽战收但其所保护之粮运，卒于新9月24日安全到达，故就战略而论，
在法方仍不失为一胜利。

② 新8月24日公安委员会令各军附设"调运处"，责司将所占敌人区域之"粮食、商
品、艺术品及科学器具运回法国"。

比利时。新 10 月 15 日卡诺信上说："必须榨取该地，使其再无力量供给敌人卷土重来。……请你们记着，不名誉的杜木里厄曾在该地费了我们十万万之数。"亚尔丁方面军现已改称松布尔·谬司方面军[①]，司令柔尔丹于新 10 月 26 日奉到命令，在布鲁塞尔征发战捐现金五千万。图尔内缴一千万[②]。

可是委员会并未为征服精神所动。它只要以战养战，并未想到要合并已经占领之地。

新 8 月 1 日俾约·发楞说："我们之进军不是为着要征服，只是为着要战胜敌人；我们不要被胜利的麻醉拖着走，到了自由已有保障无须再死一个敌人之时，我们便马上停止打击他们。"委员会不愿使共和国沉没于黩武主义。当米洛及苏布朗尼向委员会建议征服卡塔洛尼亚并将其合并于法国时，新 9 月 7 日库通答复他们说："我们认为，为更适合于我国的利益与原则起见，不如将卡塔洛尼亚建立为一个独立小共和国，受法国保护，使其在庇里尼斯山外一带为我国的屏障。这个办法无疑会受卡塔洛尼亚人的欢迎，他们愿意接受这个办法有甚于与法国合并。……在这山区地带，你们该使我国领土扩张到极境，必须确切地占有塞尔丹全部，取得亚朗谷地，总之，即在诸山峰这一边的地区。……倘使将卡塔洛尼亚变为法国的一郡，则其难于保持将有类如旧日所合并的卢西养在目下的情形。"[③]委员会既竭力想消灭王政时所合并的领土中的外国语

---

① 遵公安委员会新 10 月 11 日令改名。

② 取给于敌原是当时不得不采用的政策。坎蓬于 1794 年 3 月间说，当时维持一百五十万军队，每月所费不过一亿八千万锂，而一年以前养活五十万，所费须倍之。不但军队须由敌人养活，即国家财政亦须以此救济。在比利时征收巨款后，坎蓬于新 12 月 9 日在议会报告，谓已有一千三百万现金入国库。此政策一经采用，即不限于现金及军需品而已。共和国 3 年 1 月 23 日，坎蓬写信给军中议会特使说："我们需要一切，故须夺取一切。"拿破仑时代更运用此政策夺取被征服地之艺术品及其他珍品。

③ 米洛及苏布朗尼时在西庇里尼斯方面军中充议会特使。公安委员会新 9 月 7 日之信，据索累尔云，系出于卡诺之手（见索累尔：《欧洲与法国革命》第 4 卷第 90 页）。卢西养在革命时改为东庇里尼斯郡。1659 年时合并于法，但未为法国文化所同化。

言，自不愿再去合并语言与习尚均不易被同化的人民。它希望法国是统一而不可分割的。

新 11 月 2 日，卡诺写信给出使在北路军及松布尔·谬司方面军的议会特使说，在比利时，"我们只要保留足以巩固我们的边防的地区，这就是说，左边包括整个的西佛兰德斯及荷属佛兰德斯，右边是松布尔及谬司两河间之地，中间则止于斯刻尔特河及哀斯恩河，这么就可以以安特卫普及那慕尔为两个支点，其间的边境形成一个内凹的弧线，受各河流之保卫，敌人若深入这一带，事实上不免要受被包围之危险。"

假使当交涉和议时委员会仍然当权的话，那么，我们可以看出它所根据的基本条件是什么。英国当然不愿安特卫普归法国。可是不愿保有比利时的奥国，容易在德意志方面取得补偿，而会向卡诺之不苟的要求让步。阿尔萨斯及洛林的疆界如仍保持不变，则奥国、同时还有普鲁士及西班牙都会签署大陆上的和约，因为普、西二国已日益表示其不愿为英国利益来继续战争。

新 11 月 9 日事变不仅对国内民主政治的稳定是一致命打击而已。它延长了对外战争，使法国急速地陷入征服政策，这个政策使它招致各民族的怨恨，最后也使它精疲力竭。

公安委员会之所以能战胜敌人是由于恐怖政策。恐怖政策之所以能证实其为有效的工具，那是由于主持此政策的人能在民族生存的共同情绪下团结一致。当此种团结不幸解体之时，在私人情欲战胜公共福利观念之时，那么，这个被玷辱了的恐怖政策就变成庸俗的匕首，无能之辈必要时会用它来打击最好的公民。

第十四章　新十一月事变

革命政府是一个两头蛇，因为构成它的公安委员会及治安委员会在原则上具有同等权力，遇处理重大事件时须开联席会议决定。可是这种平衡逐渐破坏而增大了公安委员会的权力。俾约·发楞及罗伯斯庇尔毫不犹疑地公开责难治安委员会报告人亚马尔对于沙跛案件报告之不足[①]，使国民大会通过这个报告须经审查修正后始可付印。像小学生一般受了教训的亚马尔心中很不高兴，尤其因为他更明了责难他的人在暗中批评他对于其所担任的重大事件处置不当[②]。因为怀疑亚马尔，于是连带怀疑到推举他为报告人的治安委员会。从此，重大的报告全出于公安委员会委员之手，这些报告有时甚至干涉属于治安委员会职权以内的事。打倒艾贝尔派及丹敦派阴谋的便是圣鞠斯特。关于"镇压阴谋家，限制贵族居留地及全国警务"的新7月27日的重要法令也是这位圣鞠斯特报告的，这个法令再使公安委员会有越权的合法根据。在以往，它的职权仅限于行政，现在由于此法令第一条之规定，它与治安委员会有同样权力去侦察阴谋犯及将其解送革命法庭。此外，此法令第五条责成它"检察各级机关及派往协助地方行政的人员"；第十九条又规定它必须"要

---

① 参看本卷第十一章。

② 原注：参看著者所著之《印度公司事件》。

求所有政府人员详细汇报，及追究参与阴谋及滥用权力来危害自由的人员"。这么一来，治安委员会即丧失其监察无数公务人员之权。公安委员会立即设立了一个监察及全面警务局，由圣鞠斯特主持，当其出使在外时，代他主持的有时是库通，有时是罗伯斯庇尔[①]。亚马尔及其治安委员会的朋友对于侵夺他们的权力之"三头"，深感不满。他们认为三头所掌握的警务是对抗他们所司之警务权力，其实这种看法恰与事实相反。于是摩擦开始。

倘使公安委员会能够团结一致，则可以不理会治安委员会之不满。可是组成这个委员会的十一位委员[②]均具有极强的人格，都自觉其已为国尽力，不能忍受任何一人之突出而压倒其余的人。不管罗伯斯庇尔是否要做领袖，就革命的全法国而言，他已变成了政府之实在的领袖。他的声誉始终是很大的，自他从正面将左右两派打倒以后，声望更格外增高。具有热诚性格的罗伯斯庇尔常常没有考虑到政府中同僚的自尊心。他律己既很严，对人就很苛求。他难得称赞人，平常倘非缄默，便是批评。他因为大大地受了友情的欺骗，故非经深信以后不轻与人结纳，信任人的时候很少，对人多半保持一种冷静而远隔的态度，故其外表看来像是老在想心事或怀有野心。他自觉不为人所了解，因此很感痛苦。由于他具有一种表现其缺乏统治者性格的弱点，所以要常为自己辩护，疑心人家暗中责难他而要予以答辩，像这样一再提及他自己，反使人家有责其具有野心的口实，此类责难正是使他很感痛苦的。

这个容易加上的可怕的"野心"罪名，原是吉伦特党所提出而经艾

①　根据新 7 月 27 日法令而特设的一局，称"监察及全面警务局"，为加强恐怖政策的主要机构之一。它于新 8 月 3 日开始工作，整理全国各地寄来之报告，交负责人批示，批语多属逮捕、解巴黎或调查等字样，其批示最初系出于圣鞠斯特之手，当其出使时，由罗伯斯庇尔及库通代行；故在罗伯斯庇尔派失败后，咸将其责任推在三头身上。其实，所批办法通常须向公安委员会报告，有时其他委员亦签名，故在法理上应由委员会负责。它之活动仅将恐怖政策应用于政府官吏，并未侵夺治安委员会之全部职权。

②　艾罗·得·塞舍尔被处死后，遗缺未经补充，故公安委员会仅有委员十一人。

贝尔派应用过的，始终是经人不断使用；这些人有理由或自信有理由要埋怨这位有势力的人，这个人的权力业经他们过分夸大。在这种沉重的气氛中，猜忌日益增长。严峻的卡诺在其新 7 月 12 日的报告中说："倘将某一个人的功绩，甚或他的德性当作不可少之物时，就是共和国之不幸！"直率的俾约·发楞在新 8 月 1 日也响应说："爱护自由的民族，应当留意那些居高位者所具之德性。"卡诺没有坚持下去。俾约·发楞好像觉得他所指的危险业已迫近，于是在古希腊的暴君身上尽量发挥："欺诈者伯里克理斯利用人民色彩来掩饰其为雅典人所造的锁链，长期以来他竟使人相信他登坛说话时心中老在想着：'注意你在向自由的人说话'；而这位伯里克理斯一经夺得绝对的权力以后，即变为最血腥的专制魔王。"议会中不止一人知道俾约·发楞指的是罗伯斯庇尔。

国民大会表面上是沉默的，暗中却在进行阴谋。因聚敛而被召回的议会特使，对于要树立德性与诚实的法令深感不安。他们所能结合的，有曾与艾贝尔派及丹敦派阴谋有关的议员，这些人也怕被解送革命法庭。于是暗中渐渐形成了一个反对派，使之活跃、使之团结的东西就是恐惧。假使罗伯斯庇尔真是个野心家，他尽可趁机会利用这批发抖的人来组成其忠实的党羽。这班人正在求他保护。夫累隆、巴刺斯、塔利安、富舍等后来都是他之最可怕的敌人，都来拜访他，写哀求的信给他。只要他肯保证他们的安全，他即可指挥他们，使他们依附于他的命运。他却轻蔑地把他们推开了。而且，他毫不隐瞒地表示要追究他们。他们的罪恶玷辱了恐怖政策。他们使共和国变成了一个可怕的东西。决定要用全副精神来建立真正民主政治的罗伯斯庇尔，深信只有做出些大榜样，才可以团结凌乱的舆论。滥用了为国家安全才可使用的无限权力之徒，也应该受革命司法的制裁。革命司法之所以有理由是可怕的，只因它是一种大公无私的司法，同样地打击一切罪犯，无论是最有势力的或最无势力的罪犯。

被召回的议会特使，要求批准他们出使时的行动。国民大会将此类要求送交两委员会。罗伯斯庇尔不但不愿开脱牵连最大的议员，并且意欲将其中之四名或五名解送革命法庭。

在新十一月事变以后，两委员会之尚存的委员都提出申辩书[①]，据他们说，他们最初曾同意逮捕亚尔基埃，继而将其推翻，而且在原则上决定此后不再同意逮捕任何议员。反之，巴剌斯在其《回忆录》中，亲自记述罗伯斯庇尔曾经拒绝在逮捕三十二名议员的名单上签字，这个名单是治安委员会提出的。就在当时，罗伯斯庇尔在雅各宾俱乐部说，此类名单的拟定本与他无干，人家却恶意地认为是出于他之手。根据此类矛盾的证据，我们无疑地得有一个结论：他们对于某类特殊案件有时彼此不能同意。只因他们对于被捕者名单彼此不同意，所以他们才没有逮捕某些人。

可是，显然那些感觉威胁的议员们，不论合理与否，总以为罗伯斯庇尔是他们最危险的敌人。罗伯斯庇尔收到若干用死来威吓他的匿名信。在丹敦派案件以后，勒冉德尔及步尔敦·得·洛瓦茨宣称，有人邀他二人在议会开会时刺杀罗伯斯庇尔。这类暗杀计划并不单是恫吓的手段而已。巴剌斯及默兰·得·迪昂威尔出门时必带武器。他们与最有胆量的人集会于科拉扎咖啡馆及商色利则之多瓦阳饭馆，库尔多瓦也到那里去加入。很兴奋的塔利安衣服里暗藏有刺刀。

新9月3日，公安委员会下令逮捕卡巴吕斯，此令系出罗伯斯庇尔之手。同日，有个名叫亚德密拉尔的在公安委员会门口侦伺罗伯斯庇尔达数小时之久；此人曾供职于王家彩票局，8月10日事变时曾参加斐尔·圣托马营保卫王宫。亚德密拉尔没有遇着他所要刺死的罗伯斯庇尔，当天晚上，向科洛·得霸开枪，但未命中，只打着赶来救科洛的锁匠热佛瓦。这次暗杀事件所造成的激动尚未平息，新9月4日的晚上，

[①] 新十一月事变后，反动派得势，对于恐怖时代当权之议员如巴累、俾约·发楞诸人，予以追究，于是他们不得不提出申辩书来洗刷他们自己的责任。

有个二十岁的少女塞西尔·累诺跑到杜普雷家坚持要见罗伯斯庇尔①。经逮捕搜查以后，发现她藏有大小刀各一柄，她说她愿为了要有一个国王而牺牲她的生命；她来找罗伯斯庇尔，为的是要看看"暴君是个什么样子"。

当成千的文件正在向科洛·得霸及罗伯斯庇尔道贺其得以不死于庇特所派的刺客之手时，塔利安、富舍及他们的一党正在灵巧地运用出版界舆论。

巴累在报告关于暗杀事件时，引用了一封被截获的某英国人的信，其中有云："我们很害怕罗伯斯庇尔的势力。据首相（指庇特）说，法兰西共和国政府愈是集权，其力量则愈大，而愈难将其推翻。"《导报》及国民大会《公报》记载此事时，则云此语系出于委员会人员之笔。次日，巴累不得不予以更正："有人已使委员会中的某一位委员孤立，使人觉得政府的权力是集中在这一个人头上，实则是委员会全体委员负责的。由此可生出最危险的错误，可使人设想国民大会已不存在，等于虚设，国家军队也只在为某一人而战，对于这个人我们该予以公道。这个人是纯洁的。"这一更正反而使人注目于罗伯斯庇尔所处之最有势力的地位，从而生出种种解释，尤其因为巴累接着选读英国报纸上的记载，其中称法国兵为罗伯斯庇尔的兵。塔利安当然满意于巴累的这一着。

在雅各宾俱乐部，也如在国民大会中一样有阴谋。新9月6日，前经丹敦雇用而继为巴刺斯秘书的卢塞兰，阴险地提议公安委员会委员应有卫兵来保卫其生命；而且，在已定期举行的主宰节中②，应特别表明勇敢的热佛瓦之爱国荣誉。罗伯斯庇尔看出这是一个陷阱，他愤慨地说，有人要使他遭受嫉妒与毁谤，所以才特意以不必要的尊荣加在他身上，

① 自1789年10月到1791年7月，罗伯斯庇尔住在罕柏特家。马斯场屠杀事件以后，迁至杜普雷家，一直到他死时为止。杜普雷充任革命法庭的陪审官，是个忠实的雅各宾党。他一家人对于罗伯斯庇尔很尊重而且很爱护，因而有其女儿厄勒诺尔与他订婚之传说。

② 即新9月22日之主宰节。

使他孤立，从而使他失却人家对他的尊重。他使雅各宾俱乐部将卢塞兰除名。

卢塞兰不过是其他主使人的一个工具而已。在雅各宾俱乐部这次会的前一日，新9月5日，经营商业而被控在煤炭及苏打上投机的议员勒匡特尔，因攻击委员会而与步尔敦·得·洛瓦茨深相结纳，当时起草了一个攻击罗伯斯庇尔的控诉状，已有八名议员在这上面签名，这个控诉状虽在新十一月事变后始发表，但当时已在暗中传递。这九位胆大的议员希图"在元老院集会时"刺杀罗伯斯庇尔。丹敦派波朵后来告诉我们，签字人之一迪里昂曾将此文件给他看，邀他参加，但经他拒绝了。

在著者看来，罗伯斯庇尔当时大概是知道勒匡特尔及塔利安的阴谋，并且疑心他们在企图暗杀。新9月7日，国民大会中有人在喃喃地责难他，他立即踏上讲坛来答辩："你们要知道谁是野心家吗？那么，请你们考察一下，看谁在保护骗子，谁在鼓励反革命派，谁在宽赦一切罪犯，谁在蔑视德性，谁在腐化政治操守？"他责斥"这一群乱党与阴谋家"。他又说："只要这些不纯洁的分子存在，共和国就是不幸的，而且是危险的。你们当以万钧之力及不变的和谐一致使共和国能够摆脱他们。那些想要分化我们的人，想要阻挠政府行动的人，每天在用言论或恶意的讽刺语来毁谤政府的人，要团结一切全凭个人劣性、只顾自尊、但为私利而不知公益的分子来结成一个危险势力以抗政府的人，便是我们的敌人，也就是祖国的敌人。他们都是外敌所收买的人。"可是他的号召没有起作用。治安委员会已与勒匡特尔、塔利安及富舍一班人勾结，政府中有何讨论他们马上都可知道。新9月13日，富舍竟使雅各宾俱乐部推他做主席。

不久，罗伯斯庇尔参加了起草并使议会通过有关革命法庭的新9月22日法令，这么一来，反使其敌人得有一个最危险的武器。无疑，这个法令之酝酿已达两月之久，因为经新8月19日确定的新7月27日法令已将各郡革命法庭取消，将所有政治犯集中巴黎；新法令的主要条款业已见于创设奥伦治法团的命令之中。但是，关于新 7 月 27 日及新 8 月 19 日两法令之报告并非由治安委员会提出的[①]，现在这个新法令又是由库通提出，事先甚至未与它商量，就法理而言，治安委员会当然很不满意。治安委员会是直接管理革命法庭的，罗伯斯庇尔及库通竟不与它讨论这么重大的法令，自然有其重要理由。他们的伟大思想已见于新 6 月 8 日及 13 日两法令，即用恐怖政策来剥夺贵族的财产而将其分给穷人。圣鞠斯特在新 7 月 27 日法令中曾有一条，规定应于新 8 月 15 日设立"民众委员会"，责司将囚犯分类，凡经革命法庭判处死刑或流刑而应将其财产没收者由其造册呈报。新的社会革命就要靠此种民众委员会，但两委员会并不急于将其设立。新 6 月 23 日法令规定设立六个这样的委员会。最初成立的两个系新 8 月 25 日由俾约·发楞手令产生的，专司清理巴黎监狱之责[②]。在新十一月事变以后，两委员会在答复勒匡特尔时，自以为有功地说明他们曾尽其可能来延迟民众委员会的产生。他们说新 8 月 25 日所成立的两个是由于圣鞠斯特之催促，他们自夸他们曾有计划地拒绝在其决定上签字以使其难于进行工作。素为巴累之工具的微拉特说得很恰当[③]：反对三头的主要原因之一就是他们的社会纲领。他说，他看得很明白，假使三头要惩罚某几个议员，只是因为三头认为他们"是些障碍，在阻挠土地制度、阻挠用以推行此制度而必须继续的恐怖政策"。假定说：罗伯斯庇尔及库通不满于治安委员会之迟迟不执行新 6 月法令，而且认为这便是有罪，因而决计突然进行，事先不与它商议就使新 9 月 22 日法令成为已成事实——我们是否可作如此假定呢？后来，罗伯斯庇尔谴责治安委员会起用很可疑的人物，新 10 月 26 日，杜马在雅各宾俱

---

① 关于新 7 月 27 日及新 8 月 19 日两法令，参看本卷第 12 章。

② 新 6 月 23 日法令规定"设立六个民众委员会以迅速决定被监禁的革命敌人"，新 8 月 24 日成立的两个，事实上只有一个较为活动。所谓"决定"只是将囚犯分为三类：一、应释放者，二、应放逐者，三、应解赴革命法庭审讯者。此类名单经拟定后，再由两委员会审核签字，故其责任应由两委员会共同担负，此类民众委员会是推行新 6 月法令所不可少的工具。

③ 微拉特为革命法庭陪审官，新十一月事变后，发表《新十一月事变之秘密原因》。

乐部更明白指出他同郡的四个贵族经治安委员会录用，并且明白说出这四个人的名字。同时，发现有一个出亡过五次的亡命者一再充任革命法庭的书记。他之能得到这个职位是由于他的叔父法庭裁判官诺兰。

于是库通仅用公安委员会的名义提出这个新法令。这个法令取消了辩护人，因为被告如有辩护人就是使王党及敌人有机会发言，这是不利于穷人而有利于富人的。"爱国的陪审官便是被控的爱国者之自然辩护人及当然朋友，阴谋家不应有辩护人。"被告预审制也要取消。倘遇缺少文字证明及人证时，陪审官此后可根据精神上的证据来决定其是否有罪。"革命敌人"之定义亦经扩大，包括"那些败坏舆论，妨碍开导人民，败坏风尚及腐化良心的人。……"最后，革命法庭须改组，人员须加增。库通更坦白地说明他所提出的这个法令，与其说是司法上的法律，毋宁说是歼灭的法律。"在认明国家的敌人的时候即须立即处罚他们；不仅是要惩处他们，尤其是要消灭他们。"

库通报告时，全场寂然无声，报告完毕以后，律益嚷道："这个法令是重要的，我要求将其付印并延期讨论。如不延期而将其通过，我可粉碎我的脑袋。"勒匡特尔主张无限延期，巴累起而反对，仅赞同延期不得超过三天。较不妥协的罗伯斯庇尔要立即讨论，他说："两个月以来，国民大会老在刺客的刀剑威胁之下，正当自由要得到光荣胜利之时，也就是国家的敌人最敢于阴谋之时。"两日前当罗伯斯庇尔正在胜利地主持主宰节时，勒匡特尔、迪里昂及步尔敦·得·洛瓦茨曾对他发出死之恫吓，他觉得这恫吓声仍在耳边。他特别说明，假使延期，足使人家认为国民大会与其委员会已不能一致。"公民们，有人要分化你们，有人要惊吓你们！"他再巧妙地提及他曾对抗艾贝尔派而保护了七十六名吉伦特党。"为着消灭国家的刺客，我们甘冒个别刺客的打击。我们甘愿死，只要能救助国民大会和祖国！"于是掌声四起，这个法令当场通过，几乎无人提出异议。

可是，这个新法令有一条规定：检察官及委员会有权将公民直接解送革命法庭，次日，步尔敦·得·洛瓦茨要求解释这个条文。"国民大会谅不会认为各委员会的权力，可无须议会之预为决议便可及于国民大会的议员。"① 全场中到处嚷着："不会，不会！"于是步尔敦说道："幸而我能盼望到这样的回响。这便表示自由是不可磨灭的。"柏拿尔·得·圣特支持步尔敦，默兰·得·图埃提议使议会通过一个仍然保持国民大会权利的条文。受威胁的议员们得再嘘一口气。对于这个可怕的法律，他们只关心于对他们本人有关的部分。

难道说，罗伯斯庇尔及库通因为国民大会不同意控劾他们所要惩罚的那批腐化的议会特使，因而要在此新法令中故意列此一个暧昧的条文——步尔敦要将其取消的条文——吗？次日，在进行第二读时，他们愤怒地抗议人家所加于他们的恶意打算。他们坚决地主张取消那个保持议会特权的修正条文，认为这是对他们的侮辱。他们控责步尔敦蓄有恶意。于是发生了激烈的争吵。步尔敦嚷道："请两委员会的人注意，假使他们是爱国者，我们也和他们一样是爱国者！"罗伯斯庇尔举发几个阴谋家，说他们挑拨被召回的议员并希图分化山岳党从而另组一党。步尔敦打断他说："我要求他对于这一说法提出证明，他刚才显然说我是一个恶棍！"罗伯斯庇尔答道："我并没有指明是步尔敦；要自命如此的人，就该倒霉。我的职责迫着我要描绘这样一个肖像，如果他认出这便是他，我没有权力阻止他。"继而他转向塔利安，也没有提出他的名字，只说在两天以前，有位议员当走出国民大会时打了几个公安委员会的书记，骂他们是奸细。"假使这些被打的爱国者当时起而自卫，你们知道有人不免要将此类事件曲加解释，第二天就会有人向你们说，公安委员

---

① 此法令第十条规定唯"国民大会、公安委员会、治安委员会、议会特使及革命法庭检察官"始能将被告控于革命法庭。此条文之所以"暧昧"，因议员亦无保障，在以往，唯议会始能将议员控于革命法庭。1791 年及 1793 年宪法均规定议员有不可侵犯权，但此二宪法在当时均不适用。新 7 月 12 日议会曾通过唯议会始能控劾议员一案，今据此第十条之规定则此权已不限于议会。

会雇用的人员侮辱了国民的代表。"罗伯斯庇尔从这事件中看出反公安委员会的阴谋的证据："那么，谁曾向我所指的那些人说，委员会有意要打击他们呢？谁曾向他们说，现已有打击他们的证据在呢？委员会只是要威胁他们吗？……公民们，假使你们知道这一切，你们便明白人家确乎有权利责难我们懦弱。"塔利安想要抵赖。罗伯斯庇尔及俾约·发楞压服了他。罗伯斯庇尔说："有三百个人曾亲耳听见。公民们，你们现在可以判断，以谎语来支持其罪恶的人是什么都做得出来的。究竟谁是暗杀者，谁为牺牲者，是很易于辨别的。"俾约·发楞说："塔利安之鲁莽不慎已达极点。他竟以令人不能相信的胆量来向议会撒谎。"罗伯斯庇尔及库通卒使议会通过了他们的主张。可是议会中这样的一幕在各人心上留下了不可磨灭的伤痕。

罗伯斯庇尔的敌人当时在暗中竭力图谋推倒他，这是无可怀疑的。曾充警察侦探而继为德木兰的编辑部的秘书的马坎迪尔，草拟了一个致巴黎四十八区的通告，号召它们用革命来反抗罗伯斯庇尔的独裁。"假使这个阴毒的煽动家不存在了，假使他因野心阴谋而失去了他的脑袋，那么，国民才自由了，各人才可发表他的意见，在巴黎再不会有这么一群假名革命法庭裁判的刺客。"马坎迪尔经勒冉德尔告发，于新9月25日被捕，在他家中搜出有准备付印的小册子，其中将罗伯斯庇尔比作苏拉。就在他被捕的这一天，审计处专员塞利尔有封信通告罗伯斯庇尔，说勒匡特尔正在传递一个对付他的控诉状。

在讨论新9月22日法令时，治安委员会的人员始终不曾发言，这已经是一件值得注意的事。不到五天，这个委员会就报复了罗伯斯庇尔对它的轻蔑，即利用伐迪厄为工具来暗中攻击他，遂使业已紧张的情况更为复杂。伐迪厄是个主张怀疑论而放荡的老人，除无神论外别无信仰，深不满于罗伯斯庇尔之提出推重主宰的法令。新9月27日，他向国民大会揭发一个新阴谋：有一群狂信之徒以一个被称为"上帝之母"的幻想老女人卡特琳·特奥为中心，她在她那刚特尔斯卡普街的狭小房屋中，向穷苦人民宣述改造世界的救世主即将降临，他们的穷苦就可完结①。伐迪厄根据极脆弱的证据，使此阴谋牵涉到一位曾为奥尔良公爵医生的格福蒙·拉摩特，一名沙德诺瓦侯爵夫人，和卡特琳·特奥良心指导人而曾充旧制宪议会议员的僧正热勒。伐迪厄的目的不仅在嘲笑宗教观念、破坏罗伯斯庇尔自信已以其国民节日法令而实现了的安定局面，而且要间接打击罗伯斯庇尔本人。初步追究的结果，知道僧正热勒曾由罗伯斯庇尔为其取得爱国证，而卡特琳·特奥的信徒中有木匠杜普雷的姨妹。监视卡特琳·特奥家集会的警察说，据特奥说，罗伯斯庇尔就是她所预言要降临改造世界的救世主。假使这一切都在革命法庭暴露时，则可用嘲笑来打倒这位主宰教的教主。所以伐迪厄劝勒匡特尔暂为忍耐一下。

可是，罗伯斯庇尔并不是一个自愿落入伐迪厄圈套的人。他将此事件调到公安委员会办理，他向孚基尔·坦维尔要来此事件的案卷，新10月8日，他更使其同僚同意签发延期令。他之能办到这一着并不是很容易的。猜疑的俾约·发楞指出这么做就是破坏国民大会的正式法令。委员会开会时争论得很激烈，声达户外广场。委员会决定此后改在更高一层楼上开会，以免被不慎的人听见。在这次争论的以前及以后，委员会还有过其他的争吵。罗伯斯庇尔知道孚基尔·坦维尔与勒匡特尔有联系，但不能使委员会同意将他撤职②。

在新8月初，卡诺因为要逮捕一个管理火药及硝石的人员，已与圣鞠斯特有过激烈的争论。在前线亲冒弹雨的圣鞠斯特不容卡诺在军务方面独裁。他们怒不可遏，以至互相恫吓。圣鞠斯特责难卡诺保护贵族，这本是真的。卡诺也轻侮他，并向他及罗伯斯庇尔说："你们是些可笑的

---

① 卡特琳·特奥素具有强烈的宗教迷信，在革命以前，曾因此下狱。这时她已八十三岁，又在倡导邪说，颇能吸引一般无知民众。1794年1月间，即经巴黎市府注意。当罗伯斯庇尔提出主宰信仰时，其政敌想利用特奥事件来攻击他。新8月24日，治安委员会逮捕特奥及其从犯，而推伐迪厄出席议会报告。

② 罗伯斯庇尔之目的在阻止将此案解送革命法庭。他要求将孚基尔撤职之失败是在新10月8日。

独裁者！"就在夫鲁律斯之役以后，两人之间发生一件更严重的事件。从前方回来的圣鞠斯特责难卡诺事先未与他商量，而令庇什格律从柔尔丹军中抽调一万五千步兵及一千五百骑兵。他说，这是一个愚妄之举，倘经执行则夫鲁律斯之役必至失败。目睹这次争吵的勒发曳·得·拉·萨特告诉我们说，争吵殊为激烈，以至互相扭打。俾约·发楞及科洛·得霸也责斥罗伯斯庇尔是独裁者。科洛之要卷入旋涡，显然因为他与富舍关系密切，二人同在布罗多平原对里昂叛党施行"大炮轰炸"。倘使追究富舍，势必牵累科洛。在新11月9日的议会中，俾约责难罗伯斯庇尔曾下令逮捕"巴黎最好的一个革命委员会，即不可分区的革命委员会"。著者觉得在新10月初，罗伯斯庇尔要委员会追认这次逮捕事件时一定有过很激烈的争论（新10月7日）。事实上这个革命委员会的委员，业经其本区主席指明罪状告发，控其施行骗局。罗伯斯庇尔不得不相信那些袒护骗子的同僚是和他的敌人有勾结。

新10月15日以后，罗伯斯庇尔即未出席公安委员会。从此至新11月9日，他只在五个文件上签字，当然是送到他寓所去签字的[1]。他的同僚在侮辱他，把他视为独裁者；同时又老有刺客在等着他。新10月12日，国家专员柏依安将审问一名叫做鲁微尔的贵族的供词送交治安委员会，这个贵族曾到杜普雷家，身藏有短刀、铅笔刀及剃刀各一柄[2]。罗伯斯庇尔心中充满着痛苦。恶意的新闻记者每每歪曲他的言论，或者对他加以过当的称赞，这是比批评还更危险的。例如《山岳党报》编者记

---

① 新10月1日罗伯斯庇尔议会主席任期终了，从此到他开始退隐的两星期中，情况于他是很不利的。圣鞠斯特于新10月10日回巴黎，再负警务局的责任，此后再未离开巴黎，且常川在公安委员会办公。罗氏趁此暂时隐退，其隐退原因，解释不一。假使他认为他仍是委员会中不可少之人物，则属判断错误，因为委员会之专政根基已固，再无须他在议会来应付反对派。假使他是怕暗杀，孤处并不能躲避暗杀。何况他仍然出席雅各宾俱乐部之集会。他之隐退，使其政敌在委员会中能有更大的活动自由；而且他之隐退，并非完全不问政治。他这种神秘行动更使人疑心他阴谋打击某些议员，更使其政敌有造谣及挑拨的机会。

② 原注：国家档案保存所文献 $F.^7_{3822}$ 号。

述他新 10 月 3 日在雅各宾俱乐部的演说词之后，加以按语说："演说人的每一个字抵得过一句，每句抵得过一篇演说词，因为在他所说的之中具有这么多的意义与能力。"

罗伯斯庇尔借雅各宾俱乐部为其最后壁垒来对抗其敌人。新 10 月 13 日，他告诉俱乐部说，他已丧失他在政治上的一切权力。"在伦敦，有人向法国军队说我是一个独裁者，在巴黎，也一再听见这同样的毁语。倘使我告诉你们是在什么场合，你们会为之骇然！在伦敦有人说，法国有人想象出一些暗杀事件，以便组织武装卫队来保卫我。在这里，当人家讲到累诺案件时，曾对我说，这一定是为着爱情事件，一定是以为我曾将她的爱人送上了断头台。……倘使有人强迫我放弃我所担负的职责之一部分，但我仍然保有人民代表的资格，我仍要与暴君及阴谋家作殊死斗争。"他是否曾设想到他在委员会的同僚会利用其缺席而要求国民大会推出人来代替他呢？他是否在准备应付会在这一天发生的舌战呢？他要压迫他的敌人伐迪厄、亚马尔、俾约·发楞及科洛·得霸等公开出来攻击他吗？假使他如此打算，他就错了，因为这批人在行若无事，而受他们保护的富舍及塔利安等则有时间来运动国民大会中的动摇分子，说罗伯斯庇尔要杀害他们而使他们害怕，并且说罗伯斯庇尔就是使断头台不住流血的唯一负责人。

现在正是恐怖最盛时期。自新 9 月 23 日至新 11 月 8 日，革命法庭判决死刑者一千二百八十五件，开释者仅二百七十八件；在此时期以前的四十五日中，却只判决五百七十七件死刑，而开释者有一百八十二件。不管怎样，牢狱虽经出空，可是填满得更快。新 9 月 22 日时，巴黎所禁囚犯为七千三百二十一人。到新 11 月 10 日时，达七千八百人。解赴断头台者，迅速地一批接着一批。彼此素不相识的被告，也被"混合"在一批。狱中侦探只要微有所闻，即任意列出所谓阴谋家的名单。脑袋像石块一般地落下：巴黎及土鲁斯之旧法院人员因曾抗议取消法院而合成一批，达三十一名；1792 年时曾经欢迎普军的凡尔登居民为一批，达三十五名；拉瓦节及包税人为一批，称为"吸民脂血者"，达二十八名；亚德密拉尔、累诺及其他五十二名当作谋杀犯穿着红衣解往刑场；比塞特尔狱的阴谋犯则分为两批，一为三十七名，一为三十六名；曾为路易十六服丧的十七名各萨德居民为一批；卢森堡狱的阴谋犯则达一百五十六名。孚基尔·坦维尔想在法庭大厅的平台上将这最后所说的一批一次判决，但委员会强迫他分作三批。

过分的杀戮激动了一般人的良心。成群前往刑场有如观剧似的时代已过去了。现在，当可怕的刑车在街头走过时，沿途店铺都关闭店门。断头机的地位，不得不予迁移，远远地迁到了特朗门①。罗伯斯庇尔的敌人当然利用人民厌恶流血的情绪以为战胜他的工具。罗伯斯庇尔之消极又给他们一大方便。他们暗中在破坏革命政府。巴黎的山岳党区于新10月1日决定设立一个签名簿，凡曾接受1793年宪法者均可前往签名。签名不久即达两千之数。以实行宪法来停止恐怖实在是一个灵巧的手段。新10月11日，这一区却出席国民大会来解辩，说它是受了阴谋家的欺骗。

新宽大派自然要大大地利用接连而来的军事胜利。为着庆祝这类胜利之故，有人在街头上举行友爱的聚餐，贫人富人各自带来食品，在一种平等亲密的空气中称兄道弟。此类友爱聚餐迅速地相继举行，市府及政府均感不安。新10月27日，柏依安说："我们绝不能有这类与暴政党接近的集会！我们绝不能容许这种办法，因其可使人误信共和国内已不复有敌人！"次日，巴累责斥这是贵族们所设的新陷阱，据他说，所谓友爱的聚餐不过是"早熟的大赦"。贵族们当其与无套裤党碰杯欢饮时，会嚷着："我们的军队到处胜利，现在我们只要去讲和，从此大家友爱地过活而要停止这个可怕的革命政府。"

假使两委员会仍然分裂，罗伯斯庇尔仍然在雅各宾俱乐部继续其反对态度，怎么能维持革命政府及抵御有舆论拥护的宽大派及腐化分子的

---

① 断头机设在革命广场，新9月20日移至安多盎广场，六天后（26日）再移至特朗广场。

压迫呢？政府人员自相争吵的消息业已传到外郡，使正在出使的议员为之不安，如里沙尔在新 9 月 27 日之来信，吉雷在新 10 月 23 日之来信，及博在新 11 月 3 日之来信等所云。安格朗路过巴黎时，律盎邀他加入推翻罗伯斯庇尔的阴谋，经他愤然拒绝，并且他预言如推倒罗伯斯庇尔便是推倒革命政府及共和国。公安委员会的委员亦与安格朗具有同感。在新 10 月底，他们努力要与罗伯斯庇尔接近，这当然是受了巴累的影响。巴累数度表示必须维持恐怖政策。新 10 月 9 日，他恫吓腐化分子说："深知人民利益及自身安全的人民代表，当知如何利用对外的胜利来消灭国内少数人的恶意结合及谋杀阴谋，这些少数人把他们自己的疲倦当作全国国民的疲倦，把他们自己良心上的不安当作全国人的心理。"新 10 月 16 日，他先使议会通过一个法令，令康兑、伐仑西恩、克诺瓦及兰德累西等处敌人防军倘不能在经要求后二十四小时以内投降，则予以杀戮；继而他热烈地为恐怖政策辩护，并谓须防止过早的宽大政策："假使你们今天要妥协，他们（指国内的敌人）明天便可攻击你们，毫无怜悯地屠杀你们。绝不能妥协，须把敌人消灭！我已说过，唯有已死的人才不能卷土重来。"

罗伯斯庇尔当不会误解巴累的意向。他本人也认为恐怖政策应当继续，以待反革命派的财产分给贫民及正在由圣鞠斯特草拟计划的共和国制度之确立与巩固。新 10 月 23 日，他使雅各宾俱乐部开除杜霸·克蓝塞，并令富舍出席答辩。不服从的富舍也于新 10 月 26 日被开除。两委员会非但不愿与被开除的人结合，并且对他们表示一定的敌意。正出使在布勒塔尼的杜霸·克蓝塞，于新 10 月 26 日被召回。至于富舍，他曾于新 10 月 25 日使国民大会通过令两委员会于最短期内提出关于他的出使报告，他所等待的报告却始终未见提出。

两委员会于新 11 月 4 日及 5 日举行了全体联席会议。他们决定以显著的行动，表示继续恐怖政策及以之来推行社会政策的决心，因此，他们毕竟创设了为执行新 6 月法令所不可少的然而尚未组成的四个民众委员会，以便清理嫌疑犯及分配他们的财产。命令草于新11月4日，出于巴累之手。据勒匡特尔说，他们之同意这一着目的在保证与三头的妥协。事实上，罗伯斯庇尔出席了次日的会议。他们互相解释。圣鞠斯特说，唯有被敌人收买的人才会把罗伯斯庇尔说成独裁者，因为他手中并未掌握军权、财权及行政权。大威支持圣鞠斯特。俾约·发楞对罗伯斯庇尔说："我们都是你的朋友，我们总是一起前进的。"后死的委员在事变后说，他们当时曾议决将公安委员会的警务局划归治安委员会管辖，这却是事后捏造的。两委员会当时推圣鞠斯特草拟向国民大会提出的报告，说明当时政治情况而为革命政府辩护。可是俾约·发楞及科洛·得霸劝他不必在报告中提及主宰。

满足于这次协调的巴累当晚在国民大会说，唯有恶意的人才会使人相信政府是分裂而彼此不和以及在革命原则上有所转变。他继而说明，在最近数日中有人阻挠火药之运往军中，有人破坏工厂中的风炉，有人希图打开比塞特尔狱及鼓动怠工事件。最后，他在结束时恫吓着说："可是，两委员会昨天议决了须于最短期内判决全共和国中被囚禁的人民敌人的办法，这些办法即将实行，俾全国获得经人不断予以破坏的安全保障；这种惊人的宁静即表现巩固的共和国之力量。"

次日，库通亦出席雅各宾俱乐部响应他，称赞组成两委员会的人都是"能为祖国尽最大牺牲之热烈而有能力的人"。"即使彼此有点意见，但在原则上彼此始终是一致的。"库通谓他所要排除的疑云，是发生于政府中人之受人包围。他希望国民大会能马上打击"几个小家伙，因为他们的手中已满满地榨取了共和国的财富，并且染有他们所牺牲的无罪者之血"。可是，他埋怨有人将巴黎的几连炮队调往北路军，当其讲到军事学校时仍不免表示疑惧。但是勒巴使他安心。

可是我们知道，双方都没有真正放下武器，巴累及库通的号召竟少有人响应①。军事局科长西扎不断地在雅各宾俱乐部攻击军令专员庇尔，责他雇用贵族，起用业已撤职的将领，调走巴黎的炮队，行动神秘。庇尔是卡诺的人。西扎的主张得到了回响。新11月6日，有人在国民大会大门口高呼：再来一次5月31日事变！次日，巴累称赞罗伯斯庇尔曾在雅各宾俱乐部责斥此种恶意呼声。虽然如此，雅各宾党当日仍然向议会提出了请愿，攻击庇尔及所谓希图暗杀爱国者的宽大派。他们要求依法处分叛逆、骗子及一个名叫马冉底的人，因为他曾主张凡以诅咒玷辱神明者应处死刑，其目的在嘲笑关于主宰信仰的法令。为满足雅各宾党起见，两委员会是否应将庇尔撤职，并将库通及罗伯斯庇尔两月来所不断攻击的腐化议员处死呢？可是在新11月7日议会席上，杜霸·克蓝塞竟为自己辩护过去，并要求罗伯斯庇尔出而承认错误。国民大会议决令两委员会于三日内提出关于他的报告。于是迫着罗伯斯庇尔不得不走出雅各宾俱乐部而出席国民大会来声辩。

新11月5日联席会议上由巴累所提出而似乎已经圣鞠斯特及库通接受的妥协纲领，罗伯斯庇尔是否已赞同呢？这是值得怀疑的。他的一切抑郁未能发泄。他想夺去卡诺的军事指挥权，卡诺未能执行禁止生俘英人及汉诺威人的新9月7日法令②，他左右的专家会议又是由贵族们组成的。他和西扎的看法一样，认为调开巴黎的一部分炮队就是对付巴黎市府及对付属于他一派的安里奥的阴谋。他不能原谅治安委员会及俾约·发楞、科洛·得霸等之始终保护富舍及塔利安等人。最近数天有人在街上嚷着"逮捕罗伯斯庇尔"，治安委员会并未加以制止。由于警务主管人员发罗的报告，罗伯斯庇尔知道亚马尔及服兰已于新11月5日曾

---

① 这次妥协是由于巴累之主动，他的态度是具有诚意的，虽然他是一位投机家。据说在新11月9日时，他曾准备有两篇态度完全不同的演说词，以便临时看风势来使用那一篇，但这只是个传说而已。

② 在接连发生暗杀政府高级人员以后，一般认定这是英国的阴谋，因而议会在新9月7日通过一令，对英国及汉诺威之俘虏，不能免其一死。

探访被囚禁的吉伦特党议员于狱中，对他们表示一切好意："有人截留你们的信件吗？你们生活所需的美味，如咖啡、糖浆、巧克力及水果之类，他们不给你们吗？他们竟不尊重你们的身份吗？"知道议员们所受的待遇也和其他囚犯一般以后，亚马尔淌下了眼泪说："这是个可怕的罪过！亲爱的同仁，请把轻视国民代表的人告诉我们。他们应该受处分。委员会要惩罚他们！"在下令对被禁议员应予优待以后，亚马尔及服兰忽又改变了态度，主张议员也只能受普通待遇；可是，罗伯斯庇尔已在疑心那些和他敌对的山岳党及素来拥护他的平原党之间已有相当的谅解。因为这一切，加以杜霸·克蓝塞的压迫，他才不能再守缄默。

　　于是在新 11 月 8 日，他直接向国民大会要求实现他的整个纲领；在他出席之前，他并未与圣鞠斯特及库通商量，否则他们无疑会劝阻他的。他始则用长而动人的词句抗议把他说成是一个恶意反抗议会的独裁者的诽语，继而将过分使用断头机的责任加于他的敌人，即已变为宽大派的恐怖主义者："将爱国者打入地牢并且在任何情况下都行使恐怖的是我们吗？其实是那些业经我们控劾的怪物！"他力言革命政府是必需的，但它所当迅速而无怜悯地予以打击的只限于阴谋家。毁谤他的人自称为宽大派，其实是些骗子，他们故意使宁静的人感觉不安，然后他们才可以保护贵族，从而使革命政府不齿于舆论。"他们把革命法庭形容得可怕，目的只在将其推翻。"他又严责治安委员会及其所用人员，称之为"一群亚马尔及查格所保护的骗子"。他又责斥伐迪厄之于卡特琳·特奥事件，他要求不但应将这个可疑的委员会改选，而且此后要将它隶属于公安委员会。他所抨击的还不止于此。公安委员会本身也该清洗一下。它不曾遵守关于英国俘虏的法令，它使各将领意见分裂，它保护军中的贵族。这都是指卡诺。对于数日来要与之妥协的巴累，他也不放过："有人屡次向你们报告我们的军事胜利，夸大其词，使人觉得这类胜利可不烦我们英雄的血与劳力。说时态度愈轻松，胜利便显得更大。"外交事务——这是巴累所管的部分——陷于绝对疏忽情况。派往外国活动的人都是叛徒。罗伯斯庇尔又责难坎蓬的财政制度是卑劣、浪费、扰民、不便。终身公债法令引起无数人的不满，这种不满是当然的。最后，在结束其演说时，他在向业经得势的一群骗子挑衅。

这次演说产生如此深刻的印象，就是被控为骗子之一的勒匡特尔亦主张将其付印。步尔敦·得·洛瓦茨反对，但经巴累的支持而将付印案通过。继而又通过库通所提出的将此演说词送达全国各市乡政府的提议。罗伯斯庇尔要胜利了吗？他的敌人恢复过来了。伐迪厄要解释关于卡特琳·特奥事件。继而坎蓬出语激昂，使辩论趋于激烈："在受凌辱以前，我要向全法国说话！"他责难罗伯斯庇尔麻痹了国民大会。他的激昂鼓动了俾约·发楞，他要求罗伯斯庇尔之演说词在送达各市乡政府以前应先经两委员会审查。"纵使我们真的没有言论自由，我宁肯以自己的尸体来做野心家的宝座，不愿以缄默来助他作恶。"他的话说出了利害关键所在。巴尼要罗伯斯庇尔及库通举出他们所要控劾的议员的名字。罗伯斯庇尔没有答复，这便是他的失败之点。凡属觉得自己可受责难的人都自觉感受威胁。本达波尔及沙利埃主张推翻将其演说词付印案。觉得风势不对的巴累，赶忙转舵。他责难罗伯斯庇尔之不出席委员会会议，否则他不会写出这样的演说词。国民大会推翻将此演说词送达各市乡政府案。罗伯斯庇尔已失去了大多数。他已抛弃了他的防御武器。

当晚他在雅各宾俱乐部再度宣读他这篇演说词，当然博得掌声不断。他的敌人俾约·发楞及科洛·得霸想答复他，但为吮喝声所阻，只得在"把这些阴谋家送上断头台去"声中离开俱乐部。可是雅各宾党除讨论"阴谋"案外，无其他决议。罗伯斯庇尔不愿再来一次5月31日事变。虽然在头一天他已失败，他相信仍能获得大多数。他认定仍要在议会中去斗争。他没料到他从此再不能在议会中说话。

两委员会中人浮动得不知所措。当晚俾约及科洛从雅各宾俱乐部回来以后与圣鞠斯特有过一度激烈争吵[①]；讨论到天亮的结果只决定由巴累起草一个布告，叫人当心少数人得势及少数军事领袖的野心，但未指出名字。

两个月来受罗伯斯庇尔恫吓的腐化议会特使却有所决定，因为他们深知罗伯斯庇尔若胜利，他们就完了。塔利安接到他那要解往革命法庭的情人一封表现神智错乱的信件[②]。他和富舍一再竭力来运动平原派。最初，商波、霸色·丹格拉斯及梅兰诸人拒绝了他们，因为不相信这批恐怖主义者能改悔；经他们提出种种保证以后，第三次才运动成功。平原派愿牺牲罗伯斯庇尔，但以得胜的山岳党助他们取消恐怖政策为条件。在议会开会以前，一切都已布置好了，并已与议会主席科洛·得霸勾结，务使罗伯斯庇尔及其朋友不能发言。

圣鞠斯特准备了一篇聪明的演说词[③]，将一切推在俾约、科洛及卡诺身上，议会开会后，他开始要宣读，但塔利安马上凶猛地阻止他，责他不应离开委员会而以个人资格发言。塔利安在三度掌声中说："我要求把真相完全揭穿。"接着俾约提及前一晚在雅各宾俱乐部的情形，他恫吓议会，说会有屠杀他们的暴动事件发生。他控责罗伯斯庇尔保护艾贝尔派、丹敦派、贵族、骗子，迫害爱国者，为新 9 月 22 日法令之唯一起草人，一言以蔽之，是个暴君。全场只听见"消灭暴君们"的呼声。

----

① 俾约·发楞及科洛·得霸当晚从雅各宾俱乐部回到公安委员会时，圣鞠斯特正在那里起草联席会议推他负责的报告。他们有过一度争吵，最后圣鞠斯特答应先将其报告交委员会审核，然后向议会提出。圣鞠斯特在委员会工作到清晨 5 时，离委员会后并不回寓所，而先走访罗伯斯庇尔。大概他在此时以前仍系忠于妥协的主张，新 11 月 8 日晚上的事变才决定他次日所取之态度。

② 塔利安之情人即卡巴吕斯。塔利安不但因为爱她，同时也知道如果她不救，他自己亦难保。

③ 新 11 月 9 日晨，委员会正在等着审核圣鞠斯特的报告，忽然库通得到他一个通知说："冤屈闭住了我的心，我要将其向国民大会剖白。"委员会才知道他已出席议会，故塔利安责其不应以私人资格发言。一般认为这篇报告是他的最好之作，假使当时能让他念完，局势可能不同；因其主张温和而合理，只责难少数人，并未要求死刑，这种态度大可取得中立派之拥护。

罗伯斯庇尔想答辩。科洛不让他发言，而让塔利安接着说话。塔利安举起匕首向着这位新克伦威尔，责骂包围他的一些维累斯①，要求逮捕他们。议会通过了逮捕安里奥、布兰热、杜夫累塞及杜马。巴累使议会取消国民卫军总司令一职。罗伯斯庇尔再想起而答复，可是被继科洛为主席的杜里奥的铃声止住。路舍及路佐要求逮捕这位"统治者"。小罗伯斯庇尔要求与其兄同受逮捕。议会通过逮捕库通、圣鞠斯特及罗伯斯庇尔兄弟。勒巴要求以能同遭逮捕为荣。议会亦予通过。当罗伯斯庇尔走下议席时说道："强盗们得势，共和国完了。"

这时正是下午 5 时。可是一切还是在未定之局。市府及安里奥自发地起而暴动，关闭栅栏，发出集合信号，继而撞警钟，召集各区，令各区派遣大炮集合于市府门口并宣誓保卫自由及祖国。安里奥激于一时之勇，带着一小队宪兵，于 5 时半去营救被捕的议员。他们当时被禁在治安委员会，安里奥踢开了委员会的门，可是马上被人围住，反而在他所要救的人之眼前被绑起来了。这是件于以后事变殊不利的事。罗伯斯庇尔及其朋友们知道没有领袖暴动即无成功之望。从此他们的希望只有靠革命法庭，每人被禁于一个监狱，当他们赴狱时，已将一切委之于命运。

可是运动在逐渐扩大。各区的炮兵带着大炮集合于格累夫广场②。东南部各工人区及中部各工匠区所属的民事及革命委员会都已宣誓。雅各宾俱乐部也在集会而与市府取得联络。晚上 8 时左右，活跃的科芬纳尔带着一队炮兵直趋国民大会，救出了安里奥，甚至诱走了议会的卫兵。他本可容易地逮捕那些不知所措的两委员会委员，以结束这次暴动。主席科洛喊着："公民们，这就是我们要死在岗位上的时候！"可是，科芬纳尔并没有完成这个胜利。他仅仅把安里奥胜利地带回市政厅。

国民大会得再松一口气。它赶忙委派巴剌斯去召集一支武力，巴剌

---

① 维累斯为罗马时代在外省以贪婪聚敛著称之官吏。

② 晚 10 时左右，巴黎四十八区中之派人向市府请示者有二十七区，实际派兵拥护市府者仅十三区，余则多存观望态度。

斯另得有六名议员的帮助，去召集温和派的各区。经他派人活动之后，伦巴人区的商人，勒俾勒迪埃区的银行界，巴勒·罗垭区的投机家及西部各区的大资产者都来援助议会。经步尔敦·得·洛瓦茨、勒昂纳·步尔敦、塔利安、罗微尔及夫累隆诸人的活动，艾贝尔派及丹敦派的最后余党也来帮助议会。征集这些杂色而分散的武力是要相当时间的。在这其间，巴累使议会通过一个法令，宣布市府叛徒及经两委员会下令逮捕而在逃者，均不得受法律保护。他认为用这可怕的措施可以吓住冷淡分子而使暴动瘫痪。他的看法是不错的。

自科芬纳尔干了那一着以后，暴动无大进展。市府显然想等被捕的议员来领导。可是，被捕的议员虽经警务人员将他们一个一个救出来了，并未急于有所动作。大罗伯斯庇尔始则拒绝到市府去。库通自愿留在狱中，直到夜半以后才出来。唯有小罗伯斯庇尔一出狱即出席市府会议，进行鼓动。听到不受法律保护的法令以后，大罗伯斯庇尔才学他弟弟的样。他和其他代表参加业经市府组设的执行委员会。勒巴写信给萨布伦营的司令。罗伯斯庇尔签署了一个向匹格区发出的召唤书[1]。市议会人员被派往各区来维持它们和市府的关系。最后才决定逮捕两委员会的主要委员。可是业已夜深了。各区炮队及国民卫军白白地等得不耐烦了，又经巴剌斯派人运动，于是渐渐走散[2]。格累夫广场已空了一半。现在只能计划防卫而不能进攻了。为防止离散起见，半夜时市府始在市政厅门前燃起大光亮。

巴剌斯犹豫是否要进攻。直到早晨2时，他才下决心。有个叛徒把安里奥所发的口号告诉他。议会方面的军队分两支进发。由勒昂纳·步尔敦所率领而由格拉微利尔区营所组成的左翼一支，因得有对方的口号，又喊着"罗伯斯庇尔万岁"，出其不意地攻入了市府执行委员会开

---

① 罗伯斯庇尔在此文件上之签字是不完全的，仅作 RO，原因何在，至今未能断定。据当时传说，因为议会方面军已攻入市府，罗伯斯庇尔不及将名签完，此说已经马迪厄所推翻。

② 夜半曾下大雨，他们为饥饿及雨湿所苦，已逐渐走散。

会的大厅。罗伯斯庇尔及库通正在起草给各军的布告。小罗伯斯庇尔越窗而出，被捕获时已跌伤一腿。勒巴用手枪自杀了。大罗伯斯庇尔也想自杀，可是只打伤下巴[①]。活着的二十二人，仅经验明正身，均于次日解赴刑场处死[②]。新11月11日又将市府人员七十名同样简单地处死。

巴黎的居民，就是平民区的居民，似乎也不热心拥护市政府。工匠们埋怨生活太贵。数日以来，军械工厂的工人已在不稳。新11月5日，市政府公布一个日常最高工资表，引起了工资生活者的普遍不满。就在新11月9日的早晨，统一区的泥水匠及石匠嚷着要停止工作，这原是艾贝尔派很得势的一区，现在断然拥护国民大会了。当日下午4时许，有一大群工人集于格累夫广场要求修改最高工资表。下午8时许，市府才发出布告，将最高工资表的责任推到巴累身上，说这位"反复无常先后属于各派的巴累，规定工人每日的工资意欲使工人饥饿而死"；可是无用，这个布告并不能消灭工人的成见；当市政府人员被解赴刑场时，沿途有人对他们嚷着："打倒限价！"

这是一个悲剧的讽刺！罗伯斯庇尔及其一派之失败，大部分是由于想用恐怖政策来造成一个财产上的新变革。他们想用新6月法令来造成一个无贫富之分的平等共和国，他们一死，这个理想也随之而消灭。不自觉的无套裤党马上就后悔不该推翻限价令。他们想用暴动来恢复它，但已不可能了[③]。

新十一月事变是从事掠夺的恐怖党与平原派结合而有的胜利，当时

---

① 默达曾自称首先攻入市府大厅而将罗伯斯庇尔击伤，这已证明是不可信的，一般认为罗伯斯庇尔当时希图自杀不遂。

② 新11月10日下午6时许，罗伯斯庇尔等二十二人仅经革命法庭验明正身——因为他们已经议会宣布为"法外之人"，不须审判——即分三车解往刑场。他们不但须经长时间游行示众之辱，而断头机亦特地为他们而迁回革命广场。

③ 罗伯斯庇尔派失败后，不但新6月法令不能施行，即限价令亦于12月23日取消。限价令固然不曾解决物价问题，但经取消后，指券更贬值，物价更腾贵，一再引起人民之暴动，要求恢复限价制。

人能了解此事变之重要性的只限于一部分业经启迪的小资产阶级及技术工人；罗伯斯庇尔使他们参与公务，使他们掌握俱乐部及革命的行政机关。他们所感到的悲伤是很深刻的。就是新十一月派也吐露出悲伤。后来在帝政时代做过郡长的迪波多告诉我们，他那一郡（威盎郡）的当局最初要阻止他发布有关新 11 月 9 日事变的文告。新 11 月 12 日，勒涅洛自拉发尔写给公安委员会的信上说，这位暴君之有害的势力仍然存在，"它虽经动摇，但未消灭。民众会社中的首领们仍是偏向罗伯斯庇尔"。在内微尔，巴黎派来宣布罗伯斯庇尔已被推倒的人，立刻被捕下狱。在亚拉斯及尼姆，听到罗伯斯庇尔被捕以后，各俱乐部即主张武装起来立即去援救他。有许多感觉失望的爱国者竟至自杀，如巴黎的雕刻匠摩克雷尔及尼姆的裁判官布敦等。

可是新十一月派现在已将恐怖工具握在手中。他们将其同党从狱中放出，而代之以罗伯斯庇尔派。他们纵容了反动，因而成了反动的抵押品，于是不得不违反他们的本愿而要走得更远。其中有许多人到了晚年时，后悔不该参加新 11 月 9 日事变[1]。他们杀了罗伯斯庇尔，便是使民主共和国延迟一百年[2]。

这个共和国是从战争及其困苦中产生的，为事势所迫不得不违反其固有的原则而投向恐怖，这个共和国虽完成了不少的奇迹，究竟只能算是偶然事件。它所依靠的基础日益狭小，就是它要与之共生死的人也不能了解它。它之得以生存到对外战争胜利之时，只是靠领袖们热烈的神秘力量及他们之超人的能力。具有两千年历史的王政与奴役是不能在几

---

① 新十一月事变后，恐怖主义者原无放弃恐怖政策之意；但他们之打倒罗伯斯庇尔派既系借助于中央派，自不得不容纳中央派之温和主张。吉伦特党重返议会后，右派势力更大，毕竟造成了反动的白色恐怖，山岳党议员亦遭迫害，俾约·发楞及科洛·得霸诸人皆受放逐处分。达批受白色恐怖打击的议员，深悔不该参加新十一月事变。

② 新十一月事变后，国民大会于 1795 年 10 月 26 日闭幕，接着是督政时期、领政时期、第一帝政时期，卒至恢复王政。1848 年之共和国，寿命亦甚短促。1870 年普法战争后所产生的第三共和国，根基本不巩固，直到十九世纪末，共和国制度才算稳定，故云延迟一百年。

个月中消灭的。最严厉的法律也不能一下子就改变了人性及社会秩序。罗伯斯庇尔、库通与圣鞠斯特也深知道这一点，因而他们要延长专政来建立人民的制度及推倒富人的统治。除非单单由他们掌握着整个专政权，他们才有成功的希望。可是，当政府中同僚向他们让步之时，罗伯斯庇尔仍然要和他们决裂；他这种不妥协的态度足以使悬在法律空中的建筑物倒塌。人类的意志要克服事物的阻力究竟是有限度的，这便是一个可记忆的例子。

附　录

一　法国革命大事记

1715　路易十四死，路易十五即位。

1716　约翰·洛之王家银行成立。

1717　西方公司成立。

1720　约翰·洛计划失败。

1726　伏尔泰亡命于英。

1733　伏尔泰之《哲学通信》出版。

1740　普王腓特烈第二即位。

1748　孟德斯鸠之《法意》出版。

1751　狄德罗之《百科全书》开始出版。

1752　路易十五放逐巴黎法院。

1753　卢梭之《论不平等之起源》出版。

1755　孟德斯鸠死。

1756　七年战争开始。

1759　《百科全书》暂时被禁。

1760　英王乔治第三即位。

1762　俄皇卡特琳第二即位。卢梭之《爱密尔》及《民约论》出版。

1763　七年战争结束。

1764　伏尔泰之《哲学辞典》出版。

1765　皇帝若瑟第二即位。

1768　法国合并科西嘉岛。

1769　拿破仑·波拿巴生。

1770　路易娶马利·安朵瓦勒特。

1771　瑞典王考斯道夫第三即位。巴黎法院被放逐。摩普法院产生。

1772　第一次瓜分波兰。

1774　美国独立宣言。路易十五死，路易十六即位。杜各任财务总理。

1776　贴现金库成立。杜各去职。

1777　内克任财务总理。

1778　法美联盟。拉法夷脱及法国义勇军赴美。伏尔泰及卢梭死。内克创立柏里及上基盎议会。

1779　释放王室土地农奴。

1780　《百科全书》完成。

1781　内克发表《财政报告书》。内克去职。限制军官身份条例。夫鲁里任财务总理。

1782　普亚图农民起义。

1783—1787　塞芬等地农民起义。

1783　庇特任英内阁总理。巴黎条约结束美国独立战争。拉法夷脱返国。卡伦任财务总理。

1784　狄德罗死。

1785　钻石项圈事件。

1786　威济尔农民起义。英法商约。普王腓特烈第二死，腓特烈·威廉即位。召开贵人会议。

1787　荷兰及比利时革命开始。

　　　2月22日　贵人会议开幕。

4 月 17 日　卡伦撤职，布里盎继任财务总理。

5 月 25 日　贵人会议解散。

8 月 6 日　放逐巴黎法院。

9 月 19 日　召回巴黎法院。

1788　1 月 4 日　巴黎法院要求废止密札制。

5 月 8 日　全能法院产生。

6 月 7 日　格累诺布尔"抛瓦日"。

7 月 21 日　多斐内省三级会议自动集会。

8 月 8 日　定期召开三级会议。

8 月 25 日　起用内克。

11 月 6 日—12 月 12 日　第二次贵人会议。

12 月 17 日　令第三级代表数目加倍。

西王查理第三死，查理第四即位。

1789　公债达四百五十亿锂。

1 月 1 日　上谕召开三级会议。

24 日　上谕规定三级会议选举法。

4 月 27 日　巴黎累维伊养事件。

5 月 5 日　三级会议开幕。

6 月 12 日　第三等级代表单独进行授权审查。

17 日　第三等级代表议决改称国民议会。

19 日　僧侣议决加入国民议会。

20 日　网球庭誓约。

23 日　御前会议。

26 日　国王下令调兵。

27 日　国王令第一二两等级加入国民议会。

29 日　巴黎着手国民卫军组织。

7 月 6 日　第一次宪法委员会产生。

11 日　内克免职。

14 日　陷巴士底堡。

15 日　拉法夷脱任巴黎国民卫军司令。反革命派亡命开始。

17 日　内克复职。国王到巴黎接受革命。

20 日　外省农民骚乱开始。

8 月 4 日　放弃封建特权法令。

27 日　权利宣言。

9 月 10 日　一院制立法机关案。

23 日　佛兰德斯兵团调至凡尔赛。

10 月 1 日　凡尔赛欢宴佛兰德斯兵团。

5 日　巴黎人民抵凡尔赛。

6 日　巴黎人民迫王室返巴黎。

7 日　奥尔良公爵决定赴英。

21 日　戒严法令。

11 月　外省结盟节开始。

2 日　国家收管教产法令。

7 日　议员不得兼任部长法令。

12 月　法夫拉斯事件。

19 日　发行指券法令。

1790　皇帝若瑟第二死，利欧波尔德第二即位。英西弩特卡峡事件。

2 月 4 日　国王出席议会接受新统治。

3 月 17 日　出卖教产法令。

30 日　蒙托邦王党暴动。

4 月　复活节期间南部骚乱。

17 日　国家担负教费法令。强制流通指券法令。

6 月 12 日　亚威农决定与法合并。

19 日　废止贵族制。

7 月 12 日　《教士法》。

14 日　全国结盟节。

28 日　拒绝奥军假道案。

8 月　查磊王党结集。南锡兵变。

9 月 4 日　内克辞职。

5 日　布勒斯特海军兵变。

29 日　发行指券十二亿锂法令。

11 月 27 日　僧侣宣誓法令。柏克之《法国革命论》出版。

12 月 14 日　帝国向法抗议 8 月 4 日法令。

26 日　国王批准僧侣宣誓法令。

1791　1 月 28 日　增加边境驻军法令。

2 月 20 日　郡主们出走。

28 日　短刀武士事件。

3 月 2 日　废止行会组织法令。

4 月 2 日　米拉波死。

18 日　王室圣克路之行被阻。

19 日　国王出席议会宣布并非不自由。

5 月 18 日　发行六亿锂指券法令。

6 月 14 日　沙伯利厄法。

20—25 日　王室逃至发楞及被阻返巴黎。

21 日　哥德利埃俱乐部请愿推翻王政。

7 月 5 日　帕都亚通牒。

17 日　马斯场屠杀。

25 日　普、奥同盟。

8 月 22 日　圣多明各黑人起义。

27 日　庇尔尼茨宣言。

9 月 3 日　最后通过 1791 年宪法。

13 日　合并亚威农案。

14 日　国王接受 1791 年宪法。

30 日　国民议会闭幕。

10月1日　立法议会开幕。

11月1日　教产出卖者已达十五亿二千六百万锂。

　　9日　限亡命者年内返国法令。

　　16日　佩迪昂当选为巴黎市长。

　　29日　夺去未宣誓教士年金法令。

12月　和战争论开始，达三月之久。

　　14日　向德里佛斯提出最后通牒。

1792　1月20—28日　巴黎因糖贵发生骚乱。

1月底　指券在国内贬值约25%—35%，在国外市场贬值达50%以上。

2月9日　亡命者财产收归国家管理法令。

3月1日　皇帝利欧波尔德第二死，佛兰斯瓦第二即位。

　　3日　西摩诺事件。

　　10日　福杨党内阁倒。

　　23日　吉伦特党内阁成立。

　　29日　没收亡命者财产法令。

4月20日　对奥宣战。

　　29日　战事失利。

5月3日　控马拉于最高法院。

　　27日　惩处反抗派教士法令。

6月8日　巴黎两万屯军法令。

　　13日　罗兰等去职，杜木里厄内阁。

　　15日　福杨党内阁。

　　20日　巴黎人民在杜伊勒里宫示威。

　　28日　拉法夷脱到议会要求惩办20日事件主持人。

7月1日　二万人请愿书。

　　10日　福杨党内阁辞职。

　　11日　宣布国难法令。

　　24日　普宣战。

25日　布伦斯威克宣言。

30日　马赛结盟军抵巴黎。

8月3日　巴黎人民请愿推翻王政。

10日　巴黎人民攻入杜伊勒里宫，中止路易十六王权。

11日　召开国民大会法令。

13日　巴黎市府开始用"平等元年"。

14—25日　立法议会通过有关土地问题的法令。

17日　组设特殊法庭法令。

20日　拉法夷脱出走。

23日　伦威失陷。

26日　反抗派教士出国法令。法国公民权授予外国人法令。

27日　国民大会选举开始。巴黎市府下令家宅搜查。

30日　改组革命市府法令。

9月2日　普军陷凡尔登。维持革命市府法令。

2—5日　9月屠杀。

5日　征兵特派员出发。

8日　法军进攻萨底尼亚。

14日　奥尔良公爵改名腓力普·平等。

16日　强制出卖粮食法令。

18日　取消革命市府法令。

20日　发尔密之役。立法议会最后一次集会。世俗权力掌管户籍法令。

21日　国民大会开幕。宣布废止王政。法军进入萨伏依。

22日　共和国元年元旦。

24日　议会郡卫队案。

28日　对萨宣战。

28日—10月8日　奥军围利尔。

10月12日　收复凡尔登。雅各宾俱乐部开除布里索。

11日　宪法委员会产生。

15 日　停止巴黎近郊工事法令。

17 日　创设治安委员会。

19 日　巴黎请愿反对郡卫队案。

21 日　屈斯丁夺取马因斯。

11 月 3 日　伐拉则提出审讯国王问题的报告。

6 日　冉马普之役。

7 日　梅依埃提出审讯国王问题的报告。

13 日　国王受审问题辩论开始。

14 日　法军占领布鲁塞尔。

15 日　格累瓜尔当选为议会主席。

16 日　法国宣布开放斯刻尔特河。

19 日　第一次宣传法令：扶植革命。

20 日　王宫铁柜发现。

27 日　合并萨伏依法令。

12 月 3 日　通过审讯国王案。

11 日　路易第一次受审。

15 日　第二次宣传法令：革命专政。

26 日　国王第二次出席议会受审。英国议会通过外人居留案。

1793　1 月 1 日—28 日　杜木里厄逗留巴黎。

1 日　国防委员会成立。

13 日　巴斯微尔被害于罗马。

15 日　审王案开始投票。

19 日　通过路易死刑。

20 日　投死刑票议员勒俾勒迪埃遭暗杀。

21 日　路易十六死刑执行。

23 日　第二次瓜分波兰。

24 日　英政府令法大使出境。

31 日　合并尼斯法令。

2月1日 对英国及荷兰宣战。

　　8日 法俄关系断绝。

　　15日 康多塞宪法草案提出。

　　16日 杜木里厄军侵入荷兰。

　　24日 征集三十万兵员法令。

　　24—26日 巴黎人民因物价骚乱。

3月1日 法军惨败于比利时。

　　7日 对西班牙宣战。

　　9日 议会特使派出。

　　10日 汪德郡乱事开始。

　　11日 革命法庭产生。

　　18日 杜木里厄败于内尔樊敦。

　　19日 惩罚叛徒法令。

　　21日 各地革命委员会产生。

　　29日 议会派员逮捕杜木里厄法令。

4月5日 杜木里厄出走。

　　6日 第一公安委员会产生。

　　11日 强制通行指券法令。

　　12日 通过控告马拉。

　　14日 马因斯被围开始。

　　15日 雅各宾党请愿控告二十二名吉伦特党领袖。

　　23日 未宣誓僧侣被解出国法令。

　　24日 马拉在革命法庭之胜利。

5月4日 谷物限价法令。

　　10日 议会迁至杜伊勒里宫。

　　18日 审查革命市府的十二人委员会产生。

　　20日 强迫募债十亿锂法令。

　　23日 法军退出法马尔。

25 日 伊斯那尔恫吓巴黎请愿者。

29 日 主教宫集会图谋暴动。

30 日 五人宪草委员会。

31 日 反吉伦特党的暴动开始。取消十二人委员会。

6月2日 巴黎人民包围议会。吉伦特党领袖受监视。吉伦特党开始逃出巴黎。

3 日 出卖亡命者土地方式法令。

6 日 七十五名吉伦特党抗议。

7 日 联邦党之乱开始。

10 日 分配公有土地法。

11 日 开始讨论新宪草。

24 日 通过 1793 年宪法。

7月2日 人民宪法投票开始。

10 日 第二公安委员会产生。

12 日 康兑失陷。

13 日 马拉被刺。

16 日 马拉葬仪。德洛内弹劾印度公司。

17 日 废止封建权赎偿制法令。沙洛特·科兑死刑。里昂处死沙利尔。

21 日 屈斯丁被捕。

23 日 马因斯降敌。

24 日 加斯巴朗退出公安委员会。

27 日 严禁囤积投机案。罗伯斯庇尔加入公安委员会。

28 日 公安委员会取得逮捕权。伐仑西恩失陷。

31 日 各区代表结集于主教宫。

8月1日 王后受审案。采用米突制。

10 日 庆祝新宪法。

14 日 卡诺及普里欧·得·拉·科多尔加入公安委员会。

19 日 查格·卢被捕。

22 日　英国围敦刻尔克。

23 日　全国总动员案。

24 日　股份公司案。设立公债清册。

25 日　政府军克马赛。主教宫代表会解散。

28 日　英、西联军陷土伦。

28 日　屈斯丁死刑。

9 月 4 日—5 日　艾贝尔派发动巴黎民众示威。革命军产生。四十镑律。革命法庭分四组。俾约·发楞及科洛·得霸加入公安委员会。

6—8 日　昂德斯科特之役。

12 日　克洛瓦失陷。

13 日　公安委员会取得提出其他委员会改组名单权。

17 日　通过嫌疑犯律。

20 日　乌沙尔撤职。杜里奥退出公安委员会。

22 日　共和国 2 年元旦。

24 日　乌沙尔被捕。兰德尔蒙及沙恩堡撤职。柔尔丹受命统率北路军。

28 日　庇什格律受命统率莱茵方面军。

29 日　全面限价法令。

10 月 3 日　吉伦特党领袖受审。七十五名吉伦特党下狱。

8 日　德洛内提出清算印度公司法令。

9 日　政府军克里昂。

10 日　宣布革命政府。丹敦请假离巴黎。

12 日　法布尔向两委员会人员告发关于印度公司事件。巴黎公布最高物价表。

14 日　王后马利·安朵瓦勒特受审。

16 日　王后死刑。滑迪尼之胜利。

17 日　败汪德党于硕勒。

22 日　公安委员会设置粮食委员会。奥什受命统率摩则尔方面军。

24日　通过革命历。吉伦特党领袖受审。

28日　教士不得为小学教师法令。

31日　吉伦特党领袖死刑。

11月3日　巴黎军械制造所陈献第一批所造枪械。

7日　哥伯尔放弃教职。

8日　罗兰夫人死刑。

9日　控劾奥塞兰案。

10日　理性崇拜节。贝野死刑。罗兰自杀。

11日　巴黎各俱乐部请愿推翻合法信仰。

18日　沙跛等被捕。

20日　丹敦返巴黎。

24日　施行革命历。

26—28日　恺撒斯劳顿之役。

12月4日　新3月14日法令：加强恐怖。

5日　德木兰创刊《老哥德利埃党报》。

8日　保证信仰自由法令。

19日　法军收复土伦。

23日　汪德党败于萨维内。

26日　格斯堡之役。

1794　1月　汪德郡行使恐怖政策。

13日　法布尔被捕。

2月1日　公安委员会表示继续战争政策。

10日　查格·卢自杀。

26日　新6月8日法令。

3月3日　新6月13日法令。

4日　哥德利埃俱乐部鼓吹暴动。

7日　科洛·得霸代表雅各宾俱乐部与哥德利埃俱乐部妥协。

13日　逮捕艾贝尔派。

14 日　科修士古在波兰举事。

16 日　亚马尔提出关于印度公司事件报告。

21—24 日　艾贝尔派受审及死刑。

30 日　两委员会联席会议下令逮捕丹敦派。

31 日　圣鞠斯特报告逮捕丹敦派。

4 月 1 日　取消行政会议代以十二个委员会。放宽干涉政策。

2—5 日　丹敦派受审及死刑。

11 日　奥什下狱。

14 日　卢梭遗体迁入国葬所。

16 日　新 7 月 27 日法令：集中革命司法。

22 日　全面警务局成立。

30 日　兰德累西失陷。

5 月 7 日　罗伯斯庇尔提出主宰信仰法令。

10 日　第一次强渡松布尔河。创设奥伦治法团。

11 日　设立国家救助名册。

13 日　公安委员会令各军附设"调运所"。卡特琳·特奥被捕。

14 日　两民众委员会产生。

22 日　科洛·得霸遇刺。

23 日　累诺被捕。

28 日　英法海战开始。

6 月 1 日　法舰报复号沉没，海战结束。创设军事学校。

8 日　断头机移至安多益广场。主宰节。

10 日　新 9 月 22 日法令。

14 日　断头机移至特罗栅广场。

15 日　伐迪厄报告特奥事件。

18 日　第六次强渡松布尔河。

25—26 日　夫鲁律斯之役。

7 月 3 日　罗伯斯庇尔开始不出席公安委员会。

8 日　法军占布鲁塞尔。

13 日　普军被逐出特里普斯塔特。

14 日　雅各宾俱乐部开除富舍。

22 日　两委员会人员的妥协会议。

23 日　罗伯斯庇尔出席妥协会议。

24 日　法军占安特卫普。

26 日　罗伯斯庇尔在议会之失败。

27 日　新 11 月 9 日事变。

28 日　罗伯斯庇尔派死刑。

29 日　巴黎市府人员死刑。

30 日　公安委员会改组。

8 月 10 日　革命法庭改组。

11 月 11 日　封闭雅各宾俱乐部。

12 月 8 日　吉伦特党重返国民大会。

23 日　取消限价律。

1795　3 月　巴累、伐迪厄、俾约·发楞、科洛·得霸等受审讯。

5 月 7 日　孚基尔·坦维尔死刑。

6 月 12 日　取消革命政府。

10 月 26 日　国民大会闭幕。

11 月 2 日　执政府开始。

1797　2 月 4 日　明令废止指券。

二　共和国2年革命历对照表（有。者为星期日）

新一月 一七九三年九月（葡月）——十月		新二月 十月——十一月（雾月）		新三月 十一月——十二月（霜月）		新四月 十二月——一七九四年一月（雪月）		新五月 一月——二月（雨月）		新六月 二月——三月（风月）		新七月 三月——四月（种月）		新八月 四月——五月（花月）		新九月 五月——六月（牧月）		新十月 六月——七月（收月、穑月）		新十一月 七月——八月（热月）		新十二月 八月——九月（果月）	
1	22°	1	22	1	21	1	21	1	20	1	19	1	21	1	20°	1	20	1	19	1	19	1	18
2	23	2	23	2	22	2	22°	2	21	2	20	2	22	2	21	2	21	2	20	2	20°	2	19
3	24	3	24	3	23	3	23	3	22	3	21	3	23°	3	22	3	22	3	21	3	21	3	20
4	25	4	25	4	24°	4	24	4	23	4	22	4	24	4	23	4	23	4	22°	4	22	4	21
5	26	5	26	5	25	5	25	5	24	5	23°	5	25	5	24	5	24	5	23	5	23	5	22
6	27	6	27°	6	26	6	26	6	25	6	24	6	26	6	25	6	25°	6	24	6	24	6	23
7	28	7	28	7	27	7	27	7	26°	7	25	7	27	7	26	7	26	7	25	7	25	7	24°
8	29°	8	29	8	28	8	28	8	27	8	26	8	28	8	27°	8	27	8	26	8	26	8	25
9	30	9	30	9	29	9	29°	9	28	9	27	9	29	9	28	9	28	9	27	9	27°	9	26
10	1	10	31	10	30	10	30	10	29	10	28	10	30°	10	29	10	29	10	28	10	28	10	27
11	2	11	1	11	1°	11	31	11	30	11	1	11	31	11	30	11	30	11	29°	11	29	11	28
12	3	12	2	12	2	12	1	12	31	12	2°	12	1	12	1	12	31	12	30	12	30	12	29
13	4	13	3°	13	3	13	2	13	1	13	3	13	2	13	2	13	1°	13	1	13	31	13	30
14	5	14	4	14	4	14	3	14	2°	14	4	14	3	14	3	14	2	14	2	14	1	14	31°
15	6°	15	5	15	5	15	4	15	3	15	5	15	4	15	4°	15	3	15	3	15	2	15	1
16	7	16	6	16	6	16	5°	16	4	16	6	16	5	16	5	16	4	16	4	16	3°	16	2
17	8	17	7	17	7	17	6	17	5	17	7	17	6°	17	6	17	5	17	5	17	4	17	3
18	9	18	8	18	8°	18	7	18	6	18	8	18	7	18	7	18	6	18	6°	18	5	18	4
19	10	19	9	19	9	19	8	19	7	19	9°	19	8	19	8	19	7	19	7	19	6	19	5
20	11	20	10°	20	10	20	9	20	8	20	10	20	9	20	9	20	8°	20	8	20	7	20	6
21	12	21	11	21	11	21	10	21	9°	21	11	21	10	21	10	21	9	21	9	21	8	21	7°
22	13°	22	12	22	12	22	11	22	10	22	12	22	11°	22	11	22	10	22	10	22	9	22	8
23	14	23	13	23	13	23	12°	23	11	23	13	23	12	23	12	23	11	23	11	23	10°	23	9
24	15	24	14	24	14	24	13	24	12	24	14	24	13°	24	13	24	12	24	12	24	11	24	10
25	16	25	15	25	15°	25	14	25	13	25	15	25	14	25	14	25	13	25	13°	25	12	25	11
26	17	26	16	26	16	26	15	26	14	26	16°	26	15	26	15	26	14	26	14	26	13	26	12
27	18	27	17°	27	17	27	16	27	15	27	17	27	16	27	16	27	15°	27	15	27	14	27	13
28	19	28	18	28	18	28	17	28	16°	28	18	28	17	28	17	28	16	28	16	28	15	28	14°
29	20°	29	19	29	19	29	18	29	17	29	19	29	18°	29	18	29	17	29	17	29	16	29	15
30	21	30	20	30	20	30	19°	30	18	30	20	30	19	30	19	30	18	30	18	30	17°	30	16

圣鞠斯特

绪　论

圣鞠斯特是法国大革命雅各宾专政时期的领袖人物之一。要明了圣鞠斯特，须先明了法国大革命。关于法国革命，顶好去读马迪厄的《法国革命史》；[①] 此处仅能以明了圣鞠斯特为条件，略述法国革命的概况。

法国革命可依次以三次议会为中心：

第一、制宪议会时期：为着要解决政府的财政困难，法王路易十六（1774—１７９２）同意召集那个业已一百七十五年不曾召集过的三级会议。1789 年 5 月 4 日，三级会议在国王所在的凡尔赛开幕。由于第三等级的得势，这个议会不但不曾替国王解决财政问题，反而要求一般的改革；6 月 17 日，它自动改称国民议会，意在为法国制订出一个宪法，并誓言非待宪法完成决不解散——所以又称制宪议会。议会之敢于反抗国王，完全由于有人民支持，尤其是巴黎的人民：他们于 7 月 14 日攻陷象征专制政治的巴斯提尔狱，10 月五六两日，他们到凡尔赛胁迫路易十六回到巴黎来；从此，巴黎成为革命的中心。议会亦随而迁到巴黎。议会努力于制宪工作，当时议会并未提出推倒王政的要求，故 1791 年宪法仍是个温和的君主立宪制宪法。路易不愿受宪法的限制，更不堪议会及巴

----

① 马迪厄著《法国革命史》是一部世界名著，为研究法国革命史者必读之书，业经著者译出，曾由商务印书馆出版，现改由三联书店出版。

黎所加于他的压迫；但他有种种顾忌不能如其他反革命派之可以决然出走，因而他一再犹豫。议会中心人物而可有助于他的米拉波死后，接着是国王之出走（1791 年 6 月 21 日）；出走失败，幸得君宪派之维护，使他仍能保全王位，事实上他不能不接受这个他所不愿接受的宪法，只有在暗中等待机会来推翻它。人民也不满于这样的结局：议会虽在原则上废止了封建制度，但未能彻底实行；议会没收教会财产为国产以整理国债，但其所发行的指券变成了纸币，纸币贬值而使物价高涨，因而发生了严重的社会问题；议会对于宗教问题处理之不当，更是日后纠纷的主因之一。故此，1791 年宪法虽经实施，但这并不能结束革命。

第二、立法议会时期：立法议会是依照 1791 年宪法产生的立法机关，在其经过的一年之间（1791 年 10 月 1 日—1792 年 9 月 20 日），君宪派势力逐渐衰微，共和国主张逐渐得势。制宪议会所遗下的宗教问题与经济问题演变到更难解决，再加上对外战争的问题，更使立法议会穷于应付。战事之失利及宫廷的反动措施，激起人民之不安与怨恨，于是发生了 1792 年 8 月 10 日的革命：巴黎人民围攻王宫，国王全家变成了人民的囚犯。路易已不是"法兰西人之王"，此后法国该行什么政体，只有待国民大会来决定。

第三、国民大会时期：圣鞠斯特不曾参加已往的两次议会，但他是国民大会的重要人物之一。从议会开幕之日（1792 年 9 月 20 日）起，到罗伯斯庇尔派失败时（1794 年 7 月 28 日）为止，可称为法国革命的最高潮时期。议会开幕后，即于 9 月 22 日宣布推翻王政。因为临时事变之繁重与紧迫，使它不能从速订出一个共和国宪法；事实上开始了议会之独裁。议会自始即有吉伦德党与山岳党之争：吉伦德党较右倾，代表资产阶级，以外郡为后盾；山岳党较左倾，代表民众利益，以巴黎——尤其是雅各宾俱乐部及巴黎市府——为后盾。1793 年 5 月以前是吉伦德党得势时期。他们想营救国王，但不能使他不受死刑（1793 年 1 月 21 日）；他们使战争扩大，但不能得到军事上的胜利；他们囿于阶级利益而无法解决当时日趋严重的社会问题，他们眼见国内西部汪德党乱事之爆发而不能从速将其平定；这些便是他们失败的根本原因。1793 年 6 月 2 日巴黎人民压迫议会逮捕吉伦德党领袖。吉伦德党既倒，山岳党占绝对优势，从而开始了雅各宾专政时期，圣鞠斯特便是雅各宾党的领袖人物之一。对外战争之失利，内乱之扩大，反革命派阴谋之层出不穷，生活高涨所造成之经济恐慌，这一切情况迫着法国革命走上恐怖政策的途径。行使恐怖政策的中心机关是 7 月 10 日改组后的公安委员会，圣鞠斯特为组成此委员会的十二委员之一，而且是推动恐怖政策最力之一人。公安委员会自经罗伯斯庇尔加入（8 月 27 日）以后，权力日增，就是已往与之平衡的治安委员会也不免受制于它。罗伯斯庇尔、圣鞠斯特与库通被目为三头；他们之主张恐怖政策，不但在用以拯救遭受内外夹攻的共和国，并欲以之来推行社会政策，以之从伦理上建设一个具有德性的理想社会。他们不能容忍极左的艾贝尔派与极右的丹敦派之主张，为着巩固革命政府的权力起见，他们不得不先后将此二派打倒。他们之不妥协精神使他们的政敌为着本身利害而彼此团结起来，卒发生 1794 年 7 月 27 日之变——所谓新十一月事变，"三头"及其朋友都做了断头机下的牺牲者。他们死后，公安委员会虽欲继续推行恐怖政策，已不可能；国民大会虽仍能维持一年有余（1795 年 10 月 26 日解散），但在革命途径上只是有退无进。罗伯斯庇尔一派失败以后，法国革命的高潮已过，真正的革命运动告终。

本书之目的在说明圣鞠斯特之生平及其政治理想之发展，而着重其理想与实际政治之关系——从公安委员会的工作与政策来看圣鞠斯特之影响。为便于分析其政治理想之故，所以没有采用普通的传记体裁，但将其生平综述于传略一章，以为分析其理想之背景。

圣鞠斯特在政治上是个失败者，其同时人关于他的记载，当然是诋毁者居多；在革命以后的反动时期中，他更不免代人受过。直到路易布兰的《法国革命史》出版（1847 年）以后，自来遭人诋毁的罗伯斯庇尔派，才开始表露其真面目。1852 年，夫鲁里出版其《圣鞠斯特与恐怖》，仍是不利于圣鞠斯特的。阿麦尔的《圣鞠斯特传》（1851 年出版），很推重圣鞠斯特；他根据的文献较多，所用的方法是历史的，故至今仍不失为有价值的著作。近代研究法国革命史的二大权威奥拉尔及马迪厄都颇注意圣鞠斯特，马迪厄特别深入地研究了罗伯斯庇尔，因而使我们更能明了圣鞠斯特。专门研究圣鞠斯特的维勒，自 1906 年以后时有关于圣鞠斯特的论文发表；由他整理的《圣鞠斯特全集》两卷，于 1908 年出版，冠以相当长的一篇绪论，虽其收集并不完全，然已予学者以莫大便利。现代为圣鞠斯特作传而能在学术上有所贡献的，倒是两位美国学者：一为布鲁恩，一为叩迪斯；依著者所知，叩迪斯之作虽不免错误（均经著者在本书中指出），但较为深入，实为目下圣鞠斯特传之最好的一本。

著者写此书时，所根据的资料系以圣鞠斯特的著作及演说辞为主。当他与勒巴共同出使时，所下的命令虽经两人签字，但我们有充分理由认定这纯是出于圣鞠斯特之手；[1]但是经两人签名的信件则当加以分辨，惟出于圣鞠斯特之亲笔者，始为可用资料。除开一个关于外交事务之伪造的报告之外，[2]所有由圣鞠斯特提出的报告，无论其是用两委员会名义或者仅代表公安委员会提出的，均应视为圣鞠斯特之作。固然，此类报告须先经过委员会的讨论，且往往有所修改；但所修改部分仅限于政策之修正与增删，至全文之推论与所持事理是没有多大改变的。报告既由圣鞠斯特提出，以他的个性之强，当不会容许有违反他本意的增改；并且此类报告的内容均与他个人之经验与主张相符。否则他的政敌巴累

---

① Barère（Mémoirs, V. II., p. 190，以下简称 Barère）及 Baudat（Notes historiques，p. 243）均以全部责任加在圣鞠斯特身上。Stéfane-Pol（Le Conventionnel Le Bas, p. 53）亦谓勒巴不甚活动。奥拉尔在其 Saint-Just et la défense nationale en 1793 一文中，确言勒巴仅为圣鞠斯特之副，圣鞠斯特之命令他，一如其命令其他的人一般。维勒在其 Saint-Just：missions aux armées 一文中，亦持此见解。

② Mathiez, un faux rapport de Saint-Just; Bruun, une tradu-ction Anglaise de faux rapport de Saint-Just.

不会称赞他的报告中"充满着伟大而高尚的真理"。[①] 他报告中所涉及的每一点，都可用其死后始发现的《共和国制度论》之内容来互证。这部著作是他随时抽空写出的，已无问题；惟于写出日期则应加推论。前人往往认为这是一部未完之作，只是些零碎记下来的东西；事实上这是一个业已完成之作，而且在全书编次上是经过相当考虑的。马迪厄曾谓此书成于新5月。[②] 这一说是不能完全被采纳的，因为这一著作显然不能在一个月之内完成。也许马迪厄自觉他这个论断靠不住，所以他后来又说书中所谓"八个月以前"[③] 是指革命政府成立以前，[④] 这便是说，圣鞠斯特须到新10月时始能完成其著作。[⑤] 叩迪斯谓此书成于1794年，[⑥] 这样指定的时间嫌过于广泛，不易凭借来推论圣鞠斯特的理想之演变。圣鞠斯特之出使莱茵军，实为其理想发展过程中之转变点，故他之动手写此书，必系在这一次出使以后。大概他是新5月开始的，再迟也不过是新6月，因为书中已明白载有新六月法令的内容。此书既是一部已成之作，则其完成时期不能迟于新8月之上半月，因为此后他即忙于监军的使命及政治上的事变，不会有时间去整理它。就书中内容来判断，如对于重要人物之评击，为独裁之辩护，对恐怖政策之怀疑，所提出的社会问题及节日名称表等，可见最少此书之初稿在这时必已完成。事实上，他在新7月26日提出了确立共和国制度的主张。所以我们大可断定圣鞠斯特之写成此书是在新5月至新8月之间。

----

① Barère, vol. II., p. 235.

② Mathiez, La Vie Chère, p. 540. 按国民大会于 1793 年 10 月 5 日通过革命历法，以 1792 年 9 月 22 日为共和国元年元旦；每年 12 个月，每月 30 日，多余之五日为节日；每月均按时令予以特有名称，我们为便于记忆之故，译作新某月。此处新 5 月，即指 1794 年正月 20 日至 2 月 18 日。

③ 《圣鞠斯特全集》（以后简称全集）卷二，页五一四。

④ Mathiez, Les Décrêtes de Ventôse.

⑤ 圣鞠斯特提出其关于革命政府的报告系在 10 月 10 日，即新正月 19 日。

⑥ 叩迪斯：《圣鞠斯特传》页二九九。

他的理想影响于公安委员会的工作到何程度，是个颇难推断的问题，因为不易获得可靠资料。[1] 委员会之讨论是秘密的，不大为外界所知。委员会也不曾留下开会记录一类的东西。除开委员会委员在议会中提出的报告及参加议会的讨论以外，惟有委员会所颁发的命令及其与各方之通信，是可靠而且可利用的资料。此类命令与通信曾经奥拉尔整理；且其中多数曾经他鉴定某件系出于某人亲笔。其出于圣鞠斯特之亲笔或仅经他单独签字者，自可认定是由于他之主张；其未能鉴定出于何人手笔而由他签字于第一位者，亦可作此认定，因为委员会的命令照例是由主动者最先签字。[2] 委员会留下的文献与当时之实况，未必绝对符合，例如在圣鞠斯特出使在外时，亦可预先签字于空白命令上；遇着此类未能绝对断定的情形，则利用其他文献来引证。

关于这一时代的回忆录是特别的多，虽属出于曾经参加革命者之手，但其目的，或为自己辩护，或为对人报复，多不免歪曲事实，所以是很不可靠的。但是此类资料有时可资旁证，所以有时仍须利用，不过在引用时曾经特别谨慎。

---

[1]　Mathiez, L' Histoire secrète du comité de Salut Public.

[2]　Thompson, L' Organization du travail du Comité de Salut Public.

第一章 传 略

一 早年

圣鞠斯特（Louis Antoine Léon Florellele de Saint-Just）生于 1767 年 8 月 25 日。在这一年，法国革命初期的领袖人物米拉波刚十九岁，正在骑兵联队中入伍；恐怖时代的主要人物罗伯斯庇尔还只是个十岁的小学生；而未来之拿破仑须再迟两年始出世。圣鞠斯特的姓字前面虽有一个 de，但其家庭并非贵族。[①] 他的父亲是个下级军官，当时和他的母亲住在泥味内的德息兹村，——就是这位革命领袖的生地。次年，他的父亲脱离军队，全家迁至南浦塞尔，圣鞠斯特和他的两个妹妹就在这里度过了八年的儿时生活。

1776 年全家搬到故乡布勒兰古。[②] 次年他的父亲去世，留下了相当财产，[③] 使他母亲得以抚养三个小孩，尤注意于这位独子的教育。圣鞠斯特在斯瓦松之圣尼古拉学校里念书，学校中之严格的宗教训练，是使他日后痛恨及攻击教士的原因。关于他的学校生活，曾有过各种传说。夫鲁里说他是顽皮孩子们的领袖，某失名作家称之为捣乱者，[④] 圣布夫

---

① Chabre, La Famille de Saint-Just. 法国贵族姓前通常有一 de 字。

② Hurillon 根据当地教区登记而确定其故乡所在，见 Notes sur Saint-Just, p. 23.

③ Dommanget, La Famille de Saint-Just.

④ Anon., Les hommes de La Terreur.

称其在同学儿童中颇为特出，[1] 维勒则举出奖章为证，说他读书很好。[2]
他在十八岁时离开这个学校，大概没有毕业。

他家居时，常喜欢在花园中河边大树下坐着，笔记下他脑中的幻想。
不过此种生活没有很久。1786 年 9 月 17 日，他母亲有封信寄给在巴黎
的德夫利，说她儿子于星期五晚上（9 月 15 日）偷了一袋银器及其他物
品逃到巴黎去了。[3] 他之所以有此举动，一半因为是他所爱的哲勒小姐被
迫嫁给了托兰，一半因为他母亲管束很严，不让他有多量的钱去浪费。
数日后，他母亲又有一封信给德夫利，请将她的儿子逮捕；外附一函，
据称系某医生所写，说这孩子有病，因而将这孩子在巴黎的住址泄漏了
出来。10 月初，这孩子被捕，经警局审问时，他一切都承认，只不愿在
口供上签字。由于他母亲之请求，把他禁锢在马利的宿舍中；[4] ——这
原是当时法国有身份的人家对付行为不检的子弟所惯用的方法。这孩子
的不良行为使他母亲伤心而且害病；她不信任她的儿子，甚至把寄给他
的六件衬衫都交德夫利收存，只先给他两件，怕他将多余的出卖。[5] 经
过六个月的禁锢生活，这孩子仍很倔强，可是接受了德夫利的劝告而愿
研究法律。次年 3 月 27 日，在他最后给德夫利的信中，表示其对曾使母
亲伤心之悔悟，他说："已往是无法补救了，我力量中所能补救的只有
将来。希望将来有证明的一天。"[6] 这孩子的话是诚实的。他母亲不但以
后要亲见他所做的事业，而且于 1809 年要求接受她儿子死后的遗物。[7]

1787 年 4 月，圣鞠斯特从禁锢中出来，在斯瓦松的律师德沙姆手下
充书记，开始习律。9 月 24 日他通过了理姆斯法律学校的初试，他在那

---

[1] Saint-Beuve, Causeries de Lundi, p. 266.

[2] Vellay, Les Premières luttes Politiques de Saint-Just. p. 882.

[3] A. Bégis, Saint-Just, Son emprisonnement sous Louis XVI, pp. 10—12.

[4] Piétte, Saint-Just, sa reclusion, pp. 219—221.

[5] Bégis, ibid, pp. 28—29.

[6] 同上，pp. 34—35.

[7] Mme Saint-Just, Une lettre de la mère de Saint-Just.

里住了一年半，也许得到了一张法律文凭。① 不幸他这时期的信札被焚，所以不易明了他在专门学校的生活。②1788 年回家，他忽然发生历史兴趣，研究距布勒兰古不远之古雪堡；数月研究的结果，写成了一篇《古雪之安格朗第一》，把这个封建制下的家庭追溯到 12 世纪。③

圣鞠斯特也有文学野心。他的长诗《奥尔刚》，据说是在被禁锢时写的。这本书在 1789 年 5 月初出版，因其毁谤宫廷，颇能吸引一部分读者，于是引起警局之注意，欲将他逮捕④。这篇长诗模仿福尔特尔的《真女》，一般认为是诲淫的东西；故其政敌于 1792 年将其改个名称出版。⑤ 这个作品受过若干次的严厉批评，其内容可以表现出这位青年急进派的心理。1789 或 1790 年时，他又写了一出独幕剧《迪俄詹》，其中表现作者已是个生活严肃的人，但其政治主张仍很激烈。⑥ 在他献身于革命事业以前，他还写了一首短诗，⑦ 此后，他即与文学隔绝。

"革命家不是生成的，是造成的。"圣鞠斯特便是如此。革命每为青年人预备了一个活动领域，刺激他们去动作。假使圣鞠斯特年龄太幼，不足与米拉波共事，可是他仍不失为一个地方革命家。在参加国民大会以前，他已在地方政治中卓然露头角，他从实际政治中学习得不少，才使他将来在较大的舞台上做一个革命实行家。

法国大革命爆发时，他正在巴黎。他亲见巴斯提尔狱之被攻陷及群众之热狂；他听见过议会中的讨论及雅各宾俱乐部的鼓动，并且认识了

---

① 全集卷一，页二二六。

② G. Laurent（Etiéme Lambert, A. Rev. 1924. V. pp. 17—33）谓圣鞠斯特在理姆斯时系 1786—1787 年，误，按此时他尚在禁锢中。

③ Curtis 在其《圣鞠斯特传》中（页一○，以下简称 Curtis）说这篇东西并未写成，实则已经写成，并经 Michelet（卷六，页一一七—一一八）提及过。Vellay 将此作发表于 Revue Bleue，但错记年代为 1787，当时圣鞠斯特还在理姆斯学法律。

④ Barère, IV, p. 334. Vellay, Les Poursuites Contre Organt.

⑤ Vellay, Essai d' une Bibliographie de Saint-Just, p. 2.

⑥ Vellay 将此剧发表于 Revue Bleue, 1907, VIII, pp. 97—105.

⑦ Epigramme sur Le Comédien Dubois qui a joué dans Pi- erre Le Cruel.

一部分革命领袖。假使他颇细心的话，也许他已见到过那位号称不能腐化的罗伯斯庇尔。他想留在首都，可是巴黎没有他活动的可能。他只得带着革命理想回到本乡去开始他的事业。

他在本乡活动的第一件事是 1790 年 2 月 21 日之参加宣誓礼。他的名字列于记录上的第一行，恰在地方当局签字之后。[①] 他常出席于布勒兰古，硕尼及古雪各地俱乐部，但他最注意的是布勒兰古的市府。议会决定了施行新郡制，斯瓦松及拉昂两地争为恩英郡的首县；圣鞠斯特受当地选举人的推举，于 1790 年 4 月出席于硕尼地方议会。他根据有利于贫民的理由而为斯瓦松说话，这是他的第一次演说；[②] 虽然失败，可是为他本人争得了领袖的资格。在其致德木兰而未载明日月的信中，他说他离开讲坛时，满堂掌声；当他回家时，深受本地农民的热烈欢迎，并率领他们侮辱了某一位贵族。[③] 一月以后又有一个机会，即关于县裁判官选举地点问题；他却未利用这个机会，仅写好一篇讲词交给他的朋友图伊野，令其在县议会中宣读，坚持下届须在布勒兰古集会。[④] 为圣鞠斯特作传的人，都注意于 1790 年 5 月 15 日，他在布勒兰古乡政府中之戏剧般的动作；当时乡政府在焚毁教士们所发布的反动宣言，圣鞠斯特置手于火焰之上，誓死为国家及国民议会斗争。显然他是在抓住任何可能的机会来显露头角，以便将来为立法议会之候选人。

直到这时为止，圣鞠斯特在地方上并未担任任何职务。6 月 6 日他的名字才以国民卫军中队长资格见于乡政府的记录上；然他的妹丈兑克内已于四个月前充任大队长。[⑤] 国民卫军是一种带地方性的组织，为谋

---

① Suin, Travail sur Les Archives de Blérancourt et notes Biographiques sur Lecat et Saint-Just, p. 193.

② 见全集 I, pp. 217—9. Curtis（p. 17）谓其内容系经人授意，但无左证。据演辞之笔调及其所表现之情感而论，这篇演辞应为圣鞠斯特独立之作。

③ 见全集卷一，二二一页。

④ 同上，卷一，二二二—三页。

⑤ Suin, ibid. p. 196.

彼此联络起见，各地国民卫军每每互派代表相会举行结盟仪式。圣鞠斯特曾率领九名代表与发松市府结盟表示拥护宪法及共同利益。[①]继而他又与图伊野代表布勒兰古之国民卫军赴巴黎参加 1790 年 7 月 14 日的全国大结盟节。这一次在巴黎他必已熟知罗伯斯庇尔，因而于一月后写了封很恭维的信给他。"我不认识你，但，你是一位伟大的人物。你不仅是一省的代表，而且是人类及共和国的代表。"——这是他信中的话，一再经人恶意地引用过的话。这种举动表示他急欲结识在巴黎已有声誉的人物，当他自己还是名不出乡里的时候。[②]

法王路易十六逃走失败被解回巴黎的时候，圣鞠斯特曾参加护送。此外，他在 1791 年的主要活动便是充任乡政府律师，与格累勒争土地。1790 年 10 月时，乡政府曾派他与格累勒之代理人交涉，令其交还其所侵占的土地。10 月 17 日他向乡政府报告，可望解决。[③]事隔一年，仍未解决。到了 1791 年 10 月 18 日，乡政府只有控之于古雪之县法庭；11 月 7 日任命圣鞠斯特为辩护人，托其起草诉状。[④]

当制宪议会讨论宪法将近完成的时候，圣鞠斯特正忙着写《法国革命与宪法之精神》。这篇政治论文在 1791 年初间一定已经写好，因为他在 2 月 18 日曾有信催印刷者赶快将其印出。[⑤]他想利用这本论文以为当选入立法议会的工具，故欲使其在大选以前出版。这篇论文也许能有助于他之竞选，可是他的敌人以其不合法定年龄为理由，使其名字不得列入名单。他的计划虽然失败，但他这篇论文却能有助于我们了解他的政治思想之发展。

死后在他的文件中发现一封写给都必尼而未寄出的信，一般曾错误

---

① 发松市府的纪录，见 Vellay, Saint-Just en 1790 p. 383.

② Suin, Sur les Archives de Blérancourt, pp. 181—191.

③ 全集卷一，页二二五—二二九。

④ Suin, ibid., p. 199；全集卷一，页二三二—二四九。

⑤ Lettres inédites de Saint-Just, pp. 6—7.

地认为这封信表现其竞选失败后之极度失望；但信上日期是 1792 年 7 月
20 日，距竞选失败已近一年；而且在数星期后，他即当选为国民大会议
员。圣鞠斯特在这一年中虽有些失望，但其活动一如以前。1792 年 2 月
他为国民卫军的二大队长之一；三月升为总队长，并于 7 月 14 日率领此
"圣鞠斯特总队"参加本县的结盟节。他在这时期一定很用功，因为他
在 10 月间曾有信向人借法律书籍；12 月间致其妹丈之信充满着热情，
决非悲观青年所写得出来的。国民大会选举开始时，他以全副精神参加
竞选。现在他已到了合法年龄。1792 年 9 月 5 日，他于六五〇票中以
三四九票当选为恩英郡之第五代表。他辞别了布勒兰古，此后，除两度
短期返家以外，便没回来过。

二　国民大会议员时期

　　9 月 10 日立法议会宣布圣鞠斯特为国民大会议员。[①]国民大会第一
次集会是在 9 月 20 日，圣鞠斯特早两天就到了巴黎。他不仅是议员中之
年龄最轻者，[②]在政治经验上他也比不上他的同僚，因为他们多半曾参加
已往的两个议会之一。故此，圣鞠斯特最初甘守缄默，留心观察。当讨
论"议会应否有卫队"问题时，他准备了一篇演辞想在议会中发言，结
果仅于 10 月 22 日在雅各宾俱乐部中宣读。《俱乐部公报》编辑人不知道
他，把他的名字拼错为 Sinjeu，这表示他的名字对当时的人也是生疏的。
这演辞表现热烈的雅各宾主张，——议会有卫兵就是威吓人民，大受俱
乐部欢迎，俱乐部通过将其付印。11 月 14 日他又在俱乐部中讲演关于联
邦制问题，攻击吉伦德党内阁。这两次演说使他得当选为俱乐部主席，
任期两星期，从 1792 年 12 月 19 日到 1793 年正月 1 日。

---

① Archives Parlementaires（以下简称 Arch. Parl.）卷四九，页五三四。

② G. Laurent, Le plus jeune député de la Convention.

国王审讯问题使圣鞠斯特第一次在议会中出头。法国既已变成了共和国，被囚禁的国王应该如何处理本是一个急待解决的问题；可是这个问题经一再延搁，直到 11 月 13 日才正式开始讨论。圣鞠斯特是第二个发言人，为山岳党中之第一个发言人。他研究这问题将近一月，曾经充分准备，故其演辞富于有力的推论及合理的辩诉。他能言人之所不敢言，一鸣惊人，尤能得到议会以外的赞赏。[①] 这本是一个吉伦德党与山岳党较量强弱的斗争，吉伦德党想从法理方面来营救路易十六；但是圣鞠斯特只从政治上立论，认定路易十六非死不可。路易十六的命运似乎在这时便已注定了。11 月 29 日议会再度讨论粮食问题，这也是圣鞠斯特所留意的问题之一，他不让这机会过去，尤其是在他的第一次演说已经成功之后。他这次与山岳党的一般意见相左，赞成个人主义，反对用立法来干涉商务（以后他并未坚持经济上的放任政策）。在当时，就是吉伦德党也称赞他的头脑清楚。这一天他被推为议会秘书，[②] 因而他更容易接近关于国王审讯一案的文件。四天以后，议会才决定审讯国王。12 月 16 日，吉伦德党提议将所有波滂王族放逐，希望借此来救国王的性命。圣鞠斯特即席答辩，说他赞成这个提议，但有一个重要的例外，即国王必须留在巴黎。[③] 国王经过两次审问以后，议会进而讨论其是否有罪及处刑问题。这次圣鞠斯特是第一个发言人，于 12 月 27 日发表其对此问题的第二次演说。这次演辞之长倍于第一次，可是其中并未增加新的理论，但控路易十六以种种罪状而已。演辞末的提案曾博得多数掌声，尤其是旁听席上的掌声，提案有一部分经议会采纳。路易十六算是完了。

① Barère, IV, 335; Hamel, Sain-Just（以下简称 Hamel）pp. 117—8. Curtis（p. 37）谓系由于山岳党的推动，经罗伯斯庇尔等授意，但他未提出左证；反之，当我们分析这篇演辞的内容时——参看第二章第二节——无可怀疑地认定这是圣鞠斯特的独立之作，虽然不免经他人提供了些意见。

② Arch. Parl. 卷五三，页六六二。

③ Arch. Parl. 卷五三，页一八三。Aulard 在其 L'Eloquence（卷五，页四五四）中谓圣鞠斯特每于事先充分准备演辞而后宣读，从未即席发言，似欠确。

正月间议会个别投票时，圣鞠斯特投票主张立即处死。

军事组织也是他所喜欢研究的问题。他在一个月之内，两次发表关于这个问题的意见。1793年正月28日，他推翻了西耶士改组陆军部的计划，而主张陆军部长应有实权，不受行政会议支配，仅对国民大会负责。2月11日他拥护陆军委员会的提案，这个提案提出义勇军与正规军混合编制及除主将外士官概用选举制产生的原则。

次日，巴黎人民的代表出席议会要求限定物价；因为业已变成纸币的指券之贬值，在使物价不断高涨，巴黎已一再发生粮食恐慌。据说圣鞠斯特有鼓动这次运动的嫌疑，他不得不出而解释。因为他曾反对用法律来干涉商务，故议会满意于他的解释。①

或者是由于熟读古典文学及两年法律研究之故，圣鞠斯特变成了一个绝对相信法律的人。王政既被推翻，制宪议会所制订之宪法自不适用，国民大会的任务便是从新制订宪法。圣鞠斯特被推为雅各宾俱乐部宪法委员会委员，极留意于宪法之讨论。国民大会的宪法委员会是由吉伦德党操纵的，其报告人为康多塞，故其草案又称康多塞草案；此吉伦德党的宪法草案提出以后，在议会及在俱乐部都引起山岳党之反对。关于此问题之第一次演辞，圣鞠斯特费了长时间去准备，4月24日始在议会宣读；末尾也附有一个草案，被认为当时所提出的三百余草案中最好者之一。此后他两次参加讨论：5月15日讲到行政区分时，他严厉地批评了吉伦德党所主张的联邦主义，坚持统一；5月24日他对市的最大人口限度问题发言，②替巴黎辩护，谓不应因人口多而把一个市区分裂。

吉伦德党草案既为多数人所不满，议会因于5月30日产生一个五人

---

① Arch. Parl. 卷五八，页四八〇。

② 这篇演辞载于 Moniteur, Arch. Parl.，及全集中的，内容相同，大概是出于一个来源。著者在大英博物馆发现一个单行本，系国民大会所印，较上述三种要多五分之二，有些段为前三者所省略（Brit.Mus. F. 88.6.）。大概当时新闻记者在官印本未出以前，曾加以删节发表，普通即以此为底本。许多注意此问题之史家，似乎未见此全本，而根据节本。

委员会，隶属于 4 月 6 日所成立的公安委员会，专司起草新宪法之责。圣鞠斯特被推为委员之一，这显然是由于他的法学知识及其革命热情之故。6 月 2 日巴黎人民迫胁议会逮捕吉伦德党领袖以后，其中有多数逃往外郡，助长所谓联邦党之乱，为了打击吉伦德党在外郡的煽动，议会须从速制定新宪法。五人委员会的工作颇为迅速，6 月 10 日即已完成了草案并将其提出于议会。议会对此草案之讨论也很迅速，6 月 24 日即已全部通过。议会讨论此宪法时，圣鞠斯特并未参加，大概他此时正集中精力于控劾吉伦德党的报告。6 月 5 日，专司起草宪法的五名委员已变成公安委员会的正式委员，圣鞠斯特担任其一般通信的工作。对于 6 月 2 日经议会控劾的吉伦德党，不能不有合理的处置；6 月 16 日圣鞠斯特被推起草控告吉伦德党之报告，始则与坎蓬合作，三天后改由他单独担任。这个报告在公安委员会宣读是 6 月 24 日，即通过整个新宪法之日。这报告经过相当修改以后，始于 7 月 2 日经委员会采纳，7 月 8 日提出议会。

他之担任这类重要工作，表示他在议会中业已重要。两日以前，他又与其他五议员受命组一新委员会，研究国民教育计划；[①] 而且立即开始工作。[②] 这个委员会之组设，原由于罗伯斯庇尔之动议，[③] 圣鞠斯特参加第二届公安委员会后，由罗伯斯庇尔继任他这个职务。[④]

在 7 月 10 日改组的第二公安委员会中，圣鞠斯特自始即为其有势力的委员，直到新 11 月政变时为止。当时粮食问题日见严重，尤其是军中粮食供给困难，圣鞠斯特不得不牺牲他曾经主张的放任政策。8 月 9 日他代表公安委员会及购买委员会，向议会提出一个关于军粮的法令草案，[⑤]

---

① Arch. Parl.，卷六八，页三〇六—三〇七。

② 同上，卷六八，页四二六。

③ 同上，卷六八，页一五四。

④ Arch. Parl.，卷六九，页六五九。

⑤ Brit. Mus. F. 1255. 2; Arch. Parl., V. 70, pp. 589—90. 此草案不见于 Moniteur 及全集，所谓 Comité des Achets 恐系指 Comité de Surveillance des Subsistances militaires.

主张依照田庄大小向农人征发谷物，按 6 月份最高市价付值。10 月，他代表公安委员会提出了两个报告：一为十日之报告，组设革命政府，奠定恐怖统治的基础。这个报告是非常重要的。论理，新宪法既经通过且经全国人民接受，自应立即实行。可是，在内忧外患紧迫的时候，施行一个这样民主的宪法，将不免为敌人所乘，结果会不堪设想。组设革命政府的意思，是将新宪法暂时搁置，仍由国民大会及公安委员会来行使政权，且加强其力量，直到战争结束时为止。一为 16 日之报告，提出限制英国人之法律，决定委员会的外交政策。

为贯彻中央的政策起见，国民大会派遣其议员到各郡各军，称议会特使；他们的权力逐渐增大，至于可以便宜行事。圣鞠斯特之出使斯特拉斯堡是有名的。但在这一次以前，最少他已出使过四次。3 月 9 日议会曾派他及德微尔前往恩英及亚尔丁两郡加速三十万大军的征募工作。大概在 29 日他已返巴黎，因为当日雅各宾俱乐部请他出席报告，他于两天后出席。[1] 第二天，他在国防委员会宣读了一个包含有若干措施的法令草案，后经该委员会予以考虑。[2] 5 月 8 日，第一公安委员会派往巴黎各区加速征兵工作名单中，也有圣鞠斯特。[3] 他的第三次充特使，只见于提议，并未实行。[4] 第四次则由 7 月 18 日第二公安委员会之命令，派他到恩英等郡处理关于"公共利益"事件；[5] 但我们对于他这次出使的情形，至今尚无所知。

圣鞠斯特自 1793 年 7 月 10 日充任第二公安委员会委员，直到 1794

---

① Aulard, La Société des Jacobins（以下简称 Jacobins）卷五，页一〇九，一一七。全集卷一，页四一七。

② Aulard, Recueil des Actes du Comité de Salut Public（以下简称 C.S.P.），V. II, p. 591; V. IV, p. 2.

③ Arch. Parl. 卷六四，页三三七。

④ Curtis, p. 91.

⑤ C.S.P., 卷五，页二九〇。

年 7 月 27 日事变时为止，凡一年有零，其间出使在外达五个月。[①] 由于委员会 10 月 17 日之令，他同勒巴前往莱茵方面军，其"权力得以相机处理有关国家安全事件"。[②] 在出使近八十日中，二人仅一度短期间回到巴黎，据著者推断，其时期必在 12 月 3 日至 12 日之间，因为这几天在军中不见有他们签字的命令；而另一议会特使拉科司特在其 12 月 18 日致委员会的信中，说他们已回到军中，[③] 又 12 月 13 日他们显然已在斯特拉斯堡处理什奈得尔事件，而委员会 12 月 9 日有命令令其立即回到军中。[④] 这道命令不仅将他们的权力扩张到摩则尔方面军，且允其在驻军或邻近各郡施行征发事宜。他们这次回到前方，系有勒巴的夫人和妹妹——人家以为是圣鞠斯特的未婚妻——同行，直到次年正月兰都已经救回时方回巴黎。

他这次出使的关系颇为重要。就军事方面而论，当他未到以前，莱茵方面的情势是很危急的：威森堡线正受敌人的压迫，兰都被围，整个亚尔萨斯难保。军中既无给养，又无纪律，官佐因循，只知出入娱乐场所，通敌的贵族们几乎在公开活动。他到达之后，立即推行恐怖政策，措施的结果如何，可看他在 11 月 14 日给斯特拉斯堡民众会社的信：

"我们为着国家的安全，曾放逐地方当局，曾征发富人以平抑物价，……曾采用各种警务处置；人民已恢复其权利，穷人已得有扶助，军队已有穿有吃，并已增大了兵力；贵族已销声匿迹；现金与纸币能同样使用。"[⑤]

结果，他使共和国军队驱走了敌人，解了兰都之围。他之推行恐怖

---

① Curtis, p. 96.

② C.S.P.，卷七，页四六四。

③ 同上，卷一四，页四九八。

④ 同上，卷九，页二八〇。

⑤ 全集卷二，页一四五。

政策，只是为着国家的安全，对于但为个人权势而滥用恐怖政策的什奈得尔，他不能容许，将其逮捕，在斯特拉斯堡示众之后把他解往巴黎。在他的政治理想发展中，这次出使是一个大转变点。他在这时尝着权力的滋味，知道要如何统治。他由理想家变成了实行家，变成了知道如何应付当前局面的政治家。除开纯粹的人道主义以外，他知道应从政治方面来帮助贫民。而且，他对恐怖政策的倾向也在急速地增强，完全放弃了他以前所持的放任政策。他本为个人主义的民主政治论者，从此一变而相信中央集权，甚至主张独裁。经验使人去看实际，圣鞠斯特便是如此。

正月22日公安委员会有一道命令，出罗伯斯庇尔之手，又派遣这两位青年出使北路军，其目的在调查军中情形，而尤注意于边境各城之实况。[①]这次出使没有很久，因为他们返巴黎之日期不能迟于2月13日。[②]此后，圣鞠斯特有一长时期留在巴黎，直到5月2日，这是他在公安委员会最活动的时期。

回巴黎不久，他被推为议会主席，按例任期为两星期（2月19日至3月6日）；在此两星期中，他提出两个重要的报告。在新6月8日（2月26日）的报告中，他阐述恐怖政策不仅是个战时政策而已，并非如一般所想，以为到了和平时即可终止；反之，恐怖政策是建立真正共和国之不可少的工具。同时他说明政府要采用一种社会政策的原则：共和国的财产不能掌握在共和国的敌人手中，必须夺去他们的财产而将其分给拥护共和国的贫民。新6月13日（3月3日）的报告，更就此原则而提出此类财产之没收与分配的具体办法。这种社会政策同时是解决政治斗争的一个工具；因为当时左倾的艾贝尔一派在攻击富人，同时也在攻击政府袒护富人；他们图谋推翻政府以便取得政权。自政府颁布这个新6

---

① C.S.P.，卷十，页三七四。
② Vellay 将此日期定为二月二十五日，经 Curtis（p. 185.）改正。

月法令以后，艾贝尔派已不能掌握巴黎的群众；在新 6 月 23 日（3 月 13 日），圣鞠斯特又在议会宣读打倒艾贝尔派的报告，以"外人阴谋"等罪名，把激进的艾贝尔派送上了断头台，以消灭一个反政府的力量。可是，业已右倾的丹敦派，主张宽大，反对恐怖政策，在议会中为反对政府之有力的反对派，这也是两委员会所不能容许的。两委员会酝酿着要打倒他们，再推圣鞠斯特为报告人，一连提出了三个报告：新 6 月 27 日（3 月 17 日），新 7 月 11 日（3 月 31 日）及新 7 月 15 日（4 月 4 日），把丹敦一派也送上了断头台。新 7 月 11 日的报告的材料，大半是罗伯斯庇尔供给他的，其中列举丹敦派自革命以来的种种罪状。丹敦在法庭上理直气壮地高声辩论，颇使法官感觉困难；于是新 7 月 15 日的报告，使议会通过"凡侮辱法官者即终止其辩诉之权"一案，才使法庭易于判决丹敦派的罪刑。左右两派既倒，委员会之独裁似已巩固，至少在表面上已没有反对派。恐怖政策显然已具有政治的、经济的及伦理的多重意义，目前所需要的是如何集中权力去行使它。新 7 月 26 日（4 月 15 日）圣鞠斯特又提出一个加强恐怖政策的报告，议会于次日根据此报告而通过了有名的新 7 月 27 日法令，从此革命的司法集中于巴黎，凡是阴谋犯均须解至巴黎处理。当时握政府实权的为公安委员会及治安委员会，上述各报告都是用两委员会名义或单用公安委员会名义向议会提出的，这些报告既如此重要，这足以说明圣鞠斯特在政府中的地位是如何重要。

4 月底，北路军的情势很严重。边境要塞如康兑及伐伦西恩已在敌人手中，敌人处于松布耳及斯刻耳特两河之间，向法国境内突出一角。4 月 30 日，兰德累西亦陷入敌手。在前一日，公安委员会有令派圣鞠斯特及勒巴往北路军监军。据说圣鞠斯特因商量战略关系曾秘密回巴黎一次；若果有此事，则其日期尚难确定。[①] 由于他这次出使，而使此后很著名的松布耳谬司方面军得于此时正式组成。5月25日，罗伯斯庇尔曾以公安委员会名义邀他回巴黎，因为有新的党争须他回来解决，[②] 5月31日，他回到巴黎。邀他回来的原因，至今未能断定。[③] 可是军中需要他，委员会于6月6日又派他前往，并予以"监督沿海至莱茵河各军"之权。[④] 在北路军，正如在莱茵军一般，他运用恐怖手段充实了军中给养，恢复了军中纪律，然后才可实现卡诺之密集进攻的计划。法军分两路进攻，右翼遭遇敌人之顽抗，在圣鞠斯特的鼓励与督促之下，五次渡过松布耳河，均被敌人击退。隔河的沙勒瓦亦一再得而复失。但是圣鞠斯特不肯放手，卒于6月25日，使法军第六次渡过松布耳河，夺得沙勒瓦。次日，敌人的援军到达，发生了著名的夫鲁律斯之役，法军大胜，从此法军要开始征服比利时。6月28日晚，圣鞠斯特回到巴黎，从此直到其死时为止，没有再离开巴黎。

关于圣鞠斯特在公安委员会内部的工作，我们可以从他在各命令上的签字来推断。经他签署过的命令不下四〇二件。[⑤] 其中有六六件由他单独签署，有二七件据奥拉尔鉴定系出于他的手笔，另有三五件由他签

---

① 马迪厄谓系在5月9日，Curtis（p. 254）改正其错误而定为10日至16日之间。著者认为他回到军中不能迟于5月15日，因为在这一天他曾经往古佐尔。据 Levasseur 致委员会之信（C.S.P. 卷十三，页五五七）称圣鞠斯特曾目击5月13日之败，果尔，则他之回到军中，应再早两日。参看本书第四章第二节。

② Papiers inédits trouvés chez Robespierre, Saint-Just. etc.（以下简称 Papiers inédits）卷五，页五。

③ Thompson, Robespierre 卷二，页一八八（以下简称 Thompson）谓因罗伯斯庇尔重视其遭暗杀事件须乞助于他，Bruun（Saint-Just, p. 177）则谓罗伯斯庇尔等须他回来商讨新九月二十二日报告之内容。参看本书第三章第四节。

④ C.S.P.，卷十四，页一七一。

⑤ Curtis（p. 356.）定其总数为三九四令，显然他忽略了收入在 C.S.P. 中的四令（正月21日，6月10日，13日及24日。）此外，新6月25日一令存大英博物馆（F. 24. 34.），另有三令（1793年8月24日，10月10日及新6月13日）见 Camille Richard, Le Comité de Salut Public et les fabrications de querre sous La Terreur, p. 676.

字于第一位——总计此一三一件均系出于他之主动。在此一三一件中，
关于警务者为六二件（其中由他单独签署者四七件），日期在 1794 年 7
月者为六一件。[①] 这说明他所最注目者为警务，而 7 月是他在委员会工作
最活动时期。为他作传的叩迪斯根据圣鞠斯特所签署的命令，认为他颇
留意于戏剧与音乐；[②] 其实在此一三一件中，并无一字提到戏剧与音乐。
这时期的圣鞠斯特已具有清教徒精神，故在其未曾发表的《共和国制度
论》中，始终不曾提到艺术，在其各次报告中亦然。反之，他曾严厉地
责难常出入于剧场的人，[③] 并曾手令国立歌剧院停演某剧。[④] 勒仁的话本
是不甚可靠的，不过他说圣鞠斯特会不允某音乐家缓免兵役，大概是有
过的事。[⑤] 假使我们不夸张他的清教徒主张，至少我们相信他在委员会中
不曾提倡过艺术。有许多信札证明圣鞠斯特在委员会中亦留心巴黎以外
的事件。在奥拉尔辑的委员会文献中，收有许多吉雷的信，证明圣鞠斯
特仍是很注意北路军，虽然他已回到了巴黎。对于其他地方，他也不忽
略。6 月 13 日朱理安从波尔多给他的信上说，“在巴黎时，你会要我告
诉你关于波尔多之详细情形”，接着有好些关于波尔多情形的信件。[⑥] 自
1793 年 9 月 23 日以后，公安委员会中已有分工的趋势，但不很严格，[⑦]
就圣鞠斯特而论，尤其是如此。一般地说，他所担任的工作较重在政策
上之决定，而忽于委员会中的日常工作。

　　公安委员会的军事专家是卡诺。由于他之努力而使法军转败为胜，

---

　　① 二者所占之百分率相同，均为 47%。Curtis（p. 356）根据凡经圣鞠斯特签名之令来推
算，所得百分率则较小。在三九四件中关于警务者仅一三二件，为百分之 33%，日期在七月者
一○四件，占 27%。

　　② Curtis, p. 104.

　　③ 《共和国制度论》，见全集卷二，页五一三。

　　④ 全集卷二，页四四八；C.S.P.，卷十四，页六八五。

　　⑤ Lejeune, Saint-Just et les bureaux de la police générale, p. 34.

　　⑥ Papiers Inédits, III, pp. 37—43.

　　⑦ Thompson, L'Organisation du Travail du Comité de Salut Public.

因而他得着"胜利组织者"的称号，于是不免把他人在国防上的努力掩盖起来。其实，就兰都的胜利、松布耳河之强渡、沙勒瓦之攻陷及夫鲁律斯之胜利等而论，圣鞠斯特的功绩是很显著的。他未到斯特拉斯堡以前，莱茵方面军情形异常严重。[1] 勒巴和他的夫人之通信[2] 及加朵与都必尼——二人均系圣鞠斯特之好友——之通信，[3] 均说明这两位代表当时如何忙于军务。他们所签发的命令，是他们尽力于胜利的证明。勒格兰说："他们知道识拔有才有识者，而不受阴谋无能之辈及野心卑鄙之徒所包围。"[4] 即令他们未实际参加作战，最少他们会亲临兰都前几。[5] 从他们与委员会之通讯看，可知他们具有相当的军事知识，且其意见常被尊重。故其同僚巴累在议会中称赞他们，罗伯斯庇尔亦在俱乐部中宣扬他们，巴黎人民听到胜利的消息则鼓舞于街头。[6] 不仅在当时，即令在六个月以后，他们在斯特拉斯堡的处置仍有作用；[7] 他们所建立的纪律，已推行于共和国的其他各军。[8]

他们在北路军时，有一件事是值得特别提出的。5 月 13 日圣鞠斯特目击法军之退却，甚为不满。当于 15 日同勒巴前往古佐尔司令部，次日召集军事会议。他在责难军官们未能阻止退却之后，即严厉地命令各将领树立军事纪律。除签发命令外，他当场草拟了一道布告。[9] 他把这布

---

① Legrand, La Justice Militaire, p. 28. Lacoste 等致委员会之信，C.S.P., VII, p. 509。Foussedoire 致委员会信，C.S.P., VII, p. 510.

② Stéfane-pol, Mémoire de Mme Le Bas; p. 207.

③ Vellay, Un Ami de Saint-Just, p. 73.

④ Legrand, p. 30.

⑤ Stéfane-Pol, p. 134.

⑥ Moniteur, XVIII, p. 490. Jacobins, V, p. 525. p. Caron, Paris Pendant La Terreur, II, p. 123.

⑦ Gonjon 致委员会函，C.S.P., XV, p. 369.

⑧ Pannat, Relation d' un officier échappé des prisons d' Auroy et de Vannes, p. 475.

⑨ Dupuis, Les Opérations Militaires sur La Sambre en 1794, p.147, 引自 Foucart et Finot, La défense nationale dans le Nord de 1792 à 1802, II, p. 390.

告送到摩贝治印刷所印二万五千份，以期每个士兵可得有一份。[①] 松布耳河之渡过至少有一部分是得力于他。[②] 沙勒瓦之围是 5 月 25 日晚在圆安军事会议席上决定的，当时由圣鞠斯特主席；[③] 继而他又在前几敦促攻城。[④] 到夫鲁律斯胜利以后，他始离开北路军。

圣鞠斯特的军事才能会一再被卡诺称道过，[⑤] 二人在政治上本是对敌的，是则卡诺的话当无可疑。圣鞠斯特两次关于军事的演说，确定了共和国军队组织的原则。他在 1793 年七八月间所写的《军事杂论》，读来像是个参谋人员之作。卡诺在委员会中所掌管的军事局，最初本是圣鞠斯特所手创的。[⑥] 关于军用品之制造，他也不曾疏忽过。[⑦] 至少有十六道关于军事任命及军事行动的命令是出于他的动议。他和卡诺不和的原因，大部分由于彼此在军事上意见之不一致。总之，他在法国革命中不仅是个政治家，同时是个军人。

圣鞠斯特从北路军回来以后，发现革命政府的内部已有很可怕的裂痕。治安委员会本已不甘屈服于公安委员会之下；6 月 10 日库通提出的新 9 月 22 日法令，规定此后在革命法庭中，被告不得有辩护人；一个这样与治安委员会职权有关的法令，事先竟未和它商量，更使它对公安委员会不满。公安委员会内部的摩擦也很厉害，科洛·得霸、俾约·发楞及卡诺都不满于罗伯斯庇尔。罗伯斯庇尔和圣鞠斯特所主张的社会政策，虽经议会通过，但因两委员会之故意玩忽，未能将其加紧执行，更使罗伯斯庇尔深感不满。敌视罗伯斯庇尔的人，并不限于两委员会的同僚而已。虽然他不过是公安委员会的委员之一，但在表面上看来，他似

---

① Stéfane-Pol, p. 250；布告全文见全集卷二，页四一四—四一五。

② Curtis, chap. 18.

③ Dupuis, pp. 183—4.

④ Soult, Mémoire, I, p. 156.

⑤ H. Carnot, Mémoires, I, pp. 396, 453, 531.

⑥ C. Richard, p. 658.

⑦ C. Richard, p. 676.

乎是政府的领袖；他的声誉愈高，愈引起其敌视者的恐惧。他自己是不能腐化的，同时他也苛责人家，时时很严厉地攻击议会中的腐化分子，尤其是曾充议会特使而滥用权力及行为不检的人。反罗伯斯庇尔的阴谋层出不穷；他觉得委员会已非他活动之地，从新 10 月 15 日（7 月 3 日）起，他就不出席委员会。这是个错误的政策，因为他的敌人能利用他之缺席而易于有所活动。

圣鞠斯特的政治主张及其嫉视腐化分子，虽和罗伯斯庇尔相同，但他不如罗伯斯庇尔那么孤僻。在委员会中，他也有敌人，尤其是为着军事上的问题，他曾一再与卡诺冲突。他回巴黎以后，不断地出席委员会，这多少曾使其敌人感觉不痛快；[①]但他并非蓄意来侦伺其敌人。社会政策之未能具体推行，并不使他失望，他仍在努力计划使其实现；否则他不会留下那本《共和国制度论》。对于治安委员会，他并不像罗伯斯庇尔那么怀着很深的敌意。他觉得两委员会这种分裂是很危险的，当巴累提议应该设法调和时，他立即答应出而共同担负这个调和工作；在为实行这个工作而召集的新 11 月 4 日（7 月 22 日）两委员会联席会议席上，最初发言的便是他。[②]当时议决具体地推行新 6 月法令所规定的社会政策，并请罗伯斯庇尔出席次日的联席会议。罗伯斯庇尔次日应两委员会之邀请而出席，他虽仍表示愤懑，但会场空气是和谐的；彼此互相解释之后，决定行使前一晚的议决案，并推圣鞠斯特起草向国民大会提出的报告。当晚巴累在议会、库通在雅各宾俱乐部，都在申明政府中人态度之一致，并无裂痕。[③]

这样的协调只是暴风雨前夕之暂时的宁静。圣鞠斯特的主张协调当然是有诚意的，他以为他的努力业已成功，故此后数日中，他仍照样地

---

① Barére, II, p. 139.

② Un Discours du Conventionnel Ruhl, p. 272.

③ Mathiez, the French Revolution.（以下简称 Mathiez,）p. 504.

忙着在委员会里工作。[①] 但是其他的人未必如此。其实双方都未放手，都在彼此防卫。此后数日的事变更使罗伯斯庇尔疑心其敌人在加紧团结来打击他，[②] 迫着他不得不在议会发表其最后一次的演说。新11月8日（7月26日），在一篇长而动人的演说中，他抗议人家以独裁者一类的罪名来加在他身上，继而他攻击两委员会及议会中的腐化分子。他这一着事先并未与圣鞠斯特商量，否则圣鞠斯特会阻止他的；[③] 其最大错在他攻击人家时而未明白指明名字，议会中人有很多是经不起苛求的，于是多数在战栗，觉得这是一个与罗伯斯庇尔生死斗争的时期。当天，罗伯斯庇尔在议会中是失败了，晚上在雅各宾俱乐部再读这篇演辞，博得全场掌声；反对他的科洛·得霸及俾约·发楞竟被逐出俱乐部。当晚，罗伯斯庇尔的敌人在大肆活动，他们认为如果罗伯斯庇尔胜利，便该轮着他们上断头台，他们在运动议会中的中央派，在计划如何推倒罗伯斯庇尔。

当科洛及俾约愤愤地从俱乐部回到委员会时，圣鞠斯特正在起草联席会议推他担任的那个报告；他们彼此有一度争吵，结果，圣鞠斯特允许先将其报告交委员会审核。圣鞠斯特在委员会工作到次日——新11月9日（7月27日）——清晨五时，接着他走访了罗伯斯庇尔。这其间便表现圣鞠斯特的正义感：事实上罗伯斯庇尔的敌人并无打击圣鞠斯特之意；他从战场上载誉归来，声望很高，倘使他愿置身局外，他是不会被波及的：这是他自己也看得很清楚的事。但是，他不愿置身局外；当两委员会在等待他的报告时，库通得着他一个字条，上写："冤屈闭住了我的心；我要向国民大会去剖白！"于是两委员会人员马上都到议会去。圣鞠斯特所预备的这篇演辞，和他以前各次报告的语气完全不同，其中仍抱着调协的希望；他虽然在替罗伯斯庇尔辩护，他虽责难科洛、俾约、

---

① Requisitions de Fouquier-Tinville, p. 279; L. Lévy-Schneider, pp. 97—112.

② Mathiez, pp. 503—504.

③ Mathiez ，页五〇四。

卡诺诸人，但他并未要求脑袋。他这篇演辞应当可以补救前一日罗伯斯庇尔演辞中的缺点，假使能让他读完的话，罗伯斯庇尔派的命运也许可以挽回。可是，敌人事先的布置使他们不能发言；圣鞠斯特没念完两三句，即被敌人吼住，从此他和罗伯斯庇尔都没有开口的机会。他们数度要求说话，都被其敌人遏止住。结果，议会通过了控劾令，罗伯斯庇尔兄弟、圣鞠斯特、库通、勒巴诸人都被捕，分别送押于各监狱，他们的命运似乎只有等革命法庭来决定。

事态并不如此简单，拥护罗伯斯庇尔一派的巴黎市府及雅各宾俱乐部在准备暴动来营救他们，而以市府为中心。从下午五时起，市府即在集会讨论进行暴动事件，同时令巴黎各区起而动作；夜十时左右，巴黎四十八区中已有二十七区的武力集于市政厅前面。市府派人去营救各被捕的议员，等他们来主持暴动；他们却迟迟其来，罗伯斯庇尔及库通始则拒绝出狱，库通直到深夜一时才到达市府。这就已经失去了可宝贵的时间，使其政敌能有时间召集温和派各区的武力，并通过被捕议员为法外之人。集合在市府前面的民众，等到不耐烦了，加以夜半下雨，人就散去不少。清晨二时许，议会军队攻入了市政厅；这时，勒巴自杀，罗伯斯庇尔受伤（多半是由于自杀未遂），其弟越窗图逃跌伤，库通亦跌下楼受伤，惟圣鞠斯特傲岸而冷静地站着等待被捕。他们被捕后，被解往公安委员会，据说，圣鞠斯特看见厅里悬挂的人权宣言，曾说过："瞧着这是我干的！"他们一度关在狱中，只待法庭来决定其命运，他们既已被议会认为法外之人，再用不着什么审讯，只要验明正身，绑赴刑场好了。在当天——28 日——下午六时左右，一共二十二名所谓罗伯斯庇尔派被装在三个囚车中，经过很长的游行而解往刑场。圣鞠斯特走上刑台时，仍保持那么沉重、冷静而傲岸的神态，这样结束了一位青年革命家的生命；死时年仅二十七岁。

三 私生活及性格

革命者死后的声誉每每是起伏不定的。圣鞠斯特的身后之论，尤其富于变化。我们如果能明了他的私生活与性格，也许可以得到一个比较正确的判断。

他是一个中等身材的漂亮青年。自当选为国民大会议员到达巴黎以后，即住在格羊街之合众国旅馆，他出使莱茵方面军时便是从这里出发的。[1]1794 年 3 月 16 日，迁到各马丹街三号，继又迁至迪鲁街。当时议员薪给每天只有十八锂，他死时尚短欠格羊街房东七四八佛郎，这大概是很可能的。[2]法国革命时曾将国产出卖，据说他也买得一点；果尔，在他充议员时至多不过一次，而且为数很微。[3]他被处死后，会将其一切遗物出卖，所得总值为三六、三九二锂——这不是一个大数目，因为当时指券贬值，六件衬衫便值八〇〇锂。[4]他对于财富是很轻视的。我们没看见他图利的证据，反之，与他为敌的巴剌斯曾引用斯塔厄尔夫人的话，称之为"最不爱私利的人"。[5]

他的藏书之数，较多于罗伯斯庇尔的，多属近代作者。其中有《孔子传》一本，他一定曾将其精读，因为在他的著作中曾两次引用过。[6]

他最喜欢谈德性，这便是他与罗伯斯庇尔接近之故；"正因其幼时荒唐而使他推崇德性"。[7]托兰夫人，即他昔时的爱人哲勒小姐，曾于1793 年 7 月时到巴黎找他，他竟不予接待。有许多说他纵情声色的毁谤

---

[1] Stéfane-Pol. p. 144.

[2] Alger, Paris in 1789—1794, p. 55.

[3] D. Maurice, A. Rev. 1922, 14., pp. 424—425.

[4] G. Vauthier, La Succesion de Saint-Just.

[5] Barras, Mémoirs, IV, p. 231.

[6] German Bapst, Inventaire des Bibliothéques de quatre condamnés.

[7] Thompson, Leaders of the French Revolution, p. 191.

之辞，已经两位替他作传的人辩驳过了。[1]两位同时人的话，证明他的行为恰恰相反。一个说他的"生活是有规律的，行为是严肃的，习气则可为模范"；[2]一个说"所以圣鞠斯特没犯过庸俗的罪恶。他的野心使他不受诱惑，而把他的整个灵魂都占据了"。[3]一般以为他会和勒巴的妹妹订婚，因为这位小姐有吸烟的习惯才和她破裂。[4]是否有此一段故事，尚属可疑；因为在勒巴的通信及他夫人日后的回忆录中，均未提及此事。圣鞠斯特是个热狂的革命家，他认为：

"爱情不过是种儿戏的需要，伟大的人当避而远之！"[5]

那么，在他以全副精力从事革命事业的时候，不一定会在婚姻上打算。罗伯斯庇尔的房主人杜普雷有四个女儿，其中之伊利沙白便是勒巴夫人，而厄勒昂诺尔据说是罗伯斯庇尔的爱人：他家中既已有了两桩爱情故事，由于一般想象，不免造出这第三件故事。就是罗伯斯庇尔与厄勒昂诺尔订婚之说，亦属揣度之辞。[6]

有许多故事讲到圣鞠斯特之残酷与凶暴，尤其是当他充任议会特使时。这多半是在他死后捏造出来的，现在多已证明其为不足信。[7]诺的厄亲见他在斯特拉斯堡民众会社中哭泣，并相信他是心肠很软的。[8]勒巴夫人与加朵常提及他之仁爱与慈悲。从他的私人通信可以看出他决不是一个硬心肠的人。就是勒仁亦亲见他为不幸者落泪。[9]然而他是极端以革命为重的。"什么时候说什么样的话，"确乎像他的语调。[10]就他的演

[1] Hamel, pp. 470—7; Curtis, pp. 323—6.

[2] Legrand, p. 30.

[3] Paganel, Essai historique et critique sur La Révolution française, III. p. 240.

[4] Hamel, p. 285; Curtis, p. 125.

[5] Saint-Just, Arléquin Diogéne, Revue Bleue, 1907. VIII. p. 100.

[6] Thompson, I, p. 183.

[7] Curtis, pp. 172—4, 235—7, 261.

[8] Nodier, "Fragments" 前言。

[9] Lejeune, p. 32.

[10] Lejeune, p. 32.

辞及著作来看，他虽然不残酷，却是很严正而固执的。据说，因为怕他过于激烈，才使勒巴和他一同出使，以便有时劝阻他；叩迪斯虽不相信这一说，但这是已经勒巴夫人证实过的。[①] 当他们出使莱茵时，勒巴夫人及其妹会与之同往，但先接受了圣鞠斯特的条件：她们不能与城中居民来往，否则立即送她们回巴黎。[②] 他的好朋友之一加朵描写他说："在私人事件上，他是柔和可亲；一涉及国家事件，则变为严肃不苟，决无通融。

有时他好像一头狮子，什么也不听；破除一切情面，什么也不考虑。"[③]

又有许多故事说他对人常希图报复，这也是毫无根据的。[④] 他确会主张报复，但是是为革命，并非为私人恩怨。他在公安委员会主张将已逮捕的贵族及嫌疑犯充苦力去改善交通，因为他们压迫法国人民已有一千年。[⑤]

圣鞠斯特常被称为一个行动家。他认为可能的，他便要立即去做。[⑥] 他说过，倘使天天谈原则而不实行，即不能有力量来抗拒人民的敌人。对付善于作伪的阴谋家，空言有什么用呢？[⑦] 行动者所需要的是胆量，他具有此一条件，这并且是他的仇敌所承认的。[⑧] 他具有在生理上及心理上的勇敢。[⑨] 故他敢于应付任何局面，即令是死之威胁亦不足以阻挠他。

---

① Stéfane-Pol, p. 150; Curtis, pp. 120—1. 叩迪斯似乎没有看见勒巴夫人的回忆录，这是令人惊异的。

② Stéfane-Pol, pp. 130—32.

③ 全集卷一，页 XIV.

④ Curtis, pp. 30,350.

⑤ 全集卷二，页八二。巴累亦提及此事，谓未经委员会采纳，II, pp. 139,321—4. Baudot, Notes historiques, p. 25.

⑥ Paganel, III, p. 240.

⑦ 全集卷二，页二七二。

⑧ Barère IV, p. 336; Carnot, I, p. 349.

⑨ Baudot, p. 67.

关于死，他说了不少的话，我们无法一一引证。在乡村时，他誓为国家而死，他讥笑温和派怕上断头台，最后他替罗伯斯庇尔辩护，绝未顾虑到自己也有生命危险。他不但不怕死，而且认为死是英雄主义的象征与终局。"死是不算什么的，只要它能使革命胜利，便算是光荣。"[1] 他并非空口说白话，他自己之死便是一个实例。新 11 月 9 日事变时，倘使他甘守缄默，他可不至于死。倘使不拿巴累所说"库通与圣鞠斯特除外"的话作准，圣鞠斯特自己的话是最好的证明。在其未能宣读的最末一次演辞中，他说："我用不着埋怨；人家并没有动我，只把我当作一个并无野心而独行其是的公民。"[2] 他明知挺身而出的结果一定很坏，"群小得势后使人不免一死；"但是他表示不惜一死来争是非。[3] 他决定要为罗伯斯庇尔辩护，因为他"宁为死的英雄而不为活的懦夫！"他敢于应付这个局面；当他不能继续宣读其演辞时，仍是"站着不动，不屈不挠，"保持他的冷静态度。[4] 显然是失望了，他仍能保持他的庄严，等着他的命运来决定。[5] 波朵并不是他的朋友，所言亦相同。[6]

　　圣鞠斯特之死只是为着朋友吗？他是罗伯斯庇尔的工具吗？二人之间谁影响谁呢？巴累、卡诺及勒发薮均谓圣鞠斯特影响罗伯斯庇尔。勒发薮甚至说在公安委员会中"圣鞠斯特的势力较罗伯斯庇尔为大"。[7] 巴累谓圣鞠斯特较罗伯斯庇尔坏，罗伯斯庇尔是受了他的恶影响。[8] 反之，勒仁认为圣鞠斯特本非常人，倘不跟着罗伯斯庇尔走，定会弄得更

---

[1] 全集卷二，页三五七。

[2] 全集卷二，页四八五。

[3] 同上，页四七九。

[4] Barras, I, p. 236.

[5] Paganel, III, 243.

[6] Baudot, p. 167.

[7] Levasseur, Memoirs, III, p, 73.

[8] Barère, I, pp. 103—4.

好一点。① 其实，他与罗伯斯庇尔并非属于一个类型的人物。就行动的坚决性而言，长者当然不及幼者；其关键即在于年龄之差别。知道得太多常使人过于计算及犹疑。青年即胆量，这是他成为革命家的一个主要条件。在任何情况之下，圣鞠斯特没忘却他是年青。在地方议会中初次演说时，他即提到这一点。② 在《革命与宪法之精神》中，他宣言与旧统治搏斗，"因为我年青，似乎我更接近于自然。"③ 青年人常是敢于抓住行动的机会，圣鞠斯特便是如此，所以他写恭维信给罗伯斯庇尔，甚至写给德木兰；所以他要催促着印刷局从速将他的书印出。④ 青年人与年长者并列时，常以自己年青而傲岸，表现得更勇敢。大概因为这个缘故，所以委员会打倒政敌的报告工作，都要他来担任；他亦甘愿担任。

"不能腐化"亦为革命家应具的重要条件之一，声誉与力量往往因此而起。圣鞠斯特尊重罗伯斯庇尔之不受腐化，罗伯斯庇尔之声誉又是他所需要的，假使他想在政治上活动的话。刚巧二人在政治上的主张相同，虽然有些小地方彼此并不一致。不论谁影响谁，二人总是为着同样的主张斗争。故此，圣鞠斯特的牺牲并非为着友谊，却是为着共同的主张。他不会做罗伯斯庇尔的工具，因为他有他的理想，而且有他的坚强性格。

二人是否争吵过，或圣鞠斯特是否有超出罗伯斯庇尔的打算，这是个几乎不能解决的问题。就二人关系而论，圣鞠斯特最初当然是跟着罗伯斯庇尔走的。可是当其出使时，他写给罗伯斯庇尔的信已不像下属的口吻，好像他已自己在作主。⑤ 回到委员会以后，圣鞠斯特开始向罗伯斯庇尔进忠告，罗伯斯庇尔要倚赖他了。⑥ 巴累说，在 1794 年 3 月以后，

① Lejeune, p. 31.
② 全集卷一，页二一六。
③ 同上，页二五二。
④ Lettres Inédits, p. 5.
⑤ 全集卷二，页一六一。
⑥ Curtis, p. 344.

罗伯斯庇尔的行动开始改变，主要是受了圣鞠斯特的影响，[①] 罗伯斯庇尔5月25日之信，即表明他须倚靠这位年青人。假使圣鞠斯特要反对罗伯斯庇尔，显然他有此力量，而且他可以利用新11月9日事变的机会。可是直到大祸临头，圣鞠斯特并无离弃罗伯斯庇尔之心。[②]

　　就革命家而论，圣鞠斯特生活严肃，几乎是无可责备的。极端的制欲主义使他冷静而沉默寡言。过于自信及固执使他犯着排斥异己的错误。年青使他勇敢以满足他要尽力于革命的雄心。为着忠于革命之故，他毫无怜惜地要扑灭敌人，遇必要时，也许不免残酷。一个具有此种性格的人，倘使是一个无政治理想的机会主义者，则不仅可怕，而且是有害的，幸而圣鞠斯特并非如此。

---

① Barère, I, p. 103.

② Thompson, II, p. 242.

第二章　政治思想的转变

一　由激烈派到温和派

今日之革命，事先每有一定的主义或纲领做先导；法国大革命却不是如此。当时既无马克思这样的人于事先确立革命的原则，亦无列宁这样的人来指示革命的行动。旧社会之腐败使不满足的青年满腔愤恨，改革运动之一再失败使他们陷于失望。一切的法律、制度、风尚、甚至历史的传统都使他们不满，于是使他们变为激烈分子，但是他们自己并没有确定的目标。他们要等革命来锤炼他们的思想，来决定他们的命运，圣鞠斯特便是其中之一例。

在革命爆发以前，他已经是个激烈分子。他虽读得不少，但其思想并未成系统。他所写的《奥尔刚》便是一部反对旧统治之作。教会、大学、法院及军队都是他的讥讽的目标。他尤其讥刺国王、王后、宫廷及官吏。他同情农民，认为农民之一切痛苦应由国王负责。[1] 假使必须有国王，则国王应该是人民的公仆。[2] 他幻想着做一个公仆，"倘使我是国王，一切都该改变；富人应受压迫，穷人应该抬头。"[3] 他自始即痛恨富

---

① 《奥尔刚》，见全集卷一，页七〇。

② Arlequin Diogéne, p. 101.

③ 《奥尔刚》，全集卷一，页二五—二六。

人，并非因为他们富有，而是因为他们自私；他名之曰"私利"。上帝
怕他自己的工作太圆满了，派"私利"这个怪物到人间来；于是平等消
失了，野心抬头，爱的结果是眼泪，暴政使人誓忠，失望使人屈服，黄
金可造法律，而私惠即产生无耻、罪恶与怨恨。① 他继而讥刺富人，呼
之为愚夫、流氓与骗子，卑鄙到吸人脂血以肥己。② "国王不能无罪"
的名言，这时即已隐现于他的心中，因为他曾说："宝座就是牺牲者的
祭坛"。③

在事实上，法国大革命是逐步发展的。在《革命与宪法之精神》出
版以前，圣鞠斯特对于革命应采的途径尚无所主张。一切事变的意义，
对于他还是含混模糊的。他虽说着写着，目的只在树立自己的声誉，并不
是要提出一个革命冈领。在《革命与宪法之精神》一书中，他才表现他是
个温和派，才具体地有系统地发表他的政治主张，所以值得详加分析。

这是一本包含五个部分的政治论文。第一部分是历史的，叙述革命
起因、进展，直到制宪议会时为止。他已改变其对国王及王后之敌视的
态度，但对廷臣们仍不饶恕。他称赞制宪议会的事业，承认组成这个议
会的是些正直之士，能留心于公共福利，心中常存有爱与真理的观念。④
这便是说，他已满意于 1791 年宪法，——君主立宪制的宪法。

第二部分讨论此宪法，为论文之最主要的部分。他认为法国国土过
大，不适于共和国制度；在与古代共和国两两对比时，用上许多诡辩的
理论来支持他的看法。从这类对比所得到的结论是：古代共和国之衰落
是由于疲乏、屠杀、放逐及为祖国光荣而死；在今日之法国，"放弃光
荣即使人民休养，所求于人民的只是保守。"⑤ 今日之法国，应将自由、

① 《奥尔刚》，全集卷一，页九七—九八。

② Arlequin Diogéne, p. 103.

③ Arlequin Diogéne, 页九八—九九。

④ 《革命与宪法之精神》，全集卷一，页二六三。

⑤ 同上，页二六五。

平等与正义置于同等地位。自由并非征服，须以合理的法律为根据。平等仅限于政权，各人能同样地享受至尊的主权。正义由国王名义行使，它是法律之保护人，自由之卫护者。一个民族只要不受压迫、不被征服即为自由，有主权即为平等，有法律保障即有正义。

要达到这样的目的，须将民主政治、贵族政治及王政三者交织在一个宪法里。民主即无阶级无门第之分，但德性与才能除外。绝对平等既不可能，则贵族制是可保存的。就政权而论，人人有选举权，但非人人有被选举权。古代贵族是以武力为基础，形成一个特殊之征服者或统治者集团；今日法国之贵族则以和平为目的，但受委托而去行使国民的主权，职责只在立法。王政既以正义为基础，则不至于为非法。国王职司管理，徒为施行法律之人，他从立法机关接受法律。

贵族阶级与僧侣阶级在已往是暴政的屏障，但在今日已是不可怕的，因为旧有的贵族性已不存在，而僧侣则须回复其原有的职守。王政既非一切权力之源，便不可怕，因其须尊重自由，承认平等及保持正义。[1]圣鞠斯特推崇这个宪法，谓由此能产生一个伟大政府的形式，依"民主政治组成，贵族政治立法，王政行使管理。""从此类原则产生之权力，将根据一定基础去运用；此类权力之产生是基于自由，维系则由于平等，而行使则受正义之限制。"[2]

他虽满意于此宪法，但他怕狡黠者流，尤其是身为军人而得民心的国王，对外战争胜利回来以后即可轻视法律，变为专制。他宁做被征服的国民，而不愿有有军事胜利的国王。他既不主张废止王政，为着要自圆其说，遂提出："权力应当是中庸的，法律是不妥协的，原则是不可推翻的。"他诉之于舆论，称之为原则的基本。他将共同精神与舆论加以分别，共同精神"系产生于宪法与秩序之结合，舆论则产生于共同精

---

① 《革命与宪法之精神》，全集卷一，页二七七。
② 同上，页二七八。

神。"他认为共同精神即人民主权、博爱与保障；而舆论即国民、法律与国王。这种推论其实是很牵强的，原则之保障既有赖于舆论，国王又为形成舆论之一部分，假使国王与国民不一致时，又怎样办呢？圣鞠斯特只想竭力变成一个温和派，他的理论和他以前的主张是有矛盾的。

论文的其余三个部分谈到社会、政治设施问题与国际关系，不成体系，几乎是想到什么，说什么。有些说得很详，有些只略一提及。结构散漫而且有重复及颠倒之处。关于人类关系，他主张须建立在爱与怜悯心上面。他惋惜议会未能把封建权利根本废除。他反对离婚，认为婚姻是神圣的结合，分离则有伤人之德性。除开这类零碎的思想以外，尚有四点值得特别提出，因其和他以后的思想与事业有关。

（一）宗教　他由一个无神论者变为相信宗教；当他与罗伯斯庇尔的友谊增进时，此种趋势日益明显。但他与罗伯斯庇尔不同，他之相信宗教，是从实际观点出发的。他认为委之于神意而忍受苦痛并非福音，只是理论上的滑稽解释而已。福音之目的在抬高人格，是道德的而非政治的，是与公民资格无关的。故福音之意义依时依地而变。暴君们拿宗教来管理人民的社会生活，但是在自由的国家中，宗教即私生活，是领导个人德性的原则。[①]他推崇原始的基督教徒。他惋惜后来的狂信心理之产生，说这是由于僧侣们之错误，此辈即为宗教战争的推动者。惟有好的东西才是神圣的，一旦不好即失其神圣性。但上帝是不变的。"上帝不会把时间与人类混为一谈，他的智慧使他的劝告时常改变，其智慧虽经革命而不会动摇的，无时不深入人心。"[②]此种宗教观念当然不是他自创的，但他此后持之不变，虽然他的其他主张常有变化。

（二）罪与罚　使后人惊异的，这位恐怖主义者不但曾经极端攻击死刑，而且攻击整个的刑罚制度。他认为人民之服从法律，是社会契约关

---

① 《革命与宪法之精神》，全集卷一，页二九九。
② 同上，页三○○。

系；服从由于德性，非由于强制。愈容易触犯的法律，是最坏的法律；"倘使人人都来破坏这个契约，则强制力本身亦失其作用。"兼具横暴与羞辱的刑罚不能阻止犯罪；惟一方法只有使德性变成国民性格。与其施以刑罚，毋宁改善生活方式。"罪恶之树虽牢固，但其根是脆弱的，宁去改善人民的生活，而不要去迫害他们。"两年之后，圣鞠斯特却用同样的德性理论来替恐怖政策辩护。

（三）言论自由 早在地方议会中，他曾说过："凡遇人民受有伤害时，须使他能够自由伸诉。"有此种主张的圣鞠斯特，却是后来提出不许丹敦及其一派声辩的法令的人。他看重出版事业，他觉得古人未能享受此种权利为可惜，因当时如暴君禁止说话时，即善于演讲者亦属枉然。现在有印刷可利用，个人意见纵令在生时不得表达，甚至因此而牺牲生命，但他的言论能流传，他毕竟是胜利者。故出版事业大有助于理性之发展及真理之保持。也许因为见到这一点，故圣鞠斯特每于事先加意准备他的演说辞。

（四）爱国主义 他之所谓爱国主义并非指抽象的爱国情操。爱国主义是法律、自由及德性之综合表现。服从法律、爱好自由及渴慕德性的人才是爱国的。能保卫本身自由的人即可保卫其国家。常设外交使臣是欧洲政治上的罪恶；倘使民族间不要战争，即可不要外交家。王族家庭间的盟约亦应废止，因其目的是为着战争。圣鞠斯特对于此种反战争的爱国主义，在理论上始终坚持不变；在他日后的《共和国制度论》中，也一再提到这同样理论，但实际上的事变逼着他取另一途径。

由于以上的分析，可知此时之圣鞠斯特是个十足的温和派，满意于一切的已成事实。1791年宪法本有结束法国革命的趋向。据奥拉尔之研究，当时并无主张共和国者；[①] 连罗伯斯庇尔在内，都在相信有限君权制。那么，圣鞠斯特之写这部论文虽属另有目的，但他的温和主张却是

---

① 参看 Aulard, Histoire Politique.

诚实而坦率的。

二 共和政体论

对于法兰西共和国之建立，圣鞠斯特不曾尽什么力量，但不能因此说他仍是君主立宪论者。事态演变已使他变成共和政体论者。在1792年10月22日的演词中，他自称"如蒲佐一般"给共和国下了一个定义：共和国是"若干自觉相类有如兄弟的人；平等、独立而聪慧的人，除由公意产生之法律以外不知另有主子的人（此公意系由全国代表自由表达）之神圣的结合。"接着他又说，"我们的原则虽同，而内容实异。"① 虽然他没有把这差异系统地说明出来，但我们从其各次演辞中，不难窥其究竟。

圣鞠斯特常把"共和国"及"革命"二辞连用，前者是建设的，后者是破坏的。暂且撇开他的革命理论不谈，看他的共和政体主张，不出三个要点：武力主义足以危害共和政治，君临统治本身是罪恶恶，至尊主权属于人民。

在立宪王政时，他就怕国王变成武人。共和国的军事领袖更属危险。他常引用罗马史，当然他没有忘却罗马将领们曾如何危害罗马共和国。因此，他坚持将领们要单独对代表民意的议会负责之原则。在两次关于军事演辞中，他把这个原则发挥得很透彻。吉伦德党人物怕国民大会再如以前两次议会一般受制于巴黎群众，提议议会应有特设的卫队；圣鞠斯特和其他山岳党一般，反对此种主张，认为这一着足以威胁共和国，因为这个"特设队伍"足以隔离议会与人民，而使议会变为少数政治。一党或此卫队的领袖，即可利用此武力来摧残民意。这个武力可使巴黎

---

① 全集卷一，页三五四。

与外郡对立，有使共和国分裂的危险。倘使说用此武力来镇压人民，也是没有用的。因为业已胜利的人民，始终是不会屈服的。①

武力主义既是危险，应该如何防范它呢？能够依着巴累的提议，使全国各军彼此竞争吗？圣鞠斯特反对这一说，因为共和国之统一需要军队之统一。一国只能有一个中心，"你们当不愿人民用武力来自相分裂。"否则即为内乱。依照西耶士提案，另设一个军事指挥机关及军事行政机关，在行政会议中有发言权。这个提案亦遭圣鞠斯特的反对：为使各军能有共同行动计，为使行政有效率计，陆军部长须有实权，不能单做一个旁观者。陆军部必须有强固的组织，"务使行政不致紊乱而能单纯化。在多头之下，只有削弱责任及散漫。"②

在圣鞠斯特看来，防止武人乱政之惟一方法是使将领及陆军部长直接对议会负责。官佐须由士兵选出，才不会变为某一将领的工具。任命将领之权必须操于人民，即议会。自选将领的军队即为叛军。军中决无讨论之权。在逻辑上讲，"司令官"一辞是不通的，因为除法律以外，谁也不能命令。命令之权惟寄托于民意与法律。同时，陆军部应不属于行政会议，因为行政权力只能管理人民。政府一握有军权，则人民始终免不了做奴隶的威胁。最好的方法是使陆军部脱离行政会议，单独对议会负责。而且，战争是关系全国国民的事件，故惟有民意或议会始有指挥军事行动之权。③

吉伦德党当权时，圣鞠斯特之主张未见具体采纳。他加入公安委员会以后，他的意见定已影响于委员会之统制各军。在 1793 年 10 月 10 日的演辞中，他说明派往各军的议会特使之职责就是限制将领之权力。议会特使应参加军队训练，应不与将领接近，如此兵士才信任他们之守正不阿，大公无私。演辞末附有一个法令提案，其第五款即规定议会须根

---

① 1792 年 10 月 22 日演辞，全集卷一，页三五七。
② 1793 年正月 28 日演辞，全集卷一，页四〇八。
③ 同上，页四〇六。

据公安委员会之推荐而任命将领；事实上行政会议此时已完全在委员会的控制之下。为更严密统制起见，他于新 6 月 22 日（3 月 12 日）手草一令，令各主管将领每日须将情况向公安委员会简略报告。[1]

这样一来，各将领的权力显然要受议会特使的限制，圣鞠斯特本人即为一典型例子。据勒发薮云，圣鞠斯特如此不信任将领，以致不敢以大军交给一人。[2] 每有军事胜利，多由巴累向议会报告，巴累说圣鞠斯特不高兴他重视此类报告，并且曾问他："你就不怕军队吗？"他承认圣鞠斯特在这一点上有政治家的预见。[3] 圣鞠斯特在《共和国制度论》中曾写道："非到战事终了时，不要捧将领。"[4] 他还打算提议添设陆军检察官来监督将领。[5] 倘使能牢守他的主张，法国大革命的后果或许不会是武力独裁。

法兰西已变为共和国，国王路易十六已被人民监禁起来，该怎样处置他呢？当然他已不再是国王。若把他仍禁在巴黎，则其为害于共和国将更甚于武力主义，因为他可为内战的原因。如果将他放逐，则他将加入业已与法国作战的外国君主集团，反革命派希图复辟，将使内战更不可免。在山岳党看来，欲保全共和国之安全，惟有将路易处死。圣鞠斯特便是他们的发言人。

实际上圣鞠斯特早已有这种看法。早在 1792 年 10 月 22 日当他反对国民大会应有卫队时，他曾警告议会说："你们只想以武装来对抗阴谋，你们的政策却放过一个有罪的家庭不管，让它在牢狱中引起这一些人的怜悯，引起另一些人的怨恨，还有业经敌人激起的人民的忿怒。"他催促议会审判"这个凶残的国家之敌人"，给人民一个共和国精神的

---

① 全集卷二，页二二〇。C.S.P.，IX，p. 330.

② Levasseur，II，p. 245.

③ Barère，II，pp. 130—31，133—4，337.

④ 全集卷二，页五三〇。

⑤ 全集卷二，页五三一。

表记——这便是他的主要理论。①

在他两次关于国王审讯问题的演辞中，他列举许多国王的罪案。其中有许多固然是欠公允的，②但至少有一点是真的：路易并非真心同意做一个立宪君主。圣鞠斯特当时既任议会秘书，自有很多机会看到关于此案的文件。他说，在这些文件中，谁也找不到证明来说明国王曾尊重人民之自由。

他对这问题的看法，是着重在政治的方面，而较忽于司法的方面。他的理论可分三项。第一是为着共和国及共和政治之安全。倘使要保全共和国，则不得不牺牲路易的生命。不愿对国王施以适当惩处的人，即不能建共和国。应当朝着这个目标勇往直前，因此，不能考虑一切法理上的手续。"我始终认为我们应以建立共和国的精神来裁判国王。"③除非我们不要共和国，路易才可被宽恕。共和国既已不成问题，则路易必须一死。目前只有两途：不要共和国或处死国王。

其次谈到法理问题。宪法虽曾规定国王有不可侵犯权，但已不必考虑它，因为国王与人民的契约已被撕破。倘使有不可侵犯权，则此权应属之于人民。倘使我们仍承认路易之不可侵犯权，则他应该仍为国王，仍有权力来压迫我们。路易已变为人民之公敌，在他与人民之间已无共同的目标。必须将他处死"以保障人民的安全，因为他只想压迫人民来保证他之安全。"④目前又只有两途：路易一定要死，或者他仍做国王。

最后到了他的理论之最高点："一切国王皆有罪。任何国王都是叛逆及窃权者。"做国王即为罪恶，不论其治绩之好坏。这罪恶是永久的，人人得而诛之。新6月8日他重述这个理论："王政不是国王，是罪恶；共和国不是一个议会，是一种德性。"故此他将一切国王同样看待。你

---

① 全集卷一，页三六〇。

② Curtis, pp. 38—39.

③ 全集卷一，页三七一。

④ 全集卷一，页三六八—三六九。

们既以武力对抗外国的暴君，则不能独推崇你们自己的暴君。他攻击吉伦德党之放逐整个波漭王族的提议，谓其目的反而在营救他们，至少希望减轻对于路易的裁判。倘使对于无罪者予以放逐，则对于有罪者应该如何坚持！路易只有一条路：死，而且要死在法国。

是否由普通司法法庭来审判国王呢？他反对，法庭是为全国公民准备的，国王并非公民。国王应由人民，即议会来审判；因为我们所要依从的法律是人权的法律。故此，国王不能受国家法律之裁判，应依照人权来"裁判他们"。裁判国王的不是议会，而是议会所代表的人民，因为议会不能离开人民。① 假使判决了死刑，则无须再有人民总投票，因为议会不能自承是无权力来裁判，而且人民总投票可使人民与议会分裂。况且，任何权力都不能剥夺公民对暴君报仇的权利。反之，如判决将其开释，则非由人民批准不可；因为议会不能合法地强迫公民宽恕一个国王，政府对于有至尊主权的人民更不能强制。② 圣鞠斯特的理论至此显然是带有几分诡辩性。总之，为着共和国之故，他准备用任何方法将国王置于死地，即令路易是一切国王中之最好者。故此，在结论中他敦促议会决定，并且警告说："除正义及公共安全以外，你们应撇开一切其他的考虑，你们不应把以绝大代价换来的自由拿来牺牲，你们应决绝地宣布。"③

路易十六之死显然是山岳党之作，而圣鞠斯特算是其中最得力的一个。他的演辞深合当时的情况，其末所附的审判计划亦经议会部分采纳。

控制将领及处死国王只是使共和国安全的两个消极条件。在积极方面，圣鞠斯特亦提出一个巩固共和国的重要主张：至尊主权属于人民，是一而不可分的。议会之所以要将领及陆军部长对它负责，系用人民的名义。议会之将路易处死，亦是用人民的名义。此种主权之表现即为公

---

① 全集卷一，页三九六。
② 同上，页三七二。
③ 同上，页三九八。

意，他对公意所下的定义是："公意……系由大多数个人的意志组成，不受外界的影响而各自结集：如此形成之法律必会确立公共利益，因为各人根据其利益而表现意志，从最大多数意志的集体即可产生最大多数利益的集体。"[①]

在他的宪法草案中，他提出全国主权应寄托在市，此即共和国之基本单位，公意是由最大多数市决定的。此种至尊主权有宗教般的神性，有如国家之信仰一般，为法所不能夺的；关于主权之一切也是如此。[②]公意须由民选的立法机关来代表，否则，这个机关就不能代表全国民意。他虽不反对分权制，但他害怕行政机关权力过大。惟有代表人民的议员才有权"讨论"，执行机关是不能代表民意的。故此，他坚持立法机关应超出其他权力之上。议会须受人人之尊重与服从，倘有侮慢或反对之者，即为人民主权之敌。他在攻击极左极右两派时，即用此种理论。对他自己，亦坚守此原则，故在他的各次报告中都推重议会之权力；他在出使时所签布各令，亦经公安委员会向议会宣读而得其认可。[③]

倘使议会专擅，又有谁来控制它呢？在理论上，圣鞠斯特提出了公共良心，谓其随时可以裁制议员。[④]在新11月9日的演辞中，他才明显地解释说："公共良心是根本；它是公民之保障：凡是看重舆论的人，即为压迫者之敌人。"[⑤]他之所谓公共良心显然是指舆论，他曾经主张以此来限制好战的国王。发表意见是自然权利，是不可剥夺不可改移的权利；意图压服此种权利即为僭窃。倘使人人有说话的机会，则自由有保障。[⑥]

假使舆论不足以控制议会时，人民即可诉之于暴动；不过他此种主

① 1793 年 4 月 24 日演辞，全集卷一，页四二八。

② 同上，页四四五。

③ C.S.P., VIII, 170—171; XIII, 375; Hamel, p. 302; Stéfanepol, p. 255.

④ 新 7 月 26 日演辞，全集卷二，页三八七。

⑤ 新 11 月 9 日演辞，全集卷二，页四八八。

⑥ 同上，页四八九。

张仅见于《共和国制度论》中。① 暴动是人民所专有的权利。外国人及官吏诉之暴动即属非法，应以危害人民主权罪处死。其实，他并不希望有暴动，所以他说，在专制政治下暴动始终是有用的，但在自由国家则为危险，因其可用为罪恶的叛乱之借口。在他打倒极左派的报告中，即指他们有挑拨暴动之罪，那么，被控者似乎很可以用圣鞠斯特的理论来为自己辩护。在他的宪法草案中有一章提到遇有民乱时，应由六位长者前往开导。② 暴动与民乱是否有分别，他却未加说明。

谈到圣鞠斯特对于地方政府之意见，须注意他所坚持的两个原则：共和国之整个性及市乡之整个性。他认为地方行政区域划分时，务使人民主权之整个性得以保持。君主国划分行政区域之目的在便于统治，并不以地理为基础，省与省之间是因君主权力关系而结合。共和国之划分应以基于人民之市乡或"部族"为基础，其目的在使人民便于行使选举权，庶使人民公意能够充分表达；然后人民主权始可确立，共和国才真能生存。③ 全国分为八十五郡，应该是全国人口中的八十五个"部族"，并非八十五块分割的土地。这样才使共和国不至分裂，才可避免联邦主义的危险。议员是代表整个国民，而不是各郡特殊利益的代表之结合体。"故此，代议制和法律有一个共同的原则。代表不能渊源于地域，也不能渊源于分裂而由数目来代表的居民；法律不能渊源于联邦的代表，甚至普通的法令也是如此，因为代表大会的大多数的权力是根据全国各政党的意愿，从而无所谓主权，因为主权已被分割了。"④ 有政府之统一性才能保持共和国之统一性；惟有靠公意及代议士之统一性才能办到这一步。倘使是个联邦式的"会议"，即无所谓共和国；因为各地彼此利

---

① 全集卷二，页五三三。
② 全集卷一，页四五〇。
③ 1792 年 5 月 15 日演辞，全集卷一，页四五六。
④ 1792 年 4 月 24 日演辞，全集卷一，页四三一。

益情绪不同，不免因此而发生纠纷。[①]

当时有人主张人口较多的市再分为若干市区，以期限制人民的势力而加强政府；这是圣鞠斯特所极端反对的。他认为市政管辖只是行政事件，并无政治意义。市府行政之性质有如家庭；是一种"为人民的、保育的、家务的"行政。一城之人口为一整个的结合，有其共同的利益与共同的问题，需要一个主要中心以为领导。最好一城只有一个市行政机关，形成自然的结合。城市管辖权是不可分的；它只有一个，因为全城的利害只是一个。

在此市区管辖范围争辩中，双方心中都没有忘却巴黎。在法国大革命中，巴黎人民所尽的力量是无法估计的。掀起革命者是他们，拥护革命者仍是他们，圣鞠斯特信赖他们；惟有靠他们，革命才可以支持到底。忽然有人提议要将巴黎分裂成若干市府，这当然是圣鞠斯特所不能容忍的。

而且，他更直率地明说："你们怕这个城市人口太多；可是他们并无害于自由。你们要勉强分割巴黎，你们便是压迫或分割法国。"[②]

从圣鞠斯特的推论可以明显地看出一点：他害怕联邦主义。他认为联邦主义就是造成国家的一切灾难之源。联邦主义比内战更可怕；它使城市甚至村镇彼此分裂，使中央政府除军队以外，什么也不能控制。它不但会削弱政府的统一性，它还会破坏公民彼此间的和谐关系。不久，法国人就会不讲同一种语言，各家会各自成为一个社会。他认为有两种联邦主义：政治的联邦主义与社会的联邦主义。所谓社会的联邦主义就是指这么一种情况：政府在法理上虽然是一而不可分的，然而每一城市或每一市乡却是各自孤立的。这就是同样可怕的、事实上的联邦主义。圣鞠斯特之痛恨联邦主义不免有些夸大，但这说明了他之重视人民主权的统一性。当时的主人是人民，人民的权力不当受伤害，人民的意志必

---

① 1792 年 4 月 24 日演辞，全集卷一，页四三二。

② Brit. Mus. F. 88.(6)

须是不可分割的。

三 法律制作者

建立共和国该用什么方法呢？圣鞠斯特之惟一答复是"法律"。

首先他用法律来确定政府与人民之关系。他两次谈到这个问题，都是从社会学理论出发。[1] 他认为社会组织（指自然社会）之产生是在政治组织以前。社会组织是以正义来决定人与人之关系。政治组织之目的在抗拒外患，决定民族与民族间之关系。根据这个原则，政府只能以武力对抗外敌；对内用最简单的武力便够了。政府所表现的是协调而非强力。人民天生凶暴说，是暴君欲以武力压迫人民之借口。这个野蛮借口一经运用，则"政府所产生的只是一些恶魔"。实际上混乱并不产生于民间，反而存在于统治者内部。[2] 人民天性是好的，既无野心，又无阴谋。[3] 倘非政府政策之错误，人民是不会倡乱的。[4] 武力不足以维持秩序，倘使我们给法国人一个"温和的"宪法，合理地领导他们，便不会再有乱子。人是生而好和平与自由的，倘能给他顺乎自然的法律，自能幸福而不会腐化。

欲防止滥用权力而保证人民的和平与自由，惟有靠有力而能耐久的宪法。"立法者啊，给我们一种必定使我们爱护的法律罢！"[5] 法律较人事更可靠。圣鞠斯特至死坚持此种主张，在新 11 月 9 日时，他仍在说，好法律足以保护无罪者。法律没有感情，故可不偏不党。法律始终是严

---

① 1793 年 4 月 22 日演辞，全集卷一，页四二〇；Fragments，全集卷二，页四九五—四九七。

② 1792 年 10 月 22 日演辞，全集卷一，页三五九。

③ 1792 年 12 月 27 日演辞，全集卷一，页三九二。

④ 1792 年 11 月 29 日演辞，全集卷一，页三八四。

⑤ 《革命与宪法之精神》，全集卷一，页二九二。

肃的，而人则否。"法律果能保护无罪者，则外人无所施其技；可是，无罪者倘为阴谋所牺牲，则国内即无保障。"①法律对于人民应是温和的，对于当权者则应当是严肃而不妥协的。他不信任握权者，因为权力本身是暴虐狠毒的，倘使任其发挥而无限制，则会趋于压迫。故此，他坚持要以严厉的法律对付官吏。

当一个民族摆脱了暴政而有了好的法律的时候，革命可算是达到了目的。"法律好可产生一切幸福，坏则使一切腐化。"②

订立法律并非易事，须有周密的考虑。"法律如订得太快，其失败亦速。"③

圣鞠斯特既相信德性，故常以之与法律并论。倘使"风倘"（他把风尚与德性有时看成一物）已恶化，则法律亦属无用。在自由的国家中，风尚与习俗应从法律产生。如不改善法律，则永不能改善风尚。故此，道德不单是人民生活的基础，尤其是法律的基础。"单是戒条的道德是孤立的，必须渗透到法律里，才可使一切趋于正轨，才能在公民之间建立正义关系。"④戒条与法律在功用上是彼此不同的。立法可以采取戒条与法律的形式，但戒条本身不是法律，只是原则，所以是不耐久的。可惜他未充分说明理由而下结论说：戒条是暴君们用以奴役人民的，即使在共和国里，倘无法律之助，戒条亦属无用。

订定法律时，经济因子亦须考虑。他在辩护放任政策时，认为对于商业不应有特设的法律。败坏商业与农业的东西，亦足以败坏与之有关的其他法律。关于经济的困难，须寻觅经济的原因。根据此类原因而得到的补救方法，才可使人民幸福，才会使他们爱护国家而勇于为善。⑤

---

① 新 11 月 9 日演辞，全集卷二，页四八四—四八五。

② 《革命与宪法之精神》，全集卷一，页二九三。

③ Brit. Mus., F. 88.(6)

④ 1792 年 11 月 29 日演辞，全集卷一，页三七五。

⑤ 1792 年 11 月 29 日演辞，全集卷一，页三七四—三七五。

要一切法律都能发挥其功用才可使物资充实，单凭防止某一弊端之某一特定法律是没有结果的。当粮食恐慌时，他虽然放弃这种意见，但他之着重于经济因子的理论并不是错误的。

乐观的圣鞠斯特认为新宪法一经产生，则共和国之一切希望都可从而实现。他认为这个工作较审判国王之意义更为重大，因为对于责难他们杀害国王的全欧君主，这是一个绝好的答复。宪法一经完成，则营私结党的分裂精神即可消灭，人民可以幸福快活地回到他们的田庄与作场，此种和平与繁荣可使全欧国王们战栗。和平、充足、公共德性、胜利，一切都寄托在法律力量中；离开了法律，一切是死而无用的。宪法是为人民与其自由而有的，必须小心，勿使野心家有僭用权力之机会。如1791年时一般，他仍在害怕个人违法而变为暴君。他似乎不大相信人权宣言，所以他说："单列举人之权利是不够的；暴君亦能起而以此权利对抗人民。"[1] 惟一可靠的东西是有力而耐久的宪法。

圣鞠斯特认为康多塞的宪法草案距此尚远："其中戒条多于法律，权威重于协调，操切胜过民主。"[2] 全国议员既由各郡任命，则只可称为"会议"。由全国选举而产生之各部部长所组成的国务会议，自命为不可侵犯的。人民将无保障来对抗此一行政会议，因为他们不能找到神明来做部长。假使将此草案实行，则二十年后会变为少数贵族政治。圣鞠斯特之抨击康多塞草案，并非因为政党不同之关系，因为他在此草案提出以前即已发表他的意见。早在1793年正月28日，他对权力过大的国务会议即已表示疑惧,他说："我所要反对的不单是部长所接受的权力。而尤在由各部长所组成的会议之权力。这会议的内部既包含着强力与腐化之一切因素，倘使它滥用其权力，很足以领导人民倾向于王政。"[3]

宪法的保障在其本身。圣鞠斯特两度警告国民大会不要犯制宪议会

---

① 1792年4月24日演辞，全集卷一，页四四二。

② 同上，页四二六。

③ 1793年正月28日演辞，全集卷一，页四〇五。

所犯过的错误：如果你们同样不当心，便会遇着同样的命运。脆弱的宪法（意即指康多塞之草案）足以产生最大的不幸及新的革命，因而会断送自由。我们必须有个耐久的宪法。因而他提出他自己的草案，其内容自然合于他自己的理想，但并不一定是"易于建立、行使及流传的"——这是他形容他自己的草案的话。

五人委员会起草宪法的工作情形，至今不很明白。圣鞠斯特谓艾罗·得·塞舍尔对此工作未尽多少力，显然是说谎。可断言者，这一草案只是这五个人工作的结果。[1] 圣鞠斯特尽力之处究有多少则难于断定。[2] 叩迪斯把此宪法定本与圣鞠斯特的主张比较，认为得力于他的部分可有下列诸点：草案文字之简洁，主权在民之原则，主仆间无法律关系，议员产生须以全国统一性为基础，部长与国务会议分开，市府之不可分割性及理想的国际关系。[3] 不过，当时提出的草案有三百余件之多，[4] 其中具有此类主张者颇多，是则由此比较而得之结论并不一定可靠；而况在讨论新草案时，圣鞠斯特并未参加。我们如只把委员会草案原稿来研究，[5] 也许更正确一点（例如，叩迪斯所看重之主仆关系一点，即不见于委员会的原稿）。

圣鞠斯特既不看重人权宣言，故其草案中无此部分，而委员会草案则将其列为三十条。圣鞠斯特当时尚未留意的财产权，委员会草案列为第十七条。圣鞠斯特未提及暴动权，委员会草案中列为第二十九条。不过此类区别尚不重要，因为圣鞠斯特不久亦承认暴动权，其社会政策中亦提到财产权，而关于人权之三十九条，一般而论，与他的理想并不冲突。其次，我们可看见很显著的类似点。官吏任命须以才能与德性为根

---

① Aulard, pp. 296—7.

② Hamel 所作《圣鞠斯特传》中曾列举十点归功于圣鞠斯特，业经 Curtis（Appendix II.）改正，其中仅有关于国际关系之各条一点为可靠。

③ Curtis, pp. 77—79.

④ Arch. Parl., 63, p. 193.

⑤ Brit. Mus.F.800. (2)

据（第四条）本属他的主张。两草案中都有尊敬长者一点。委员会草案中所列将领须由国会任命、不设总司令、军中不能商讨政治、为修改宪法而召集之国民大会须在距立法机关二十法里之地诸点，亦见于圣鞠斯特的草案，或为他素有的主张。

倘使这还不足以说明他在此工作中所尽力之部分，可更引两个目击者来证明。巴累是不会随便归功于他的，但是曾说："宪法草案有几部分是由圣鞠斯特起草的。"[①]1793 年 8 月 30 日，艾罗·得·塞舍尔寄给瑞士拉发特尔一本新宪法，并附一函说："权利宣言部分全出于我之手。宪法全文则由库通、圣鞠斯特及我三人起草。"[②]故此，圣鞠斯特在此工作中所尽之力，当不止叩迪斯所列举的而已。

---

① Barère, Vol. II., p. 91.

② Stadtbibliotek, Zürich；经 Émile Dard 引用于 Un Épicurien Sous la terreur: Herault de Séchslles, p. 226.

第三章　革命理论与实践

法国大革命表明了一桩事实：革命的理论每每从革命本身产生。一般人只是为潮流所推动，惟有少数敏锐的革命家，能够抓住动荡的意义而形成革命理论。圣鞠斯特便是此少数人中之一。他之想象力使他能从动荡事变中求出原则而为未来的事变预定步骤。

在他看来，共和国、自由、革命以及国家安全，多少是有点类似的东西。他把革命看成一个严重的突变，而相信"革命第一"的口号；为着革命，一切都是可辩护的，所以也就是合法的。故此，权力应该集中，异党应该打倒，恐怖政策应当使用，国土应该保卫——这便是他的推论之逻辑的步调。

一　革命论

《革命与宪法之精神》的作者当时虽为温和派，然而对革命已有敏锐的看法。他认为革命不但是暴力的偶然暴发，而且是法律的结果。王政腐败到无可救药时，倘不被另一民族征服，便要更换朝代。欧洲自马其顿之亚力山大以来，无所谓人民的革命，因为从来没有人权的要求；18世纪哲学家之启蒙运动才使人民睁开眼睛，于是只要具备了革命因素的地方，即可爆发革命。经济压迫是一切因素中之最重要的一个。"负担太重的人民是不怕革命与暴行的。"革命可以延迟，但不能避免。①叛乱是被压迫人民的最后希望；"他们有不做奴隶而宁叛乱的权利，宁没有主子而要自由。"②圣鞠斯特不相信权力，为反抗妄用权力起见，革命是必须的。

革命在何时开始呢？"革命始于暴君终了之日。"推倒一个国王并非业已结束革命，因为旧统治的弊端虽经暂时消失，随时再可出现。要把这些弊端一次根本肃清，即令在国王既倒之后，仍须继续革命。③

何时才达到革命之最高潮呢？他认为这是活动的，谁也不能定出革命之最高点，一切须由情况来决定。"造福利"的时机须耐心等待着。人民愈困苦，则反响力量愈大。就他的社会政策而言，显然他不会认定所谓恐怖时期是革命之最高潮。④

革命之目的是什么？为共和国、为自由、为革命本身；不过这都是些抽象的口号。圣鞠斯特曾把革命看成"造福利"的一个过渡，因为革命政府只是"从坏到好，从腐化到诚实，从恶到善的一个阶段。"⑤直到新六月他提出社会政策时，他才第一次明显而具体地说明革命之目的。这目的就是要造成一种新的事态，庶能确立趋向幸福之途径，而求得人民幸福所需的和平。⑥"如果人民爱德性与淡泊；如果无耻行为已消失；如果已恢复了廉耻；……如果以恐怖对付革命之敌人；如果都能爱护一个爱国者；……如果你们将土地给予不幸者；如果你们从恶徒手中把土地夺回来；我才认为你们已经造成了一次革命。"否则无所谓革命，也用不着期待幸福与德性。⑦

---

① 《革命与宪法之精神》，全集卷一，页二五二—二五八。

② 1792 年 10 月 22 日演辞，全集卷一，页三五八。

③ 1792 年 12 月 27 日演辞，全集卷一，页三九八。

④ 《共和国制度论》，全集卷二，页五〇八。

⑤ 新 7 月 26 日演辞，全集卷二，页三七一。参看本书第四章第三节。

⑥ 新 6 月 8 日演辞，全集卷二，页二三五。

⑦ 新 6 月 23 日演辞，全集卷二，页二六八—二六九。参看本书第四章第三节。

这样的革命须从懦弱走向勇敢，从罪恶走向德性。这并不是一件容易的工作。这须经过长期的斗争。人民如要做他们所要做的事及获得他们所希望的东西，必须先从他们的敌人手中把权力夺过来。除用武力外，再无其他方法。对待敌人不能客气，必须打倒他们；压迫者必须被压迫。"当人民压服了王政少数，且以其征服权而制服了王政时，共和国才得建立。对于抗拒新事态的人，你们用不着有丝毫顾虑，自由应当去征服，任何代价亦所不惜。"① 总之，建立共和国即须将一切反共和国者整个毁灭，——不仅是敌人，即最后为暴政之友者，亦包括在内。② 革命对于一切恶徒有如雷霆。对敌人决不能宽恕，对付他们须运用全部法律的力量。所以革命是人民与其敌人间之生死斗争。圣鞠斯特未用"阶级斗争"一辞；他不像今日马克思主义者那样能从经济方面来看阶级差别；但是他看见斗争的事实，而且将其表达出来，那么，巴贝夫派把他看成革命的社会主义先驱者之一，并不是没有根据的。

权力一经取得，必须牢牢地保持住，使其勿受攻击与侵害；因而有"革命第一"的口号。这个口号可以解释他之整个革命理论，他异常重视它。公共安全是惟一当留意的东西，倘使国家受威胁，则任何人都有责任。自由政府一经建立，必须使用任何方法以保护之；可以用其权力来摧毁一切反革命势力。共和政府是人民与自由之最要关键，必须尽任何力量以巩固之。③ 圣鞠斯特在其最后的几次演说中，几乎每次都提及这个理论。

"为着革命，个人的自由应受限制。"不仅所有已被逮捕的吉伦德党是有罪；公共安全既为无上法律，则所有的吉伦德党都应包括在内；为着全国的安全不妨聪明点牺牲他们少数人的自由。舆论固应自由，但它有时可以是一个"破坏公安之阴险而又有群众的政策。迫害苏格拉底

---

① 1793 年 10 月 10 日演辞，全集卷二，页七五—七六。
② 新 7 月 10 日演辞，全集卷二，页三二九。
③ 新 6 月 23 日演辞，全集卷二，页二五七—二七一。

使其饮鸩而死的舆论也是对的吗？"① 这个口号不但应用于吉伦德党，而且须同样应用于山岳党。艾罗·得·塞舍尔即系在此口号之下被捕，因为对于国民大会之法令，议员与人民当一样尊重。为证明这一点，圣鞠斯特曾举出罗马元老院中之加替里那为例。② 在打倒丹敦派时，他将此口号应用到最高点。他说，为着公安，我们顾不了个人，只顾共和国。共和国是为人民的，并非为少数大人物的。这个理论在自由国家里是正义与平等之源；为着人民，应以之为保障来防止意欲自成为特殊阶级的野心家。为着国家，必须毫无怜惜地牺牲他们。圣鞠斯特之理论趋于极点，以至于说："只要自由有保障，就是把一切虚荣送上断头台、送进坟墓、将其毁灭，都无关紧要。"③

他之说明何谓真爱国者，也是从此口号出发。爱国者须忘记自己之利益，牺牲自己之意见。必须调整自己的利益，使之与公共的利益相调和。革命势力决不能分化。革命家应当是勇敢的，应当不死在床上。④ 他应当忠于信仰以调整其行为，不仅在模仿他人而已。"良知、精神活跃、头脑冷静、心如火热而纯洁、严谨、不自私，这便是爱国者的性格。"⑤在新7月26日的演辞中，他有一大段说明何谓真正的革命家。不屈不挠、节俭、不妥协、坦白、诚实——这都是革命家应具有的条件。最后他的结论是：爱国者系"具有良知和诚实的英雄"。⑥

圣鞠斯特本人对于这些原则做到什么程度呢？巴累说他常常谈到共和国。⑦ 在其致图依野的私人函件中，圣鞠斯特没忘却提醒他的朋友说：

---

① 1793年7月8日演辞，全集卷二，页二九。

② 新6月27日演辞，全集卷二，页二八八。

③ 新7月11日演辞，全集卷二，页三三〇—三三一。

④ 新6月23日演辞，全集卷二，页二七四。

⑤ 同上，页二六一。

⑥ 新7月26日演辞，全集卷二，页三七二。

⑦ Barère，卷二，页三五五。

"最先应当考虑的是共和国,你应当以全副精神来照顾它。"① 奥什之被任为统帅可用来证实这一点。这一任命,本是他所反对的,但他屈服了。固执的圣鞠斯特至少在这件事上,他牺牲了自己的主张。若说这是因为他"知道奥什在委员会中有后援",② 未免有欠公允。事实上 12 月25 日他致公安委员会之信,明白地表现出他本人的心理:"这时我们心目中只应有国家,应该彼此和平静气,此类事件最易动感情,必须努力防止。我们的行动应审慎,……我们应当尽力来协调一切感情。"③ 他让步之惟一原因是怕委员会内部一有争执即可危害国防。即令是小卡诺亦承认这一点,他说:"圣鞠斯特是为公共利益而退让,他本是个不愿让步的人。"④ 当他主持公安委员会的警务时,他不愿开释被捕者,因为他认为时机紧迫,不能顾及个人自由。⑤ 总之,圣鞠斯特无论对己对人,对于他自己的革命理论他总是坚持的。

近代革命的策略重在夺取首都。法国革命不像中世纪的农民叛乱,它是由以巴黎为中心的人民造成的,巴黎"至少以其精神渗透到政治"。⑥ 圣鞠斯特虽不是这个策略的创始者,至少是其坚强的拥护者。1791 年时,他曾害怕巴黎的暴民,还不曾看出巴黎之重要。⑦ 一经走上全国的政治舞台以后,他即宣称巴黎应为革命之壁垒,因为巴黎"亲受痛苦、三次议会活动及一切阴谋发展之教训。"⑧ 在讨论宪法时他曾热烈地为巴黎辩护,谓其人口虽多,但不致威胁自由。巴黎已为革命尽其最大的力量。⑨

---

① Saint-Just, Une lettre à Thuillier。图依野为圣鞠斯特的好友,故其理想亦值得注意。在他之信札中亦具有与圣鞠斯特相同的看法。(Lau-raquais, Recueil de Pièce, Brit. Mus. F. 1321, 4.)

② R. W. Phipps, The Armies of the First French Republic, Vol. II, p. 120.

③ 全集卷二,页一五七——五八。

④ Carnot,卷一,页四五六。

⑤ Lejeune, p. 35.

⑥ Tocqueville, L'ancien régime, p. 211.

⑦ 全集卷一,页二五六一七。致 Beuvin 信,见 Lettres Inédits, p. 3.

⑧ 1792 年 10 月 22 日演辞,全集卷一,页三五七。

⑨ 1793 年 5 月 24 日演辞,全集卷一,页四六一。参看本书第二章第三节。

圣鞠斯特所最忧虑的是巴黎粮食之供给。1793年8月，他即已注意于巴黎各区之粮食管理。[①]关于这个问题，9月2日图依野曾向他报告。[②]10月10日法令草案中，曾有一条提出巴黎应储一年之粮。[③]七天之后，他单独签发一令，令巴黎市长逐日向委员会报告巴黎粮食情形。[④]1794年3月4日由他手草一令，令巴黎市长"根据民情及粮食关系"报告巴黎的情况。[⑤]新6月25日，他签一通令，请全国各市乡以粮食救助巴黎："请你们注意巴黎，因为你们的同胞之集于此城市者为数甚大，……就在这个城市中而且是在你们的代表的眼前，巴黎在准备火药及制造军械。"[⑥]警务处所收到关于巴黎粮食的报告，经他批阅的，为数不少。[⑦]新7月26日时，他又提到首都之重要："如果巴黎不失败，则谁也不能使自由失败。"[⑧]他如此推重巴黎，应值得今日革命家之羡慕；可惜法国的产业革命发生得较迟，不及使他了解都市工人阶级的特殊重要性。

二 革命政府与中央集权

由于旧制度时期中央的权力过大，故在革命初起时，一般都有反中央集权的要求。在圣鞠斯特所参加完成的1793年宪法中，仍可看出此种趋势。至少他曾一度反对中央集权，因为他反对权力。可是当革命达到最高潮时，为了应付非常局面，又非中央集权不可。在讨论宪法以前，

---

① Rapport de Perrière, Caron, Paris Pendant la Terreur, Vol. I, p. 11.

② Papiers Inédits, V, pp. 281—2.

③ 全集卷二，页八九。

④ 全集卷二，页一〇四；C.S.P., Vol. VII, p. 464.

⑤ 全集卷二，页二四九；C.S.P., Vol. IX, p. 522.

⑥ Brit. Mus. F. 24*. 34 这一通令不见于全集及 C.S.P.

⑦ Ording, pp. 75—6.

⑧ 全集卷二，页三七〇。次日，库通亦提出同样主张，但更明显；Moniteur; Vol. XX, p. 234.

圣鞠斯特已看出有此需要。1792 年 10 月 22 日时，他主张陆军行政应有共同行动及活动的中心。1793 年 4 月 24 日时，他劝国民大会须建立有力的政权，无论是为着进行和谈或继续战争。[①] 他怕脆弱的临时政府容易落于反对党之手，以致恢复王政。[②]

圣鞠斯特这样开始相信中央集权制。他之所谓集权，即将权力集于少数革命者之手；所谓加增政府力量，即加增公安委员会之力量。委员会的力量最初是很微弱的。赖有罗伯斯庇尔之力，才使其得以度过 8 月及 9 月之危险时期，而免于一再改组的威胁（按国民大会各委员会每隔若干时期即须改组，惟第二公安委员会自成立以后，只增加新会员，直到新 11 月政变时为止，不曾改组过；罗伯斯庇尔就是后来加入的）。全国动员令、嫌疑犯律及最高物价之规定等，先后为革命政府打好了基础，委员会便是革命政府之中心。圣鞠斯特是建立革命政府的报告人。的确，8 月 23 日巴即尔亦曾要求革命政府。[③] 可是，用有力的逻辑来树立理论而且决绝地为集权制奋斗的，则为圣鞠斯特。

1793 年 10 月 10 日，圣鞠斯特在其报告中说，现在困难的原因就在于法律是革命的，而行使法律的人则否。目前倘将新宪法实施，无疑地会鼓励人家进行不利于自由的活动，因为新宪法缺少镇压所必需的力量。如果政府不是革命的，它就不能施行革命的法律。倘使不能建立一个对人民温和而对本身严肃的政府，则无繁荣之望。想从革命取利之卑劣的机会主义者，为数不少，他们只想盘据政府来达到他们自私之目的。如不幸使政权落入此辈手中，政府即为人民之最可怕的敌人。圣鞠斯特列举已往的事实来证明此点。由于政府之无能才使阴谋家及叛徒有活动机会。甚至官吏有时亦为敌人作工具。非由民意选出的将领，往往不能忠

---

① 全集卷一，页四一九。

② 全集卷二，页九——一〇。

③ Moniteur, Vol. XVII p. 519; Durand de Maillane, Histoire de la Convention, p. 275. Maillane 谓议会曾命令委员会对当前政治情况提出计划；此令不见于 Moniteur。

于国家。政府各部门成为私利角逐之所。他举出许多事例来说明对已往一年纠纷应负责任的政府之案乱情形。目前的情势更属严重,故此,"你们必须将政权善为处置,才可使其有助于你们的主张。"①

圣鞠斯特虽极端相信人性是善的,但鉴于当权者之腐化,故认为单换上一批人不足以改良政府。权力倘非与德性相联,则始终不会是有利的。惟有将其置于革命者之手才能安全;就目前而论,即置于公安委员会之手。于是他提出一个称之为"一种临时政府"的法令草案,② 共计十四条。其中有十一条之目的在增大公安委员会之权力,是"两方面之集权",即经济的与政治的。③ 政府被称为革命政府,直到和平时为止,新宪法暂且搁在一边。几乎所有各行政及军事机关,均在公安委员会的直接监督之下,几乎所有关于民事及军事之行政,均在公安委员会的直接指挥之下。委员会得提出将领请议会任命,得与各地方权力直接接触。此外有特设法院来处理与公款有关之人。④

集权制之完成虽仍有待于新3月14日的法令,但其基本原则则已见于圣鞠斯特之报告中;其主要条款,亦见于他所提出的法令草案中。此后,关于完成这种集权制的工作,多半出于俾约·发楞之手,但这不能说明他对此政策的努力有过于圣鞠斯特,因为这时圣鞠斯特正出使在军中。他回到委员会以后,他的签字即见于新4月28日致地方机关的通令上。⑤

他对于此一政策之第二贡献是完成于新6月23日。直到此时为止,巴黎市府是个伟大的力量,常威胁各次议会及政府。打倒艾贝尔派之后,市府不但不再与委员会对立,并且变为委员会的工具。当日圣鞠斯特之

---

① 全集卷二,页八四。

② 马迪尼:《法国革命史》,英译本,页三八八。

③ Mathiez, La Vie chère, p. 416.

④ 此法庭始终未设立,其职务划归"粮食委员会";见 La Vie chère, p. 415.

⑤ C.S.P., X., pp. 286—9.

报告，除以打倒艾贝尔派为主要目的外，并有将一切机关置于公安委员会严密监督下之意。圣鞠斯特说，谁也想来统治，谁也不愿做公民。"权力中心在哪里呢？几乎任何官吏都在弄权。"圣鞠斯特隐约在说，权力中心应在公安委员会。"政府是革命的，但各机关不应如此；倘然如此，只是因其受命执行革命策略而然；倘谓其本身也是革命的，即为暴政，这便是人民不幸之源。"① 因而，在其所提出的十三个条文中，有两个专条规定如何控制公务人员。公安委员会应有权更换及惩处他们。未经公安委员会批准，任何机关不得派人在国内国外活动。业已派出者应立即停止其职务，否则处以二十年的苦刑；惟关于粮食、军械及火药者除外。

权力虽已大到如此，公安委员会仍不能行使独裁，因为在国民大会中尚有反对派。议会之屈服是在打倒丹敦派以后。在对丹敦派的斗争中，圣鞠斯特的作用颇为重要。当他正忙于此一斗争时，乃由卡诺担任新7月12日的报告，进一步加强了集权制。决定旧行政会议函件应向何处投递的新8月3日法令，则出于圣鞠斯特之手。② 尚有关于集权政策的其他措施则见于新7月26日圣鞠斯特之报告及次日之法令。③ 公安委员会已"显然"有权管理各机关及其人员，关于征发事件亦由它单独处理。

这样一步一步地使权力集中在公安委员会之手。就是治安委员会也变成了它的工具。④ 国民大会已屈服了，仅维持其形式上的至尊权。委员会之所恃显然在舆论，尤其是当1794年初。⑤ 委员会之独裁本为已成事实，但其发言人圣鞠斯特在新7月26日不承认这种看法。据他说，各

---

① 全集卷二，页二七〇—二七一。

② 全集卷二，页三九八。C.S.P., Vol. XII, p. 754.

③ 新7月26日圣鞠斯特所提出之草案仅有十八条，库通增为二十六条。十八条原文见 Moniteur，卷二〇，页二二四—二二五。Vellay 将二十六条收入在全集中，似欠正确。二者之差别不在原则及措辞，因为二十六条中有八条全系新加入者（第八—十五条），故著者仅以原有之十八条为研究对象。

④ Belloni, Le Comité de sûreté générale, pp. 81—2, 247, 375.

⑤ Caron Vol. II, pp. 4, 23, 128, 301, 344.

派之被消灭，其目的在使人服从国民大会及"我们的良心"。如果公安委员会想专制，则应使各党同时存在，从而利用其不和而可从中左右，这本是暴君及政党领袖所常采用的政策。"贵族谓其毁灭是由于独裁。布鲁特斯及加西阿斯之刺死凯撒，亦曾被控为暴政。"[1] 在列举许多激烈的措施之后，圣鞠斯特结束时说："显然这并不是专制。"[2] 除非我们同意凡为公安之一切政策均非专制的，所以不是独裁，我们才能接受圣鞠斯特这种论证。事实上委员会已为独裁，即其后死的委员日后亦承认如此。[3]

圣鞠斯特曾要求罗伯斯庇尔之个人独裁吗？奥尔丁相信三头曾要求"合法之独裁"，即令非个人之独裁。[4] 新11月政变人物谓圣鞠斯特确曾提出要罗伯斯庇尔独裁，[5] 这话虽不敢相信；但可断言者，圣鞠斯特确曾有个人独裁的想法。在《共和国制度论》中，他认为强有力的政府如有正义，则不是压迫的，因为它只压迫坏人。他更坦白地说："在一切革命中，必须有一位独裁者以强力来拯救国家。"[6] 不但中央政府为然，即地方行政，他亦主个人独裁。"我们须研究集体的地方制度，如市府、行政机关及监视委员会等。……看看假使将各机关之权力集于一人，是否更有利于革命。"[7] 圣鞠斯特可谓已预见法国日后所行的督府制。他怕军人独裁，但他不怕不能腐化而有德性的政治家；依他的性格而言，假使他认独裁为不可少时，他会主张独裁的。

---

[1] 全集卷二，页三八二。

[2] 同上，页三八四。

[3] 俾约·发楞被放于圣多明谷时，即如此承认。Dauban，p. 6.

[4] Ording, p. 190.

[5] 很奇怪，早在1793年12月，即有谣言谓将任命罗伯斯庇尔为独裁者。（Rapport de Pourvoyeur, Caron, Vol. II, p. 73.）倘使这个报告不假，则新十一月党人之说并非全不可靠；也许，他们嫉妒罗伯斯庇尔的声誉，久已在监视他。

[6] 全集卷二，页五三〇。

[7] 同上，页五〇二。

罗伯斯庇尔曾竭力从各派的攻击中将公安委员会救了出来。圣鞠斯特曾竭力来增强公安委员会的权力。二人对于当时的集权制均有所贡献，但其所尽力之方面不同。

三　党争

当时法国人缺少政党政治的经验，然而不能认为这是不容许异党存在的主要原因。假使专政的行使是应该的，自然不会容许与执政党敌对的党派存在，因为全国只应该有一个意志。圣鞠斯特对于这一点曾发为有力的理论。

他羡慕古代共和国，不相信英国政党制。认为这个制度没有好处，尤其是在革命的时候。他的第一次打倒反对党的报告是在1793年7月8日提出的，但在1792年10月22日，他即已表示害怕党派精神。[①] 在他各次打倒敌对党的报告中，几乎每次都追述自革命以来结党之历史的演变，有系统地举出其所以形成的原因：第一，由于政府之懦弱，未能凭正义以惩处野心家。宽大政策鼓励了政党领袖们敢于违法乱纪而可不受处分。同时因为议会中之大多数不属于任何一党，于是使领袖们有左右议会意志的机会。第二，由于外敌，尤其是英国人之运用其金钱来扶植党羽。他们用尽一切方法来推动阴谋，挑拨党争。英国的政策即是"腐化这个共和国"。[②] 第三个原因是想发财。这位卢骚的信徒竟至除其本党外即不信任任何人，认为一切政敌都是腐化的。第四，声誉引诱野心家想做政党领袖。"有人使政府迟钝，有人使政府过激；二者之目的，都在想领导舆论，以争取最高声誉。"[③] 第五，握权的野心刺激政党制造者

---

① 全集卷一，页三五七。

② 新6月23日演辞，全集卷二，页二五九。

③ 新6月23日演辞，全集卷二，页二七〇。

老在想推翻政府。由于这五个原因，故自"奥尔良党"以来，革命即不断为政党所苦。圣鞠斯特如此神经过敏，以至于说左右两极端派之形成是由于同一个来源，表面上虽彼此对立，暗中却在互相结合，而以推翻共和国为共同目标。

倘使容许政党政客们彼此争权，则国家之统一就会毫无保障，因为他们是感情用事的恶徒，而且"被人收买到要来制造政党，使公民彼此对敌，利用这一分裂来恢复王政及帮助外敌。"① 政府官吏亦常忽左忽右，有亏职守。例如，他们曾拥护叛国的拉法夷脱、杜木里厄及联邦派。大部份政府官吏常欲和他们接近，此种结合的势力大于政府本身的势力，他们的野心即为国家制度之极大威胁。② 而且，党徒们盘据各级机关，深入民众社会，足以左右一切；因而使人民缄默而屈服，以至与立法者隔离。倘使官吏的势力大于人民，而此势力又为升迁之阶，则民主主义必然会失败。③ 最后，人民生活习惯亦将为结党所败坏，恐怖会被用来恫吓议员，罪恶反可使裁判官震慑。法律将失其力量，正义将不见于人间。故此，自由与结党是不能并存的。"党派得势之处，即无自由与政府。"④ 在其最后一次演辞中，圣鞠斯特再将结党所造成的罪恶作一总述。对于社会秩序，结党是最可怕的毒药；他们可用毁谤来危害好公民的生命；他们得势之时，谁也会没有保障。⑤

由于这些推论，他得到的结论是："所以任何政党是有罪的，因为它离开人民及民众会社而孤立，是离政府而独立的。任何结党是有罪的，因为它要分裂公民，要败坏公共德性的力量。……人民主权所需要的是统一；所以它反对结党；所以一切结党都是不利于人民主权的。"⑥ 同时

---

① 同上，页二五七。
② 新7月11日演辞，全集卷二，页三〇八。
③ 新6月23日演辞，全集卷二，页二六五。
④ 新7月26日演辞，全集卷二，页三八三。
⑤ 新11月9日演辞，全集卷二，页四八四。
⑥ 新6月23日演辞，全集卷二，页二七三—二七四。

他预言：倘使革命失败，接着就会是可怕的反动。参加破坏革命的阴谋的人，会是反动时期的第一批牺牲者。他这预言竟不幸而言中，造成了新十一月事变的人物，果然做了反动时代的第一批牺牲者；他这个预见是如何地使死在他后面的同僚惊讶！

圣鞠斯特仍是用"革命第一"的口号来证实其必须消灭结党的理论。革命是个英雄的事业，其领袖常在危险与不朽之间活动：惟了解如何摧毁结党始可做到不朽。结党存在一天，则反革命派不会绝望，仍可继续其阴谋。"目下必须立即消灭各党，庶使共和国中惟有人民与你们（指议会）可以存在，以你们为中心的政府才能巩固。"①各党一经消灭，贵族就到了穷途末路，乱党亦不能再抗正义，叛逆亦再无活动之可能。假使你们要征服，要得到全欧之尊重，你们必须有个强固政府来制服"罪恶的结党"。②

此种不宽容精神看来是可怕的，但是在一个被围攻的革命国家之人民看来并不如此。即使它是可怕的，但它是被用以争取幸福。圣鞠斯特一再在其控劾敌党报告中说：结党一经摧毁之后，即将继以建设时期，以使人民幸福。自私心使"造福"一语徒为空言，结党即为自私。他没有料到他就会失败，故他在最后一次演辞中仍提出他这个信念：结党一经倾毁之后，好公民始能表达其为国家的决心，自由人民始可获得其最大幸福，良善国民始可凭其德性以收获其最宝贵的果实。③

圣鞠斯特及其集团有个最简单的逻辑来辩护他们之参加党争：惟他们这一集团始有为革命斗争之权利。他们的主张始终是对的，他们之结集不能视为结党或政党，只可视为忠实爱国者之集团，因为他们是在用政府名义而奋斗。与他们主张不同的人即为政府之敌人。"结党"与"嫌疑犯"几乎是类似之辞，因为二者均属敌人，均须被打倒。嫌疑犯纵不

① 新 7 月 11 日演辞，全集卷二，页三三二。
② 新 7 月 26 日演辞，全集卷二，页三八〇。
③ 新 11 月 9 日演辞，全集卷二，页四八四。

属于某一党派，至少是在同一路线上走的。圣鞠斯特之所谓结党，并非指在形式上有一定组织之政党，甚至不是指一群有相同主张的人。凡属对现统治不利或取敌对态度的人均属此类。所以在丹敦派既倒之后，他仍在不断地用"结党"这个辞。

圣鞠斯特用这简单的逻辑，不费力地将其所要打倒的人呼为"嫌疑犯"或敌人。他所称为"嫌疑犯"或敌人者，可分为下列十一类：一、在法国的外国人：本国人尚可为叛逆，谁能保证外国人？"在一个被各国围攻的国家内，外人是天然的嫌疑犯。"[1] 二、不同意现行制度的人："整个地拥护共和国的人才是爱国者；苛求批评的即为叛徒。"[2] 三、不满意于国民大会者："爱国者决无理由可轻视它（指议会），没有它即没有国家。"[3] 四、敢于反抗及侮辱国家司法权者：因其"胆大妄为即为犯罪之明证"。[4] 五、叛逆的朋友以及与宫廷有勾结的人。[5] 六、漠视革命及对革命未尽力者。[6] 七、无神论者，因为他们攻击"显然在临照于我们的神意"。[7] 八、富人及有闲阶级。[8] 九、腐化者，因为他们"较阴谋家更有毒害"。[9] 十、极端派，因为他们把正义与暴力混为一谈。十一、宽大派。[10] 在新7月26日所提出的法令中，有一个很长的条文，把上述各种人混在一起，而通称之曰"叛逆"。他又怕嫌疑犯逃出法律的制裁，于是警告议会：必须留意去揭穿他们的假面具及伪装。反对已成秩序的

---

[1] 1793年10月16日演辞，全集卷二，页一〇一。

[2] 新6月23日演辞，全集卷二，页二七五。

[3] 新7月26日演辞，全集卷二，页三七九。

[4] 新7月15日演辞，全集卷二，页三五六。

[5] 1793年7月8日演辞，全集卷二，页一七；新7月11日演辞，全集卷二，页三一七。

[6] 1793年10月10日演辞，全集卷二，页七六；新7月26日演辞，Moniteur，卷二〇，页二二五。

[7] 新7月11日演辞，全集卷二，页三一四。

[8] 参看本书第四章第一节。

[9] 新6月23日演辞，全集卷二，页二七五。

[10] 参看本章第四节。

人总是假装着爱国，以期保全他们的生命；所以判断一个人，不能徒凭其表面行为与言论。"现在有一个反对自由的党，即是善于戴假面具的党。"①

假使圣鞠斯特只专从政治方面立论，不在其控劾敌党的报告中加上许多司法上的罪名，则其党争理论也许会更有力量一点。不幸在其报告中，列举罪状太多，反而减轻其理论之力量，在后人看来，尤党如此；例如，控劾吉伦德党的报告中所列罪名有五分之四是"完全荒谬而无根据的"。②控劾"外人党"——艾贝尔派——的罪名亦有一半是欠公允而"并不实在的"。③至其控劾丹敦派的罪名则有五分之四足为控劾他自己及其集团的罪名，④这是已无疑义的。

使各党倾复的责任问题是史家一再争论过的。控劾吉伦德党的报告，至少经过第一公安委员会之两度讨论与修改；⑤吉伦德党受审及受刑时，圣鞠斯特正在军中。故在此次党争中，颇难确定其责任。但其责任并不轻于其他的山岳党，因为他是正式的控诉人，而且是牺牲者的敌人。至于艾贝尔派之倒，依报告内容及此事件进行之神速而论，他应负主要责任。在控劾丹敦派的报告中，他无疑地是罗伯斯庇尔之代言人，⑥处死此派之主张也许是由他人提出的，⑦但是此案最后一幕已显然表示圣鞠斯特之用意，因为他曾故意不将法庭致议会函件宣读。⑧即令这些事件之动议不由于他，但他要打倒各党之理论即为此类事件之准备。甚至在吉伦德党受刑以前，他已说过："倘无勇气肃清阴谋与结党，即不能建

---

① 新 6 月 23 日演辞，全集卷二，页二六四。

② Bruun：《圣鞠斯特传》，页五七。

③ 叩迪斯，页二〇二。

④ Thompson：《罗伯斯庇尔传》，卷二，页一五六——一五八。

⑤ 1793 年 6 月 24 日，C.S.P.，Vol. V. pp. 65—66；7 月 2 日，C.S.P.，V，页一四八。

⑥ Mathiez, Les Notes de Robespierre; Thompson, Vol. II, pp. 152—156.

⑦ Belloni, p. 419; Courtois de l'Aube, Rév. Fr., 1887 No. 12, p. 810.

⑧ Réquisitions de Fouguier-Tinville, p. 201.

造共和国。"①为什么此类报告的工作会全落在他身上？倘使我们不承认他是主张反结党政策最力之人，则无法答复这个问题。热中于实行其理论，自觉年轻勇敢，于是圣鞠斯特大有不让他人担任此种工作之势。

四　恐怖政策

这位日后被称为"恐怖政策之使徒"的圣鞠斯特，最初是反对恐怖的。在其早年文学作品中，虽发为激烈之论，但无丝毫同情恐怖的辞句。巴黎人民在攻陷巴斯提尔狱后之残忍行为曾使他厌憎。②参加国民大会以后，他仍长久地保持此种态度。他认为人民是好的，只须好的法律去引导；他反对用可怕的法律去干涉人民的私生活。"立法者应不知所谓恐吓，他应根据其裁判而不应凭恐怖。"③1793 年 2 月 12 日，巴黎代表要出席国民大会要求规定物价时，他曾劝他们不要诉之暴力。④

他那 1793 年 10 月 10 日的演辞，主要是论述中央集权制；在责难政府之弊端时，对恐怖政策仅偶一提及。应如何防止这些弊端，他未明白说明，在其所提出的法令中亦无条文规定。六天以后他才确定地说要施行恐怖，但专用以制"恶棍"，不能行之过甚。当时他没有认为恐怖是个遍效的武器，所以他说："愈想以法吓人，愈不足以吓人。"⑤

经验与事变的发展使圣鞠斯特逐渐倾向于恐怖政策。一到莱茵军中，他就觉得有行使恐怖政策之必要；即于 1793 年 10 月 26 日下令设立特殊法庭以惩作恶者。四天以后他向公安委员会报告他正忙于清洗官吏，

---

① 1793 年 10 月 16 日演辞，全集卷二，页九五。

② 《革命与宪法之精神》，全集卷一，页二五六—二五七。

③ 1792 年 11 月 29 日演辞，全集卷一，页三八三。

④ 全集卷一，页四一一。

⑤ 1793 年 10 月 16 日演辞，全集卷二，页九五。

并说明倘能早日实行这一着，则敌人不会越过威森堡战线。^①在其12月24日致罗伯斯庇尔的信中，他更确切地表明其恐怖政策："我们的法律过多而少实例：我们只惩罚了显著的罪犯，而未及于隐匿的罪犯。在任何方面都处罚一件轻罪，即足以镇慑其余的恶徒，使他们知道政府是常常在注意。"^②

圣鞠斯特从莱茵军中回来时已是个恐怖主义者，在新6月及新7月的各次演说中，将其恐怖理论尽量发挥。新6月8日，他说，要从敌人手中救出革命非行恐怖不可。嫌疑犯必须逮捕，且不能以司法手续处理。司法只能应用于公共利益。人之有罪与否不只是一个司法问题。从政治方面看，倘属可疑即须逮捕。否则即予敌人以阴谋之机会。为了共和国的安全，嫌疑犯之必须拘禁是最必要的。"此类拘禁包含几个政治问题：有关人民主权之性质与巩固；有关共和国之风尚；有关后代之德性或罪恶、幸福或痛苦；有关国家经济；……有关理性及正义之进展。"^③

共和国正在与敌人作殊死战。击败敌人即所以保持共和国，欲击败敌人非用恐怖不可。当共和国受暴君围攻而欲使它倾覆时，非有严法不可；严以制敌，甚至是制漠视革命的人。宽大绝不可施之于他们。立法者无对人宽大之权，因为他们须为公共安全对人民负责。自革命爆发以来，过于宽大，故有汪德郡一带人民之乱，而牺牲了二十万人。倘使再犯同样的错误，则再会有三十年内乱，也许还更久一点。所有近来的不幸事件，如杜木里厄之叛变，各大城市之叛乱，刚德及其他城市之失陷，均为已往宽大政策之自然结果。除恶须从根上起，否则不幸事件将更多。应当不犹豫地摧毁我们四周之可疑分子。"敢！这个字即包括我们革命之整个政策。"^④进行战争亦须有恐怖，不仅以之压服间谍与叛徒，

---

① 全集卷二，页一二二；C.S.P., Vol. VIII, p.133.

② 全集卷二，页一六一。

③ 新6月8日，全集卷二，页一二九。

④ 新6月8日，全集卷二，页二四〇。

更重要的是以之来维持军队的纪律。

在攻击宽大派时，圣鞠斯特将此理论发挥得更进一层。我们倘非聋聩，当不会忘却敌人始终想消灭我们。那么，"谁是叛徒：是主张严厉的人还是主张宽大的人？"替贵族及嫌疑犯之安全耽心而为他们之自由说话的人，显然不是共和国的朋友。为囚犯说话即属叛逆的表示，因为共和国要生存只有不妥协，对罪犯无怜悯。宽大派是机会主义者，因为他们的意见时常改变，惟一目的只在与政府不一致。他们想推倒断头台，因为他们自己怕上断头台。他们主张"松懈"，松懈即足以产生不幸而使粮食供应困难。他们是诡辩派，每每用狡猾的理论来使讨论拖长。他们是骗子，利用假的情绪以惑乱立法机关，散布和平观念以乱人民视听。总之，宽大即是使共和国消灭。"正义永不会破坏你们，惟宽大才使你们失败。"[1]

攻击之后，继以恫吓。"宽恕罪恶的人，就是想恢复王政、消灭自由的人。"这便是说，宽大本身亦为犯罪，亦须受惩处。继而他提醒议会，倘在一年以前将王党逮捕，即不致有内乱。[2] 他暗示着目下若压服宽大派，即可减少以后的困难。他认为主张宽大者，其本人即是作恶而自私的。他们不敢"责难人家，因为怕人家责难他们。"[3] 对宽大派应该不妥协，因为宽大实在是有害的，足以危害国家。

圣鞠斯特常提及正义，尤其在谈到恐怖时。所谓正义并非使恐怖弛懈，反而是指有系统地施行。恐怖使罪犯害怕，但他们仍有机会逃避惩罚。倘不佐以正义，则恐怖是无用的。他不愿使恐怖政策化为暴行，恐怖是从危难中拯救国家的方法，暴行只是制造纷乱而使人民不知所从。这便是他与极端派所持恐怖论的惟一不同之点，也就是他要打倒极端派的原因之一。

---

① 新 7 月 11 日，全集卷二，页三〇六。
② 新 6 月 8 日，全集卷二，页二三四。
③ 同上，页二四〇。

他说，对于共和国之敌人，单凭恐怖还不够，须加以正义。"纵令叛徒们能逃过但能说说的恐怖，却不能逃过足以权衡罪恶的正义！"敌人希望恐怖会有终止之一日，因为一切暴风雨都有停止的时候。惟正义能永远存在，以使人民幸福而巩固新秩序。"恐怖是件可以两用的武器，有人可用它来替人民报仇，另有人可用它来作暴政的工具；恐怖但可使监狱填满，而不能惩罚罪恶；它有如暴风雨一般地过去。"在暴风雨之后，每每是可怕的沉寂，人民在暴风雨之前后，总是较为宽大的。[①]

当他谈到一般警务时，更就实用方面发挥这个理论。他既是相信法律，因主张以正义制裁官吏。他警告议会说：用你们的全力来维持正义；惟正义始可建树我们的目的。正义一经树立，各地之罪犯都会被告发，而受到正义的制裁。一般警务必须基于此原则，但目前并非如此。目下混乱情形之两大端即"特许与无正义"。"特许"使警察不易辨出罪恶，而使罪人逍遥法外；由于"无正义"，暴行即可破坏人民的生活，而使他们与革命主旨相隔离。要改革警务，须诉之于公共良心而非公共精神。"公共精神存在于各人脑中，各人之理解力及智识不能相等，故公共精神只是假定的冲动（他此刻之所谓公共精神显然是与舆论无别，他忘却他对二者曾加以分别，参看第二章第一节）。所以须有赖于公共良心，因为各人心中善恶情绪都是相等的。"[②] 怎样去发现公共良心，他却没有说明。这理论在逻辑上虽站得住，在实行上是困难的。也许，侦探工作人员关于舆论的报告，他看得太多了，觉得不痛快，因而有此玄学式的论证。他之惟一目的是在证明：倘无深切了解正义之警务，则政府不能维护人民之权利。

圣鞠斯特更批评法庭之松懈。阴谋家之胆大以及议会权力之不受尊重，均由于裁判官之懦弱。于是达到他的恐怖理论之最高点："你们已经

---

① 新 6 月 8 日，全集卷二，页二三九—二四〇。

② 新 7 月 26 日，全集卷二，页三七四。

很严，你们应该如此，只可惜太顾到法律手续。"我们应替祖先报仇，因为他们已受了千百年之惨痛压迫；我们必须以不屈之正义去摧毁罪恶。

"我们曾以武力对抗武力才树立自由；自由是从暴风雨中产生的；这个根源到处是一样，都须从纷乱中产生，有如人之要哭着出生一般。"① 这样产生的自由，必须用一切恐怖方法去保护它。

在答复不该运用恐怖的责难时，圣鞠斯特说：共和国所用之恐怖，较之路易十六及西班牙异端裁判所等之残酷相差尚远。② 欧洲的暴君们会主张宽大吗？决不。在事实上，行使恐怖政策时可以无需任何解释，因为我们要寻求幸福即有行使恐怖政策的权利。在《共和国制度论》中，他更具体地为恐怖政策辩护说："共和国政府须用德性做原则，如果不可能，就用恐怖。……强力固不能产生理性与权利；但为尊重权利与理性计，似乎非用强力不可。"③

恐怖政策何时终止呢？从他各次演说的暗示中，可以得到答案。新 6 月 23 日，他坚持指恐怖必须加强地继续下去，直到敌人消灭时为止。④ 在控劾丹敦派时，他提出恐怖要终结，至少对于议会议员是如此。"你们用不妥协的精神对付你们自己，希望这是最后的一次！"⑤ 新 7 月 15 日他又提及此点，⑥ 并且描述结党倾毁后的幸福希望。据史家马迪厄云，恐怖政策之达于极点是在新 6 月及新 7 月，目的在行使新 6 月关于社会政策的法令。圣鞠斯特极力欲将此法令推行；新事态一经巩固，便再用不着恐怖政策了。为着欲达到此目的，他才主张加倍行使恐怖政策。

圣鞠斯特对于其恐怖理论实践到何程度，是个颇有争论的问题。除

---

① 新 7 月 26 日，全集卷二，页三七六。
② 新 6 月 8 日，全集卷二，页二三一。
③ 全集卷二，页五〇六。
④ 同上，页二七六。
⑤ 新 7 月 11 日，全集卷二，页三〇六。
⑥ 全集卷二，页三五七。

开叩迪斯在其《圣鞠斯特传》中所讨论过的之外，[1] 关于圣鞠斯特在莱茵军中对于恐怖之责任，尚有数点值得讨论。圣鞠斯特死后，有人控其应对莱茵郡一万居民之逃亡负责。[2] 此逃亡事件发生于 1793 年 12 月，其原因由于奥军撤退后法国军队及人民所施之报复，因为当地居民久习于德国诸侯之统治，仇视革命，曾视奥军为义师。在此情况下，报复心理是易于激起的，恐非圣鞠斯特之力量所能挑拨，亦非他之力量所能阻止。在他所签署命令中，并无一字与此逃亡事件有关。[3] 他又被指责为过分征用衣服鞋袜等件，并且所征发的东西大部分是浪费了。其实这也与他无关，因为这是由于新 5 月 8 日拉科斯特及波朵之"邀请"，由斯特拉斯堡市下令征发的。[4] 当时圣鞠斯特的命令有许多是由地方机关的监视委员会执行的，[5] 这个委员会是在他未到以前由吉雅丹及米洛二人组设的。[6] 其执行并不如所想象之严厉，可以特鲁特尔事件为例。依圣鞠斯特 10 月 30 日的命令，强迫借款须于二十四小时以内缴纳；11 月 7 日命令规定未能如数缴纳者，迟一日即处以一月之监禁。十二日后（11 月 19 日），监视委员会始决定将特鲁特尔之妻逮捕，倘他不能于三日内缴纳的话。22 日，此委员会记录中再有此项决定。迟至 26 日，此委员会仍予以时间宽限，到 12 月 1 日为止。[7] 这样不服从的特鲁特尔，却从圣鞠斯特手中保全了性命，并能于其死后在议会控诉他的"暴政"。

　　类似军事法庭的特设革命法庭之产生，完全是由于圣鞠斯特。成员

---

[1] 叩迪斯：《圣鞠斯特传》，页一六二——七七，二六一。

[2] Moniteur, Vol. XXII, p. 676.

[3] Buchez et Roux, Histoire Parlementaires, Vol. 31, p. 41. R. Reuss, Le Grande Fuite de Dec. 1793, p. 1.

[4] Recueil de Piéces Authentiques, Brit. Mus. F. 1319. Appel, p. 24; Pièce à l'appui, pp. 60—61.

[5] 同上，页四五。

[6] 同上，页一一七。

[7] Pièce Authentiques, Procès-Verbal, pp. 19, 24, 29.

人选必已经过他的审慎选择，因为他们与他主张相同。^① 此法庭后来分为三区，在四个多月中判决六六〇案，其中死刑六二件，开释者二六二件。^② 此外尚有二个法庭，一为圣鞠斯特未到以前由拉科斯特等所创设的革命法庭（10 月 15 日），一为他们在圣鞠斯特走后所设之特殊法庭（1794 年正月 25 日），三者不可相混。^③ 此二法庭之囚犯名单达二十六页之多，大多数是在圣鞠斯特走后逮捕的。^④1793 年 10 月 30 日下令逮捕"所有与敌国有来往关系之银行家，钱业商，律师及其他"的是米洛与吉雅丹。^⑤ 圣鞠斯特并未签发此类命令。他当时固然是恐怖主义者，不过被人言之过甚，而替人受过。因为他这次出使是最有名的，故易于把他与人家所行的恐怖事迹联做一起；正因为他是失败而死，故其仇敌易于将一切责任加在他身上。

圣鞠斯特出使回来时，既已是个十足的恐怖主义者，则其影响于公安委员会之采用恐怖政策，必然很多。他最注意警务局，此局之设立多少是由于他之推动，这是已无疑义的。^⑥各次将狱中阴谋犯的长名单送达革命法庭的事与他亦有关。^⑦ 他与革命法庭检察官孚基尔·坦维尔虽无私人关系，但他并未忽视此法庭之工作，曾于新 7 月 23 日召孚基尔·坦维尔到委员会来询问。^⑧ 由他第一个署名的新 10 月 17 日之令，令各负责人逐日向委员会报告巴黎各监狱的情形，对于制造纷乱的人，革命法庭必须于二十四小时以内将其判决。^⑨

---

① Legrand (No. 8), p. 78.

② Legrand (No. 9), pp. 89—95.

③ Pièce Authentique, Tribunal Révolutionnaire, pp. 1—7; Pièce à l' appui, pp. 52—55; Legrand (No. 2), pp. 98—100.

④ Pièce a l' appui, pp. 65—74,81—97.

⑤ Ibid, p. 12.

⑥ Ording, p. 100; Fouquier-Tiaville, p. 234.

⑦ Curtis, p. 233; Fouquier-Tinville, p. 235; Ording, pp. 158—165.

⑧ Fouquier-Tinville, p. 196. 此令不见于 C.S.P. 及全集。

⑨ 全集卷二，页四五一；C.S.P., Vol. 14, p. 736.

最能表现委员会之恐怖政策的是新 9 月 22 日法律，若干史家认为圣鞠斯特与此法律无关，因为他此时正在军中。[①] 这种论断仍有待讨论。新 9 月 18 日委员会才派他出去，前此一星期中他显然在巴黎。他动身的日期颇难确定，因为 21 日他仍在委员会签署命令，他在军中所签署之第一令系在 25 日。即令委员会之记录不甚可靠（因其可预先签署），我们不妨假定其动身日期系在新 9 月 19 日至 24 日之间。新 9 月 22 日之法律如此重要，必须在委员会中经多日之商讨始可正式向议会提出；而况此律与新 6 月诸法令是相关的，罗伯斯庇尔及库通必然认为有就商于圣鞠斯特之必要。当日是库通负责报告的，其中关于恐怖政策之理论除圣鞠斯特已申述者外，并没有增加什么。其主要点即正义必须尊重，庶使敌人不能逃避惩罚，——这正是圣鞠斯特所极力推重的原则。报告中有一些格言是圣鞠斯特所一再提及过的。所拟法律之第四条，将敌人分类，显与圣鞠斯特的意见相合；惟所拟之处罚较为严酷而已。从上述诸点看，我们即令不敢断定他于此律之提出曾尽力多少，但不能否认他有参加提出此律之可能。

圣鞠斯特是恐怖时代之中心公安委员会的发言人，他为恐怖政策解释及辩护。他是恐怖主义者，因其热中于革命而将生命看得很轻，无论是他人的或他自己的生命都一样。但他之行使恐怖，系根据正义，[②] 有高尚的目的。恐怖是否挽救了革命为另一问题。在事实上一切恐怖政策之施行，几乎全是由于议会以外之压力，就当时事态的演变而论，恐怖政策几乎是不能免的。[③] 假使公安委员会不靠恐怖政策，其本身生存决不能维持如此之久，决不能有如此大权来指挥战争。圣鞠斯特及其集团，几乎具有宗教般的情操，自命为法国人民之造福者而来压服其政敌，对当前之任何困难都不退让。而且倘使法国人民之大部分不曾热烈地支持

① Catteau，全集卷一，绪论页一二；Hamel，p. 519; Curtis, p. 225.

② Legrand, pp. 35—8; Nodier, Vol. I. p. 44; Ording, pp. 82—83.

③ Thibaudan, Mémoire, pp. 45—6.

恐怖政策，则他们之恐怖政策亦无从施行。故公安委员会之任何人，即令是卡诺，[1] 均不能免于恐怖政策之责任，不过圣鞠斯特的责任较突出而已。

五　欧洲革命化及民族主义

欲使欧洲革命化，则不免战争。最初，法国革命本无意于战争，但历史的发展促其走向战争。战争一经爆发，为求革命之生存起见，必须战争到底。当此紧急关头时，即最初反对战争的人，亦变成热烈的战争拥护者。有如武力传道一般，法国人想强迫他人也建立同样的共和国。这其间有二重目的：保证他们自己的共和国及传布新福音。

在《革命与宪法之精神》中，圣鞠斯特开首即云："全欧大踏步向革命走，专制主义竭其全力亦不能阻遏它。"[2] 他当时还没有想到用武力，只希望欧洲各民族如法国人一般，会自动起而推倒他们的"暴君"。他认为经过一连串的革命以后，人类即可返于"良知纯朴之境"。各民族不再彼此为敌，全人类只有一个共同而自由的祖国。

实际上圣鞠斯特是个军人，热烈地拥护自卫战，认为不参加此类战争者即为罪恶；[3] 然而在理论上他是反对战争的。在其初期文学作品中，他一再攻击战争。在《革命与宪法之精神》中，他数次提到此点，他说，胜利对于宪法之威胁并不弱于战败；爱征服的民族只迷恋于征服它的光荣，而结果就会轻视法律；倘使法国不从事战争即可增加其人口与势力。[4] 参加国民大会以后，他仍坚持此种主张。论到陆军部长的地

---

[1] Belloni, p. 417.

[2] 全集卷一，页二五〇。

[3] 全集卷一，页三四四。

[4] 全集卷一，页二七三，三三三，三四四。

位时，他说："人民并无打战之意。行政机关可利用战争以增大其权力，战争使其有无数方法去弄权。"①

后来在《共和国制度论》中，他把此问题说得更透彻，而其结论不变。② 他又提到社会组织与政治组织之分别的理论，说明政治组织是由武力建立而且是以武力维持的。依自然关系论，谁也没有征服另一民族的权利。人类太看重了政治组织，因而误用武力，于是产生民族间的战争，甚至产生一民族内部之压迫及流血。人口过剩每被应用或误用作战争之口实，实际上征服的欲望并非产生于困苦，乃产生于贪欲及懒惰。希腊人及迦太基人之扩张，决非人口过剩之结果。直到现在，我们不曾见过有确因人口过剩而造成的战争。世界从不曾住满过，而且永远不会住满。世界能住多少居民，谁也说不清楚；即令没有战争将人类屠杀一半，亦不会达到此种限度。各国人口似乎老在变动而有其限度，自然界不会产生到它所不能养活之数目的孩子。这种理论使我们想起他对于粮食问题的意见，他说农业可以改良，"土地一经改良，即可生产更多。"③他一定认为这是救济人口过剩的方法。

他既反对战争，故极端相信人类社会是自然和平的。在理论上他是个理想的国际主义者，希望不用武力而以其他方法将此福音传布于全欧。故在其宪法草案中，专有一章表现其国际主义理想，后经 1793 年宪法采纳。在此宪法被搁置以后，他于 1794 年 2 月 18 日手草一令，令海军部长往救三外人云："依宪法原则，对于为自由而被迫害之外人，法国应予保护。"④他曾描绘出一个理想的社会：那时，人人在自然律与正义之下和平地生活着，彼此有如一家人，都放弃了使彼此对敌的自利的精神。但他是个政治家，并没有忽略现实，所以他接着说："这个梦想虽属可

---

① 全集卷一，页四〇七。

② 全集卷一，页四九五—五〇一。

③ 1792 年 11 月 29 日，全集卷一，页三八一。

④ 全集卷二，页二一一；C.S.P., Vol. 9, p. 242.

能，但只可望于将来，非我辈目前可见。"这便是他与民族主义妥协的转变点。

他虽相信国际主义，但不愿因此而牺牲其本国。首先要为我们自己的生存斗争。在各国看来，自由的法国是有危险性的。如果我们放弃武力，我们会变成邻国的牺牲者。最后一次他修正他的爱国主义说："祖国不单指土地，尤指一个互爱的社群，各人为他所重视之安全与自由而战，国家才能自卫。假使人人挺身而出，武器在手，国家就马上可救。"① 关于民族主义之实践，可看他在出使莱茵时的行动，他曾劝斯特拉斯堡之"女公民"放弃德国装束，因为她们的心是法国的。他又令下莱茵郡之各市乡设立免费学校，以推广法语。②

圣鞠斯特仍没放弃将革命推及全欧的理想，不过现在是从民族主义而非从国际主义出发。这不仅是一个人道的使命；为使法国革命成功计，非如此不可。1793 年 2 月 11 日时，他曾很显明地解释说："革命不能做到一半。在我看来，我们要使欧洲各政府都改换面目，非到欧洲也自由时，我们不能停止；欧洲有自由才能保证我们的自由。"③ 他加入公安委员会以后，他的理论一定影响委员会之对英政策，因为这个问题的报告是由他负责的。在这报告中，他又撇开了人权之说，因为人权论的应用须有赖于相互关系，这关系在事实上不是始终存在的。最先应考虑的仍是法国。委员会只以法国人为重。欧洲现在有两派对立：一为人民派，代表自然；一为国王派，代表罪恶。法国与英国即属于此不同之两派，在此两政权间（非两民族间），无妥协之可能。④

新 6 月 23 日，他又预言革命之遍于欧洲与法国"外人党"之倒有关。此党为外国暴君之工具，与宽大派勾结，欲推翻议会；幸而我们已

---

① 全集卷二，页四〇五。参看本书第二章第一节。
② 全集卷二，页一四八，一六〇。
③ 全集卷一，页四一四。
④ 1793 年 10 月 16 日，全集卷二，页九六—九八。

渡过此难关，因为我们已经是"人"。欧洲不久会继我们而变为自由的，因为它已发现暴君们之荒谬。瞧着欧洲起而驱逐他们吧。为着共和国，战争必须继续到底。最后他喊道："朝着光荣猛进罢。号召全欧及世界暴政之秘密敌人，用他们所藏之武器，来分担这伟大时代的光荣吧。"[①]

新7月26日，他向议会最后一次预言这同样的希望。在申述同样理由之后，这次加上了社会制度新条件，借社会制度之力，不难实现全欧革命。"全欧会把暴政遗物与回忆践踏在脚下而无所惋惜；彼时凡不以正义为基础之政府将均被攻击；在今日，人类精神是不健全的，因为它衰弱而产生了不幸，这是因其深受压迫之故。请不必怀疑，我们四周之一切都将改变而完结，因为我们四周之一切都是不正义的；胜利与自由将笼罩着全世界。"[②]严格说来，圣鞠斯特不仅想将革命推及于全欧，且梦想将其种子散布于全世界。不幸他来不及努力于此事业，只好让拿破仑来担负；可惜拿破仑是利用革命以满足其自己之野心。从委员会之外交政策及其本人之参加军事工作论，圣鞠斯特业已努力于此事业，不过未尽最大努力而已，因他当时正忙着草拟他的社会政策。

---

① 新6月23日，全集卷二，页二七七。
② 新7月26日，全集卷二，页三八五—三八六。

第四章　社会政策及新制度

一　粮食问题及与之有关的诸问题

在法国革命的进展中，粮食问题一天比一天严重。圣鞠斯特对此问题有过深刻的研究。他不相信单凭限定物价律即可免于缺乏之威胁。缺乏的主要原因是指券膨胀。最初发行指券之目的是用以整理国债：人民按期以其所藏之指券来购置国产，政府则出卖国产收回指券。继而政府允许指券自由流通，其功用遂等于纸币。财政困难迫着政府过量发行指券，指券因膨胀而贬值，而波动物价，而造成人为的物资缺乏，使贪得的富豪更易于榨取人民。为着"革命第一"，圣鞠斯特主张助贫抑富。要实行最高物价律，要防止贪欲与腐化，惟有用德性来统治，并以恐怖政策将此统治建立在经济基础上面。他对粮食问题的看法就是根据这个理想。

1792 年 11 月时，议会已注意平抑物价问题；主张个人主义的吉伦德党，反对用法律去干涉。雅各宾党当时多取"小心谨慎的中立态度"，拒绝发表意见；[1] 而圣鞠斯特独于 29 日为个人主义辩护。[2] 他反对特地

---

[1] 马迪厄：《法国革命史》，英译本，页二七二。

[2] 全集卷一，页三七三—三八五。

定出严酷的法律来干涉商业，只要能将全部法律运用得宜，自然可使物资充足。商业自由是必不可少的，但须依照整个行政系统正常进行。粮食缺乏有好些原因，须一一予以分析。对于其中之最主要的一个，我们不应"闭着眼睛不看"；——他指的便是指券问题。[①]

他的中心理论是：无限度地发行指券即为物资缺乏之主要原因，对于政治与道德亦有恶劣影响。他不曾否认有发行纸币之必要，但其发行必须根据一个重要原则：对国内物产之价值须有适当之估计，然后以之为发行纸币之限度。地产不能用纸币来代表，因地产不是属于消耗类的商品，虽非不可转让之物，但其流通性之速，远不及一般商品。"倘使将土地及土地的物产同样看待，则失其平衡，物价便会高出一半。"[②] 无限度发行指券，足以破坏商业之正常状态，自然会使农民藏匿物产，缺乏遂为不可免之事实。"我们的筹码太多，实物太少，……粮食及其他物品之缺乏，即由于与筹码失去比例；全凭信任的纸币更使这个比例不稳定，因其准备基金也在流通之故。"[③]

圣鞠斯特从这原则出发，描述当时法国的实在经济情况。奢侈之废止及战争二者，几使工业陷于停顿。除银钱交易外，商业亦衰落。人民除必需品外，不再购买其他物品。这情况是很危险的，因商人不能从其所业获利，不久商业即受兑换的影响而完全破坏。"筹码失其比例首先破坏商业与经济；筹码之性质导致粮食缺乏。"[④] 人民不愿藏纸币；农人亦然，因而藏匿其物产，但出售其小部分以付租税。这个阶级本不像商人，原先是只愿积蓄现金的，现在则宁肯储藏实物。"立法者必须有所动作，务使劳动者肯消费，自愿收藏纸币，而使一切物产流通以与筹码

---

① 全集卷一，页三七五。

② 全集卷一，页三七六。

③ 全集卷一，页三七六—三七七。

④ 全集卷一，页三七八。

平衡。筹码、物产及需要三者平衡，这才是经济政策之秘密。"①

关于治标之法，他自承毫无所知。但他认为规定物价并非良策，因其妨碍流通。急速的流通是目前所最需要的。错误的财政政策及指券膨胀，为一切经济困难之主要原因。要恢复信用须加速粮食之流通；惟一方法是限制指券发行，免其更加贬值。首先须减少其数目，或以国产付债主，或用分年付款法。对于如何筹付巨大战费一点，他没有什么主张。两个月后，当其谈到军事问题时，他批评坎蓬再度发行指券的计划，比之为砍树求果。可是，他对本问题仍未得到解决方法，仍有待于以后。②这位未来的道学家，此时竟在提倡奢侈，认为奢侈足以刺激商业，可使农民出卖谷物以交换奢侈品。

每次有机会谈到经济问题时，他即主张少发指券，不幸他这个主张未经采纳。关于反对规定物价的主张，因为情况变化之故，以后他退让了，虽然他始终认为这个办法是不够的。严格说，他并非绝对主张放任政策，因为他同时说："无法律而单凭自由亦不足以治国；……一方面有人保护粮食商业的自由，一方面即有人利用此自由来投机。"③换言之，他尊重自由与法律，非必要时不愿牺牲自由来迁就法律；自由如被滥用，则诉之于法；如遇二者必须有一要牺牲时，依其日后的意见，他宁牺牲自由，甚至他自己的自由。认为他当时是绝对放任政策者，实属过甚之辞，因为他当时也主张租税应征实物、设公仓储藏、如有将粮食输出者处以死刑等规定。1793 年 8 月 9 日，他用公安委员会名义提出向农人征发实物的法令。"情况已很紧迫，我们应当考虑结果；"④——这便表示他的态度之业经改变。

---

① 全集卷一，页三七九。
② 1793 年正月 28 日演辞，全集卷一，页四〇八。
③ 全集卷一，页三八〇—三八一。
④ Arch. Parl., Vol. 70, p. 589.

　　1793 年 10 月 10 日，即巴黎公布法定物价之前两日，[①] 圣鞠斯特在报告关于建立革命政府时，又提到粮食问题。[②] 他仍坚持他对指券的意见。战费现在应出在叛徒身上。法国所不产之物被目为奢侈品，应该不用。对于法国所能产之必需品，商业委员会应调查其是否足以应付人民之需要，幸而我们的"风气"使我们乐于忍受困苦生活，这不是王政下所能办到的。

　　这一次他不再左袒商人了，反而激烈地攻击富人。事实上这篇演辞是个反富豪的宣言，其中明白地表现公安委员会压服富豪的政策。他说，自法定物价施行以后，富人业以加倍发财，因为他们有多余的钱去投机，而且，由于他们与政府人员的秘密关系，在购买粮食方面，得有种种便利以与政府竞争。他们愈富有，愈是贪心不足。这便是人民困苦之源；人民德性之力量不足以阻遏其敌人之活动。我们虽有惩罚投机家之法律，不幸行使法律的人即为投机家。必须将富人及政府人员同置于严密监视之下，使他们不能与人民竞争；然后所费之军费才会减少，穷人才不至仰鼻息于富人。由富人施与的面包是苦的；在合理的国家中，面包是人民生而具有的权利。"我们要看到整个的真理。目前事态使我们非规定物价不可；不过，如果指券仍在继续发行，已发行者仍然流通，则具有游资的富人即足以与人民、农业及工业竞争，而剥夺他们所必需的劳力。"[③] 于是农人放弃耕种，物产更少；而富人仍有方法去购买。于是物资缺乏会产生最坏的影响。要限定物价到一个相当标准，必须先收回相当数目的指券。富人既易于因法定物价而取利，则平抑物价及限制财富之最好方法是压制富豪。应毫不犹疑地征发富豪，建立"严厉的经济策"，加紧惩处罪犯。将粮食问题与恐怖政策并论时，圣鞠斯特一再

---

　　① 马迪厄，页三八八。
　　② 全集卷二，页七八一八三。
　　③ 同上，页八○。

说："公安委员会认为节约与严酷是目前平抑物价的最好方法。"① 已往关于粮食问题所采用的各种措施，假使不因富豪及政府人员之破坏，应该是有好结果的。不料法定物价一宣布，他们仍能以更高价格去收买，而政府与人民则要受此物价的限制。这样的竞争必须终止。于是在他所提出的法令中，关于粮食管理的，有五条是依此原则而规定的，另有一条规定各反革命城市仓库之积储，应由当地富豪去负担。

新 6 月 23 日，他又明显地表示其对富人之敌意，严厉地责难有闲阶级。这阶级是王政之最后的柱石。他们游手好闲而生活阔绰。这些懒惰者有什么权利懒惰？此外尚有腐化阶级，即新兴起的官吏。圣鞠斯特把他们描绘得很生动，而杂以嘲讽。他们现在富有了，而埋怨生活不舒服；乡间农人却仍在困苦中过日子。"愈有钱的人，便是愈侮辱人民、剥夺人民的人。"必须用恐怖去制裁他们，必须推广德性，以便从腐化中拯救国家。②

在新 7 月 26 日之报告中，圣鞠斯特将自革命发生以来的经济困难，作一很好的历史追溯。③ 他追述指券发行之起源，用同样的理由得到同样的结论。富商被攻击得更厉害，并且提出了几个人的名字。富商，大地主，贵族，外人，坏官吏——他们都是贪得而自私的，他们不要共和国，故他们用种种方法破坏指券信用，使全国饥荒——这一群坏人，须用新的警务原则去打倒他们。否则，正义将被轻视，因为爱国之士如加朵及图伊野——他毫不犹疑地提出他的好友的名字——已被称为"流血的人"，正是因为他们不为大利所动之故。欲减轻饥荒须用激烈的办法；于是在他所提出的法令中有两条是关于集中征发事权及推行法定价格的。

在事实上，公安委员会之采纳限定物价律及其他统制经济的办法，

---

① 全集卷二，页八一。
② 同上，页二六九一二七〇。
③ 同上，页三六八一三七三。

是由于外界之压迫。虽然本非所愿，但圣鞠斯特仍拥护这类办法，一如其他委员一般。[①]不错，在《共和国制度论》中，他曾批评限定物价制，称之为"饥荒计划"，谓系王党巴茨男爵所首倡的，目的在于危害法国。"规定物价之处，物品即不流通。"他引用罗马史上的例来证明这一点。他推究其理由说："并非因为限价律是坏的，实在因为人是贪婪的。"因贪婪与腐化而有囤积、藏匿及抬价之举。"规定物价而不改良风尚，则贪婪随之而生。欲改良风尚，须先使需要及利益满足；要人人都能有点土地。"[②]

假如情况需要限定物价律时，他是赞成的，但须辅以道德为条件。我们知道他是主张德性统治的。他一方面要以德性为法律之基础，一方面要以经济平等为建立德性之先决条件。他的早期文学作品中所表现的德性观念，并非从经济观点出发。德性是实用的，有德性并非由于感情之激动。[③]德性是人所必具的，并不限于特出的人物。提倡德性必须先有正义。[④]参加全国政治以后，他才明白德性是与经济因素有关。论到粮食问题时，他指出穷困即对德性之威胁。无幸福的人不会爱国家。人民深受生活不稳定与穷困之压迫；欲其具有德性，须先使其脱离此种压迫。[⑤]富有亦为对德性之威胁，故他希望军中之军阶应以尊荣而不以薪给为标准。[⑥]参加公安委员会以后，目睹实际行政情形，才知道政府人员已深受腐化之害。此类经验更使他相信德性之重要，遂主张以严厉手段来树立德性统治。愈明了实际政治，其主张愈坚决。到新六月时，他更具体地提出以社会及经济改革为基础而建立德性统治的计划。

他既痛恨伪君子的模仿，又不愿破坏人民的私生活，因而在新7月

---

① Mathiez, La vie Chère, pp. 540—542.

② 全集卷二，页五一二—五一三。

③ Le Choix de Chef-lieu. 全集卷一，页二一八。

④ 《革命与宪法之精神》，全集卷一，页二八八，三二〇。

⑤ 1792 年 11 月 29 日演辞，全集卷一，页三七四。

⑥ 1793 年 2 月 11 日演辞，全集卷一，页四一六。

26 日的报告中，但着重于某几种德性，如诚实、尊重自由、自然、人权及议会等，务使没有假的德性以供恶人之借口。① 他认为无限度地发行指券，足以败坏全民族的道德。不仅因其可造成投机与贪婪之机会，而且它能促成人民懒惰，以至于漠视共和国。② 经济与道德应有密切关系，未可分别论列。经济问题倘无根本解决，单凭军事胜利是无用的，仍不足以使欧洲相信共和国之基础业已巩固。③ 他既有见及此，故进而注意于土地问题。

以上所述系理论，实践又如何呢？

由于战费之需要，他的限制指券发行之议始终未被采纳。

他未参加最高物价律之讨论，但同意接受而已。此律公布以后，他不曾公开反对过。反之，他以全力来推行它。当出使时，他三次令地方当局尊重最高物价律及封闭抬高物价之商店，并一度下令依法定物价强制购买畜类以应军需。④ 公安委员会关于限定物价的命令，最少有一件是由他提出的。⑤ 圣鞠斯特是法律信仰者，对于已成的法律只有服从。

就整个粮食问题而论，他在公安委员会之工作是很显著的。除接受限定物价律外，他要求恐怖政策，使权力集中委员会，然后委员会得自由处理粮食问题。对于各军及巴黎粮食之供给，他亦已尽其最大力量。⑥ 他使他的两个好友担任此类重要工作。关于运输，他亦有所建议。⑦ 除关于最高物价律及各军与巴黎之粮食供给以外，委员会关于一般粮食问

---

① 全集卷二，页三八六。

② 《共和国制度论》，全集卷二，页五一五。

③ 《共和国制度论》，全集卷二，页五一一。

④ 1793 年 10 月 28 日令，全集卷二，页一一六；12 月 23 日令，页一五六；1794 年正月 18 日雨令，页一八六——八七。

⑤ 四月四日令，全集卷二，页三五四。C.S.P., Vol.12, p. 345.

⑥ 参看本书第一章第二节及第三章第一节。

⑦ 正月 31 日令，全集卷二，页一九一。

题之命令，最少有九件是出于他之手或由他最先签署。[1] 这一切都说明他对此一工作尽了相当力量。

抑富助贫政策之推行，得力于他者一定不少。使这个政策取得合法的根据，及议会特使所采用的激烈办法之得经议会通过，显然是由于他的报告。他在斯特拉斯堡时，推行这个政策颇力，因为他深有感于富人之压制穷人，以至产生种种不幸。[2] 最著名事件即为九百万锂之强迫公债，其中有两百万系用以救济斯特拉斯堡之爱国的穷人，另有三令拨六十五万锂济贫。[3] 富人须为伤兵预备床铺二千张，为士兵预备鞋一万双，且均须在限定时间内办到。[4] 出使北路军时，他亦有同样的措施。[5] 公安委员会中，另有关于此政策的两个命令值得特别提出。一为1794年4月14日之令，由圣鞠斯特单独签署，停止议会特使所征的特税，因为此税使纳税人得借口避免正常税，以至扰乱税收，并令各特使将案卷送委员会以便作出最后决定。[6] 这便是说，他计划将此政策有系统地执行，而不至影响正常税收。另一令系7月14日由他手草而经俾约·发楞同时签署的，这是一个秘密的命令，令监军之议会特使向布鲁塞尔富人征现款五千万，以六五〇人为质；向图尔内人征一千万，以三〇人为质；并在比利时境内征马三千匹，车一千辆——凡此皆须由富人负担。[7] 这说明圣鞠斯特欲将此策普遍推行，并无民族间之区别；比利时人并非被征服的民族，但富人是被征服的。

控制官吏与打倒结党为树立德性统治之必然的步骤。但人民非有土

---

[1]　1793年8月14日的四令，9月30日、10月6日、1794年2月28日、3月26日、7月7日各一令。均见全集及 C.S.P.

[2]　全集卷二，页一四四。

[3]　1793年11月5日，11日，12日三令，全集卷二，页一三二，一三九，一四一。

[4]　全集卷二，页一四四，一四七。

[5]　全集卷二，页一八七——八八。

[6]　同上，页三九五；C.S.P., Vol. 12, p. 680.

[7]　同上，页四六一；C.S.P., Vol. 15, p. 159.

地以为活则不足以言德性。有名的新六月法令即是因此而发的。

二　土地问题与新六月法令

圣鞠斯特虽为新六月法令之创议者，但他在新六月以前，除在各次言论中偶一涉及以外，对于当时所谓土地问题并不曾提出具体的解决办法。在提出新六月法令之前，他当然有过长时间的严密考虑，但直到新6月8日他才公开地表示出来。

他对于土地问题意见之转变是很显著的。三年以前，他的平等论仍是很温和的。他只承认政治权利之平等，社会权利则否。他认为古希腊立法者所主张的平分土地的办法不利于法国，足以产生叛乱与懒惰。[①]他承认财产为选举权之条件。人类如有社会平等，即失其和谐；自然的平等足使社会解体，不复有权力与服从之念。这固然是当时一般的意见，但他并非盲从，因为他是以工商业权利之不可侵犯性为根据的。要实行社会平等即须平分土地，即须取消私有财产权。[②]他认为私有财产权是不可动摇的，对此权利之效力他始终不曾怀疑过，虽然他后来也主张均分土地给人民的政策。

出卖国产是与土地问题有密切关系的。制宪议会始则没收教会财产，继而没收出亡贵族的财产，统称之为国产，而将其出卖，其目的在使国家免于破产。圣鞠斯特当时很称赞此出卖制度，谓制宪议会对资本家之犹疑及缺少现金两大困难曾有合理之解决，对于前者则予以法律上之保证，对于后者则能应用"明敏之计划"——指发行指券。[③]国民大会在吉伦德党当权时仍持此策；除开反对以指券来代表地产价值一点外，圣

---

① 《革命与宪法之精神》，全集卷一，页二六六。
② 同上，页二七二。
③ 《革命与宪法之精神》，全集卷一，页三二九。

鞠斯特的意见当时并无与他人不同之处。同时，他亦向国民大会提出：
"须将出亡贵族之产业出卖，将分年付款法载于契约，以期清偿国家债
务。"① 国民大会当时绝无解决土地问题之意，1793 年 3 月 18 日，曾通
过凡主张"土地律"（即主平分土地之说）者处以死刑之法令。农民虽
能结成集团来购买国产，但议会有令禁止此类组合；即使在新六月法令
通过以后，公安委员会对此禁令仍持之甚严。② 国民大会虽通过有平分
公有土地等法令，对于小农并无实际好处。③

圣鞠斯特和其他议员一般，在新六月以前不曾表示解决土地问题的
意见。他很看重私有财产权。他不曾参加此类法律之讨论。他曾称赞国
民大会说："你们已启发了人民，使恐惶的业主安心；人民知道无政府
状态已到了末日。④1793 年 10 月 10 日时，他说，由于指券之贬值，购
买国产者每年所付之款不及其实在价值，因而国家在这上面受了一半的
损失。可是，他即刻向购产者提出保证说："我之提及此点，并非要使
购产者不安，不论国家所受的损失何如，国家信用之损失关系更大；法
国国民之诚实足以保证此类国产之转让不致有问题。"⑤ 无疑地，他仍满
意于这个出卖国产制度，但已否认发行指券是个"明敏的计划"。

新六月以后，他才正式批评出卖国产政策之不当，新 7 月 26 日，他
指出发行指券之本来目的并未达到。长时期的分期付款办法，只是促成
投机。事实上拥有大宗纸币的人，只在第一次付款时付出实在的价值，
以后所付仅值百分之五。贫民不曾购买国产，分期付价法无利于他们，
只使富人更富。最后，他竟承认："谁都不大为人民打算，制宪议会本

---

① 1792 年 11 月 29 日演辞，全集卷一，页三八四。

② 迟至 1794 年 5 月 16 日，公安委员会尚有令处分"以贱价购置国产"的组合之领袖，
见 C.S.P., Vol.13, p. 547.

③ G. Lefebvre, Question agraires au temps de la Terreur, pp. 34—39. 克鲁泡特金：《法国革
命史》，英译本，页四三四，五〇二。

④ 全集卷二，页二七。

⑤ 全集卷二，页八〇。

定有办法使贫民得购买价值五百锂的土地，分二十年付清，但后来又将此办法推翻。"①《共和国制度论》中亦有类此的批评，并欲以刑法制裁忘恩的购置国产者。②

他从何时起始不尊重政治犯之私有财产权，这问题只可由推论来得到解答。看来不至迟于新 6 月。假使他在出使莱茵以前即已有此主张，则这位被称为"斯特拉斯堡之暴君"的人，当时就会没收所有嫌疑犯的财产。事实上他所签署关于这类事件的命令只有两件。一为新 2 月 17 日之令，凡从兵士购得物品者，财产充公。③ 四天之后另有一令，凡因新 2 月 5 日之令（即指勾结敌人之叛逆）而处死者，其财产须充公。④ 此二令均属军事性质。一般而论，他当时尚未将此办法应用于政治案件；大概他在此时已开始考虑是否应使嫌疑犯拥有财产的问题。

他的态度之改变，当然是当时情况决定的。新六月初，巴黎因粮食缺乏而造成了严重的局面，一般人对于被拘禁者之怨恨已甚显露。巴黎各区（按巴黎当时分为四十八区），正计划向议会请愿，要求将被捕的嫌疑犯放逐于海外，而充公其财产。⑤ 同时，饥荒与失业又使巴黎之另一部分人埋怨政府所拘禁的人为数太多。新六月初，此类怨声日益严重。根据新 6 月 1 日，4 日及 5 日三天侦探工作人员之报告，人民已在谈论责司清理囚犯的委员会；有人在怀疑，"倘有此委员会，看看被开释者是些什么人。"⑥ 此类流言表示巴黎人民无时不在注意公安委员会。公安委员会确曾允许产生此委员会。早在新 3 月 30 日，有一大群"女公民"到国民大会要求开释她们的亲属。经罗伯斯庇尔之提议，议会通过由两委员会任命专员去调查各被捕案的情形，专员之姓名不得公布，以防请

---

① 全集卷二，页三六九。

② 同上，页五一二—五一三。

③ 同上，页一三八。

④ 同上，页一三九。

⑤ G. Walter, Le problème de la dictature Jacobine, A. His., 1931, Vol. 8, pp. 515—529.

⑥ C. A. Dauban, Paris en 1794 et en 1795, pp. 62, 81, 87.

托求情。^①六天之后，巴累用公安委员会名义使议会将前案推翻，而在委员会中特设一科以代之，由五人组成，其姓名亦不公布。^②外间既不知道他们的姓名，故觉得其工作进行是神秘的。尤可注意者为另一侦探人员在新6月3日之报告，谓人民已漠视政治；报告者并称不明了为什么会有此现象。^③圣鞠斯特必已看见此类报告而在考虑当时的情况，认为必须有所措置来消灭此类怨声，才可巩固共和国的基础。

我们知道圣鞠斯特已认定革命须有民众之拥护。他曾劝议会注意人民，须专为他们打算。^④他也曾警告议会：凡不忠于人民者就会失败。^⑤他明了倘无其他原则来号召人民，单凭恐怖政策是无用的。"革命是冷下去了，一切原则都已趋衰弱；只让阴谋家来貌为革命者。"^⑥革命既有赖于人民之拥护，自革命以来所尽力于人民者又少，目下情况又是如此紧迫而威胁，单凭恐怖已是无用，而德性又须建立于经济基础之上，——这一切，促成圣鞠斯特之计划，新六月法令。

新六月八日，他在控劾宽大派之后，即论到这个新社会政策。其主要点在证明：欲维持共和国，须将整个贵族制（富人亦隐然包括在内）摧毁。他说，事态之变化也许引导我们朝着我们所没料到的方面走。目下国家之财富是操在敌人手中，人民必须为他们工作，须倚赖他们以求生存。"倘使人民的生存权操在反政府派手中，这样的国家还能生存吗？革命只做到一半者，只是自掘坟墓。革命使我们知道了一个原则：凡为国家之敌人者，不应享有财产权。为挽救（革命）起见，仍须有惊人之举。"^⑦人民流血以保卫国家，为着谁呢？只有对于国家之自由尽过

① Moniteur, Vol.19, pp. 7—8.

② Moniteur, Vol.19, 页六二—六三。

③ Dauban, pp. 70—71.

④ 1793年4月24日演辞，全集卷一，页四二九。

⑤ 1793年10月16日，全集卷二，页九五。

⑥ 《共和国制度论》，全集卷二，页五〇八。

⑦ 全集卷二，页二三八。

力者，才有权生存于国内。废止玷辱自由国家的"乞讨制"罢。穷人是今日之主人翁，他们有权利责难忽视他们的政府。我们须为人民有所作为，使他们依附于革命，使他们为革命而战。继而这位报告者，对于恐怖之效力表示怀疑，而归结到社会政策之不可少：不要离开人民，他们是你们惟一的朋友。在结束这个报告时，他说："你们只有摧毁叛党，巩固自由；替因阴谋而牺牲的爱国者报仇；使良知良心复见于今日，勿使国内有一个不幸者或一个穷人存在；用这样的代价才算有革命及真共和国。"① 最后，他提出一个法令草案，共两条，一为授权治安委员会开释被拘禁之爱国者，一则宣布凡被视为敌人者，财产充公，人则拘禁到和平时为止，然后将其放逐。

这个法令仅确定这个政策的原则，并未提到该如何执行。固然，这样的原则亦足以激起人民的乐观。在圣鞠斯特看来，假使政府果能为人民尽点力，则可得到人民之拥护。徒然空言是无用的。故他于新 6 月 13 日再度踏上讲坛，提出执行此政策的办法。这次是个简短的报告，开首即提出其主张。继而说明就革命战略而论，这个政策是必须的：应牺牲革命之敌人以助革命之拥护者——人民。"我们应考虑怎样去满足人民的希望，应当放弃足使我们离却本来目标的中庸之见。应加速革命的步调，不应等到阴谋使革命发生困难与障碍时再来图补救。为着人类之利益，我们须先定出计划，且须从速将其实行。"② 我们的政策须能急速推行，以扫除外国之阴谋。这种惊人之举足使全欧国王们战栗。温和的办法是无用了。宣布法国人民的命运罢！为全欧树一个先例罢！敌人在制造中伤我们的谣言以欺哄欧洲，但是他们不能中伤一条这样固定的法律。让欧洲知道你们不愿有乞丐及被压迫者生存于法国；让这例子向欧洲说明德性与幸福之真理。

---

① 全集卷二，页二四〇—二四一。
② 同上，页二四七。

　　由于这次报告，他使议会通过了一个法令，共计四条。各市乡须于最短期间将当地贫苦的爱国者造册送达公安委员会。公安委员会收到此项名册后，拟出以敌产分酬他们的办法；敌产则根据治安委员之表册而予以公布。治安委员会须令各监视委员会于最短期间内将 1789 年 5 月 1 日以来之囚犯，造册陈报，以后之囚犯亦须同样办理。为便于执行计，治安委员会须于此法令外，另附训令以说明之。[①]

　　显然这个政策较艾贝尔派所主张的更进一步。[②] 这样的政策自然很受人民欢迎，巴黎很有人称赞这个政策抵得过十次军事胜利。[③] 新 6 月 17 日，巴黎共和国区特地为此前往议会致敬。[④] 就是艾贝尔派，如硕默特及摩莫罗也在称赞这个法令。[⑤] 公安委员会本有意利用这个政策将民众从艾贝尔派手中夺回来。此法令通过以后，巴黎民众逐渐离开了艾贝尔派，[⑥] 这便是艾贝尔派企图暴动失败的原因之一。圣鞠斯特利用此种情绪，于新 6 月 23 日宣读其控劾艾贝尔派之凶猛的报告，竟能得到巴黎各区之热烈拥护。[⑦] 在左倾的哥德利埃俱乐部亦然。[⑧] 雅各宾俱乐部更不用说。[⑨]

　　在这次报告中，圣鞠斯特重申新六月法令的政策。他说，自从宣布此一政策以后，外国敌人即预见其力量，意图挑拨乱子以危害我们的政府。我们知道消灭罪恶只有一个方法，便是把革命寄托在人民生活上面。于是他用动情的语调向议会说："在这应为人民的安全负责的时候，我们不

---

① Moniteur, Vol.19, p. 611; Mautouchet, Le Gouvernement Rèvolutionnaire, pp. 275—276.

② 克鲁泡特金，卷二，页五四四。

③ Dauban, p. 151.

④ Annales Historique, Vol. X, pp. 253—254.

⑤ Mathiez, La Vie chère, pp. 545, 550.

⑥ Dauban, pp. 177,181, 192, 235, 287.

⑦ 同上，页二二五、二四三、二四四、二五一、二七一。

⑧ Moniteur, Vol. 19, p. 735.

⑨ Jacobin, Vol. V, 682.

要背弃人民。谁还较我们更觉得应当救护他们而不应当背弃他们呢？谁还较我们更关切于他们的幸福呢？我们和人民之目的是不可分离的：没有他们，我们不会有幸福；自由既倒之后我们不能再生存：我们和人民只有一条共同路线，或是得着同样的胜利，或者是走向同一个坟墓。"[①] 因此，我们必须从恶徒手中夺回土地，而以之给予人民。让我们的政策包括有极大的改革罢！让人民平安地收获他们所尽力的革命之果罢！这才是革命之真正目的。空言是无用的，我们必须履行我们的诺言。在他所提出的法令草案中，除开加紧恐怖政策外，更规定由两委员会任命六个民众委员会来迅速裁决狱中之革命敌人——这是执行新六月法令所不可少的步骤。于是恐怖政策与社会政策联做一块，艾贝尔派注定了非倒不可。

在新 7 月 11 日的报告中，圣鞠斯特仅暗暗地提及这个政策。他盼望在各党既倒之后，接着会有一个好时代；他劝法国人在社会生活方面应彼此尊重，因为各人都有妻室儿女。[②] 在新 7 月 26 日的报告中，他又表示这同样的希望；他劝议会依附人民。这次报告之法令草案对推行新六月法令提出两大办法。全国被控有阴谋的人犯均须解送巴黎之革命法庭；民众委员会应于新 8 月 6 日成立。

新六月法令与共产主义显然无类似之处。这个法令只是将土地所有权从一集团转移到另一集团。提出此法令时，圣鞠斯特已说明爱国者之财产权是神圣的。在新 7 月 26 日之报告中，他更明白表示无反对私有财产权之意。在批评出卖国产的办法以后，他接着说："应使一切权利都有保障，勿使已获得产业者再起恐惶，关于分期付款法改变得愈少愈好，以免造成新的疑惧与困难；结党之罪恶固应扫光，但须出之以审慎与善意。"[③] 在《共和国制度论》中，他仍保持此种态度。新六月法令固然是一种用以打倒艾贝尔派的政治策略，但同时亦可称为一种社会改革；假

---

① 全集卷二，页二五八。

② 同上，页三三一。

③ 全集卷二，页三六九。

使他不早死，也许能使这个改革更进一步。

新六月法令始终未能彻底执行。要将其执行，须先解决两个问题：明了嫌疑犯财产之总数及穷人之数目。二者均需要长时间之调查与计算，即使无其他困难的话。据公安委员会的估计，最先成立的两民众委员会每十日中可判决嫌疑犯案三百件，那么，由六个民众委员会来判决全国九万嫌疑犯会需要多少时间呢！① 可是，此法令之执行确在进行中。两委员会似较着重在囚犯之调查。新6月16日治安委员会曾发布了有关此事之通令，但未产生多少效果。② 新6月30日公安委员会之通令，令各议会特使协助，但无具体指示。③ 新7月18日，公安委员会曾责斥各地方机关未能依照规定造册；因而由两委员会产生一个特设机关专司此事，此机关似乎是在公安委员会的直接管理之下。④ 四天后，两委员会再通令各地方机关，对于造册有较具体之指示，据说此令系出圣鞠斯特之手，这大概是不错的。⑤ 各地方机关对于此法令所持的态度颇不一致。有的立即执行，有的在犹疑，有的甚至在新11月9日事变以后，仍在继续推行。最少，普依得多姆郡曾的确将其执行。⑥

登记穷人的工作较之调查犯人的工作更为困难。地方机关因忙于临时的救济事业，⑦ 即将此一工作忽略了。直到新10月1日，公安委员会始规定地方机关在执行救济事业各法令时，不得延搁关于新六月法令应造穷人表册之工作。⑧ 人民对这一法令之不信任，较地方机关之延搁更为

----

① Mathiez, Quel fut le nombre des suspects?

② Cochin, Les actes du gouvernement rèvolutionnaire, recueil de documents, Vol. II, pp. 401—403; Schnerb, Les lois de Ventôse.

③ C. S. P., Vol. 12, p. 73.

④ G. Belloni, Le Comité de Sûreté Générale, p. 433.

⑤ Schnerb, ibid.; Belloni, p. 165.

⑥ Schnerb, ibid.; l' application des décrèts de Ventôse.

⑦ Lefebvre, p. 51.

⑧ Schnerb, ibid., p. 415. 此令有圣鞠斯特之签字，但他当时在军中。

严重。有些人民，除申请临时救济外，不愿在其他表册上登记，[①] 有些甚至认为此类表册之目的，系欲将穷人解往海外，或有其他作用。[②] 而况命令中"穷人"一辞并无明确解释，也没有共同的办法。[③] 巴累于新8月22日在议会说，已收到之穷人表册大部分不合用，其中常有错误或欠公平之处，必须重造。他估计此类表册可于六个星期内完成，显然这是言过其实。[④]

史家如奥拉尔及马迪厄把临时救济事业与新六月法令联系在一起，[⑤] 如勒非富尔及索罗则谓巴累故意以救济政策来延搁新六月法令。[⑥] 公共救济与土地分配确乎是两件不同的事件；号称为机会主义者的巴累当罗伯斯庇尔派权力极盛时期，似乎不会故意来阻挠新六月法令的执行。巴累在新8月22日之报告中，并无丝毫反对新六月法令之语；反之，他还引了罗伯斯庇尔新8月18日演辞中的一段话，表明其重视农人之生活一如圣鞠斯特，[⑦] 并且数度引用新六月法令。他说明新六月法令之执行及其困难，认为目前须先推行救济事业。[⑧] 巴累的话显已说明当时之实在情形：公安委员会同时忙于两个政策，其一可以立即行使，[⑨] 其一则有待于明了被没收土地之总数及穷人之确数而后始能推行。故此，富于想象力而素喜详加规定的圣鞠斯特，未能于执行新六月法令之前，详细规定其

---

① Schnerb; ibid.

② Barère, Floréal 22. Moniteur, Vol. 20, p. 446.

③ Schnerb, ibid.

④ Moniteur, Vol. 20, p. 446.

⑤ Aulard, pp. 456—457. Mathiez, Les décrêts de Ventôse; 大概因为新六月十三日法令称为 Décret sur les moyens de secourir les indigents avec les biens des ennemis de la Révolution 之故。见 Procès-verbaux, V. 32, p. 422; Mautauchet 引用，页二七五—二七六。

⑥ Lefebvre, p. 54; Soreau, à la Veille du 9 Thermidor, p. 67.

⑦ 参看本章第三节。

⑧ Moniteur, Vol. 20, pp. 445—455.

⑨ 新6月16日委员会又令各地方机关填送1793年10月15日法律所规定之表册，见 Cochin, Vol. II, p. 403; 此令即与救济策有关，见 Moniteur, Vol. 18, p. 134.

施行办法。我们找不到圣鞠斯特反对救济政策之证据；反之他曾热烈赞助此政策，在其《共和国制度论》中亦曾将其详加论列。[1] 他必然承认这个政策是比较地急需而切实。同时我们还找到其他证明，知道整个公安委员会此时在注意土地问题，并不限于新六月法令而已。在新六月法令以前，已有公共救济、分配公有土地及出卖国产等法令，这些法令已使地方机关疲于奔命，而新六月法令之暧昧又未能使之易于执行。

关于民众委员会，除马迪厄及奥尔丁二人研究所得之外，再有一点值得提出。产生最初两委员会之令，一则出于俾约·发楞之手，一则出于罗伯斯庇尔之手，[2] 系在新 8 月 24 及 25 两日，这时圣鞠斯特正在军中。假使圣鞠斯特秘密回巴黎一趟正在此时，则对于这一工作必然参加。事实上此二令并未经他签署，这又可证明他之离开巴黎一定在 24 日以前，决不如叩迪斯所云之迟至 27 日。[3] 两委员会委员间之政治冲突，当然也是使此类民众委员会迟迟产生之原因，因而影响及于新六月法令之执行。但是，上述诸困难之主要原因，显然是由于此法令本身规定之未能具体。就是称赞这个政策的勒发数，当时亦看出这个缺点，而谓其"因执行之不完全而少结果。"[4]

圣鞠斯特及其一派之欲推行此政策，未始不想以之为政治策略而取得民众拥护，不料反而成了速其失败的原因之一。他们因此而失去议会中中立派之拥护，因为中立派不愿有激烈的社会改革；贫民则因此法令执行之迟缓而情绪低落，于是在紧急时未能予他们以所期待之帮助。假使无新 11 月 9 日事变，结果如何，颇难推断。有一事可断言者：此法令决非终结，不过是个开始而已。圣鞠斯特正在计划新的制度，此法令只是一个预备工作而已。此法令之目的是双方面的：树立新的阶级以拥护

---

① 全集卷二，页五三四—五三五。

② C.S.P.，十三卷，页四八四，五一六。

③ 参看本书第一章第二节。

④ Levasseur, Vol. III, p. 170.

政府，并为小农社会作好准备。

三　新制度：小农社会及其制度

圣鞠斯特常被称为理想家、乌托邦派或梦想者。[①] 从某些方面看，他确是如此。《共和国制度论》所提出的主张好些是不能实行的。但他这部遗作并非完全是空想。他常有 1794 年的法国在脑中。其中大部分涉及当时的实际问题。他打算根据这些事实来制定未来统治的计划。例如，检查官法令草案即根据此遗作之第十六节。[②] 条文的字句组织完全一样，惟次序不同而已。这部著作中某几部分诚不免是过于理想，但作者自己并不认为是如此。

他这部遗作，和他的《革命与宪法之精神》一般，也是欠缺条理。他写这本东西的时期正是他最活动的时期，不能利用充分的时间，故未能处处说得透彻，且不免彼此矛盾。除开首的四节外，以后各节均少理论，但将其所想到的随时记下，辞句简略，有如法律条文一般。他的主要目的在于说明他之理想的小农社会。

圣鞠斯特之相信小农社会之可能与必然，是由于两个因子。一为 18 世纪末法国的经济情形。在当时的法国，近代工业尚未开始，革命领袖大都不注意工人阶级。工人阶级本身亦不自觉其力量。[③] 一般而论，法国仍是个农业国，土地为主要的生产资料。故当时思想家都注目于农村阶级。[④] 另一因子是他本人系出身于农村，深知农人生活之困苦。阿苏阳在其"游记"中云，斯瓦松是"一个贫城市，无工业，主要靠谷物贸

---

① Hamel, p. 181; Lichtenberger, Le Socialisme et la Révolution française, pp. 112, 215; Ourtis, p. 299.

② 全集卷二，页五三七—五三八；五三〇—五三二。

③ H. Sée, Les classes ouvrières; A. Rev., 1922, Vol. 14, pp. 372—386.

④ H. Sée, La France Économique, p. 51.

易维持，"从理姆斯到沙伦一带是"地脊而少出产的穷乡。"① 故圣鞠斯特的初期著作常常描述农民的穷苦状况。1790 年 5 月 15 日布勒兰古镇之请愿文，充分表现出农民的情绪，"很可能"是出于圣鞠斯特之手。② 在替该镇争土地时，他在控诉状中说明其动机在保持法律本身的利益及"农业的利益，这是我所深刻了解的。"③

他为农民斗争，因为他知道他们很清楚。在《革命与宪法之精神》中，他责难课税于农民为不智。农业为风俗之母，倘被课税则使农人气馁，无异于教之贪婪。此种负担并未落在地主身上，而是落在农人身上。慎勿夺去他们的儿女以充兵卒，勿夺去他们的助手以为奴仆；使他们富有罢，不要使收税人发财；然后他们之德性会使其田亩繁荣，我们才不再看见有贫穷。农业既为充实之源，则农业应受尊敬。贫穷是奴使、卖淫及悲惨之源。力役是更可恨的，因其摧残灵魂，而赋税不过有害于肉体之享用而已。④ 他坚持此种主张一直到死，在《共和国制度论》中，他提出工业出产税应征十五分之一，而对农人之纳税则未提及。⑤

他对于农人的深切同情心及其关于农人生活之丰富的知识，曾两次表现在他的演辞中。1792 年 11 月 29 日，他在分析指券对于农村生活之影响以后，即追述已往三十年法国农业之衰败情形。他说明在此时期中，必需品之价格在加速地增涨。主要原因是由于畜牧业之败毁，这便是战争及牧场减少的结果。连年丰收使谷物输出之量过多，但是我们要从英国及荷兰购买衣料及皮革，因而我们之劳力但有利于他人。过于劳作使乡间产生流行病。"经济学家"使政府把农人的劳力看成商品，因而造成革命前夕之疾苦。我们不要以为把一部分土地改为牧场会减少必需品

---

① A. Young, Travels in France, pp. 105, 196.

② Hamel, pp. 64—85.

③ 全集卷一，页二四七。

④ 全集卷一，页三二六—三二七，三三〇，三〇五

⑤ 全集卷二，页五三四。

之产量。农业改良可产生更多的谷物；同时，畜牧发达可使农民足衣足食。[①] 此种自给的经济观本为小农社会之特性，这意见显然是从对农村生活中实际体验得来。有一次他把某几郡农人生活之苦况报告给议会。农民之最大痛苦在其不能享用他们所生产的东西。[②]

圣鞠斯特对于理想的小农社会有过很好的描写。他在新 6 月 23 日说，农人们，你们会有一种具有德性、舒适及相当财产的幸福，人人都能享用必需品而无奢侈品，各人会有一栋茅屋，有块沃土，都用自己的手去耕耘。这是一个自由而宁静的幸福，都能享受革命的果实与风尚。最后他结束这个描写说："一把犁，一块地，一栋茅屋，可免税吏之烦；家庭则可免盗匪之扰，这便是幸福。"[③] 这和维拉特所说的恰恰相合；他说，圣鞠斯特某次在餐桌上发表其社会政策，盼望法国人会有个幸福时代，那时"各人携着犁回到其田土，从容地耕耘着过活。"[④] 要实现这个理想须有一个原则："人并非仅仅为谋衣食或接受恩惠施舍而生，这些都是丑恶的。人必须独立生活，各人都得有贤妻及健康的儿女；须无贫人与富人并存。"[⑤] 他希望根据这个原则来建立他的理想社会。

第一、须人人都有点土地。财产必须由法律予以限制。除法律所许者外，不得多有。殷富是个污点。不能让大地主存在，因为"大地主所在之地即有穷人：在大田庄的地方缺少消费量。"[⑥] 既不废止私有权，大农是免不了要出现的，须以严格限制继承权的法律来防止之。惟直接亲属始有继承权，且须彼此均分；无直接亲属者，财产归公。在某种情况下，虽有直接亲属亦须以一部分财产归公。[⑦] 这才可使小农社会不受大

---

① 全集卷一，页三八一—三八二。

② 全集卷二，页二七〇。

③ 同上，页二六七。

④ J. Vilate, Causes Secrètes, p. 227.

⑤ 全集卷二，页五一四。

⑥ 全集卷二，页五〇六，五一三。

⑦ 同上，页五二二—五二三。

农之兼并。①

　　在此社会中，必须人人工作，彼此互相尊敬。1793 年 4 月 24 日，圣鞠斯特已发表其强迫劳动的主张。他认为，一个国家所具的工作与活动愈多，则其基础愈巩固。假使你们要知道共和国能生存多久，只须计算你们所提倡的工作总和是多少。②他曾攻击有闲阶级之游手好闲。在《共和国制度论》中，他说得更明显。假使人人工作，则不致缺乏，便用不着纸币，也就没有腐化。当罗马失却其工作兴趣时，即失去其自由。假使人人彼此尊敬，则不会有结党，因为都能正确地判断，外人的阴谋也不能淆乱是非。

　　《共和国制度论》中，专有一节论强迫劳动。③产业主年在二十五岁以上者，必须自己耕种，直到五十岁时为止。为办到自给的经济起见，每亩地须畜羊四头，违者褫夺公权一年。厉行节俭以防奢侈。各人均须缴验其日用账目，家用总数不得超过其财产的三分之一。普通每人每月有九天不得食肉，儿童则在十六岁以前不得食肉。禁止用贵重金属制造器皿。他羡慕古斯巴达的教育制度，认为儿童自六岁至十六岁须受军事及农业训练。当收获时，则助长者工作。④他主张社会上应互相尊敬，这表示他已相信社会平等，此即其理想社会中之要素。在物质生活上，人人是独立的。儿童均受同样的教育，享受同样的物质待遇。友谊是神

---

　　① 史家勒非富尔的结论说：圣鞠斯特但欲产生一群小农，对于一般要废止大地主的要求并无意见，——这种结论使我们觉得很奇怪。新六月法令诚然没有提到大地主，但这显然只是圣鞠斯特的社会政策之初步。勒非富尔又说：山岳党因系出身于中产阶级，故只用城市居民的眼光去看土地问题，而同情小康农人，至少 "他们对于组成农民的分子及其各别的需要，并未详加分析，故圣鞠斯特对于这方面不曾有所申述。"（见 Questions agraires, pp. 132—133）我们根据《共和国制度论》中所述，深觉这个结论是难于接受的。

　　② 1793 年 4 月 28 日，全集卷一，页四二五。

　　③ 全集卷二，页五二八。

　　④ 全集卷二，页五一七—五二○ Stéfane-Pol（ pp. 66—71.）也记述了圣鞠斯特的教育理论，内容大致相同，惟末了有这么一段：儿童 "在二十一岁以前不得回到父母家中。他们的纪律是很严格的。" 这一事实证明了他是在随时记下他的思想，最后才将其连串起来。

圣的。妇女应受尊重。为表现人类平等起见，乡镇每年须选一富室青年娶一贫家女子；——显然他已忘却他曾说过那时不应有贫富之分。为防止阶极差别起见，须特别尊敬长者，此种尊敬须有宗教信仰的意义。

　　圣鞠斯特对于宗教之主张，也是从小农社会思想出发。他的宗教情绪是很强的。他相信主宰，常常讲到天意。但这不妨碍其接近唯物论。[①]他之看宗教，自始即着重在实用。当其攻击无神论者时，他把"自由民族之友爱、自然、人类及主宰"列入一个范畴，责难无神论者之排斥这一切东西。"让法国人推崇理性罢，但理性不可忘却神祇。"[②]当其替罗伯斯庇尔辩护时，他说孤立的人之惟一希望在天意，盼上天能赐以勇气与智慧，以期使真理胜利。宗教是实用的，为日常生活所不可少的，尤其是小农社会的乡村生活，——这个主张在《共和国制度论》中说得更明白。他说，法国人"承认"有主宰及灵魂之不死。他不愿以神学上的争论来扰人，故他主张信仰绝对自由，惟个人信仰与公共事业无关，宗教仪式须限于户内，谁也不能招摇过市，否则须遭放逐。圣鞠斯特似乎在以灵魂不死之信仰来奖励为国而死的精神；他说，自由之殉道者即国家之守护神，能继续他们的，即可得到灵魂不死。[③]村庙为农村生活之中心，庙门须终日打开，庙中主要职务由长者司之。坟山非悲伤之所，须表现欢娱的景象。每月一日为节日，各个节日均与实际生活有关，这与罗伯斯庇尔的主张颇相类似。[④]

　　圣鞠斯特盼望幸福的小农时代会紧接着革命而来，因为他说："革

---

① Ida A. Taylor, Revolutionary Types, p. 126.

② 新七月十一日，全集卷二，页三一四。

③ 全集卷二，页五二七一五二八。

④ 同上，页五二五。罗伯斯庇尔在新 8 月 18 日所提出之法令，每年有节日三十六；见 Moniteur, Vol. 20, p. 411. 圣鞠斯特所采用的十二节日的名称，大部分是具体的字，而罗伯斯庇尔所用则比较是抽象的。这可说明二人对宗教意见之差别。《共和国制度论》若是脱稿于新八月，则其主张必已影响罗伯斯庇尔，因为二人在原则上是相同的。罗伯斯庇尔不曾提"胜利、继嗣及工作"，但有类似字眼以代之；其惟一所缺者仅"智慧"一项。

命终止之日，即以法律完成幸福及公共自由之时。"欲解决此"公共幸福问题"之方法，有待于立法。他劝议会确立这个原则，庶使舆论不为浮动心理及情绪所转移。① 即令为最近之将来，这一着也是急切的。所以他准备向国民大会说："立法者们，所以你们必须不断地注意于公共幸福问题，一切应以它为中心，所说所行均须与之有关。"② 奇怪，在他的新六月之各次报告中，却找不到这样的话。也许他认为新六月法令不过是个开始而已，因为在新 7 月 26 日之报告中，他一开始即说仅打倒结党是不够的；结党所造成之罪恶尚须予以补救。③ 在《共和国制度论》中有这样的一段："无疑地现在还没有到创造幸福的时期。零星的改革是无用的，只是治标的。（不知其是指新六月法令抑指救济政策）。要等到普遍痛苦达到一定限度的时候，舆论才觉得必需要用断然的办法以争取幸福。为公共谋幸福的事业每每是可怕的，若动手得太早，就会成为笑谈。"④ 期待时机之成熟，本为革命理论之要点。也许因为这个缘故，他还不曾将其"公共幸福问题"的意见草成一个报告。

《共和国制度论》中有一大段值得全引，一半因其含义之暧昧，一半因其可以引起误解。在伸论收回指券及分配土地以后，他说：

"八个月以前，说这类话的人，即应受服毒而死的处分：由于不幸的经验已使人变聪明了。从此我们得到一个教训，我们不要过于虐待对我们宣传真理的人。

"不要逼着好人在罪恶之诡辩面前因为公共幸福而须为自己辩护。说他们是为祖国而死是无用的：顶好不叫他们死，要他们活着，法律要支持他们。必须使他们可免于外人之报复。所以我劝一切希望有幸福的人，须等待到可以造幸福的时候，才不至于为仇者所快。

---

① 全集卷二，页五〇八。
② 全集卷二，页五〇九。
③ 新七月二十六日，全集卷二，页三六六。
④ 全集卷二，页五〇八。

　　"我希望，当某一理想已深入人心的时候，能以端正而仁慈的态度为此理想奋斗的人，在鼓舞民众之公共讲坛上，必会受人民之拥戴。

　　"理性并非征服精神；在八个月以前外人势力是如此不宽容，如此可怕，倘有在经济方面提出健全理论的人，即可受民众之攻击。"①

圣鞠斯特所谓"八个月以前"的事实，究何所指，至今是个未能断定的问题。这段文字中至少有一点是可断言的：激烈的社会改革非全国大多数疾苦到非此不可时，不能实现；宣传此类激烈主张的人，不应受虐待。故圣鞠斯特始终未攻击极端左倾的忿激派，只攻击"勾结外人之党"。

　　著者按：所有研究圣鞠斯特的人对于这一段文字均未作充分之解释。叩迪斯仅译其第一句为英文，未加解释地将其对于指券之意见与饮毒酒二事连作一起，这显然是错误的（见叩迪斯著：《圣鞠斯特传》页三〇八）。就是马迪厄也只说所谓"八个月以前"系指革命政府成立以前。著者推想这一段是指忿激派查格卢之斗争，并且认为圣鞠斯特对于查格卢是多少赞同的。这并非说他与查格卢之主张相同。如果《共和国制度论》果成于新五月至新八月之间，则所谓"八个月以前"，是指 1793 年 5 月至 9 月之时，——这正是忿激派运动极盛时期，查格卢在当时最为活动，甚至在 8 月 22 日他第一次下狱以后，仍然如此。查格卢攻击在指券上投机的人，鼓吹分配土地，当时他颇受艾贝尔派之激烈攻击——这大概就是圣鞠斯特之所谓"外人之报复"。查格卢一再被下狱而受法庭审问。试读他的著作，尤其是著名的 6 月 25 日之请愿书，我们会很惊讶地发现他之主张，有好些与圣鞠斯特的相类似。圣鞠斯特始终没忘却要控劾结党，但始终未提及查格卢的名字。新 6 月 23 日，他曾攻击

---

① 全集卷二，页五一四。

模仿马拉的人，显然是指艾贝尔派；所以他说南锡有马拉，斯特拉斯堡也有马拉，但未提到巴黎（见全集卷二，页二六一。）"外人势力是如此不宽容，如此可怕，"因为查格卢是他们的牺牲者。著者虽无正面的证据来证实这个假设，但是相信这是一个值得提出的假设，除非我们能有反面的证据来推翻它。（参看 Mathiez, La vie Chère, pp. 113—364; Jean Jaurès, Histoire Socialiste de la Révolution Française, pp. 1069, 1698—9; Lichten-berger, p. 123; Kropotkin, vol. II, pp. 502—505.）

圣鞠斯特被目为"小资产阶级"，"小资产阶级"是个可作种种解释的名辞。无论如何，他不是一个社会主义者，更不是一个共产主义者，虽然他具有暧昧的无产阶级专政之理想。[①]因为他出身于农村，且特别注意农村问题，在逻辑上自可产生小农社会的主张。因太注意农人之故，于是他忽略了工人，他对于工人似乎所知甚微。在无产阶级尚未形成以前，他自然看不见这个阶级的革命力量。在其演辞与著作中，仅偶尔提及工人状况，始终未把它当作一个严重问题。罗伯斯庇尔派不了解城市工人之重要，故未反对不利于工人的政策，如禁止结社及最高工资律等。[②]巴黎工人之冷淡与不满，对于他们之失败，关系匪轻。[③]就政治策略而论，圣鞠斯特之社会政策是错误的，因为小农不适于做对抗新兴阶级的

---

① 许多史家为证明这一点曾引用圣鞠斯特这句话："勿承认平分财产，只有平分地租。"（全集卷二，页五三七），按这句话是单独记下来的，并不见于《共和国制度论》中，《共和国制度论》中亦无与此类似的意见。假使这句话是写在以前，则仅能代表其理想进展之某一阶段；假使在以后，则其孤立性使其意义不能确定。

② 1793 年 12 月 12 日令与工人结社有关，系罗伯斯庇尔签名于第一位，见 C.S.P., Vol. IX, pp. 347—350; 1794 年 2 月 17 日禁止结社令，经圣鞠斯特签署，见 C.S.P., Vol. XI, pp. 215—6; 新八月五日，圣鞠斯特对工人增加工资之要求，曾有表示压制的批语，见 Ording, p. 78。

③ Mathiez, Le Maximum des Salalaires et le 9 Thermidor; La Vie chère pp. 605—606; L'Agitation Ouvrière a la Veille du 9 Thermidor; Ording, p. 79; Lichtenberger, p. 172; Soreau, pp. 39—41.

先锋队，此一新兴阶级是利用了革命、牺牲了他人而发财的，也正是圣鞠斯特所要打倒的。

圣鞠斯特欲以立法来推行这个新政策，用他自己的术语，即借"制度"的功用。并且他想立即推行；[①] 所以他在百忙中，仍抽暇来写《共和国制度论》。步舍及罗称这部著作为"革命哲学史上的纪念物，"[②] 实际上它是一本政治论文。其内容之大部分我们业已详为分析，惟有所谓"制度"一点须再加以讨论。圣鞠斯特在广义方面来用这个辞。他之所谓"制度"是指理论、原则、主义、政策及其一切的结果；故在最先的四节中，即讨论一般的政治经济问题。在其余各节中，他对于未来社会组织之各部分详加规定；更具体地用"制度"一辞以指法律、系统、习惯及其实施。

如果只单独读这本论文，我们不会了解他之所望于"制度"者是什么，及为什么有此类主张。我们须记住当时的情况，并须在他各次演辞中去找关系。当他要求德性统治时，其目的不仅在消灭道德上的腐化，而尤在政治上之无正义。弄权与腐化每每是互相关联的；腐化破坏道德，使人有掌权的野心；一旦有权在手，即易将其滥用，因而失却正义。为革命及未来统治着想，二者都是危险的，都应消灭。问题在于如何去消灭。固然可用恐怖与法律，但当二者均失败时，则惟有诉之于"制度"。

先看恐怖。恐怖并非遍效的，有时候不足以使人害怕。"恐怖可使我们摆脱王政及贵族政治；什么才能使我们免于腐化呢？制度。"[③]

法律又如何呢？这位相信法律者现在有点动摇了；毕竟他承认单靠法律是不够的。多而冗长的法律反而是社会的灾难。王政即为法律所淹没；主子之喜怒与幻想均可变成法律，因而不复有人去服从。法律宜少。法律多的地方，人民即为奴隶。人民盲目服从的地方，即无自由与

---

① 全集卷一，绪论页一二。

② Buchez et Roux, Histoire Parlementaire de la Rèvolution française, Vol.37, p. 240.

③ 全集卷二，页五〇一。

祖国。为人民立法过多的人即为暴君。谁也有反抗压迫的法律之权。①
而况，法律也许可用以统治人民，但不能控制政府，尤不能控制掌权的
人。"在实际上，公民应先着重在良心与道德；倘他忘却此二者，则靠法
律；若轻视法律，则他已不是个公民：从而开始弄权。"②总之，法律不
足以阻止人家之误用权力，故必须有制度。制度是法律，但多于法律。
法律从制度而生，"违反制度之法律即为暴政"。③

　　由此可知圣鞠斯特只相信惟有制度始可防止腐化与弄权。当他提出
新六月法令时，也曾涉及这个政策。他说，共和国应有制度以澄清风尚
及防止法律与人之腐化。没有制度的国家，只是个幻想的共和国，因为
征服与自私之精神会流行于公民之间，而自我的观念即可产生奴役。我
们已有政府，但无制度——共和国之灵魂。继而他又讲到民生、幸福及
自然之关系。这是他第一次将政治与社会政策并论。在攻击宽大派之后，
他又回到这一点说："在一个政府中，倘无足使罪恶解体之坚定的制度以
推行道德，则公共的命运就会依良好的精神及矫饰的情绪为转移。"④

　　新7月26日，圣鞠斯特更确定地申述制度之必要，尤着重在社会
政策。他说，破坏工作可用恐怖与正义，但未来统治之建立则有赖于制
度。我们不曾考虑到：为使自由能持久，非有制度不可。惟制度始能使
人民爱护国家，始能在革命以后而仍保持革命精神。这样才能完成我们
的民主主义，而速敌人之崩溃。⑤最后他提出组设两个委员会，其一即
责司起草制度纲领。

　　在他最后一次的演辞中，他又说明惟有靠制度始能有效地摧毁结党，
始能产生一种保障，始能限制权力，始能使人类傲岸心受公共自由之约

---

① 全集卷二，页五〇二—五〇三。

② 同上，页五〇五。

③ 同上，页五〇三。

④ 新6月8日，全集卷二，页二三〇，二三三。

⑤ 新7月26日，全集卷二，页三八四。

束。他一再说明制度之必要，假使当时不受其政敌之阻挠，则他将提出一个这样的法令草案："国民大会规定：立即起草制度，使政府得有方法以保全革命之力量而不会倾向武断，不会左袒野心家，不会压迫或僭越议会。"①

圣鞠斯特既抱有这种目的，故在其《共和国制度论》中，开始即说明制度是使政府防止腐化风尚之保障；是人民防止政府腐化之保障。对于制度之功用及必然性，他详加解释；制度可建立正义与德性，人民私生活不会受妨害；结党将无存在之可能，而我们的敌人再无方法可腐化我们。在革命时，邪恶与德性每每是对立的，我们必须明白宣示一切原则与定义。古代改革家虽然有勇气，但不免于失败，因为他们是生在没有制度的国度中。最后他结束第一节说，制度之目的即建立社会的与个人的保障，以防止分裂与横暴，以风尚之势力来代替人的势力。②

因而他把制度分为两类。③一类是用以防止腐化的："道德的，社会的，家务的制度，"以经济组织为基础，即其所谓"公共幸福问题"。他把这一类制度之重要性，用一语总结："倘使风尚好，则一切进行便利；故改良风尚有赖于制度。"④

另一类是用以防止弄权的："社会及政治的制度"，以政治组织为基础，其各别功用须以"种种原则及定义"来明白规定。书中有一大段讨论政府与人民之分野，其要点是：共和国政府应以制度之和谐为基础，不能单凭个人之智慧与能力；各人都应受相当限制而为一个共同目标努力。所以人民之私生活应有保障。与其要设法使人民快乐，不如少麻烦他们。于是他又说到人民天性是好的，无待于压迫。颇使后人惊异的，这位恐怖主义者会说："假使人民要诉之官厅或出现于法庭，这政府便

---

① 新11月9日，全集卷二，页四七七，四八五，四九一。
② 全集卷二，页四九二—四九五。
③ 全集卷二，页五一六。
④ 同上，页五〇一。

不值什么。迫着人民要诉之于法是件可怕的事。"①我们必须有制度。但我们所有的少得很，"只有两三个"。（此处之所谓制度是指机关，所谓"两三个"是指政府的委员会吗？）制度愈多则人民愈自由。由许多人或一个人组成的制度，都是专制的。制度要多，但每一制度之人数要少。换言之，每一机关有其特殊工作范围，始可免于滥用权力、混乱及僭越；各机关人数有限，则可顾全效率，而不至有多数官吏。因不信任政府人员，才使这位集权论者采用一个这样调和的理论。所以他首先想把《共和国制度论》中关于检查官的一部分变为法令，而且再三说，这是官吏职责及不屈精神之保障，亦即公民的权利与自由之保障。

圣鞠斯特既具有以制度统治法国的计划，故始终不懈地想去实现它。在国民大会中，他曾提出这个主张。巴累、勒发数及小卡诺都同样地说他曾为此主张努力。②圣鞠斯特在其最后一次演辞中，亦提及在新11月4日及5日两委员会联席会议席上，他曾如此主张。③马迪厄证实这个事实说，圣鞠斯特之计划与库通新8月3日之演辞及罗伯斯庇尔新8月18日之演说有密切关系；因为圣鞠斯特在妥协交涉中退让，但以提出此计划为补偿，而他之尽力要使此计划实现，目的在推动其社会政策。④

产生一个小农阶级而以制度去统治的政策，是否果能实行，自属颇成问题。倘使圣鞠斯特不死于新11月9日之变，无疑地他会要将其实行。不管其成败如何，至少圣鞠斯特之死，在人类政治理论实验事业中是一大损失。

---

① 全集卷二，页五〇七。

② Barère, Réponse, p. 74; Levasseur, Vol. III, p. 200; Carnot, Vol. I, p. 542.

③ 全集卷二，页四八七。

④ Mathiez, Les seances des 4 et 5 thermidor; Les Décrêts de Ventôse.

结　论

　　圣鞠斯特思想的发展，经过五个阶段。在革命以前他是个激烈分子，然而他的思想是混乱的；大半是由于直觉，并非根据学理的推论。从革命之爆发到国民大会开幕时，他如一般人一样变成了温和派。自参加国民大会至出使莱茵军时，他是一个纯粹的共和派，逐渐觉得维护革命须有赖于断然的处置。当出使时，他已显然地决定要采用非常的措施与战略。出使回来以后，他变成了1794年之典型的革命家，为着革命起见，遇必要时，他可主张一切非常的办法。

　　他的思想之变化是很显著的，尤其是关于革命理论及社会政策方面。本来是个无神论者，转而相信宗教，惟从实用观点出发而已。本来是不了解巴黎之重要性的，转而以全力替这个革命中心来辩护。本来是个反集权论者，转而变为绝对的集权主义者，甚至主张独裁。本来是个反恐怖主义者，一变而为极端的恐怖主义者。本来是个拥护出版言论自由的人，转而对于异己者异常不宽容。本来是个反战争的传道者，一变而为民族主义者。本来是为放任政策辩护的人，反对社会权利平等的人，最后则接受干涉政策，竟至提出分配土地的主张。这位尊重私有财产权者，到相当时期竟抹杀嫌疑犯之私有财产权。

　　除开这些显著的转变以外，他的有些思想则仅经过相当修正。德性不但是个道德的条件，而且应以经济因子为基础。法律并非老是有用的，恐怖并非普遍有效的，二者须有"制度"来辅助。

除开反武力统治及反王政二点以外，所有他的政治思想均经过相当改变或修正。这大部分是由于革命情势发展使然。在革命时，事变每每推动着领袖们朝着他们所不曾预料的方向走，尤其是法国革命时的领袖们，谁也不知道明天会发生什么事情。圣鞠斯特本人即一再承认过这个事实。同时，个人的经验尤有关系。一个政策或意见之决定，每每是由于受了昨天的经验之影响。就圣鞠斯特而论，他出使莱茵之经验决定了他在 1794 年所取途径之大部分，他本人亦承认这个事实，因为他在新 7 月 11 日说："让过去来教训我们"。当其要提出 26 日的法令时，他呼之为"长时期经验之结果"。

除忠于自己的理想以外，圣鞠斯特还具有坚强的意志。我们很可以称之为 1794 年之典型的革命家，佛郎士的小说"神祇口渴了"中之主人翁加默阑即是此类热情革命家之绝妙的描写。除开受其影响之亲密的朋友以外，在各地方民众社会中，圣鞠斯特亦有不少的信徒，① 死后也有许多崇拜者。他之影响于他们的事业，仍是些有待研究的问题。

根据命令上的签字而论，他对公安委员会日常工作之贡献甚为重要，虽然他离开的时候很多。要确定他影响于委员会所取之政策到何程度，须先解决另一问题，即他与罗伯斯庇尔之关系若何。假使他不是罗伯斯庇尔的工具，他是否为罗伯斯庇尔之信徒呢？这个答案之关系是颇重要的。拉马丁谓其"老是一个信徒"。路易·勒威曾研究这个问题而答曰："否"。② 根据汤姆孙之《罗伯斯庇尔传》，我们不难将二人作一比较。

罗伯斯庇尔与圣鞠斯特之政见，大部分是相同的，且有时用同样语调来表现。除开相似点不论，看二人之差别在什么地方。罗伯斯庇尔不如圣鞠斯特出身于农村；他虽然也为农民斗争，但不如这位年轻人之老

---

① M. Dommauget, La déchristianisation à. Beauvais et dans l'Oise, p. 141.

② Louis Lévi, Saint-Just était-il un disciple de Robespierre? Rév. Fr.; 1919, Vol. 72, pp. 387—415.

是注目于农民。① 二人都主张社会政策；但罗伯斯庇尔相信穷人虽然贫穷，但生来是有德性而爱国的，而且正因为他们贫穷才如此；② 圣鞠斯特则认为穷人之所以能有德性及爱国，须有经济基础，须先使他们免于贫乏与困苦。罗伯斯庇尔描写他之理想社会，尽用些戒条、信条与格言，全属抽象性质；③ 而圣鞠斯特则完全以经济为根据。罗伯斯庇尔起先认为共和国并非必要的，④ 而圣鞠斯特自国民大会开幕以来，即为一纯粹共和派。对于德性之看法，这位年纪大的政治家则着重在"精神的价值，以伦理来渲染政治"，⑤ 而他的年轻朋友只注目于经济因素。罗伯斯庇尔之信仰主宰不如圣鞠斯特那样从实用观点出发。⑥ 在关于国王审判的演辞中，罗伯斯庇尔（其发言较圣鞠斯特迟二十天）并无王政即罪恶之语。⑦ 在讨论粮食问题时，罗伯斯庇尔攻击放任政策，而圣鞠斯特当时则赞成之。⑧ 罗伯斯庇尔之最后一次演辞表现他五年以来所学有限，并未能提出新的"政策，只是加重业已失败的药料之份量而已；"⑨ 而圣鞠斯特之政治主张完全是两年中实际政治经验之结果。圣鞠斯特之主张系由合理推论得来，而罗伯斯庇尔则只是"由于一种信念"。⑩ 所以，虽则他们有时主张相同，但其获得结论之方法则异。罗伯斯庇尔较圣鞠斯特富于学究气，而欠缺是一个行动家。这一切足以说明圣鞠斯特并非罗伯斯庇尔之信徒，虽然他们是在同一路线上作战。

我们既断定圣鞠斯特并非罗伯斯庇尔之工具，又非其信徒，是则他之影响于公安委员会之工作如何，较易估量。他的羡慕者因欲推重他之功

① Thompson, Robespierre 卷一，页七七。
② 同上卷一，页一二三，一七七。
③ 同上卷二，页一三八——四二。
④ 同上卷一，页一七七，卷二，页三三。
⑤ 同上卷二，页一六九。
⑥ 同上卷一，页八四；卷二，页一八三。
⑦ Thompson, Robespierre 卷一，页二九九—三〇五。
⑧ 同上卷一，页二九七。
⑨ 同上卷二，页二五〇。
⑩ 同上卷二，页四七。

绩，固然曾把他尽力的部分估量得过高；但其敌人因欲对他横施责难，亦属言过其实。我们根据他本人的著作及其他文献之证明可以断言：圣鞠斯特曾提供大部分的革命理论，为委员会争得集中的权力，曾为恐怖政策辩护，曾打倒委员会之敌人，曾激起军中的士气，曾着重巴黎，曾计划着一个德性统治，曾创造新六月法令。整个看来，这很足以使一个公平的批评者承认圣鞠斯特在革命工作中尽力不少，即使不把圣鞠斯特的功绩看成超出委员会的其他同僚之上，但可称他不愧为忠实而热烈的革命实行家。

除罗伯斯庇尔派外，委员会之其他委员自然也与这些政策有关；不过，假使他们不是不忠于这些政策，最少在能力上他们不足以将其推行；因为罗伯斯庇尔派既倒之后，他们已不复再有力量及勇气来担负这类有特殊意义的工作。他们不能使委员会免于改组的威胁。他们不能继续实行社会政策，甚至连谈也不谈。[1]他们想继续圣鞠斯特的计划，向议会提出创立"制度"，但是失败了。[2]据当时目击者云，在新11月9日之变以后，不复再有中心势力来领导国民大会之行动。[3]于是革命开始下降了。

---

① J. Vilate, Causes secretes, p. 240—241.

② Mathiez, La Réaction thermidoriene, p. 55.

③ J. J. Dussault, Brit. Mus. F. 1338. 1. pp. 3—5.

参考书目

I. 原始材料

A Circular of Ventôse 25 of the Committee of Public Safety. Brit. Mus. F. 24*34.

Addresse de la Société populaire de la section de la Ré-publique. A. His., 1933, X, pp.253—254.

Aulard, F. A. La Société des Jacobins. Paris, 1889—1897.w

Aulard, F. A. Recueil des Actes du Comité de Salut Public.Paris, 1883—1923.

Barère, B. Mémoirs.V. Payen-Payne, 英译本, London, 1896.

Barras, Vicomte de. Mémoirs. C. E. Roche. 英译本, New York, 1895—1896.

Baudot, Marc-Antoine.Notes historiques sur la Convention Nationale, le Directoire, l'Empire et I. Exil des Votants. Paris, 1893.

Bégis, A. Billand-Varrennes, Mémoires inédites et cor-respondance. Paris, 1893.

Bégis, A. Saint-Just, son emprisonnement sous Louis XVI. Paris, 1892.

Buchez et Roux. Histoire parlementaire de la Révolution française. Paris, 1834—1838.

Carnot, Hippolyte. Mémoires sur Lazare Carnot. Nou-velle edition, Paris, 1907.

Caron, Pierre. Paris pendant la terreur; Rapports des agents secrets du ministre de l'Intérieur.Paris, 1910.

Cochin, Charpentier et Boüard.Les actes du gouvernement révolutionnaire, recueil de documents. Paris, 1920—1934.

Courtois de I'Aube. Notes et Souvenirs de Courtois de I'Aube. Rév. Fr. , 1887. XII, pp.806—820.

Dauban, C. A. Paris en 1794 et en 1795. Paris, 1869.

Dussault, J. J. Fragment pour servir à I. histoire de la Convention Nationale. Paris, 1794. Brit. Mus. F. 1338. 1.

Fouquier-Tinville. Réquisitions de Fouquier-Tinville. H. Fleischmann 编, Paris, 1911.

Hérault de Séchelles. Projet de Constitution, Présenté à la Convention Nationale, le 10 Juin 1793, précedé du rapport. Brit. Mus. F. 800. 2.

Lauraguais, Brancas. Recueil de pièces relatives au gouvernement révolutionnaire et au despotisme de ses comités avant le 9 thermidor. Paris, 1795. Brit. Mus. F. 1321. 4.

Legrand. La justice militaire et la discipline a I' armée de Rhin-et-Moselle, 1792—1796 Hennequin 刊行, Paris, 1909.

Lejeune, A. Saint-Just et les bureaux de la police générale au Comité de Salut public en 1794. 1812. A. Bégis 编, Paris, 1896 .

Levasseur, René. Mémoires de R. Levasseur de la Sarthe. Paris, 1829—1831.

Mallet du Pan. Correspondance politique. Hambourg, 1796. Brit. Mus. F. 544.4.

Mautouchet, P. Le Gouvernement révolutionnaire, collection de textes. Paris, 1912.

Mavidal et Laurent. Archives Parlementaires de 1787 à 1860. Paris, 1867—1913.

Moniteur, Réimpressinn de I' ancien. Paris, 1863—1870.

Modier, C. Souvenirs de la Révolution et de I' Empire. Paris, 1850.

Paganel, M. P. Essai historique et critique sur la révolution française. Paris, 1810.

Pannat. Relation d'un officier échappé des prisons d'Auroy et de Vannes. Collection de Barriere et Lescure, vol. XXXI. Paris, 1877.

Papiers inédits trouvés chez Robespierre, Saint-Just, etc. Paris, 1828.

Recueil de pièces authentiques servant à l'histoire de la Révolution à Strasbourg. Brit. Mus. F.1319.

   (1) Copie de deux lettres par F. Burger, p. 12.

(2) Appel de la commune Strasbourg à la République et à la Convention nationale, p. 36.

(3) Procès-verbaux du Comités de surveillance et du sûreté générale, p. 94.

(4) Pièces à l'appui de l'appel de la commune à la République et à la Convention Nationale, p. 244.

(5) Tribunal révolutionnaire, pp. 72.

Réponse de Barère, etc. Rév. Fr. 1898, XXXIV, pp. 57—80, 154—177, 243—282.

Représentants en mission.Brit. Mus. F. 100. 101.

Ruhl. Un disours du Conventionnal Ruhl. Rév. Fr. 1887, XIII, pp. 272—276.

Saint-Just. "Arlequin Diogène." C. Vellay 刊行并作叙言, Revue Bleue. 1907. XIII, pp. 97—105.

Saint-Just. "Un discours sur le maximum de population des municipalités". Brit. Mus. F. 88. 6.

Saint-Just. "Enguerrand Premier de Coucy." C.Vellay 刊行并作叙言, Revue Bleue. 1906. V, pp.352—358.

Saint-Just. Épigramme sur le comédien Dubois. A. His. 1934. XI, p. 260.

Saint-Just. Lettres inédites de Saint-Just, 1791—1794.C. Vellay 编, Paris, 1908.

Saint-Just. Oeuvres Complètes de Saint-Just. C. Vellay 编, Paris, 1908.

Saint-Just. Three letters of Saint-Just. G. Bruun 刊行. Journal of Modern History. 1934. VI, pp.156—159.

Saint-Just. "Une lettre inédite à Garot". Revue Historique de la Révolution française.1913.IV,pp. 609—510.

Saint-Just. "Une lettre à Garot." A. His.1929. VI, pp. 82—83.

Saint-Just. Une lettre à Thuillier. Revue historique de la révolution française.1910. I, pp.101—102.

Saint-Just. Un rapport sur l'approvisionnement des armées. Brit. Mus. F. 1255. 2.

Saint-Just, Mme. Une lettre de la Mère de Saint-Just. A. Rév. 1908. I, pp. 116—117.

Senart. Mémoire de Senart, Révelation puisées dans les cartons des comités de salut public et sûreté générale. (Lescure, Biblio. des Mém., vol. XXXIV.) Paris, 1878.

Soult. Mémoires du Maréchal-Général Soult. Première partie: Histoire des guerres de la Révolution. Paris. 1854.

Stéfane-Pol. Autour de Robespierre: Le Conventionnel Le Bas (Mémoire de Mme. Le Bas.) Paris, 1901.

Thibaudeau, A. C. Mémoire sur la Convention et le Directoire. Paris, 1824.

Treuttel, J. G. Tyrannie exercés à Strasbourg par Saint-Just et Le Bas. Fructidor, An II. Brit.Mus. F. 959. 5.

Vilate, Joachin. "Causes secrètes", "Continuation des causes Secrètes". (Berville et Barrière, Collection des mémoires relatifs à la révolution française. Paris, 1821—27).

Young, A. Young's Travels in France. M. Betham-Edwards 编, Bohn's popular library. London, 1924.

II. 一般著作

Alger, J. G. Paris in 1789—1794. London, 1902.

Anon. Les hommes de la terreur. Paris.

Aulard, A. L'Eloquence parlementaire pendant la révolution française. Paris, 1882—1886.

Aulard, A. Histoire politique de la Révolution Française. Paris, 1901.

Aulard, A. Saint-Just et la défense nationale en 1793. Revue Bleue, 1895, III, p. 87.

Bapst, C. Inventaire des bibliothèques de quatre condamnés. Rév. Fr., 1891, XXI, pp. 532—36.

Belloni, G. Le Comité de sûreté générale de la Convention Nationale. Paris, 1924.

Bruun, G. Saint-Just, Apostle of the terror. Boston, 1932.

Bruun, G. Une traduction anglaise d'un faux rapport de Saint-Just. A. His. 1927. IV, pp. 275—277.

Chabre. La famille de Saint-Just. A. Rév., 1913, VI, pp. 411—413.

Curtis, E. N. Saint-Just, Colleague of Robespierre. New York, 1933.

Cuvillier-Fleury. Portraits politiques et révolutionnaires sous la Révolution. Paris, 1911.

Dard, Émile. Un Épicurien sous la terreur, Hérault de Séchelles. Paris, 1907.

Dommanget, M. La Déchristianisation à Beauvais et dans l' Oise, 1790—1801. Besançon, 1918.

Dommanget, M. La famille de Saint-Just. A. Rév., 1913, VI, pp. 518—520.

Dupuis, V. Les opérations militaires sur la Sambre en 1794. Paris, 1907.

Escarra, E. Nationalisation du sol et Socialisme. Paris, 1904.

Fleury, E. Saint-Just et la terreur. Paris, 1852.

Hamel, E. Histoire de Saint-Just. Paris, 1859.

Hurillon. Notes sur Saint-Just. Bulletin de la Société Archéologique, Historique et Scientifique de Soissons. 1860. IV, p.28.

Jean Jaurés. Histoire socialiste de la Révolution française, Mathiez 编，Paris, 1922 .

Kropotkin, P. The Great French Revolution. Vanguard Press, New York, 1927.

Laurent, G. La faculté de droit de Rheims, et les hommes de la Révolution. A. His. 1929, VI, pp. 329—358.

Laurent, G. Le plus jeune deputé de la Convention. A. His. 1924, I, pp.380—381.

Laurnet, G. Etienne Lambert, Ami de Saint-Just. A-Rév. 1929, XV, pp.17—33.

Lefebvre, G. Questions agraires au temps de la terreur. Strasbourg, 1932.

Levasseur, E. Histoire des classes ouvrières et de l'industrie en France de 1789—1870. Paris, 1903.

Lévi, Louis. Saint-Just était-il un disciple de Robespierre? Rév. Fr. 1919, LXXII pp. 387—415.

Lichtenberger, A. Le Socialisme et la Révolution française. Paris, 1899.

Mathiez, A. La Constitution de 1793. A. His. 1928, V.

Mathiez, A. L'Histoire secrète du comité de salut public. Revue des questions Historiques, 1914, ICV, pp. 35—59.

Mathiez, A. La loi du 13 Septembre 1793. A. His., 1931, VIII, pp. 479—495.

Mathiez, A. L'Agitation ouvrière à la veille du 9 thermidor. A. His., 1928, V, p. 271.

Mathiez, A. La réaction thermidorienne. Paris, 1929.

Mathiez, A. Le maximum des salaires et le 9 thermidor. A. His., 1927, IV, pp.149—151.

Mathiez, A. Les décrêts de Ventôse sur le séquestre des biens des suspects et leur application. A. His, 1928, V, pp.193—219.

Mathiez, A. Les Notes de Robespierre. A. Rév., 1918, X, pp. 433—467.

Mathiez, A. Les séances des 4 et 5 thermidor. A. His., 1927. IV, pp. 193—222.

Mathiez, A. Quel fut le nombre des suspects? A. His., 1929, VI, pp. 75—77.

Mathiez, A. The Fall of Robespierre. E. T. London, 1927.

Mathiez, A. The French Revolution. E. T. by G. A. Phillips. London, 1927.

Mathiez, A. Un faux rapport de Saint-Just. A. Rév., 1916, VIII, pp. 599—611.

Mathiez. A. La Vie Chere et le mouvement Social sous la Terreur, Paris, 1927.

Maurice, D. Saint-Just, acquéreur de biens nationaux dans le Noyonnais. A. Rév., 1922. XIV, pp. 424—425.

Michelet, J. Histoire de la Révolution Française. Paris, 1879.

Nodier, C. "Préliminaire" to the "Fragments". Paris, 1831.

Ording, A. Le bureau de police du Comité de salut public: étude sur la terreur. Oslo; 1930.

Poul Louis. Histoire du Socialisme en France. Paris.1925.

Phipps, R. W. The Armies of the First French Republic. Oxford, 1929.

Piétte. Saint-Just, sa reclusion aux Picpus de Vailley. Bulletin de la Soc. arche., His., et scien. de Soissons, 1876. VI, pp. 219—221.

Reuss, Rodolpne. La grande fuite de Decembre 1793. Strasbourg, 1924.

Rachard, C. Le Comité du salut public et le fabrication de guerre sous la terreur. Paris, 1922.

Sagnac, Ph. La législation civile de la révolution française. Paris, 1898.

Sainte-Beuve, C. A. Causeries du Lundi. Paris, 1853.

Sohnerb, R. L'Application des décrets de Ventôse dans le district de Thièrs, Département du Puy-de-Dômes. A. His., 1929, VI, pp. 24—33.

Schnerb, R. Le Club des Jacobins de Thièrs et l'application des lois de Ventôse. A. His., 1929. VI, p. 287.

Schnerb, R. Les lois de Ventôse et leur application dans le Département du Puy-de-Dômes. A. His., 1934, XI, pp. 403—430.

Sée, H. La France Économique et sociale au XVIIIe siècle. Paris, 1933.

Sée, H. Les Classes ouvrières et question sociale de la révolution. A. Rév., 1922, XIV, pp. 372—386.

Sorsau, E. À la veille du 9 thermidor. Paris, 1933.

Stéfane-Pol. De Rebespierre à Fouché. Paris, 1906.

Suin. Travail sur les archives de Blérancourt et notes biographiques sur Lecat et Saint-Just. Bulletin de la soc. arche., His. at scien. de Soissons, 1852. VI, pp. 183—203.

Suin. Note de M. Suin sur les archives de Blérancourt. Bulletin de la soc. arche., His. et scien. de Scissons. 1854, VIII, pp. 181—191.

Taylor, Ida A. Revolutionary Types. London. 1904.

Thompson, J. M. Leaders of the French Revolution. Oxford, 1929.

Thompson, J. M. L'Organisation du travail du Comité de salut public. A. His. 1933, X, pp. 454—460.

Thompson, J. M. Robespierre. Oxford, 1935.

Tocqueville. L'Ancien Régime. G. W. Headlam, ed. Oxford, 1925.

Vellay, C. Les poursuites contre Organt. Revue Bleue, 1907, VIII, pp. 186—187.

Vellay, C. Les premiéres luttes politiques de Saint-Just. Revue de Paris, 1906, V, pp. 817—838.

Vellay, C. Saint-Just en 1790. Revue historique de la révolution française.1911, II, pp. 378—389.

Vellay, C. Saint-Just: missions aux armées. Revue Bleue, 1906, VI, pp. 641—642.

Vellay, C. Essai d'une bibliographie de Saint-Just. Paris, 1910.

Vellay, C. Un ami de Saint-Just, Gateau. A. Rév. 1908. I, pp. 64—79, 266—275.

Welter, G. Le problème de la dictature Jacobine. A. His., 1931, VIII, pp. 515—529.

后 记

　　本书系著者在牛津大学读书时所写的论文，原名 The Political Ideas of Saint-Just with Special Reference to the work of the Committee of Public Safety，成于 1936 年，未刊行。中文本于 1945 年由商务印书馆在重庆印行。科学研究的论文例尚简赅，为一般学者所熟知的东西则略而不提；为了使它适合多数读者阅读及使它成为一本历史人物研究起见，当时曾略加增改，尤其是传略一章添得较多。惟所用纸张恶劣，印得也很坏，错字太多；这一次重印除了改正错字及在语法上有若干更动以外，基本上仍保存了 1945 年版的面目。由于不曾继续研究圣鞠斯特，所以不能增加什么新的东西；同时，在阅读了近人论圣鞠斯特的若干著作以后，也觉得对于我这一旧作似乎不必大加修改。所以仍想把它重印，除了因为珍惜自己的劳力以外，同时也在想：研究法国大革命史的人对于这样一本东西可能仍会感觉兴趣。书前所刊圣鞠斯特画像，不知作者为谁，1859 年曾刊于阿默尔所作传，此系采自叩迪斯所作传；雕像为名雕刻家大卫·丹热所作，此像与封面像均采自摩尔敦所作传（J. B. Morton, Saint-Just, 1939）。

1956 年 10 月 19 日夜著者记于北京